DEUX MÈRES

SCEAUX. — IMPRIMERIE CHARAIRE ET FILS.

DEUX MÈRES

PAR

ÉMILE RICHEBOURG

PARIS

F. ROY, LIBRAIRE-ÉDITEUR

185, RUE SAINT-ANTOINE

DEUX MÈRES

PAR

EMILE RICHEBOURG

F. ROY, Libraire-Éditeur, 185, rue Saint-Antoine, PARIS.

DEUX MÈRES

PREMIÈRE PARTIE

CONDAMNÉ A MORT

I

LE MALADE

On était aux derniers jours du mois de janvier.

Toute la nuit la neige avait tombé à gros flocons. Elle tombait encore, mais plus fine, chassée violemment par une sorte de vent de tempête; une bise aigre, mordante, qui passait à travers les arbres dénudés, frappait aux murs des maisons et s'engouffrait dans les rues avec des sifflements lugubres.

Les toits étaient blancs sous un ciel bas chargé de brume. Un épais tapis de neige couvrait le pavé des rues. Les voitures passaient sans bruit, les roues creusant de profondes ornières.

On aurait dit que ce jour-là Paris ne s'était pas réveillé, tellement la grande cité était silencieuse. On n'entendait aucun de ces nombreux cris de la rue qui annoncent le travail des petits, la vie active de tous, et qui ont leur large place dans la physionomie générale de Paris. On aurait pu croire que l'immense ruche parisienne s'était endormie pour un temps, comme la ruche d'abeilles pendant les jours tristes où la terre est sans verdure et sans fleurs.

Plus encore que les autres quartiers, le faubourg Saint-Germain était silencieux et avait un aspect sombre et désolé. Les vieux hôtels bâtis entre cour et jardin, aux larges portes cochères fermées, aux portiques sévères, semblaient déserts. Il en est presque toujours ainsi, du reste. Dans le jour, calme, tranquillité, silence profond, nulle apparence de vie. La nuit venue, l'aspect change, tout s'anime, l'hiver surtout, qui est la saison joyeuse des gens riches.

On allume les bougies des lustres, les grandes fenêtres s'éclairent, les portes cochères s'ouvrent ; au silence succède le bruit ; le faubourg sort de sa torpeur ; de tous les côtés on entend le roulement des voitures sur le pavé ; les salons aux riches tentures, aux lambris dorés, se remplissent d'hommes et de femmes avides de plaisir. Réceptions, concerts, bals, fête partout. C'est l'heure où ceux qui travaillent se reposent ; c'est l'heure où les autres s'amusent.

Nous allons dire ce qui se passait, ce jour d'hiver, dans un splendide hôtel de la rue de Babylone, pendant que la neige tombait, que le vent hurlait au dehors avec rage et que, semblable à un suaire immense, un brouillard épais enveloppait Paris.

Au moment où nous pénétrons dans l'aristocratique demeure, deux hommes causent à voix basse dans une chambre. Ils se tiennent debout dans le chambranle d'une fenêtre. Ils viennent de sortir d'une chambre contiguë, où il y a un malade. Ce malade est le marquis Édouard de Coulange ; il est à peine âgé de trente-cinq ans. Le nom de Coulange est un des plus anciens et des plus illustres de France. Il est fait mention d'un sire de Coulange qui se distingua par son courage chevaleresque et fut un héros au temps des premières croisades.

Le marquis est assis dans un large fauteuil. Bien que le fauteuil ait été roulé devant la cheminée où il y a un bon feu de flammes, et que la chaleur de la chambre soit à peine supportable, le marquis est enveloppé dans une longue robe de chambre doublée de fourrure. Ses pieds, dans des pantoufles fourrées, sont posés sur une peau de vison. Il tient ses mains blanches, longues, décharnées, croisées sur sa poitrine ; sa tête jetée en arrière s'appuie sur le dossier du fauteuil. Ses yeux sont fermés comme s'il venait de s'assoupir.

La poitrine est oppressée et la respiration difficile. Sa figure est très pâle et d'une maigreur affreuse : les pommettes des joues sont saillantes, le nez s'est aminci, et les yeux, entourés d'un cercle bleuâtre, se sont enfoncés sous les arcades orbitaires ; comme les joues, les lèvres sont décolorées. C'est la figure d'un malheureux dont la vie s'éteint lentement.

En ce moment, pourtant, le marquis est très calme, et sur son visage aucun mouvement, aucune contraction ne révèlent la souffrance.

Malgré les ravages causés par la maladie, sa figure est toujours belle et ses traits conservent leur cachet de haute distinction.

Le malheureux ne voit pas sa position telle qu'elle est. Il ne sait pas, on a soin de le lui cacher, que plusieurs médecins l'ont condamné. Il attend plein d'espoir le retour des beaux jours, car il compte sur le printemps, la verdure, les fleurs, le soleil, pour lui rendre ses forces épuisées, pour le guérir... Oh ! il ne songe pas à la mort; il n'a pas eu encore cette pensée qu'il peut mourir. Est-ce qu'on peut avoir une pareille idée, quand on a la jeunesse, la fortune, et qu'on a devant soi l'avenir radieux, qui promet toutes les félicités ? Non, le marquis de Coulange ne pense pas qu'il peut mourir...

Il est jeune, il porte un grand nom, il possède une immense fortune, mais il a mieux que cela encore pour tenir à la vie : il est marié depuis deux ans et il aime ou plutôt il adore sa jeune femme. En lui donnant son nom, il lui a donné son cœur et son âme ; sa vie, qu'il veut conserver, il la lui a consacrée... C'est pour elle que, plein d'espoir, il se tourne vers l'avenir ; c'est pour qu'elle soit heureuse qu'il ne doit pas mourir !

Dans la pièce à côté, les deux hommes continuaient leur conversation à voix basse.

L'un de ces hommes se nommait Ernest Gendron ; il avait trente-deux ans. C'était un jeune médecin de beaucoup de talent ; mais, en attendant la fortune il était encore à la recherche de la renommée.

L'autre était le beau-frère du marquis de Coulange ; il avait un an de moins que le docteur et il se nommait Sosthène de Perny.

Le docteur disait :

— Je n'ai pas la grande autorité de mes savants et illustres confrères qui ont été appelés successivement auprès de M. le marquis; aussi dois-je m'incliner avec respect devant leur pronostic. Oui, je dis comme eux que la situation du malade est grave, très grave...

— Ainsi, comme les autres, vous êtes sans espoir ? demanda M. de Perny, qui tenait constamment ses yeux baissés, comme s'il eût craint de rencontrer le regard pénétrant et plein de clarté du jeune médecin.

— Mon cher, répliqua vivement le docteur, jusqu'au dernier moment, tant que la vie n'est pas éteinte, le devoir du médecin est de ne pas désespérer. Il s'accomplit parfois dans l'organisme de l'homme des phénomènes physiologiques qui déconcertent la science. J'ai vu des malades, abandonnés par les médecins, repousser les étreintes de la mort et revenir à la santé. Les bonnes gens disent : « C'est un miracle ! » Soit. Mais ce miracle est le résultat d'un fait physique ; c'est un de ces phénomènes dont je viens de parler.

— Alors vous pensez...

— Je ne pense rien. Vous m'avez demandé de vous dire la vérité, et je n'ai pas cru devoir vous la cacher. Mon pronostic est absolument le même que celui de mes confrères. L'anémie dont est atteint M. le marquis de Coulange fait chaque jour des progrès rapides : vous en avez la preuve dans son amaigrissement, son dépérissement. La nuit, il se réveille en sursaut, baigné de sueurs froides ; ces sueurs nocturnes n'annoncent rien de bon. Cette petite toux sèche et ces crachements de sang qu'il a eus à plusieurs reprises, ont aussi un caractère très alarmant. Je n'ose pas dire encore que votre beau-frère est condamné sans appel, mais il est certainement menacé d'une phtisie pulmonaire, d'un tuberculisation des poumons.

— Vous n'osez pas vous prononcer, docteur, dit M. de Perny; mais malgré votre réserve...,

— Il y a le miracle, fit le médecin.

— Je comprends. Il n'y a plus à se bercer d'illusions, le marquis est perdu, et dès maintenant ma pauvre sœur peut se considérer comme veuve.

Après être resté un moment silencieux, le docteur reprit :

— Il est regrettable que M. le marquis n'ait pas suivi les conseils qui lui ont été donnés. Sa situation exigeait qu'il se rendît dans un climat chaud.

— Nous lui avons proposé de le conduire à son choix en Algérie, en Sicile ou à Madère; il s'y est absolument refusé.

— Les malades ont souvent de ces répugnances inexplicables, murmura le docteur...

Et il ajouta :

— Malheureusement, il est peut-être trop tard maintenant.

— Par lui comme par les autres, le marquis est condamné, se dit M. de Perny.

Le docteur lui tendit la main.

— Vous me quittez ? fit M. de Perny.

— Oui. J'ai une visite à faire, assez loin d'ici.

— Vous reviendrez demain ?

— Oui. Un dernier mot : si M. le marquis de Coulange avait à prendre certaines dispositions, je crois que vous feriez bien...

— C'est un conseil ; merci, je ne l'oublierai pas.

Le docteur se dirigea vers la porte. M. de Perny le suivit.

Le marquis de Coulange restait immobile, la tête appuyée sur le dos du fauteuil et les yeux fermés. Dormait-il ?

Un silence profond régnait dans la chambre du malade.

Soudain, un bruit léger se fit entendre. Une porte latérale s'ouvrit doucement et une jeune femme admirablement belle se montra dans l'embrasure. Son regard doux et triste s'était arrêté sur le marquis. Elle poussa un soupir et fit un pas dans la chambre. Puis, après avoir tendu l'oreille et jeté derrière elle un regard anxieux, comme si elle eût craint d'être surprise, elle referma la porte aussi doucement qu'elle l'avait ouverte.

Cette jeune femme était la marquise de Coulange...

Elle n'avait pas encore dix-neuf ans. Plutôt grande que petite, sa taille était svelte, élancée, et sous son peignoir de cachemire bleu se dessinaient des formes exquises. On ne saurait imaginer un profil plus délicat et plus pur. Elle avait cette beauté radieuse et idéale que rêvent les poètes, que les artistes cherchent partout. En elle tout était charmant. Dans sa pose, ses mouvements, son sourire, sa parole, son regard, elle avait la perfection de la grâce. En la voyant on était charmé ; on était ravi en l'écoutant.

Jamais de plus beaux cheveux blonds n'ont couronné un front plus noble et plus pur. Elle avait les joues rondes et roses, le nez délicieux; sa bouche, très petite, aux lèvres vermeilles, était adorable; elle avait des dents fines, bien rangées et d'une blancheur de lait. La lumière de son regard était comme un rayon de tendresse et d'amour qui coulait de ses grands yeux bleus veloutés.

Mariée depuis deux ans, elle gardait toujours les grâces pudiques de la jeune fille ; elle avait la timidité, la réserve, la candeur, ce je sais quoi d'innocent, de suave et de mystérieux qui est comme un voile dont s'enveloppe la jeune vierge. Du reste, toute mignonne et un peu frêle, elle avait encore l'air enfant.

Mais, en l'examinant avec un peu d'attention, un observateur aurait facilement découvert qu'il y avait en elle une douleur secrète, une souffrance inconnue, cachée et contenue. Son visage en portait l'empreinte. Souvent, sous l'obsession d'une pensée amère, son beau front s'assombrissait tout à coup. Alors dans la langueur de son regard, dans l'expression douloureuse de sa physionomie, il y avait quelque chose de troublé, d'inquiet, de craintif, d'effrayé même. Il semblait que des larmes allaient jaillir de ses yeux, et on s'étonnait de ne pas l'entendre sangloter.

Après avoir refermé la porte, la marquise s'était arrêtée à l'entrée de la chambre, et de nouveau ses yeux voilés de larmes s'étaient fixés sur le malade.

— Il dort, prononça-t-elle tout bas.

Elle resta encore un instant immobile, hésitante, le corps légèrement penché en avant, dans une contemplation douloureuse.

Enfin elle se décida à avancer. Et lentement, à petits pas, posant avec précaution ses pieds légers sur le tapis, elle s'approcha du marquis.

Elle appuya une de ses mains sur le dos du fauteuil, s'inclina, et ses lèvres roses touchèrent le front pâle du malade.

Elle n'eut pas le temps de se redresser. Le marquis ouvrit les yeux, l'entoura de ses bras, l'attira à lui et la serra contre son cœur. Leurs lèvres s'unirent dans un long baiser.

— Mathilde, ma belle chérie, comme je t'aime ! murmura le marquis.

— Édouard, comment te trouves-tu aujourd'hui? demanda-t-elle.

— Mieux, répondit-il en essayant de sourire. Quand tu es près de moi et que tu me regardes comme en ce moment, je ne sais quelle lumière me pénètre, et je sens que ton doux regard verse la vie en moi.

— Oh ! oui, n'est-ce pas, tu vivras? s'écria-t-elle avec une sorte d'exaltation. Si je te perdais, vois-tu, si la mort devait t'enlever à ma tendresse, à mon amour, je te suivrais dans la tombe !

Elle laissa tomber sa tête sur l'épaule du malade, et se mit à pleurer à chaudes larmes.

II

UN MARIAGE DE PARIS

Le marquis Édouard de Coulange était encore en bas âge, lorsqu'il perdit son père.

Il fut élevé par sa mère, une femme d'un grand cœur, dévouée jusqu'à l'abnégation. Elle n'hésita point à faire en faveur de son fils le sacrifice de sa jeunesse et de toutes les satisfactions, de toutes les joies auxquelles elle pouvait prétendre encore en dehors de ses devoirs de mère.

Son fils était tout pour elle, elle voulut ne vivre que pour lui. Elle l'entoura d'une sollicitude éclairée et prévoyante, et lui prodigua les trésors inépuisables de sa tendresse maternelle. Elle eut ce suprême bonheur pour une mère, de voir son fils grandir en mettant à profit ses exemples, ses leçons et les conseils de son expérience.

Lorsque sa mère mourut, Édouard de Coulange avait vingt-cinq ans.

Un peu trop tôt peut-être, le jeune marquis se trouva le maître absolu d'une fortune qu'on évaluait alors à plus de cinq millions.

Favorisé sous tous les rapports, le jeune homme ne pouvait manquer d'être très recherché. Il avait déjà des amis, il en vit bientôt augmenter le nombre. S'il l'eût voulu, plus heureux que le bon Socrate, l'hôtel de Coulange aurait pu être rempli de jolis messieurs de tout âge, plus ou moins parasites et coureurs d'aventures, qui étaient ou se disaient ses amis.

Trop jeune encore, et tout étourdi du premier usage qu'il faisait de sa liberté, il ne pouvait encore, distinguer ce qui est faux de ce qui est vrai. Son excellente mère n'était plus là pour l'éclairer ; le guide intelligent et sûr de sa jeunesse lui faisait défaut.

Ne sachant rien ou presque rien de la vie, ayant l'imagination ardente, facile à surexciter, il était fatalement attiré vers l'inconnu.

Il résista faiblement à ses intimes, qui faisaient passer sous ses yeux les éblouissements du plaisir. Conseillé et entraîné par eux, il se jeta à corps perdu dans le tourbillon de la vie parisienne. Il était pris de vertige. Du jour au lendemain il devint un viveur. On ne tarda pas à parler dans tout Paris de ses merveilleux attelages, de ses bonnes fortunes, de son luxe, des fêtes splendides qu'il donnait.

— C'est un fou qui se ruine, disaient les gens sages.

Il usa de l'existence comme si, n'ayant que quelques années à vivre, il eût eu

Le marquis est assis dans un large fauteuil, la poitrine oppressée et la respiration difficile. (Page 6.)

hâte de connaître et de savourer toutes les jouissances. Après avoir approché ses lèvres de la coupe des plaisirs, il voulait la vider jusqu'à la dernière goutte. Il se livra à toutes les extravagances, il fit toutes les folies. Il fut le roi des écervelés.

Il eut une écurie, il fit courir; il fut un rival des Fould, des de Lagrange, des Delamare, et, pour un temps, une des célébrités du Jockey-Club.

Cela dura quatre années.

Un matin le marquis de Coulange se réveilla épuisé, brisé, las de tout et de lui-même.

Après une heure qu'il employa à réfléchir sérieusement, il se trouva subitement dégrisé. Saturé des plaisirs faciles et des fausses jouissances qu'il avait si avidement cherchés, il en était arrivé à la satiété, au dégoût.

Il y a des hommes qui se perdent par les excès; le marquis de Coulange fut sauvé par trop d'excès.

Il s'enferma dans sa chambre et défendit sa porte.

Là, dans le silence, seul avec lui-même, il fit son examen de conscience. Il se rappela son enfance heureuse, sa jeunesse studieuse ; puis il vit se dresser en face de lui le sombre tableau de tout ce qu'il avait fait depuis quatre ans. Alors le rouge de la honte lui monta au front. Maintenant il avait horreur de ces quatre années et il aurait voulu pouvoir les rayer de sa vie.

— Malheureux ! qu'ai-je fait ? murmura-t-il. Et si je ne m'arrêtais pas, dans quel gouffre irais-je tomber ?

« J'ai jeté dans la fange deux millions de la fortune de mes ancêtres, continua-t-il ; mais, Dieu merci ! je suis toujours digne du nom qu'ils m'ont transmis, l'honneur des Coulange reste intact. »

Il était devant un portrait de sa mère, accroché au mur. Il le regarda avec un pieux respect, et bientôt de grosses larmes roulèrent dans ses yeux.

Tout à coup il s'agenouilla, et, tendant ses bras vers la toile :

— Pardonne-moi, ma mère, dit-il d'une voix entrecoupée; j'étais fou, pardonne-moi !... Devant toi je redeviens meilleur et sous ton regard de sainte je me sens purifié !...

Dans la journée, le marquis envoya chercher son notaire. Ils eurent ensemble une conférence qui ne dura pas moins de deux heures. Le soir, le jeune homme donna l'ordre de préparer ses malles. Le lendemain matin, sans avoir prévenu aucun de ses amis ni personne, il quitta Paris, accompagné seulement de son valet de chambre Firmin, un ancien serviteur de son père, qui l'avait vu venir au monde, et dont il connaissait depuis longtemps la fidélité et le dévouement.

Le marquis de Coulange et son domestique se promenèrent pendant un an à travers l'Europe, puis ils s'embarquèrent pour les Grandes-Indes. Quand le marquis eut visité la Cochinchine, la Perse méridionale, l'Hindoustan, le Mongol, les côtes de Malabar et du Coromandel, l'île de Ceylan, et respiré suffisamment l'air pur et régénérateur du Bengale, il eut le désir de voir le nouveau monde.

Trois mois après, il posait le pied sur le sol de l'Amérique. Il parcourut les principaux États du continent découvert par Christophe Colomb, étudiant avec intérêt les mœurs de ces populations si mélangées aujourd'hui, et ne s'arrêtant dans les villes que le temps nécessaire pour voir les choses dignes de fixer l'attention d'un voyageur.

Un matin, il dit à son domestique :

— Firmin, si je ne me trompe pas, il y a trois ans et six mois que nous avons quitté Paris.

— Oui, monsieur le marquis, à quelques jours près.

— Eh bien ! Firmin, je crois que, maintenant je puis sans danger revoir la France et rentrer à Paris, où on ne doit plus se souvenir de mes anciennes folies.

— Monsieur le marquis a donc l'intention...

— Firmin, nous partirons demain : va retenir nos places sur le paquebot.

Ils se trouvaient alors à New-York, où ils étaient revenus depuis trois jours.

Au nombre des passagers qui s'étaient embarqués sur le paquebot, et qui devaient faire la traversée entière de New-York au Havre, se trouvait un jeune Français qui se présenta lui-même au marquis de Coulange, en lui disant qu'il se nommait Sosthène de Perny.

— Je suis venu à New-York, ajouta-t-il, afin d'y régler une affaire d'intérêt, et je suis peu satisfait du résultat de mon voyage. Comme vous, monsieur le marquis, je suis Parisien ; je n'avais pas eu encore l'honneur de vous rencontrer, mais j'ai beaucoup entendu parler de vous il y a quelques années.

Ces paroles rappelaient à M. de Coulange son passé qu'il voulait oublier ; mais il eût été de mauvais goût de s'en formaliser.

Sur le pont d'un navire lancé à toute vapeur au milieu de la mer immense, les rapprochements deviennent faciles ; on arrive vite à une sorte de familiarité, à l'intimité.

Sosthène de Perny avait la parole facile et ne manquait pas d'esprit. Très adroit, très insinuant, possédant l'art de la dissimulation, sachant couvrir son visage du masque des hypocrites, et feindre des sentiments qui n'étaient pas en lui, il réussit à intéresser le marquis et à capter sa confiance. Il lui parla de sa sœur, beaucoup plus jeune que lui, qu'il aimait tendrement, et de sa mère, qu'il adorait, avec admiration et une vénération profonde.

De tels sentiments étaient trop en harmonie avec ceux du marquis pour qu'ils ne trouvassent pas un écho dans son cœur. Il se sentit profondément ému. Dès lors M. de Perny avait atteint son but.

En arrivant au Havre, il était l'ami du marquis de Coulange. Mais ce n'était pas cela seulement qu'il voulait. Une idée lui était venue, et il songeait déjà aux moyens de réussir dans ses projets audacieux.

Pendant un mois, il ne laissa pas passer un seul jour sans venir à l'hôtel de Coulange. On aurait dit qu'il ne pouvait plus vivre loin de son nouvel ami. Il s'était mis gracieusement à la disposition du marquis, et comme il avait une certaine intelligence des affaires, il put lui rendre une infinité de petits services.

Il savait que M. de Coulange avait fait une forte brèche à sa fortune, mais il découvrit bientôt, avec la plus vive satisfaction, que le mal était déjà en grande partie réparé.

Après trois ans et demi passés à courir les mondes, et voulant se faire une vie nouvelle, le marquis se trouva, dès son retour à Paris, dans un véritable isolement. Pour le moment, Sosthène était son unique ami, il en fit son confident. M. de Perny eut beaucoup de peine à cacher sa joie en apprenant que M. de Coulange s'ennuyait, qu'il y avait un grand vide dans son cœur, qu'il était libre de tout engagement antérieur et qu'il serait disposé à se marier. L'heure d'agir était venue.

Un jour que le marquis était allé faire une visite à madame de Perny, celle-ci lui dit :

— Monsieur le marquis, j'ai promis à ma fille que Sosthène et moi nous irions la voir aujourd'hui à sa pension ; si je ne craignais pas d'être indiscrète, je vous proposerais de nous accompagner.

— Mais c'est une nouvelle preuve d'amitié que vous me donnez, madame, répondit-il vivement ; je n'ai pas encore l'honneur de connaître mademoiselle de Perny, je serai heureux de lui être présenté.

La mère et le fils échangèrent un rapide regard d'intelligence.

La voiture du marquis était en bas. En un clin d'œil madame de Perny fut prête. On partit.

Il arriva ce que M. de Perny avait prévu. Le marquis fut frappé de la merveilleuse beauté de la jeune fille ; l'impression alla droit à son cœur et fut aussi profonde que rapide.

En sortant du pensionnat, il était déjà préoccupé, rêveur. En chemin, il répondit à peine aux paroles qui lui furent adressées. M. de Perny était d'une gaieté folle, madame de Perny observait l'ami de son fils et restait grave comme il convient à une mère de famille soucieuse de ses devoirs envers ses enfants.

— Mathilde a déjà seize ans et demi, dit-elle au marquis ; maintenant que son éducation est achevée je vais la faire sortir du pensionnat, et tout de suite il va falloir songer à son avenir, à son bonheur, la chère enfant !

Le jeune homme se contenta de répondre par un mouvement de tête.

Quand le marquis eut quitté madame et M. de Perny, la mère dit à son fils :

— Tu ne t'es pas trompé, Sosthène, nous tenons M. de Coulange. Dans quatre ou cinq jours il reverra Mathilde, et avant que deux semaines se soient écoulées il la demandera en mariage.

Sosthène se mit à rire, ce qui voulait dire qu'il pensait absolument comme sa mère.

Quinze jours plus tard, éperdument épris de Mathilde, le marquis de Coulange venait trouver madame de Perny et lui demandait la main de sa fille.

Madame de Perny parut extrêmement surprise et eut beaucoup de peine à se remettre d'une émotion admirablement simulée. Le trouble, le jeu de la physionomie, l'expression du regard, la larme à l'œil, rien ne manqua à la comédie.

— Excusez-moi, monsieur le marquis, dit-elle, je m'attendais si peu... Ma fille, son frère, et moi, nous sommes très honorés de la demande que vous venez de m'adresser; malheureusement ce mariage n'est pas possible.

— Avez-vous donc déjà promis la main de mademoiselle Mathilde? interrogea le jeune homme d'une voix tremblante.

— Non, monsieur le marquis.

— Alors, madame...

— Vous allez comprendre. Ma fille n'est certainement pas sans mérite : elle est intelligente, instruite, bien élevée; notre famille est des plus honorables, mais de petite noblesse, monsieur le marquis, et entre vous et nous il y a une si grande distance...

— Je comprends, madame, oui, je comprends à quel sentiment plein de délicatesse vous obéissez en ce moment; mais c'est assez, ne me dites plus rien. Depuis longtemps, j'ai su m'affranchir de beaucoup de préjugés, et quand il s'agit du bonheur de ma vie, je consulte avant tout ma raison et mon cœur.

— Je vous en prie, monsieur le marquis, permettez-moi de continuer. Depuis une dizaine d'années nous avons été cruellement frappés; ma fortune et celle de mes enfants ont été englouties ensemble dans une catastrophe financière. Nous ne sommes pas aujourd'hui dans la misère, grâce à une rente viagère que je dois autant à la bonté qu'à la prudence d'une vieille parente que j'ai perdue. Monsieur le marquis, ma fille n'a pas de dot.

— Oh! madame.

— Je devais vous dire la vérité. En réalité nous sommes pauvres, et, si malheureusement je venais à mourir, mes chers enfants se trouveraient dans une situation affreuse.

Le marquis était vivement ému. Il s'empara d'une des mains de madame de Perny et lui dit d'une voix grave :

— Rassurez-vous, madame, ce que vous semblez redouter n'arrivera point, vous vivrez pour vos enfants. Si, comme j'en ai l'espoir, ma demande est agréée par mademoiselle de Perny, je réparerai autant que je le pourrai, envers elle, envers vous et votre fils, les injustices de la fortune. Dieu merci, je suis assez riche pour ne point voir la question d'argent dans le mariage. C'est une compagne, une femme à aimer que je veux, non une dot!

— Ainsi, monsieur le marquis, vous persistez?...

— Je vous supplie, madame, de vouloir bien présenter dès demain à mademoiselle de Perny la demande que je viens d'avoir l'honneur de vous faire.

— Ma chère Mathilde! murmura madame de Perny.

Elle laissa échapper un sanglot et passa vivement son mouchoir sur ses yeux comme pour essuyer ses larmes.

En déclarant au marquis quelle était sa situation réelle et celle de ses enfants, madame de Perny lui avait dit la vérité. Toutefois, elle avait parlé d'une catastrophe financière qui n'existait que dans son imagination. Certes, elle s'était bien gardée d'avouer que toute sa fortune, — plus de six cent mille francs, — avait été dévorée par son fils. Ce qu'une mère vraiment digne de ce nom aurait sauvé, la dot de sa fille, avait servi comme le reste à payer les dettes et toutes les folies du jeune débauché.

Madame de Perny était idolâtre de son fils. Elle n'avait jamais eu la force de lui adresser un reproche, elle n'avait jamais su lui rien refuser. Dans sa tendresse aveugle, elle avait été aussi coupable que faible. Ne pensant qu'à son fils, ne voyant que lui, ne s'occupant que de lui, sa fille lui était à peu près indifférente. Du reste, elle ne l'avait jamais aimée. Il y a des cœurs qu'une seule affection peut absorber ainsi.

Mathilde avait à peine vécu quatre ou cinq ans près de sa mère, après être sortie des bras de sa nourrice. Madame de Perny la mit en pension de bonne heure pour s'en débarrasser. Et si elle avait pu rester au pensionnat et y achever son éducation, c'est que cette même vieille parente qui avait eu pitié de sa mère, en lui assurant une rente viagère, avait eu l'heureuse inspiration de payer d'avance et jusqu'à ce qu'elle eût atteint l'âge de dix-huit ans, les trimestres de sa pension.

Mathilde allait devenir, à son insu, de la part de sa mère et de son frère, mais sans qu'ils y eussent jamais songé peut-être avant que Sosthène eût rencontré le marquis de Coulange, l'objet d'une spéculation odieuse.

Le lendemain de la demande du marquis, madame de Perny alla chercher sa fille au pensionnat.

Mathilde apprit avec un grand étonnement, mais sans joie, qu'elle venait de sortir de sa pension pour n'y plus rentrer.

Le soir même, en présence de son frère, madame de Perny lui dit :

— Ma fille, je ne veux pas attendre à demain pour vous parler d'un bonheur inespéré qui nous arrive. Il s'agit d'une chose importante et très sérieuse où vous êtes la première intéressée.

La jeune fille ouvrit de grands yeux étonnés.

— Ma fille, continua madame de Perny, M. le marquis de Coulange nous fait l'honneur de vous demander en mariage.

La jeune fille rougit subitement, et ses yeux se fixèrent à ses pieds.

— Mathilde, vous ne me répondez pas, fit madame de Perny : comment dois-je interpréter votre silence?

— Mon Dieu, ma mère, répondit la jeune fille d'une voix hésitante, je ne sais pas ce que je peux dire. Je n'ai pas encore dix-sept ans ; il me semble que je suis bien jeune pour être mariée.

— Ma sœur, répliqua Sosthène, quand une jeune fille de ton âge trouve un mari, elle s'empresse de le prendre ; elle n'est pas assez sotte pour lui dire : « Vous repasserez quand je serai vieille. » Si tu n'as pas d'autre raison...

— Je connais à peine M. le marquis de Coulange.
— Vous l'avez vu trois fois, dit froidement madame de Perny.
— Tu n'ignores pas qu'il est mon ami, ajouta Sosthène.
— Mathilde, est-ce que M. le marquis de Coulange vous déplaît? demanda madame de Perny.
— En aucune façon, ma mère.
— Parbleu! j'en étais sûr, s'écria joyeusement Sosthène; ma sœur sait que chez une jeune fille la réserve est une grâce; elle a raison de ne pas nous dire tout de suite qu'elle est enchantée... Ah! dame! parmi ses amies de pension, il n'y en a pas beaucoup qui auront, comme elle, un superbe hôtel à Paris, plusieurs châteaux en province, et le bonheur de s'appeler madame la marquise.
— Mon frère, répondit Mathilde d'un ton pénétré, un hôtel, des châteaux, un titre, cela peut donner satisfaction à un sentiment de vanité ou d'orgueil; mais il y a autre chose de plus sérieux et de plus grand dans le mariage.
— Hein! fit madame de Perny dont les sourcils se froncèrent. En vérité, continua-t-elle, on donne aujourd'hui aux jeunes filles une singulière éducation; en les écoutant on croirait entendre parler des philosophes.
La jeune fille se tourna vers son frère comme pour lui demander : « Qu'ai-je donc dit de si extraordinaire? »
— Mais, reprit madame de Perny d'un ton qui trahissait son impatience, discuter n'est pas conclure. Mathilde, je vous ai fait part de la demande de M. le marquis de Coulange, et vous venez de nous dire, à votre frère et à moi, qu'il ne vous déplaisait pas.
— Oui, ma mère, j'ai dit cela, mais...
— Mais quoi?
— Je n'aime pas M. de Coulange, dit craintivement la jeune fille.
Un double éclair jaillit des yeux de madame de Perny, et elle eut beaucoup de peine à empêcher sa colère d'éclater.
— Eh! petite sotte! fit-elle durement et en haussant les épaules, est-ce que vous savez seulement ce que c'est qu'aimer?
— C'est vrai, répondit la jeune fille du voix mal assurée, je ne sais pas ce que c'est qu'aimer.
Et elle ajouta mentalement, tout en s'efforçant de retenir ses larmes :
— Je sais moins encore ce que c'est qu'être aimée!
— Ma fille, reprit madame de Perny d'un ton radouci, votre frère et moi nous avons promis votre main à M. le marquis de Coulange; je ne dois pas vous cacher non plus que, me croyant l'interprète fidèle de vos sentiments, j'ai donné à M. le marquis l'assurance que vous accueilleriez favorablement sa demande.
La jeune fille ouvrit la bouche pour essayer une nouvelle protestation; mais, sous le regard sévère et dominateur de madame de Perny, la parole expira sur ses lèvres. Elle eut un soupir étouffé et baissa tristement la tête.

— Ma chère Mathilde, lui dit alors son frère, ce que notre mère ne t'a pas encore appris, ce que tu as surtout besoin de savoir, c'est que M. de Coulange t'aime depuis le jour où il t'a vue la première fois. C'est une affection pleine de dévouement, c'est un grand amour que tu lui as inspiré.

La jeune fille tressaillit ; puis levant sur son frère ses yeux humides :

— Ah ! fit-elle, M. le marquis de Coulange m'aime ?

— Tu peux en être convaincue avant qu'il ne te le dise lui-même. Tu n'as pas besoin de réfléchir longuement pour comprendre que, s'il n'était pas amoureux de toi, le marquis ne t'aurait point demandée en mariage.

— C'est vrai, murmura la jeune fille.

— Enfin, ma fille, reprit madame de Perny, votre mariage est décidé, et rien maintenant n'y saurait mettre empêchement. Je n'ai pas besoin, je crois, de vous parler de la soumission et du respect qu'une jeune fille bien élevée doit aux volontés de sa mère.

— Je vous obéirai, ma mère ; j'épouserai M. le marquis de Coulange, répondit la jeune fille.

— C'est bien ! Vous reconnaîtrez, j'espère, que votre frère et moi nous n'avons eu en vue que votre bonheur et que nous nous sommes préoccupés surtout de votre avenir. C'est un très brillant mariage que vous faites, ma fille ; ce qui vous est donné est bien au-dessus de tout ce que nous pouvions désirer de mieux pour vous. Vous allez être marquise, c'est-à-dire l'égale des plus nobles, des plus grandes ; vous aurez la richesse, le luxe, c'est-à-dire une existence facile, heureuse, enviée ; pour vous les jours s'écouleront au milieu de joies sans cesse renouvelées. Oui, vous aurez tout cela, et c'est à votre frère que vous le devrez, vous ne l'oublierez pas. Demain, M. le marquis de Coulange viendra ; vous nous témoignerez votre reconnaissance en lui faisant un accueil gracieux.

« Maintenant, ma fille, ajouta-t-elle en se levant, venez que je vous embrasse ; votre mère est contente de vous. »

La jeune fille s'approcha toute tremblante, et sa mère lui mit un baiser sur le front.

C'est dans ces conditions, que mademoiselle Mathilde de Perny devint marquise de Coulange.

III

IL N'Y A PAS DE BONHEUR SANS NUAGE

Dès le lendemain du mariage, pendant que le marquis et sa jeune femme faisaient un voyage d'un mois en Italie, madame de Perny et son fils s'installaient à l'hôtel de Coulange.

Feignant une tendresse exagérée pour sa fille, madame de Perny avait déclaré

Chère enfant, va, reprit le marquis, je savais bien que tu m'aimerais. (Page 19.)

à M. de Coulange qu'elle allait souffrir beaucoup d'être séparée de sa « chère enfant » et que peut-être ce serait pour elle un coup mortel.

Alors il avait été décidé qu'on vivrait en famille, et qu'un appartement, dans une aile de l'hôtel de Coulange, serait mis à la disposition de madame de Perny.

De plus, le marquis assurait une position à M. de Perny, en lui confiant les fonctions de régisseur de ses biens avec un traitement de vingt-quatre mille francs par an.

Dans la pensée de la belle-mère, c'était le moins que son gendre pût faire.

Le marquis s'était également montré généreux envers sa femme. Outre la magnifique corbeille qu'il lui avait offerte, il lui reconnaissait, par contrat de mariage, une dot de deux cent mille francs.

Mathilde était restée étrangère à ces arrangements, à ces dispositions. Sa mère et son frère l'avaient simplement consultée, consultée pour la forme. Habituée depuis longtemps à n'avoir d'autres volontés que celle de sa mère, elle accepta tout ce qu'ils voulaient sans oser seulement faire une objection. Mais la générosité du marquis la toucha profondément, et la première émotion qu'il lui fit éprouver fut causée par un sentiment d'admiration.

Malgré sa jeunesse elle avait beaucoup de bon sens, et une grande intuition suppléait à son inexpérience. Elle n'eut pas de peine à découvrir que ce mari, qu'on lui avait en quelque sorte imposé, possédait les plus remarquables qualités du cœur et de l'esprit. Du reste, chaque jour elle faisait de nouvelles observations favorables au marquis et lui trouvait une nouvelle perfection.

Durant leur voyage, toujours respectueux et tendre et empressé à lui plaire, le marquis se montra d'une courtoisie parfaite, et eut pour elle des soins et des attentions d'une délicatesse exquise.

Alors elle comprit qu'elle était véritablement aimée. Elle sentit son cœur s'inonder d'une joie ineffable, et il lui sembla que tout rayonnait en elle. C'était comme si elle venait d'être éclairée subitement par un jour nouveau. L'amour se révélait à elle avec tout ce qu'il a de bon, de pur, de délicieux et de grand.

Après avoir été sevrée des caresses de sa mère et de son frère, après avoir été obligée de refouler au fond de son cœur ces élans de tendresse et d'étouffer en elle ce besoin d'affection qu'ont tous les êtres, se savoir enfin aimée comme jeune fille, elle l'avait si souvent rêvé, c'était voir s'ouvrir le ciel !

Elle n'était plus isolée dans l'amertume de ses anciennes désillusions ; un cœur lui appartenait, un cœur qui attendait que le sien répondît à ses battements.

Et celui dont elle était aimée, c'était son mari, l'homme qu'elle admirait le plus et qu'elle trouvait le plus grand.

Elle pouvait donc enfin ouvrir son cœur et permettre aux flots de sa tendresse de déborder.

On ne saurait méconnaître la puissance de l'amour et les choses merveilleuses qu'il accomplit. L'amour du marquis avait subjugué le cœur de sa femme. Elle l'aimait, bien avant de s'être rendu exactement compte de ses sentiments. A son insu, l'amour de Mathilde était né de l'admiration.

Ils étaient de retour à Paris depuis deux jours, lorsque la jeune femme découvrit, avec une joie si vive, qu'elle aimait et qu'elle était aimée.

Et cet immense bonheur qui lui était donné et qui lui promettait une existence si belle, c'est à sa mère et à son frère qu'elle le devait. Un sentiment de gratitude profonde pénétra dans son cœur, et elle se trouva disposée à oublier bien des choses.

— Cette fois, ils ne m'ont pas trompée, se dit-elle.

Ayant l'esprit trop droit, et trop d'honnêteté pour soupçonner seulement la pensée du mal chez les autres, il ne pouvait lui venir à l'idée que son mariage avait été le résultat d'un calcul.

Le changement qui se fit chez la jeune femme fut presque instantané. La joie qui était en elle se refléta sur son visage : elle parlait dans ses yeux limpides, devenus plus brillants, elle rayonnait sur son front.

Madame de Perny fut la première à s'apercevoir de cette espèce de transformation ; mais elle n'en devina point la cause. Ombrageuse et toujours inquiète, sa curiosité fut vivement surexcitée. Prenant le ton affectueux d'un véritable intérêt, elle interrogea sa fille, espérant provoquer une confidence.

Mais la confiance ne se commande pas ; la jeune femme sentit qu'il lui serait pénible d'ouvrir son cœur à sa mère, et elle renferma en elle ses secrètes pensées. Elle fit à madame de Perny des réponses évasives, et prétendit que, si elle paraissait satisfaite et plus gaie, c'était le plaisir de se retrouver à Paris.

La mère n'osa pas insister, mais elle se dit :

— Mathilde me cache la vérité ; que s'est-il donc passé ?

Le soir quand elle se trouva seule avec son mari, la jeune femme se jeta à son cou en pleurant.

— Oh ! je suis bien heureuse ! lui fit-elle.

— Tu es heureuse, et tu pleures ! dit-il.

— Oui, je pleure... c'est la joie, c'est le bonheur !

Puis, approchant sa bouche de l'oreille du marquis, tout bas elle ajouta :

— Edouard, je t'aime !

C'était la première fois qu'elle le tutoyait.

Le marquis laissa échapper un cri joyeux.

— Et moi je t'adore ! répondit-il.

Et il la pressa fiévreusement contre sa poitrine.

— Chère enfant, reprit-il, va, je savais bien que tu m'aimerais..... J'ai beaucoup souffert de ta froideur ; mais j'avais l'espoir, j'attendais...

. . . .

Dix-huit mois s'écoulèrent, dix-huit mois d'un bonheur qu'aucun nuage n'aurait altéré, qui n'aurait été mêlé d'aucune amertume, si la marquise n'avait pas eu sa mère près d'elle.

Si fortement protégée qu'elle le fût par l'amour de son mari, elle ne pouvait se soustraire à l'influence fatale que sa mère exerçait sur elle. Jeune fille, la terrible volonté de madame de Perny l'avait brisée, écrasée ; jeune femme, malgré ses révoltes intérieures, elle ne pouvait échapper à cette monstrueuse domination. Et ce n'était pas tout : elle avait découvert avec une peine profonde, mêlée d'effroi, que sa mère était jalouse de son bonheur.

Chaque fois qu'elle en trouvait l'occasion, on aurait dit que madame de Perny se faisait un plaisir de jeter le trouble dans le cœur de sa fille. En présence de sa mère, la jeune femme était forcée de se contraindre. Autant qu'elle pouvait, elle évitait de se trouver seule avec elle, car alors elle éprouvait une gêne pénible : ce n'était plus seulement de la crainte, mais quelque chose qui ressemblait à de la terreur.

Heureusement, le marquis imposait à madame de Perny par son caractère, et, dans l'intérêt de son fils, elle sentait la nécessité d'observer une certaine réserve avec sa fille. Sans cela, la situation n'aurait pas été supportable. Elle affectait de se tenir un peu à l'écart, et de ne point se mêler des affaires du jeune ménage. C'était sournoisement, sous l'apparence de l'affection, avec une adresse calculée et pleine de perfidie, qu'elle portait ses coups au cœur de Mathilde.

La jeune femme était confiante ; madame de Perny essayait de faire naître le doute en elle.

Mathilde admirait son mari ; sa mère cherchait à l'abaisser.

Où Mathilde voyait une perfection, sa mère trouvait un défaut.

Madame de Perny tentait de faire tomber l'idole de son piédestal.

Elle avait pris des renseignements sur le passé du marquis, et elle savait que pendant quelques années sa vie avait été extrêmement agitée. Elle eut la cruauté de faire cette révélation à sa fille. La jeune femme apprit ainsi ce qu'il était du devoir de sa mère de lui laisser ignorer, que la conduite de son mari n'avait pas toujours été exempte de reproches, qu'il avait eu des maîtresses, et qu'il avait gaspillé follement une partie de son patrimoine.

Assurément, le passé n'avait aucun rapport avec le présent ; mais dans leur amour la plupart des femmes ont une grande susceptibilité. En admettant qu'elles ne soient point jalouses du passé, il y a des choses qu'il faut qu'elles ignorent dans l'intérêt de leur tranquillité et qu'il est toujours dangereux de leur faire connaître.

Lorsque le marquis sortait seul le soir, bien qu'il eût prévenu sa femme qu'il allait à son cercle, madame de Perny disait à sa fille :

— Les maris ont toujours d'excellents prétextes pour ne pas rester près de leur femme ; leur cercle en est un. Quand on a été un viveur, quand on a eu beaucoup de maîtresses, il y en a toujours quelques-unes que l'on revoit. On ne rompt jamais complètement certaines relations.

Ou bien encore :

— Il y a quelques années M. de Coulange était un joueur effréné ; or, il n'y a rien de terrible comme la passion du jeu. Ils ne sont pas rares les maris qui oublient tous leurs devoirs devant une table de jeu et qui préfèrent à leur femme la dame de pique ou de carreau !

Mais elle avait à peine parlé, qu'elle faisait semblant d'être désolée de ce qu'elle venait de dire ; les paroles lui étaient échappées involontairement et elle semblait vouloir en atténuer la gravité ; mais elle avait produit l'effet voulu, le coup brutal était porté !

Ces insinuations perfides étaient autant de pointes acérées qui pénétraient profondément dans le cœur de la jeune femme.

On comprend pourquoi, loin de rechercher la société de sa mère, la marquise évitait, au contraire, de se trouver seule avec elle. Il est vrai qu'une parole affectueuse, un mot de tendresse ou un baiser de son mari venait bientôt la rassurer et verser un baume sur les blessures faites à son cœur. Malgré cela, elle avait souvent de sombres tristesses et souvent aussi elle s'enfermait dans sa chambre pour verser des larmes.

Le marquis ne se doutait nullement de ce qui se passait dans sa maison. Dans son respect filial pour sa mère, qui en était si peu digne, Mathilde cachait à son mari, avec le plus grand soin, ses inquiétudes, ses contrariétés, ses alarmes et ses douleurs intimes. Elle aurait été honteuse de se plaindre à lui et d'accuser sa mère.

Pour qu'il ne soupçonnât rien, elle lui montrait toujours son visage épanoui, son même regard plein de tendresse, son même sourire de bonheur. Pour cela, du reste, elle n'avait que peu d'efforts à faire : la présence de son mari suffisait pour chasser le nuage qui obscurcissait son front, pour changer le cours de ses pensées et la rendre joyeuse.

La maladie du marquis débuta par une grande lassitude dans tous les membres, qui fut bientôt suivie d'un affaiblissement général. Son état n'inspira d'abord aucune inquiétude ; mais le mal s'étant rapidement aggravé, les craintes commencèrent à devenir sérieuses.

Les médecins qui furent consultés reconnurent que M. de Coulange était atteint d'une anémie d'un caractère fort grave. C'est alors que le séjour dans un climat chaud fut conseillé au marquis ; mais comme il se refusa avec opiniâtreté à quitter Paris, les médecins déclarèrent qu'ils considéraient la situation du malade comme étant très dangereuse.

Madame de Perny et son fils furent consternés. En effet, la mort du marquis ruinait toutes leurs espérances et les replongeait dans cette existence de gêne et d'expédients dont le mariage de Mathilde les avait fait sortir.

Ils eurent simultanément cette même pensée :

« Il faut que le marquis fasse un testament en faveur de sa femme. »

Madame de Perny ne se gêna plus avec sa fille et devint chaque jour de plus en plus audacieuse. A tout prix, il fallait que sa domination fût complète pour pouvoir briser les volontés de la jeune femme et lui imposer les siennes.

Placée entre sa mère et son frère, abîmée dans sa douleur et déjà affaissée, osant moins que jamais réclamer la protection de son mari, Mathilde se trouva sans force de résistance. Elle dut subir le funeste ascendant de sa mère et plier sous sa volonté.

Dès lors madame de Perny put croire qu'elle arriverait facilement à son but. Pour cela tous les moyens étaient bons. Dans son égoïsme et sa vénalité il lui importait peu de déchirer et de broyer le cœur de sa fille. Du moment que ses intérêts et ceux de son fils se trouvaient menacés, cette femme était sans pitié.

Elle eut le triste courage d'annoncer à sa fille que les médecins n'avaient aucun espoir de sauver M. de Coulange, et elle osa lui dire que la maladie de son mari était la conséquence de la conduite scandaleuse qu'il avait menée et que le germe du mal était en lui avant son mariage.

Après ces paroles, elle crut devoir s'attendrir, regretter d'avoir été si peu prévoyante, et s'accuser de s'être laissé éblouir par le brillant avenir promis à sa fille.

Elle ajouta :

—Malheureusement, à cette époque, je ne savais pas tout ; c'est depuis que des amis m'ont ouvert les yeux en m'apprenant ce qu'était réellement le marquis de Coulange.

« Aussi continua-t-elle, ai-je éprouvé un grand chagrin lorsque je me suis aperçue que ton mari ne te rendait pas heureuse. Hélas ! je comprenais enfin pourquoi tu avais repoussé d'abord la demande de M. de Coulange. Ma pauvre Mathilde, tu avais le pressentiment de ton malheur !

La jeune femme ne put s'empêcher de protester.

— Vous vous trompez, ma mère, répliqua-t-elle ; mon mari a toujours été excellent pour moi ; il m'aime et il m'a rendue heureuse autant qu'une femme peut l'être. Sans cette maladie qui me cause les plus cruelles angoisses, je vous assure, ma mère, que je serais aujourd'hui, comme depuis mon mariage, la plus heureuse des femmes.

Madame de Perny secoua la tête et répondit avec un faux sourire :

— A sa mère, surtout, une jeune femme n'avoue jamais qu'elle n'est pas heureuse.

Tout cela n'était que des escarmouches nécessaires pour préparer l'attaque.

— Je veux bien croire que M. de Coulange t'aime, reprit madame de Perny, les hommes ont de si singulières façons de prouver leur affection... Mais aujourd'hui sa vie est menacée et tu dois te préoccuper de ton avenir.

— Je ne comprends pas, fit la jeune femme.

— Je m'explique. Il faut que tu demandes à M. de Coulange, — ce qu'il ne te refusera pas, parce qu'il t'aime, — de faire son testament et de te nommer sa légataire universelle.

La jeune femme se redressa indignée.

— Moi exiger cela de mon mari! s'écria-t-elle, jamais!

Madame de Perny se mordit les lèvres.

— Oh! je te sais très désintéressée, fit-elle, mais c'est une raison de plus pour que je te montre dans quelle position tu te trouveras le lendemain de la mort de M. de Coulange.

— D'abord, ma mère, répliqua la marquise, je ne crois point que mon mari soit près de mourir, et quand même j'aurais la certitude que cet immense malheur m'est réservé, je ne ferais point auprès du marquis de Coulange une démarche qui répugne à mes sentiments honnêtes et que je trouve odieuse.

— Volontairement tu renonces à la fortune?

— M. de Coulange m'a épousée sans dot, et, plein de générosité, il m'a fait un don de dix mille francs de rente.

— C'est vrai; mais tu devrais te dire que ce n'est pas avec dix mille francs de revenu que tu peux porter ton titre de marquise.

— Ma mère, veuve, je pourrais être plus pauvre encore et porter dignement et avec fierté le nom de mon mari.

La jeune femme resta inébranlable dans sa résolution et, pour le moment, madame de Perny dut renoncer à la convaincre.

— Elle a beau faire, se dit-elle avec une fureur concentrée, il faudra bien que j'aie raison de sa résistance.

Mais la position du marquis ne permettait pas une trêve de longue durée. Si rien n'annonçait encore sa fin prochaine, il était dans un tel état de dépérissement qu'il pouvait s'éteindre subitement comme la mèche d'une lampe qui a brûlé sa dernière goutte d'huile.

C'est alors que M. de Perny se souvint d'un de ses amis de collège qui, après avoir fait de brillantes études, était devenu docteur-médecin!

Ernest Gendron était pauvre et encore inconnu; mais déjà on parlait de lui comme d'un homme d'avenir et d'un grand savoir.

— Ernest Gendron se souviendra de notre intimité d'autrefois, se dit Sosthène, et, moins réservé que ses confrères, il ne cherchera pas à me cacher la vérité.

Il écrivit immédiatement au jeune docteur pour le prier de venir voir le marquis de Coulange.

Nous savons que, comme les autres médecins, Ernest Gendron n'avait point osé déclarer clairement que le marquis était perdu, mais qu'il avait donné à entendre à M. de Perny que la catastrophe pouvait arriver d'un moment à l'autre.

IV

LA MÈRE ET LE FILS

Après avoir accompagné le docteur Gendron jusque sur le perron de l'hôtel Sosthène s'empressa de rejoindre sa mère qui l'attendait avec une impatience fébrile.

— Eh bien ? l'interrogea-t-elle avec anxiété.

M. de Perny secoua tristement la tête.

— Ainsi, plus d'espoir, dit madame de Perny, il est condamné ?

— Condamné ! répondit Sosthène comme un écho.

Le front de madame de Perny se plissa davantage et un feu sombre s'alluma dans ses yeux.

— Ernest Gendron a cru devoir me prévenir que, si le marquis avait des dispositions à prendre, il était urgent de ne pas perdre de temps, reprit Sosthène.

— Je sais cela aussi bien que ton ami, fit madame de Perny en haussant les épaules.

— Soit. Il faut donc absolument que Mathilde...

— Ce matin j'ai fait auprès d'elle une nouvelle tentative : la sotte ! elle ne veut rien entendre.

— Malheureusement elle aime son mari.

— Oui, elle l'aime. C'est parce qu'elle l'aime et par un sentiment stupide de délicatesse qu'elle ose me résister. Je la domine, j'ai brisé ses volontés, mais il y a en elle une force d'inertie contre laquelle toute lutte est impossible.

— Alors il faut agir directement sur le marquis.

— Je n'ai pas attendu jusqu'à présent pour lui faire comprendre qu'il serait prudent de songer à l'avenir de sa femme, et qu'il ferait bien de tester en sa faveur.

— Vous ne m'aviez pas dit cela.

— Je n'ai pas besoin de tout dire.

— Que vous a répondu le marquis ?

— Qu'il me remerciait de mon avertissement, qu'il comprenait mes inquiétudes, mais qu'il n'en était nullement effrayé. Et il ajouta qu'il ne voyait point la mort de si près pour sentir la nécessité de faire son testament.

— Le malheureux ne se voit pas mourir !

— Presque tous les malades en sont là ; ils croient encore à la guérison en rendant le dernier soupir.

Elle a beau faire la gracieuse, se dit le vieux serviteur, elle ne me revient pas du tout et son fils encore moins. (Page 28.)

— Mais dans un mois, dans huit jours, demain il peut mourir. Que faire ?
— Je n'en sais rien. J'espère toujours que le marquis cessera de se faire illusion sur sa position et que je contraindrai ta sœur à penser comme nous.
— Ah ! si elle avait eu un enfant, fit M. de Perny avec regret.
— Si Mathilde avait un enfant, répliqua la mère, nous n'aurions qu'à attendre tranquillement la dernière heure du marquis. Il ne s'agirait plus seulement de la fortune de M. de Coulange, dont le chiffre s'élève aujourd'hui à plus de

quatre millions, mais aussi de la fortune de sa tante, la duchesse de Chesnel-Tanguy, dont le marquis est l'unique héritier.

— Oh! ce serait superbe! exclama Sosthène, les yeux étincelants de convoitise. La vieille duchesse n'a pas loin de dix millions de fortune.

— Malheureusement, Mathilde n'a pas d'enfant, reprit la mère. Non seulement nous ne devons pas penser aux millions de la duchesse, mais nous sommes menacés de voir la fortune de mon gendre nous échapper. S'il venait à mourir demain, les millions de celui-ci, comme les millions de l'autre, seraient dispersés aux quatre coins de la France et iraient augmenter la fortune des petits-cousins du marquis.

M. de Perny frappa du pied avec colère.

— Si cela arrivait, ma mère, s'écria-t-il d'une voix frémissante, il n'y aurait plus de justice, ce serait une iniquité! mais cela ne sera pas, cela ne peut pas être!

— Il n'y a pas à lutter contre les droits absolus que donnent les lois.

— Non, non, reprit-il avec violence, en marchant dans la chambre d'un pas saccadé, fiévreux, cela ne sera pas, j'aimerais mieux...

— Quoi? que peux-tu faire?

Il ne répondit pas. La tête inclinée, il continua à tourner autour de la chambre. Au bout d'un instant il s'arrêta brusquement, releva la tête et se frappa le front. Un horrible sourire crispait ses lèvres, des lueurs sombres sillonnaient son regard.

Il se rapprocha de sa mère. Celle-ci ne pût s'empêcher de tressaillir.

— Mais qu'as-tu donc! lui demanda-t-elle.

— Ce que j'ai, je vais vous le dire, répondit-il d'une voix creuse. Une idée vient de jaillir de mon cerveau, et il faut, vous entendez, ma mère, il faut que cette idée réussisse.

— Je ne demande pas mieux. Voyons d'abord ton idée.

— Je puis compter sur vous?

— Tu le sais bien.

— Eh bien, ma mère, il faut que Mathilde ait un enfant.

Madame de Perny bondit sur son fauteuil.

— Et c'est là ton idée? s'écria-t-elle ahurie.

— Oui.

— Ah çà! tu es fou!

— Je vous prie de croire que j'ai toute ma raison.

— Il y a pourtant lieu d'en douter. En effet, si tu t'imaginais que ta sœur est capable d'avoir un amant, ce serait de la folie.

— Je n'ai pas eu cette pensée.

— Alors, je ne comprends point, car, aujourd'hui moins que jamais, il n'est pas possible d'admettre que le marquis puisse la rendre mère.

— Je suis absolument de votre avis.

— Je comprends de moins en moins; c'est une énigme, ton idée. Explique-toi.

Il se pencha vers sa mère, et pendant un instant il lui parla tout bas à l'oreille.

Il y avait évidemment dans ses paroles quelque chose de terrible et d'effrayant, car madame de Perny devint subitement très pâle et resta un moment suffoquée sous le coup d'une violente émotion.

— Eh bien, vous avez entendu? reprit-il à haute voix.
— Oui, j'ai entendu.
— Mon idée est-elle bonne?
— Sans doute, mais...
— Est-ce que vous ne l'approuvez pas?
— Si, puisque je la trouve excellente; seulement...
— Seulement?
— Est-elle réalisable? Je vois se dresser devant nous des difficultés insurmontables.
— Déjà!
— Il y a d'abord Mathilde.
— Elle se soumettra si vous le voulez comme vous savez habituellement vouloir. Du reste, je serai là pour vous aider.
— Ensuite il y a tout le reste.
— Assurément. Mais nous n'avons pas quant à présent, à nous préoccuper de toutes ces difficultés qui vous semblent insurmontables. Il y a un premier obstacle, c'est celui qu'il importe de briser d'abord: successivement, nous en ferons autant des autres à mesure qu'ils se présenteront.

Madame de Perny secoua la tête. Elle ne paraissait pas convaincue.
Sosthène reprit :
— Avec de la volonté, de l'énergie, de l'adresse et de l'audace quand il le faut, on est toujours sûr de réussir.
— Tu crois cela?
— Oui. Vouloir, c'est déjà la moitié du succès.
— Il y a les conséquences qui peuvent être terribles.
— Je ne les redoute point.
— Ainsi, tu es absolument décidé à te jeter dans cette nouvelle aventure?
— Ce n'est pas nous qui avons créé la situation actuelle : nous nous défendons contre un danger qui nous menace. Ma mère, ce n'est pas seulement la fortune du marquis de Coulange qu'il nous faut, c'est aussi les millions de la vieille duchesse de Chesnel-Tanguy.

Il y eut un moment de silence.

Madame de Perny réfléchissait, la tête dans ses mains.

Sosthène attendait la décision de sa mère, en tordant ses moustaches avec impatience.

— Il a raison, il le faut, murmura madame de Perny.

Elle se leva à demi, allongea le bras et tira le cordon d'une sonnette.

Presque aussitôt une porte s'ouvrit et une femme parut.

— Madame m'a appelée? dit-elle.

— Oui. Vous allez faire demander à madame la marquise si elle peut me recevoir, et vous m'apporterez sa réponse.

La femme de chambre se retira.

Madame de Perny se mit à réfléchir de nouveau.

— A quoi pensez-vous? lui demanda son fils.

— Je pense que si le marquis doit vivre encore quelques mois, il faut absolument le séparer de sa femme.

— Oui, absolument.

— Et je me demande comment nous pourrons le décider à se laisser conduire en Algérie ou ailleurs.

— Sans que Mathilde l'accompagne.

— Tu le vois, ce n'est pas là la moindre des difficultés.

— Mais elle n'est pas au-dessus de votre habileté, fit Sosthène d'un ton flatteur; je connais depuis longtemps les ressources de votre esprit, votre intelligence saura triompher.

Madame de Perny eut un sourire qui prouva une fois de plus à son fils qu'elle n'était pas insensible à la flatterie.

A ce moment la femme de chambre revint.

— Madame la marquise était auprès de M. le marquis, dit-elle; on l'a prévenue que vous désiriez la voir; elle a répondu qu'elle serait à vous dans un instant et elle vous prie de l'attendre dans son petit salon.

— C'est bien, fit madame de Perny en se levant.

D'un signe elle congédia la femme de chambre.

— Pensez-vous avoir besoin de moi? demanda Sosthène.

— Je ne sais pas, mais ta présence peut ne pas être inutile.

— Alors je vous suis.

— Viens.

Ils sortirent de la chambre et se dirigèrent vers l'appartement de la marquise.

Ils traversèrent une pièce où se trouvait Firmin, le vieux valet de chambre du marquis. Madame de Perny le salua d'un mouvement de tête amical.

— Elle a beau faire la gracieuse, se dit le vieux serviteur quand ils furent passés, elle ne me revient pas du tout et son fils encore moins. Ah! si j'étais le maître ici pendant vingt-quatre heures seulement, il y aurait vite un bon coup de balai!

Madame de Perny et son fils entrèrent dans le boudoir de la marquise. Tout y était d'un goût exquis. M. de Coulange avait voulu que ce petit salon fût digne de la femme aimée à laquelle il le destinait. C'était un nid frais, coquet, charmant, avec des tentures de soie d'un bleu tendre, et tout à fait en harmonie avec la grâce, l'élégance et la beauté suave de la jeune marquise.

Madame de Perny avait à peine eu le temps de s'asseoir lorsque la marquise parut.

Sosthène était resté debout, un bras appuyé sur la tablette de la cheminée.

A la vue de son frère, qu'elle ne s'attendait pas à trouver avec sa mère, la jeune femme eut une sensation pénible et elle les regarda l'un après l'autre avec inquiétude. Son instinct lui faisait pressentir le nouveau malheur qui la menaçait.

Comme si elle eût été chez elle, madame de Perny invita sa fille à s'asseoir en lui désignant un fauteuil en face d'elle.

La marquise ne remarqua point que sa fille intervertissait les rôles. Elle s'assit tristement.

Madame de Perny eut l'air de se recueillir avant de commencer l'attaque. Elle sentait peser sur elle le regard de son fils, et ce regard impérieux lui disait :

— Pas de ménagements, pas de pitié !... Vous savez ce que j'attends de vous, vous savez ce que je veux !

La marquise était là, devant eux, tremblante et craintive comme une coupable en présence de ses juges. Hélas ! c'était la victime entre ses bourreaux !

V

L'IDÉE DE SOSTHÈNE

Quand madame de Perny se décida à parler, son visage avait pris une expression de dureté presque cruelle.

— Je vous ai attendue, ma fille, dit-elle ; vous étiez, paraît-il, près de M. le marquis.

— Oui, ma mère.

— Ce n'est pas un reproche que je veux vous adresser, mais je dois vous répéter que M. le Marquis a surtout besoin de repos, et que vos tête-à-tête peuvent avoir des suites funestes.

Les yeux de la jeune femme se remplirent de larmes.

— Comment va-t-il ce matin ? reprit madame de Perny.

— Son état paraît être toujours le même ; pourtant il croit qu'il va mieux.

Madame de Perny hocha la tête.

— Il est arrivé à un tel état d'épuisement, dit-elle, qu'il ne sent plus le mal.

— Oh! ma mère, vous êtes sans pitié pour moi!

— Ma chère Mathilde, dit Sosthène, il faut que tu sois préparée à recevoir le coup qui t'attend; si nous ne te montrions pas la situation telle qu'elle est, ce serait faiblesse de notre part.

La marquise poussa un profond soupir et cacha son visage dans ses mains.

— Votre frère ne veut pas dire que M. le marquis n'a plus que quelque jour à vivre, reprit madame de Perny, voyant que sa fille pleurait, mais vous savez comme nous qu'il est condamné, que tout espoir est perdu...

— Mais c'est l'espoir qui me soutient, répliqua douloureusement la jeune femme, qu'est-ce que cela vous fait de me le laisser?

— Certes, je vous le laisserais volontiers, votre espoir insensé, s'il ne vous rendait aveugle au point de ne pas voir ce qu'il convient de faire pour sauvegarder vos intérêts.

La marquise garda le silence.

— Votre mari vous a-t-il parlé de la visite que je lui ai faite hier? demanda madame de Perny.

— Non.

— Alors vous ignorez que je l'ai engagé à faire son testament.

— Vous avez eu ce courage!

— Il faut bien qu'on fasse pour vous ce que vous n'avez pas la volonté de faire.

— Que vous a répondu mon mari, ma mère?

— Ce que vous auriez obtenu, vous, m'a été refusé à moi.

— Non, ma mère, je n'aurais pas mieux réussi que vous, et vous me donnez raison de ne pas avoir cédé à vos instances. Je dois tout à mon mari; je le connais, s'il jugeait qu'il me doit davantage que ce qu'il m'a déjà donné, il n'attendrait pas qu'on le lui demande.

— Ce sont là des sentiments qui font leur effet dans le langage des poètes, répliqua madame de Perny d'un ton railleur; dans la vie réelle ils sont bêtes!

« Mais, continua-t-elle, nous sommes là, heureusement, Sosthène et moi, pour nous occuper de vos intérêts.

— Nous ne tenons plus à ce que ton mari te fasse sa légataire universelle, ajouta M. de Perny.

— Oui, reprit la mère, nous avons trouvé un autre moyen de vous conserver la fortune entière de M. de Coulange.

— Et de te rendre héritière de la duchesse de Chesnel-Tanguy, dit Sosthène.

La marquise les regarda en ouvrant de grands yeux où se peignaient la surprise et l'anxiété.

— D'abord, ma fille, reprit madame de Perny, il faut bien vous pénétrer que dans deux, trois, quatre, ou cinq mois au plus, vous serez veuve.

— Mais tu resteras riche, ma sœur ; les petits-cousins du marquis de Coulange ne viendront pas te chasser de cet hôtel.

— Je ne comprends pas, balbutia la marquise.

— Ma fille, dit madame de Perny en enveloppant la jeune femme d'un regard étrange qui la fit frissonner, vous êtes beaucoup trop désintéressée ; si vous êtes sans ambition, si vous n'avez aucun souci de votre avenir, vous devez, c'est là votre devoir, songer à l'avenir des vôtres. Vous savez les pertes d'argent que j'ai faites ; je n'ai plus qu'une rente viagère, qui ne me donne pas même de quoi vivre, et votre frère ne possède absolument rien. Plus que jamais, vous devez vous rappeler aujourd'hui que c'est à Sosthène que vous devez votre brillante position. Si ce n'est pour vous, ma fille, pour votre frère et pour moi, vous n'avez pas le droit de laisser échapper de vos mains une fortune qu'il vous est facile de conserver.

« Comme Sosthène vient de nous le dire, il n'est plus nécessaire que M. de Coulange fasse un testament en votre faveur.

« Maintenant, ma fille, continua-t-elle d'un ton plein d'autorité, écoutez bien ce que je vais vous dire. »

La marquise se sentit saisie d'une angoisse terrible et se tourna vers son frère comme pour l'implorer. Mais elle rencontra un regard froid et perçant qui la toucha au cœur comme une brûlure. Elle comprit qu'elle n'avait pas plus à espérer de lui que de sa mère.

— Ma fille, reprit madame de Perny, dont la voix avait pris un accent singulier, depuis deux mois vous êtes enceinte.

La marquise se dressa comme si elle eût été poussée par un ressort.

— Enceinte ! moi, moi ! s'écria-t-elle affolée.

— Oui, ma fille, répondit madame de Perny d'un ton sec, et le plus grand calme, et dans sept mois, un peu plus tôt, si nous le jugeons à propos, vous aurez un enfant.

La jeune femme retomba sur son siège, incapable de prononcer un mot. La surprise, l'émotion, tous les sentiments qui s'agitaient en elle la rendaient muette.

Madame de Perny continua :

— Aujourd'hui même nous annoncerons cette heureuse nouvelle à M. de Coulange et demain nous la ferons connaître à nos amis.

La marquise fut prise d'un tremblement convulsif, mais elle retrouva subitement la parole pour protester.

— Mais cela n'est pas, ma mère ! s'écria-t-elle d'une voix déchirante.

— Vous ferez comme si cela était.
— C'est un horrible mensonge !
— Ce n'est pas vous qui mentirez... nous ne vous demandons que de nous laisser agir et de garder le silence.
— Me taire, c'est me rendre complice de cette infamie, car ce que vous voulez faire est un crime, ma mère, un crime ?

Les yeux de madame de Perny étincelèrent et un éclair de colère traversa son regard.

— Ma fille, vous êtes folle, riposta-t-elle d'une voix brève, et vous ne voyez même pas que vous injuriez votre mère. Un crime ! où est-il ! Est-ce que tous les jours on ne voit pas adopter de pauvres petits orphelins ?... Voilà ce que nous vous proposons, une adoption. Seulement en raison des circonstances présentes et des grands intérêts qu'il s'agit de préserver, il est nécessaire qu'on croie que cet enfant que vous adopterez est né de votre mariage avec le marquis de Coulange.
— Comprends-tu, Mathilde ? Rien de plus facile... et tu gardes la fortune de ton mari, sans compter les héritages qui viendront.
— Ma fille, reprit madame de Perny, je vous le dis encore, vous n'avez pas le droit de vous sacrifier à de ridicules sentiments de délicatesse et de condamner votre frère, qui a tout fait pour vous, à une vie pauvre et misérable.
— Ah ! vous êtes impitoyable, ma mère ! gémit la marquise.
— Eh bien, oui, je suis sans pitié, répliqua madame de Perny d'un ton farouche, et cette fois, je vous le jure, vous subirez ma volonté.

Son regard était devenu si terrible que la jeune femme sentit son sang se glacer dans ses veines.

— Un enfant, un enfant ! murmura-t-elle avec égarement. Mais non, c'est impossible, tout cela n'est pas vrai... C'est un rêve horrible que je fais, c'est un épouvantable cauchemar !
— Non, lui répondit brutalement sa mère, ce n'est pas un rêve que vous faites, vous êtes bien éveillée, et c'est bien votre mère qui vous parle. Je vous ai dit ce que votre frère et moi nous exigions de vous ; à partir de maintenant, ne songez plus qu'à l'attitude que vous devez prendre pour vous conformer à nos intentions.
— Oh ! oh ! oh ! fit la marquise sur trois tons différents, qui sortirent comme un râle de sa gorge serrée.

Elle jeta autour d'elle des regards d'épouvante, en se tordant convulsivement sur son fauteuil.

Madame de Perny la tenait pantelante et écrasée sous les flammes de son regard implacable.

— Un enfant, un enfant ! prononça encore la malheureuse jeune femme d'une voix haletante, étranglée.

Mathilde n'avait pas entendu sa mère qui, debout sur le perron, l'avait appelée deux fois. (Page 45.)

Sosthène s'approcha de sa sœur.

— Oui, un enfant, lui dit-il, et c'est moi qui me charge de le trouver. D'ailleurs, ajouta-t-il cyniquement, tu ne seras pas obligée de l'aimer.

La marquise n'eut pas l'air de l'avoir entendu. La tête sur sa poitrine, les bras ballants, les yeux démesurément ouverts fixés à ses pieds, et maintenant dans une immobilité complète, on aurait dit qu'elle venait d'être pétrifiée.

Madame de Perny se leva.

— Viens, dit-elle à son fils; Mathilde a besoin de se recueillir et d'être seule pour réfléchir.

Ils jetèrent tous deux un dernier regard sur leur victime, et ils sortirent du boudoir.

Après s'être assuré qu'ils se trouvaient seuls dans l'antichambre, Sosthène dit tout bas à sa mère :

— Vous avez été superbe, mais êtes-vous bien sûre que Mathilde ne nous trahira point?

— Si elle avait à parler, elle se tairait, répondit madame de Perny; n'ayant rien à dire, elle gardera le silence.

— Je le crois; toutefois, tant que le marquis sera ici je ne me sentirai pas rassuré.

— Aussi faut-il nous hâter de le faire partir. Je ne sais pas encore comment je pourrai le décider à quitter Paris; mais il faut qu'il parte, il partira. Ton ami Ernest Geudron t'a-t-il promis qu'il viendrait demain matin?

— Oui.

— Peut-être sera-t-il nécessaire que tu le voies ce soir même. Je vais aller causer avec le marquis; il est important qu'il m'entende avant de voir Mathilde. Pendant ce temps tu m'attendras dans ta chambre.

Ils se séparèrent. Madame de Perny se dirigea résolument vers l'appartement du marquis. Ne trouvant ni Firmin ni un autre domestique pour l'annoncer, elle frappa doucement à la porte de son gendre.

— Entrez, répondit la voix faible du malade.

Elle avait eu le temps de se composer un visage de circonstance. Elle entra dans la chambre du marquis en donnant à son regard une expression presque joyeuse.

— Ah! c'est vous, madame? fit le malade en essayant de se soulever sur son fauteuil. Je suis heureux de votre visite.

— Vous venez de faire un effort pour vous lever; pourquoi vous fatiguer, monsieur le marquis? Allons, ne bougez pas... Voyez, je m'assieds là, dans ce fauteuil, tout près de vous, pour que nous puissions causer plus facilement.

Le marquis lui tendit sa main amaigrie, qu'elle prit et garda un instant dans les siennes.

— Comment allez-vous aujourd'hui? lui demanda-t-elle d'un ton plein d'intérêt.

— Ni mieux, ni pire, répondit-il en secouant tristement la tête; c'est toujours la même faiblesse, comme si j'avais les membres brisés... Ah! cette maladie est bien longue, plus encore pour ma chère Mathilde et les autres personnes qui m'entourent que pour moi.

— Il ne faut pas vous décourager, monsieur le marquis; vous retrouverez la santé et maintenant vous ne devez plus avoir qu'une seule pensée, celle de vous rétablir promptement. Vous ne devez plus rien négliger, vous devez tout faire pour obtenir votre guérison. Oui, vous suivrez les prescriptions de vos médecins, vous écouterez les conseils de ceux qui vous aiment.

— Je vous entends, ce jeune docteur, qui est venu ce matin, vous a dit comme les autres qu'il était nécessaire que j'allasse habiter quelque temps dans le Midi.

— Oui, monsieur le marquis. C'est aussi l'avis du docteur Gendron.

— Eh bien, je ne le suivrai pas ; je sais que...

— Attendez, l'interrompit-elle vivement, vous ne devez plus résister à ceux qui veulent vous guérir, vous n'en avez plus le droit.

Le marquis la regarda avec surprise.

— Vous allez comprendre. Je viens vous parler d'un heureux, d'un très heureux événement.

— Que voulez-vous dire ?

— Monsieur le marquis, dans quelques mois ma fille vous aura rendu père !

Le marquis sursauta.

— Ai-je bien entendu? s'écria-t-il ; venez-vous réellement de me dire...

— Oui, monsieur le marquis, je viens de vous annoncer que vous êtes à la veille d'avoir un enfant !

Le visage pâle du malade s'anima ; son front s'éclaira soudain, et une joie ineffable brilla dans ses yeux. Il envoya vers le ciel un regard plein de reconnaissance ; puis appuyant ses deux mains sur sa poitrine :

— Ma mère, dit-il, vous venez de tout faire tressaillir en moi... Mon cœur bat comme s'il allait se briser. Mais ce n'est point de la souffrance, cela ; il me semble que c'est le commencement du retour à la vie !... Avoir un enfant a toujours été notre vœu le plus ardent ; un tel désir réalisé, quelle ivresse !

« Un enfant ! et ce sera peut-être un fils, continua-t-il comme en extase. Un enfant à aimer, un fils qui portera mon nom, qui aura la beauté, les vertus de sa mère, la noble fierté et la grandeur de ses ancêtres, y a-t-il sur la terre un bonheur comparable à celui-là?

Après s'être arrêté un instant pour respirer, il reprit :

— Tout à l'heure, Mathilde était ici, près de moi, pourquoi ne m'a-t-elle rien dit?

— Une jeune femme est souvent embarrassée pour dire certaines choses, répondit madame de Perny, et puis elle a craint qu'une émotion trop vive... Mais comme nous ne devions pas vous laisser ignorer plus longtemps le bonheur qui vous arrive, je me suis chargée de vous prévenir. Du reste, c'est hier seulement, qu'en causant avec ma fille, nous avons fait cette heureuse découverte.

— Oui, je comprends... Chère Mathilde, elle n'a pas osé me dire cela elle-même. Ah! je m'explique maintenant pourquoi elle m'a répété souvent en m'enbrassant : « Tu ne mourras pas, je ne veux pas que tu meures, pour nous il faut que tu vives !... » Pour nous ! Elle pensait à son enfant. Chère bien-aimée ! Et en disant cela elle pleurait.

— En ce moment plus que jamais, monsieur le marquis, vous devez sentir que votre devoir vous ordonne impérieusement de faire tout ce qui dépend de vous pour revenir à la santé.

— Ma mère, répondit le malade, une clarté soudaine vient de se faire en moi, vous avez raison, je dois surmonter toutes mes répugnances, il faut que je cède aux sollicitations de mes amis, il faut que je fasse la volonté des médecins.

Madame de Perny put à peine dissimuler sa joie, en voyant comment, sans qu'elle eût même besoin d'employer ses grands moyens, toutes les difficultés s'aplanissaient devant elle.

— Eh bien, oui, continua le marquis, je quitterai Paris dès qu'on le voudra et j'irai m'installer où l'on me dira d'aller.

— Ah! monsieur le marquis, voilà une résolution qui va nous rendre tous bien heureux !

— Dès demain je ferai partir Firmin. Je pense qu'il trouvera aisément à louer une maison assez vaste pour nous loger tous.

— Est-ce que vous songeriez à emmener votre femme ?

— Sans doute, et vous aussi.

Madame de Perny secoua la tête.

— Monsieur le marquis, dit-elle, vous ne réfléchissez pas à la position de Mathilde et au danger qu'il y aurait pour elle de voyager. Assurément, ne consultant que son cœur, son affection pour vous, elle témoignera le désir de vous accompagner ; mais ce serait une grande imprudence et, s'il le faut, vous devrez user de votre autorité pour la convaincre qu'elle ne doit pas vous suivre. Elle a absolument besoin de calme et de tranquillité. Près de vous, elle se fatiguerait forcément, elle serait constamment tourmentée et agitée, elle aurait des inquiétudes, des craintes, dont nous devons prévoir toutes les conséquences...

— C'est vrai, murmura tristement le malade.

— Il faut donc que Mathilde reste à Paris ; je serai près d'elle, je ne la quitterai pas et je l'entourerai de tous les soins que réclame sa position. Oh ! je sais que cette séparation vous semblera cruelle, mais elle est nécessaire. C'est un sacrifice que vous devez faire l'un et l'autre.

— Oui, fit le marquis, cette fois encore vous avez raison. Allons, je partirai seul avec mon fidèle Firmin.

— Le docteur Gendron, que vous avez vu ce matin, vous a-t-il plu ?

— Oui, il a une physionomie sympathique et il m'a paru très intelligent.

— Eh bien, nous espérons, Sosthène et moi, que le docteur Gendron consentira à vous accompagner. Nous avons pensé qu'il était préférable que vous eussiez constamment un médecin près de vous.

— Oh! je vous remercie tous les deux de l'affection que vous me témoignez.

— Nous n'oublions pas la reconnaissance que nous vous devons, monsieur le marquis.

— Eh bien, c'est convenu, si M. Gendron consent à m'accompagner, je me livrerai à lui plein de confiance.

— Demain nous aurons sa réponse.

— Ma mère, vous veillerez sur Mathilde, vous me le promettez?

— Vous pouvez compter sur moi. Aussitôt que les beaux jours seront revenus, nous irons nous installer dans votre beau château de Coulange, et c'est là, j'en ai la conviction, que vous viendrez retrouver votre femme, sinon complètement rétabli, mais en bonne voie de guérison.

Sur ces mots, l'odieuse femme, heureuse de son succès, se leva pour se retirer.

Au même instant, la porte latérale, qui établissait une communication avec les appartements de la marquise, s'ouvrit brusquement, et Mathilde entra dans la chambre

VI

L'ESPRIT DU MAL

Après que sa mère et son frère l'eurent quittée, la marquise était restée assez longtemps dans un état affreux de prostration. Elle respirait à peine, un nuage épais s'était étendu sur ses yeux, et dans ses oreilles un bourdonnement sourd l'empêchait d'entendre. Elle n'avait plus conscience de son être, elle semblait frappée d'insensibilité; elle éprouvait une sorte de vertige.

Elle se remit peu à peu et, sortant de son anéantissement, elle parvint à ressaisir sa pensée. Aussitôt, elle se rappela ce qui venait de se passer; comme un écho sinistre les paroles terribles de sa mère résonnèrent de nouveau à ses oreilles et dans son cœur. En voyant l'effroyable abîme que la cupidité des siens creusait sous ses pieds, elle poussa un cri de terreur. Puis elle bondit sur ses jambes et agita désespérément ses bras comme si elle eût voulu repousser quelque fantôme invisible et menaçant.

— Ah! c'est horrible, horrible! prononça-t-elle d'un ton douloureux, en laissant tomber ses bras le long de son corps.

Après un court silence elle reprit :

— Mais je suis donc bien lâche!... Quoi! je laisserais s'accomplir ce crime, quand je n'ai qu'un mot à dire pour l'empêcher! Ils veulent que je garde le silence... Oh! les malheureux!... Mais en me taisant je me fais leur complice, je deviens une misérable et, comme eux, une infâme!... Oh! mon cœur se brise à cette pensée et mon âme se révolte!

« Eh bien, non, non, s'écria-t-elle avec énergie, je veux me délivrer de ce joug qui me torture et fait de moi une esclave! Non, je ne laisserai pas commettre cette infamie!

Elle s'élança hors du boudoir et marcha rapidement vers la chambre de son mari, sans avoir pris le temps de penser à ce qu'elle allait lui dire.

A la vue de sa mère elle éprouva une commotion violente; elle s'arrêta interdite et sentit son sang se figer dans ses veines.

De son côté, madame de Perny avait été saisie d'un mouvement d'effroi. Toutefois, elle se remit promptement. Elle devina dans quelle intention sa fille venait trouver le marquis et elle comprit que, pour tenir tête au danger, elle n'avait qu'un moyen : le braver, et qu'elle ne pouvait sauver la situation qu'à force de présence d'esprit et d'audace.

— Ma chère Mathilde, dit-elle d'une voix caressante, ton mari sait tout. Je viens de lui annoncer que tu vas être mère, et il partage notre joie. Va, je viens de le rendre bien heureux!

— Oui, bien heureux! dit le marquis.

La jeune femme chancelait sur ses jambes. Elle voulut parler, mais ses lèvres remuèrent sans qu'un son pût sortir de sa gorge serrée.

— Allons, Mathilde, reprit l'horrible femme, en dardant sur la marquise son regard fauve, dont elle connaissait la puissance fascinatrice, il ne faut pas rougir ainsi.

La malheureuse enfant était d'une pâleur livide.

Pendant ce temps, le marquis était parvenu à se dresser sur ses jambes, ce qu'il n'avait pas fait seul depuis quinze jours.

Il fit quelques pas en avant, les bras ouverts.

— Mathilde, ma chérie, dit-il, viens donc m'embrasser.

La marquise n'aurait peut-être pas répondu à cet appel, mais madame de Perny s'approcha d'elle et la poussa vers son mari.

Le marquis l'étreignit fortement.

— Ainsi, reprit-il, nous allons avoir un enfant, un petit être à adorer... Chère Mathilde, il me semble que je viens seulement de découvrir combien je t'aime. Va, maintenant, j'en suis sûr, je vivrai. Déjà, je me sens plus fort; tu as vu, je me suis levé seul et je me tiens debout... C'est la joie, c'est ce bonheur auquel je m'attendais si peu!

La marquise avait essayé de l'interrompre, une fois encore elle avait voulu parler, mais les paroles que le marquis venait de prononcer, plus encore que la crainte de sa mère, lui coupèrent la voix.

Sans doute elle pouvait lui crier :

— On vous trompe, tout ce qu'on vient de vous dire est faux !

Mais, en lui dévoilant l'infamie de sa mère et de son frère, n'allait-elle pas lui porter un coup mortel?

Madame de Perny, qui ne quittait pas sa fille des yeux, devina sa pensée. Un sourire de satisfaction glissa sur ses lèvres.

— Je ne me suis pas trompée, se dit-elle, voilà ce que j'avais prévu; maintenant elle se taira.

La marquise s'était mise à embrasser fiévreusement son mari. Tout à coup, ne pouvant plus se contenir, elle éclata en sanglots.

Le marquis attribua à la joie ce qui était l'explosion d'une effroyable douleur. Et, la regardant avec une tendresse indicible.

— Elle sanglotait ainsi le jour où elle m'a dit qu'elle m'aimait, pensa-t-il.

La marquise s'était laissée tomber sur un siège. Madame de Perny aida le malade à se remettre dans son fauteuil.

— Monsieur le marquis, dit-elle, nous pouvons apprendre à ma fille dès maintenant ce que nous venons de décider.

La jeune femme se dressa brusquement.

— Ma chère Mathilde, dit M. de Coulange, je suis aujourd'hui un malade raisonnable et je me rends à l'avis unanime des médecins. Je vais aller demander ma guérison à l'air et au soleil du Midi. Ce soir je donnerai des ordres à mon vieux Firmin afin qu'il prépare tout pour mon départ prochain.

— Je pars avec toi, Édouard, je ne te quitte pas, dit vivement Mathilde.

— Non, ma chérie, répondit le marquis; pour beaucoup de raisons, dont une est excellente, tu ne peux pas m'accompagner. Je partirai seulement avec Firmin.

— Mais, mon ami...

— Je t'en prie, Mathilde, n'insiste pas, l'interrompit-il, cela augmenterait le chagrin que va me causer notre séparation.

La marquise jeta sur sa mère un regard craintif et baissa la tête.

Madame de Perny jouissait de son triomphe.

— Monsieur le marquis, fit-elle, vous devez vous sentir fatigué?

— Mais non, je vous assure.

— Il vous est recommandé de parler le moins possible. Puis prenant le bras de sa fille et l'obligeant à se lever :

— Allons, viens, Mathilde, continua-t-elle; nous ne devons pas oublier plus longtemps que le repos est nécessaire à ton mari...

Et avant que la marquise ait eu le temps de prononcer une parole, presque de force, elle l'entraîna hors de la chambre.

— Ma fille, dit alors madame de Perny changeant subitement de ton et d'attitude, vous savez ce que votre frère et moi nous attendons de vous; tout à l'heure, vous avez eu l'intention de me démentir; je ne vous remercie pas d'avoir retenu les paroles sur vos lèvres, car vous auriez parlé si le courage ne vous eût manqué; vous avez bien fait d'avoir eu pitié de votre mari! Comme il vous l'a dit lui-même, demain ou après-demain il va partir.

« Qui sait? continua-t-elle en appuyant sur les mots avec intention, il retrouvera peut-être ses forces et la santé, comme il l'espère, sous les chauds rayons du soleil du Midi. En ce moment, vous tenez sa vie entre vos mains; si vous ne gardez pas un silence absolu, si vous faites seulement naître le doute en lui, vous le tuez!

« Voilà, ajouta-t-elle, ce que je tenais à vous dire.

Et laissant la jeune femme à la porte de son appartement, elle courut retrouver son fils.

— Vos yeux parlent, vous avez réussi! s'écria Sosthène, en voyant sa mère.

— Oui, répondit-elle, et mieux encore que je ne l'espérais. Le marquis est enchanté, ravi. Il ne fallait que cela pour le décider à quitter Paris, et il a hâte de partir. Dans trois jours nous en serons débarrassés.

— Il ne faut pas qu'il revienne avant six mois.

— Il ne reviendra plus, répliqua madame de Perny, en accompagnant ses paroles d'un mouvement d'épaule significatif.

— Ou bien, s'il revient, ajouta Sosthène, c'est qu'on le ramènera dans un cercueil de plomb.

— J'étais encore avec lui, reprit madame de Perny, lorsque Mathilde est entrée brusquement dans la chambre.

— Ah!

— Elle venait avec l'intention de nous trahir.

— Alors?

— Heureusement j'étais là et j'avais eu le temps de parler. Elle a eu peur des conséquences terribles que sa révélation aurait fatalement amenées et elle n'a point osé démentir mes paroles. D'un côté, en nous accusant, elle provoquait un affreux scandale ; de l'autre, elle causait à son mari une révolution qui pouvait le frapper à mort. Maintenant la voilà enfermée dans un cercle dont elle ne peut plus sortir.

— En ce cas tout va bien.

— Ce n'est pas tout; j'ai parlé au marquis de ton ami Ernest Gendron, il lui plaît et il ne demande pas mieux que de l'avoir pour compagnon de voyage. Il s'agit donc de voir le docteur et d'obtenir de lui qu'il parte avec M. de Coulange. Tu pourras lui vanter la générosité du marquis et lui donner l'assurance qu'il sera dédommagé d'une manière convenable de son exil volontaire. A son insu, car il ne doit rien soupçonner, M. Gendron va nous rendre plus d'un service.

Un quart d'heure après, Sosthène sortait de l'hôtel dans le coupé de son

Blaireau s'était levé pour recevoir son visiteur, et il avait attaché sur lui son regard scrutateur. (Page 48.)

beau-frère. Les chevaux, les voitures et les gens du marquis étaient à ses ordres comme à ceux de madame de Perny.

Quand il rentra le soir il dit à sa mère :

— Gendron consent à accompagner le marquis. Nous n'avons pas traité la question d'argent ; il s'est récrié très fort, en me disant que nous parlerions de cela plus tard.

— C'est bien, répondit simplement madame de Perny.

Le lendemain Ernest Gendron arriva à neuf heures. Il eut avec M. de Coulange, en présence de Sosthène, une conférence qui dura plus d'une heure.

Le départ fut fixé au lendemain. Le médecin, consulté sur le lieu de résidence qu'il croyait le plus favorable au malade, se prononça pour l'île de Madère. Il fut décidé, en outre, qu'on ferait le voyage à petites journées, afin d'éviter au marquis une trop grande fatigue. M. Gendron se chargea de prendre à ce sujet toutes les dispositions qu'il jugerait nécessaires.

Pendant ces graves délibérations, la marquise pleurait.

Le vieux valet de chambre, avec l'aide d'un autre domestique, préparait les malles de son maître.

Pendant toute cette journée, madame de Perny ne quitta point sa fille, car, malgré sa tranquillité apparente, elle n'était nullement rassurée sur ce que la marquise pourrait dire et faire au dernier moment. En effet, bien qu'elle fût à peu près certaine d'avoir enlacé la jeune femme dans les fils de son intrigue ténébreuse, tout était à redouter tant que le marquis ne serait pas parti.

Il n'était pas possible d'empêcher la marquise de voir son mari; mais elle n'eut pas la satisfaction de se trouver un instant seule avec lui. Il y eut toujours entre eux madame de Perny ou Sosthène. Les deux complices s'étaient entendus, ils prenaient leurs précautions contre toute tentative de trahison.

Il était près de minuit lorsque madame de Perny se décida à s'éloigner de sa fille pour rentrer chez elle. La jeune femme, qui n'avait pas fermé les yeux la nuit précédente, était brisée de fatigue et tombait de sommeil.

— Vous avez grand besoin de repos, lui dit sa mère, il faut vous coucher tout de suite. Je vais vous envoyer votre femme de chambre.

— Non, répondit la marquise, je puis me passer d'elle ce soir.

— Soit, fit madame de Perny.

Et elle s'en alla.

La marquise s'était levée. Elle passa à plusieurs reprises sa main sur son front.

— Oh! comme je souffre! murmura-t-elle.

La malheureuse enfant était prise d'un profond découragement.

— Que faire? que faire? se demanda-t-elle en laissant tomber sa tête lourde sur sa poitrine.

Elle resta ainsi pendant quelques minutes, plongée dans de sombres réflexions.

Elle voyait d'horribles spectres se dresser devant elle et elle ne découvrait aucun refuge pour leur échapper.

Ainsi que l'avait si bien dit madame de Perny, elle se sentait entourée d'un cercle fatal, sans issue, au milieu duquel elle se débattait désespérée sans pouvoir en sortir.

Ses traits contractés et l'expression douloureuse de son regard révélaient une angoisse inexprimable.

Tout à coup elle eut un mouvement nerveux et rejeta brusquement sa tête en arrière. Elle tendit l'oreille et écouta. Elle n'entendit rien. Un silence profond régnait dans l'hôtel. Alors un éclair rapide traversa son regard. Elle alluma la bougie rose d'un bougeoir, et sortit de sa chambre sans bruit.

VII

SEULE!

La marquise traversa, en glissant comme une ombre, les deux petites pièces qui séparaient sa chambre de celle de son mari.

Elle était très émue, mais elle semblait avoir pris une résolution décisive.

Devant la porte de la chambre du marquis elle s'arrêta pendant quelques secondes pour écouter encore, puis elle mit la main sur le bouton de cristal. La porte s'ouvrit. La chambre était éclairée par une lampe placée sur une console.

Le marquis était couché, il dormait.

Mais, au lieu de marcher vers le lit, la jeune femme recula avec terreur.

Près du lit, sur une chaise longue, un homme était étendu tout habillé.

Dans cet homme, Mathilde venait de reconnaître son frère.

Celui-ci avait déclaré qu'il passerait cette dernière nuit près de son beau-frère, et le marquis, croyant voir en cela une nouvelle preuve d'affection et de dévouement, y avait trop facilement consenti.

Comme le marquis, Sosthène avait les yeux fermés. Il dormait ou faisait semblant de dormir.

La marquise sentit subitement tout ce qu'elle avait rassemblé de forces s'abandonner. Cette fois encore sa volonté venait d'être paralysée par la peur. Elle étouffa un gémissement dans sa poitrine et se retira lentement, les jambes chancelantes.

Elle rentra chez elle et tomba comme une masse inerte dans un fauteuil

— Ah! je suis perdue, perdue! s'écria-t-elle avec désespoir en roulant sa tête dans ses mains.

Mais bientôt, cependant, vaincue, terrassée par la fatigue et la violence même de sa douleur, la marquise s'endormit dans le fauteuil où elle s'était jetée. Ce fut un sommeil lourd, fiévreux, tourmenté par d'épouvantables cauchemars.

Elle se réveilla glacée et dans un état plus pitoyable encore que la veille.

Il était grand jour. Elle jeta les yeux sur sa pendule, l'aiguille marquait huit heures. Elle se rappela que son mari devait partir à onze heures. Encore trois heures et ils allaient être séparés, peut-être pour ne se revoir jamais. Elle ne songea pas à sonner sa femme de chambre, elle se mit à réparer elle-même le désordre de sa toilette. Cela eut pour effet de rétablir la circulation du sang. Elle se sentit un peu mieux.

Mais le temps s'écoulait avec rapidité. Elle se rendit chez son mari. Sosthène était toujours là, il travaillait avec le marquis. Assis devant une table sur laquelle étaient étalés des papiers, il faisait des comptes, prenait des notes.

La marquise ne chercha même pas à cacher la contrariété que lui fit éprouver la présence de son frère. Elle se jeta au cou du marquis et l'embrassa follement avec une sorte de frénésie. Elle le couvrait d'une grêle de baisers. Si elle s'éloignait, c'était pour revenir vers lui aussitôt et l'embrasser encore.

On aurait dit qu'elle ne le croyait pas convaincu de l'amour qu'elle avait pour lui. Mais n'était-ce pas plutôt la crainte qu'elle avait de ne plus le revoir et le pressentiment des tortures qu'elle allait endurer? Ou bien encore, n'était-ce pas la manifestation de son horreur pour l'infamie dont elle s'était déjà rendue coupable par silence? Dans tous les cas, elle obéissait à un sentiment naturel et spontané.

— Calme-toi, ne pleure pas, lui dit le marquis; pour toi et pour notre enfant je vivrai, je reviendrai guéri !

Ces paroles causèrent à la marquise une douleur horrible ; elle sentit un frisson courir dans tous ses membres. Ce fut comme si on eût plongé un fer rouge dans la plaie saignante de son cœur. La malheureuse n'avait entendu que les quatre mots qui étaient de trop dans la phrase de son mari, et ces quatre mots, sonnant comme un glas lugubre, venaient de réveiller subitement les angoisses de son âme épouvantée.

Elle recula jusqu'à un fauteuil sur lequel elle s'affaissa. Le marquis se retourna vers Sosthène et continua à lui donner ses instructions.

Au bout d'un instant, la marquise sortit de la chambre. Elle avait son mouchoir sur sa figure pour éponger ses larmes ou étouffer ses sanglots. Elle faillit heurter le vieux valet de chambre, qui n'eut que le temps de se jeter de côté, en disant :

— Pardon, madame la marquise.

Elle s'arrêta, et, s'approchant du domestique :

— Firmin, lui dit-elle, vous aimez beaucoup votre maître?

— Oui, madame la marquise, et cela se comprend : je suis entré comme valet de pied chez M. le marquis, son père, lorsqu'il s'est marié, il y a de cela trente-six ans. Je l'ai vu venir au monde, madame la marquise, et bien souvent, quand il était tout petit, je l'ai porté dans mes bras.

Le vieux serviteur essuya furtivement une larme.

— Firmin, vous aurez bien soin de lui, n'est-ce pas ? Vous ne le quitterez pas d'une minute, vous me le promettez?

— Je vous le jure, madame la marquise.

— Et puis...

— Je suis entièrement aux ordres de madame la marquise, dit Firmin, voyant qu'elle hésitait à parler.

— Je voudrais vous demander quelque chose.

— Madame la marquise sait que je ne lui suis pas moins dévoué qu'à mon maître.

— Eh bien! Firmin, je vous prie de m'écrire quelquefois pour me parler de mon mari; il y a des choses qu'on voudra peut-être me cacher, mais vous me direz la vérité, vous.

— Je promets à madame la marquise de faire ce qu'elle me demande.

— Merci, Firmin, merci!

L'heure terrible de la séparation arriva. La jeune femme accompagna le marquis jusqu'à la voiture qui allait le transporter à la gare. Là, ils s'embrassèrent une dernière fois. Et quand la voiture eut franchi la porte cochère, elle resta immobile à la même place jusqu'à ce que le bruit des roues sur le pavé se fût complètement éteint dans les autres bruits de la rue.

Elle n'avait pas entendu sa mère qui, debout sur le perron, l'avait appelée deux fois.

— En vérité, ma fille vous n'êtes pas raisonnable, lui dit madame de Perny, vous ne vous aperceviez donc pas que vos pieds étaient enfoncés jusqu'à la cheville dans la neige fondue?

La marquise rentra sans rien répondre à sa mère et courut s'enfermer dans sa chambre.

Là, enfin, loin des regards indiscrets, elle pouvait permettre à sa douleur de faire explosion et pleurer en liberté.

— Ah! s'écria-t-elle, ils sont donc satisfaits! il est parti... il n'est plus là pour relever mon courage, pour me protéger et me défendre!... Ils tiennent leur victime, les misérables!...

« Ah! continua-t-elle d'une voix étranglée en jetant autour d'elle un regard désespéré, c'est à partir de maintenant seulement que va commencer mon martyre!

Les personnes qui vinrent lui faire une visite les jours suivants eurent de la peine à cacher leur étonnement en voyant combien elle était changée. La lumière de ses yeux s'était éteinte, sur ses joues le rose s'était effacé, ses lèvres elles-mêmes étaient pâlies. Plus que jamais la douleur et la souffrance étaient peintes sur son visage. Prévenues par madame de Perny, ses amies crurent devoir la féliciter des joies qui lui étaient promises. Elle écouta d'un air effaré et ne répondit rien.

Elle tomba presque subitement dans une apathie complète; il semblait que tous les ressorts qui étaient en elle avaient été brisés. Tout lui devenait indifférent. Elle avait le dégoût de toutes choses. Elle ne s'occupait plus de rien. Elle laissait dire et faire sans essayer la moindre observation. Elle n'entendait rien, elle ne voyait rien ou plutôt elle ne voulait ni voir, ni entendre. Ceux qui l'entouraient pouvaient supposer qu'elle n'avait plus une pensée. C'était une insensibilité navrante.

Madame de Perny n'avait plus rien à désirer, elle avait accompli son œuvre monstrueuse, sa fille était devenue telle qu'elle la voulait.

De sa propre autorité, sans même daigner consulter la marquise, dont l'indolence semblait tout permettre, madame de Perny prit la haute direction de la maison. Elle commença par renvoyer successivement tous les domestiques, qu'elle remplaça par d'autres qu'elle eut soin de choisir elle-même. La femme de chambre de la marquise ne put même trouver grâce devant elle. Il est vrai qu'elle avait aux yeux de madame de Perny un défaut capital : elle était pleine de zèle, et elle avait la faiblesse ou la maladresse de s'attacher à sa maîtresse. Madame de Perny était extrêmement prudente, et elle prenait d'avance toutes ses précautions.

La marquise se trouva ainsi entourée d'espions, nous n'osons pas dire d'ennemis. Elle ne pouvait faire un geste ni prononcer une parole, dont sa mère ne fût aussitôt instruite. Elle ne put recevoir aucune lettre qui n'eût d'abord passé sous les yeux de madame de Perny, qui quelquefois même ne se gênait pas pour les décacheter. Quant à celles qu'elle écrivait, c'était rare, elles n'étaient mises à la poste qu'après avoir été lues et approuvées par sa mère.

Les visites qu'on faisait à madame de Coulange devinrent de plus en plus rares, et comme elle n'en rendit aucune, elles cessèrent tout à fait.

La marquise ne sortait plus ; ses promenades de tous les jours consistaient à passer de sa chambre dans son boudoir, et de ceux-ci dans la salle à manger.

Ses chevaux, ses voitures étaient entièrement à la discrétion de sa mère et de son frère, et ne servaient qu'à eux, comme ces gens n'étaient qu'à eux.

Sous le prétexte que la santé de sa fille lui causait des inquiétudes, et pour être près d'elle la nuit comme le jour afin de la mieux surveiller, madame de Perny fit sa chambre à coucher d'une pièce contiguë à la chambre de la marquise.

La jeune femme se trouva prisonnière dans sa maison, et en quelque sorte séquestrée.

VIII

LE TOMBEAU DES SECRETS

M. Sosthène de Perny avait entendu parler plusieurs fois d'un certain individu, s'intitulant homme d'affaires, qui rendait une infinité de services aux femmes de mœurs légères, aux viveurs, aux débauchés, aux déclassés de toutes les catégories.

Il se fit donner des renseignements sur ce personnage.

C'était bien réellement un homme d'affaires, en ce sens qu'il s'occupait de toutes sortes d'affaires, choisissant de préférence les plus ténébreuses et surtout les moins honnêtes, parce que, alors, il pouvait tirer un plus grand profit de son intervention.

Il prêtait avec usure, et sur des garanties sérieuses, des sommes souvent très fortes à des fils de famille. Il faisait payer cher ses services, mais du moment qu'on était disposé à ne pas marchander, on pouvait tout lui demander. Il ne reculait devant rien. Il pratiquait, disait-on tout bas, le recel sur une vaste échelle ; mais très habile et très rusé, il savait toujours mettre un bandeau sur les yeux de ceux qui cherchaient à voir clair dans ses opérations.

On disait encore qu'il avait une police à ses ordres, parfaitement organisée, et que ses relations directes dans le monde des coquins et des voleurs n'empêchaient point qu'il ne fût considéré par la police du gouvernement, en raison des services qu'il lui rendait journellement.

Cet homme demeurait rue du Roi-de-Sicile, et il était connu sous le nom de Blaireau [1].

Suffisamment édifié sur M. Blaireau, grâce aux renseignements qu'il avait obtenus, M. Sosthène de Perny résolut d'entrer sans plus tarder en relations avec cet homme d'affaires.

Un matin, il sortit de l'hôtel de Coulange pour se rendre rue du Roi-de-Sicile. Il arriva à pied devant la maison où demeurait Blaireau, car, pour ne pas trop éveiller l'attention des curieux, il avait prudemment laissé le coupé armorié du marquis dans la rue de Rivoli.

Sur l'indication que lui donna la concierge, il monta au premier étage et sonna à la porte unique qui se trouvait sur le palier.

Au bout d'un instant d'attente la porte lui fut ouverte et il se trouva en présence d'une vieille femme au regard dur, à la figure revêche, qui lui dit :

— Vous venez pour voir M. Blaireau ; je ne sais pas s'il pourra vous recevoir, je vais le lui demander. Comment vous appelez-vous ?

Sosthène tira une carte de son carnet et la mit dans la main de la vieille femme.

Celle-ci le fit entrer dans une pièce sombre qui paraissait être en même temps un salon, une bibliothèque et une salle à manger, puis elle disparut par une porte. Elle revint au bout de deux minutes et dit au visiteur :

— M. Blaireau peut vous recevoir. Venez.

---

[1]. Ce type de scélérat, que l'auteur fait entrer en scène, joue un rôle très important dans un autre de ses romans intitulé *l'Enfant du faubourg*.

Sosthène la suivit et il fut introduit par elle dans le cabinet de l'homme d'affaires.

Il se trouva en présence d'un petit homme gros et trapu, qui paraissait avoir trente-six ans. Il avait une énorme tête qui semblait collée sur ses larges épaules carrées. Son front et tout le haut de sa tête plate étaient chauves. On voyait dans ses cheveux noirs quelques fils grisonnants. Sa figure était entièrement rasée, ses mains étaient couvertes de poils. Il avait de grosses lèvres rouges pleines de sensualité. Son nez était long et courbé comme le bec d'un aigle. Ses petits yeux ronds, jaunes et vifs, ressemblaient également à ceux d'un oiseau de proie.

Il portait une longue robe de chambre de couleur bleue passée, dont les taches de graisse et d'encre attestaient le long usage.

Le mobilier du bureau était de tout point digne du personnage : quelques chaises boiteuses et vermoulues, deux fauteuils ayant des trous par lesquels sortait le crin, un vieux bureau en acajou sur lequel étaient jetés pêle-mêle toutes sortes de papiers poudreux. Au plafond et aux angles des murs un étalage de toiles d'araignées; partout une épaisse couche de poussière, et une singulière odeur de moisi, de rance, qui prenait au nez.

Blaireau s'était levé pour recevoir son visiteur, et il avait attaché sur lui son regard scrutateur.

— Cette carte, qu'on vient de me remettre, est la vôtre? demanda-t-il.

Le jeune homme s'inclina.

— Vous vous nommez Sosthène de Perny?

— Oui, monsieur.

— Voilà un siège, asseyez-vous, et dites-moi à quoi je dois l'honneur de votre visite.

— Monsieur, je viens pour vous parler d'une affaire...

— Naturellement. Ce n'est jamais pour autre chose qu'on vient me trouver.

Blaireau appuya son coude sur le bureau, sa tête dans sa main, et ajouta :

— Allez, je vous écoute.

Si hardi que fût Sosthène, il se sentit un moment embarrassé en présence de cet homme singulier, qui le mettait presque brutalement en demeure de s'expliquer. Mais il n'y avait pas à hésiter; ayant compté sur Blaireau, il fallait savoir s'il était homme à accepter ou à refuser ce qu'il venait lui proposer.

— D'après ce qui m'a été dit de vous, monsieur, de votre discrétion absolue, fit-il, je puis vous parler librement, plein de confiance, avec l'assurance que tout ce que je vous dirai ne sera jamais répété?

Blaireau répliqua sèchement :

— Monsieur, cette pièce est un confessional; c'est le tombeau des secrets.

— Vous m'excuserez, car vous avez une trop grande habitude des affaires pour ne pas comprendre que je veuille m'entourer de certaines précautions.

Un homme assez mal vêtu entra dans le cabinet. (Page 56.)

— Si vous me connaissiez mieux, tous ces préliminaires eussent été inutiles. Parlez donc.

— Pour des raisons majeures que je vous expliquerai plus tard, si vous le désirez, j'ai besoin d'un enfant venant de naître, c'est-à-dire ayant à peine un ou deux jours.

Sosthène s'arrêta.

— Pourquoi faire? demanda Blaireau.

pas seulement la famille et tout le monde qu'il faut tromper, c'est le mari. Vouloir tromper un mari sur un fait pareil, c'est audacieux. Et puis, quelle raison?... Qu'est-ce donc que ce mari?

— Je vais vous l'expliquer...

— Inutile, j'ai compris. C'est un mari impuissant ou atteint d'une maladie qui menace sérieusement sa vie.

— Oui, il est malade, très malade, et condamné par tous les médecins.

— A la bonne heure, je me retrouve... Donc, comme je le disais, la mort du mari étant prochaine, il faut que la dame ait un enfant, c'est-à-dire un héritier, et comme elle n'a aucun espoir de devenir mère réellement... Passons. Il y a aussi, probablement, un ou plusieurs héritages entrevus dans un avenir plus ou moins rapproché. Admirable combinaison ! Le père décédé a légué tous ses droits à l'enfant né du mariage... Ah! il y aura nécessité de séparer les deux époux pendant quelque temps.

— C'est fait.

— Je vois qu'on a pris déjà toutes les mesures utiles.

— Toutes, ou à peu près.

— L'affaire est bien conduite, et comme je suis convaincu que c'est vous-même qui la dirigez, je vous fais mes compliments. Permettez-moi de vous adresser une question. Avant de prêter mon concours, j'aime à tout savoir. A quel titre vous occupez-vous de cette affaire ?

— A quel titre ?

— Oui, ou bien quel intérêt y avez-vous? Êtes-vous l'amant de la dame ?

— Non.

— Il y a donc entre vous un lien de parenté ?

— Je suis son frère.

— Bien, je comprends. Nous disons donc que vous avez eu l'excellente précaution d'éloigner la dame de son mari.

— Ou d'éloigner ce dernier de sa femme.

— Pour moi c'est la même chose. Où est actuellement le mari?

— Il est allé chercher un climat plus doux que le nôtre dans une île de l'océan Atlantique.

Blaireau eut un clignement d'yeux singulier.

— Il est assez loin pour ne rien voir et ne rien entendre, reprit-il. C'est un poitrinaire?

— Oui.

— Alors, c'est un homme mort !

IX

UN MARCHÉ

Il y eut un assez long silence que Blaireau mit à profit pour réfléchir tout en feuilletant quelques-unes des paperasses étalées devant lui. Enfin il se redressa et regarda son interlocuteur en branlant la tête.

— Eh bien? fit celui-ci.
— Précisez votre interrogation.
— Consentez-vous à me servir? Puis-je compter sur votre concours?
— Heu! heu! cela dépend. Je ne sais pas encore. Savez-vous, jeune homme, que ce que vous venez me demander présente des difficultés inouïes, sans compter tous les dangers à courir?
— Je le sais certainement, mais...
— J'entends... Dans combien de temps madame votre sœur doit-elle être mère? demanda Blaireau, en reprenant son sourire ironique.
— Dans cinq mois au plus tard.
— La chose n'est pas trop précipitée, vous avez le temps de vous retourner. Y a-t-il longtemps que le mari est parti?
— Deux mois bientôt.
— Deux mois avant son départ et deux depuis, quatre; vous avez bien calculé. Voyons, est-elle bien riche, madame votre sœur?
— Quant à présent, non.
— La fortune est donc tout entière du côté du mari?
— Oui.

Blaireau fronça imperceptiblement ses épais sourcils.

— Enfin, fit-il, tout le monde n'a pas le bonheur de posséder des millions. Cependant, vous ne vous êtes pas lancé dans votre périlleuse entreprise sans avoir calculé ce que vous pourriez dépenser afin de la mener à bien?
— Sans doute.
— Alors?
— J'ai pensé qu'avec une vingtaine de mille francs...
— D'abord, ajouta Blaireau, dont l'œil gauche se mit à clignoter.

Cependant ces mots « une vingtaine de mille francs » avaient agréablement résonné à ses oreilles.

— Comment! d'abord? répliqua Sosthène subitement interloqué.
— Oui, d'abord, fit Blaireau appuyant sur le mot; ce qui signifie que plus

tard, à la mort du mari par exemple, vous ne manquerez pas de récompenser le service rendu. Maintenant, cher monsieur, parlons sérieusement, ou, pour me servir d'une expression plus vulgaire, jouons cartes sur table.

« Vous avez, assurément, plus d'expérience que vous ne le laissez voir et vous voudrez bien admettre que, de mon côté, je ne suis pas un imbécile. Je suis un homme d'affaires; c'est un homme d'affaires que vous venez trouver. Pourquoi? Parce que vous avez besoin de lui et que vous croyez qu'il peut vous êtes utile. Vous me faites une proposition, je suis libre de l'accepter ou de la repousser, c'est entendu. Si je l'accepte, je dois vous dire : voilà mes conditions, et vous examinerez si elles vous conviennent. Eh bien! cher monsieur, je suis homme d'affaires et j'appelle cela un marché. Rien pour rien. Celui qui achète paye celui qui vend.

« Vous pouvez être un très grand calculateur, mais je sais compter aussi. Je vous dis donc, — et cela en connaissance de cause, — que vos vingt mille francs seront à peine suffisants pour couvrir les frais de l'entreprise.

« Je n'ai pas à vous parler des démarches qu'il y a à faire et du nombre d'individus qu'il faudra employer, tout cela n'aurait rien d'intéressant pour vous; du reste, je n'ai pas l'habitude de faire connaître à mes clients quels sont mes moyens d'action. Toutefois, je puis vous dire ceci : plus une opération est délicate, plus elle présente de difficultés et de dangers, plus il faut payer cher les gens dont on se sert.

« Je ne vous demande pas ce que l'affaire vous rapportera, à vous, ni le chiffre de la fortune convoitée, je n'ai pas besoin de le savoir, et cela, d'ailleurs, ne me regarde pas. Je suis discret de toutes les manières.

« Revenons à votre somme de vingt mille francs : quand on aura pris sur elle toutes les dépenses au fur et à mesure qu'elles se présenteront, il ne restera plus rien. Alors avec quoi pourrai-je récompenser ceux que j'aurai employés? Et moi, où trouverai-je les honoraires dus à mon activité, mon travail, mon intelligence? Je vous le répète, rien pour rien. Au prix que vous m'offrez, je ne puis traiter avec vous, cherchez ailleurs. »

M. de Perny était devenu blême, de grosses gouttes de sueur perlaient sur son front. Il tremblait maintenant de ne pouvoir répondre aux exigences du terrible Blaireau, et de se voir forcément privé de son précieux concours.

— Monsieur Blaireau, dit-il d'une voix mal assurée, votre logique est impitoyable; si je puis vous donner ce que vous croyez devoir me demander, je le ferai, car je sais fort bien que certains services ne se marchandent pas, et qu'avec vous on est toujours sûr du succès. Fixez-moi la somme.

— Je ne taxe jamais que mes frais, répondit sèchement Blaireau.

— J'ajouterai dix mille francs, hasarda Sosthène.

Blaireau fit une grimace significative.

— Vingt mille, balbutia Sosthène.

La grimace de Blaireau s'accentua.

— Monsieur Blaireau, reprit le beau-frère de M. de Coulange avec un malaise visible, je mets encore dix mille francs, et je vous le jure, c'est tout ce que je peux faire.

Le rictus de Blaireau se détendit.

— Seulement... ajouta M. de Perny.
— Achevez, dit Blaireau.
— Je ne pourrai pas vous remettre tout de suite les trente mille francs.
— Quand les aurez-vous?
— Dix mille francs dans deux mois.
— Et le reste?
— Un peu plus tard.
— Le jour où l'on vous livrera l'enfant?
— Oui.
— Soit.
— Je suis prêt à vous signer des reconnaissances.
— Inutile, fit Blaireau, en remuant la tête. Il y a des cas où je n'exige pas plus de reconnaissance pour ce qu'on me doit que je ne donne quittance des sommes qui me sont versées.
— Avez-vous les vingt mille francs sur vous?
— Oui.
— Donnez.

— M. de Perny tira de sa poche une liasse de billets de banque qu'il tendit à Blaireau.

Celui-ci saisit les billets entre ses doigts crochus, les posa sur le bureau et les compta, tout en s'assurant qu'il n'y en avait pas quelques-uns de faux glissés parmi les autres.

— C'est bien, dit-il, dès demain on se mettra à l'œuvre.

Il se leva.

M. de Perny comprit que Blaireau le priait de se retirer.

— Vous n'avez plus rien à me dire? l'interrogea-t-il, en se levant à son tour.
— Pour le moment, non.
— Quand faudra-t-il que je revienne vous voir?

Blaireau porta la main à son front et resta un moment silencieux.

— Le jour où vous m'apporterez les dix mille francs, répondit-il. A propos, votre adresse n'est pas sur votre carte.
— Rue Richepanse, numéro 3.

Blaireau écrivit l'adresse sur la carte.

C'est rue Richepanse que Sosthène avait son petit appartement de garçon. C'est là que, dépouillant le masque qu'il gardait à l'hôtel de Coulange, il redevenait viveur et homme de plaisir.

— Si par hasard j'avais besoin de vous voir, je vous écrirai, lui dit Blaireau.

Les deux hommes se saluèrent et M. de Perny sortit du cabinet.

Resté seul, Blaireau s'assura que la porte était bien fermée, ensuite il fit jouer un panneau de boiserie qui cachait la porte de son coffre-fort et s'empressa de mettre les billets de banque en lieu sûr. Cette opération terminée, il revint prendre sa place devant son bureau. Alors, concentrant toutes ses pensées, il se mit à réfléchir :

— Voilà une affaire d'un nouveau genre, se disait-il, mais il faut se mettre à tout. Certes, elle est dangereuse et difficile à conduire à bonne fin. Bah! ne me suis-je pas déjà trouvé en présence d'obstacles qui, au premier abord, me paraissaient insurmontables? Allons donc, il faut bien que l'homme compte sur son génie!... Quand j'ai dit : je veux! il faut que les difficultés disparaissent, que les obstacles se brisent. Je ne lui ai pas menti, à ce M. de Perny, cela va coûter cher. Combien? Peut-être plus de cinq mille francs, sans compter un petit cadeau ici, un petit cadeau là... Il faut bien s'attirer la reconnaissance de ses serviteurs. Diable, je vois bien que dix mille francs y passeront. Et il ne me restera, à moi, que quarante mille francs. C'est égal, si j'avais souvent de ces machines-là à faire fonctionner, ça irait grand train. N'importe, j'ai été trop doux avec le Perny, j'aurais dû lui tenir la dragée plus haute...

« Comment diable ai-je pu faiblir si vite? Ah! voilà, j'ai craint que l'affaire ne m'échappât. Niais que je suis. Est-ce qu'il pouvait se passer de moi? Est-ce qu'il y a deux hommes comme moi dans Paris? Décidément, j'ai fait une sottise; il faudra que je me raccroche aux branches.

« Ah! ah! continua-t-il, depuis cinq ans, quel chemin j'ai parcouru! A côté de moi comme les autres me paraissent petits! »

Ses yeux s'étaient illuminés, des éclairs sillonnaient son regard. C'était le rayonnement du triomphe et de l'orgueil.

Il poursuivit :

— Je commande, je domine, je règne... Devant moi tout s'efface, j'ai mis le pied sur le monde!... Je veux être riche à millions. Voilà d'où viennent ma force et ma puissance. Quand un homme peut mettre au service de son intelligence une énergique volonté, il n'y a pas de cimes si hautes qu'il ne puisse atteindre!

Et un petit rire sec, assez semblable à un grincement de scie, éclata entre ses lèvres lippues.

A ce moment, on frappa d'une façon particulière à la porte du cabinet.

Blaireau reprit subitement et comme par enchantement son visage sérieux et grave.

Il se leva, alla tirer la targette, qu'il avait prudemment poussée un instant auparavant, et ouvrit sa porte au nouveau visiteur.

Un homme, qui paraissait avoir deux ou trois ans de plus que Blaireau, etassez mal vêtu, entra dans le cabinet.

Mademoiselle Solange reçut Blaireau avec les démonstrations d'une joie très vive. (Page 60.)

X

MADEMOISELLE SOLANGE

— Ah! c'est toi, Gargasse, fit Blaireau.
— Comme tu vois. Bonjour, vieux, dit l'individu qui répondait au nom de

Gargasse, en tendant familièrement sa main à l'homme d'affaires, qui ne fit aucune difficulté de la prendre et de la serrer dans la sienne.

— Eh bien, quoi de nouveau? demanda Blaireau.

— Rien, rien du tout.

— Je parie que tu es sans place. Tu t'es fait renvoyer de la maison de banque où je t'avais casé?

— C'est vrai.

— Qu'est-ce que tu as encore fait?

— Rien de mal, une simple petite ribote.

— Qui a commencé le samedi et qui a continué les jours suivants, fit Blaireau en haussant les épaules, je connais ça...

— Eh bien, oui, une vieille habitude.

— Mauvaise, très mauvaise!

— Enfin, je viens voir si tu n'as pas quelque chose à me faire faire.

— Non, rien pour le moment, les affaires sont d'un calme... une vraie crise.

— Tant pis.

— De sorte que te voilà une fois de plus sur le pavé et sans le sou, comme à l'ordinaire.

— Je n'ai pas comme toi le talent des économies.

— Moi, répliqua Blaireau avec importance, je ne mène pas joyeuse vie, je travaille.

— Je ne dis pas non; mais tu avoueras que tu as une fière chance... C'est à croire que tu as dans ta poche de la corde de pendu.

— Sans place et sans argent, qu'est-ce que tu vas faire?

— Je compte sur toi.

— Je ne demande pas mieux que de te trouver de l'occupation, mais je ne puis pas dire quand j'aurai besoin de toi. As-tu au moins de quoi déjeuner?

— Elles sont à sec, répondit Gargasse, en frappant sur les poches de son gilet.

Le front de Blaireau se rembrunit encore. Cependant il ouvrit un tiroir et y prit une pièce de cinq francs qu'il mit généreusement dans la main de son ami.

Celui-ci fit d'abord tourner la pièce entre ses doigts, puis il se décida à la glisser dans son gousset.

— Enfin, c'est toujours ça, murmura-t-il.

— Je suis extrêmement gêné en ce moment, reprit Blaireau; je te préviens qu'il ne faut pas que tu comptes trop sur moi.

— C'est bon, je t'ennuierai le moins possible. Heureusement, j'ai Marguerite.

— Ah! oui, Marguerite, la couturière, ta fleur des prés.

— Blaireau, il n'y a pas à dire du mal de Marguerite.
— Je n'en ai pas l'intention. Ainsi, tu es toujours avec elle?
— Toujours. On se brouille, on se quitte, on se reprend. Que veux-tu? nous ne pouvons nous passer l'un de l'autre. C'est une bonne fille, très courageuse et qui travaille...

« Il y a des jours où je serais fort embarrassé si je ne l'avais pas. Elle gagne peu, mais elle est économe et sait s'arranger; elle a presque toujours, pour moi, un peu d'argent en réserve.

— Oui, oui, c'est toujours la Marguerite bon cœur, ricana Blaireau.
— A propos, reprit Gargasse, il paraît que tu négliges beaucoup mademoiselle Solange [1]?
— Solange! tu l'as donc rencontrée?
— Il faut croire qu'elle s'ennuie fort de ne pas te voir, car elle est venue hier soir chez Marguerite, espérant qu'elle pourrait lui donner de tes nouvelles. Naturellement, Marguerite n'a pu lui rien dire. Dans tous les cas, je te préviens. Si mademoiselle Solange tient tant à savoir ce que tu deviens, ce que tu fais, elle est capable de découvrir ton adresse et de venir te relancer jusqu'ici.
— Elle ne l'oserait pas, répliqua Blaireau, car elle sait comment je la recevrais. Toutefois, tu as bien fait de m'avertir, je mettrai ordre à cela. Il y a plus de deux mois, en effet, que je n'ai été voir Solange, j'ai eu de très grands ennuis. Je pensais à elle lorsque tu es arrivé et je venais de décider que j'irais lui faire une visite aujourd'hui même. J'irai avec d'autant plus de plaisir que je sais combien il lui sera agréable de me voir.

Gargasse s'en alla. Blaireau passa dans sa salle à manger, se mit à table et se fit servir son déjeuner. Après avoir pris son repas, qui n'était ni recherché, ni succulent, — un déjeuner d'avare, — il procéda à sa toilette et mit un vêtement noir, comme il convient à un homme d'affaires très austère, qui sait le respect qu'il doit à sa profession et à lui-même. Il n'oublia pas de mettre quelques billets de cent francs dans son portefeuille, et, ainsi lesté, il sortit de chez lui. Au bout de la rue il prit un coupé de place et donna l'ordre au cocher de le conduire rue de la Folie-Méricourt. C'est dans cette rue que demeurait mademoiselle Solange. Elle y occupait un petit appartement assez convenablement meublé, qui se composait d'une chambre à coucher, d'une cuisine et d'une salle à manger, qui se transformait à l'occasion en un petit salon.

Mademoiselle Solange était une grande fille brune, aux yeux expressifs, superbement moulée et majestueuse comme une déesse. Bien qu'elle eût passé la trentaine, elle conservait la fraîcheur de la jeunesse et était toujours admirablement belle. A la voir seulement on devinait qu'elle était douée de beaucoup

---

1. Gargasse, Marguerite et Solange sont, comme Blaireau, des personnages que l'auteur a créés dans son roman *l'Enfant du faubourg*.

d'intelligence et d'une grande énergie, et qu'elle avait en même temps la hardiesse et la ruse.

Et, cependant, cette femme forte, qui avait la beauté qui impose, cette femme qui semblait être née pour dominer et faire obéir, pliait servilement et sans broncher sous l'autorité de Blaireau et lui était soumise comme le caniche l'est à son maître. Elle était son esclave.

Avait-elle aimé ou aimait-t-elle Blaireau, dont la laideur devait être un repoussoir pour toutes les femmes? Nous ne saurions le dire. Mais c'est possible. Il y a dans la nature des goûts si étranges!

Mademoiselle Solange reçut Blaireau avec les démonstrations d'une joie très vive, ce qui ne l'empêcha point de lui dire:

— Vous êtes un monstre! Deux mois et demi sans que j'entende seulement parler de vous... Je me croyais tout à fait abandonnée.

— Ma chère, répondit Blaireau en riant, j'ai été très occupé, et tu sais, les affaires avant tout.

— Non, non, vous n'êtes pas excusable, on trouve toujours un moment, ne serait-ce qu'une demi-heure, pour venir voir une amie.

— D'ailleurs, j'étais parfaitement tranquille sur ton sort, reprit Blaireau ; connaissant tes habitudes d'ordre et ta prévoyance, je savais que tu n'avais pas besoin d'argent.

— Soit, mais j'étais inquiète.

— Faiblesse, fit Blaireau railleur.

— Voilà comme sont tous les hommes ; on pense à eux, ils ne le croient pas ; ils vous font souffrir, ils vous donnent tort. C'est égal, monsieur, j'étais à bout de patience, et si j'eusse su où vous trouver...

— Tu aurais continué à attendre, avec la patience dont tu es douée, qu'il me convînt de venir te voir, répliqua Blaireau d'un ton lugubre. A ce sujet, je ne veux pas négliger de te rappeler un conseil que je t'ai donné déjà : tu ne dois point chercher à savoir où je demeure, et si un jour le hasard te faisait connaître mon adresse, tu devrais immédiatement l'oublier.

— C'est bien, répondit-elle humblement, je me conformerai à vos intentions ; mais est-ce bien la peine de me gronder pour ce que je viens de dire ?

— Tu m'as compris, cela suffit ; nous ne reviendrons pas là-dessus.

Blaireau pensa qu'il était inutile de lui reprocher sa visite de la veille à la maîtresse de Gargasse.

— Nous avons à nous occuper d'autre chose, continua-t-il, je vais avoir besoin de toi.

— De moi? s'écria-t-elle ; quel bonheur !

— Écoute-moi bien, reprit Blaireau, il s'agit d'une affaire extrêmement délicate, semée de difficultés et très périlleuse.

— Tant mieux !

Blaireau sourit et continua :

— Je te préviens que tu n'auras pas de trop de toute ton intelligence, à laquelle tu pourras encore ajouter ton adresse et beaucoup de prudence.

— Du moment que c'est toi qui me commandes, tu sais que tu peux être sûr de moi. Dis-moi vite...

— Il y aura des dépenses à faire, poursuivit Blaireau ; mais l'argent ne manquera pas, il y en a. Sur les sommes que je te donnerai à dépenser, je suis sûr que tu trouveras le moyen de faire des économies afin de grossir ton magot. Ce sera déjà ça. Ensuite, plus tard, quand l'affaire sera terminée, car il est bien entendu que nous réussirons...

— Certainement, affirma Solange.

— Plus tard tu recevras encore un cadeau dont tu auras lieu d'être satisfaite.

— Est-ce toi qui me le feras, ce cadeau?

— Oui.

— Alors, c'est très bien !

Blaireau tira un portefeuille de sa poche et y prit cinq billets de banque de cent francs qu'il mit sur les genoux de Solange.

— Voilà, dit-il, pour tes frais d'entrée en campagne.

« Maintenant, continua-t-il, voici de quoi il s'agit. »

Mademoiselle Solange allongea le cou et tendit l'oreille, tout en glissant les billets de banque dans son corsage.

Blaireau poursuivit :

— Il nous faut, c'est-à-dire, il faut que nous trouvions dans quatre mois et demi, cinq mois au plus, un enfant, fille ou garçon. Et cet enfant ne devra pas avoir plus de deux ou trois jours quand nous le remettrons, bien portant, à la personne qui me paye pour le lui procurer.

— Je comprends. Tu me donnes pour mission de découvrir, n'importe où dans Paris, une pauvre fille séduite ou une femme mariée très malheureuse, qui consentira à me donner son enfant.

— Ou à te le vendre, si tu ne peux l'avoir autrement. Mais je ne tiens pas beaucoup à ce que tu t'adresses à une femme mariée, je préfère une fille séduite que son amant aura abandonnée.

— Oui, tu as raison. D'abord, elle sera plus facile à trouver. Il y en a tant de ces pauvres malheureuses dans Paris! C'est égal, c'est tout de même drôle !

— Hein, qu'est-ce qu'il y a de drôle à cela?

— C'est que je viens de penser à ce pauvre petit, dont tu étais si embarrassé il y a cinq ans, que j'ai couru pendant trois jours aux environs de Paris pour trouver quelqu'un qui aurait voulu s'en charger.

Des plis profonds se creusèrent sur le front de Blaireau. Solange ne remarqua point ce signe visible d'une grande contrariété.

— A propos, continua-t-elle, qu'est-il donc devenu cet enfant-là ?

— Solange, répondit Blaireau d'une voix creuse, pendant qu'un sombre éclair traversait son regard, tu es trop curieuse ; je t'ai déjà dit que tu ne devais jamais parler de tout ce qui s'est passé, jamais, jamais !

— Mais c'est à toi seulement, balbutia-t-elle.

— Pas plus à moi qu'à d'autres, riposta-t-il d'une voix éclatante. Jamais un mot, jamais une allusion, tu entends, rien, rien !

— J'ai eu tort, pardonne-moi.

— C'est bien ; tâche seulement d'avoir plus de mémoire à l'avenir.

Le commencement de colère de Blaireau se calma. La paix était faite. Ils revinrent au sujet de leur conversation.

Blaireau donna à Solange ses instructions, en les accompagnant d'explications très claires et très précises ; il lui mit, comme on dit, les points sur les *i*.

Avant de se séparer, ils échangèrent encore ces paroles :

— Quand te mettras-tu en campagne ? demanda Blaireau.

— Dès ce soir, répondit Solange. J'irai du côté de Montmartre. Je visiterai les principaux bals hors barrière, où j'espère rencontrer quelques-unes de mes anciennes camarades.

— Oui, c'est une idée.

— Quand j'aurai trouvé, comment pourrai-je te prévenir ?

— Je viendrai ici tous les jours.

— Je n'osais pas te le demander ; tu es si occupé...

— C'est vrai, mais ce que nous faisons, c'est une affaire.

XI

GABRIELLE LIÉNARD

Une semaine entière s'écoula.

Blaireau, toujours impatient, commençait à penser que sa complice ne déployait pas toute l'activité voulue.

Mais un jour Solange l'accueillit avec ces mots :

— Enfin, j'ai trouvé !

Blaireau ne chercha pas à dissimuler sa satisfaction.

— Dans les conditions voulues ? fit-il.

— Assurément. Sans cela je ne te dirais pas : j'ai trouvé.

— C'est une jeune fille ?

— Qui n'a pas encore dix-huit ans, la pauvrette.
— Séduite et abandonnée ?
— Naturellement.
— L'as-tu vue déjà?
— Oui. C'est craintif et doux comme un agneau. Malgré ses joues pâles, sa maigreur et ses yeux fatigués par les larmes, car elle doit pleurer bien souvent, elle est vraiment jolie, jolie à croquer !
— Ça c'est un détail. Où demeure-t-elle?
— Aux Batignolles, presqu'à l'extrémité de l'avenue de Clichy.
— Elle est dans un hôtel?
— Oh! un hôtel... chez une espèce de logeur qui tient en même un débit de boissons. La maison — si l'on peut bien lui donner ce nom — est construite avec des planches sur lesquelles on a jeté grossièrement de la terre, de la chaux et du plâtre.

« Cette maison, continua Solange, a deux étages qu'on a partagés irrégulièrement en une demi-douzaine de taudis où logent... Au fait, je ne saurais dire vraiment quelles sortes de gens peuvent demeurer dans ces cabines sans cheminée où l'on voit à peine clair et qui sont ouvertes à la pluie comme à tous les vents. On suit une sorte d'allée entre deux palissades pour arriver à l'escalier sur lequel on a à peine mis le pied qu'on sent la misère à plein nez. Malgré soi on frissonne, la peur vous saisit et on fait un mouvement en arrière, tout prêt à prendre la fuite.

« Pourtant, j'ai monté toutes les marches de cet escalier branlant, car c'est au deuxième étage que loge la jeune fille. Elle est là dans un trou lambrissé, que le propriétaire appelle pompeusement une chambre, et qui reçoit le jour par un vasistas en forme de chatière pratiqué dans la toiture. Pour mobilier : une mauvaise couchette de bois peint en rouge, sur laquelle il y a une paillasse et un matelas épais comme une galette, puis deux chaises de paille fabriquées à coups de serpe, une petite table de bois blanc, et... c'est tout.

« La malheureuse est entrée là dedans, il y a quinze jours; elle avait un peu d'argent et a payé un mois de location, dix francs.
— Est-elle de Paris?
— Le livre du logeur le dit; mais elle peut très bien avoir fait une fausse déclaration.
— Comment se nomme-t-elle?
— Gabrielle Liénard.
— Elle doit avoir de l'argent?
— Je ne lui ai pas demandé de me faire voir sa bourse; mais elle n'en a pas beaucoup, je crois.
— Il lui en faut pour pouvoir vivre.
— Elle travaille depuis quelques jours. Une femme, qui demeure dans une

maison voisine et qui a une entreprise de travaux de passementerie, lui fournit de l'ouvrage. Elle est, paraît-il, très habile et surtout très adroite de ses doigts. Elle arrive à gagner trente sous par jour.

— Comment es-tu allée chercher cette jeune fille au fond des Batignolles?

— Rien de plus facile à expliquer. Depuis huit jours j'ai beaucoup couru, et j'ai vu à peu près toutes mes anciennes amies. Je leur ai dit à toutes que je connaissais une dame riche, très charitable, qui s'intéressait particulièrement aux malheureuses jeunes filles qui, ayant commis une faute, avaient à en cacher ou à en redouter les suites, et je les priai en même temps, si elles en connaissaient, de me donner leur adresse. Elles m'en indiquèrent plusieurs; mais, après m'être renseignée, je me disais chaque fois : Ce n'est pas cela. C'est hier qu'une autre femme, une ouvrière en passementerie, que j'ai connue autrefois, m'a parlé de Gabrielle Liénard. J'ai tenu à voir immédiatement cette jeune fille, et après avoir causé assez longuement avec elle, j'ai acquis la certitude que mes recherches étaient enfin terminées.

— Tu t'es présentée chez elle au nom de la dame riche, très charitable?

— Naturellement. J'ai voulu lui remettre une petite somme; mais elle est fière, la petite : elle a refusé de l'accepter en me disant que, pour le moment, elle pouvait suffire à ses besoins par son travail. Ce sera donc pour plus tard, ai-je répondu. Puis je lui ai promis une layette complète, et lui ai dit qu'elle ne devait avoir aucune inquiétude, que je reviendrais la voir souvent et qu'elle ne manquerait de rien.

— Tout cela est parfait, mais pas suffisant; elle peut nous échapper au dernier moment; il faut donc prendre nos précautions contre toute mésaventure.

— J'attends tes ordres.

— Je réfléchirai, et demain je te dirai ce qu'il faudra faire. Est-ce que tu n'as rien appris sur le passé de cette jeune fille?

— Rien. J'ai essayé de la faire causer, impossible de lui arracher un mot. En ce qui concerne sa famille, les personnes qu'elle connaît, ce qu'elle faisait avant de venir se cacher avenue de Clichy, elle n'est pas seulement réservée, elle est muette.

— Il faudra obtenir toute sa confiance, car il est nécessaire que nous connaissions son histoire.

— Je ferai pour le mieux.

— Allons, tout va bien, dit Blaireau; mais nous sommes loin encore du succès. Pour que rien ne vienne le compromettre, il faut qu'avant un mois la jeune fille soit entièrement en notre puissance. Par quel moyen? Je vais le chercher, et je le trouverai.

Nous connaîtrons bientôt le résultat des réflexions de Blaireau et ce que son cerveau, si bien organisé pour le mal, et si fertile en expédients et en combinaisons ténébreuses, aura imaginé.

— Voilà un nom que je ne dois pas oublier, pensa Blaireau. (Page 77.)

Ainsi que le constatait le livre du logeur, la jeune fille de l'avenue de Clichy se nommait réellement Gabrielle Liénard. Mais, comme la complice de Blaireau en avait eu la pensée, elle n'avait pas dit la vérité en déclarant que le lieu de sa naissance était Paris.

Gabrielle Liénard était née à Orléans. Avec de l'ordre, de l'économie, une grande régularité dans l'existence, de l'activité et du travail, ses parents étaient parvenus à se faire citer parmi les notables commerçants de la ville. Ils avaient déjà acquis l'aisance, ce qui est le commencement de la fortune, lorsque, malheureusement pour Gabrielle, sa mère mourut presque subitement.

Les gens qui connaissaient la famille Liénard prétendirent que le chagrin n'était pas étranger à la mort de la mère de Gabrielle. — Le mal qui l'a tuée était en elle depuis longtemps, disait-on : elle adorait sa fille unique, et c'est dans l'intérêt de sa chère Gabrielle qu'elle gardait le silence et ne se plaignait jamais.

Alors on racontait que M. Liénard, après avoir été si longtemps le modèle des maris, s'était follement épris d'une jeune et jolie veuve, et que celle-ci était devenue sa maîtresse; il s'était éloigné de son ménage et avait même, par sa négligence, assez gravement compromis la prospérité de ses affaires commerciales.

Ces bruits divers trouvèrent peu d'incrédules, car les apparences semblaient les justifier.

Du reste, M. Liénard ne tarda point à donner raison à ceux qui affirmaient que sa femme avait été précipitée dans la tombe par suite de l'injure faite à sa dignité d'épouse et de mère. Au bout de quelques mois de veuvage, personne ne pouvait plus douter qu'il n'y eût des relations très intimes entre M. Liénard et la jeune veuve, et nul ne fut étonné lorsque, après un an écoulé, ladite veuve devint madame Liénard et prit, dans la maison du commerçant, la place de la défunte. Gabrielle avait alors quinze ans. Elle était dans un pensionnat, où elle recevait une instruction et une éducation en rapport avec la dot que sa pauvre mère avait espéré pouvoir lui donner quand arriverait le jour de la marier et de l'établir.

Peu de temps après son mariage, madame Liénard seconde pensa à la jeune fille et dit à son mari :

— Je suppose que vous ne voulez pas faire de votre fille une paresseuse; elle a quinze ans; le moment de travailler et d'apprendre le commerce est venu pour elle.

— Oui, répondit M. Liénard; vous êtes maintenant la mère de Gabrielle; décidez et faites ce que vous jugerez convenable.

Le lendemain, la première et la plus ancienne demoiselle du magasin fut congédiée. Elle était cependant très capable et pleine de zèle; mais, en raison des services déjà rendus, elle avait une certaine autorité dans la maison, et cela offusquait madame Liénard.

Gabrielle fut retirée de pension, et vint occuper chez son père une place, — la dernière, de demoiselle de magasin.

Tout alla assez bien pendant quelque temps; mais, comme cela arrive trop souvent, hélas! madame Liénard prit sa belle-fille en aversion et chercha toutes les occasions de la froisser dans ses sentiments les plus chers, de l'humilier, de la rudoyer, et quand les occasions ne se présentaient pas, elle les faisait naître.

La jeune fille était douce, très docile et pleine de bonne volonté. Madame

Liénard lui trouvait un caractère détestable; toutes les qualités de la pauvre enfant se transformaient à ses yeux en d'incorrigibles défauts. Usant de la funeste influence qu'elle avait sur le commerçant, elle parvint à détruire l'affection que le père pouvait avoir pour son enfant.

Gabrielle s'aperçut bientôt qu'elle ne devait plus compter sur l'appui de celui dont le devoir était de la protéger. Ce fut pour elle une nouvelle et grande douleur.

Nous ne dirons pas tout ce que la jeune fille eut à souffrir; c'est l'histoire malheureusement trop commune d'un enfant victime d'une marâtre.

N'osant se plaindre, ni se défendre, ce qui d'ailleurs eût été inutile, elle supporta avec une patience angélique, pendant plus d'un an, toutes les grossièretés, toutes les injures, tous les mauvais traitements d'une tyrannie odieuse...

A la fin elle se trouva à bout de force et sentit qu'une telle existence n'était plus possible.

On lui répétait si souvent : — Je vous aurai donc toujours devant les yeux, vous ne me débarrasserez donc pas bientôt de votre présence? que sa pensée et ses regards se tournèrent vers Paris.

— Oui, partir, c'est la délivrance, se dit-elle.

Un matin, elle rassembla les effets et le linge qui lui appartenaient et en fit deux paquets. Le soir, après la fermeture du magasin, pendant que M. Liénard et sa femme étaient au théâtre, elle alla chercher un commissionnaire, le chargea de ses paquets et se rendit avec lui au chemin de fer. Le lendemain matin elle était à Paris, chez une dame qui avait eu autrefois des relations d'amitié avec sa mère.

Mais les braves gens chez qui elle était descendue n'avaient pas de fortune et étaient trop étroitement logés pour pouvoir lui donner asile au delà de quelques jours. Il était urgent qu'elle trouvât une place. On chercha. Au bout d'une semaine elle entra dans une maison de commerce de la rue Montmartre, aux appointements modestes de cinquante francs par mois. On ne lui avait pas dit — ces choses-là ne s'avouent point — qu'on l'acceptait surtout à cause de sa remarquable beauté.

A Paris, les chefs de maisons choisissent généralement leurs demoiselles de magasin ou de comptoir parmi les plus jolies. Comme au théâtre, où la beauté des artistes n'est pas le moindre attrait qu'on offre aux spectateurs, un établissement, magasin ou boutique, est une autre scène où la jeunesse, la grâce, la beauté, sont une raison du succès. La demoiselle y joue en quelque sorte le rôle d'enseigne.

Certes, la position de Gabrielle n'avait rien d'enviable. Avec cinquante francs par mois, après avoir prélevé d'abord vingt francs pour sa chambre, puis le blanchissage des jupons, des cols, des manchettes, etc., sans compter les bottines, les chapeaux qu'il faut forcément remplacer, nous laissons deviner au lecteur ce qui lui restait pour vivre.

Heureusement la pauvre petite avait sa bourse de jeune fille : trois cents francs en pièces de vingt francs. En pensant à sa mère, elle aurait pu se rappeler en quelles circonstances chacune de ces pièces d'or lui avait été donnée.

Gabrielle fit ce calcul qu'en étant bien économe, elle pourrait passer une année sans avoir à s'imposer de trop dures privations.

— Après, pensait-elle, il est impossible qu'on n'augmente pas mes appointements.

Au bout d'un an, en effet, comme on était très satisfait de ses services, on lui donna vingt francs de plus par mois. Ce fut pour elle une déception, car elle avait espéré une récompense mieux proportionnée aux services qu'elle rendait. Mais on n'arrive pas si vite à la fortune, et Gabrielle ne savait pas encore qu'il y a des gens qui se font une loi d'exploiter habilement l'intelligence et le travail d'autrui.

Dans les premiers temps elle avait écrit à son père pour lui donner des explications sur sa fuite d'Orléans, et lui dire qu'elle était placée à Paris dans une maison de commerce où elle se trouvait, sinon très heureuse, du moins tranquille.

Cette lettre, suivie d'une deuxième, puis d'une troisième, écrites à deux mois d'intervalle, étaient restées sans réponse.

Gabrielle avait beaucoup pleuré et finalement compris qu'elle n'avait plus rien à espérer de son père, dont le cœur lui était complètement fermé.

Elle se vit abandonnée, seule au monde. N'ayant aucune expérience de la vie, et personne pour la diriger et lui donner de bons conseils afin de la prémunir contre certains dangers, c'était un malheur. Et puis elle était jeune, jolie et sage. Autre malheur dans sa situation.

Le danger était autour d'elle, le mal la guettait. Elle devait être fatalement une de ses victimes.

XII

UNE SÉDUCTION

Si sage et si réservée que fût Gabrielle, il ne lui était guère possible, à son âge, de vivre comme une recluse et de repousser les avances amicales qu'elle recevait des autres demoiselles de magasin, ses compagnes. Son cœur, absolument vide, avait un immense besoin d'affection, et elle ne crut pas faire trop en donnant toute son amitié en échange des prévenances dont elle était l'objet. Elle se lia intimement avec plusieurs de ses camarades, évidemment beaucoup moins inexpérimentées qu'elle.

Après avoir résisté d'abord à leurs sollicitations, elle finit par consentir à sortir avec elles le dimanche et souvent aussi, le soir, après la journée de travail.

De temps à autre, le dimanche, on allait au spectacle, aux petites places, ou bien on faisait une promenade joyeuse aux environs de Paris où il y a de si coquettes maisons, tant d'animation, de bruit, de gaieté, de verdure et de sentiers fleuris.

Dans la semaine, on se promenait sur les boulevards et on éprouvait du plaisir à s'arrêter devant les étalages brillamment éclairés des boutiques où il y a tant de jolies choses. On allait aussi aux Champs-Élysées. Quand on est resté enfermé douze heures entre un comptoir et des rayons de marchandises, c'est si bon de respirer le grand air et d'entendre le vent causer dans les feuilles, surtout quand le temps est doux et que le firmament est constellé d'étoiles.

D'autres fois on allait au bal. Ne faut-il pas qu'on varie les plaisirs? On est jeune, il faut tout voir, tout connaître. On se rendait à Valentino, à la Redoute, au Château-Rouge ou à l'Élysée.

Gabrielle n'osait pas danser; mais elle voyait sauter les autres; cela l'intéressait et l'amusait.

Elle avait remarqué non sans étonnement, mais en y attachant trop peu d'importance, que ses amies, soit qu'elles allassent à la campagne, au spectacle ou au bal, rencontraient toujours les mêmes jeunes gens pour les accompagner. Assurément, il y avait rendez-vous; elle n'en pouvait douter.

Elle avait également remarqué que, partout où elle allait, elle était très admirée. Elle se savait jolie et elle ne s'étonna ni ne s'effraya d'attirer ainsi l'attention des hommes. Et pourtant ses remarques étaient autant d'avertissements. Le danger se montrait à elle. Elle ne le voyait point.

Un soir, à Valentino, pendant que, comme d'habitude, assise sur une banquette, elle regardait les autres s'amuser, un jeune homme vint se placer près d'elle. C'était un fort beau garçon de vingt-huit à trente ans, grand, bien fait, de bonne mine, très bien mis, ayant le regard intelligent et doux, et les manières distinguées.

Il lui adressa la parole avec beaucoup de politesse et d'une voix légèrement émue. Elle ne crut pas mal faire en lui répondant. Ils causèrent assez longuement, mais de choses qui n'étaient point de nature à effaroucher Gabrielle.

Elle rentra dans sa petite chambre en pensant au bel inconnu du bal, et, en se mettant au lit, elle laissa échapper ces paroles :

— Il est vraiment fort bien!

Le lendemain elle pensa encore à lui. Jusque-là, rien de grave. Une jeune fille rencontre un jeune homme qui lui plaît, elle pense à lui pendant deux jours, et comme elle ne le revoit plus, l'impression s'efface. Mais, le troisième jour,

Gabrielle reçut une lettre qui contenait, en des termes d'ailleurs très convenables, une brûlante déclaration d'amour.

En lisant cette lettre, elle devint toute tremblante et son cœur battit violemment.

— Ah! je ne lui répondrai pas! s'écria-t-elle.

Mais, au lieu de déchirer la missive, elle la plaça précieusement dans un petit coffret.

— Qui donc lui a donné mon adresse? se demanda-t-elle. Ah! je me rappelle : il est sorti du bal en même temps que moi, il m'a suivie!

Son trouble était grand, et elle eut de la peine à se remettre de son émotion.

— C'est fini, se dit-elle, je ne sortirai plus avec mes amies.

Malheureusement, elle prenait trop tard cette sage résolution.

Quelques jours après, ne l'ayant plus rencontrée ni à Valentino ni ailleurs, le jeune homme vint à son magasin, où il fit diverses emplettes. La pauvre Gabrielle ne sut pas même lui cacher son trouble, et en s'imaginant qu'on allait deviner que ce nouveau client venait dans le magasin pour elle, elle sentit le rouge envahir ses joues et monter jusqu'à son front. Le jeune homme reparut au bout de deux jours et il revint encore plusieurs fois. Il s'adressait toujours de préférence à Gabrielle. Alors, il fallait vaincre son émotion, l'écouter, lui montrer ce qu'il demandait, vendre et braver les sourires mystérieux de ses malicieuses compagnes.

Ce manège du jeune homme dura plus d'un mois, et ce temps fut un long supplice pour Gabrielle. Un soir, comme elle allait rentrer chez elle, elle le trouva qui l'attendait à la porte de l'hôtel où elle demeurait.

— Oh! monsieur, lui dit-elle, je vous en prie, ne venez plus au magasin.

— Exiger cela de moi serait de la cruauté, répondit-il, puisque c'est là seulement que je puis avoir le bonheur de vous voir.

Gabrielle ne trouva rien à répliquer. Elle baissa la tête. Il lui prit le bras et le passa doucement sous le sien. Elle n'opposa aucune résistance. Sans avoir conscience de ce qu'elle faisait, elle se mit à marcher à côté de lui. Ils se promenèrent ainsi pendant plus d'une heure le long des trottoirs.

Il parlait seul, mais elle l'écoutait. Son langage était celui de tous les séducteurs. Il ne lui parla que de l'amour sincère, profond, qu'elle lui avait inspiré. Il n'avait jamais aimé; elle était la première jeune fille qu'il eût distinguée dans la foule. Jamais aucune autre avant elle n'avait occupé sa pensée. Et tout cela était dit avec des paroles passionnées qui remuaient Gabrielle jusqu'au fond de son cœur.

Gabrielle était étourdie, entraînée, fascinée, incapable de faire un suprême appel à sa raison. Le jeune homme sentait qu'elle était tremblante, il entendait sa respiration haletante, il devinait son trouble.

— Vous ne me répondez pas, reprit-il. Pourquoi? Gabrielle, vous ne pouvez me cacher ce qui se passe en vous; vous m'aimez comme je vous aime, je le sais.

Elle tressaillit et se mit à trembler plus fort. Il insista, et elle finit par lui répondre :

— Oui, je vous aime !

Il lui mit un baiser sur le front.

Ce fut comme une flamme qui passa dans tout son être.

Gabrielle était perdue !

Il la reconduisit jusqu'à sa porte et ils se séparèrent en se donnant rendez-vous le lendemain.

Pendant trois mois, Gabrielle vécut dans l'enivrement et au milieu des éblouissements de l'amour qui rayonnait en elle.

M. Octave Longuet — c'est le nom que le séducteur s'était donné — devait avoir de la fortune, à en juger par son existence désœuvrée et les dépenses qu'il faisait. Mais Gabrielle ne savait point quelle position il avait dans le monde. Elle n'eut pas la hardiesse de le lui demander. Elle ignorait également s'il habitait ordinairement à Paris. Elle aurait pu concevoir un doute à cet égard, car il occupait provisoirement un petit appartement composé de trois pièces dans un hôtel de la rue de Richelieu.

M. Octave, d'ailleurs très généreux, voulut lui donner des toilettes, des bijoux. Elle le remercia de ses bonnes intentions, mais elle refusa absolument tout ce qu'il croyait pouvoir lui offrir.

Il aurait désiré qu'elle quittât sa modeste chambre d'hôtel, où elle était fort mal; il lui proposa de lui louer un logement plus convenable et de le lui meubler. Elle refusa encore.

Gabrielle était tombée, trahie par son cœur, mais elle n'avait pas perdu le sentiment de sa fierté. Inspirée par ce sentiment, elle considérait que recevoir quelque chose de son amant, même sous forme de cadeau, était une profanation de l'amour.

— Non, lui disait-elle, chaque fois qu'il voulait se montrer généreux envers elle, non, plus tard, quand je serai votre femme.

Il lui avait fait cette promesse. L'innocente ne doutait point de sa parole. On croit tout quand on aime !

L'heure de désenchantement arriva.

Un jour, Gabrielle attendit vainement M. Octave à l'endroit où il devait venir la trouver.

— Quelque chose d'imprévu l'aura retenu, pensa-t-elle; demain il m'écrira.

La lettre espérée et désirée n'arriva point. Le troisième jour, elle était dévorée d'inquiétudes.

— Mon Dieu, disait-elle, que lui est-il donc arrivé ? Oh ! il faut qu'il soit malade, gravement peut-être.

En se faisant violence, elle eut le courage d'attendre deux jours. Mais elle ne pouvait rester plus longtemps dans une incertitude qui la tuait.

Elle courut à l'hôtel où il demeurait.

— M. Octave Longuet est parti depuis huit jours, lui répondit-on.

— Parti! ce mot la frappa en pleine poitrine comme un coup de massue. Elle pâlit, un nuage passa devant ses yeux, ses jambes fléchirent. Elle crut qu'elle allait tomber. Mais, se raidissant aussitôt, elle parvint à comprimer sa douleur.

— Savez-vous où il est allé? demanda-t-elle.

— Nous l'ignorons absolument.

— Il ne vous a pas dit combien de jours il serait absent?

— Non, mais nous croyons qu'il ne doit pas revenir à Paris de longtemps. Lorsqu'il a réglé son compte, il paraissait vivement contrarié; il ne s'attendait peut-être pas à partir si précipitamment. On ne lui adressait pas ses lettres ici, mais il a dû recevoir une dépêche qui lui enjoignait de quitter Paris immédiatement. Nous ne pouvons rien vous apprendre de plus. D'ailleurs, nous ne savons rien des affaires de ce monsieur, qui n'est pas un de nos clients habituels.

Gabrielle se retira la tête basse et la mort dans l'âme. Alors, seulement, elle eut conscience de sa faute. En voyant se dresser devant elle l'affreuse réalité, il lui sembla qu'elle sortait d'un rêve. Après le rayonnement, des pensées sombres; après la lumière, la nuit.

Parti! ce mot terrible s'était comme incrusté en lettres de feu sous son front brûlant.

— Trompée, trompée, il m'a trompée! répétait-elle en descendant rapidement la rue de Richelieu. Je lui avais donné mon cœur, ma vie, tout, et il m'a lâchement abandonnée!

— Elle ne se repentait pas encore, mais elle avait déjà des regrets cuisants. Elle entrevoyait l'abîme où elle avait été précipitée; ses espérances, son bonheur, ses illusions de jeune fille y étaient engloutis; elle souhaitait que la terre s'ouvrît sous ses pieds afin d'ensevelir ce qui restait d'elle.

Elle marchait droit devant elle, sans rien voir, ne sachant pas où elle allait. Elle traversa la place du Carrousel et se trouva au bord de la Seine. Elle eut un regard singulier et ses yeux se fixèrent sur l'eau, où la lumière des becs de gaz traçait de longues lignes lumineuses. Elle se demanda si elle ne ferait pas bien d'en finir tout de suite avec les tourments de la vie, en se précipitant dans cette masse liquide, dont son regard sondait la profondeur. Elle sentait que la mort est le refuge suprême des grandes douleurs. Mais elle se vit retrouvée, au bout de quelques jours, dépouillée de ses vêtements et exposée, nue, aux regards des curieux sur une des dalles de la Morgue. Un frisson glacial courut dans tous ses membres, et elle se rejeta en arrière avec un cri de terreur.

Elle rentra chez elle. Sa douleur trop longtemps contenue fit aussitôt explosion.

Blaireau s'acheminait tranquillement vers les boulevards. (Page 87.)

Elle se mit à pleurer, à sangloter. Elle se jeta sur son lit et s'y roula dans d'affreuses convulsions. Le désespoir était profond, la crise fut longue, horrible.

Le lendemain, cependant, toute brisée qu'elle était, elle se rendit au magasin. Tout le monde s'aperçut qu'elle avait les yeux hagards, les traits bouleversés. Mais il y a certaines souffrances qu'on respecte instinctivement. Ses amies elles-mêmes n'osèrent pas l'interroger.

Six semaines plus tard, Gabrielle ne pouvait plus douter de l'étendue de son malheur. Elle allait être mère. Elle regretta plus amèrement sa faute. Elle pleura encore. Mais que peuvent les regrets et les larmes? Rien.

— Que vais-je devenir? que vais-je faire? s'écria-t-elle.

Elle avait peur de l'avenir, qui lui apparaissait sombre et désolé. Elle frémissait d'effroi en pensant que ses patrons, ses compagnes, tous ceux qui la connaissaient, découvriraient bientôt ce qu'elle aurait voulu se cacher à elle-même. Qui sait? Peut-être l'avait-on vu déjà. Quelle honte!

— Non, murmura-t-elle, je n'oserai plus affronter leurs regards. Je suis perdue, perdue!... Ce que je suis, on doit le lire sur mon visage. Il ne me reste plus qu'à aller me cacher et à me faire oublier.

« Oh! ajouta-t-elle avec désespoir, si la mort venait, avec quelle joie je lui tendrais mes bras! »

La malheureuse enfant avait pris une résolution.

Le lendemain, sans dire où elle allait, sans avoir prévenu ses patrons, ni aucune de ses amies, elle quitta sa petite chambre, emportant ses effets dans une malle.

Le hasard la conduisit au fond des Batignolles. Se croyant assez loin du centre de Paris pour n'avoir pas à craindre d'être rencontrée, elle s'installa dans le galetas où, quinze jours plus tard, Solange la découvrit.

Comme nous l'avons vu, elle fut destinée, dès lors, à servir les desseins ténébreux de Blaireau.

XIII

OU L'ON VOIT TRAVAILLER BLAIREAU

Solange faisait à Gabrielle de fréquentes visites.

Blaireau lui avait dit:

— Il ne faut pas qu'elle nous échappe. En attendant que le moment d'agir soit venu, il faut veiller.

Et Solange veillait.

Trompée par l'air honnête et les prévenances hypocrites de la complice de Blaireau, touchée de l'intérêt qu'elle lui témoignait et dont elle était loin de soupçonner la véritable cause, et croyant réellement qu'elle agissait au nom de la dame généreuse et bonne qui prenait en pitié les malheureuses comme elle, Gabrielle se montrait reconnaissante, sortait peu à peu de sa réserve craintive et se laissait aller à une douce confiance.

Pendant ce temps, Blaireau, de son côté, ne restait pas inactif.

Cette nouvelle affaire qu'il avait à diriger méritait tous ses soins, car, indépendamment du magnifique profit qu'elle lui promettait, il la trouvait digne de son génie.

Après avoir laissé dix jours s'écouler, ayant probablement épuisé l'épargne de sa « fleur des prés », comme l'appelait Blaireau, Gargasse revint voir son ami.

— Ah! ah! te voilà! lui dit Blaireau; tu arrives bien, je t'attendais.
— Je comprends, fit Gargasse, tu as besoin de moi.
— Oui.
— Qu'y a-t-il à faire?
— Oh! presque rien.
— Je sais ce que cela veut dire.
— La besogne est facile.
— Tu dis toujours cela pour ne pas payer trop cher. Enfin, de quoi s'agit-il?
— Pour toi de gagner quelques louis.
— Et pour toi? interrogea Gargasse, dont le visage s'était subitement épanoui.
— Moi, je n'ai rien à gagner.
— Alors je sais à quoi m'en tenir; c'est absolument comme si tu me disais : C'est une affaire qui doit me rapporter une tonne d'or.

Blaireau haussa les épaules.

— N'importe, reprit Gargasse, comme toujours je suis prêt à t'être agréable et à te servir.

Un sourire, qu'il essaya de rendre gracieux, effleura les lèvres de Blaireau.

— Écoute, dit-il, rue Richepanse, n° 3, demeure un jeune homme qui s'appelle ou se fait appeler Sosthène de Perny, j'ai besoin d'avoir des renseignements sur lui.

— Tu le connais, ce jeune homme?
— Imbécile, si je le connaissais, je n'aurais pas à chercher ce qu'il est et ce qu'il fait.
— Je n'ai rien à répondre à cela. Quand veux-tu être renseigné?
— Tout de suite, demain, ce soir, si c'est possible.
— Et tu me donneras pour cela?
— Tu parles toujours d'argent avant de travailler.
— Hé, répliqua Gargasse avec humeur, je n'ai pas comme toi une caisse bien remplie, et mon pain cuit d'avance pour toute l'année. Je n'ai pas dîné hier soir et je venais t'emprunter trente sous pour déjeuner ce matin.
— Oh! mon pauvre Gargasse, est-ce possible? Mais c'est affreux ce que tu me dis là!
— C'est bien, riposta Gargasse d'un ton bourru, sois plus généreux et moins sensible...
— Ma parole d'honneur, on dirait que tu me crois millionnaire.
— C'est bon, assez causé, je sais ce que je sais, et du moment que je te suis dévoué corps et âme, et que je consens à te servir...

— Donc, dès aujourd'hui, tu vas te mettre en mesure d'obtenir les renseignements qu'il me faut sur ce M. de Perny!

— Oui.

— Si je suis satisfait de la façon dont tu auras rempli cette mission...

— Tu aurais pu dire : « Comme je serai satisfait. » Voyons, est-ce que tu ne me connais pas?

— J'en aurai une autre, un peu plus importante à te confier, acheva Blaireau.

— A la bonne heure, tu me prouves que je n'ai pas perdu ta confiance.

— Après cela nous compterons, reprit Blaireau, et il pourra y avoir trois ou quatre belles pièces d'or pour toi.

— C'est bien, fit Gargasse; mais en attendant...

Et il tendit sa main.

Blaireau lui donna cinq francs.

— Que ça? fit Gargasse avec une grimace.

— Oui, et tu devrais me remercier de ma prudence : tu auras moins de tentations d'entrer dans les cabarets ouverts sur ton chemin.

Un grognement fut la réponse de Gargasse. Il enfonça son chapeau sur sa tête, prit le bâton dont il se servait en guise de canne et sortit, en disant à Blaireau :

— A ce soir ou à demain !

Gargasse ne revint chez Blaireau que le lendemain dans l'après-midi.

— Eh bien? l'interrogea ce dernier.

— Voici ce que j'ai appris : ton individu se nomme bien Sosthène de Perny; il a un petit appartement rue Richepanse, mais ce n'est point là qu'il demeure.

— Ah! fit Blaireau, en tendant avidement l'oreille.

— Ce monsieur s'offre, comme les gentilshommes du temps de Louis XV, ce qu'on appelait alors une petite maison. L'appartement de M. de Perny, rue Richepanse, n'est, à proprement parler, qu'un lieu de rendez-vous où il reçoit de temps à autre quelques amis, évidemment de joyeux compères comme lui, et des demoiselles du demi-monde. Du reste, depuis quatre ou cinq mois, ses apparitions rue Richepanse sont devenues très rares. Il s'y fait adresser certaines lettres. Quelquefois il passe les prendre lui-même, mais le plus souvent c'est à un domestique que le concierge les remet.

— Ce jeune homme a parfaitement le droit d'avoir un appartement pour y recevoir seulement ses amis, dit Blaireau. Après?

— Comme il y avait des lettres pour lui, je me dis que, pour me procurer des renseignements plus complets, je devais attendre que le domestique vînt les chercher.

— Il est venu et tu l'as suivi?

— Naturellement.

— Alors ?

— J'ai su où demeurait M. de Perny.
— Et il demeure?
— Rue de Babylone, dans un magnifique hôtel.
— Qui lui appartient? exclama Blaireau.
— Non, mais à son beau-frère, un marquis plusieurs fois millionnaire, dont il possède, paraît-il, toute la confiance.
— Tu ne me dis pas le nom de ce marquis?
— De Coulange.
— Voilà un nom que je ne dois pas oublier, pensa Blaireau.

Gargasse continua :

— D'après les renseignements que j'ai recueillis aux environs de l'hôtel de Coulange, et j'ai lieu de croire qu'ils sont exacts, le marquis a épousé par amour la sœur de M. de Perny, laquelle n'avait pour dot que sa jeunesse et sa merveilleuse beauté. Après le mariage, M. de Perny et sa mère vinrent demeurer chez le marquis, et le premier ne tarda pas à être considéré comme l'*alter ego* de son beau-frère. C'est lui qui s'occupe de toutes les affaires du marquis : il vend et achète ; il reçoit et paye.

« En ce moment, atteint d'une maladie grave, dont il ne guérira pas, dit-on, le marquis n'est pas à Paris. Il y a près de trois mois que, dans l'intérêt de sa santé, il a dû partir. Personne n'a pu m'apprendre où il est allé; il ne m'a été dit que peu de chose de la marquise, qui vit dans une solitude complète et qu'on connaît à peine. Si l'on s'en rapporte à des paroles échappées aux domestiques, elle serait dans une position intéressante. »

Blaireau ne put s'empêcher de sourire.

— M. de Perny, continua Gargasse, est donc aujourd'hui plus que jamais le maître à l'hôtel de Coulange. Les domestiques ne connaissent que lui, n'obéissent qu'à lui et à sa mère. Si, comme on me l'a assuré, M. de Perny et sa mère sont pauvres, on peut dire qu'ils ont gagné une jolie partie le jour où mademoiselle de Perny est devenue marquise de Coulange. La vérité est que M. de Perny est réellement le maître dans la maison de son beau-frère. Sa mère et lui tiennent dans leurs mains l'immense fortune du marquis de Coulange.

« Voilà tout ce que je sais, acheva Gargasse; si tu ne te trouves pas suffisamment renseigné, je suis à tes ordres.

— Je n'ai pas besoin d'en savoir davantage, répondit Blaireau.

« Oui, se dit-il, c'est tout ce que je voulais savoir. Je vois maintenant sur quelle herbe je vais marcher, et je tiens là un petit secret de famille qui vaudra un jour un million !

« Mon cher Gargasse, reprit-il en lui tendant la main, je suis content de toi. »

Gargasse ne parut qu'à moitié satisfait.

Blaireau comprit et s'empressa de glisser une pièce d'or entre les doigts de son mercenaire.

— Est-ce un acompte? demanda Gargasse.
— Non, c'est pour les dépenses que tu seras obligé de faire.
— Très bien, tu vas me charger d'une nouvelle mission?...
— Et dès demain matin tu te mettras à l'œuvre.
— Que faut-il faire?
— Il faut que tu me trouves aux environs de Paris une **maison à louer**.
— C'est facile.
— Écoute donc : il va sans dire que je n'ai pas besoin d'un château, mais d'une petite maison; deux chambres à coucher et une cuisine suffiraient. Il est nécessaire qu'elle soit meublée; dans la circonstance présente, c'est un avantage. Je tiens aussi à ce qu'elle soit isolée, c'est-à-dire assez éloignée d'autres maisons pour ne point trop attirer l'attention des gens qui ont la rage de s'occuper de ce qui ne les regarde pas.
— Faut-il qu'il y ait un jardin?
— Oui, un jardinet, c'est absolument utile; la maison se trouvera au milieu, presque cachée dans les arbres, si c'est possible, et entourée de murs assez élevés pour que les regards des curieux ne puissent pas sauter par-dessus. Je te donne trois jours pour chercher. C'est aujourd'hui mercredi, je t'attendrai samedi soir.
— Préfères-tu pour ta location un endroit à un autre?
— Non, cela m'est égal.
— En ce cas, je me tournerai du côté d'où viendra le vent, et où il me dira d'aller j'irai.

Les deux amis se séparèrent.

— Blaireau est un bon zigue, pensait Gargasse, c'est dommage qu'il soit si peu généreux, il veut toujours tout pour lui.

De son côté, Blaireau se disait :

— Gargasse est un ivrogne, mais il est dévoué et surtout discret; il faudra que je le lance dans des opérations plus sérieuses.

Le samedi, vers une heure, Gargasse reparut chez Blaireau.

— Ah! ah! tu n'as pas perdu de temps, dit ce dernier.
— C'est ce matin seulement que j'ai trouvé une maison qui, je le crois, fera ton affaire répondit Gargasse.
— Naturellement, si elle est dans les conditions exigées.
— Elle est bâtie au milieu d'un jardin, pas grand, et entourée de murs comme tu le désires. Il y a des arbres, et avant un mois, quand toutes les feuilles seront poussées, ce sera un nid dans la verdure. Elle se compose d'un rez-de-chaussée et d'un étage, je ne parle pas des greniers. Il y a au rez-de-chaussée la cuisine, un salon, une salle à manger, au-dessus deux chambres à coucher avec cabinet de toilette. Tout cela est petit, meublé sans luxe, mais convenablement.
— C'est parfait, dit Blaireau. Quand peut-on y entrer?

— Le jour même de la location, si l'on veut.

— Très bien !

— La maison est à louer depuis le 15 mars dernier ; les propriétaires, des artistes, sont partis pour l'Amérique avec un engagement de deux ou trois ans.

— Qui est chargé de louer?

— Un individu qui fait de cela son métier et qui se charge aussi de ventes de maisons.

— Où se trouve ladite maison à louer?

— A Asnières, rue Vieille-d'Argenteuil.

— C'est un peu près de Paris, mais n'importe.

— Je dois te prévenir qu'on veut louer au moins pour toute la saison, c'est-à-dire pour six mois, jusqu'en octobre.

— A un ou deux mois, près cela fait mon affaire. T'es-tu informé du prix de la location ?

— Pour une saison, six mois, quinze cents francs.

— Oh! oh! c'est raide ! fit Blaireau avec une grimace qui indiquait toujours qu'il éprouvait une contrariété ou une déception.

— C'est le prix pour la saison d'été, reprit Gargasse ; avec trois cents francs de plus on aurait la maison pour l'année entière.

— Elle ne m'est utile que pour quatre mois, grommela Blaireau.

Il se leva.

— Enfin, ajouta-t-il, en faisant un brusque mouvement de tête, puisqu'il faut en passer par là.

Il se débarrassa lestement de sa robe de chambre.

— Pendant que je vais m'habiller, dit-il à Gargasse, et pour ne pas perdre de temps, tu vas aller chercher une voiture. Tu m'attendras en bas. Je t'emmène à Asnières, non pour visiter la maison, je m'en rapporte à toi, mais pour me la montrer. Ensuite, si je la trouve située comme je le veux, je la louerai. C'est une commission ennuyeuse dont quelqu'un m'a chargé. Maigre profit que tout cela, mon pauvre Gargasse, mais cela n'est pas ton affaire : en chemin je te donnerai la petite somme que je t'ai promise.

— Quatre louis, tu sais!

— J'ai dit trois ou quatre ; mais je ne veux pas marchander avec un vieil ami, je suis content de toi, tu auras quatre-vingts francs.

Gargasse enchanté sortit pour courir chercher une voiture, sans se douter que Blaireau, gêné par sa présence, avait pris un prétexte pour l'éloigner.

En effet, dès qu'il fut parti, Blaireau s'empressa de pousser le verrou de la porte. Il fit jouer le ressort secret de la boiserie et ouvrit sa caisse, dans laquelle il prit une liasse de billets de banque. Il s'habilla ensuite. Ce fut l'affaire d'un instant.

Gargasse arrivant avec la voiture le trouva qui l'attendait dans la rue. Ils partirent. A trois heures, ils étaient à Asnières.

Blaireau, en passant, jeta seulement un regard sur la maison que Gargasse avait découverte dans une rue presque déserte. Il la trouva convenablement située pour ses projets et se montra satisfait. Après s'être fait indiquer la demeure de la personne qui était chargée de louer, il renvoya Gargasse, dont il n'avait plus besoin.

Une heure après, Blaireau reprenait la route de Paris, emportant dans sa poche toutes les clefs de l'habitation. Il avait loué la maison pour six mois, en payant les quinze cents francs d'avance.

La location était faite au nom d'une dame veuve que Blaireau déclara être sa sœur, et qui se nommait Félicie Trélat. Celle-ci voulait passer l'été à Asnières avec sa fille unique, dont la mauvaise santé lui causait une assez vive inquiétude.

C'est sous ce prénom et ce nom de Félicie Trélat que Solange s'était présentée à Gabrielle Liénard. Du reste, Solange était déjà un nom de guerre connu seulement de Blaireau et de quelques-uns de ses intimes. Mademoiselle Solange se nommait Joséphine Charbonneau.

Blaireau n'était pas homme à perdre un temps précieux. Le soir, même il se rendit rue de la Folie-Méricourt. Solange ne l'avait pas vu depuis cinq jours.

— Que se passe-t-il rue de Clichy? demanda-t-il à Solange.

— La situation est toujours la même.

— Alors tu vas pouvoir agir avec succès?

— Je crois même que je réussirai assez facilement. La petite commence à s'apprivoiser; j'ai su lui inspirer de la confiance, elle me prend en amitié et m'a déjà fait quelques petites confidences.

— En ce cas, tout va bien.

— Est-ce que tu es prêt?

— Oui. Demain matin je te donne rendez-vous à Asnières.

— A quelle heure?

— A neuf heures. Je t'attendrai, ou c'est toi qui m'attendras devant le pont. Je te montrerai la maison. Cela fait, nous déjeunerons ensemble au bord de l'eau. Je te remettrai les clefs de la maison. A midi, midi et demi, au plus tard, nous nous quitterons et tu pourras rentrer dans Paris, afin d'achever ce que tu as si bien commencé.

« Si tu t'y prends bien, en un mot si tu fais preuve de ton adresse habituelle, lundi, la petite et toi, vous serez installées rue Vieille-d'Argenteuil.

— C'est bien, répondit Solange, tu es prêt, je le suis aussi.

Le lendemain une voiture s'arrêtait devant la maison de la rue Vieille-d'Argenteuil. (Page 87.)

XIV

PAUVRE FILLE!

Le lendemain, à une heure moins quelques minutes, Solange arrivait avenue de Clichy. N'ayant pas trouvé de voiture, le temps étant d'ailleurs très beau, elle était revenue d'Asnières à pied.

En même temps qu'elle grimpait l'escalier étroit du garni, une jeune fille assez jolie le descendait. Cette jeune fille, élégamment vêtue, ayant les pieds chaussés de bottines neuves et un chapeau coquet sur la tête, ne pouvait être une locataire de la maison.

— Elle vient de voir Gabrielle, se dit aussitôt Solange. Ah çà! est-ce qu'elle aurait l'intention de se mettre en travers de mon chemin?

Un peu émue, tant elle craignait que Gabrielle ne lui échappât, elle lança à la visiteuse un regard de colère et de dédain, quand celle-ci s'effaça pour la laisser passer.

Elle trouva Gabrielle très agitée et pleurant à chaudes larmes.

— Qu'avez-vous donc, ma mignonne? lui demanda-t-elle, en la baisant au front; d'où vous vient ce grand chagrin?

— Oh! oui, c'est un grand chagrin, répondit la jeune fille, je suis tout à fait désolée.

— Pourquoi? Voyons, dites-moi tout, afin que je puisse vous consoler.

Gabrielle essuya les larmes qui remplissaient ses beaux yeux.

— Vous avez dû rencontrer une jeune fille dans l'escalier, dit-elle.

— Oui, en effet. Eh bien?

— Elle sortait d'ici.

— Je ne me suis pas trompée, pensa Solange.

— Cette jeune fille est une de mes amies, continua Gabrielle, elle est demoiselle de magasin, et nous étions ensemble dans la même maison. Aujourd'hui, à midi, comme d'habitude, je suis descendue pour acheter mon déjeuner et mon dîner. Je sortais de chez le charcutier lorsque Lucie s'est trouvée tout à coup en face de moi.

— Est-ce qu'elle vous cherchait! demanda Solange avec inquiétude.

— Non, c'est le hasard qui a fait cela. Elle venait de voir une de ses parentes, qui demeure à Clichy. Avant que je la voie, elle m'avait reconnue, il ne m'a pas été possible de l'éviter. Elle s'est jetée à mon cou et puis elle m'a accablée de questions. J'étais bien embarrassée, je ne savais quoi répondre. Mais elle a vu facilement dans quelle position je suis et il m'a bien fallu avouer... J'espérais qu'elle allait me quitter et qu'ainsi elle ne saurait pas où je demeure; mais non. J'ai eu beau faire, elle voulait voir comment je suis logée, et j'ai été obligée de l'amener ici.

— Et c'est parce que cette demoiselle est venue chez vous que vous pleuriez si fort quand je suis entrée?

— Oui, c'est pour cela. Ah! vous ne comprenez pas, vous ne pouvez pas comprendre... J'ai quitté le magasin sans rien dire à personne, et je suis venue me réfugier ici, dans cette vilaine maison, croyant y être bien cachée. Je comptais être bien tranquille, que ceux qui me connaissent ne sauraient jamais... Maintenant, c'est fini, tout se saura.

Et Gabrielle se remit à pleurer.

— Tiens, tiens, se dit Solange, voyant le parti qu'elle pouvait tirer de la situation, je n'avais pas compté là-dessus. Décidément, le hasard tient aussi à me servir.

S'adressant à la jeune fille, elle reprit :

— S'il en est ainsi, ma chère belle, je comprends votre peine.

— Lucie m'a bien promis de ne rien dire, mais je la connais, elle ne pourra pas retenir sa langue.

— C'est un peu le défaut de toutes les jeunes filles et même de toutes les femmes, appuya Solange.

— Oui, et demain, la première chose que fera Lucie, sans se douter seulement du mal qu'elle peut me faire, ce sera de tout raconter aux autres.

— Comme vous, ma mignonne, j'en suis convaincue.

— Et dans quelques jours toutes les demoiselles du magasin, mes anciennes compagnes, viendront ici l'une après l'autre pour me voir comme une chose curieuse... Oh! c'est affreux! gémit la jeune fille.

Et elle cacha son visage dans ses mains.

Solange souriait, en la couvrant de ce regard que devait avoir le démon tentateur quand il poussait Margueritte dans les bras de Faust.

Elle se rapprocha de Gabrielle, et lui prenant la main :

— Il ne faut pas vous décourager, lui dit-elle, et surtout ne rien craindre de personne, puisque vous avez en moi une amie sincère disposée à vous protéger et à vous défendre. Assurément vos anciennes amies viendront ici amenées par la curiosité, ne serait-ce que pour se donner le plaisir de voir votre humiliation. Mais, rassurez-vous, vous n'aurez pas à rougir de honte devant elles, à répondre à leurs questions indiscrètes, à braver leurs regards et leurs sourires moqueurs.

La jeune fille releva la tête. Ses yeux humides se fixèrent sur Solange.

— Si mes amies viennent, dit-elle, je serai forcée de les recevoir.

— Non, car elles ne vous trouveront pas ici.

Gabrielle secoua tristement la tête.

— Hélas! où puis-je aller? dit-elle avec accablement. Je sais bien qu'il y a des hôtels où je serais mieux qu'ici; mais partout il faut payer d'avance et...

— Vous n'avez plus d'argent.

Elle baissa les yeux en poussant un soupir.

— Enfant que vous êtes, reprit Solange, est-ce que je ne suis pas là, moi ? Je me suis tout de suite intéressée à vous, après la simpathie est venue l'amitié, et maintenant je vous aime comme si vous étiez ma sœur.

— Oh! vous êtes bonne, je le sais, et je vous remercie de tout mon cœur; mais je ne voudrais pas...

— Qu'est-ce que vous ne voudriez pas...

— Devenir une charge pour vous.

— Vous avez là, ma mignonne, une susceptibilité qui me cause vraiment de la peine. Voyons, ne suis-je pas votre amie? Laissez-moi donc faire pour vous aujourd'hui ce que j'aurais fait déjà si je n'eusse craint de froisser quelques-uns de vos sentiments. Vous ne pouvez plus rester ici, voilà le fait ; votre position l'exige, indépendamment des ennuis et des contrariétés qui vous y attendent. Comme je vous le disais avant hier, je ne vous y trouve nullement en sûreté. Votre voisinage m'épouvante. Je n'ose pas vous dire ma pensée sur les gens qui occupent les chambres de ce garni ; ils ont des figures qui ne me reviennent pas du tout ; on dirait que ce sont des échappés de prison. Je m'étonne qu'il n'y ait pas ici tous les huit jours une descente de police.

La jeune fille se sentit frissonner.

— Mais la police peut venir d'un moment à l'autre, continua Solange ; jugez dans quelle situation vous vous trouveriez. Tenez, je frémis en pensant que vous pourriez être confondue avec des voleurs et des repris de justice.

— Oh! vous me faites peur ! murmura Gabrielle.

— Il ne faut pas que ce nouveau malheur vous arrive, reprit Solange, il faut que vous retrouviez la tranquillité complète dont vous avez besoin. Je vous le répète, vous n'avez qu'un moyen d'éviter les nouveaux ennuis et les nouvelles douleurs qui vous menacent ; c'est de quitter au plus vite cette affreuse maison.

— Si je ne suivais pas vos conseils, ce serait me montrer ingrate envers vous, répondit Gabrielle. Dites-moi où je dois aller. Malheureusement, j'ai payé hier ma deuxième quinzaine de loyer et il faudra payer une seconde fois.

— Vous savez bien que la question d'argent ne doit pas vous inquiéter. Mais une idée vient de me venir tout à coup, une idée que je trouve excellente Comme je vous l'ai dit, depuis que j'ai eu le malheur de perdre mon mari, je vis seule et très retirée ; je ne suis pas bien riche, mais j'ai une petite rente qui me suffit pour vivre. Tous les ans, je passe l'été à la campagne, à Asnières, ce n'est pas loin d'ici. J'y loue une maisonnette avec un petit jardin. La maison est un peu isolée des autres habitations, elle est cachée dans les arbres et c'est à peine si on la voit de la rue en passant. Vivant seule et ne recevant jamais personne, il y a des instants où je sens venir l'ennui. C'est alors que, pour échapper à la tristesse, je me mets à la recherche d'une misère ou d'une souffrance à soulager. Avec mes seules ressources je ne pourrais pas faire beaucoup ; mais l'excellente baronne si charitable, dont je vous ai parlé, à toujours sa bourse généreusement ouverte. Eh bien, ma chère Gabrielle, voici la proposition que je vous fais : venez demeurer avec moi dans ma petite maison d'Asnières.

— Quoi ! s'écria la jeune fille, vous voulez...

— Oui. Vous aurez votre petite chambre, moi la mienne ; nous ferons ensemble notre ménage, notre cuisine, et nous nous tiendrons mutuellement compagnie. Le jardin est petit, mais on peut s'y promener et s'y asseoir à l'ombre. Il y a des fleurs, les aimez-vous, les fleurs ?

— Beaucoup. Mais non, c'est trop beau tout cela. Et puis, je serais pour vous une gêne.

— Vous ne me gênerez pas, ma mignonne, vous viendrez au contraire égayer ma solitude.

— Mais vous ne savez pas qui je suis, et c'est à peine si vous me connaissez.

— Gabrielle, je vous sais malheureuse ; ai-je besoin de vous connaître autrement afin de vous prouver la sympathie que j'ai pour vous ! Qui vous êtes ? Est-ce que la délicatesse de vos sentiments ne me l'a pas dit déjà ? Est-ce que je ne le vois pas dans le regard de vos beaux yeux si doux ? Vos yeux, ma chérie, sont le miroir de votre âme, ils reflètent toutes vos pensées. Allez, je n'ai pas besoin de vous connaître davantage pour vous aimer. Plus tard, si vous en éprouvez le désir, si vous me jugez digne de votre confiance, vous me raconterez votre histoire. Mais je vous le dis encore, ce que je sais me suffit, et je suis certaine d'avoir bien placé mon affection.

Un sourire doux et triste glissa sur les lèvres de la jeune fille.

— Eh bien ! c'est dit, vous acceptez ? fit Solange.

— Mais vous êtes donc la Providence ! s'écria Gabrielle.

— La vôtre aujourd'hui, répondit la complice de Blaireau, qui avait toutes les audaces.

— Je ne veux pas vous refuser, reprit la jeune fille ; je ferai comme vous voudrez ; seulement...

— Dites.

— Je veux vous être à charge le moins possible, vous me ferez travailler.

— C'est déjà convenu, nous travaillerons ensemble.

— Ah ! je ne pourrai jamais m'acquitter envers vous, dit la jeune fille ; comment reconnaître tant de bontés ?

— En m'aimant un peu, répliqua Solange.

— Je vous aime déjà beaucoup, fit timidement Gabrielle.

— Enfin, s'écria Solange avec une joie et une émotion parfaitement jouées, je vais donc avoir une amie, une véritable amie !

Et elle ouvrit ses bras à la jeune fille.

Gabrielle se jeta à son cou et se mit aussitôt à sangloter.

Au bout d'un instant, quand la jeune fille fut un peu calmée, Solange lui dit :

— Ma chère Gabrielle, vous n'avez plus que la nuit prochaine à passer dans ce bouge ; dès ce soir ou demain matin vous rassemblerez vos petites affaires et les mettrez dans votre malle. Si vous le jugez nécessaire, vous préviendrez le logeur de votre départ. S'il vous questionne, le plus simple sera de ne pas lui répondre. Je viendrai vous chercher demain avec une voiture. Je ne peux pas vous dire à quelle heure je serai ici, mais vous pourrez m'attendre à partir de cinq heures.

— Mes préparatifs ne seront pas longs à faire, répondit Gabrielle. Demain, à cinq heures je serai prête à partir.

N'ayant plus rien à dire, Solange quitta Gabrielle, enchantée d'avoir si bien réussi.

Elle prit le premier fiacre vide qu'elle rencontra dans la rue et se fit reconduire chez elle.

Elle avait, elle aussi, à remplir une malle des choses qui lui étaient indispensables pendant son séjour à Asnières. Elle n'avait pas de temps à perdre, car il fallait qu'elle eût pris possession de la maison quelques heures au moins avant d'y amener Gabrielle.

Elle fermait la malle remplie, bourrée d'objets divers, lorsque Blaireau arriva, impatient de savoir le résultat de la visite de sa complice à Gabrielle.

— Demain nous serons installées à Asnière, lui dit-elle joyeusement.

— Bravo? fit Blaireau en se frottant les mains.

— Tu vois, je n'ai pas perdu du temps, ma malle est faite.

— Quand pars-tu?

— Demain matin. Il faut que j'aie le temps de ranger mes affaires et de visiter la maison avant d'aller chercher la petite.

— C'est absolument nécessaire. Mais pourquoi ne pars-tu pas ce soir même?

— Ce soir! Est-ce que tu ne vois pas qu'il est nuit?...

— Ma chère, répliqua vivement Blaireau, il n'y a aucune mesure de prudence qui ne soit bonne à prendre. Il y a certaines choses qu'il est préférable de faire la nuit, précisément parce que l'on y voit moins clair que dans le jour. Les concierges sont généralement curieux, as-tu prévenu les tiens?

— Oui, je me suis inventé une tante à Bordeaux, et je leur ai dit que j'allais aller passer trois ou quatre mois près d'elle.

— Très bien, j'approuve l'invention. Est-ce qu'elle est lourde cette malle? dit Blaireau, en la soulevant par un bout.

— Elle ne doit pas être légère. Comme je ne veux pas revenir ici dans quinze jours, j'ai mis dedans toutes les choses dont je pourrais avoir besoin.

— Excellente précaution, fit Blaireau. Eh bien, ma chère, continua-t-il nous allons à nous deux descendre ta malle, nous la porterons jusqu'à la plus proche station de voiture de place, et tu iras coucher cette nuit dans la maison d'Asnières.

— Du moment que tu le désires, je n'ai pas d'objection à faire.

— Tu t'installera ainsi sans bruit et sans éveiller l'attention du voisinage. De plus, tu auras l'avantage d'avoir toute la journée de demain pour te reconnaître, faire l'inventaire du mobilier, mettre les clefs dans les serrures, ouvrir et refermer les portes, et te préparer enfin à recevoir notre chère Gabrielle.

— Je vais être éloignée de Paris pendant plusieurs mois. Comment nous verrons-nous?

— J'ai pensé à cela, répondit Blaireau. Tous les dimanches, le soir, j'irai à Asnières. Outre la porte d'entrée sur la rue, il y a une petite porte au fond du jardin, laquelle ouvre sur des terrains incultes. C'est là que je t'attendrai tous les dimanches, entre dix heures et demie et onze heures du soir. Plus tard, quand le moment de la délivrance approchera, je viendrai plus souvent, tous les jours, s'il le faut.

— C'est bien, dit Solange.

Elle prit son chapeau, se coiffa devant une glace, puis se retourna du côté de Blaireau, en lui disant :

— Je suis prête.

Un quart d'heure après, une voiture à deux chevaux emportait Solange dans la direction d'Asnières. Blaireau les deux mains dans ses poches, un cigare entre les dents, s'acheminait tranquillement vers les boulevards, comme un brave et honnête bourgeois qui va faire une promenade après son dîner.

XV

A ASNIÈRES

Le lendemain, à la nuit tombante, une voiture s'arrêtait devant la maison de la rue Vieille-d'Argenteuil. Solange arrivait avec Gabrielle.

— C'est ici, dit Solange à la jeune fille.

Elle ouvrit la portière, mit pied à terre et tendit la main à Gabrielle pour l'aider à descendre.

— On ne saurait prendre trop de précautions, dit-elle, un accident est si vite arrivé.

Elle paya le cocher, et pendant que celui-ci déchargeait la malle de la jeune fille, elle ouvrit la porte d'entrée. Le cocher, complaisant, porta la malle jusque dans le corridor de la maison.

— Maintenant, ma chérie, vous pouvez être tout à fait tranquille, dit Solange à la jeune fille quand le cocher fut parti, vos amies ne viendront pas vous chercher ici.

Elles entrèrent dans la salle à manger, il y avait sur la table deux couverts, des radis roses, une tranche de foie gras, un poulet roti et une assiette de fraises.

— Voilà notre dîner de ce soir, dit Solange, un dîner froid comme vous voyez : nous nous soignerons mieux à l'avenir.

La pauvre Gabrielle, qui vivait si mal, depuis quelque temps surtout, trouvait que ce dîner, présenté comme trop modeste, allait être un véritable festin. Elles se mirent à table. Encouragée par Solange, qui suivait en cela les instructions de Blaireau, la jeune fille mangea avec beaucoup d'appétit. Elle avait faim. La malheureuse enfant n'avait peut-être pas mangé la veille, ni déjeuné le matin. Elle but un peu de vin. Cela fit du bien à son estomac délabré.

— Il y a longtemps que je n'ai fait un si bon repas, dit-elle ; vraiment je suis honteuse de tant manger.

— Comme vous êtes enfant ! Vous n'avez pas supposé que vous continueriez ici votre existence de privations, je pense. Moi, je ne suis pas gourmande, mais il me faut chaque jour une nourriture convenable ; bien vivre est nécessaire à la santé.

« Je vois que vous aimez les fraises.

— Oui, beaucoup.

— Nous en mangerons souvent. En attendant, vous allez me faire le plaisir de ne pas laisser celles qui restent sur l'assiette.

« Comment résister à tant d'amabilité et de prévenance ? Gabrielle mangea les dernières fraises.

— Maintenant, dit Solange en se levant, je vais vous faire voir la maison.

De la salle à manger elles passèrent dans la cuisine et ensuite dans le salon.

— Tiens, s'écria Gabrielle, vous avez un piano !

— Vous voyez.

— Alors vous êtes musicienne ?

— Non, répondit Solange un peu interloquée, c'était le piano de mon mari, je l'ai gardé… un souvenir.

— Je comprends cela, fit Gabrielle, rêveuse.

Elle s'approcha de l'instrument et l'ouvrit.

— Me permettez-vous ? dit-elle d'une voix hésitante.

— Certainement, répondit Solange, laissant voir son étonnement.

La jeune fille toucha doucement le clavier, comme pour faire connaissance avec lui, puis ses doigts agiles se mirent à courir sur les touches d'ivoire, e brillamment, avec un sentiment exquis, elle exécuta de mémoire un *andante* de Mozart.

Cette fois, la surprise de Solange se changea en ahurissement.

— Décidément, je me suis trompée, se disait-elle, cette jeune fille n'est pas une de ces malheureuses comme il y en a tant. Mais qu'est-elle et d'où vient-elle ?

— Autrefois, lui dit Gabrielle, j'adorais la musique. Si cela ne vous contrarie pas, vous me permettrez de jouer quelquefois.

— Tous les jours, ma mignonne, tous les jours, tant que vous voudrez.

Elles montèrent au premier.

— Voilà ma chambre, dit Solange à Gabrielle, en lui montrant une porte :

Solange courut au fond du jardin. Depuis un instant, Blaireau l'attendait. (Page 96.)

et voici la vôtre, ajouta-t-elle en ouvrant une seconde porte qui faisait face à la première.

Elles entrèrent. D'un coup d'œil la jeune fille vit tout. Elle adressa à Solange un long regard qui disait toute sa gratitude.

— C'est trop beau, fit-elle vivement émue, je vais être ici comme dans un paradis.

— Nous serons toujours seules, puisque je ne reçois personne; mais je ferai tout ce que je pourrai pour vous égayer, et j'espère que vous ne vous ennuierez pas.

— J'aimerai au contraire cette solitude où je vais me trouver; et puis je ne saurais m'ennuyer étant occupée. Vous ne m'avez pas dit ce que vous me donneriez à faire.

— Soyez tranquille, nous ne serons pas oisives. Nous ferons la grasse matinée, c'est dans mes habitudes. Pendant que j'irai au marché acheter nos provisions de la journée, vous vous occuperez du ménage. Nous déjeunerons tous les jours à onze heures et demie. Il y a des livres dans la bibliothèque, nous lirons et puis vous ferez de la musique.

— Mais ce n'est pas travailler, cela.

— Vous savez coudre, connaissez-vous le crochet, le tricot?

— Oui.

— Eh bien, dès demain, nous achèterons des étoffes, de la laine, du coton, toutes les choses nécessaires pour confectionner une jolie layette, il faut que vous pensiez au cher bébé qui va venir bientôt. Vous voyez que vous ne manquerez pas d'ouvrage.

Gabrielle poussa un profond soupir.

— Nous aurons aussi de l'occupation dans le jardin; il n'est pas grand, ce sera presque un amusement, un travail repose d'un autre.

La jeune fille ne trouva pas d'objections à faire. Elle s'était livrée à Solange, elle ne pouvait qu'accepter ce qu'elle voulait.

Elle employa le reste de la soirée à placer son linge et ses menus objets de toilette dans les tiroirs d'une commode. Il y avait dans le cabinet de toilette des patères, auxquelles elle accrocha ses jupons et ses robes.

Dès le lendemain, leur existence à Asnières commença ainsi que Salonge l'avait indiqué.

Au bout de quelques jours, Gabrielle avait dans les mains tout ce qu'il lui fallait pour préparer les langes, les petites chemises, les petits bonnets de l'enfant. Elle se mit à l'ouvrage presque joyeusement. Elle ne s'était certainement pas débarrassée de toutes les tristes pensées qu'avait fait naître le souci de l'avenir; mais elle se faisait violence pour les concentrer en elle et se montrer satisfaite et heureuse. Sa reconnaissance envers Solange lui imposait ce généreux mensonge. En s'occupant constamment elle trouvait cependant le moyen de se distraire de ses noires appréhensions et d'adoucir ses amertumes.

Elle avait une activité étonnante, un peu fiévreuse. Solange était souvent obligée de modérer son ardeur. Évidemment l'intérêt de Gabrielle n'entrait pour rien dans cette grande sollicitude de Solange; elle redoutait qu'un accident imprévu ne vînt au dernier moment, après s'être donnée tant de peine, réduire à néant les projets de Blaireau.

Solange sortait tous les jours pour aller aux provisions et faire les achats d'objets dont elle et Gabrielle avaient besoin ; mais ses absences n'étaient jamais longues, encore avait-elle la précaution de fermer soigneusement la porte d'entrée du jardin. Quant à l'autre petite porte, dont nous avons parlé, elle en avait toujours la clef sur elle. Elle n'avait pas à craindre que Gabrielle prît la fuite, elle se mettait en garde contre les éventualités d'une visite indiscrète quelconque.

La jeune fille avait retrouvé un repos relatif qu'elle devait à son isolement. Elle ne voulait voir personne et redoutait d'être vue, aussi ne franchissait-elle jamais le mur de clôture. Les voisins savaient que deux femmes habitaient la maison, mais aucun n'aurait pu dire si la compagne de Solange était jeune ou vieille, et qu'il eût aperçu seulement le haut de sa tête.

En dehors du temps qu'elle consacrait au ménage et des soins qu'elle donnait à la cuisine, Gabrielle cousait, brodait, tricotait, faisait des ouvrages au crochet. Dans le jardin, avec Solange, elle arrachait les mauvaises herbes et arrosait les plantes vivaces qui s'y trouvaient. On soignait les arbutes, c'était un délassement, et cela aidait à passer le temps. Le soir Gabrielle faisait un peu de musique, ou bien elles prenaient chacune un livre et lisaient.

Les journées se passaient ainsi, et si l'une des deux trouvait cette existence monotone et s'ennuyait, ce n'était pas Gabrielle.

Elle avait l'air vivifiant de la campagne, de la verdure sous les yeux, des chants d'oiseaux à sa fenêtre, de la lumière et du soleil autant qu'elle en voulait. Comme elle l'avait dit le premier jour, elle se trouvait dans un paradis

En raison des privations qu'elle avait été forcée de s'imposer, avenue de Clichy, elle avait dépéri et sa santé était compromise ; au bout de deux mois de séjour à Asnières, elle n'était plus reconnaissable. Solange n'avait pu voir ce changement physique sans éprouver une sorte d'admiration.

La vie reprenait possession de ce corps délicat et charmant que la souffrance avait brisé et qu'elle aurait détruit peut-être. Les formes toujours gracieuses s'étaient plus fermement accusées. Les yeux avaient retrouvé leur éclat, et le regard sa douce et ravissante expression. La physionomie était moins tourmentée ; les joues s'étaient arrondies et avaient repris leur rose velouté. Le rire, la gaieté de la jeunesse heureuse ne revenaient pas ; mais, parfois, un délicieux sourire se dessinait sur les lèvres.

Toutefois, elle avait encore des heures d'insurmontable tristesse. Chaque jour qui s'écoulait la rapprochait du moment critique. Bientôt elle put se dire : C'est dans un mois, c'est dans trois semaines. Elle redevint rêveuse, inquiète, et elle fut de nouveau assaillie par les préoccupations et les terreurs de l'avenir. Pour le présent, elle était tranquille, elle n'avait rien à désirer. Mais après ? C'était l'inconnu. Et elle s'effrayait en présence de cet inconnu redoutable : l'avenir ! L'espérance essayait en vain de lui en cacher les couleurs sombres.

Elle ne pouvait s'empêcher de frissonner quand elle avait le courage de regarder un peu loin devant elle.

Un jour Solange la surprit essuyant les larmes qu'elle voulait lui cacher.

— Ma chère Gabrielle, depuis quelque temps je m'aperçois que vous êtes triste, lui dit Solange; tout à l'heure vous pleuriez, ce n'est pas la première fois que cela vous arrive. Si je ne vois pas vos larmes, vos yeux rouges vous trahissent. Voyons, pourquoi pleurez-vous?

— Vous excuserez cette faiblesse bien naturelle, répondit tristement la jeune fille; c'est vrai, je pleure quelquefois en pensant au petit être que bientôt je vais mettre au monde.

— Eh bien, parlons-en aujourd'hui de ce cher petit. Vous avez dû penser déjà à ce que vous ferez; quelles sont vos intentions? Je ne vous ai pas interrogée plus tôt à ce sujet, parce que je craignais de vous faire de la peine. Mais, puisque vous songez à votre enfant, dites-moi quelles sont vos pensées. Avez-vous décidé quelque chose?

— Non, rien encore. A tout ce que je voudrais faire je trouve des empêchements. Je suis très inquiète, très tourmentée, tout m'effraye; je ne sais pas ce qui se passe en moi.,.

— Examinons votre situation. Vous avez bien voulu me raconter toute votre histoire, qui est malheureusement celle de beaucoup de jeunes filles. Vous avez été séduite et ensuite abandonnée; c'est un grand malheur, mais il n'est pas irréparable. Vous avez dix-huit ans; c'est à votre âge que la vie commence. Vous ne devez donc pas désespérer de l'avenir.

« Un jour, regrettant de vous avoir témoigné si peu de tendresse, votre père peut vous rappeler près de lui.

— Oh! jamais, jamais je n'oserai...

— Vous êtes toujours aussi enfant, reprit Solange. Laissez-moi dire. Si votre père vous rappelle, vous retournerez à Orléans, dans cette maison où vous avez des droits, et il faut que vous y rentriez la tête haute et non comme une coupable qui garde sur son front la honte de sa faute. Si vous ne retournez pas chez votre père, vous rentrerez à Paris, et facilement, connaissant le commerce, vous retrouverez une place meilleure que celle que vous avez quittée.

« Qui donc, je vous le demande, pourra seulement soupçonner que vous avez une faute à vous reprocher? Elle n'est pas écrite sur votre front; croyez-moi, votre secret sera bien caché. Il y a vos amies. Est-ce que chacune d'elles n'a pas aussi quelque chose à faire oublier, à se faire pardonner? D'ailleurs, rien ne vous obligera à les revoir. Croyez-vous donc qu'à Paris on s'occupe tant que cela des affaires des autres? Je vous le répète, vous y rentrerez et y reprendrez votre place au grand jour, comme si vous n'aviez pas eu votre accident, et vous serez pour tout le monde aussi charmante et aussi sage qu'il y a deux ans quand vous y êtes arrivée, sortant de la maison de votre père.

— Ce sera tromper et mentir toujours, hasarda Gabrielle.

— Oh! si votre délicatesse allait jusque-là, répliqua assez brusquement Solange, elle serait complètement ridicule, permettez-moi de vous le dire. Appelez-vous tromperie de ne pas dire aux gens des choses qui ne regardent que vous? Le mensonge qui ne nuit à personne n'en est pas un. Vraiment, ce serait trop bête de se nuire à soi-même sous le prétexte de rendre hommage à la vérité.

Ces paroles furent suivies d'un moment de silence.

— Et mon enfant? demanda tout à coup Gabrielle, vous ne me parlez pas de mon enfant!

— Je pense à vous, d'abord, répondit Solange. Mais je n'oublie pas votre enfant. L'élever vous serait matériellement impossible; il ne faut donc pas y songer.

La tête de la jeune fille s'inclina sur sa poitrine.

— N'ayez, toutefois, aucune inquiétude à son sujet. Plus heureux que beaucoup d'autres, il ne sera point abandonné. Dans quelques jours sa nourrice sera retenue, et, dès que vous l'aurez mis au monde, le jour même ou le lendemain, il lui sera envoyé. A partir de ce moment la Société de bienfaisance, dont madame la baronne est la fondatrice, le prendra sous sa protection. Elevé aux frais de la société, il grandira à l'abri de bien des misères. Il recevra une instruction convenable et on lui fera apprendre un état qui lui permettra, que ce soit une fille ou un garçon, de faire son chemin dans la vie. Eh bien, que pouvez-vous désirer de mieux? N'êtes-vous pas entièrement satisfaite?

— Comment, ne le serais-je pas? répondit Gabrielle en pleurant. Ah! je suis trop heureuse de vous avoir trouvée pour me secourir... C'est le bon Dieu protecteur des malheureux qui vous a conduite vers moi!...

— Si Blaireau l'entendait, pensa Solange, il serait bien étonné de s'entendre appeler le bon Dieu.

— Vous avez réussi à me tranquilliser, reprit Gabrielle; il me semble que je ne vais plus avoir d'inquiétude. Mais je ne serai pas séparée de mon enfant pour toujours, n'est-ce pas? On me permettra de le voir?

— Sans aucun doute, et cela aussi souvent que vous le désirerez.

Pendant quelques jours, la jeune fille parut, en effet, plus tranquille; les paroles de Solange avaient fait pénétrer en elle un rayon d'espoir; elle reprenait courage et elle s'effrayait moins de l'avenir.

Mais subitement, du jour au lendemain, il s'opéra dans tout son être un phénomène psychologique que Blaireau et Solange n'avaient pas prévu et auquel ils étaient loin de s'attendre.

Pour la première fois, Gabrielle avait senti qu'elle était mère. Aussitôt, une émotion indéfinissable remua ses entrailles, traversa son cœur comme une flamme et éclaira sa pensée. Cette chose admirable, divine, le sentiment de la maternité, venait de naître et de se développer. Instantanément il s'était emparé d'elle et il l'étreignait avec une extrême violence.

XVI

MATERNITÉ

Un matin, pendant qu'elles déjeunaient, Solange dit à Gabrielle :

— Je ne puis résister au désir que j'ai de vous faire un compliment ; jamais je ne vous ai trouvée aussi fraîche, aussi jolie ; vous êtes ravissante. Vous ne pleurez plus et votre tristesse s'est envolée par la fenêtre pour aller se perdre dans les nuages. Depuis trois jours, surtout, je vois sur votre visage épanoui, et dans votre regard je ne sais quel rayonnement.

— C'est probablement la satisfaction que j'éprouve d'être devenue raisonnable, répondit la jeune fille.

— Ma mignonne, vous y gagnez de toutes les manières.

Gabrielle laissa tomber la conversation. Elle réfléchissait.

Au bout d'un instant elles se levèrent de table et passèrent dans le salon.

— Ma chère Gabrielle, vous allez vous mettre au piano, dit Solange, c'est aujourd'hui dimanche, nous ne travaillons pas.

— Oui, tout à l'heure, répondit la jeune fille ; mais avant je voudrais vous dire quelque chose.

— Eh bien, dites, je vous écoute.

— Depuis notre longue conversation de l'autre jour, j'ai beaucoup réfléchi.

— Alors ?

— D'abord, vos raisons m'avaient convaincue, ensuite je n'ai plus vu les choses de la même manière.

Solange fit un brusque mouvement.

— Que voulez-vous dire ? demanda-t-elle.

— Je me sens dominée par une puissance plus forte que tout ce j'ai vainement essayé de lui opposer, reprit Gabrielle ; il y a en moi une voix intime et mystérieuse qui me crie sans cesse que je ne dois pas me séparer de mon enfant, qu'il faut que je l'élève moi-même.

Solange eut un frémissement nerveux, et une lueur sombre passa dans son regard.

— Mais c'est de la folie ! s'écria-t-elle.

— Oh ! je ne me fais pas d'illusions, continua la jeune fille, je sais quelle lourde tâche je vais m'imposer ; mais en pensant seulement que mon enfant sera confié à une autre, que ce n'est pas moi qui le nourrirai, que cette autre femme aura ses premiers regards, ses premiers sourires, ses premiers baisers, il me semble qu'une main de fer m'arrache le cœur.

Solange était devenue blême. Cette déclaration, à laquelle elle s'attendait si peu, la stupéfiait.

— Depuis quelques jours je ne suis plus la même, poursuivit Gabrielle, je ne me vois plus aussi malheureuse et je me sens pleine de force et de courage. Ce qui me causait de si grandes terreurs ne m'effraye plus. Pour mon enfant je suis prête à tous les sacrifices! J'ai été trompée, je ne craindrai pas de le dire; je me cachais, je n'aurai plus peur de me montrer; j'étais timide, je suis devenue hardie...

« Pendant longtemps encore je pourrai regretter la faute que j'ai commise; mais en remplissant dignement mon devoir de mère, j'aurai moins à rougir. La véritable honte serait de manquer de courage et de ne pas mériter ce doux nom de mère qui va m'appartenir et que je veux conserver.

— Tout cela est fort bien, dit Solange, sans pouvoir cacher entièrement son dépit, mais comment ferez-vous?

— Je travaillerai. Vous m'avez dit vous-même que j'étais adroite et habile; je me mettrai facilement à n'importe quel travail. Rien ne me répugnera, car c'est la vie de mon enfant que j'aurai à gagner. Je chercherai, j'irai partout, je trouverai de l'ouvrage... Il y a dans Paris des indifférents et aussi des méchants; mais on y trouve également des âmes compatissantes, vous en êtes la preuve, madame. Je compte sur la bienveillance des bons et aussi sur Dieu, qui m'aidera! D'ailleurs, pour moi, je ne suis pas exigeante, et puis il faut si peu à un enfant!

— Ma chère, répliqua Solange d'un ton légèrement ironique, vous n'avez pas encore suffisamment réfléchi; laissez-moi vous dire que vous allez tout simplement vous plonger dans la misère jusqu'au cou.

Gabrielle eut un doux sourire.

— Je vois ma peine, les difficultés de la tâche, répondit-elle; mais je me sens le courage de le supporter.

Solange reprit avec aigreur :

— Je reviens à ma première pensée : vous êtes folle!

— Non, dit la jeune fille avec un sourire ineffable, je suis mère!

Solange se mordit les lèvres.

— Ainsi, répliqua-t-elle, il est impossible de vous faire entendre la voix de la raison...

— J'écoute celle de mon cœur.

— Vous renoncez à tout le bien qu'on voulait faire à votre enfant?

— Je renonce à me séparer de lui. Je veux le garder pour l'élever, l'entourer de soins, le voir grandir et l'aimer! Pour lui, rien ne me coûtera. Je lui sacrifierai ma jeunesse, mon avenir, mon bonheur... et s'il le fallait, pour son bonheur à lui, je donnerais ma vie.

— Ayant de semblables idées, je comprends que vous calculiez si mal. Enfin, vous gardez votre enfant, et, lui sacrifiant tout, vous allez chercher les moyens de l'élever tant bien que mal, c'est-à-dire plus ou moins misérablement; vous êtes intelligente, courageuse, je ne peux pas dire que vous ne parviendriez point, à force d'énergie et de volonté, à suffire aux plus impérieux besoins de la vie; mais, pour le moment, vous êtes sans ouvrage et vous n'avez pas d'argent pour attendre que vous en trouviez. Dans quinze jours ou trois semaines vous allez partir d'ici, emportant votre enfant. Sans argent, sans logement, où irez-vous? Je suis sûre que vous n'avez pas pensé à cela.

— Si, si, j'y ai pensé.

— Eh bien?

— Je me suis dit que vous comprendriez que je voulusse garder mon enfant et que vous et madame la baronne, qui avez été si bonnes pour moi, ne m'abandonneriez pas immédiatement.

Une réponse furieuse vint sur les lèvres de Solange; mais, pensant aussitôt que la jeune fille pouvait encore lui échapper si un doute entrait dans son esprit, elle jugea prudent de se contenir.

— Certainement, dit-elle, nous ne vous abandonnerons pas.

— Oh! je n'abuserai pas de vos bontés, reprit Gabrielle; je sais qu'il y a d'autres malheureux que moi. Je vous prierai de m'avancer une petite somme qui me permettra de me loger et d'attendre que j'aie trouvé du travail; je vous la rendrai le plus tôt possible, car je m'arrangerai pour faire des économies.

— C'est bien, dit Solange, nous reparlerons de cela. C'est égal, Gabrielle, vous avez tort.

La jeune fille secoua la tête.

— Ma chère petite, vous le reconnaitrez bientôt; mais alors il sera trop tard.

Ces paroles exprimaient cette fois toute la pensée de Solange.

Gabrielle ne pouvait pas deviner la terrible menace qu'elles contenaient.

La jeune fille se couchait tous les soirs de bonne heure et quelquefois aussitôt après avoir dîné, lorsqu'elle se sentait fatiguée. C'est ce qui lui arriva ce jour-là. Un peu avant onze heures, Solange entr'ouvrit doucement la porte de la chambre de la jeune fille, et put s'assurer qu'elle dormait d'un profond sommeil. N'ayant plus à craindre d'éveiller l'attention de Gabrielle, elle referma la porte et descendit sans faire de bruit. Elle sortit de la maison, puis, se glissant à pas de loup à travers les massifs noirs, elle arriva à la petite porte au fond du jardin.

Depuis un instant déjà Blaireau l'attendait.

— Je suis furieuse, lui dit-elle.

— Hein! pourquoi cela?

Avant que Solange fût arrivée près du coupé, la portière s'ouvrit. (Page 108.)

— La stupide créature ne s'est-elle pas fourré dans la tête qu'elle devait garder son enfant?

— Diable, diable, fit Blaireau en se pinçant le nez. Et tu ne l'as pas fait changer d'idée?

— Impossible de lui faire rien entendre.

Brièvement elle raconta à Blaireau sa conversation du tantôt avec Gabrielle.

— Eh bien, tant pis pour elle, dit-il; elle ne veut pas nous donner son enfant, nous le prendrons! J'avais déjà tout préparé; il va falloir modifier mon plan. Combien avons-nous encore de temps devant nous?

— Il ne faut pas compter sur plus de huit ou dix jours.

— C'est plus qu'il ne m'en faut. Ah! continua-t-il, voilà un changement à vue qui nous prouve une fois de plus qu'on doit toujours prendre ses précautions et que l'excès de prudence n'est jamais un défaut.

— C'est vrai approuva Solange.

Après avoir réfléchi un instant, Blaireau reprit :

— Il faut que dans huit jours il ne reste rien de ce qui t'appartient dans la maison.

— C'est facile. Je n'ai qu'à tout remettre dans ma malle et à la faire enlever.

— Mauvais moyen, fit Blaireau; on ne peut pas faire venir une voiture, ce serait un danger.

— Comment faire alors?

— La semaine prochaine je ferai tous les soirs le voyage d'Asnières; tu me prépareras chaque jour un petit paquet que j'emporterai sous mon bras.

— Oui, oui, c'est cela. Et la malle?

— A la rigueur tu pourrais la laisser, mais tu feras mieux de la brûler et d'en jeter la ferrure dans les champs.

— Ce sera fait.

— Je n'ai pas d'autres instructions à te donner aujourd'hui.

— Qu'est-ce que j'ai donc à te demander? Faudra-t-il faire venir une sage-femme?

— Si l'on pouvait s'en passer ce serait parfait; mais cela n'est guère possible; nous ne devons pas nous exposer à courir certains risques. C'est un enfant vivant et bien portant qu'il nous faut. D'ailleurs, tout bien examiné, je ne vois pas qu'il y ait un grand inconvénient à appeler une sage-femme au dernier moment. Son opération terminée, on la paye, elle s'en va et tout est dit.

— Faudra-t-il acheter un berceau?

— Oh! quant à ça, c'est absolument inutile, répondit Blaireau avec un petit rire sec.

— Cela pourra surprendre la petite, dit Solange; elle a beaucoup de pénétration, à chaque instant je tremble qu'elle n'arrive à soupçonner la vérité.

— Alors achète un panier d'osier de quarante sous, que tu trouveras facilement au marché.

Sur ces mots, les deux complices se séparèrent.

Le lendemain, Blaireau écrivit à Sosthène de Perny :

« Nous touchons au dénouement, lui disait-il; il est urgent que nous nous entendions sur les dernières dispositions à prendre. Nous devons être également prêts à l'heure, à l'instant. Les gens sages ne doivent jamais être pris au dépourvu. Je vous attends le plus tôt possible. Venez le matin. »

A la suite de cette lettre, Sosthène eut une conférence d'une heure avec Blaireau, et tout ce qui devait être fait fut convenu entre eux.

Ces deux misérables s'entendaient d'ailleurs parfaitement ensemble. Unis pour commettre le même crime, ils n'avaient pas à être défiants ; la sûreté de l'un assurait celle de l'autre.

Depuis le marché qu'ils avaient conclu, Sosthène avait vu Blaireau plusieurs fois. Sans lui dire autre chose que ce qu'il voulait, ce dernier l'avait mis au courant de l'affaire, qui marchait aussi bien qu'on pouvait le désirer.

Non moins scrupuleux que son associé, Sosthène avait rempli avec exactitude son premier engagement, en remettant à Blaireau, à la fin du deuxième mois, la somme de dix mille francs.

Où prenait-il cet argent? Depuis le mariage de sa sœur il n'avait certainement pas économisé cinquante mille francs sur la somme annuelle que lui allouait M. de Coulange, en récompense de ses services. Nous pouvons donc supposer qu'il ne se faisait aucun scrupule de puiser à pleines mains dans la caisse du marquis. D'ailleurs ne considérait-il pas déjà la fortune de son beau-frère comme étant la sienne? Il ne se préoccupait nullement des comptes à rendre de sa gestion. Le marquis allait mourir; on ne rend pas de comptes à un mort. Quant à la marquise, elle n'existait pas pour lui.

Sosthène ne s'inquiétait pas davantage de cet enfant d'une pauvre fille, que sa volonté, son crime allait faire hériter d'une immense fortune.

— C'est moi qui l'aurai créé, cet héritier d'occasion, s'était-il dit; plus tard, s'il me gêne... Eh bien, je le ferai rentrer dans le néant d'où il sera sorti !

Sous tous les dehors séduisants d'un véritable homme du monde, il eût été difficile, comme on le voit, de trouver un scélérat mieux accompli que ne l'était M. Sosthène de Perny.

XVII

LA DOULEUR

Pour le moment, M. de Perny était seul à l'hôtel de Coulange.

Dès la fin d'avril, madame de Perny et sa fille avaient quitté Paris pour aller s'installer au château de Coulange.

Le séjour à la campagne offrait à la mère deux avantages :

D'abord, elle n'avait plus à répondre aux questions des importuns; ensuite elle écartait d'un seul coup certaines difficultés qu'il eût été assez difficile de vaincre au dernier moment. Il est évident que pour arriver à son but, sans faire naître le moindre doute, il lui était infiniment plus facile de s'entourer de mystère à la campagne qu'à Paris.

Le château de Coulange est à environ vingt-cinq lieues de Paris sur la limite du département de Seine-et-Marne, et à quelques kilomètres de l'ancienne route de Paris à Strasbourg. Il est bâti au bord d'une verte colline sur laquelle s'étend le parc, qui n'a pas moins d'une demi-lieue de longueur. Le village se trouve à gauche, le site est pittoresque, ravissant, au milieu d'une végétation splendide. Il n'y a nulle part peut-être des platanes et des sycomores plus beaux.

Le château regarde le midi. Au nord, les grands arbres lui font une couronne de verdure, et plus loin, faisant suite au parc, s'étend une magnifique forêt, dépendante du domaine. La Marne, dont l'eau verte semble refléter ses ombrages, la Marne coule au pied du château.

Les jardins sont de toute beauté ; ils sont arrosés par de petites rivières capricieusement méandrées, que nourrissent les eaux qui jaillissent des hauteurs et descendent en cascades. Toutes ces eaux vives se réunissent et forment un petit lac dont le trop plein se précipite dans un canal souterrain qui a son embouchure sur la rive droite de la Marne.

Il n'y avait rien de changé dans la situation de la marquise. La malheureuse jeune femme était prisonnière dans son château, comme elle l'avait été dans son hôtel à Paris. C'était toujours autour d'elle le même système d'espionnage, et la surveillance de sa mère n'était pas moins active. Madame de Perny ne permettait même plus à aucun domestique d'approcher de sa fille. N'étant sûre que d'elle-même, elle s'était condamnée à servir la marquise, et se faisait en quelque sorte sa femme de chambre.

Les gens du château, qui y mettaient, d'ailleurs, beaucoup de bonne volonté, admiraient chez madame de Perny cet excès de tendresse maternelle. Ils ne savaient pas le premier mot de l'épouvantable drame qui se jouait sous leurs yeux. Assurément, ils ne regardaient pas les choses de bien près. Du reste, bien payés, vivant grassement et n'ayant presque rien à faire, ils ne demandaient pas mieux que de fermer les yeux et de se boucher les oreilles.

La marquise paraissait complètement anéantie. Elle ne pleurait plus. Peut-être n'avait-elle plus de larmes. Sa tranquillité apparente avait quelque chose de navrant. Elle restait de longues heures, des journées entières, sans faire un mouvement, affaissée sur un fauteuil ou étendue sur un canapé. Elle n'essayait même pas de faire un effort pour secouer sa torpeur.

Il y avait un balcon devant la fenêtre de sa chambre. Parfois elle venait s'y accouder. Mais, comme toujours, elle restait immobile, pareille à une statue. Les oiseaux chantaient joyeusement comme s'ils eussent voulu l'égayer ; elle ne les entendait point. Ses yeux erraient vaguement sur les pelouses fleuries et à travers les massifs, ou bien, devenus fixes, elle avait l'air de contempler l'azur, le regard perdu dans l'infini.

A la voir ainsi on l'aurait prise pour un corps sans âme.

La marquise de Coulange était bien un peu cela.

En quittant Paris, le marquis avait emporté avec lui l'âme et la pensée de sa femme.

Pendant des heures de prostation et de longues rêveries, c'est avec son mari qu'elle était, c'est lui qu'elle voyait, c'est sa voix qu'elle entendait. Alors, si sa bouche restait muette, c'est son cœur qui parlait. Elle disait au marquis ses souffrances, ses angoisses, elle ne craignait plus d'accuser sa mère et son frère, elle avait le courage de lui tout dire et elle le suppliait de lui pardonner.

C'était toujours le même rêve qu'elle recommençait et qu'elle n'achevait jamais.

Les nouvelles qu'on recevait du marquis n'étaient nullement rassurantes.

Dès les premiers jours de son installation dans l'île de Madère il avait eu une crise terrible, qui avait failli le tuer.

Le docteur Gendron écrivit alors :

« J'ai cru un instant que tout était fini; la mort était déjà à son chevet; mais grâce aux soins que nous lui avons prodigués, son vieux domestique et moi, nous avons eu le bonheur de sortir vainqueurs de cette lutte suprême contre la mort. Mais la position de notre cher malade ne s'est pas améliorée, loin de là. Comme j'ai eu l'honneur de vous le dire à Paris, il y a lieu de craindre que M. de Coulange n'ait consenti trop tard à se rendre dans le Midi. Je redoute constamment qu'il ne s'éteigne dans mes bras au milieu d'une crise nouvelle. »

Madame de Perny n'avait pas manqué de mettre cette lettre alarmante sous les yeux de la marquise.

Depuis, de huit jours en huit jours, d'autres lettres étaient venues. Elles annonçaient que l'état du malade était toujours le même et que s'il vivait encore, il le devait certainement à l'influence du climat.

Loin de chercher à atténuer vis-à-vis de sa fille la gravité de ces lettres, madame de Perny s'efforçait au contraire d'en exagérer le sens peu rassurant. Elle mettait à cela de la cruauté. On aurait dit qu'elle éprouvait du plaisir à meurtrir, à déchirer le cœur saignant de la malheureuse jeune femme.

— Tu n'as plus d'espoir à conserver de ce côté, lui disait-elle, bientôt tu seras veuve et tu pourras te donner une existence plus heureuse. Si tu avais encore une illusion, si tu avais encore l'idée que tu reverras ton mari, ce serait de la folie. M. Gendron et son domestique te le ramèneront dans un cercueil.

A ces odieuses paroles, la marquise ne répondait pas. Elle ne daignait pas même laisser deviner à sa mère son atroce douleur.

Pendant un temps la pauvre Mathilde fut poursuivie par l'idée du suicide. Elle avait même pensé au moyen de se procurer un poison violent et sûr.

— Mourir, c'est cesser de souffrir, se disait-elle.

Mais, si désespérée qu'elle fût, elle s'arrêta sur la pente fatale, en pensant à son mari. Ce lien solide : l'amour, attachait solidement sa vie à celle du marquis.

— J'attendrai, se dit-elle ; tant qu'il lui restera un souffle de vie, je vivrai. Sa mort sera le signal de la mienne. Et quand on le ramènera dans son cercueil, on trouvera, l'attendant, un second cercueil. Je détruirai ainsi tous les calculs infâmes. Ah ! ce sera ma dernière joie.

Madame de Perny avait compris qu'il était difficile d'empêcher la marquise d'écrire à son mari ; c'eût été d'ailleurs fort imprudent. Elle avait donc décidé que Mathilde écrirait régulièrement au marquis deux fois par mois. Cela se faisait. Seulement, toutes les lettres de la jeune femme étaient écrites sous l'œil de madame de Perny et dictées par elle. Ce n'était pas la marquise, mais une machine qui écrivait.

Un matin, vers onze heure, M. de Perny arriva au château.

La mère et le fils s'enfermèrent ensemble.

— L'heure approche, dit Sosthène ; j'ai été prévenu ce matin et j'accours pour t'avertir, afin que tu aies le temps de prendre les dispositions nécessaires.

— Est-ce que l'enfant est né ?

— A cette heure peut-être. Dans tous les cas, et selon toutes les probabilités, c'est pour aujourd'hui. Nous arriverons dans la nuit ou demain dans le jour, mais à la première heure. J'ai calculé que nous ne mettrions guère plus de six heures pour faire le trajet. Pour éviter les regards des gens trop curieux qu'on peut rencontrer, nous entrerons par la grille du parc du côté des Loches.

« Il faut que j'en aie la clef.

— Tu vas retourner à Paris ?

— Tout de suite après avoir déjeuné.

— Eh bien, tu traverseras le parc et tu sortiras par la grille des Loches. Je vais envoyer prendre la clef chez le jardinier.

— Oui, c'est cela.

— Et la nourrice ?

— Avant de quitter Paris ce matin, je lui ai fait dire de se tenir prête à partir demain de bonne heure. Elle arrivera ici peu de temps après nous, amenée par mon valet de chambre. Tu sais que je l'ai retenue il y a plus d'un mois. Depuis huit ou dix jours elle devrait avoir quitté son nourrisson, qu'on veut sevrer ; mais pour être agréable à madame de Coulange, on a facilement consenti à retarder le sevrage de quelques jours.

— Alors tout est pour le mieux.

Sans songer à faire une visite à sa sœur, qu'il n'avait pas vue depuis plus d'un mois, sans même demander des nouvelles de sa santé, Sosthène se mit à table, déjeuna très vite, et à une heure il reprenait la route de Paris.

— Un instant après, madame de Perny appela les domestiques.

En dehors du jardinier, de sa femme et de l'aide-jardinier, dont l'habitation était assez éloignée, il n'y avait en ce moment au château que quatre serviteurs :

la femme de chambre de madame de Perny, la cuisinière, le cocher et un valet de pied.

Madame de Perny leur tint ce petit discours d'un ton maternel :

— Mes enfants, depuis au moins deux mois vous m'avez témoigné tous les quatre le désir de faire un petit voyage à Paris. A mon grand regret je n'ai pu vous accorder les permissions demandées. Mais je sais que vous avez tous à Paris des parents, des amis ou des connaissances qu'il vous serait agréable de voir, et aussi des affaires d'intérêt qui peuvent souffrir de votre trop long éloignement. Eh bien, mes enfants, je veux vous donner satisfaction à tous. Aujourd'hui je vous accorde un congé jusqu'à demain soir. Seulement, il faut que vous me promettiez d'être de retour à Coulange au moins avant qu'il soit nuit noire.

— Nous vous le promettons, madame, dirent les domestiques tous ensemble.

— Madame de Perny continua :

— Vous connaissez la position intéressante dans laquelle se trouve madame la marquise de Coulange ; nous attendons pour la nuit prochaine ou au plus tard pour demain l'heureux événement. Vous êtes les bons et fidèles serviteurs de la maison de Coulange, vous partagerez notre joie.

« Vous avez vu arriver et repartir immédiatement pour Paris M. de Perny, mon fils. Il venait avec l'intention de passer quelques jours au château ; mais je l'ai prié de s'en retourner vite et de revenir le plus tôt possible avec une sage-femme et la nourrice que nous avons choisie il y a déjà quelque temps. Nous sommes aujourd'hui dans l'allégresse et j'ai voulu que ce beau jour soit aussi pour vous un jour de fête.

Et, tirant de sa poche une petite bourse de soie :

— Au nom de madame la marquise, poursuivit-elle, je remets vingt-cinq francs à chacun de vous. Allez donc passer vingt-quatre heures à Paris, mes amis, et amusez-vous bien. Pendant ce temps le jardinier et sa femme vous remplaceront, si nous avons besoin d'eux.

Les domestiques empochèrent la gratification qui leur était si gracieusement donnée, se confondirent en remerciements et s'empressèrent d'aller s'habiller, afin de se trouver à la plus proche station du chemin de fer avant le passage du train.

— Debout devant une fenêtre, madame de Perny les vit partir.

Alors ses yeux se remplirent d'éclairs : la joie du triomphe éclatait dans son regard.

Elle eut un mouvement de tête superbe, et regardant fièrement le ciel, elle eut l'air de lancer un défi à la puissance divine.

XVIII

C'EST UN GARÇON

Solange, ayant l'assentiment de Blaireau, était allée trouver une sage-femme qu'il ne lui avait pas été difficile de découvrir à Asnières.

— Dans quelques jours, madame, j'aurai besoin de vos services, lui dit-elle ; je viens vous demander si je puis compter sur vous.

— Mais sans aucun doute. Je me dois à tous ceux qui ont besoin de moi, riches ou pauvres.

— Je vous remercie. Aussitôt que votre présence sera nécessaire, je viendrai vous chercher.

— A toute heure du jour ou de la nuit, je serai à votre disposition, à moins, cependant, que je n'aie déjà été appelée ailleurs.

— Cela se comprend, fit Solange.

— Vous demeurez loin ?

— Rue Vieille-d'Argenteuil.

— C'est à côté.

— J'ai loué là une maison avec jardin, où je me suis installée avec ma nièce pour tout l'été.

— Alors c'est madame votre nièce ?...

— Oui.

— Elle est jeune ?

— A peine dix-huit ans, il n'y a pas encore un an qu'elle est mariée. Son mari, qui est voyageur de commerce, n'est pas avec nous en ce moment ; je lui ai écrit avant-hier, et nous l'attendons.

— Il faut espérer qu'il arrivera assez tôt. Dans ces circonstances, pour une jeune femme surtout, la présence du mari est toujours désirable. Il donne à sa femme le courage et la force qui lui sont si nécessaires au milieu de ses souffrances.

— Donc, madame, à bientôt, dit Solange en se retirant.

Six jours après, vers neuf heures du soir, au moment de se mettre au lit, Gabrielle fut prise subitement par les premières douleurs.

Solange courut chercher la sage-femme.

Celle-ci, n'étant pas retenue, vint aussitôt.

Après avoir examiné la jeune fille et causé un instant avec elle, elle dit à Solange :

La jeune femme se rejeta en arrière en poussant un cri rauque. (Page 110.)

— Ce n'est pas pour cette nuit, mais certainement pour demain avant midi. Il est inutile que je reste avec vous plus longtemps.

« Je vais aller prendre du repos, et demain matin je reviendrai de bonne heure. »

Solange l'accompagna jusque dans la rue.

Avant de remonter près de Gabrielle, elle courut au fond du jardin. Blaireau s'y trouvait.

— La sage-femme est venue, lui dit-elle, mais elle n'a pas jugé utile de rester; elle vient de s'en aller. Toutefois, elle est certaine que c'est pour demain.

— En ce cas, je n'ai plus rien à faire ce soir à Asnières, je rentre à Paris. Je ne pourrai pas te voir demain dans la journée. Tu n'as pas oublié ce qui est convenu?

— Non. Demain soir, à dix heures, au bord de la Seine.

— Très bien. Je vais donner à l'affaire mes derniers soins. Bonne nuit, et à demain soir!

Le lendemain, la sage-femme arriva à sept heures.

Gabrielle avait horriblement souffert toute la nuit. Les douleurs étaient devenues intolérables; elle se tordait convulsivement sur son lit. La pauvre enfant souffrait d'autant plus qu'elle retenait ses plaintes et étouffait ses cris dans sa poitrine.

La sage-femme ne la quitta plus. A une heure elle était délivrée. Mais à la douleur succédait l'anéantissement. Maintenant elle gisait sur sa couche, brisée, sans force et blanche comme un lis. Tout ce qu'il y avait de vie en elle semblait être dans ses yeux étincelants. Son regard était lumineux.

Quand la sage-femme prononça ces mots :

« C'est un garçon! » son front devint rayonnant et sa physionomie prit une expression de joie indicible.

Elle leva ses mains blanches et tremblantes, et, comme en extase, elle murmura :

— Un garçon! c'était mon désir secret... Mon Dieu, je vous remercie de l'avoir exaucé!

Elle resta un moment silencieuse, puis tendant ses bras, elle reprit :

— Oh! donnez-le moi, que je l'embrasse!

On lui mit son enfant dans les bras.

Elle le regarda d'abord avec un ravissement inexprimable, puis des larmes jaillirent de ses yeux et elle le couvrit de baisers en sanglotant.

— Je connais ça, dit tout bas la sage-femme à l'oreille de Solange; elle pense au père en embrassant l'enfant.

Elle reprit le petit être, en déclarant que c'était le plus bel enfant qu'elle eût vu venir au monde, et se mit en devoir de le mettre dans ses langes.

Pendant ce temps, sur son ordre, Solange avait préparé un verre d'eau sucrée. Elle en fit avaler trois ou quatre petites cuillerées à l'enfant, qui témoigna tout de suite sa satisfaction par un petit bruit que fit sa langue au bord de ses lèvres.

— Oh! le petit gourmand, l'entendez-vous? dit-elle gaiement. Par exemple on ne dira pas que celui-là n'a pas envie de vivre!

Elle allait le coucher dans la corbeille d'osier.

— Je voudrais bien l'avoir près de moi, dit Gabrielle.

— Il ne faut pas qu'on vous contrarie, répondit la sage-femme.

Et elle coucha l'enfant à côté de la jeune mère.

— Il va dormir cinq ou six bonnes heures, reprit-elle ; je reviendrai ce soir à six heures, nous lui donnerons encore un peu d'eau sucrée, et demain il prendra le sein comme un petit glouton qu'il est.

Elle se retira, après avoir donné ses instructions à Solange pour les soins que réclamait la malade.

Toute la journée, la complice de Blaireau se montra très affectueuse vis-à-vis de Gabrielle. Elle eut un redoublement d'attentions et de prévenances.

Quand la sage-femme revint, elle trouva la malade aussi bien que possible.

— Elle n'a pas encore dormi, lui dit Solange.

— Soyez tranquille, répondit-elle, le sommeil viendra.

Elle prit l'enfant, le fit boire, le mit dans d'autres langes, l'emmaillotta, et, cette fois, le coucha dans le berceau.

Elle donna elle-même une tasse de bouillon à Gabrielle, et arrangea sa tête sur les oreillers.

— Vos yeux se ferment, lui dit-elle en souriant, vous allez passer une bonne nuit.

En effet, la jeune mère était vaincue par le sommeil.

La nuit était venue, une nuit magnifique, splendidement étoilée.

En accompagnant la sage-femme jusqu'à la porte du jardin, Solange lui mit cinquante francs dans la main.

— Mais vous auriez pu me payer dans quelques jours, lui dit-elle.

— Qu'est-ce que cela fait? J'aime autant que ce soit aujourd'hui.

— Avez-vous des nouvelles de votre neveu?

— Il arrivera très probablement demain matin.

— Tant mieux! Vous lui ménagez une heureuse surprise.

La sage-femme s'en alla. Solange ferma soigneusement la porte.

Elle revint dans la chambre de Gabrielle. La jeune mère dormait d'un sommeil profond. L'enfant dormait aussi.

Il était plus de neuf heures.

— Je n'ai que juste le temps nécessaire, se dit-elle.

Elle passa dans sa chambre et acheva de s'habiller. Ensuite elle regarda partout.

— Non, je ne laisse rien, murmura-t-elle.

Elle prit une couverture de laine, placée d'avance sur un meuble et rentra dans l'autre chambre. Gabrielle n'avait pas fait un mouvement. Au milieu du silence profond, on entendait le bruit régulier de sa respiration.

À la lueur pâle et indécise de la veilleuse, Solange regarda un instant ce doux visage. En pensant aux chagrins, aux douleurs réservés à cette malheureuse enfant, dont elle avait pu apprécier les qualités exquises du cœur, elle se sentit vivement émue. Tant il est vrai, qu'à de certains moments, les plus mauvaises natures peuvent se laisser attendrir.

Mais il y avait derrière elle le terrible Blaireau, son maître; elle était sa complice, elle était son esclave, elle ne pouvait plus reculer.

Cependant sa compassion se traduisit par un acte de générosité que Blaireau aurait certainement blâmé. Elle tira sa bourse, elle la mit dans un vide-poche sur la cheminée.

Au moment où elle se baissait pour prendre le petit, elle entendit la mère qui disait :

— Mon enfant!

Elle se redressa aussitôt avec effarement.

Gabrielle dormait toujours. Elle rêvait.

Solange eut un brusque mouvement de tête.

— Il le faut, murmura-t-elle.

Elle prit l'enfant, l'enveloppa rapidement dans la couverture de laine, et sortit sans bruit de la chambre dont elle referma la porte.

Un instant après, elle était hors du jardin. Elle suivit un sentier à travers champs et arriva bientôt à une des rues qui aboutissent sur la place du Marché. Elle traversa la place sans rencontrer personne, et se dirigea rapidement vers la Seine.

Sur le chemin de halage, en face la pointe de l'île des Ravageurs, devenue si célèbre depuis le roman d'Eugène Sue, stationnait un coupé de maître, attelé de deux chevaux superbes. Le cocher était sur son siège, enveloppé dans un ample manteau de couleur sombre, et la figure à demi cachée sous un chapeau de feutre à larges bords. Il avait quelque peine à maintenir ses deux bêtes qui piaffaient d'impatience.

Ce cocher n'était autre que Sosthène de Perny.

Un homme se trouvait dans le coupé. C'était Blaireau.

Avant que Solange fût arrivée près du coupé, la portière s'ouvrit.

— Vite, vite, dépêchons-nous, prononça la voix de Blaireau.

Solange lui tendit l'enfant et sauta dans la voiture. La portière se referma. Sosthène secoua les rênes, et les deux chevaux partirent avec la rapidité d'une flèche.

La voiture traversa le pont, suivit un instant la route d'Asnières, et s'engagea sur celle de la Révolte, pour aller rejoindre à Pantin la route de Meaux.

En vue de Noisy-le-Sec, les chevaux s'arrêtèrent.

Blaireau mit pied à terre pendant que Sosthène descendait de son siège.

— Eh bien, fit M. de Perny, quel sexe?

— Un gros garçon, répondit Blaireau.

— Ma foi, j'en suis bien aise!

— Il n'a pas poussé un cri et il dort comme un bienheureux... Hé! hé, continua-t-il en ricanant, ce fils d'une rien du tout ne se doute guère que nous en faisons un petit marquis.

Sosthène tressaillit.

— Quoi! fit-il stupéfié, vous savez?...

— Mon Dieu, oui, cher monsieur, je sais à peu près tout ce que vous n'avez pas eu l'amabilité de me dire. Mais soyez sans effroi, je ne suis pas homme à abuser du secret si intéressant de madame la marquise, votre sœur. Vous avez les vingt mille francs?

— Les voilà, répondit Sosthène, en remettant des billets de banque à Blaireau.

— J'ai confiance en vous, dit ce dernier, fourrant la liasse dans sa poche, je compterai plus tard. Maintenant, continua-t-il, vous n'avez plus besoin de moi Il ne me reste qu'à vous souhaiter bonne chance.

— Merci!

— Vous pouvez avoir une confiance entière dans la personne qui va jouer là-bas le rôle de sage-femme. A propos, n'oubliez pas qu'elle a droit à une petite gratification.

— Elle n'aura pas à se plaindre.

— On ne peut mieux dire. Allons, bon voyage! Moi, je retourne à Paris sur mes deux jambes.

Sosthène remonta sur son siège, et les deux coureurs aux jarrets d'acier reprirent leur course rapide.

Blaireau se redressa au milieu de la route et jeta autour de lui un regard dominateur, qui révélait son profond dédain pour l'humanité.

— Voilà une affaire terminée, murmura-t-il. A une autre!

Et un petit rire sec, aigu, éclata entre ses grosses lèvres.

XIX

LA CHAMBRE DE LA NOURRICE

Il était jour lorsque la voiture entra dans le parc de Coulange par la grille des Loches.

Le soleil commençait à plonger ses rayons dans la vallée, qu'il inondait de lumière. L'air était encore imprégné des parfums de la nuit. Sur la prairie, couverte d'une rosée étincelante, se mariaient les douces couleurs de l'arc-en-ciel. Au chant des oiseaux dans les arbres et les buissons se mêlaient les bourdonnements des insectes, les rumeurs lointaines, insaisissables du réveil de la nature. C'était un véritable concert.

Madame de Perny était déjà debout, aux aguets; elle entendit le roulement de la voiture sur le sable de l'allée. Elle accourut au-devant des voyageurs. Elle entraîna vivement Solange, pendant que son fils s'occupait des chevaux et de la voiture.

Personne ne l'avait vue arriver. Sur l'ordre de madame de Perny, le jardinier et son aide faisaient un travail à l'autre extrémité du parc. La femme du premier n'était pas encore levée.

Solange fut introduite dans une grande et belle chambre où il y avait un lit, et près du lit, une jolie berceaunette. Cette chambre était destinée à la nourrice.

Madame de Perny ouvrit des tiroirs et montra à Solange tout ce qui compose ordinairement la layette d'un enfant riche.

— Vous le débarrasserez de tout ce qu'il a sur lui, dit-elle, et vous l'arrangerez avec ceci.

L'enfant s'était réveillé, il commençait à ouvrir ses jolis petits yeux, et, entre ses lèvres qui remuaient, on voyait les mouvements de sa petite langue rose.

Solange fit ce qu'elle avait vu faire à la sage-femme d'Asnières; elle prépara un verre d'eau sucrée et fit boire l'enfant. Ensuite, après l'avoir dépouillé de ses langes, qu'elle enveloppa dans le maillot, elle l'arrangea ainsi que madame de Perny le lui avait ordonné.

— Une belle destinée l'attend, il sera heureux, se disait-elle. Mais sa mère, sa mère !...

Peu après, l'enfant se rendormit. Elle le coucha dans le berceau et resta assise près de lui. Depuis un instant madame de Perny, l'avait quittée. Au bout d'une demi-heure, Solange la vit reparaître, amenant avec elle une jeune femme dont la pâleur étrange et le regard douloureux la frappèrent.

— On dirait une statue qui marche, pensa-t-elle.

Madame de Perny poussa la marquise jusque devant le berceau. Les yeux de la jeune femme tombèrent sur le visage de l'enfant. Aussitôt elle se rejeta en arrière en poussant un cri rauque. Puis, se tournant vers sa mère, ayant dans le regard une expression intraduisible :

— Vous êtes allés jusqu'au bout, dit-elle d'une voix sourde ; rien ne vous a fait reculer, et sans honte et sans remords vous avez accompli ce crime !

— Ma fille, dans quelques jours, vous nous remercierez.

— De mon malheur, n'est-ce pas, ma mère ? et de l'effroyable responsabilité qui va peser sur moi ?

Après être restée un moment accablée, elle se redressa.

— Ainsi, reprit-elle avec une énergie farouche, il y a quelque part une misérable femme, une mère, qui a été assez lâche, assez infâme pour vous vendre son enfant !

Un sanglot déchirant s'échappa de sa poitrine, et elle sortit brusquement de la chambre.

Madame de Perny s'approcha de Solange stupéfiée, et, lui mettant la main sur l'épaule, elle lui dit d'un ton impérieux :

— Ne répétez jamais à qui que ce soit, vous entendez, jamais, ce que vous venez d'entendre.

— Je serai muette, répondit Solange.

— D'ailleurs, il s'agit de votre sûreté, ajouta madame de Perny.

Sur ces mots elle se retira.

— Par exemple, je ne m'attendais guère à pareille aventure, pensait Solange, ne pouvant se remettre de sa surprise ; tout cela est bien mystérieux ; que se passe-t-il donc ici ?

Elle n'eut pas le temps de se livrer longtemps à ses réflexions. Une des deux portes de la chambre s'ouvrit sans bruit, et la marquise s'avança vers elle en glissant comme une ombre.

— C'est vous qui avez apporté cet enfant ? lui demanda-t-elle à voix basse.

— Oui, madame, répondit Solange sur le même ton.

— Dites-moi où vous l'avez pris.

Solange interloquée se troubla.

— Mais, madame... balbutia-t-elle.

— Vous connaissez la mère ?

— Non, madame, répondit Solange, retrouvant subitement son aplomb.

— Alors, je répète ma première question : Où avez-vous pris cet enfant ?

— On me l'a remis hier soir.

— Qui ?

— Un homme.

— Quel est cet homme ?

— Je ne le connais pas.

— Mais qui donc vous paye ?

— Je ne le sais pas encore.

— Ah !

— Je ne suis pas riche, reprit Solange avec l'accent de la sincérité, l'homme inconnu est venu me trouver hier soir et m'a dit, en me remettant l'enfant :

« — Il faut le conduire à vingt-cinq ou trente lieues de Paris ; partez immédiatement, vous trouverez au coin de la rue une voiture qui vous attend. Je n'ai pas besoin de vous dire, ajouta l'inconnu, que vous serez généreusement récompensée du service que vous allez rendre.

« J'ai obéi, continua Solange, comptant sur la récompense que l'homme inconnu m'a promise.

— Ainsi, vous ne savez rien ?

— Absolument rien, madame, je vous le jure !

— Comment vous appelez-vous?
— Rosine Dubois, répondit Solange sans hésiter.
— Et vous demeurez à Paris?
— Oui, madame.
— Donnez-moi votre adresse?
— Rue Saint-Denis, n° 70.
— C'est bien.

Après avoir réfléchi un instant, la marquise reprit :
— On a eu ici la précaution d'acheter une layette pour cet enfant.
— Et très belle, madame.
— Vous allez remplacer toutes les choses qu'il a sur lui.
— Je l'ai déjà fait, madame, d'après les ordres que l'autre dame m'a donnés.
— Ah!... Où tout cela est-il?
— J'en ai fait le petit paquet que voilà.
— La marquise le prit en disant :
— C'est pour moi.

Solange se leva brusquement.
— Pardon, madame, dit-elle; mais, tout à l'heure, si la vieille dame me demande ces objets, ce qui est probable, que devrai-je lui répondre?
— C'est juste, je ne pensais pas à cela. Eh bien, vous lui direz que, croyant bien faire, vous les avez brûlés.
— Elle n'aura qu'à regarder dans la cheminée pour découvrir mon mensonge.
— Non, elle vous croira, attendez-moi une minute.

La marquise sortit précipitamment, emportant les langes de l'enfant, et revint au bout d'un instant avec des allumettes et une brassée de linge. Elle n'avait pas pris le temps de choisir dans sa lingerie. C'étaient des serviettes fines, des mouchoirs de batiste délicieusement brodés, de la dentelle, des guipures...

De tout cela, sous les yeux ébahis de la Solange, elle fit un feu de joie. Et quand les dernières parcelles furent brûlées et qu'elle eut suffisamment remué les cendres, elle se redressa en disant :
— C'est fait!

Un doigt sur ses lèvres, recommandant ainsi à Solange d'être discrète, elle recula lentement jusqu'à la porte et disparut.

— Décidément, c'est de plus en plus étrange, murmura Solange. Je vois ce qu'elle veut. Je crois bien que la petite chemise est marquée G L; mais si c'est avec cela qu'elle espère retrouver la mère du petit, elle cherchera longtemps.

A sept heures, la femme du jardinier, investie momentanément des fonctions de cordon bleu, vint prendre les ordres de madame de Perny. Celle-ci, paraissant très affairée, très émue, lui annonça que, le matin même, au jour naissant, madame la marquise de Coulange avait heureusement mis un fils au monde.

Mon enfant! rendez-moi mon enfant! s'écria Gabrielle d'un ton farouche. (Page 119.)

La brave femme poussa des exclamations joyeuses. C'était commandé par la circonstance, mais le cœur y était. Un instant après, elle alla faire des commissions au village; elle ne manqua pas d'annoncer partout la bonne nouvelle.

Le village fut aussitôt en grand émoi. Tous les paysans, les riches comme les pauvres, voulurent montrer qu'ils n'étaient pas insensibles à la joie du château.

A neuf heures la nourrice arriva. Elle fut immédiatement installée dans sa chambre.

— C'est cette chambre que nous avons choisie pour vous, lui dit madame de Perny, j'espère qu'elle vous plaira et que vous vous y trouverez à votre aise.

— Oui, madame, je serai parfaitement bien ici.

— Du reste, dans trois mois au plus tard, vers le 15 novembre, nous rentrerons à Paris.

La nourrice s'approcha du berceau et regarda l'enfant.

— Oh! comme il est beau! exclama-t-elle.

Elle le prit dans ses bras et lui mit un baiser sur le front.

— Je sens que je l'aime déjà, dit-elle.

Madame de Perny souriait.

Pendant ce temps, n'ayant plus ses soins à donner à l'enfant, mademoiselle Solange déjeunait. Quand elle eut fini, et comme elle quittait la table, le domestique qui était arrivé avec la nourrice vint la prendre et la conduisit dans l'appartement de madame de Perny.

— Je sors de la chambre de la nourrice, lui dit madame de Perny, je n'y ai pas retrouvé le maillot que l'enfant avait sur lui, où donc l'avez-vous placé?

— Je ne sais pas si j'ai eu tort, madame, répondit humblement Solange; croyant avoir deviné votre intention, j'ai brûlé les langes dans la cheminée.

— Allons, vous êtes une personne prudente; vous avez fait ce que je voulais faire moi-même. C'est bien. Vous avez eu, je le sais, un rôle très actif dans toute cette affaire, et vous avez droit à notre reconnaissance. Je tiens, personnellement, à vous témoigner ma satisfaction. Prenez ceci.

Et elle mit un billet de mille francs dans la main de Solange.

— Nous allons vous garder encore deux ou trois jours au château, reprit-elle; ensuite vous pourrez retourner à Paris. Nos domestiques, que j'ai cru devoir éloigner en leur donnant un congé, reviendront ce soir; je n'ai pas besoin de vous recommander la plus grande discrétion. Vous ne devez pas oublier, surtout, que pour tout le monde ici vous êtes la sage-femme.

— Vous pouvez être tranquille, madame.

— D'ailleurs, ajouta madame de Perny, je ne veux pas vous tenir prisonnière dans une chambre; les jardins et le parc sont très beaux, il ne tient qu'à vous de les visiter, si vous en avez le désir.

— Je vous remercie, madame, de la permission que vous me donnez.

— En dehors des instants que vous devez avoir l'air de consacrer à votre malade, vous êtes entièrement libre.

Solange quitta madame de Perny pour aller prendre l'air au milieu des jardins.

Dans la journée, Sosthène de Perny se présenta à la mairie de Coulange, accompagné de deux témoins : l'un était le notaire de l'endroit, l'autre un des fermiers du marquis.

M. de Perny déclara au maire que ce jour même, à cinq heures du matin, il était né, au château de Coulange, un enfant du sexe masculin, ayant pour père et mère Charles-Édouard, marquis de Coulange, et Louise-Eugénie-Mathilde de Perny, marquise de Coulange. Il ajouta qu'on donnait à l'enfant les prénoms de Eugène-Charles.

Acte de la déclaration fut pris séance tenante, et au bas, sur le registre, signèrent le maire, M. Sosthène de Perny et les témoins.

Le papier laisse écrire, les hommes les plus honorables peuvent être trompés.

Un acte de l'état civil légalisait le crime !

Madame de Perny écrivit une longue lettre au marquis de Coulange pour lui annoncer la naissance de son fils. Elle ne manqua pas de lui dire que sa fille l'avait appelé à grands cris, qu'elle le réclamait sans cesse, et qu'on espérait apprendre bientôt que le séjour à Madère donnait enfin les bons résultats attendus.

Elle n'oublia pas non plus de terminer son épître par le cliché consacré : « La mère et l'enfant se portent bien. »

De son côté, Sosthène écrivit au docteur Gendron. Il éprouvait le besoin de lui apprendre qu'à Coulange, au château et au village, tout le monde était dans la joie.

XX

LE RÉVEIL DE GABRIELLE

Gabrielle s'était endormie vers neuf heures du soir, elle ne fit qu'un somme jusqu'à six heures du matin. Quand elle ouvrit les yeux, elle se sentit reposée et déjà moins faible. Sa première pensée fut pour son enfant, et un doux sourire s'épanouit sur ses lèvres.

Bien qu'il fît grand jour, la chambre se trouvait dans une demi-obscurité. La veilleuse s'était noyée dans l'huile et la jalousie de la fenêtre était baissée. Toutefois, quelques rayons de soleil se glissaient à travers les planchettes pour pénétrer jusqu'au milieu de la chambre et piquer les rideaux du lit.

— Il ne doit pas être de bonne heure; comme j'ai dormi longtemps! murmura la jeune mère.

Les yeux fixés sur le berceau d'osier, elle se souleva sur son lit. Elle ne pouvait voir que la pièce de mousseline qui recouvrait le berceau. Mais si l'étoffe arrêtait sa vue, elle laissait passer son âme. Et Gabrielle, toute souriante, croyait contempler son enfant endormi

On lui avait vivement recommandé de ne pas faire d'imprudence, surtout de rester couchée. Malgré le grand désir qu'elle avait d'embrasser le cher trésor, elle n'osait pas descendre du lit pour le prendre.

Autour d'elle tout était silencieux; rien ne bougeait dans la maison.

— Félicie est allée faire ses commissions, pensa-t-elle.

La tête penchée vers le berceau, l'oreille tendue, elle cherchait à écouter la respiration de l'enfant. Elle entendit le bourdonnement d'une mouche, qui voletait sous le plafond, et dans le jardin le petit cri d'une mésange.

Elle attendit assez patiemment pendant une demi-heure.

C'était toujours le même silence dans la maison : elle n'entendait point crier sous le pied le sable des allées.

Il me semble qu'elle reste bien longtemps! dit-elle.

Elle attendit encore, mais avec un commencement d'agitation, et un peu inquiète, sans savoir pourquoi. Une seconde demi-heure s'était écoulée.

Perdant subitement patience, et son cœur lui faisant oublier toutes les recommandations, elle se mit sur son séant et glissa ses jambes hors du lit. Les deux pieds nus touchèrent le parquet, elle était debout.

Frémissante, le sein bondissant, elle marcha vers le berceau. Elle s'inclina, et, d'une main impatiente, elle enleva le rideau de mousseline.

Aussitôt, voyant le berceau vide, elle se redressa en poussant un cri de surprise.

Elle ne comprenait pas encore.

Elle ouvrit la fenêtre, releva la jalousie et plongea avidement son regard dans le jardin. Elle ne vit personne.

La chambre s'était soudainement remplie de lumière.

Elle revint au milieu de la pièce et regarda autour d'elle comme hébétée. Elle vit la bourse sur le vide-poche, elle la prit machinalement. Elle reconnut que c'était la bourse de celle qui se nommait pour elle Félicie Trélat. Elle la rejeta sur le marbre.

— Mais où donc est-elle avec mon enfant? s'écria-t-elle.

Et aussitôt elle se mit à appeler de toutes ses forces :

— Madame Félicie! Madame Félicie!

Aucune voix ne lui répondit.

— C'est étrange, murmura-t-elle, les mains appuyées sur son front; qu'est-ce que cela signifie? Mon Dieu, il me semble que j'ai peur!

Elle appela de nouveau, plus fort que la première fois. Ce fut le même silence effrayant. Une douleur poignante pénétra dans son cœur. Éperdue, sans savoir ce qu'elle faisait, répondant sans doute à l'instinct de la pudeur, elle serra un jupon autour de ses hanches, mit ses pieds dans des pantoufles, jeta un fichu sur ses épaules, s'élança hors de sa chambre et se précipita, affolée, dans celle que Solange avait occupée.

D'abord elle resta un instant immobile, les yeux hagards, sans rien voir et comme n'ayant aucune pensée. Mais bientôt elle s'aperçut que tout était en désordre dans la chambre. Elle entra dans le cabinet. Il n'y avait plus un seul vêtement. Elle revint dans la chambre et ouvrit une armoire. Comme dans le cabinet, il n'y avait plus rien dans l'armoire.

Soudain, une affreuse lumière éclaira la pensée de la malheureuse enfant, et elle vit sortir des ténèbres de son cerveau l'épouvantable vérité.

Elle poussa un cri horrible. Puis, haletante, les yeux sortant de leur orbite, les traits contractés, elle tourna sur elle-même, prête à tomber. Elle s'accrocha au bouton de la fenêtre, sur lequel ses deux mains se crispèrent.

— Mon enfant! elle m'a volé mon enfant! exclama-t-elle d'une voix qui n'avait plus rien d'humain.

Faisant un suprême effort, elle parvint à ouvrir la fenêtre. Alors elle se mit à crier :

— Mon enfant! rendez-moi mon enfant!... Au secours, au secours!...

Ses dernières forces étaient épuisées : ses jambes fléchirent, elle tomba à la renverse, en poussant un sourd gémissement, et elle resta étendue sans mouvement sur le parquet.

Depuis plus d'un quart d'heure, la sage-femme était dans la rue, devant la porte d'entrée du jardin. Ayant trouvé cette porte fermée, et, supposant que madame Trélat était sortie pour faire quelques achats, elle attendait son retour.

Les cris de Gabrielle et son appel désespéré la glacèrent de terreur. Elle ne douta pas qu'un malheur ne fût arrivé.

Non loin de là, deux hommes travaillaient dans un champ. Elle les appela à grands cris. Ils accoururent.

— Messieurs, leur dit-elle, je vous en supplie, tâchez de m'ouvrir cette porte ; je ne sais pas ce qui se passe dans cette maison, mais il s'agit certainement d'un épouvantable malheur.

La serrure était solide, les hommes essayèrent vainement de la forcer.

D'autres personnes arrivèrent.

— Il y a une autre porte dans le mur du jardin, dit une femme ; celle-là n'est peut-être pas fermée.

On y courut. En effet, la porte était entr'ouverte, Solange n'ayant pas pris le temps de la fermer.

La sage-femme se dirigea rapidement vers la maison, les autres la suivirent. Elle entra d'abord dans la chambre de Gabrielle, dont elle sortit aussitôt, en voyant que le lit et le berceau étaient vides.

Mais, déjà, les quatre ou cinq femmes qui étaient là poussaient de grandes exclamations, pendant qu'un homme robuste relevait Gabrielle, qui ne donnait plus signe de vie. La sage-femme dit à l'homme :

— Portez-la dans son lit ; vite, vite, voilà sa chambre.

Et quand la jeune fille fut couchée, la brave femme se mit en devoir de lui donner des soins empressés. Pour le moment elle ne pensait pas à l'enfant disparu.

— Oh! la pauvre enfant! répétait-elle à chaque instant, elle est capable d'en mourir!

Au bout d'un quart d'heure ou vingt minutes d'affreuse inquiétude, Gabrielle revint à la vie. Ses yeux égarés se fixèrent sur la sage-femme d'abord, ensuite sur les autres personnes qui entouraient le lit.

— Ma bonne amie, me reconnaissez-vous? lui demanda la sage-femme d'une voix anxieuse.

La jeune fille sursauta et passa rapidement sa main sur son front et sur ses yeux. Puis se dressant sur son lit :

— Mon enfant! rendez-moi mon enfant! s'écria-t-elle d'un ton farouche. Vous m'avez trompée, misérable!... Ah! voleuse, voleuse d'enfant!...

Les témoins de cette scène se regardèrent avec stupeur.

— C'est ça, dit une femme, on lui a pris son enfant, à cette pauvre petite.

— Oui, son enfant qui est né d'hier, ajouta la sage-femme.

Ce fut une indignation générale, il y eut des imprécations et des cris de fureur.

— Silence! ordonna la sage-femme ; ne comprenez-vous pas que vous l'effrayez?... Il faut qu'un de vous aille prévenir le commissaire de police.

— J'y cours, dit un homme.

La sage-femme se pencha vers Gabrielle.

— M'entendez-vous ? lui demanda-t-elle.

La jeune fille répondit par un signe de tête affirmatif.

— Dites-moi donc qui vous accusez de vous avoir volé votre enfant

Les yeux de Gabrielle lancèrent des éclairs. Elle répondit :

— Elle! Oui, c'est elle, la femme qui m'a amenée ici !

— Votre tante?

— Mensonge! Elle n'est pas ma tante... je ne la connaissais pas il y a six mois!

— Oh! je commence à comprendre, murmura la sage-femme en frissonnant. Elle reprit :

— Votre mari va venir, vous l'attendez?

La figure de la malheureuse prit une expression que rien ne saurait rendre.

— Je n'ai pas de mari, je ne suis pas mariée, prononça-t-elle avec égarement, je suis une fille séduite, abandonnée, perdue, perdue!...

Et repoussant la sage-femme avec une sorte de violence :

— Allez-vous-en, reprit-elle, laissez-moi mourir!

Elle fit entendre une plainte semblable à un râle, et sa tête tomba lourdement sur le traversin.

Elle resta immobile, les yeux fixes, démesurément ouverts. On aurait dit qu'elle était morte.

— C'est affreux!... murmura la sage-femme.

Puis s'adressant à une des femmes :

— Je vous en prie, lui dit-elle, allez vite chercher un médecin.

La femme partit.

Peu de temps après, le commissaire de police arriva. Il était accompagné de son secrétaire et d'un agent de la sûreté.

La sage-femme lui montra la jeune fille étendue sans mouvement. Ensuite, elle lui raconta très vite l'accouchement de la veille, et comment, venant voir la jeune mère le matin, elle avait entendu ses cris désespérés, lesquels étaient provoqués par la disparition de son enfant.

— Cette malheureuse, continua-t-elle, habitait ici depuis quelques mois avec une femme plus âgée qu'elle, qui s'est présentée chez moi sous le nom de Félicie Trélat. Est-ce son véritable nom? Je ne saurais le dire. Elle se disait la tante de sa compagne. Or, cette pauvre enfant nous a déclaré tout à l'heure que c'était un mensonge, et qu'il y a six mois elle ne connaissait pas Félicie Trélat. Cette femme a disparu, monsieur le commissaire ; évidemment, c'est elle qui a enlevé l'enfant.

— Ce fait est d'une gravité exceptionnelle, dit le commissaire de police. Nous allons procéder à une enquête sérieuse qui, je l'espère, éclairera la justice.

Il s'approcha de Gabrielle.

— Mon enfant, lui dit-il d'un ton affectueux, je voudrais vous interroger.

Elle n'eut pas l'air d'avoir entendu.

Il lui prit la main, et répéta les mêmes paroles.

Gabrielle resta dans son effrayante immobilité.

Le magistrat hocha la tête. Puis se retournant vers la sage-femme :

— Comment! lui dit-il avec sévérité, il n'y a pas de médecin ici?

— Monsieur le commissaire, j'en ai envoyé chercher un ; il ne peut pas tarder à arriver.

— En ce cas, je n'ai pas de reproches à vous faire.

Il fit passer tout le monde dans l'autre chambre, à l'exception de la sage-femme, qui resta près de Gabrielle. Il y avait une dizaine de personnes, des habitants de la rue, voisins et voisines. Le commissaire les interrogea. Voici à peu près ce qu'il recueillit :

C'est dans les premiers jours de mai, que la dame Félicie Trélat était venue s'installer dans la maison. On la voyait presque tous les jours, quand elle sortait pour faire ses provisions. Elle ne parlait jamais à personne, ne recevait aucun visiteur ; la porte du jardin restait constamment fermée. On ignorait absolument qu'elle vécût en compagnie d'une autre femme, car on n'avait jamais vu sa compagne.

Parfois on entendait, le soir, le son du piano; la maison ayant déjà été habitée par des artistes, on supposait que la dame mystérieuse était aussi une artiste. Grande, encore jolie, toujours bien vêtue, elle avait l'apparence d'une rentière.

En multipliant ses questions, le magistrat parvint à faire tracer, aussi exactement que possible, le signalement de la soi-disant dame Trélat.

Mais il ne se dissimulait pas les difficultés de la tâche qui lui incombait. Il était en présence d'un mystère étrange, et il comprenait que l'enlèvement de l'enfant avait été l'objet d'une longue préméditation, que tout avait été préparé, calculé; la location de la maison, la jeune fille cachée à tous les yeux, en étaient la preuve. Évidemment, la chose avait été conduite avec une grande habileté, et on avait certainement pris toutes les mesures nécessaires pour ne pas avoir à redouter les investigations de la justice.

Il ne lui resta aucun doute à cet égard, lorsqu'il eut constaté que la femme avait emporté tout ce qui lui appartenait, ne laissant ainsi aucune trace de son séjour dans la maison.

— Décidément, nous avons affaire à forte partie, dit le magistrat.

— Oui, monsieur le commissaire, répondit l'inspecteur de police; mais la femme n'était pas seule, elle avait plusieurs complices. Ces gens-là sont des malins; ils n'en sont certainement pas à leur coup d'essai.

Cet agent de la sûreté, que le hasard avait amené ce jour-là à Asnières, était un homme de trente-cinq ans. Il se nommait Morlot. Il avait le front intelligent, les yeux brillants, le regard profond, méditatif, les traits accentués, et sur le visage une sorte de rudesse qui révélait l'homme énergique et la puissance de sa volonté.

— Vous êtes servi à souhait, Morlot, lui dit le commissaire, vous voilà le premier sur la piste d'un crime qui n'est pas moins épouvantable qu'un assassinat. Si vous découvrez les coupables, si vous parvenez à percer ce mystère, vous sortez immédiatement de l'obscurité, et votre légitime ambition est satisfaite.

Les yeux du policier étincelèrent.

— Mes chefs connaissent mon activité, mon zèle, mon désir de bien faire, je ferai tout ce qui dépendra de moi pour les contenter, répondit-il modestement.

Il ajouta :

— La jeune dame malade va probablement nous fournir de précieux renseignements.

— Je le pense. Espérons qu'elle va pouvoir répondre à mes questions.

Depuis un instant, le médecin était près de Gabrielle. Le commissaire, son secrétaire et l'agent revinrent dans la chambre de la jeune mère.

— Comment va-t-elle? demanda le magistrat au docteur.

DEUX MÈRES 121

Morlot, les deux mains dans ses poches, la tête penchée tout en marchant lentement,
réfléchissait. (Page 125.)

Celui-ci secoua la tête.
— Sa vie n'est pas menacée? s'écria le commissaire.
— Je ne peux rien dire, monsieur, répondit le médecin; la malheureuse a reçu un coup terrible.
— Puis-je l'interroger?
— Elle n'a pas prononcé un mot depuis que je lui donne mes soins, mais vous pouvez essayer.

Grâce aux remèdes que lui avait administrés le docteur, Gabrielle était sortie de son engourdissement. Maintenant, elle regardait autour d'elle.

— Ma chère enfant, lui dit le commissaire, une misérable femme vous a pris votre enfant; mais si vous me répondez, nous le retrouverons, et il vous sera rendu.

Les yeux de Gabrielle s'arrêtèrent sur le magistrat et s'animèrent.

— Mon enfant ! Mon enfant ! prononça-t-elle d'une voix dolente et douce, il était là, dans son berceau... il était petit, mignon et tout rose... Et puis, vous ne savez pas, c'était un garçon !... Je l'ai vu : avec ses petits yeux qui s'ouvraient à peine, il m'a regardée, et moi, je l'ai embrassé... Pauvre petit !... Je vais vous dire, il n'avait pas de papa... Alors les anges sont venus et ils l'ont emporté bien loin, bien loin jusque là-bas, au fond du ciel bleu, au milieu des étoiles...

— Eh bien, les anges vous le rapporteront, fit le commissaire. Comment vous appelez-vous ?

Elle secoua la tête.

— Voyons, mon enfant, dites-nous votre nom, dites-nous où vous demeuriez avant de venir à Asnières.

Gabrielle resta un moment silencieuse, ayant l'air de chercher quelque chose dans sa mémoire; puis, prenant sa tête entre ses deux mains, elle répondit :

— Je ne sais pas.

— Je vous en prie, faites un effort, souvenez-vous.

— Je ne sais pas, murmura-t-elle encore.

— Monsieur le commissaire, dit tristement le médecin, n'insistez plus, elle ne vous répondra pas. Il y a un grand trouble dans son cerveau : hélas ! je voudrais me tromper, je crains que ce ne soit le commencement d'une fièvre cérébrale.

Le magistrat s'éloigna à regret du lit. Quant à l'agent Morlot, il ne cherchait pas à cacher son désappointement.

XXI

L'AGENT MORLOT

Avant de se retirer, le commissaire de police fit une visite minutieuse dans la chambre. Il eut beau fouiller tous dans les tiroirs de la commode, dans les placards, dans les effets de la malade, partout, il ne découvrit rien qui pût l'aider seulement à établir l'identité de la jeune fille. Ce n'était pas assez de la marque

G. L. sur le linge. Toutefois il en prit note, et Morlot mit les deux lettres sur un feuillet de son carnet.

— Il est certain, pensait l'inspecteur de police, que si elle avait des papiers et autre chose de nature à compromettre les coupables, ceux-ci ont pris la précaution de les faire disparaître.

Son raisonnement lui paraissait d'autant mieux fondé, qu'il était facile de voir qu'on avait fait, tout récemment, du feu dans l'autre chambre.

— Généralement, se disait judicieusement l'agent, quand, au mois d'août, on fait du feu dans une chambre à coucher, c'est qu'on a quelque chose qui gêne et qu'on veut détruire en le brûlant.

En trouvant la bourse sur le marbre de la cheminée, le commissaire compta ce qu'elle contenait, trois cent vingt francs, sous les yeux du médecin et de la sage-femme. Ensuite il mit la bourse dans sa poche, en disant :

— Cette pauvre enfant est placée maintenant sous la protection de la justice ; c'est moi qui payerai toutes les dépenses qu'on fera ici pour elle jusqu'à sa guérison.

Une femme s'étant offerte pour rester près de la jeune fille, le commissaire lui confia cette mission, à condition qu'elle ne quitterait pas la malade d'un instant, et qu'elle coucherait dans la maison.

Il se réservait, d'ailleurs, d'établir autour de la maison une active surveillance.

Avant de s'en aller, il dit au médecin :

— Monsieur le docteur, je puis compter sur vous, n'est-ce pas ? Vous donnerez à votre intéressante malade tous les soins que réclame sa triste position.

— Monsieur le commissaire, je vous le promets, répondit le médecin.

— Je vous la recommande également, madame, dit-il à la sage-femme.

Celle-ci était une digne et honnête femme, qui remplissait srupuleusement tous les devoirs de sa profession. Dès l'arrivée du médecin, elle s'était mise à ses ordres avec empressement.

Le commissaire de police avait appris qu'un homme d'affaires, demeurant à Asnières, avait été chargé de louer la maison. Tenant à poursuivre sans retard son enquête, il envoya chercher l'homme d'affaires. Celui-ci ne savait rien encore. Il se présenta au bureau de police, un peu effrayé, peut-être, d'être appelé par le commissaire.

— Monsieur, lui dit le magistrat, vous êtes un intermédiaire entre certains propriétaires de la ville et les personnes qui veulent acheter ou louer des maisons ?

— Oui, monsieur le commissaire.

— Vous avez loué, il y a quelques mois, une maison avec jardin, rue Vieille-d'Argenteuil ?

— En effet, monsieur.

— Veuillez avoir l'obligeance de me dire comment et à qui vous avez fait cette location?

— J'ai loué la maison, toute meublée, pour six mois, c'est-à-dire pour la saison d'été, moyennant la somme de quinze cents francs, qui m'a été payée comptant, et dont j'ai donné quittance.

— A qui avez-vous loué?

— A une dame veuve, madame Trélat, qui désirait passer l'été à Asnières avec sa fille un peu malade.

— Est-ce que vous la connaissez, cette dame Trélat?

— Nullement, monsieur le commissaire; je puis même vous dire que je ne l'ai vue qu'une seule fois, quinze jours ou trois semaines après son installation à Asnières.

— Mais ce n'est donc pas à elle que vous avez loué?

— Je vous demande pardon, monsieur le commissaire, c'est bien à cette dame que j'ai loué, puisque j'ai délivré la quittance à son nom. Seulement, c'est à un homme à qui j'ai eu affaire...

Le magistrat fit un mouvement, et Morlot se rapprocha vivement pour mieux entendre.

— Alors, cet homme? reprit le commissaire...

— Je ne le connais pas plus que madame Trélat, dont il m'a dit qu'il était le frère.

— De sorte que vous ignorez qui il est, ce qu'il fait, où il demeure?

— Absolument, monsieur le commissaire.

Le magistrat et l'agent échangèrent un regard qui signifiait :

— Nous n'apprendrons rien.

— Pouvez-vous nous donner, à peu près, le signalement de cet homme? demanda le commissaire.

— Ne l'ayant vu qu'une seule fois, cela me serait difficile. Cependant, j'ai remarqué qu'il pouvait avoir quarante ans, qu'il était petit, trapu, large des épaules et déjà chauve; qu'il avait le cou très court et qu'il était fort laid. Très bien mis, il me parut être un homme riche, occupant dans le monde une belle position.

— C'est bien, monsieur; malheureusement vous ne nous donnez que des renseignements bien insuffisants... En quelle circonstance avez-vous vu la dame Trélat?

— En allant lui faire une visite. Bien que je ne doutasse point de sa parfaite honorabilité, ma responsabilité de mandataire m'obligeait à voir, par moi-même, ce qui se passait dans la maison. Je fus satisfait de ma visite, et je me retirai convaincu que j'avais trouvé une locataire tout à fait convenable.

— Et vous vous êtes borné à cette seule visite?

— Oui, monsieur, dans la crainte d'être indiscret ou importun.

— Dans cette visite, avez-vous vu la personne qu'on vous avait désignée comme étant la fille de la dame Trélat?

— Non, monsieur, je ne fus pas présenté à cette demoiselle : « Ma fille repose en ce moment, me dit madame Trélat, sa santé est toujours mauvaise. »

— Eh bien, monsieur, reprit le commissaire, il est fort heureux pour vous que le loyer de la maison vous ait été payé d'avance; sans cela vous l'auriez perdu.

— Que voulez-vous dire, monsieur le commissaire?

— Que la femme à qui vous avez loué ne se nomme probablement pas Trélat, que vous avez eu affaire à deux aventuriers, à deux misérables qui sont, en ce moment, l'objet des recherches de la justice.

L'homme d'affaires était stupéfié.

En quelques mots, le commissaire lui apprit ce qui s'était passé rue Vieille-d'Argenteuil. Il ajouta :

— Si le hasard vous faisait découvrir quelque chose, monsieur, ne manquez pas de venir me trouver immédiatement.

Quand l'homme d'affaires se fut retiré, le commissaire se tourna vers l'inspecteur de police.

— Eh bien, Morlot, lui demanda-t-il, que pensez-vous de tout cela?

L'agent était sombre. Il tordait fiévreusement sa moustache.

— Monsieur le commissaire, répondit-il, je pense que nous sommes entourés de ténèbres épaisses; pour moi, je n'y vois goutte; c'est comme si vous aviez à chercher une aiguille dans un champ de blé. Mais il ne faut jamais se décourager; plus ce mystère est profond, plus nous devons garder l'espoir de le pénétrer. D'ailleurs, vous n'avez pas encore les renseignements que peut vous fournir la mère de l'enfant. Qui sait s'ils ne vous mettront pas sur la trace des misérables?

— Ils ont certainement pris, vis-à-vis d'elle, les mêmes précautions afin d'échapper à toutes les recherches.

— Je le crois, fit Morlot.

— Et puis la malheureuse jeune fille peut mourir.

— C'est vrai.

— En ce qui me concerne, quant à présent du moins, l'enquête est terminée; je vais rédiger mon rapport et l'envoyer à Paris.

Morlot approuva par un mouvement de tête, et il prit congé du commissaire de police.

Les deux mains dans ses poches, la tête penchée, le front rêveur, tout en marchant lentement, il réfléchissait.

— Un G., un L., deux initiales, se disait-il, une jeune fille séduite, pêchée au fond du gouffre de Paris; un homme laid, paraissant riche, qui loue une maison; une femme qui cache la jeune fille, pendant plusieurs mois, pour lui voler son enfant : qu'est-ce que c'est que cela? Rien... Eh bien, n'importe, je chercherai quand même, et, ne serait-ce que dans cinq ans, dans dix ans, dans vingt ans, si j'y suis encore, de ce rien, il faudra que je fasse sortir quelque chose

« Le vol de l'enfant a été prémédité, préparé, cela n'est pas douteux. Mais pourquoi prendre un enfant à sa mère? Dans quel intérêt? Dans quel but? Énormes questions! On peut y répondre de cent manières différentes. D'abord, il y a des gens riches dans cette affaire : des malheureux n'auraient pu louer une maison à Asnières, en payant quinze cents francs d'avance, sans compter les dépenses faites depuis.

« Voyons, c'est le père de l'enfant, qui l'a fait peut-être enlever à la mère?... Un amant? Pourquoi non? Ce pourrait être aussi la famille de ce dernier, pour l'empêcher de le reconnaître, pour mettre obstacle au mariage, ou pour tout autre motif, qui a voulu faire disparaître l'enfant... Oui, c'est possible. Mais ce sont là des suppositions, et j'en pourrais faire bien d'autres. Ce qu'il me faut, c'est une certitude. Où la chercher? Comment la trouver?... Ainsi que je le disais tout à l'heure, le mystère est profond, je suis dans la nuit!

« Heureusement, il y a la mère. Oui, tout mon espoir est en elle. Pourvu qu'elle vive! »

Morlot en était là de son monologue, lorsqu'il s'arrêta devant un groupe de douze à quinze personnes qui causaient avec beaucoup d'animation.

Le vol de l'enfant était déjà connu dans tout Asnières, et les hommes et les femmes, parmi lesquels se mêla l'inspecteur de police, se livraient à toutes sortes de commentaires sur la mystérieuse affaire.

— C'est clair comme le jour, disait une femme, la coquinerie était combinée d'avance.

— Mais la jeune fille ne se doutait donc de rien?

— Il faut le croire. Dans tous les cas, on ne peut rien savoir d'elle, puisque, ce matin, en ne retrouvant plus son enfant, elle est devenue folle. Vous comprenez, une révolution pareille...

— C'est épouvantable! s'écria une mère qui tenait dans ses bras un bébé de cinq ou six mois.

— Ainsi, reprit une autre, c'est la nuit dernière que le coup a été fait?

— Oui, puisque l'enfant est né hier après midi.

— A quelle heure? demanda un homme.

— Dame, personne n'était là pour le dire, et il est probable que la mère dormait.

— Ce ne peut être qu'après le départ de la sage-femme, qui était encore dans la maison à neuf heures.

— Alors, reprit l'homme qui venait de parler, je ne crois pas me tromper en disant que c'est vers dix heures que l'enfant a été enlevé.

Morlot s'approcha de lui.

— Vers dix heures, dites-vous? l'interrogea-t-il.
— Oui.
— Vous avez donc vu ou entendu quelque chose?
— Je n'ai rien entendu, mais j'ai vu...
— Eh bien, vous avez vu?
— Oui, dites-nous ce que vous avez vu, crièrent plusieurs voix.
— Voilà : hier soir, je passais au bord de la Seine ; il pouvait être neuf heures et demie ; je remarquai une belle voiture qui était arrêtée au bord de l'eau ; elle était attelée de deux chevaux, deux superbes bêtes, ma foi... Le cocher, dont je ne pus voir que le bas du visage, était sur son siège. Un peu avant dix heures, je repassai : la voiture se trouvait à la même place, le cocher était toujours sur le siège. Je trouvai étonnant qu'une voiture de maître restât si longtemps à la même place, surtout à pareille heure. La curiosité me prit, et je voulus savoir ce que la voiture attendait, et si elle resterait encore là longtemps. Je m'éloignai un peu, puis je revins, en me rasant et à petits pas, me cacher derrière un buisson.

« Au bout d'un instant, je vis apparaître une femme qui me parut grande et qui était vêtue de noir. Elle marcha rapidement vers la voiture.

« En même temps j'entendis une grosse voix d'homme qui disait : « Allons donc! » Je pus voir très bien que la femme portait quelque chose dans ses bras.

— C'était le pauvre petit, dit une femme.
— J'en suis presque sûr maintenant, continua l'homme. Bref, la femme noire monta dans la voiture, et aussitôt les chevaux filèrent comme si le diable les emportait.
— Quelle direction la voiture a-t-elle prise? demanda Morlot.
— La direction de Paris, je suppose, car, après avoir traversé le pont, je l'ai encore entendue rouler sur la route d'Asnières.
— La voix qui a dit : « Allons donc! » était-ce celle du cocher?
— Sans pouvoir l'affirmer, je crois que la voix sortait de la voiture.
— Voilà encore un renseignement dont je dois prendre note, se dit Morlot en s'éloignant; s'il ne m'apprend pas grand'chose, il me confirme que ce sont des gens riches qui ont machiné l'enlèvement. C'est avec des riens entassés les uns sur les autres et bien analysés, qu'on arrive souvent à faire d'importantes découvertes.

« Adresse, intelligence, patience et persévérance, voilà ce qu'il nous faut, à nous autres. Je ne sais pas encore de quelle intelligence je suis doué; mais adroit, je le suis. Quant à la patience, j'en ai autant et même plus que pas un. »

Satisfait d'avoir fait son éloge à lui-même, il s'en alla demander des nouvelles de Gabrielle, avant de retourner à Paris.

XXII

LA MÈRE DES MALHEUREUX

Les soins ne manquèrent pas à Gabrielle. Mais, pendant près d'un mois, elle fut entre la vie et la mort. Le médecin et la sage-femme firent preuve du plus grand dévouement. Ils luttèrent contre la maladie avec le plus grand courage, prenant à peine le repos qui leur était nécessaire. Ils ne se lassèrent point, car ils ne perdirent pas un instant l'espoir de la sauver.

Dès les premiers jours, elle avait été l'objet de nombreuses sympathies. On la plaignait, on souhaitait sa guérison, on faisait des vœux pour que les recherches auxquelles se livrait la police fussent couronnées de succès. Chaque jour plus de vingt personnes se présentaient à la maison de la rue Vieille-d'Argenteuil pour avoir de ses nouvelles.

Sa mort eût été en quelque sorte un deuil public. Aussi la joie fut-elle grande quand on apprit qu'elle allait mieux, que les forces lui revenaient et que le médecin avait déclaré que sa vie n'était plus en danger.

Cette satisfaction donnée à ceux qui s'intéressaient si vivement à la jeune fille se changea bientôt en consternation, lorsqu'on sut que, si l'on n'avait plus à craindre pour sa vie, il n'en était pas de même de ses facultés intellectuelles.

En effet, le médecin ne pouvait plus douter de l'affection cérébrale qui s'était déclarée à la suite de la commotion violente éprouvée par la malheureuse enfant. Toutefois, les désordres produits dans le système nerveux central n'étaient peut-être pas aussi graves qu'on pouvait le supposer; mais il paraissait difficile de déterminer, pour le moment, quelles étaient les altérations organiques du cerveau. Dans tous les cas, il y avait aliénation mentale : la raison était éteinte, sinon pour toujours, du moins pour un temps plus ou moins long.

Il y eut pour Gabrielle une recrudescence de sympathie : son malheur, le mystère qui l'entourait, défrayaient toutes les conversations, et les plus indifférents eux-mêmes ne parlaient d'elle qu'avec un sentiment de compassion.

On se préoccupait de plus en plus des recherches que faisait la police; on en attendait les résultats avec anxiété.

On disait :

« Pour la guérir, il faudrait qu'on lui rendît son enfant.

« Ce sont de bien grands misérables, ceux qui l'ont mise dans un pareil état.

« La police a des yeux et des oreilles partout, elle saura les trouver.

Le soir même, il boucla sa valise et se mit en route pour les Pyrénées. (Page 134.)

« Pour de tels crimes il faut un châtiment exemplaire.

« Le bagne ne serait pas une punition suffisante : de pareils scélérats doivent monter sur l'échafaud. »

Ainsi se révélaient l'indignation et la colère du public.

La Préfecture de police avait mis en campagne de nombreux agents. Malgré l'intelligence de quelques-uns, le zèle et l'activité de tous, aucune lumière ne se faisait. Les agents se virent obligés de déclarer, les uns après les autres, qu'ils étaient complètement découragés et qu'ils avaient perdu l'espoir de rien découvrir avant les révélations que la jeune fille pourrait faire plus tard. Celui qui éprouvait le plus de peine à reconnaître son impuissance, c'était Morlot.

Il était désolé. Il avait rempli plusieurs pages de son carnet des vagues renseignements qu'il recueillait. Chaque jour, avec un air piteux, il consultait longuement ses notes. Mais il se torturait inutilement l'esprit, car à une idée qui lui venait, une autre idée succédait, et toujours ils se heurtait à l'impossible ou il s'apercevait que sa pensée voyageait dans le vide.

Il se disait amèrement :

— C'est comme si, après avoir visité la place où la voiture a stationné au bord de la Seine, j'avais voulu suivre la trace des roues sur la route jusqu'à l'endroit où elle s'est arrêtée.

Toutefois, son amour-propre n'avait pas trop à souffrir. Il essayait de se consoler en se disant que ses collègues, reconnus pour les plus habiles, étaient obligés, comme lui, de se reconnaître impuissants.

Certes, si un autre, plus heureux que lui, était parvenu à soulever seulement un coin du voile qui cachait le mystère, il se serait imaginé qu'il était à jamais frappé d'incapacité, qu'il n'avait plus qu'à aller cacher sa honte dans quelque retraite ignorée, ou à aller vivre seul dans une île déserte, comme un autre Robinson.

A la fin de septembre, sous le rapport physique, Gabrielle était complètement rétablie. Elle était encore très pâle, mais elle avait recouvré toutes ses forces, et les fonctions de la vie animale et végétative s'accomplissaient en elle régulièrement.

Elle causait, parfois même elle répondait à certaines questions qui lui étaient adressées, mais la pensée était absente : et elle avait entièrement perdu la mémoire. Les organes de la sensibilité étaient paralysés, et son esprit restait plongé dans les ténèbres.

L'administration décida qu'elle serait placée dans un hospice.

Un matin, une voiture vint la prendre, et elle fut conduite à la Salpêtrière.

. . . .

Madame de Perny et son fils étaient satisfaits, car l'audacieuse conception de ce dernier avait réussi au gré de leurs désirs. Cette fortune qu'ils avaient convoitée, même avant le mariage de Mathilde, ils la tenaient, elle ne pouvait plus leur échapper.

Incapables d'avoir des remords, ils avaient la conscience tranquille. Ils ne pensaient même pas qu'il y a tôt ou tard un châtiment pour le crime, et que ceux qui parviennent à se soustraire à la justice des hommes ne peuvent pas éviter celle de Dieu.

Quelques jours après le départ de Solange qui avait convenablement joué son rôle de sage-femme, madame de Perny rendit à sa fille sa liberté à peu près complète. Sûre qu'elle n'avait plus rien à redouter de la marquise qui était devenue forcément sa complice, en cessant de la retenir prisonnière dans son appartement, elle se relevait elle-même des fonctions de geôlière qu'elle s'était imposées.

En s'apercevant qu'il n'y avait plus autour d'elle des yeux d'espions prêts à surprendre ses mouvements, ses gestes, et qu'elle pouvait aller et venir sans que sa mère se jetât brusquement devant elle pour l'arrêter, la marquise poussa un soupir de soulagement.

Le premier emploi qu'elle fit de sa liberté fut de visiter les jardins et le parc, qu'elle connaissait à peine. Ensuite elle fit à pied et d'autres fois en voiture d'assez longues promenades aux environs de Coulange, dont elle ne pouvait se lasser d'admirer les ravissants paysages. C'était une diversion à ses sombres pensées. Elle se laissait aller à sa mélancolie avec une sorte de charme et s'abandonnait plus complètement à sa rêverie. Et puis elle s'éloignait de cet enfant qu'on lui avait donné, dont elle ne voulait pas, et surtout de sa mère qui lui inspirait une terreur invincible.

La plupart des habitants de Coulange ne l'avaient jamais vue; aussi la regarda-t-on beaucoup la première fois que, accompagnée de madame de Perny, elle se rendit à l'église pour assister à la messe. La curiosité des paysans ne pouvait l'offenser, ni la contrarier, car il lui fut facile de remarquer combien tous étaient heureux de la voir. En effet, dans tous ces regards de braves gens qui semblaient chercher le sien, il y avait réellement plus d'affection que de curiosité.

Les plus hardis s'approchèrent d'elle et lui adressèrent des compliments dans lesquels le marquis n'était pas oublié. Lui parler de son mari ne pouvait manquer de l'émouvoir. C'est avec des larmes dans les yeux qu'elle répondit avec sa bienveillance et sa grâce habituelles.

Chaque fois qu'elle sortait à pied et qu'elle traversait le village, après s'être renseignée, elle ne manquait jamais d'entrer dans les plus pauvres maisons où il y avait un peu de bien à faire, un encouragement à donner, une misère à soulager.

Elle apprit, non sans étonnement, que depuis qu'elle était au château, elle avait comblé la commune de ses bienfaits, et qu'elle était devenue la providence de tous les malheureux.

Elle devina sans peine que sa mère, dans un but facile à expliquer, avait fait en son nom de grandes largesses.

— Lorsque la mère de M. le marquis est morte, lui dit-on, le village a fait une grande perte; mais elle est réparée aujourd'hui, car nous la retrouvons en vous, madame la marquise. Nous l'appelions la mère des malheureux, et déjà nous vous avons donné ce même nom. Il y a à Coulange une tradition, madame la marquise. Elle dit : « Les marquis de Coulange sont toujours généreux et nos marquises toujours bonnes. »

Bien moins pour sa fille sans doute que pour sa satisfaction personnelle, madame de Perny ouvrit les portes du château à quelques visiteurs. Le curé de Coulange, entre autres, se montra très empressé auprès de madame de Perny et fit de fréquentes visites au château.

La santé de l'enfant était excellente, et il venait à ravir. La marquise ne parlait jamais de lui et ne s'en occupait d'aucune manière. Son indifférence était remarquée; pour les gens de la maison comme pour les étrangers elle était inexplicable; toutefois, l'effet produit n'allait pas plus loin que l'étonnement.

En dépit des conseils et des observations de madame de Perny, la marquise tenait l'enfant constamment éloigné d'elle, et faisait certainement des efforts pour penser à lui le moins possible.

La nourrice ne quittait presque pas sa chambre. Lorsqu'elle sortait avec l'enfant dans ses bras elle évitait avec soin de rencontrer la marquise.

Un jour, peu de temps après son arrivée à Coulange, croyant remplir son devoir, elle vint trouver la marquise et lui présenta l'enfant pour qu'elle pût l'embrasser.

La marquise se recula brusquement, son visage prit une expression étrange et elle détourna la tête.

— Madame la marquise ne regarde pas comme il est joli, hasarda la nourrice.

— Non, répondit-elle d'un ton sec.

Puis elle reprit vivement :

— Élevez-le, ayez-en le plus grand soin, voilà votre devoir et c'est tout ce qu'on vous demande.

La nourrice se retira sans oser répliquer.

Et quand elle fut dans sa chambre, elle embrassa l'enfant à plusieurs reprises.

— Pauvre petit, murmura-t-elle, ta mère ne t'aime pas ! Mais, va, je t'aimerai, moi!

Et elle l'embrassa encore.

Elle avait de grosses larmes dans les yeux.

Depuis, elle n'avait pas eu la hardiesse de tenter une nouvelle épreuve.

Elle éprouvait une joie intime en voyant que l'enfant lui était complètement abandonné, elle s'attacha à lui davantage et le pauvre petit eut au moins le bonheur de trouver dans sa nourrice l'affection et la tendresse d'une véritable mère.

Dans les premiers jours du mois de septembre on apprit à Coulange la mort de la duchesse de Chesnel-Tanguy. Elle venait de s'éteindre doucement, à l'âge de quatre-vingt-huit ans, dans son vieux manoir des Pyrénées, qu'elle n'avait pas quitté depuis plus de quinze ans.

C'est le notaire qui écrivait. Sa lettre était adressée à la marquise de Coulange, il disait :

« Rien ne nous faisait prévoir la fin prochaine de madame la duchesse, don j'étais le conseiller, le notaire et l'ami. Elle est morte presque subitement d'une attaque de paralysie. Il y a quinze jours elle avait éprouvé une grande joie, sa dernière, en apprenant la naissance de votre fils, par la lettre que lui a écrite madame de Perny, votre honorée mère.

« Vous n'ignorez pas, madame la marquise, combien elle aimait M. le marquis ; elle était très affectée du mauvais état de sa santé, mais la naissance de votre enfant était venue adoucir son chagrin. — Je suis une Coulange, me dit-elle avec une sorte d'enthousiasme, et je suis heureuse, oui, bien heureuse de savoir, avant de mourir, que notre nom ne s'éteindra pas !

« Peut-être pressentait-elle alors qu'elle n'avait plus que quelques jours à vivre. En effet, dès le lendemain, elle voulut ajouter un codicille à son testament qui instituait M. le marquis de Coulange son légataire universel.

« Madame la duchesse a donc pris une disposition nouvelle en léguant à son arrière-petit-neveu, Eugène-Charles de Coulange, 1° une somme de quinze cent mille francs, 2° son beau domaine sur l'Allier, évalué à plus d'un million, dont le légataire jouira dès qu'il aura accompli sa vingtième année.

« L'héritage de madame la duchesse de Chesnel-Tanguy dépasse neuf millions sur lesquels il y a à prendre cinq cent mille francs pour divers legs particuliers. »

Le reste de la lettre du notaire contenait des vœux pour le rétablissement du marquis, des compliments à la marquise, l'offre de ses services et l'assurance de son dévouement.

Sosthène et sa mère triomphaient sur toute la ligne. C'était un rêve féerique qui se réalisait pour eux. Leur joie, leur ravissement devenait du délire. Ils étaient éblouis.

— Comprenez-vous, maintenant, dit madame de Perny à sa fille, comprenez-vous ?... Vous portez un beau nom, et vous allez avoir, que dis-je, vous possédez dès aujourd'hui une des plus grandes fortunes de France... Ingrate, voilà ce que votre frère et moi avons fait pour vous, voilà ce que nous vous avons donné !...

La marquise répondit d'une voix sourde :

— Oui, voilà ce que vous avez fait pour moi ; oui, voilà ce que vous m'avez donné : la fortune augmente et l'infamie grandit !

XXIII

LA LETTRE DE FIRMIN

Sosthène de Perny ne perdit pas de temps. Le soir même, il boucla sa valise et se mit en route pour les Pyrénées afin de prendre possession de l'héritage de la duchesse de Chesnel-Tanguy.

Il avait en poche la procuration notariée de son beau-frère, laquelle lui donnait les pleins pouvoirs d'agir, en toute circonstance, aux lieu et place du marquis de Coulange.

— Je serai probablement de retour dans quinze jours, avait-il dit à sa mère, en la quittant.

— Reste là-bas le moins longtemps possible, avait répondu madame de Perny. Dans tous les cas, si nous recevons la nouvelle de la mort du marquis, je te préviendrai aussitôt par une dépêche.

Depuis plus de quinze jours, aucune lettre venant de Madère n'était arrivée à Coulange. La lettre de madame de Perny, annonçant au marquis la naissance de son fils, était restée sans réponse.

Cela avait fait supposer à Sosthène et à sa mère que le marquis était à la dernière extrémité.

Mathilde, elle aussi, avait cette pensée, et elle attendait des nouvelles de son mari avec une angoisse mortelle.

Huit jours après le départ de Sosthène, aucune lettre n'étant venue la rassurer, la marquise était toujours en proie à sa douloureuse inquiétude.

Un matin elle remarqua que sa mère n'était plus la même que la veille et les jours précédents.

Madame de Perny paraissait soucieuse; son front s'était assombri, il y avait quelque chose d'amer dans le pli de ses lèvres, et son regard n'avait plus la même expression de dédain et de hauteur.

Madame de Coulange comprit que quelque chose de grave préoccupait sa mère. Elle sentit son cœur se serrer.

— Ma mère a reçu une mauvaise nouvelle, pensa-t-elle; oh! je devine, mon mari va plus mal... Mon Dieu! il est mort, peut-être!...

Elle ne pouvait rester dans une aussi cruelle incertitude.

— Ma mère, demanda-t-elle à madame de Perny, est-ce que vous avez reçu une lettre de Madère?

— Pourquoi m'adressez-vous cette question?

— Parce que je vous vois préoccupée, inquiète, dit Mathilde.

— Ma fille, vous voyez mal, je suis toujours la même.

— Non, non, je ne me trompe pas, répliqua vivement la marquise, je suis sûre que vous me cachez quelque chose.

Madame de Perny eut un mouvement brusque des épaules.

— Que pourrais-je donc vous cacher? répliqua-t-elle avec humeur.

— Je ne sais pas, balbutia Mathilde; mais mon cœur me dit que vous avez reçu une mauvaise nouvelle.

Madame de Perny fronça les sourcils, en haussant de nouveau les épaules.

— Vous avez une lettre de Madère, reprit la marquise.

Madame de Perny resta silencieuse.

— Ah! vous ne voulez pas me le dire, s'écria la marquise d'une voix déchirante, mon mari est mort!

— Décidément, vous êtes folle, répondit durement madame de Perny; c'est vous-même qui créez les fantômes qui vous effrayent : défiez-vous de votre imagination.

Sur ces mots, elle quitta brusquement sa fille.

— Elle n'a voulu me rien dire, se dit la jeune femme, mais elle n'a pas pu me tromper; je le sens là, elle me cache quelque chose.

La marquise passa le reste de la journée dans une agitation fiévreuse. La nuit elle ne dormit presque pas, et encore ses quelques instants de sommeil furent-ils tourmentés par des songes sinistres.

Elle se leva de bonne heure, s'habilla vite et descendit dans les jardins. Elle éprouvait le besoin de marcher et de respirer au grand air. D'ailleurs le temps était superbe.

Elle alla jusqu'à la maison du jardinier et causa un instant avec la femme. Ensuite elle s'enfonça dans une allée qui la conduisit à une petite porte qui s'ouvre sur la Marne. Elle sortit du parc. Rêveuse, la tête lourde de pensées, elle continua sa promenade en suivant le bord de la rivière. Elle revint ainsi à la grande grille du château.

Elle se disposait à rentrer lorsque sur le chemin, venant de son côté, elle aperçut un homme dans lequel elle reconnut le facteur rural.

Machinalement, elle se remit à marcher comme si elle allait au-devant de l'agent des postes. Au bout d'un instant ils se rencontrèrent. Le facteur s'arrêta devant la marquise en ôtant respectueusement sa casquette.

— Est-ce que vous avez aujourd'hui des lettres pour le château? demanda-t-elle.

— Oui, madame la marquise, plusieurs, et les journaux, comme d'habitude.

— C'est singulier, pensa la jeune femme, depuis un mois je n'ai pas vu un seul journal au château.

Elle reprit tout haut :

— Toutes ces lettres sont pour madame de Perny, sans doute ?

— Je ne sais pas, madame la marquise, je n'ai pas encore bien regardé.

Le facteur ouvrit son sac de cuir à plusieurs compartiments.

— Deux lettres de Paris pour madame de Perny.

— Alors vous n'en avez pas pourtant un timbre étranger ?

— Pardon, madame, en voici une qui vient de Madère...

La marquise tressaillit.

— Toujours pour madame de Perny ? fit elle.

— Non, madame la marquise, celle-ci vous est adressée.

— A moi ?

— Parfaitement, madame la marquise.

— Vous voulez bien me la donner ?

— Certainement, répondit-il en lui tendant la lettre.

Elle la prit d'une main tremblante, en disant :

— Merci.

Le facteur referma son sac, salua la marquise et poursuivit son chemin. Il était déjà assez loin lorsque la marquise le rappela en marchant précipitamment vers lui.

— C'est une petite recommandation que je veux vous faire, lui dit-elle : si vous voyez madame de Perny, ne lui dites pas que vous m'avez rencontrée, je désire qu'on ne sache pas au château que vous aviez ce matin une lettre pour moi.

— Madame la marquise peut être sûre de mon silence, répondit le facteur ; mon métier m'oblige à être discret.

La jeune femme avait glissé la lettre dans son corsage.

Elle revint rapidement sur ses pas, en passant devant la grande grille sans s'arrêter, et elle rentra dans le parc par la petite porte qu'elle avait ouverte pour en sortir.

Quand elle se trouva dans un endroit solitaire, certaine de n'avoir à redouter aucun regard indiscret, elle s'arrêta. Elle était vivement émue. Son cœur battait violemment et elle sentait que ses yeux se mouillaient de larmes. Elle tira lentement la lettre de son sein.

— Mon Dieu, que vais-je apprendre ? soupira-t-elle.

Elle tenait le papier entre ses doigts frémissants. Les yeux fixés sur l'enveloppe, elle murmura :

— C'est l'écriture de Firmin ; brave et bon serviteur, c'est lui qui m'écrit.

Madame la marquise, celle-ci vous est adressée. (Page 136.)

Cependant elle était toujours hésitante ; elle n'osait pas briser le cachet, elle avait peur.

— Ah ! il faut que je sorte de cette horrible incertitude! s'écria-t-elle.

Elle laissa échapper un nouveau soupir, et elle déchira l'enveloppe. D'abord, il lui fut impossible de lire : les larmes qui roulaient dans ses yeux éteignaient sa vue. Elle les essuya. Alors, le dos appuyé contre un arbre, ayant autour d'elle un épais rideau de feuillages encore verts, elle lut les lignes suivantes :

« Madame la marquise,

« Depuis quatre jours, tous les matins, je prenais la plume pour vous écrire, mais impossible, ma main tremblait si fort que la plume me tombait des doigts. Je suis dans un état dont on ne peut se faire une idée. En ce moment encore je pleure comme un enfant. Oh! ne vous effrayez pas, madame la marquise, c'est de joie et de bonheur que je pleure.

« Il est sauvé, madame la marquise, il est sauvé!

« Le docteur Gendron a déclaré que le mal était arrêté, vaincu, que la guérison de mon bon et cher maître était certaine. Madame la marquise, cet homme-là est plus qu'un grand médecin, c'est un dieu !... Je me suis mis à genoux devant lui et je lui ai embrassé les mains. Alors il m'a dit : — Mon cher Firmin, — oui, madame la marquise, il m'appelle son cher Firmin, — ce n'est pas moi qu'il faut remercier, c'est Dieu, qui a guéri votre maître. — Et moi je lui ai répondu : — Docteur, c'est vous alors qui êtes le bon Dieu.

« — Voyez-vous, madame la marquise, je crois bien que je n'ai plus du tout la tête à moi ; je vas, je viens, je cours ; à chaque instant je me mets à danser tout seul comme un fou, ou bien je chante je ne sais pas vraiment quelles chansons, de vieux airs du pays bourguignon qui, tout à coup, me sont revenus à la mémoire. Ça, c'est la joie, madame la marquise.

« Depuis quelques jours déjà M. le marquis est entré en convalescence : heure par heure on le voit reprendre ses forces ; il faut prendre encore de grandes précautions et l'entourer de beaucoup de soins ; mais il n'y a plus à craindre pour sa vie : il est sauvé!

« Il commençait à être moins faible : appuyé au bras du docteur ou au mien, en allant bien doucement, il faisait au soleil le tour de notre jardin qui n'est que roses et jasmins.

« Mais lorsqu'il apprit que vous aviez heureusement donné le jour à un fils, ce fut un changement à vue comme dans ces pièces si drôles et qui font tant rire, qu'on joue au théâtre. Ses yeux ont retrouvé subitement une clarté qu'ils ont gardée depuis. Maintenant, madame la marquise, mon cher maître fait seul deux fois le tour du jardin sans s'arrêter, en s'appuyant seulement sur un bâton.

« Il parle constamment de vous, madame la marquise, et il désire vivement vous revoir. Il y a huit jours, il avait décidé que vous viendriez le retrouver à Madère, si votre santé vous permettait de faire ce long voyage ; mais il a brusquement changé d'idées il y a trois jours, à la suite d'une conversation qu'il a eue avec le docteur.

« Que s'est-il passé entre eux? Je ne l'ai pas entendu, et ils ne me l'ont pas dit; mais je l'ai deviné. Pour vous, madame la marquise, et pour la première fois de ma vie, je trahis un secret de mon maître.

« Madame la marquise, vous ne viendrez pas à Madère, parce que c'est M. le marquis qui ira vous retrouver à Coulange.

« Je suis, madame la marquise, avec le plus profond respect, votre très humble, très obéissant et très dévoué serviteur,

« Firmin Brugelle. »

En achevant sa lecture, la jeune femme se mit à sangloter, et de douces larmes inondèrent ses joues, mais son front s'était irradié, et une joie immense rayonnait en elle.

Elle porta la lettre à ses lèvres. C'était un baiser qu'elle envoyait à son mari.

— Ah! je ne suis pas au bout de mes souffrances! s'écria-t-elle; mais il m'est rendu, j'ai eu raison de vouloir vivre!

Quand elle se sentit plus calme, elle essuya son visage et ses yeux, et reprit le chemin du château.

Le tantôt, elle s'enferma dans sa chambre et écrivit deux lettres : une de quelques lignes au vieux serviteur pour le remercier ; l'autre très longue au marquis de Coulange. Cette fois, n'ayant plus à subir la volonté de sa mère, elle ne craignit point de laisser déborder sa tendresse et son amour. La lettre terminée, elle s'aperçut qu'elle n'avait pas dit un mot de l'enfant. Un frisson passa dans tous ses membres.

— Oh! c'est épouvantable! s'écria-t-elle avec désespoir.

Après avoir réfléchi un instant, elle se décida à écrire : « l'enfant se porte bien. »

— Ainsi, reprit-elle, d'un ton douloureux, me voilà pour toujours condamnée à mentir! Où donc est ma fierté? Où donc est ma conscience? Qui donc me retirera de l'effroyable abîme où ils m'ont précipitée?

« Ils devaient m'aimer, me soutenir, me protéger : au lieu de cela, ils ont brisé ma vie, broyé mon cœur! C'est ma mère, c'est mon frère... Oh! je les hais!

Elle sortit dans la soirée, et porta elle-même ses deux lettres au bureau de poste.

XXIV

VOILA LE CALICE

Cinq jours après, Sosthène était de retour à Coulange. Il était parti joyeux, rayonnant, il revenait sombre et triste. Évidemment, madame de Perny lui avait fait part des nouvelles qu'elle avait reçues de Madère. Le marquis de Coulange recouvrant la santé, c'était voir s'en aller en fumée le magnifique rêve qu'ils avaient fait. Après de si belles combinaisons, de si brillantes espérances, après s'être donné tant de soucis, tant de peine, se retrouver devant rien, c'était pour tous les deux un coup terrible.

Et puis, comme tous les criminels, ils n'étaient pas tranquilles, ils ne pouvaient pas l'être. Si endurcis qu'ils fussent, ils sentaient, ils voyaient les dangers qui les menaçaient. Chez les plus grands coupables, il y a toujours un instant où la conscience se révolte et fait entendre sa voix courroucée.

Sosthène et sa mère n'en étaient pas encore là, sans doute; mais ils ne se dissimulaient pas toute la gravité qu'il y avait pour eux dans la situation nouvelle.

Il était facile de lire sur le visage de Sosthène sa contrariété, son dépit, son désappointement, ses inquiétudes. Un crime sans profit pour lui, c'est-à-dire devenu inutile, tous ses merveilleux projets détruits, démolis comme un château de cartes, quel écroulement autour de lui ! Insatiable dans son ambition, il avait déjà grimpé sur toutes les hauteurs; retomber dans la pauvreté, dans la boue, quelle chute !

Il serait revenu enchanté de son voyage s'il avait pu se dire encore qu'en s'occupant des affaires de son beau-frère et de sa sœur il travaillait pour lui.

En dehors des formalités légales, aucune difficulté ne se présentait pour empêcher ou retarder l'entrée en possession du superbe héritage de la duchesse de Chesnel-Tanguy. L'affaire était en bon chemin et marchait rapidement, grâce à l'activité du notaire, que la duchesse avait nommé son exécuteur testamentaire.

La majeure partie de la fortune de la défunte était en propriétés foncières, lesquelles n'étaient grevées d'aucune hypothèque. Il y avait tout près de trois millions de valeurs déposées à la Banque de France. Cette somme énorme représentait les économies faites par la duchesse dans les vingt années précédentes.

Sosthène et sa mère tinrent conseil. Ils se tracèrent un nouveau plan de conduite et cherchèrent à se rassurer réciproquement.

Compromise par son silence et plus encore par les lettres qu'elle avait écrites à son mari, ils ne devaient rien craindre du côté de la marquise. Elle était bel et bien leur complice. En supposant qu'elle fût poursuivie par le remords et l'horreur de tromper le marquis, ils n'admettaient pas qu'elle eût le courage de se faire leur dénonciatrice. D'ailleurs, en révélant le crime, en accusant sa mère et son frère, ce qui leur semblait une monstruosité, ne s'accusait-elle pas elle-même?

La mère et le fils, si dignes l'un de l'autre, décidèrent donc qu'ils attendraient les événements, en se tenant sur leurs gardes, c'est-à-dire constamment prêts à se défendre contre n'importe quel danger.

Un mois s'écoula. On était arrivé à la fin d'octobre.

Un matin, vers dix heures, on sonna à la grille du château. Aussitôt tout le monde fut sur pied. Un domestique courut ouvrir. Une chaise de poste, traînée par deux chevaux vigoureux, entra et vint s'arrêter devant le grand escalier.

C'était le marquis de Coulange qui arrivait accompagné du docteur Gendron et de son vieux valet de chambre.

Madame de Perny et son fils, devançant la marquise, se précipitèrent au-devant des voyageurs.

M. Gendron mit pied à terre le premier et tendit la main au marquis pour l'aider à descendre.

M. de Coulange n'était plus reconnaissable. Assurément, il était toujours très faible et réclamait encore beaucoup de soins avant qu'on pût espérer sa guérison complète ; mais il n'avait plus ce teint livide et jaunâtre et cette maigreur affreuse qui, naguère encore, le faisaient ressembler à un cadavre.

Avant qu'il eût eu le temps de jeter un regard autour de lui, il se trouva dans les bras de madame de Perny. Il l'embrassa affectueusement. Ensuite ce fut le tour de son beau-frère. Le marquis était très ému.

— Je sais tout ce que je vous dois, leur dit-il, je vous montrerai bientôt ma reconnaissance.

Puis voyant apparaître la marquise :

— Ah! Mathilde! s'écria-t-il, en ouvrant ses bras.

La jeune femme était venue lentement ; car elle se soutenait à peine sur ses jambes fléchissantes. Toute en larmes, elle se jeta au cou du marquis.

Ce fut une délicieuse étreinte, pleine de tendresse et d'amour.

Pour Mathilde, c'était plus que le retour de l'époux aimé après une longue absence. Elle avait vu partir le pauvre condamné à mort, c'est un ressuscité qu'elle voyait revenir !

— Édouard, dit-elle, ne te fatigue pas, appuie-toi sur moi.

— Oh! je suis plus grand garçon que cela, répondit le marquis d'un ton joyeux, n'est-ce pas, docteur? Je marche seul maintenant et, si je me sers encore d'une canne, c'est uniquement pour faire le coquet.

Pourtant, ma chère Mathilde, continua-t-il, je prends ta main pour que tu me conduises près de notre enfant.

La marquise sentit comme une griffe de fer labourer sa poitrine. Une sueur froide mouilla son front et elle crut qu'elle allait défaillir. Mais elle se remit assez promptement et, sa main dans celle du marquis, elle monta les marches de l'escalier.

Tout bas elle se disait :

— Voilà le calice, voilà mon martyre!

Elle mena le marquis dans la chambre de la nourrice. Madame de Perny, Sosthène, le docteur et Firmin y entrèrent derrière eux.

Sosthène et sa mère étaient pâles et agités. C'était le moment de la dernière et suprême épreuve, et, certes, ils étaient loin d'être tranquilles.

La nourrice tenait le petit sur ses genoux. Elle se leva. Le marquis s'approcha. Pendant un instant, il regarda l'enfant, ayant dans le regard une indicible ivresse. Puis il le prit dans ses bras, l'éleva à la hauteur de ses lèvres et lui mit un baiser sur le front.

— Cher petit être, dit-il d'une voix vibrante d'émotion, tu auras, je l'espère, le cœur, la noblesse, la grandeur, les sentiments généreux, toutes les hautes vertus de tes ancêtres!

Puis, se tournant vers la marquise :

— Mathilde, chère Mathilde, reprit-il, cet enfant, ce fils que tu m'as donné est le gage de mon éternel amour. Il n'est pas seulement l'espoir de notre maison, nos joies les plus pures reposent sur sa tête, et par lui notre vie aura tous les rayonnements.

La marquise ne répondit pas. Elle ne pouvait rien dire. Elle s'était un peu éloignée et elle tenait sa tête baissée pour cacher son trouble.

Cette fois, M. de Coulange s'aperçut de l'attitude embarrassée de la jeune femme. Il se disposait à faire sa remarque tout haut, lorsque madame de Perny s'empressa de lui dire à voix basse :

— Ne faites pas attention, tantôt je vous expliquerai cela.

Puis, élevant la voix, elle reprit audacieusement :

— N'est-ce pas qu'il est gentil comme un chérubin, monsieur le marquis? Sosthène prétend qu'il ressemble à Mathilde; mais je ne suis pas de son avis. Monsieur le marquis, ne trouvez-vous pas comme moi que c'est à vous qu'il ressemble?

— Nous verrons cela plus tard, répondit M. de Coulange en souriant.

Et il remit l'enfant dans les bras de la nourrice.

A ce moment un domestique vint annoncer que le déjeuner était servi. On passa dans la salle à manger et on se mit à table. Le repas terminé, madame de Perny prit le bras du marquis et l'emmena dans sa chambre.

— J'avais hâte de me trouver seul avec vous, lui dit M. de Coulange. Je n'ai pas à me plaindre de l'accueil qui m'a été fait ; mais je vois, je sens que ce n'est point là la joie et le bonheur auxquels je m'attendais. J'avais déjà remarqué autrefois qu'il y a en Mathilde un fond de tristesse, dont j'ai vainement cherché à pénétrer la cause. Aujourd'hui, cette tristesse inexplicable est devenue plus apparente : on la voit dans son regard, dans son attitude, on la sent dans l'expression de sa physionomie. Je vous en prie, ne me cachez pas la vérité ; que se passe-t-il ?

— Rien qui soit de nature à vous alarmer, monsieur le marquis. Vous savez combien votre femme est sensible, et vous comprenez qu'il reste encore des traces de ce qu'elle a souffert pendant ces longs mois passés loin de vous dans des inquiétudes mortelles. Sa santé s'est affaiblie et le moral a été un peu atteint. Pour ne vous rien cacher, je dois vous dire que nous avons craint en même temps pour ses jours et pour sa raison. Mais j'étais près d'elle, je lui ai donné mes soins, et j'ai eu le bonheur de la mettre à l'abri d'un danger et de triompher de l'autre. Avec le temps, entourée de votre affection, Mathilde retrouvera sa gaieté des jours heureux ; vous verrez peu à peu disparaître cette langueur qui vous inquiète. A votre arrivée, avec quelle joie elle s'est jetée dans vos bras !... Monsieur le marquis, je peux bien vous le dire, votre femme vous aime trop !

— Oui, oui, elle m'aime... Oh ! je n'ai jamais douté de sa tendresse !

— Vous êtes tout pour elle, monsieur le marquis ; seul, constamment, vous occupez toute sa pensée ; il semble que son amour pour vous ait étouffé dans son cœur tous les autres sentiments d'affection. Sosthène et moi, nous lui sommes devenus presque indifférents ; on pourrait croire qu'elle ne nous aime pas. Je dirai plus, monsieur le marquis, son enfant lui-même...

— Ainsi, c'est vrai, s'écria douloureusement M. de Coulange, elle n'aime pas son enfant !

— Je ne dis pas cela, monsieur le marquis, et je ne voudrais pas le supposer ; mais elle s'occupe si peu de lui, elle lui témoigne une telle indifférence que j'en éprouve un véritable chagrin. Elle aime certainement son enfant : s'il en était autrement, ce serait contre nature ; mais si je m'en rapporte à ce que j'ai observé, je crois qu'elle aurait peur de ne plus vous aimer assez, si elle lui donnait une part de sa tendresse. N'est-ce pas étrange, monsieur le marquis ?

— Oui, c'est étrange.

— Je me suis déjà demandé plus d'une fois s'il n'y avait pas là une maladie.

— Une maladie, répéta le marquis : oui, c'est bien possible.

— Alors vous êtes de mon avis ?

— Il le faut bien, puisque c'est la seule manière d'expliquer la conduite bizarre de Mathilde.

— Ce serait donc une monomanie?

— Hélas! oui, une affection cérébrale produite par les tourments que je lui ai causés... Pauvre Mathilde!... Ah! ce n'est pas ainsi que je devrais la retrouver! Je revenais si heureux!... Dieu ne veut pas que mon bonheur soit complet. Mais nous la guérirons. Je ne ferai jamais assez pour elle et je n'aurai pas trop de mon amour pour lui faire oublier tout ce qu'elle a souffert pour moi. Comme vous le disiez tout à l'heure, ma mère, je l'entourerai de tant d'affection, de soins et de tendresse, qu'elle retrouvera son sourire et sa gaieté des jours heureux.

— Pour Mathilde, monsieur le marquis, votre tendresse sera le meilleur médecin.

— J'ai cet espoir. Mais, dites-moi, quand vous vous êtes aperçue de cette indifférence qu'elle a pour son enfant, ne lui avez-vous pas fait des observations?

— Je n'ai pu lui cacher mon étonnement et je me suis même permis de lui faire des reproches.

— Eh bien?

— Eh bien, monsieur le marquis, elle m'a répondu par des larmes, des sanglots. Un jour que j'avais été un peu vive, trop sévère peut-être, elle a été prise d'une crise nerveuse qui m'a beaucoup effrayée. J'ai compris que je la tourmentais inutilement, que je la faisais cruellement souffrir et que, dans l'intérêt de son repos et de sa santé, je devais renoncer à lui parler de son enfant.

Le marquis avait des larmes dans les yeux, il était désolé.

— Monsieur le marquis, me permettez-vous de vous donner un conseil? reprit madame de Perny de sa voix hypocrite.

— Certainement.

— Eh bien, il faut que vous évitiez, avec le plus grand soin, de contrarier votre femme; laissez-la libre d'agir selon ses idées, et ne lui faites jamais sentir que vous vous apercevez de sa froideur pour son enfant.

— Ce sera dur pour moi, répondit le marquis; mais vous avez raison, je ferai ce sacrifice: c'est un devoir que je dois m'imposer.

— Oui, laissez faire le temps, reprit l'astucieuse femme; je suis convaincue qu'il y aurait un danger sérieux à lui faire des reproches ou des remontrances, car nous ne devons pas perdre de vue que Mathilde est une sensitive. Elle réfléchira, alors ses sentiments changeront et elle reconnaîtra ses torts.

« Voilà, monsieur le marquis, ce que je tenais à vous dire, l'explication que je devais vous donner.

— Vous avez bien fait de me prévenir, et je vous en remercie, répondit M. de Coulange.

Le soir, Sosthène dit à sa mère:

Puis saisissant les deux mains du docteur : — C'est bien la vérité? continua-t-elle. (Page 151.)

— Vous avez longtemps causé avec le marquis; que s'est-il passé entre vous?
— Je me suis jetée au-devant du danger qui nous menaçait et je l'ai conjuré, répondit-elle. Maintenant, nous pouvons être tranquilles, M. de Coulange ne s'étonnera de rien.
— Comment avez-vous fait?
Madame de Perny se mit à rire. Puis elle répondit :
— Je lui ai mis un bandeau sur les yeux.

DEUXIÈME PARTIE

LA FIGURE DE CIRE

I

DANS LES JARDINS

Vingt mois se sont écoulés depuis les événements que nous venons de raconter.

Nous sommes au mois de juin.

Nous retrouvons les principaux personnages de notre histoire au château de Coulange.

Le marquis, parfaitement rétabli, est redevenu tel qu'il était avant son mariage. De cette cruelle et longue maladie qui l'a conduit à un doigt de la tombe, il ne reste maintenant que le souvenir d'une grande déception pour M. de Perny et sa mère, d'angoisses et de douleurs pour les autres. Plein de santé et de vie après avoir vu la mort de si près, riche, aimé, jouissant d'une grande considération et se croyant le père d'un fils qu'il adore, M. le marquis de Coulange se trouverait complètement heureux s'il n'était pas tourmenté à son tour par les inquiétudes que lui cause la santé de la marquise.

Fidèle à la promesse qu'il a faite à sa belle-mère, il a toujours évité avec soin de faire aucune allusion à l'indifférence de la jeune femme, à sa froideur, à son éloignement pour l'enfant. Et pourtant ce serait pour lui une joie bien vive si Mathilde avait pour le pauvre petit la tendresse d'une mère. Il sent ce que cette espèce d'antipathie inexplicable a de pénible, de douloureux, et les conséquences qu'elle peut avoir plus tard, touchant l'éducation de son fils; aussi a-t-il pour l'enfant la tendresse la plus excessive.

— Il faut que je l'aime pour deux ! s'est-il dit.

La marquise n'a guère changé. Elle a gardé sa tristesse et beaucoup de ses sombres pensées. Elle a encore de longues heures de rêveries ; c'est toujours avec terreur qu'elle regarde dans l'avenir ; souvent elle verse des larmes secrètes.

Son mari ne lui parle jamais de l'enfant ; elle a facilement deviné qu'il suivait en cela les conseils de sa mère. Madame de Perny lui a évité ainsi une horrible torture ; elle ne lui en sait aucun gré ; mais, dans son cœur, elle remercie le marquis.

Se voyant entourée des soins les plus affectueux et mieux aimée que jamais, elle voudrait oublier afin de répondre à tant d'attentions et de prévenances ; mais, même dans la plus grande intimité, elle se sent glacée par l'épouvante qui est en elle. Oui, elle voudrait oublier et elle ne peut pas... Elle voit le bonheur facile et il lui est défendu. Son existence est empoisonnée. Son amour si grand, si pur, est profané : il est comme enveloppé d'un suaire. Chaque fois qu'elle pense à cet enfant sur la tête duquel le marquis a déjà placé de si belles espérances, elle sent un frisson courir dans tous ses membres, son sang se fige dans ses veines.

Parfois, cependant, reconnaissante et émue du redoublement de tendresse que son mari a pour elle, il lui semble que son horizon s'agrandit et qu'il se fait une clarté soudaine dans l'ombre qui l'entoure. C'est dans le ciel noir une échappée de soleil. Alors elle s'anime, son regard brille, sa poitrine se dilate et son délicieux sourire d'autrefois reparaît sur ses lèvres.

Pour le marquis c'est un signe d'espérance, c'est une joie !

Mais, hélas ! ce n'est qu'un éclair de gaieté, l'oubli de la souffrance pendant quelques minutes. La jeune femme est vite reprise par ses sombres pensées, et elle se replonge dans sa nuit.

Madame de Perny et son fils sont toujours là. Leur situation est la même. Le marquis continue à être la dupe de leur hypocrisie, de leur fausse amitié.

Sosthène conserve ses fonctions d'intendant. Si le marquis y regardait de plus près, il s'apercevrait peut-être que son beau-frère ne se gêne pas beaucoup pour abuser de sa confiance en lui faisant approuver des comptes dont l'exactitude n'est pas parfaite. Mais M. de Coulange est tellement riche, que c'est à peine s'il dépense dans l'année le tiers de ses revenus. Cela permet à Sosthène de troubler les eaux et d'y pêcher à son aise. Car M. de Perny est resté un viveur, un homme de plaisir, et il a ses passions à satisfaire. Et puis il est bon de dire qu'il n'a pas renoncé complètement à ses prétentions sur la fortune de son beau-frère. En attendant mieux, il fait ce qu'il peut, ou plutôt il prend ce qu'il veut.

Il est quatre heures de l'après-midi : le soleil commence à descendre vers le couchant ; la chaleur est moins grande et il y a plus d'ombrage ; l'air est encore rafraîchi par une brise embaumée qui passe dans les arbres, en faisant chanter les feuilles.

Les habitants du château viennent de descendre dans les jardins.

Assise sous une coupole de jasmins, la marquise cause avec une châtelaine du voisinage qui est venue lui faire une visite.

M. de Coulange et Ernest Gendron se promènent gravement dans une allée. Le jeune docteur est resté le médecin du marquis, mais il est aussi devenu son ami.

Madame de Perny lit un journal à l'ombre d'un magnifique polonia.

Sosthène, couché dans un hamac, fume un excellent régalia, en regardant le ciel bleu.

L'enfant se roule sur un gazon doux et fin comme un duvet, pendant que Fanor, le chien de chasse favori du marquis, fait autour de lui des bonds joyeux. Pour le moment, le petit Eugène s'amuse et prend ses ébats sous les yeux du vieux Firmin. C'est presque toujours le brave serviteur qui se charge de veiller sur le jeune maître en l'absence de la nourrice. Celle-ci n'a pas voulu se séparer de son cher nourrisson, dont elle est devenue la gouvernante.

Au bout d'un instant, voulant sans doute inviter le joyeux Fanor à un autre jeu, l'enfant se releva et se mit à courir du côté d'un bassin creusé à l'extrémité de la pelouse.

Firmin, craignant que l'enfant ne tombât dans l'eau, s'élança pour le retenir en criant :

— Monsieur le comte, prenez garde, arrêtez-vous, l'eau, l'eau !

Un éclat de rire du petit garçon lui répondit.

Plus agile que Firmin, Fanor s'était déjà précipité au-devant de l'enfant et couché sur le dos le tenait entre ses pattes. Du reste, il n'y avait pas eu l'ombre d'un danger, car l'enfant était encore à une assez grande distance du bassin.

Le marquis avait entendu Firmin. Il l'appela.

— Firmin, lui dit-il d'un air contrarié, tu viens encore de retomber dans ton vieux péché.

— C'est vrai, monsieur le marquis, balbutia le serviteur.

— Eh bien, Firmin, je m'étonne que tu ne tiennes aucun compte de mes observations. Encore une fois, je te défends de parler ainsi à mon fils. Docteur, vous devez être de mon avis : Entendre un homme de l'âge de Firmin appeler un enfant, un bambin qui n'a pas encore deux ans « monsieur le comte », n'est-ce pas ridicule ?

— Vous avez raison, monsieur le marquis, répondit le docteur.

— Je ne veux pas élever mon fils sottement, à l'école des vieux préjugés, reprit vivement le marquis ; je ne veux pas qu'il grossisse un jour la masse de ces gandins pommadés qui traînent partout leur vie inutile et qui dépensent follement la fortune de leur père sans aucun profit pour personne. Je tiens à faire de mon fils un homme, un homme qui n'ait pas de fausses idées. Pour cela, il faut qu'il sache de bonne heure qu'un titre n'est rien, que la richesse n'est qu'un dépôt dont on doit faire un noble emploi, et qu'avant d'être quelque chose par ses ancêtres, il faut être d'abord quelque chose par soi-même.

— J'ai oublié, dit Firmin, excusez-moi, monsieur le marquis ; voyez-vous, c'est plus fort que moi... l'habitude.

— Va, mon brave, je ne t'en veux pas, et je te pardonne, reprit le marquis, en posant sa main sur l'épaule du vieux domestique ; mais souviens-toi mieux de mes paroles et pénètre-toi bien qu'il s'agit de l'éducation que je veux donner à mon fils. Appelle-le tout simplement Eugène. A toi comme aux autres, je ne demande qu'une chose, c'est qu'on ait pour lui le respect qu'on doit à l'enfance.

Le marquis reprit le bras du docteur, et ils s'éloignèrent pour renouer leur conversation interrompue par le vieux serviteur.

Un instant après, madame de Perny, ayant fini de lire son journal, alla s'asseoir près de sa fille et de la visiteuse, dans la gloriette de jasmins. Bientôt une assez vive discussion s'engagea entre cette dernière et madame de Perny, sur l'acclimatation en France des fleurs et des arbustes exotiques.

La marquise, qui n'était pas fâchée de n'avoir plus à répondre aux questions de la visiteuse, s'empressa de profiter de l'occasion qui lui était offerte de reprendre sa liberté. Elle se leva en disant :

— Je vous laisse causer ensemble.

Et elle alla rejoindre son mari et le docteur.

— Ma chère Mathilde, lui dit le marquis, tu désires peut-être consulter notre ami Gendron. Eh bien, tu vas me remplacer auprès de lui pendant que je vais tenir compagnie à ces dames.

Sur ces mots il s'éloigna rapidement.

La marquise arrêta sur le médecin son regard interrogateur.

— Docteur, dit-elle, n'est-ce pas plutôt mon mari qui désire que vous fassiez sur moi une expérience de votre savoir? Vous savez combien je vous estime, et la véritable amitié que j'ai pour vous : dites-moi la vérité.

— Eh bien, madame la marquise, c'est vrai ; vous avez deviné, M. de Coulange est persuadé que vous êtes un peu malade. Il voudrait que je découvrisse la cause de votre tristesse, de vos préoccupations constantes, et que je trouvasse le moyen de les faire disparaître.

— Que lui avez-vous répondu? demanda-t-elle.

— Que vous n'êtes pas une malade ordinaire, madame la marquise, que l'esprit ne se laisse pas consulter comme le corps, que pour vous guérir, enfin, son amour était plus puissant à lui seul que la science de tous les médecins réunis.

La jeune femme baissa tristement la tête.

— Ah! madame la marquise, reprit le docteur, quand vous aurez chassé loin de vous ces idées noires qui vous assiègent sans cesse et brisent votre volonté, le jour où vous rouvrirez votre cœur au bonheur qui vous vient de toute part, aux joies intimes de la famille, ce jour-là, M. de Coulange vous reverra telle qu'il vous a connue quelques mois après votre mariage, souriante, joyeuse, ensoleillée, et il sera alors le plus heureux des hommes !

La marquise resta silencieuse ; mais le docteur entendit le bruit d'un soupir étouffé, et il vit que deux larmes roulaient dans ses yeux.

— Madame la marquise, dit-il, voici un banc à l'ombre, si vous voulez vous asseoir...

— Non, non, répondit-elle vivement ; la grande chaleur est passée ; marchons, au contraire, cela me fera du bien.

— Désirez-vous vous appuyer sur mon bras ?

Sans rien répondre, elle prit le bras du docteur.

Quand ils eurent fait une vingtaine de pas, la marquise reprit la parole.

— Ainsi, dit-elle, pendant tout ce temps que vous avez causé avec mon mari, vous avez parlé de moi?

— Uniquement de vous, madame la marquise. Comme toujours il m'a fait part de ses inquiétudes. Vous êtes tout pour lui ; pour vous savoir heureuse, que ne ferait-il pas?

— Ses inquiétudes ! oui, oui, je les comprends... Docteur, je sais qu'il souffre et qu'il n'est pas plus heureux que moi. Ah ! si je pouvais... Mais, non, je ne peux rien !

— Parce que vous ne cherchez pas à secouer votre torpeur. Ce sont des distractions sans cesse renouvelées qu'il vous faut. Permettez-moi de vous le dire, madame la marquise, vous avez eu tort, l'hiver dernier, de ne pas céder aux sollicitations de M. le marquis qui voulait que vous allassiez dans le monde. Si vous ne l'avez pas oublié, c'est le conseil que je vous donnais.

— J'ai horreur du monde, docteur ; à tout je préfère la solitude et je cherche l'isolement.

— Parce que vous vous y enfermez avec vos pensées, vos rêves; eh bien, c'est précisément pour cela que la solitude vous est nuisible et que vous devez accepter, même comme un sacrifice à faire, tous les moyens de distraction qu'on vous offre.

Elle secoua la tête. Puis, répondant à ses secrètes pensées, elle murmura :

— Je ne pourrai jamais.

— Quand il le peut, reprit M. Gendron, le médecin guérit les maladies du corps; Dieu guérit celles de l'âme. Vous aimez votre mari, madame la marquise, vous devez faire quelque chose pour lui.

— Oui, docteur, je dois faire beaucoup.

— Il serait tout à fait désolé s'il n'y avait pas en lui l'espoir ardent.

— Ah ! il espère ? fit-elle.

— Oui.

— Et vous, docteur?

— J'espère aussi.

— Sur quoi fondez-vous votre espoir?

— Sur plusieurs choses, madame la marquise ; une entre autres, qui existe aujourd'hui, et sur laquelle je compte absolument.

— Et cette chose, docteur?

— C'est une découverte que j'ai faite; je n'ai point cru devoir en parler à M. de Coulange, bien que j'eusse été certain de lui causer une très grande joie.

— Je ne comprends pas. Vos paroles ressemblent à une énigme.

— Elles ne peuvent être une énigme pour vous, madame la marquise.

— Si, du moment que je ne les comprends point. Mais pourquoi, puisque vous pouviez faire plaisir à mon mari, ne lui avez-vous pas parlé de votre découverte?

— Parce qu'il y a certains secrets de femme qu'un médecin même doit respecter.

La jeune femme ne put se défendre d'un mouvement d'effroi.

— Que voulez-vous dire? s'écria-t-elle.

M. Gendron la regarda en souriant.

— Je ne vous ai pas trahie, dit-il ; du moment que vous n'avez rien dit encore à M. de Coulange, j'ai compris qu'il était de mon devoir de garder le silence.

— Mais encore une fois, docteur, je vous dis que je ne vous comprends pas. Que se passe-t-il donc?

— S'il en est ainsi, madame la marquise, je vous prie de m'excuser. Pourtant, je suis bien sûr de ne pas me tromper.

— Ah! monsieur, sans le vouloir ni vous en douter, sans doute, vous me faites bien souffrir; en quoi donc êtes-vous si sûr de ne pas vous tromper?

— Ainsi, madame la marquise, répondit gravement le médecin, vous ne savez pas encore que vous allez être mère pour la seconde fois !

La marquise s'arrêta brusquement.

— Mère ! je vais être mère, moi! exclama-t-elle.

Le docteur répondit par un mouvement de tête.

— Et vous êtes sûr, bien sûr? reprit-elle...

— Absolument sûr, madame la marquise.

— Mère ! mère ! dit-elle éperdue, je vais être mère ! Et je l'ignorais et je ne m'en doutais pas... Oh! mon Dieu, merci, merci!

De grosses larmes jaillirent de ses yeux.

Puis, saisissant les deux mains du docteur :

— C'est bien la vérité, n'est-ce pas? continua-t-elle ; ce n'est pas une expérience que vous faites, vous ne cherchez pas à me tromper?

— Oh! madame! protesta le docteur.

— Oui, oui, reprit-elle vivement, je vous crois. Mais vous comprenez, c'est une si grande joie; un pareil bonheur pour moi... je n'osais pas y croire, j'avais peur... Ah! docteur, si vous saviez quel bien-être se fait en moi ! quelle douce sensation vint de pénétrer mon cœur !... Tenez, poursuivit-elle en pleurant, je crois que vous aviez raison tout à l'heure quand vous disiez que vous et mon mari conserviez l'espoir de me guérir... Je vais peut-être pouvoir échapper à mes tristes pensées, à mon tourment... Je ferai, pour cela, tout ce qui dépendra de moi...

Elle tourna vers le ciel son front radieux et son regard dans lequel éclatait sa joie infinie.

— Un coin de ce beau ciel d'azur vient de s'ouvrir pour moi! prononça-t-elle dans une sorte d'extase.

Le docteur la regardait avec étonnement et réfléchissait.

— C'est bien étrange, se disait-il ; qu'a-t-elle donc à oublier? Il est impossible de sonder sa pensée ; mais plus que jamais je suis convaincu que quelque secret terrible pèse sur son existence.

II

UNE CHAINE ROMPUE

Le soir, aussitôt après le dîner, la marquise se retira dans sa chambre. Elle éprouvait le besoin de se trouver seule avec ses nouvelles pensées.

Oh! cette fois, elle n'était plus environnée de ténèbres ; elle se trouvait en pleine lumière, car l'éblouissante clarté qui rayonnait en elle se répandait sur toutes les choses et traçait une ligne lumineuse à travers l'avenir. Elle sortait brusquement de son affaissement et sentait qu'une nouvelle vie allait commencer pour elle.

Sa volonté venait de renaître et elle retrouvait en même temps la force et le courage prêts à tout braver. A la faiblesse succédait l'énergie.

— Je n'oublierai pas, je n'oublierai jamais, se disait-elle ; mais si l'épouse était faible, la mère sera forte.

Elle se demanda si le moment n'était pas venu de tout dire au marquis. Elle examina froidement quelles pouvaient être les conséquences de sa révélation. S'il n'y eût eu que l'enfant étranger à éloigner pour toujours, à chasser de cette place qu'il occupait dans la famille, certes elle n'aurait pas hésité un seul instant ; car ce n'était pas seulement la moitié d'une grande fortune, un titre qu'il prenait à son enfant, à elle... il lui ravissait encore, dans le cœur de M. de Coulange, une part de tendresse à laquelle il n'avait aucun droit.

Mais devant la loi, cet enfant dont elle ignorait l'origine avait des droits

Firmin s'approcha de la marquise et lui dit d'une voix émue : (Page 155.)

indéniables, et il était impossible de les lui retirer sans provoquer un immense scandale. Ce n'était pas tout : il y avait un crime, il y avait des coupables... or, quand elle a à punir, la justice marche et ne s'arrête pas. Elle voyait sa mère et son frère traînés devant un tribunal, peut-être une cour d'assises, et elle-même, la marquise de Coulange, appelée en témoignage et forcée de les accuser, de les faire condamner.

Elle se disait bien que sa mère et son frère ne méritaient aucune pitié ; mais pouvait-elle se résigner à jouer le rôle odieux d'accusatrice? Etait-ce bien à elle, la fille et la sœur, d'ouvrir à ces deux coupables la porte d'une prison?

La marquise se trouvait toujours au fond de la même impasse. Passer sur toutes les considérations, c'était sortir d'un malheur pour se précipiter dans un autre non moins épouvantable.

— Non, se dit-elle, après avoir réfléchi assez longuement, j'attendrai; plus tard, je verrai... Il y a beaucoup de choses que j'ignore et qu'il faut que je sache. Je réfléchirai, j'examinerai. Dieu m'inspirera. Je trompe mon mari, c'est vrai... mais comme je suis punie! Dieu de miséricorde, continua-t-elle en joignant les mains, vous qui voyez dans les âmes, jugez-moi en me prenant en pitié!

Elle se mit à genoux et fit monter vers le ciel sa prière fervente.

Elle priait encore, lorsqu'on frappa doucement à sa porte. Elle se leva et alla ouvrir. C'était le marquis. Toujours inquiet, il venait savoir lui-même si la jeune femme ne se trouvait pas indisposée.

— Comme tu es bon! lui répondit-elle. Rassure-toi, je n'éprouve aucun malaise.

— A la bonne heure; mais tu nous as quittés si brusquement...

— J'avais besoin d'être seule, de me recueillir.

— Toujours ton rêve, ma chérie, fit le marquis avec bonté.

— Non, Édouard, un autre... M. Gendron ne t'a rien dit, il a voulu me laisser le plaisir de t'apprendre...

— Quoi donc?

Elle lui jeta ses bras autour du cou.

— Édouard, s'écria-t-elle, tu vas partager ma joie, mon ravissement, je suis enceinte!...

— Ah! c'est une nouvelle bénédiction du ciel! répondit M. de Coulange, en l'étreignant fortement sur son cœur. Oui, ma bien-aimée, je partage ta joie. Va, je n'aurais plus rien à désirer si ton bonheur, que je lis dans tes yeux, ne devait plus être altéré par aucune sombre pensée.

— Édouard, ne me fais pas de reproche.

— Non, jamais, car je t'aime!

— Écoute : tout à l'heure, j'étais là, à genoux, je priais; dans le silence, j'écoutais les conseils de Dieu, et j'ai pris de grandes résolutions. Édouard, tu seras content de moi, je te le promets. Vois-tu, je ne suis plus la même femme; une merveilleuse clarté m'inonde, et je ne sais quelle douce ivresse s'est emparée de mon cœur.

— Alors, tu l'aimeras, cet enfant que tu vas mettre au monde?

— Si je l'aimerai! mais je l'aime déjà! s'écria-t-elle avec exaltation.

— Mathilde, et l'autre, le premier?

Elle ne répondit pas. Mais le marquis la sentit tressaillir, et il vit qu'elle pâlissait. Si naturelles que fussent ses paroles, il regretta aussitôt de les avoir prononcées.

— Mathilde, je n'ai rien dit, reprit-il avec douceur; ah! ce n'est pas en ce moment que je voudrais te faire de la peine. Dieu me garde de violenter ton cœur et de t'imposer jamais une de mes volontés. Sache-le bien, mon amie, ce que tu veux, je le veux!

— Édouard, tu es généreux et bon; je t'aime!

Le lendemain matin, la marquise fit appeler les domestiques du château, à l'exception de la femme de chambre de madame de Perny. Quand ils furent tous devant elle, elle leur dit :

— A partir de ce jour, je prends la direction de ma maison; je vous préviens donc qu'il n'y a plus ici que M. le marquis et moi pour vous donner des ordres; de même, lorsque vous aurez quelque chose à demander, c'est à M. le marquis ou à moi que vous devrez vous adresser.

Les serviteurs se regardèrent avec étonnement.

— Et si madame de Perny nous commande quelque chose? demanda la cuisinière.

— Madame de Perny a sa femme de chambre pour la servir.

— Madame la marquise, dit le cocher, depuis que j'ai l'honneur d'être à votre service, M. le marquis est moins mon maître que M. de Perny. Chaque jour je dois ou lui seller un cheval ou tenir une voiture à sa disposition. Que devrai-je lui répondre lorsqu'il me donnera des ordres?

— Vous répondrez à M. de Perny que vous n'avez pas le droit de sortir une voiture de la remise ou de disposer d'un de vos chevaux, sans la permission de M. le marquis. Je n'avais pas autre chose à vous dire. Maintenant, allez reprendre chacun votre travail.

Les domestiques se retirèrent, moins Firmin, qui s'approcha de la marquise et lui dit d'une voix émue :

— C'est bien ce que vous venez de dire, madame la marquise, c'est très bien!

— Ainsi, Firmin, vous m'approuvez?

— Je le crois bien que j'approuve; madame la marquise il y a longtemps qu'elle aurait dû parler à ses gens comme elle vient de le faire. J'ose vous le dire, madame la marquise, parce que je suis sûr que vous excuserez un vieillard qui vous vénère : vous avez été trop longtemps dans votre maison comme une petite demoiselle. Je ne veux pas oublier le respect que je dois à madame votre mère, mais, quand je la voyais commander ici comme la véritable et seule maîtresse, je sentais mon vieux sang bouillonner dans mes veines. Je sais bien que cela ne me regardait pas, que je n'avais rien à dire, mais c'était plus fort que moi, et je souffrais.

« Mais c'est fini, madame la marquise reprend son autorité; elle s'apercevra bientôt que, si bon que soit un serviteur, il obéit avec plus de plaisir quand il reçoit directement les ordres de ses maîtres.

— Ce va être pour moi une chose toute nouvelle et probablement une tâche difficile, dit la marquise ; mais je compte sur vous, Firmin, sur vous et sur les autres.

— On vous aime et on vous respecte, madame la marquise ; vous ne trouverez autour de vous que des cœurs dévoués.

— Merci, Firmin ; vous êtes le modèle des serviteurs, répondit la marquise.

Et elle le congédia.

Le vieux valet de chambre avait dit ce qu'il pensait, ce que depuis des années il avait sur le cœur ; il était content de lui. Tout joyeux il se disait :

— Enfin, il y a donc une marquise de Coulange!

Un quart d'heure ou vingt minutes plus tard, madame de Perny entra brusquement chez sa fille. Elle avait la figure violacée et était frémissante de colère.

— Ma fille, dit-elle avec aigreur, c'est une indignité ; vous allez, je pense, me donner l'explication de ce qui se passe.

— Si je peux vous satisfaire, je le ferai, ma mère, répondit la jeune femme d'un ton très calme ; mais il faut d'abord que je sache ce qui se passe.

— Les domestiques prétendent qu'ils n'ont plus d'ordres à recevoir de moi.

— Eh bien? ma mère.

— C'est une insolence sans nom, et je vais exiger que M. de Coulange les congédie immédiatement.

— Je crois qu'avant d'agir, mon mari me consultera. Ce que vous venez de me dire serait grave, ma mère, si nos serviteurs avaient la prétention de n'obéir à personne ; mais, rassurez-vous, ils feront leur service comme par le passé, et je vous prie de n'en avoir nul souci.

— Ah! je ne voulais pas le croire ; ainsi, ma fille, c'est vous...

— C'est au marquis et à moi que nos serviteurs doivent obéir.

— Vous me rendez ridicule, je ne supporterai pas...

— Ma mère, répliqua la jeune femme en la regardant fixement, je suis la marquise de Coulange, et j'entends et je prétends être la maîtresse dans ma maison.

Madame de Perny fit deux pas en arrière. Elle ne reconnaissait plus son esclave.

— Ma fille, s'écria-t-elle exaspérée, c'est une injure que vous faites à votre mère!

— Comment cela?

— Parce que vous l'humiliez, et devant qui?... devant vos gens!

— Je ne fais que prendre l'autorité qui m'appartient.

— Eh bien, c'est absolument comme si vous me disiez : Votre présence me gêne ici, allez-vous-en !

— Puisque vous parlez de cela, je vais vous dire tout de suite quelles sont mes intentions : Si cela ne vous déplaît pas trop, vous pouvez rester au château pendant le reste de la saison. Mais, dès aujourd'hui, vous pouvez charger votre fils, mon frère, de vous trouver un appartement. Vous ne rentrerez pas avec nous à l'hôtel de Coulange.

— Ah ! elle me chasse, elle chasse sa mère !

— Je ne vous chasse pas, nous nous séparons, voilà tout, parce que nous ne pouvons plus vivre ensemble.

— Malheureuse ! et ton frère ?

— Mon frère ! il vous suivra, répondit sèchement la marquise.

Madame de Perny était devenue pourpre ; ses yeux enflammés ressemblaient à des tisons.

— Et dire que c'est ma fille, ma fille ! s'écria-t-elle d'une voix rauque, prête à suffoquer. Elle n'a pas de cœur, elle n'a rien ! Je t'ai mise au monde, je t'ai élevée, je t'ai fait instruire, je t'ai mariée, je t'ai rendue riche ; car ton élévation, ta fortune, ton titre de marquise, c'est à ton frère et à moi que tu les dois ; sans nous, qui t'avons faite ce que tu es, que serais-tu, dis ? Rien, tu ne serais rien... Si, une malheureuse de plus dans la foule des misérables !... Ah ! je devais m'attendre à ton ingratitude, me voilà récompensée de tout ce que j'ai fait pour toi !

La marquise se dressa sur ses jambes d'un seul mouvement. Pâle, le sein bondissant, le regard chargé d'éclairs, superbe d'énergie, elle se plaça en face de sa mère.

— En effet, ma mère, dit-elle, parlons de ce que vous avez fait pour moi. Vous le savez, moi aussi. Écoutez donc : Vous m'avez opprimée, brisée, anéantie, et si je ne suis pas devenue folle, c'est qu'il est resté dans ma pensée un rayon de clarté que vous n'avez pu éteindre ! Vous avez empoisonné mon existence ; vous avez torturé mon cœur et mon âme de toutes les manières. Vous n'avez pas été ma mère, vous avez été mon bourreau !...

— Mais elle est folle, la malheureuse, elle perd la raison ! exclama madame de Perny, en agitant ses mains au-dessus de sa tête.

Dédaignant ses paroles, la marquise poursuivit :

— Vous m'avez donné le jour ; eh bien ! je ne vous en remercie pas... Est-ce que j'avais demandé à naître, moi ? Allez, quand je pense à mes souffrances passées, à toutes les autres douleurs qui m'attendent encore, je me dis que pour vous, pour moi et les autres, il aurait mieux valu que je restasse au fond du néant. Ah ! elle est loin d'être enviable la vie que vous m'avez donnée !

« Vous m'avez élevée ; comment ? Dès le lendemain de ma naissance vous m'avez éloignée de vous, et, comme une orpheline ou une abandonnée, j'ai été livrée à des étrangers. J'ai grandi sans connaître aucune véritable affection ; je n'ai jamais reçu de vous une caresse; vous n'avez jamais eu pour moi une parole de tendresse. Je n'ai jamais été heureuse ; cependant, au pensionnat, j'ai connu quelques années de tranquillité. Et cela, et mon éducation, et le peu que je sais, je ne vous le dois même pas... Vous ne m'avez jamais aimée ; je dis plus, vous m'avez toujours détestée. Tout ce que votre cœur pouvait contenir de tendresse, vous l'avez donné à mon frère. Oh ! je ne suis pas jalouse ! Non, car votre tendresse est malsaine, et aujourd'hui je préfère votre haine à votre affection !

Madame de Perny avait cherché un point d'appui contre un meuble. Un tremblement convulsif secouait tous ses membres. Elle était écrasée.

— Enfin, vous m'avez mariée, continua la jeune femme. Eh bien ! j'interroge mon cœur, et il me répond que je ne vous dois aucune reconnaissance. J'avais près de dix-sept ans ; j'allais devenir pour vous un embarras, et vous vous demandiez déjà, sans doute, ce que vous feriez de moi. A la mort de mon père, vous possédiez une fortune de près de huit cent mille francs. Qu'en avez-vous fait ?

— Mathilde, vous savez que de grandes pertes d'argent...

— Oui, je les connais, ces pertes d'argent. A l'âge de vingt ans, grâce à votre faiblesse, à vos funestes complaisances, votre fils avait déjà tous les vices ; c'était un joueur, un coureur, un débauché, qui se vautrait dans toutes les fanges ; il scandalisait les honnêtes gens par son horrible conduite. Cinq fois de suite vous avez payé ses dettes ; il a ainsi dévoré sa fortune et la vôtre. Vous ne vous en êtes pas tenue là, vous lui avez livré ma part d'héritage, ma dot ; pour qu'il puisse satisfaire ses passions viles, vous m'avez dépouillée !

— Ce sont là des folies de jeunesse, balbutia madame de Perny, et vous n'ignorez pas que M. de Coulange lui-même...

— Il n'y a pas de comparaison à établir entre M. de Perny et le marquis de Coulange, répliqua la jeune femme avec violence. Le marquis est un homme de cœur et d'honneur, lui ; il a su reconnaître ses erreurs, et il a noblement racheté ses fautes. D'ailleurs, il n'avait plus sa mère, il n'avait pas une sœur à protéger, et il était le maître absolu de sa fortune.

« Vous m'avez donc mariée, continua la marquise. Pourquoi ? Pour servir vos intérêts. Je n'étais entre vos mains qu'un instrument.

Madame de Perny essaya une protestation.

— Laissez-moi parler, lui dit la jeune femme d'un ton impérieux ; il est inutile de souiller votre bouche par de nouveaux mensonges. Oui, mon mariage a eu pour but votre unique intérêt ; il a été le résultat d'un de vos monstrueux calculs. Je le répète, je n'étais entre vos mains qu'un instrument, un moyen. Du reste, dans vos calculs, mon bonheur n'a jamais compté pour quelque chose. Mon bonheur ! est-ce que vous y avez seulement pensé ?... Mais M. de Coulange m'aimait sincèrement, lui ; je ne tardai pas à découvrir qu'il possédait les plus belles qualités ; il méritait toute mon affection ; à mon tour, je l'aimai. Alors je connus une étrange douleur, en m'apercevant avec stupéfaction que ma mère était jalouse de mon bonheur.

— Oh ! fit madame de Perny.

— Oui, répliqua la marquise avec force, vous étiez jalouse de mon bonheur, et pour le détruire vous avez tout fait. Vous cherchiez à troubler ma tranquillité, en jetant le trouble et l'inquiétude dans mon cœur, en y faisant naître la défiance ; pour m'éloigner de mon mari, pour élever une barrière entre nous, vous faisiez surgir devant moi je ne sais plus quels sombres fantômes du passé. Eh bien, tout cela était encore un calcul. Vous vouliez tenir dans vos mains mon cœur et ma pensée ; vous vouliez me dominer, m'annihiler complètement ; et, en effet, vous aviez réussi à me briser, à me réduire à l'état de machine, à faire de moi une chose inerte.

« Mais aujourd'hui je sors de mon sépulcre, je reprends possession de moi-même, je retrouve ma volonté !

« Vous parlerai-je maintenant de cet enfant que vous avez acheté, volé ou ramassé je ne sais où ? Non. Mon cœur se soulève, tous mes sentiments se révoltent ; mais la force me manque. Ah ! c'est là le mal irréparable que vous m'avez fait... Voilà la grande honte, voilà l'horreur, l'épouvante, voilà le tourment de ma vie !... Eh bien, dès aujourd'hui, il faut que vous sachiez quelles sont les conséquences de votre infamie. Je vais être mère réellement, entendez-vous, je vais être mère ! Et il y a ici, amené par vous, un enfant étranger, un enfant étranger qui sera plus que le mien dans la maison de Coulange ! Comprenez-vous, ma mère, comprenez-vous ?

Madame de Perny voulut parler ; il ne sortit de sa gorge que des sons rauques, inarticulés.

— C'est superbe ! reprit la marquise avec une ironie mordante. Ah ! votre amour maternel a le droit de s'applaudir... Voilà ce que vous avez fait pour moi, ma mère, le voilà !... N'est-ce pas que je dois avoir pour vous une vive reconnaissance ?

Madame de Perny se courba davantage. Elle n'osait plus lever les yeux sur sa fille.

La marquise poursuivit :

— Vous et mon frère, vous convoitiez la fortune de Coulange ; comptant sur la mort du marquis et sur la mienne, car vous saviez que je ne lui aurais pas survécu, vous croyiez déjà que cette fortune était dans vos mains. Aujourd'hui tous vos calculs sont détruits, toutes vos espérances sont anéanties. Les millions vous échappent. De vos machinations infâmes, que reste-t-il ? Regardez, ma mère, regardez... Que reste-t-il ?... le crime !

Le visage de la jeune femme avait pris une expression terrible, son regard était fulgurant.

Madame de Perny laissa échapper un sourd gémissement. Puis elle se redressa et fit un pas vers sa fille comme pour l'implorer. Mais elle se rejeta brusquement en arrière sous le regard flamboyant de la marquise. Elle poussa un cri de terreur; et, sans avoir prononcé un seul mot, frémissante, affolée, elle s'élança hors de la chambre.

La marquise se laissa tomber sur un siège.

— Mon Dieu, murmura-t-elle, si je suis trop dure pour ma mère, pardonnez-moi !

III

APRÈS LA MÈRE, LE FRÈRE

En rentrant chez elle, madame de Perny tomba dans une violente attaque de nerfs.

On avertit Sosthène, qui accourut près d'elle.

On dut se passer du secours du docteur Gendron. Il était sorti dès le matin avec le marquis pour faire une excursion dans les environs de Coulange.

Pendant près d'une heure madame de Perny fut en proie à d'affreuses convulsions. Enfin, elle parvint à se calmer. Son premier soin fut de renvoyer sa femme de chambre, afin de se trouver seule avec son fils.

— Comment vous trouvez-vous maintenant ? lui demanda Sosthène.

— Mieux. Ce ne sera rien. C'est le contre coup d'une grande émotion.

— Que vous est-il donc arrivé ?

— J'ai eu avec Mathilde une scène épouvantable.

— A propos de quoi ?

— Je ne te répéterai pas ce qu'elle m'a dit, des injures, des choses horribles !

— Quoi ! Mathilde a osé...

— Elle est devenue une véritable tigresse.

— Mais ce n'est pas croyable, ma mère.

— Ta sœur n'est plus la même femme, te dis-je ; en vingt-quatre heures elle s'est transformée.

— Je ne comprends pas.

— Tu vas comprendre : D'abord elle m'a signifié qu'elle ne voulait plus nous avoir près d'elle : tu entends, Sosthène, elle nous chasse !

Va-t'en, tu es un monstre, sois maudit! (Page 168.)

— Allons donc, c'est impossible!
— Après l'avoir vue et entendue, je ne peux même pas supposer qu'elle reviendra sur sa résolution.
— Eh bien! c'est ce que nous verrons. Heureusement le marquis est là.
Madame de Perny secoua la tête.
— Le marquis fera ce que sa femme voudra, dit-elle.
— Non, Mathilde n'osera jamais...

— Elle est capable aujourd'hui d'oser plus encore.

— Mais vous êtes sa mère, je suis son frère !

— Oui, mais elle ne nous aime pas.

— Eh, je le sais bien !

— Il y a des choses que je lui avais cachées ; comment les a-t-elle apprises ? je n'en sais rien. Elle se souvient, elle n'oubliera pas et elle ne pardonnera jamais. Va, pour qu'elle n'ait pas craint de se révolter contre moi, il faut qu'elle soit bien résolue à aller jusqu'au bout. Je ne la connaissais pas encore ; tout à l'heure elle m'a montré ce qu'elle est. Veux-tu que je te dise la vérité ? Eh bien, elle m'a fait peur et j'ai tremblé devant elle !

— Est-ce qu'elle vous a menacée de tout révéler au marquis ? demanda Sosthène en pâlissant.

— Non, je ne crois même pas qu'elle en ait la pensée ; elle sait les conséquences terribles qui en résulteraient ; mais je te le dis, Sosthène, et tu peux me croire, elle est dans un tel état de surexcitation qu'il serait dangereux seulement d'essayer de lutter contre elle.

— Ainsi, dit-il d'une voix sourde, voilà où nous en sommes après tout ce que nous avons fait ?

Nous ne pouvions pas prévoir que le marquis reviendrait à la santé, après avoir été condamné par tous les médecins, par ton ami Ernest Gendron lui-même.

— Et c'est Gendron qui l'a guéri. Sans lui... J'ai été mal inspiré le jour où je suis allé le chercher. Avoir perdu quand nous avions un si beau jeu !

— Il y avait contre nous la fatalité.

— Ma mère, il y a donc un démon qui se mêle de nos affaires pour les bouleverser ?

— Je viens de te le dire, il y a la fatalité. Te souviens-tu de ce que je te disais, il y a quelques jours, au sujet de Mathilde ?

— Vous me disiez ?...

— Que j'avais dans l'idée qu'elle était enceinte.

— Oui, je me rappelle. Eh bien ?

— Eh bien ! Sosthène, je ne me trompais pas. Voilà la chose fatale qui se dresse contre nous.

— Ah ! maintenant, je comprends, je comprends, murmura Sosthène atterré.

— Et contre cela nous ne pouvons rien, reprit madame de Perny. Voilà la cause du changement de Mathilde. Il y a en elle une force qu'aucune autre ne peut maîtriser : elle est mère ! Il est certain qu'elle adorera son enfant ; elle l'aime déjà, peut-être avant d'avoir senti tressaillir ses entrailles ; or, il est facile de comprendre quels doivent être son désespoir et sa fureur en voyant près d'elle un autre enfant, un étranger, qui partagera tout avec le sien. Elle le déteste, elle le hait, cet enfant. Et voilà pourquoi elle ne nous pardonnera jamais.

Que fera-t-elle plus tard? je l'ignore. En attendant, c'est nous d'abord qu'elle frappe dans sa colère.

— Vous exagérez peut-être, ma mère; je ne puis admettre que Mathilde...

— Elle est et restera impitoyable. Ce matin elle a fait appeler tous les domestiques du château, et elle leur a fait défense de recevoir aucun ordre de moi; il doit en être de même pour toi.

— En effet, répondit Sosthène, et je m'explique maintenant la singulière réponse que le cocher m'a faite ce matin.

— C'est nous faire comprendre que nous n'avons plus qu'à partir d'ici.

— Que faire, alors, que faire?

— Nous soumettre.

— Quoi! sans rien tenter du côté du marquis?

— Ce serait entreprendre une lutte impossible. Ce n'est pas seulement Mathilde, c'est tout qui est contre nous. Ta sœur tient notre sort dans ses mains. Aujourd'hui les rôles sont changés; c'est elle qui nous domine et nous sommes ses esclaves. Si nous essayons de résister, elle n'a qu'un mot à dire et elle nous brise.

— Elle ne dira pas ce mot.

— Sosthène, je n'en sais rien!

— Oh! la misère, après un si beau rêve! murmura-t-il d'une voix creuse.

— Il n'y a qu'une chose, une seule, qui pourrait nous sauver.

— Ah! laquelle?

— La mort de l'enfant.

Sosthène tressaillit.

— Mais il n'a pas envie de mourir, le petit malheureux.

— Ma mère, on ne sait pas, répliqua Sosthène d'une voix étranglée, le mal est si vite arrivé.

Des lueurs sombres passèrent dans son regard.

Madame de Perny ne comprit pas ou feignit de ne pas avoir compris la pensée de son fils.

— Nous n'avons pas cela à espérer, reprit-elle; cet enfant se porte comme un charme, et ce n'est jamais ceux-là qui ne devraient pas vivre, que la mort emporte.

Sosthène ne répondit pas. Absorbé dans sa pensée, le misérable cherchait déjà le moyen de commettre un nouveau crime.

Après un assez long silence, madame de Perny reprit:

— J'espère encore que M. de Coulange ne te retirera pas sa confiance et que, comme par le passé, tu resteras chargé de ses affaires.

— Comme cela, je ne perdrais pas tout, ma mère. C'est égal, ce ne sera plus la même chose.

— Tu vois ce que tu as à faire; si c'est nécessaire, je t'aiderai.

— Alors, vous êtes décidée à partir?

— Il le faut bien, si nous ne voulons pas attendre qu'on nous chasse réellement. Dans deux ou trois jours tu te rendras à Paris pour louer un appartement. Ensuite tu feras enlever de l'hôtel de Coulange ce qui nous appartient.

— Il me semble, ma mère, que vous vous pressez un peu trop.

— Sosthène, après ce qui s'est passé ce matin entre Mathilde et moi, nous ne pouvons plus habiter sous le même toit.

— C'est donc une rupture complète?

— Oui, complète.

— C'est bien, dit-il, je verrai ma sœur.

— Je ne m'y oppose pas, répliqua madame de Perny, mais tu ferais aussi bien de ne lui rien dire.

— J'ai mon idée, répondit Sosthène.

Et il quitta sa mère.

Il voulait avoir immédiatement une entrevue avec madame de Coulange. Mais on lui répondit que la marquise était sortie en disant qu'elle allait au village.

C'était la vérité. La jeune femme s'était rendue à l'église, où elle voulait prier et s'affermir dans ses résolutions.

Sosthène descendit au jardin. Il y trouva le marquis jouant avec l'enfant.

Le docteur Gendron herborisait dans le parc.

M. de Coulange accueillit son beau-frère aussi affectueusement qu'à l'ordinaire.

— Il ne sait rien encore de ce qui se passe, se dit Sosthène.

— J'ai appris tout à l'heure que madame de Perny s'était trouvée indisposée.

— Oui, une légère indisposition, presque rien.

— On m'a, d'ailleurs, aussitôt rassuré. Toutefois, je voulais me présenter chez elle, mais vous étiez ensemble, vous causiez... Enfin elle va mieux?

— Tout à fait bien.

— Vous vous êtes levé tard ce matin, paresseux; tant pis pour vous, car vous seriez venu avec nous; vous y avez perdu, mon cher; nous avons fait, le docteur et moi, une délicieuse promenade. Je vous laisse; on ne peut pas quitter un instant cet enfant des yeux; il ne tient pas en place et il court toujours vers la rivière.

Le marquis s'éloigna rapidement en rappelant le petit garçon.

— La rivière! murmura Sosthène, en jetant du côté de l'eau un regard farouche, il faudrait qu'il y tombât ce soir et qu'il n'y eût là personne pour l'en retirer.

Un instant après la marquise rentra. Les domestiques attendaient son retour. Aussitôt un coup de cloche annonça le dîner. Madame de Perny ne parut pas. Elle fit dire par sa femme de chambre qu'elle mangerait un peu plus tard.

— Il ne faut pas contrarier madame de Perny, dit froidement la marquise.

Le repas fut silencieux, presque triste.

Mais, en voyant que sa femme s'occupait de toutes choses, qu'elle avait les yeux à tout, le marquis ne chercha point à cacher sa satisfaction. A chaque instant il envoyait au docteur des regards qui semblaient dire :

— Elle n'est plus du tout la même, je suis enchanté !

Quand le dîner fut achevé et qu'on eut causé pendant un quart d'heure ou vingt minutes dans le salon, le marquis proposa une partie de billard. M. Gendron se leva.

— J'irai vous rejoindre tout à l'heure, dit Sosthène.

Il resta seul avec sa sœur.

— Mathilde, lui dit-il, je désire causer un instant avec toi.

— Ah ! dit-elle, vous avez quelque chose à me dire ?

— Oui.

Il s'approcha des portes pour s'assurer qu'elles étaient bien fermées.

— Vous craignez donc bien qu'on ne vous entende ? demanda la marquise avec une nuance d'ironie.

— Il est toujours bon de prendre ses précautions contre les oreilles indiscrètes.

La jeune femme se leva et un sourire singulier glissa sur ses lèvres.

— Eh bien ! dit-elle, nous pouvons passer dans ma chambre.

— Au fait, tu as raison, fit-il, j'aime mieux cela.

Il suivit la marquise.

De la main elle lui indiqua un fauteuil ; puis s'étant assise elle-même :

— Maintenant, lui dit-elle, vous pouvez parler, j'écoute.

— Mathilde, qu'as-tu donc dit ce matin à notre mère ?

— Elle n'a certainement pas manqué de vous l'apprendre ; alors pourquoi me le demander ?

Sosthène se mordit les lèvres.

— Ma sœur, reprit-il, quels que soient les torts qu'elle ait envers toi, elle n'en est pas moins ta mère.

— Malheureusement ! répondit la marquise.

— Mathilde, tu te montes la tête, tu ne raisonnes pas ; non, non, il est impossible que tu ne reviennes pas à de meilleurs sentiments.

Elle secoua la tête.

— Il est trop tard et le mal est trop grand ! murmura-t-elle.

— Ainsi, c'est décidé, tu nous repousses.

— Oui.

— Sans pitié ?

— Vous n'en avez pas eu pour moi.

— Mathilde, tu sais que je ne possède rien.

— Mon frère, je ne vous demande pas ce que vous avez fait de l'héritage de mon père.

— Quoi! fit-il, en la regardant fixement, cela ne te ferait rien de me voir dans la détresse, dans la misère la plus affreuse?

— Je pense qu'il y a sur la terre bien des malheureux qui n'ont pas mérité leur triste destinée.

— Ah! tu veux paraître plus cruelle que tu ne l'es. C'est impossible, on ne traite pas ainsi un frère. Tu ne veux plus nous avoir près de toi, ma mère et moi, soit. Mais tu sais tous les service que j'ai rendus et que je rends encore à M. de Coulange.

— Oh! oui, je les connais, vos services.

— Eh bien! Mathilde, je ne demande qu'à conserver la position qu'il m'a donnée. Que je reste son intendant, son régisseur. Il faut que je vive, n'est-ce pas?

— Vous avez là, mon frère, une illusion que je ne dois pas vous laisser. Le marquis de Coulange se porte bien maintenant, Dieu merci; il a besoin d'activité; il s'occupera lui-même de ses affaires, comme moi je m'occuperai de ma maison.

— Mais c'est odieux ce que tu viens de dire! s'écria-t-il.

— J'ai eu sous les yeux des choses autrement odieuses, répliqua-t-elle d'un ton sec.

— C'est me retirer le pain de la main, reprit-il d'une voix frémissante; et c'est toi, toi, ma sœur!... Voyons, tu ne vois donc rien, tu ne te demandes donc pas ce que je ferai?

— Vous ferez comme beaucoup d'autres, mon frère, vous travaillerez, répondit-elle froidement.

— Mathilde, tu n'as pas de cœur! exclama-t-il.

Et il eut un geste menaçant.

La marquise se redressa, et le couvrant d'un regard plein de dédain:

— C'est vrai, dit-elle toujours avec le même calme, je n'ai pas de cœur pour les indignes.

Sosthène, qui faisait des efforts pour se contenir, ne put empêcher un rapide éclair de colère de traverser son regard.

— Alors, c'est un parti pris, prononça-t-il sourdement; après ma mère, c'est moi; tu brises le lien de la famille... Mathilde, tu ne tarderas pas à t'en repentir.

— Qu'est-ce à dire? répliqua-t-elle avec hauteur.

— Prends garde!

Les traits de la jeune femme se contractèrent légèrement.

— Vous me menacez, quand c'est vous qui devriez trembler! s'écria-t-elle. En vérité, vous avez toutes les audaces! Si vous croyez m'effrayer, monsieur mon frère, vous vous trompez grandement; je n'ai rien à redouter, moi... Vous, vous avez tout à craindre!

Sosthène prit aussitôt une attitude plus humble.

— Mathilde, dit-il, ne nous disputons pas; du reste, c'est bien inutile. Tu me traites avec une grande rigueur; mais je ne puis t'en vouloir, non, je ne t'en veux pas. Je me rends parfaitement compte de ta position, et ce qui se passe en toi, je le comprends. Mais ne te laisse pas entraîner trop loin, examine autrement les choses et tu les jugeras avec moins de sévérité. Ce que nous avons fait, ma mère et moi, c'était dans ton intérêt, tu ne peux pas dire le contraire.

Un pli se creusa sur le front de la marquise.

— Nous étions persuadés que ton mari allait mourir, continua Sosthène, et il fallait te conserver cette immense fortune des Coulange. Le marquis en a rappelé du terrible jugement des médecins, la mort l'a respecté, il est revenu à la santé, à la vie. Nous en avons été heureux tous. Mais l'enfant était là. Que pouvions-nous faire, dis? Rien. Il fallait forcément accepter la situation. Si tu avais eu le malheur de perdre ton mari, au lieu de nous reprocher ce que nous avons fait pour toi, tu nous remercierais.

La jeune femme eut un sourire amer, mais elle continua à garder le silence.

— Aujourd'hui, poursuivit Sosthène, la situation s'aggrave d'une nouvelle complication; tu vas devenir mère... Je t'en félicite, j'en suis heureux! Mais nous ne pouvions pas prévoir que cette joie t'était réservée. Il y a dans la vie de ces surprises. Ce que nous avions fait pour ton bien est devenu un malheur. C'est de la fatalité!

« Tu penses à l'enfant que tu vas mettre au monde et tu vois l'autre, l'étranger... Alors ton cœur se révolte, tu t'indignes, et c'est sur nous que tu frappes sans pitié. Oui, tu te trouves dans une affreuse situation. Tu nous accuses, je le comprends. Pourtant, Mathilde, tu devrais trouver en notre faveur des circonstances atténuantes.

— Je ne vois que mon malheur et tout le mal que vous m'avez fait, répondit la marquise.

Sosthène rapprocha son fauteuil de celui de sa sœur.

— Écoute, reprit-il en baissant la voix, ce mal peut être réparé.

— Comment cela?

— Cet enfant que nous t'avons donné...

— Eh bien?

— Tu ne l'aimes pas.

— Je le hais!

— S'il mourait, tu serais contente.

Elle tressaillit et plongea son regard dans les yeux de Sosthène.

— Mathilde, veux-tu qu'il meure? reprit le misérable.

Elle bondit sur son siège, mais sans cesser de le regarder fixement.

Il continua :
— On ne meurt pas seulement de maladie; il y a les accidents... Ce soir, demain, dans deux jours, l'enfant peut tomber du haut d'une fenêtre et, dans sa chute, se briser la tête sur une pierre; ou bien, en courant sur la pelouse, il peut s'approcher trop près de la rivière ou du bassin, glisser, faire la culbute dans l'eau et se noyer.

La marquise se dressa debout comme poussée par un ressort. Elle était devenue blanche comme un suaire. Les yeux étincelants, faisant peser sur Sosthène tout le poids de son regard, où l'indignation se mêlait à l'horreur :

— Infâme! infâme! cria-t-elle d'une voix vibrante, dans quelle boue infecte a donc été pétrie ton âme? Il n'y a donc en toi que la pensée du crime? Après celui que tu as commis, tu en médites un autre plus exécrable encore! Et c'est à moi, à moi, que tu viens proposer ce forfait!... Oh! c'est la suprême honte! L'air que je respire près de toi est empoisonné... Va-t'en, va-t'en, tu me fais horreur, tu m'épouvantes!

Il s'était levé et il la regardait comme un homme qui n'a plus sa raison.

— Oui, continua-t-elle avec une nouvelle violence, va-t'en, va-t'en le plus loin possible, afin que je ne te revoie jamais! Mais écoute ce que je vais te dire encore. A partir de ce moment, je prends sous ma protection ce malheux enfant, qui est innocent, lui; ne t'approche jamais de lui, ne le regarde même pas S'il lui arrivait malheur, à cet enfant que je hais, je te dénoncerais aussitôt comme son assassin et en même temps je ferais connaître tes autres crimes. Tu es prévenu et tu sais quel châtiment la justice te réserve : le bagne ou l'échafaud!

Puis, marchant vers lui, et lui montrant la porte d'un geste impérieux, elle répéta :

— Va-t'en!

Devant elle, devant son regard implacable, il recula jusqu'à la porte.

Là il se redressa, retrouvant subitement son audace, et un sourire méchant crispa ses lèvres frémissantes. Alors, jetant à sa sœur un regard de défi :

— Mathilde, prononça-t-il d'une voix sombre, je me vengerai!

— Moi, je te châtie, répliqua la marquise. Va-t'en, tu es un monstre, sois maudit!

Il ouvrit la porte et s'enfuit.

IV

LA GÉNÉROSITÉ DU MARQUIS

M. de Perny avait oublié que le marquis et le docteur Gendron l'attendaient dans la salle du billard. Il sortit du château et traversa les jardins, se dirigeant

DEUX MÈRES 169

Elle appuya sa tête sur l'épaule de son mari et, regardant le ciel, elle murmura : (Page 175.)

rapidement vers le parc où il voulait cacher son agitation et où il espérait apaiser la fureur et la rage qui grondaient en lui.

Dans une allée il aperçut la gouvernante qui se promenait avec l'enfant. Il eut pour ce dernier un regard de fauve; puis, faisant brusquement volte-face, il s'en alla d'un autre côté, en s'enfonçant dans le taillis.

Le soir, à sept heures et demie, à l'appel de la cloche, qui annonçait le souper, madame de Perny et Sosthène parurent presque en même temps dans la salle à manger.

La mère avait repris son masque hypocrite et était souriante comme d'habitude.

Sur le visage du fils il ne restait aucune trace de contrariété et de mauvaise humeur.

La marquise n'eut pas de peine à deviner qu'il y avait eu une entente entre eux. Mais elle ne s'en inquiéta en aucune façon. Elle était sûre d'elle maintenant, et elle savait que son mari, le moment venu, serait l'exécuteur de ses volontés.

Comme si rien ne s'était passé, le sourire aux lèvres, affectant même de paraître très gai, comme pour braver sa sœur, Sosthène tendit la main au marquis et au docteur.

— M. de Perny nous a boudé toute la journée, dit gaiement M. de Coulange. Je crois, docteur, qu'il ne nous a pas pardonné d'être sortis sans lui ce matin. A qui la faute? Quand on veut voir le soleil se lever, il faut soi-même se lever avant lui.

— C'est forcé, répondit le docteur en riant.

— Sosthène, où donc êtes-vous allé cette après-midi? Nous vous avons attendu au billard jusqu'à trois heures et demie.

— M. le marquis peut ajouter que sur huit parties de trente points il m'en a gagné sept.

— Docteur, je vous connais, c'est une flatterie à l'adresse de la marquise. Et avec cela vous empêchez Sosthène de répondre.

— Au fait, c'est vrai, où est-il allé?

— Je me suis promené dans le parc pour dissiper un violent mal de tête, répondit M. de Perny.

— En ce cas, c'est différent. Docteur, nous lui pardonnons?

— Certainement, monsieur le marquis.

M. de Coulange s'avança vers madame de Perny.

— Et vous, ma mère, lui demanda-t-il, comment allez-vous ce soir?

— Tout à fait bien, monsieur le marquis, je vous remercie.

— Je suis heureux que votre indisposition n'ait pas eu de suites.

— Elle ne me laisse que le regret de vous avoir inquiétés.

— Alors tout va bien. Mettons-nous à table et soyons gais.

Puis, s'approchant de la marquise, il lui dit tout bas :

— Mathilde, je te trouve toujours plus jolie ; ce soir tu es ravissante.

A la campagne, au château comme à la ferme, on se couche généralement de bonne heure, excepté, cependant, quand on a de nombreux invités ou qu'on donne des fêtes.

A dix heures madame de Perny se retira. Sa retraite fut bientôt suivie de celle de Sosthène et du docteur. Le marquis et la marquise restèrent seuls dans le salon d'été.

— Mathilde, dit M. de Coulange, je ne sais pas si je me trompe, il m'a semblé que ta mère n'était pas ce soir comme d'habitude, qu'elle était contrainte, embarrassée, enfin que quelque chose, un papillon noir, lui trottait dans la tête. J'ai remarqué aussi qu'elle évitait de te regarder ; toi-même, ma chérie, tu avais dans l'éclat de ton regard, quelque chose de singulier, d'insaisissable. Par exemple, ce n'est pas une plainte que je formule, moins encore un reproche que je t'adresse. Oh! non ; je suis trop heureux de voir ce rayonnement, qui est le signe de la vie qui se manifeste en toi !

« Quant à Sosthène, c'est autre chose, il a été fort gai, mais c'était une gaieté trop bruyante, qui éclatait à contre-sens ; elle agaçait, elle portait sur les nerfs. Que te dirai-je? Il m'a paru que la gaieté de Sosthène était beaucoup plus apparente que réelle.

« Comme je te l'ai dit, il peut se faire que je me trompe. Après tout, moi-même j'avais peut-être l'esprit mal tourné. Je te fais part de mes impressions, voilà tout. Eh bien! Mathilde, je me disais que tout cela n'était pas naturel et ne pouvait exister sans cause.

— Mon ami, tu ne t'es pas trompé, répondit la marquise ; tu as bien vu la contrariété de ma mère, la fausse gaieté de mon frère. Les préoccupations de l'une et le rire menteur de l'autre ont la même cause.

— Ah! que s'est-il donc passé?

— Je vais te le dire. Ce matin j'ai eu avec ma mère une conversation très sérieuse, à la suite de laquelle elle a eu cette indisposition qui n'était autre chose qu'une attaque de nerfs.

Le marquis regarda sa femme avec surprise.

— Voyons, dit-il, explique-moi cela, je ne comprends pas du tout.

— Eh bien! j'ai fait part à ma mère des intentions que j'ai, et je lui ai fait connaître ma volonté.

— Il n'y a pas de mal à cela. La marquise de Coulange a le droit de parler à sa mère de ses intentions et de lui dire quelle est sa volonté.

— Sans doute ; seulement j'ai pris une résolution qui n'est pas agréable à ma mère et à mon frère.

— Quelle est donc cette grave résolution?

— J'ai décidé que madame de Perny et Sosthène ne demeureraient plus avec nous.

— Voilà une véritable surprise ; j'étais loin de m'attendre à cela.

— Nous serons plus libres et nous serons plus à nous.

— Je t'assure, Mathilde, répondit M. de Coulange, que ta mère et ton frère ne m'ont jamais gêné en rien.

— N'importe, mon ami, je veux maintenant vivre seule avec toi, pour toi.

— Au fait tu as peut-être raison. Mais tu n'as pas pris cette détermination sans un motif sérieux. Tu as eu à te plaindre de ta mère?
— Oui.
— Et de ton frère !
— De mon frère aussi.
— Que t'ont-ils fait ?
— Édouard, ne m'interroge pas sur ce sujet, je ne pourrais te répondre. Mais tu peux croire que je n'agis pas sans avoir bien réfléchi, et que si j'éloigne de nous ma mère et mon frère, j'ai des raisons pour cela.
— Certes, je n'en doute pas. Ma confiance en toi, Mathilde, est entière, illimitée ; je sais que tu ne peux vouloir que ce qui est juste ; du moment que tu ne crois pas devoir m'apprendre quelles sont les raisons qui ont provoqué ta décision, je ne demande pas à les connaître. Ta volonté est la mienne. Comme toujours, ce que tu veux, je le veux. Je comprends, en effet, que madame de Perny et Sosthène ne soient pas satisfaits. Ils avaient près de nous la vie facile et agréable. Ils n'avaient que de très petites dépenses à faire. Si ta mère l'a voulu, elle a pu faire des économies sur ses dix mille francs de rente viagère ; Sosthène aussi a dû économiser quelque chose, s'il a été sage. Mais en se séparant de nous, ta mère va se trouver presque pauvre. Eh bien! Mathilde, que me demandes-tu pour elle ?
— Rien. Elle a vécu pendant des années déjà avec sa rente.
— C'est vrai, fit le marquis en souriant, mais alors elle n'était pas la belle-mère du marquis de Coulange. Voyons, ne penses-tu pas que nous ferions bien en lui servant chaque année une autre rente de dix mille francs?
— Si c'est ton désir, je ne m'y oppose pas ; du reste, tu as seul le droit de faire de ta fortune l'emploi qui te convient.
— Je ne l'entends pas ainsi, Mathilde ; je ne saurais comprendre une union où les droits des époux ne sont pas égaux, où il n'y a pas égalité parfaite. La fortune de Coulange appartient autant à la marquise qu'au marquis.
— Je n'ai rien à répondre à des paroles qui sont une nouvelle preuve de ton affection pour moi ; je connais tes nobles sentiments et je sais combien tu es grand. Eh bien! mon ami, nous servirons à madame de Perny une rente annuelle de dix mille francs.
— Quant à Sosthène, nous n'avons pas à nous occuper de lui.
— Certainement. D'ailleurs, je suppose qu'il vivra avec ma mère. Et puis il est temps, s'il n'est pas déjà trop tard, qu'il cherche à se créer une position par son travail.
— Tu parles d'une position pour Sosthène, tu oublies donc celle que je lui ai faite.
— C'est que je ne t'ai pas dit encore, Édouard, que j'ai prévenu Sosthène que tu t'occuperais toi-même de tes affaires à l'avenir.

— Il est certain qu'ayant à Paris mon notaire et sur chacun de mes domaines un hommes de confiance, je n'ai besoin de personne pour gérer mes biens; mais si nous retirons à Sosthène cette occupation que je lui ai créée, que fera-t-il?

— Ce que font tous ceux qui ne veulent pas avoir une existence inutile. Il faut qu'il s'occupe réellement, il faut qu'il travaille. Quelle position lui avais-tu faite près de toi ? C'était une sinécure, un prétexte pour lui donner deux mille francs par mois. Il ne faisait absolument rien. En croyant bien faire, mon ami, tu as rendu à Sosthène un très mauvais service. Déjà habitué à la vie oisive, il s'y est plongé davantage; il tranchait du grand seigneur et devenait plus maître que toi dans la maison.

« Pour lui comme pour toi, une pareille situation n'était plus tolérable; nous n'avons plus besoin d'être tenus en lisière et nous somme assez grands, il me semble, pour nous conduire nous-mêmes. Voilà pourquoi, sauf ton assentiment, j'ai décidé qu'il en serait ainsi.

— Mathilde, je t'admire, tu es superbe ! s'écria le marquis véritablement charmé. Ah ! vois-tu, continua-t-il d'une voix émue, c'est que je n'étais plus habitué à te voir ainsi, à t'entendre parler comme tu viens de le faire.

— Eh bien ! oui, répliqua-t-elle, je me réveille après un trop long sommeil.

— Et ton réveil est une aurore radieuse.

— Je reviens à Sosthène : il est bien entendu qu'il ne s'occupera plus en rien de tes affaires?

— Sans doute, puisque tu l'as décidé.

— Jusqu'à présent, il a toujours compté sur les autres : il faut qu'il apprenne à ne compter que sur lui-même.

— C'est très bien, je suis de ton avis; mais c'est une école à faire.

— Il la fera.

— Je l'espère; en attendant il faut qu'il vive.

— Sois tranquille, ma mère ne le laissera manquer de rien.

— Je ne dis pas non. Permets-moi pourtant de te faire observer que si madame de Perny donne à son fils d'un main ce que nous lui aurons mis dans l'autre, nous ne ferons absolument rien pour elle.

— C'est admettre que Sosthène continuera à ne rien faire.

— Ma bonne amie, répondit le marquis en souriant, tu ne connais guère les difficultés de la vie; il arrive qu'avec la meilleure volonté de travailler, on ne trouve pas à utiliser son intelligence et ses capacités. Comme tu le disais tout à l'heure, il est peut-être un peu tard pour que Sosthène se mette à la recherche d'une position. Évidemment, il est intelligent, mais cela ne suffit pas toujours. Malheureusement, il n'a fait aucune étude spéciale et je ne crois pas qu'on puisse en faire un préfet ou un diplomate. Ah ! s'il était ingénieur, il y a la grande industrie qui prend chaque jour un merveilleux développement.

« Enfin, il cherchera ; il a de belles relations et mes amis seront aussi à son service. Malgré tout, il peut se faire qu'il attende longtemps. Eh bien! Mathilde, Sosthène va se trouver dans une situation plus intéressante encore que celle de ta mère, car il est absolument sans fortune, lui. L'abandonner complètement, c'est-à-dire ne rien faire pour lui, serait de l'ingratitude ou manquer de cœur. D'ailleurs, il est ton frère, le mien. Mathilde, comme à madame de Perny, nous ferons une pension à Sosthène.

La jeune femme resta silencieuse. Elle réfléchissait.

— A quoi penses-tu? lui demanda le marquis.

— A ce que tu viens de dire.

— Eh bien?

— Puisque tu crois devoir faire une pension à mon frère, quel en sera le chiffre?

— Fixe-le toi-même.

— Non, toi.

— Dix mille francs, autant qu'à ta mère.

— Édouard, j'ai une autre idée.

— Voyons.

— Je préférerais que tu lui donnasses tout de suite dès demain, deux cent mille francs.

— Ah! fit le marquis étonné.

— Oui. Avec cette somme il fera quelque chose, s'il veut travailler; il pourra prendre une part d'association dans une entreprise ou bien aller faire fortune à l'étranger, en Amérique ou ailleurs.

— C'est bien pensé; mais si au lieu de cela il s'amuse et mange son capital?

— Alors, tant pis pour lui! Il t'aura bien prouvé, cette fois, qu'il est indigne de tes bienfaits.

— Mathilde, tu as l'air de l'accuser.

— Non. Mais c'est triste à avouer, je n'ai en lui aucune confiance.

Le marquis n'insista point. Il est vrai qu'il pouvait reconnaître que sa femme n'avait pas tout à fait tort.

— Ma mère et mon frère ayant été prévenus par moi, reprit la marquise, tu n'auras qu'à leur confirmer demain ce que je leur ai dit aujourd'hui. Tu leur annonceras toi-même ce que tu veux bien faire pour eux. Ils pourront rester au château jusqu'à la fin de la saison, mais ils ne doivent pas rentrer avec nous à l'hôtel de Coulange.

— C'est bien, répondit le marquis, je causerai de tout cela avec madame de Perny et avec Sosthène.

La jeune femme se leva et s'approcha d'une grande fenêtre ouverte, encadrée de verdure.

— La belle nuit, dit-elle, et comme ce ciel est magnifiquement étoilé!

Le marquis vint se placer près d'elle, et, d'un bras, entourant sa taille, il la serra contre lui.

Elle appuya amoureusement sa tête sur l'épaule de son mari et, regardant le ciel, elle murmura :

— N'est-ce pas qu'on est bien, quand on s'aime et qu'on n'est que deux ?

V

LA SECONDE MÈRE

Le lendemain matin, M. de Coulange eut avec son beau-frère, d'abord, et ensuite avec madame de Perny une longue conversation.

Le soir, Sosthène partit pour Paris.

Quinze jours s'écoulèrent sans qu'on entendît parler de lui.

Les relations entre la mère et la fille étaient extrêmement tendues. Elles ne se voyaient plus qu'aux heures des repas et ne se parlaient jamais.

La marquise déployait une activité extraordinaire. Elle avait pris réellement et sérieusement la direction de sa maison. Lorsqu'elle se trouvait embarrassée, le vieux Firmin était là ; elle ne dédaignait pas de lui demander des conseils et de se servir de sa longue expérience. Elle se rendait compte de toutes choses, voulait tout voir par ses yeux. Mais, toujours affable et bonne, elle n'était jamais tracassière. Ses gens lui obéissaient avec plaisir, sans discuter aucun de ses ordres.

Cette vie active eut pour résultat de l'arracher un peu à ses tristes pensées et de raffermir sa santé, en rétablissant en elle la circulation normale du sang. Elle redevenait vive, alerte ; elle retrouvait sa grâce. Si elle gardait sa tristesse songeuse, si elle avait encore des heures d'abattement, son front s'était éclairci et les fraîches couleurs de la jeunesse estompaient ses joues plus arrondies.

Le marquis voyait s'opérer ce changement à vue avec une joie impossible à décrire.

Un matin madame de Perny reçut une lettre de son fils. Dans la journée elle annonça à son gendre que Sosthène arriverait au château le lendemain et que le jour même elle quitterait Coulange.

— Mais rien ne vous presse, lui dit le marquis ; pourquoi ne restez-vous pas avec nous, vous et Sosthène, jusqu'au jour où nous-mêmes nous rentrerons à Paris ?

Elle se contenta de répondre :

— Vous savez bien que notre présence ici n'est plus possible.

Elle employa la soirée à préparer ses malles avec l'aide de sa femme de chambre.

Quand Sosthène arriva elle était prête à partir. Il n'y eut qu'à charger les malles sur une voiture que le marquis mit à leur disposition.

Sosthène ne demanda pas à voir la marquise. Cependant, au moment du départ, M. de Coulange crut devoir faire prévenir la jeune femme et alla lui-même chercher le petit Eugène.

Madame de Perny embrassa l'enfant, en paraissant très émue. Elle avait de grosses larmes dans les yeux. Faisant contre fortune bon cœur, Sosthène embrassa aussi le petit garçon.

La marquise venait de paraître, se rendant à l'appel de son mari. Elle vit toute cette scène. Elle sentit son cœur se soulever de dégoût.

— Les hypocrites ! se dit-elle, sont-ils assez misérables !

Sosthène la salua sans lui adresser une parole, peut-être ne l'osa-t-il point.

— Ma fille, lui dit madame de Perny, vous reviendrez un jour, je l'espère, de vos préventions contre moi et votre frère, et vous reconnaîtrez que nous ne vous avons donné que des preuves d'affection. Avant de se séparer de vous, permettez à votre mère de vous embrasser.

La jeune femme devint très pâle. Pourtant, elle n'osa point repousser sa mère, qui, s'étant approchée d'elle, lui mit un baiser sur le front.

Tels furent les adieux.

La mère et le fils montèrent en voiture et partirent.

La marquise poussa un soupir de soulagement.

— Voilà une première délivrance ! murmura-t-elle.

Le château de Coulange perdait deux hôtes ; mais M. et madame de Coulange en reçurent d'autres, surtout pendant le temps de la chasse, car le grand et le petit gibier abondaient sur le domaine de Coulange. Il y eut des jours où la marquise eut jusqu'à trente invités.

On arriva ainsi jusqu'aux derniers jours d'octobre. Alors on rentra à Paris.

Le 25 décembre, jour de Noël, la marquise de Coulange donna le jour à une petite fille.

Elle était toute mignonne, délicate, même un peu chétive. Mais elle paraissait avoir bonne envie de vivre.

La jeune mère déclara qu'elle ne voulait pas de nourrice, qu'elle tenait absolument à élever elle-même son enfant.

On essaya de lui faire des observations.

— Puis-je nourrir ma fille, oui ou non ? demanda-t-elle au vieux praticien amené par Ernest Gendron.

Le médecin répondit : oui.

— En ce cas, tout ce que vous pourriez me dire encore est inutile.

Gabrielle continua son récit en faisant connaître son existence avenue de Clichy. (Page 183.)

On lui laissa donc son enfant, un peu contre le gré du marquis, qui redoutait pour elle de trop grandes fatigues.

M. de Coulange avait voulu profiter de la circonstance pour tenter un rapprochement entre la fille et la mère; mais il avait complètement échoué.

Madame de Perny n'osa point se présenter à l'hôtel, la marquise ayant déclaré nettement qu'elle ne la recevrait pas.

Le marquis, qui n'avait aucune raison d'en vouloir à sa belle-mère, lui faisait d'assez fréquentes visites, et c'est par lui que madame de Perny savait à peu près tout ce qui se passait à l'hôtel de Coulange.

Était-ce par calcul? Sosthène avait loué pour sa mère un appartement rue de Moscou, c'est-à-dire à l'autre extrémité de Paris. Il était censé y demeurer avec elle; mais il avait conservé son petit appartement de la rue Richepanse. Ceci indiquait qu'il ne songeait pas encore à changer son existence et à se créer une position indépendante, comme le lui avait conseillé son beau-frère, en lui faisant gracieusement don de deux cent mille francs.

Tous les quatre ou cinq jours, Sosthène venait voir le marquis. Il tenait à conserver un pied dans la place. Il ne parlait jamais de sa sœur et il évitait avec le plus grand soin de se trouver sur son passage. En revanche, il entretenait longuement le marquis des démarches qu'il ne faisait point, en vue de se procurer une occupation en rapport avec ses goûts et ses aptitudes.

Il semblait naturel que madame de Perny fût la marraine de sa petite-fille ou Sosthène son parrain.

On en parla à la marquise.

Elle répondit froidement qu'elle préférerait que sa fille ne fût jamais baptisée.

Le marquis ne savait plus que penser. Où il avait cru d'abord à un caprice de sa femme, à un de ces froissements dont l'impression s'efface avec le temps, il voyait apparaître une véritable répulsion, une sorte de haine. Mais ne voulant point sortir de la ligne de conduite qu'il s'était tracée, sans donner toutefois raison à la marquise, il résolut de nouveau de toujours respecter ses sentiments, si bizarres qu'ils fussent.

Le comte de Laugeon, son cousin, et la comtesse de Laugeon furent les parrain et marraine de la petite fille.

On lui donna les prénoms de Maximilienne-Charlotte.

Nous n'avons pas besoin de dire que la jeune mère adorait son enfant. Il lui semblait qu'elle n'aurait jamais assez de tendresse à lui donner et que son cœur n'était pas assez grand pour contenir tout son amour.

Devant le petit ange endormi, elle restait des heures entières à le contempler. Quelles étaient alors ses pensées? Nous ne saurions le dire. Mais il se mêlait certainement beaucoup d'amertume dans son extase.

Certes, cette tendresse passionnée de la mère pour son enfant était bien naturelle; pourtant on la trouvait exagérée; et quand on voyait d'une part l'affection de la marquise pour sa fille, de l'autre son indifférence pour son fils, on ne pouvait s'empêcher de convenir que cette mère avait d'étranges sentiments, et cela conduisait à faire de singulières réflexions.

Mieux que personne M. de Coulange était à même de faire ces remarques. Il comparait, méditait: et quand il essayait de s'expliquer ces deux sentiments contraires, il s'égarait complètement; néanmoins il trouvait que le cœur de Mathilde était en contradiction flagrante avec lui-même.

En voyant que ce cœur insondable voulait donner tout à l'une, rien à l'autre, le marquis en arriva à éprouver un assez vif sentiment de jalousie. Oui, il devint jaloux de cette tendresse maternelle que la jeune mère réservait exclusivement à sa fille et refusait à son fils avec opiniâtreté. C'était un tort considérable fait à ce dernier, et, à ses yeux, la plus grande des injustices. Il sentit qu'une réparation était due plus que jamais au déshérité, et il lui donna aussi presque exclusivement toute sa tendresse. Et cela se fit naturellement, sans qu'il le voulût. A son insu, et pour la première fois, il y eut entre lui et la marquise une opposition de sentiment.

Nous ne voulons pas dire que le marquis n'aimait pas sa fille ; mais il l'abandonna complètement à sa mère pour n'avoir qu'à s'occuper de son fils. D'un côté comme de l'autre il y eut exagération de tendresse. Ce que la petite fille recevait de la mère, le petit garçon le recevait du père. On aurait dit que le marquis comptait les caresses données par Mathilde à l'un des enfants pour ne pas faire tort à l'autre d'un baiser. Et cela sans qu'il y eût un nuage ou une plainte du mari ou de la femme. Du reste les époux étaient aussi unis que par le passé, et leur affection restait la même. Un amour comme celui qu'ils éprouvaient l'un pour l'autre résiste à tout.

Disons, cependant, que toute entière à ses joies maternelles et complètement absorbée dans les soins qu'elle donnait à sa fille, la marquise ne s'apercevait point de cette préférence déjà marquée que M. de Coulange avait pour le petit Eugène.

Plus tard elle fera cette découverte, car elle n'a pas versé toutes ses larmes. — De nouvelles et cruelles douleurs lui sont réservées.

Pendant les mois de janvier, février et mars, il y eut de nombreuses réceptions à l'hôtel de Coulange. A l'occasion de la naissance de sa fille, le marquis voulut donner plusieurs fêtes ; elles furent splendides. La fortune de M. de Coulange lui permettait de faire magnifiquement les choses. Il eut la satisfaction de voir réunie chaque fois l'élite de la société parisienne : les plus grands noms du faubourg Saint-Germain, les sommités politiques, les hommes illustres de la littérature, de la science, des beaux-arts, de la magistrature, de l'armée.

Madame de Perny et son fils ne parurent à aucune de ces réceptions, n'assistèrent à aucune de ces fêtes.

Plusieurs personnes, parmi celles qui avaient d'anciennes relations d'amitié avec la famille de Coulange, s'en étonnèrent.

Interrogé à ce sujet, le marquis fut assez embarrassé. Cependant il répondit :

— Entre madame de Perny, son fils et la marquise, il y a rupture. La chose est arrivée il y a quelques mois, lorsque nous étions encore à Coulange. A quel propos ? Je l'ignore. Mais je suis persuadé que les torts ne sont pas du côté de la marquise. Le temps fait oublier bien des choses. J'espère pouvoir bientôt rétablir la bonne harmonie dans la famille.

De son côté, à ceux qui se permirent de la questionner, la marquise répondit :

— Ma mère voulait être la maîtresse chez moi ; j'ai cru devoir lui faire quelques observations ; alors elle s'est trouvée humiliée. Elle est partie, mon frère l'a suivie. Je n'ai rien fait pour les retenir ; du reste il était impossible que nous puissions nous entendre.

— Oh! ce n'est qu'une petite querelle ; un de ces jours vous vous rencontrerez, vous vous embrasserez et la paix sera faite.

— Jamais! dit la marquise.

Ce mot « jamais » et aussi le ton dont il fut prononcé causèrent aux curieux un nouvel étonnement.

Il y en eut qui devinèrent qu'il y avait dans le cœur de madame de Coulange une plaie cachée. Dès lors on commença à se demander :

— Quel est le secret de la marquise?

VI

A LA SALPÊTRIÈRE

Dès le premier jour de son entrée à l'hospice, Gabrielle Liénard inspira aux administrateurs, aux médecins, aux élèves, à tout le personnel de l'établissement un très vif intérêt.

La triste position de cette malheureuse jeune fille, qui sortait à peine de l'adolescence, ne pouvait manquer de faire naître la compassion.

En voyant son pur profil, ses traits délicats, son nez finement modelé, son front superbe et ses grands yeux noirs pareils à ceux d'une Mauresque, on pouvait se dire qu'elle était divinement jolie un an auparavant, quand elle était en pleine santé.

Quelques jours après, on apprit à la Salpêtrière ce qui était connu de la douloureuse histoire de la nouvelle pensionnaire. Alors la pitié de tous devint plus profonde et elle fut l'objet d'une plus grande sympathie encore.

Dans nos hospices et hôpitaux, les malades sont tous également bien soignés, car tous ont part au dévouement de nos savants docteurs, aux soins intelligents des employés attachés à leur service. Toutefois, il n'est pas défendu, aux uns comme aux autres, d'avoir certaines préférences parmi les malades. C'est une question de sentiment. On ne peut pas empêcher cela. Du reste, là, aussi bien que partout ailleurs, il y a des malheureux plus intéressants les uns que les autres.

Gabrielle devint la pensionnaire favorite de l'établissement. D'ailleurs, par sa douceur et sa docilité, elle méritait l'affection et la vive sollicitude dont elle était entourée.

Elle était toujours très calme. Elle passait des heures entières assise à la même place, la tête penchée sur sa poitrine, sans faire un mouvement, sans prononcer une parole, les yeux grands ouverts, ne regardant rien.

Sa folie était silencieuse et se caractérisait par l'absence complète de la mémoire. Quand on l'interrogeait, elle écoutait avec beaucoup d'attention et elle répondait le plus souvent avec tant de justesse, qu'on s'étonnait d'entendre une pauvre insensée. Mais si on la questionnait sur son enfance, sur sa jeunesse, sur son passé enfin, son regard devenait étonné et elle secouait tristement la tête. Il semblait alors qu'on lui parlât dans une langue inconnue. Ou elle restait muette, ou elle répondait simplement :

— Je ne sais pas.

Chaque jour qui s'écoulait était pour elle un jour perdu. Il s'engloutissait dans la nuit profonde qui enveloppait toutes les années de son existence.

N'importe, on ne perdait pas l'espoir de la guérir. Sans se décourager on continuait le traitement auquel elle était soumise.

Indépendamment du désir que les médecins de l'hospice avaient de redonner la vie intellectuelle à leur intéressante et sympathique malade, le parquet de la Seine attachait aussi une grande importance à sa guérison. En effet, les plus fins limiers de la police de sûreté ayant été mis sur pied inutilement, on ne pouvait plus compter que sur la victime du drame de la rue Vieille-d'Argenteuil pour découvrir la trace des coupables et éclairer cette mystérieuse affaire.

En attendant, le rapport du commissaire de police d'Asnières, celui de l'agent Morlot et un autre rapport d'enquête, qui ne faisait que confirmer les deux premiers, étaient tout le dossier de l'affaire. Et ce dossier reposait au fond d'un carton dans le cabinet du juge d'instruction.

Gabrielle était depuis onze mois à la Salpêtrière, lorsque le médecin aliéniste s'aperçut, avec une satisfaction facile à comprendre, que la santé de la malade commençait à s'améliorer. A partir de ce moment elle fut l'objet de soins plus assidus encore. Bientôt il se fit dans son esprit de soudaines clartés. Mais ce n'était encore que des lueurs fugitives, semblables à la lumière produite par l'éclair qui, dans une nuit d'orage, jaillit de la nue déchirée. L'éclair éteint, la nuit recommence.

Cependant ces échappées lumineuses ne tardèrent pas à devenir plus fréquentes, et, chaque fois, ressaisissant sa pensée, Gabrielle retrouvait dans les ténèbres de son cerveau quelques lambeaux de souvenir. Ce travail de l'esprit, cette résurrection de la raison, se faisaient lentement, progressivement; et c'est avec un intérêt anxieux que les médecins voyaient s'accomplir ce phénomène, qui est le retour à la vie intellectuelle, qui rend au corps l'âme dont il était privé.

Un jour, la jeune fille fut soumise à un dernier et très sérieux examen médical. A la suite de cet examen, les médecins déclarèrent que sa guérison était complète.

Oui, on lui avait rendu la raison et elle retrouvait dans sa pensée tous ses souvenirs. Pour en être convaincu, il suffisait de voir les larmes qu'elle versait, en se rappelant les douleurs du passé, en pensant à l'enfant qu'on avait arraché de ses bras.

Près de dix-sept mois s'étaient écoulés depuis qu'elle avait quitté la maison d'Asnières. Bien qu'elle eût beaucoup souffert physiquement, il ne semblait pas qu'elle eût vieilli. Elle avait toujours ses magnifiques cheveux châtain foncé longs et épais, et on ne voyait pas une seule ride sur son front uni comme un marbre poli.

Toutefois, son doux visage devait garder toujours l'empreinte de la terrible maladie dont on venait de la guérir.

Les couleurs de ses joues s'étaient à jamais effacées. Sa figure d'un blanc mat avait une ridigité étrange, comme si les muscles s'étaient détendus ou paralysés. On aurait dit le visage d'une morte. Quand elle parlait, c'est à peine si on voyait remuer ses lèvres, décolorées comme les pommettes de ses joues. Seuls, ses grands yeux avaient retrouvé leur éclat et leur ravissante expression. Ses superbes sourcils bien arqués et ses longs cils noirs tranchaient vigoureusement sur ce blanc d'albâtre, ce qui produisait un effet singulier.

Gabrielle parfaitement guérie, il n'y avait plus aucune raison de la garder à l'hospice. Mais avant de lui rendre sa liberté, le directeur de l'établissement avait un devoir à remplir. Il s'empressa de prévenir le parquet que sa pensionnaire était enfin en état de répondre aux questions qu'on croirait devoir lui adresser dans son propre intérêt et pour éclairer la justice.

Dès le lendemain, le juge d'instruction, accompagné d'un commissaire de police aux délégations, se présentait à la Salpêtrière.

La jeune fille fut amenée devant les deux magistrats.

D'abord elle fut embarrassée, effrayée, et hésita à répondre. Mais le juge d'instruction lui parla avec une grande bonté et parvint à la rassurer. Ensuite il lui fit comprendre combien il était important pour la justice de connaître exactement tout son passé.

— Ma chère enfant, ajouta-t-il, vous ne devez rien nous cacher; ce qui peut vous paraître insignifiant a peut-être pour nous beaucoup de valeur. Il y a des coupables, il faut qu'ils soient punis; mais auparavant ils doivent être mis entre les mains de la justice. Ce n'est pas tout, on vous a volé votre enfant; qu'en a-t-on fait? où est-il? voilà ce qu'il faut que nous sachions aussi. Pour que nous puissions vous rendre votre enfant, il faut que nous le retrouvions. Comme vous le voyez, vous avez un grand intérêt à éclair la justice.

Après cette petite allocution du magistrat, Gabrielle se décida à parler. Elle avait déclaré déjà qu'elle se nommait Gabrielle Liénard et qu'elle était née à Orléans.

Elle raconta pourquoi et dans quelles circonstances, ayant eu le malheur de perdre sa mère, et son père s'étant remarié, elle avait été forcée de quitter sa ville natale pour venir à Paris, où elle avait trouvé une place de demoiselle de magasin. Elle raconta ensuite comment elle avait rencontré et aimé un jeune homme qui paraissait appartenir à une bonne famille et qui s'était fait connaître à elle sous le nom d'Octave Longuet. Elle passa rapidement sur sa séduction, son abandon au bout de quelques mois, et mentionna seulement son horrible douleur quand elle découvrit qu'elle allait devenir mère.

Elle continua son récit en faisant connaître son existence avenue de Clichy où, honteuse et voulant cacher sa faute à ceux qui la connaissaient, elle s'était réfugiée dans une mauvaise chambre d'hôtel meublé. Alors elle parla de la soi-disant madame Trélat, qui était venue la trouver dans son taudis et s'était présentée à elle comme la mandataire d'une baronne très riche, très généreuse et très bonne, qui avait fondé à Paris plusieurs maisons de bienfaisance et qui s'intéressait particulièrement aux malheureuses jeunes filles séduites.

Le juge d'instruction l'interrompait souvent pour lui poser une ou plusieurs questions, auxquelles elle répondait le mieux qu'elle pouvait.

Assis à une table, ayant du papier devant lui, le commissaire de police suivait le récit de la jeune fille, et écrivait certains détails pour ainsi dire sous sa dictée.

Gabrielle poursuivit en racontant comment, trompée par les manières polies et aimables de la dame Trélat, par la fausse amitié qu'elle lui témoignait, elle avait consenti à aller demeurer avec elle dans sa maison d'Asnières. Elle fit au juge d'instruction le tableau de leur vie en commun et de leur grande intimité dans la petite maison de la rue Vieille-d'Argenteuil. Elle lui fit comprendre ainsi comment, voyant la dame Trélat si bonne pour elle et si convenable sous tous les rapports, elle n'avait pu soupçonner qu'elle était tombée dans un piège qu'on lui avait tendu dans le but de lui prendre son enfant.

Elle acheva son long récit en racontant l'effroyable douleur qu'elle avait éprouvée, le déchirement intérieur qui s'était fait en elle, lorsque, s'étant réveillée le matin, elle découvrit que la dame Trélat et son enfant avaient disparu.

Elle se rappelait encore qu'elle avait poussé un grand cri, qu'il lui avait semblé que le parquet s'effondrait sous ses pieds et qu'elle était tombée à la renverse. C'était tout. Elle ne retrouvait rien dans sa mémoire de ce qui s'était passé ensuite.

Elle cessa de parler. Le juge d'instruction réfléchissait, la tête appuyée sur sa main. Gabrielle resta immobile et silencieuse, attendant les nouvelles questions que le magistrat pouvait avoir encore à lui adresser.

A quoi pensait le juge d'instruction?

La jeune fille venait de lui raconter son histoire; tout ce qu'elle savait, elle l'avait dit. Eh bien, le juge d'instruction trouvait que ce n'était pas assez. Il espérait mieux; il était venu avec l'espoir que des déclarations de Gabrielle jaillirait la lumière, et il n'en était rien. Le mystère restait le même, toujours aussi impénétrable. Évidemment, grâce aux indications précises fournies par la jeune fille, on allait pouvoir se livrer à de nouvelles investigations; mais il prévoyait d'avance que le résultat serait nul.

Il releva lentement la tête, et, regardant la jeune fille avec beaucoup d'intérêt :

— Mademoiselle, dit-il, je vous remercie des renseignements que vous venez de nous donner.

— Vous êtes satisfait, monsieur?

— Sans doute, mais pas autant que je le voudrais. Malheureusement, dans les révélations que vous venez de nous faire, rien ne nous met sur la trace de cette femme qui se faisait appeler Félicie Trélat.

— Pourtant, monsieur, je vous ai tout dit, tout.

— J'en suis convaincu. Naturellement, vous ne pouvez pas nous apprendre ce que vous ne savez pas vous-même. Enfin, n'importe, nous chercherons.

— Et moi aussi, je chercherai, pensa Gabrielle.

Après un moment de silence, le juge d'instruction reprit :

— Vous savez où vous êtes ici?

— Oui, monsieur. On ne m'a pas caché que j'avais perdu la raison. Je suis à la Salpêtrière.

— Maintenant que vous êtes guérie, on n'a plus le droit de vous y garder. Dans deux ou trois jours, peut-être dès demain, vous sortirez. Où avez-vous l'intention d'aller?

— Je n'ai pas encore pensé à cela, monsieur.

— Me permettez-vous de vous donner un conseil?

— Certainement.

— Eh bien, ma chère enfant, il faut retourner à Orléans, chez votre père.

Gabrielle baissa la tête.

— Je comprends, reprit le magistrat, vous n'osez pas me dire que vous ne suivrez pas mon conseil.

— C'est peut-être ce que je devrais faire, monsieur; mais je suis sortie de la maison de mon père pour n'y jamais rentrer.

— Vous avez vos idées et aussi vos raisons que je respecte; d'ailleurs, vous êtes absolument libre. Mais il peut se faire que j'aie bientôt besoin de vous, il est donc très important que je sache où vous trouver.

— Je n'ai pas l'intention de m'éloigner de Paris, monsieur.

— Soit. Mais Paris est grand, et si je n'ai pas votre adresse...

— Je ne sais pas encore dans quel quartier j'irai me loger; aussitôt que je

Je puis vous éviter une perte de temps et la peine de chercher, dit-il à l'agent de police. (Page 193)

me serai installée dans la retraite que j'aurai trouvée, je vous promets, monsieur, de vous faire parvenir mon adresse au parquet.

— C'est bien, répondit le juge d'instruction; mais n'oubliez pas, car vous me mettriez dans la nécessité de vous faire chercher.

« Maintenant, je n'ai plus rien à vous dire, vous pouvez vous retirer.

Gabrielle se leva, le salua, adressa également un salut au commissaire de police, puis elle se dirigea lentement vers la porte et sortit de la chambre.

VII

TROP TARD

Le même jour, dans la soirée, le directeur de l'hospice donna l'ordre qu'on lui amenât Gabrielle Liénard. Il reçut la jeune fille dans son cabinet, la fit asseoir et lui dit :

— Messieurs les magistrats, que vous avez vus tantôt et qui vous ont interrogée, m'ont assez longuement parlé de vous. Comme moi, comme tout le monde ici, M. le juge d'instruction vous porte un très vif intérêt. Il vous a conseillé de quitter Paris et de rentrer dans votre famille ; mais vous ne lui avez point caché qu'il vous répugnait de retourner chez votre père. Il m'a quitté me faisant part de ses inquiétudes sur votre avenir. Eh bien, ces inquiétudes, je les partage. Vous allez sortir de l'hospice et je suis loin d'être rassuré sur votre sort, car je ne puis, sans effroi, me demander ce que vous allez devenir lorsque vous vous retrouverez seule, sans parents, sans amis, sans personne pour vous protéger, vous aider, au milieu de cette ville immense, pleine de périls de toutes sortes, où il y a tant de désillusions, tant de misère et où déjà vous avez tant souffert.

— Vous voyez dans quelle situation vous vous trouvez, et je ne saurais trop vous engager à réfléchir sérieusement. Voyons, mademoiselle, que comptez-vous faire ? Connaissez-vous à Paris une honnête famille qui puisse vous recevoir ?

— Non, monsieur, je ne connais plus personne à Paris, répondit Gabrielle. D'ailleurs y connaîtrais-je quelqu'un, que je ne chercherais pas à le voir.

— Malheureuse enfant, voilà bien ce qui m'effraye ; vous allez vous trouver complètement abandonnée !

— Non, monsieur, répliqua la jeune fille, en montrant le ciel, je crois en la divine Providence, elle veillera sur moi.

— Je le crois ; mais il y a un proverbe qui dit : « Aide-toi, le ciel t'aidera ! » Que ferez-vous ?

— Je sais me servir de l'aiguille de l'ouvrière ; j'ai fait déjà de la passementerie, je puis aussi travailler dans la lingerie, je ne serai pas paresseuse ; j'ai du courage, de la bonne volonté, je ne manquerai pas d'ouvrage ; je sais qu'il n'y a que ceux qui ne veulent pas travailler qui ne trouvent rien à faire à Paris.

— Sans doute ; mais le travail d'une femme est si peu payé...

— C'est vrai, monsieur. Seulement, pour vivre, il me faudra si peu aussi !

— A côté des premières nécessités de la vie, il y a une infinité d'autres dépenses à faire, utiles et forcées, pour une femme surtout.

— Hier, on m'a remis en possession de mon linge et de mes autres effets, apportés d'Asnières, lorsqu'on m'a amenée ici ; j'ai retrouvé le tout en assez bon état ; d'ici un an je n'aurai rien à m'acheter.

— Mais encore faut-il que vous vous installiez quelque part. Vous aurez à louer et à payer une chambre. Et puis il est probable que vous ne trouverez pas immédiatement du travail.

— Monsieur le directeur ne m'a-t-il pas dit, ce matin, qu'il me remettrait avant mon départ une petite somme?

— Oui, une somme de trois cents francs, qui vous appartient.

— Qui m'appartient? fit Gabrielle étonnée.

— Oui. Ces trois cents francs ont été trouvés dans la chambre que vous occupiez dans la maison d'Asnières.

— Ils ne sont pas à moi, monsieur.

— Personne, pourtant, ne les a réclamés.

— Quand madame Trélat est venue me prendre avenue de Clichy pour me conduire à Asnières, je n'avais peut-être pas cinq francs de petite monnaie dans ma poche.

— De cela il n'y a qu'une chose à conclure : c'est un don qui vous a été fait. Par qui ? par une personne généreuse qui vous a prise en pitié, ou bien par ceux qui vous ont enlevé votre enfant. Mais qu'importe, cette somme est bien à vous, et nous n'avons pas à rechercher d'où elle vient.

« Vous paraissez avoir pris une résolution définitive, cela contrarie certaines intentions qu'on a pour vous ; néanmoins je vais vous faire connaître la proposition qu'on m'a chargé de vous faire.

« A votre sortie de l'hospice, on vous recevrait avec plaisir dans une communauté.

La jeune fille fit un brusque mouvement.

— On aurait pour vous les égards qui sont dus à votre malheur, continua le directeur ; vous ne manqueriez ni d'affection, ni de soins, ni de protection ; là, vous trouveriez un refuge sûr contre toutes les difficultés et tous les dangers de la vie. On pourrait encore, si vous le désiriez, vous placer comme surveillante dans un ouvroir, dont vous pourriez devenir plus tard la directrice.

Gabrielle secoua la tête.

— Monsieur le directeur, répondit-elle, ce que vous voulez bien me proposer serait certainement très avantageux pour une pauvre malheureuse fille telle que moi ; je le reconnais, et mon cœur est pénétré de reconnaissance pour vous d'abord, monsieur, et pour les personnes inconnues et charitables qui s'intéressent à mon malheur. Mais je ne puis profiter de l'offre qui m'est faite, je suis obligée de renoncer à tout le bien qu'on voudrait me faire. Ce que je veux, monsieur, c'est ma liberté, ma liberté entière.

« Depuis que la raison m'a été rendue, continua-t-elle, en portant sa main droite à son front, j'ai là une idée, une idée, fixe ; oui, j'ai un but à poursuivre, à atteindre, et j'ai fait à Dieu le serment de consacrer toute ma vie à cette tâche.

— Ai-je le droit de vous demander quelle est votre idée ?

— Oh! vous l'avez peut-être devinée, monsieur : Je veux retrouver mon enfant !

— Pauvre femme, pauvre mère ! murmura-t-il.

— Mon enfant ! reprit-elle subitement surexcitée, c'est à peine si j'ai eu le temps de le voir, de le couvrir de mes baisers... Eh bien, je le revois tel qu'il était quand on l'a mis entre mes bras ; oui, après de longs mois de démence, j'ai retrouvé, fidèlement gravée dans ma mémoire, sa jolie petite figure d'ange ! Pourquoi ai-je fermé les yeux, pourquoi me suis-je endormie ? Fatal sommeil ! Je n'aurais pas manqué de force, allez ; j'aurais su le défendre, je l'aurais défendu avec mes ongles, avec mes dents... Hélas ! je dormais... Et il était près de moi, le pauvre petit, comptant sur la protection de sa mère. Je dormais ! Comme si une mère avait le droit de dormir !... Je dormais et on m'a volé mon enfant ! et je n'ai rien entendu !

« Je suis jeune encore, poursuivit-elle comme se parlant à elle même ; mais j'ai dit adieu à toutes les illusions comme à toutes les joies de la vie ; il ne me reste plus que l'espérance de retrouver mon enfant ! A lui seul, maintenant, toutes mes pensées et tout ce qu'il y a de tendresse dans mon cœur !

« Où est-il ? Je n'en sais rien. Mais je sens qu'il existe, et il y a en moi quelque chose qui me dit : « Espère ; tu le retrouveras ! » Paris est grand, et y a plus grand que Paris, la France, et plus grand encore que la France, l'univers... N'importe, je chercherai sans me décourager un seul instant... S'il le faut, j'irai jusqu'au bout du monde !

« Dieu est grand, juste et bon, quand il m'aura soumise à toutes les épreuves, quand il aura vu mes longues souffrances et qu'il aura compté toutes mes armes, il dira : « Celle-ci a assez souffert ! » Alors il ordonnera à une de ses étoiles de me guider, et l'étoile obéissante me conduira vers mon enfant !

Le directeur était très ému. Malgré lui, ses yeux s'étaient remplis de larmes. Il prit affectueusement une des mains de la jeune fille et lui dit :

— Oui, ma fille, espérez : l'espoir adoucit la souffrance et console les désolés. Comme vous, je suis convaincu qu'un jour votre enfant vous sera rendu.

Un long soupir s'échappa de la poitrine de Gabrielle.

— Quand voulez-vous quitter l'hospice ? lui demanda-t-il.

— Le plus tôt possible, répondit-elle.

— C'est aujourd'hui samedi, vous passerez encore ici la journée de demain, et lundi vous serez libre.

— Merci, répondit Gabrielle en se levant.

Le directeur la congédia et elle fut reconduite dans sa chambre.

Le surlendemain, vers une heure de l'après-midi, la porte de la Salpêtrière fut ouverte à Gabrielle.

Elle trouva dans la rue une voiture qui l'attendait. La malle contenant ses effets était déjà placée sur le fiacre.

— Où faut-il vous conduire? lui demanda le cocher.

— Avenue de Clichy, répondit-elle.

Elle monta dans la voiture et la portière se referma.

Le cocher piqua de la mèche de son fouet les flancs du cheval, qui fila rapidement dans la direction des quais.

Gabrielle s'était dit que la femme qu'elle connaissait sous le nom de Félicie Trélat, étant venue la chercher avenue de Clichy, c'était dans ce quartier des Batignolles, plutôt que dans aucun autre quartier de Paris ou des communes *extra muros*, qu'elle pouvait avoir quelque chance de la rencontrer.

La jeune fille savait à quel point sa figure était changée, et qu'il était à peu près impossible qu'on la reconnût. En effet, elle pouvait affronter sans crainte même les regards de ses anciennes amies.

La première fois qu'elle s'était vue dans une glace après sa guérison, elle avait laissé échapper un cri de surprise ; elle-même hésitait à se reconnaître. Alors, un sourire singulier sur les lèvres, elle s'était dit :

— Tant mieux ; en voyant ce visage de marbre, ceux qui m'ont connue autrefois ne pourront jamais se douter que je suis Gabrielle Liénard.

Maintenant, avec cette certitude qu'elle ne pouvait pas être reconnue, elle se sentait moins gênée pour reprendre sa place dans la vie active ; elle allait se retrouver dans Paris comme si elle y entrait pour la première fois, arrivant d'un point quelconque de la France. Cela lui donnait une force de plus pour la tâche qu'elle voulait s'imposer. Avec une liberté plus complète, elle allait pouvoir aller, venir, entendre, voir, chercher.

Deux heures environ après son départ de l'hospice, c'est-à-dire vers trois heures de l'après-midi, un homme se présenta à la Salpêtrière et demanda à parler au directeur ou à l'économe.

Voyant que le portier, loin de se montrer empressé, avait l'air, au contraire, de le considérer comme un intrus, l'individu tira une carte de sa poche et la plaça sous les yeux du cerbère.

Celui-ci changea aussitôt d'attitude ; il s'inclina avec une certaine déférence et ouvrit au visiteur la porte d'un vaste parloir. Ensuite il fit prévenir le directeur qu'un inspecteur de police désirait lui parler.

Un instant après, ce fonctionnaire de l'Assistance publique descendit au parloir où l'homme l'attendait.

— Monsieur, lui dit le visiteur, on a dû vous prévenir que j'étais agent de la police de sûreté; je me nomme Morlot.

— Vous êtes envoyé par la préfecture de police?

— Non, monsieur.

— Quel est donc l'objet de votre visite?

— Il s'agit de mademoiselle Gabrielle Liénard.

— Ah!

— J'ai appris ce matin qu'elle est guérie de sa folie et qu'elle a été interrogée avant-hier par le juge d'instruction.

— C'est vrai.

— Il faut que je vous dise d'abord, monsieur, que je m'intéresse beaucoup, oui, beaucoup à son sort.

— Tous ceux qui la connaissent éprouvent de la sympathie pour elle.

— Eh bien, monsieur, depuis le jour où je l'ai vue à Asnières entre la vie et la mort, je lui appartiens corps et âme; elle serait ma sœur ou ma fille, que je ne lui serais pas plus dévoué. Cela peut vous paraître extraordinaire; mon Dieu, moi-même je ne comprends pas bien pourquoi je suis ainsi. C'est la suite de l'impression que j'ai éprouvée le jour où je l'ai vue à Asnières étendue sans mouvement, presque sans vie sur son lit. Je n'oublierai jamais avec quel frémissement de colère je regardais le berceau vide de son enfant. Ce jour-là, monsieur, j'ai fait un serment, un serment que je tiendrai, à moins que je ne meure à la peine avant d'avoir réussi. J'ai juré que je découvrirais les misérables qui ont volé l'enfant et que je les livrerais à la justice; j'ai juré en même temps que je retrouverais l'enfant et que je le rendrais à sa mère.

« Pour cela, rien ne me coûtera; je sacrifierai tout : mon petit avoir, ma position, mon repos, même ma vie si c'est nécessaire. Depuis dix-huit mois, j'ai déjà fouillé Paris deux fois dans ses coins les plus secrets; je vais recommencer. Rien ne m'arrêtera, rien ne pourra me décourager. Si mes recherches à Paris n'ont aucun résultat, j'irai plus loin. Oh! j'ai de la volonté, je suis tenace; j'ai dit que je trouverais, je trouverai!...

« J'ai pris connaissance des renseignements que mademoiselle Gabrielle Liénard a donnés à M. le juge d'instruction; malheureusement, ils sont vagues et peu importants; toutefois, avec ceux qu'elle-même pourra me fournir encore, j'espère découvrir une bonne piste.

« Maintenant, monsieur, voici ce que je viens vous demander : quel jour mademoiselle Gabrielle Liénard sortira-t-elle de la Salpêtrière?

— Elle est sortie aujourd'hui même.

— Quoi, elle n'est plus ici ! s'écria Morlot avec stupeur.

— Depuis deux heures.

— Ah ! je suis désolé... Mais on sait où elle est allée ?
— Je suis certain qu'elle ne l'a dit à personne ; du reste, en quittant l'hospice, elle l'ignorait probablement elle-même.
— Peut-être est-elle partie pour Orléans?
— Je ne le suppose pas. Elle a déclaré au juge d'instruction et à moi-même qu'elle ne retournerait jamais chez son père.
— Que va-t-elle faire, la malheureuse enfant, que va-t-elle devenir? Ainsi, je suis arrivé deux heures trop tard. J'aurais pu être ici à midi ; mais je voulais consulter ma femme. Nous n'avons pas d'enfant ; sans être riches, nous jouissons d'une petite aisance ; notre intention était de prendre mademoiselle Gabrielle Liénard avec nous, en augmentant notre logement d'une petite chambre pour elle.
— L'intention était excellente, et je regrette vivement...
— Où la chercher, maintenant, où la trouver? Et elle est partie ainsi, sans avoir peur de la misère qui l'attend!
— Elle est partie très résolue et avec un grand courage. Elle aussi veut consacrer sa vie tout entière à la recherche de son enfant.
— C'est certain, elle cherchera de son côté ; mais seule, pauvre, obligée de travailler pour ne pas mourir de faim, que pourra-t-elle? C'est triste, monsieur, bien triste !
Morlot ne cherchait pas à cacher sa vive contrariété. Il passait ses doigts dans son épaisse chevelure noire et ses ongles labouraient sans pitié la peau de son crâne.
— Est-ce qu'elle s'en est allée à pied? demanda-t-il après un moment de silence.
— Non. Elle avait ses effets à emporter, on est allé lui chercher une voiture de place.
Le front de l'agent se dérida subitement.
— Alors, dit-il, je la retrouverai.
— Je puis vous apprendre encore qu'elle a donné au cocher l'ordre de la conduire avenue de Clichy.
— Avenue de Clichy! répéta Morlot ; c'est juste, je comprends pourquoi.
Il n'avait plus rien à faire à l'hospice. Il se retira.

VIII

LES DÉCEPTIONS DE L'AGENT MORLOT

— Avant tout, se dit l'inspecteur de police, en sortant de la Salpêtrière, il faut que je retrouve mademoiselle Gabrielle. Pour cela il me faut le numéro de la voiture qu'elle a prise; il est clair qu'elle est allée se loger aux Batignolles dans une chambre d'hôtel; mais il n'est pas probable qu'elle soit retournée chez son ancien logeur. Le cocher de la voiture de me place dira où il l'a menée.

Il y avait tout près une station de petites voitures.

— Ce doit être là qu'on est venu chercher une voiture pour la jeune fille, pensa Morlot.

Il se rendit sur la place où il trouva le surveillant dans sa cabine.

— Aujourd'hui, à une heure, lui dit-il, on est venu prendre ici une voiture pour une personne qui sortait de la Salpêtrière.

— Oui, je me rappelle parfaitement.

— Je suis inspecteur de police, il me faut le numéro de cette voiture.

— C'est facile, répondit le surveillant, en ouvrant le cahier sur lequel il inscrivait, avec son numéro, l'heure du départ de la voiture,

— Voici, reprit-il au bout d'un instant : coupé n° 1,025, parti à midi cinquante.

— Merci, dit Morlot, qui s'empressa d'écrire le numéro sur son carnet.

— Maintenant, continua-t-il, comme c'est un renseignement que je veux demander au cocher, il faut que je sache où est le dépôt de la voiture. Pouvez-vous me le dire ?

— Non. Vous devez bien penser que ne sais pas où vont remiser toutes les voitures qui viennent à la station.

— C'est bien, fit Morlot. J'ai un autre moyen de le savoir.

Il y avait là un vieux cocher qui attendait un client tout en fumant sa pipe. Il avait entendu la conversation.

— Je puis vous éviter une perte de temps et la peine de chercher, dit il à l'agent de police ; je connais le cocher du 1,025; bien que nous ne soyons pas chez le même patron, nous n'en sommes pas moins deux bons camarades. Son remisage est à la Villette, rue de Flandre, et il demeure, rue Riquet, n° 11.

— Mon brave, je vous remercie, dit Morlot. En effet, vous m'évitez une perte de temps et vous me rendez un véritable service.

Il salua les deux hommes et s'éloigna rapidement.

Morlot demeurait rue Guénégaud. La journée étant déjà fort avancée, il se décida à rentrer chez lui.

— Eh bien ? l'interrogea sa femme.

— Pas de chance, répondit-il, elle avait quitté l'hospice depuis deux heures lorsque je suis arrivé.

— Pour retourner dans sa famille?

— Nullement. Elle a dit qu'elle ne s'éloignerait pas de Paris ; mais elle n'a appris à personne où elle avait l'intention d'aller demeurer.

— Elle aura été demander un asile à des gens qu'elle connaît.

— Cela pourrait être, mais je ne le crois pas...

— Alors, tu supposes...

— Madame, lui dit-elle, je viens pour la chambre meublée qu'il y a à louer dans votre maison. (Page 206.)

— Je suis certain qu'elle va se cacher comme elle l'a déjà fait. Elle a son idée; elle pense à son enfant, elle veut le chercher et elle espère le retrouver en retrouvant d'abord la femme de la maison d'Asnières.

— Elle mourra à la peine, la pauvre fille !

— Non, car je suis là. Je sais déjà qu'elle s'est fait conduire aux Batignolles ; ce soir, je l'espère, je connaîtrai l'hôtel où elle s'est logée, et demain, de bonne heure, j'irai la voir ; je lui dirai ce qui a été convenu entre nous.

— Acceptera-t-elle ta proposition?
— Pourquoi pas?
— Une femme, dans sa situation, a le droit d'être défiante.
— Sans doute; mais elle comprendra que ce que nous voulons faire pour elle est uniquement dans son intérêt, et elle verra bien que c'est pour nous une question de dévouement.

« Pendant que je vais mettre en ordre mes notes, tu vas te hâter de préparer le dîner. Nous mangerons de bonne heure, je veux sortir à huit heures.

Quand, au bout de trois quarts d'heure, Morlot eut terminé son travail, la soupe était trempée. L'homme et la femme se mirent à table. A huit heures précises l'agent prit son chapeau, sa canne et sortit, en prévenant sa femme qu'il rentrerait probablement un peu tard

Il alla d'abord à un rendez-vous qu'il avait donné à un de ses collègues. Il quitta ce dernier pour se rendre rue de Flandre, où il arriva à dix heures.

Le coupé portant le n° 1 025 était déjà rentré.

— Tant mieux, se dit Morlot, je n'aurai pas à l'attendre.

Le cocher n'était plus là; mais on lui donna l'assurance qu'il le trouverait chez lui.

Morlot fut bientôt rue Riquet. Le cocher venait, en effet, de rentrer. Il le trouva en train de prendre un énorme bol de café noir, dans lequel il trempait du pain.

Comme la plupart des cochers de voitures de place, celui-ci avait une bonne figure, grosse et haute en couleur.

— Une figure de brave homme, pensa l'agent.

— Ne vous dérangez pas, dit-il, voyant que le cocher repoussait au milieu de la table son bol de café; je viens tout simplement causer avec vous; vous allez pouvoir, sans aucun doute, me donner un renseignement très précieux.

— Enchanté de vous être agréable, répliqua le cocher; de quoi s'agit-il?

— Aujourd'hui, à une heure, votre voiture a pris une femme à la porte de la Salpêtrière?

— Oui, une jeune femme qui doit sortir de maladie, car elle est très pâle. Je n'ai vu de ma vie une pareille figure : blanche comme du papier à lettre, et, malgré ça, jolie comme tout.

— Vous l'avez conduite aux Batignolles, avenue de Clichy?

— Oui.

— Il faut absolument que je la voie demain, et comme je ne sais pas dans quel hôtel elle est logée, je suis venu vous trouver pour le demander.

— Malheureusement, je ne peux pas vous le dire.

— Pourquoi?

— Parce que je n'en sais rien.

— Vous ne l'avez donc pas menée à destination?

— Je l'ai menée aux Batignolles, comme elle me l'avait demandé.

— Eh bien?

— Eh bien, comme elle m'avait dit : Avenue de Clichy, sans me donner d'adresse, à l'entrée de l'avenue, avant de la descendre, j'ai arrêté mon cheval pour lui demander le numéro de la maison où elle allait. Alors elle a ouvert la portière et a mis pied à terre. — C'est bien, me répondit-elle; il est inutile que vous me conduisiez plus loin. Elle a tiré une bourse de sa poche, dans laquelle il y avait des pièces d'or, et elle m'en a mis une dans la main en me disant de me payer ma course.

— Et vous l'avez laissée ainsi au milieu de la rue?

— Dame! je ne pouvais pas faire autrement.

— Mais elle avait une malle contenant son linge, ses effets?

— C'est vrai. Mais attendez, vous allez voir. — Et votre malle, que je lui dis, qu'est-ce que vous en faites? Vous n'allez pas la charger sur vos épaules, elle est trop lourde. Elle se mit à regarder autour d'elle tout drôlement. Je vis bien qu'elle était embarrassée et fort en peine. — Vous ne savez donc pas encore où vous allez demeurer? que je lui dis. — Non, pas encore, fit-elle. — Pourtant, que je lui dis, les hôtels ne manquent pas par ici; tenez, en voilà un en face. Elle regarda la maison, puis elle me dit : — Non, j'aime mieux chercher. Elle était tout de même bien embarrassée de savoir ce qu'elle allait faire de son colis.

— Comme vous voudrez, que je lui dis. Quant à votre malle, nous allons la mettre dans la boutique du marchand de vin. J'étais descendu de mon siège, je pris la caisse et la portai chez le marchand de vin du coin, qui consentit volontiers à la garder jusqu'au soir.

« Voilà toute l'histoire, monsieur, un bourgeois et son épouse, je suppose, se présentèrent pour se faire conduire au Gros-Caillou. Je regrimpai vite sur mon siège. Un coup de fouet et... hue! Bijou! pour les Invalides!

Morlot remercia le cocher et se retira fort peu satisfait.

— Diable, diable! se disait-il tout soucieux, en rentrant dans Paris, ça débute mal, on ne peut pas plus mal. Décidément, j'ai toujours à mes trousses le même guignon. Ah çà! est-ce qu'il ne finira pas par se lasser de me poursuivre?

Le lendemain, à sept heures du matin, il entrait dans la maison du marchand de vin où avait été déposée, la veille, la malle de Gabrielle.

L'inspecteur Morlot était un homme très sobre; toutefois, il n'était pas absolument ennemi du petit verre. Il se fit servir un demi-canon d'eau-de-vie et, tout en dégustant ce cognac du département du Nord, il questionna l'homme du comptoir d'étain.

Celui-ci répondit :

— La malle en question est restée là, dans ce coin, jusqu'au soir. C'est à la nuit tombante que la petite dame pâle est venue la réclamer. Elle était accompagnée d'un homme qui l'a emportée.

— Un commissionnaire, sans doute?

— Non, ce n'était pas un commissionnaire, je connais tous ceux du quartier.

— Ainsi, vous ne pouvez pas me dire où la malle a été portée?

— Non. Tout ce que je sais, c'est que la petite dame et l'homme qui l'accompagnait ont descendu l'avenue de Clichy.

Morlot éprouvait une nouvelle déception. Le marchand de vin put voir à ses sourcils froncés qu'il n'était pas content. Il paya son petit verre et sortit de la boutique. Tout en descendant du côté de Clichy-la-Garenne, il se mit à réfléchir.

— Si bien qu'elle se soit cachée, se disait-il, je saurai la retrouver. Pour cela je n'aurai qu'à entrer dans tous les hôtels et maisons meublées des Batignolles et à me faire présenter le livre de la préfecture de police. Ce sera l'affaire de trois, quatre ou cinq jours. Oui, mais pour le moment je n'ai pas de temps à perdre. Le parquet procède à une seconde enquête et a ordonné de nouvelles recherches. Si je ne me mets pas à l'œuvre immédiatement, je risque d'être distancé une fois de plus par les autres. Voilà ce que je ne veux pas. Cette affaire est la mienne, elle m'appartient, elle ne doit être qu'à moi. C'est vrai, mais avec cela que les camarades se gêneraient pour me couper l'herbe sous le pied. D'ailleurs, ce ne serait pas la première fois. Nous sommes unis, nous sommes amis, mais chacun travaille pour soi. Comme au champ de courses, c'est à celui qui ira le plus vite et arrivera premier. Assez de fois j'ai fait le jeu de Bizot, de Raclet, de Caudier et de Broussard : je ne veux plus de ça. Maintenant, je travaille seul; eh bien! si je n'ai rien dans la cervelle, si je suis un imbécile, nous le verrons bien. Donc, pour le moment, je suis forcé de ne pas m'occuper de la jeune fille. Je dois d'abord chercher les voleurs d'enfants, je penserai ensuite à la victime.

Morlot arrivait à l'extrémité de l'avenue. Il s'arrêta et regarda les chétives constructions qui étaient devant lui, maisons noires, délabrées, branlantes, affreuses, dont quelques-unes existent encore aujourd'hui.

— C'est là qu'elle demeurait, murmura-t-il. Quelle horrible masure! Ça a plutôt l'air d'un coupe-gorge que d'un garni.

Le lecteur sait que le propriétaire du garni tenait en même temps un débit de vins et de liqueurs.

Morlot entra dans la boutique. C'était une assez grande pièce, beaucoup plus longue que large, basse de plafond, humide, mal éclairée, dont les murs sales, barbouillés de dessins hideux, laissaient voir partout de larges crevasses.

Une affreuse odeur de moisi, de gargote, de lie de vin et de fumée de tabac saisissait au nez et à la gorge.

La salle était meublée de cinq ou six tables graisseuses, de deux bancs de bois et d'une vingtaine d'escabeaux; de plus, en face du comptoir qui brillait seulement par sa malpropreté, il y avait un vieux bahut vermoulu où l'on voyait des verres, des bouteilles pleines et vides, des œufs rouges et quelques morceaux de viandes racornies, qui attendaient le moment d'être mis à la casserole.

Assis autour d'une des tables, une demi-douzaine d'individus de mine suspecte buvaient et fumaient la pipe en jouant aux cartes.

Le patron du bouge était assis à son comptoir. A la vue de Morlot, il se leva, et prenant son air le plus aimable :

— Qu'est-ce qu'il faut vous servir? demanda-t-il.

— Une bouteille de votre meilleur, répondit l'agent, si vous voulez bien la boire avec moi ; je désire causer un instant avec vous.

— Mais comment donc, monsieur, avec plaisir. Femme, femme! appela-t-il.

— Qu'est-ce que c'est? répondit une grosse voix enrouée, qui passa à travers un vasistas pratiqué dans la cloison au fond de la salle.

— Vite, rince deux verres ! ordonna l'homme.

Il leva une trappe à ses pieds et descendit les échelons d'une échelle. Il reparut au bout d'un instant avec une bouteille coiffée de cire rouge.

La femme avait déjà placé les deux verres sur une table. Morlot et le débitant s'assirent en face l'un de l'autre. Celui-ci déboucha la bouteille et versa. Après avoir trinqué, on but.

— C'est bon, ça, n'est-ce pas? dit le patron.

— Oui, fit Morlot, trop poli pour faire connaître sa pensée.

— Donc, vous avez quelque chose à me dire? reprit le cabaretier. De quoi s'agit-il?

Morlot jeta un regard sur les hommes qui jouaient aux cartes; puis, baissant suffisamment la voix pour ne pas être entendu :

— En même temps que vous tenez ce débit de vins, dit-il, vous logez en garni ?

— Oui. On fait ce qu'on peut pour gagner sa vie.

— Il n'y a pas encore deux ans de cela, vous logiez chez vous une jeune fille qui se nommait Gabrielle Liénard.

— C'est vrai. Un beau brin de fille, ma foi ! qui était, comment dirai-je? dans une position intéressante.

— Elle n'est pas restée longtemps dans votre maison?

— Environ six semaines. Elle est partie un matin sans nous dire pourquoi elle s'en allait. Je me rappelle même que trois jours avant elle avait payé sa quinzaine d'avance, comme c'est l'usage.

— Et depuis, vous ne l'avez pas revue?

— Jamais. Nous n'avons plus entendu parler d'elle, et je serais bien embarrassé de vous dire ce qu'elle est devenue.

— Est-ce que vous n'avez pas su où elle allait demeurer en quittant votre garni?

— Non, elle ne l'a pas dit ; elle avait sans doute des raisons pour cela.

— Recevait-elle beaucoup de monde?

— Seulement une femme, jeune encore et très bien mise, qui venait la voir souvent. Mais, quelque temps après son départ, on est venu plusieurs fois la demander; c'étaient des dames ou plutôt des jeunes filles; des parentes ou des amies.

— Cette dame, qui venait la voir souvent, vous la connaissiez?

— Nullement. La première fois qu'elle est venue, c'est à ma femme qu'elle s'est adressée pour avoir des renseignements sur la jeune fille. Elle lui a dit, je crois, qu'elle faisait partie d'une société de bienfaisance dont le but était de secourir les jeunes filles séduites. Entre nous, je n'en ai pas cru un mot. Pourtant, quand la petite est partie d'ici, c'est cette dame qui est venue la chercher avec une voiture.

— Est-ce qu'elle ne vous a pas dit son nom?

— Cela se peut, mais je ne me le rappelle pas.

— Elle vous a dit, sans doute, qu'elle se nommait madame Trélat.

— En effet, je me souviens de ce nom-là.

— Quand elle est venue demander à votre femme des renseignements sur la jeune fille, n'a-t-elle pas dit comment elle avait su qu'elle demeurait chez vous?

Depuis un instant, la cabaretière s'était approchée de la table et écoutait la conversation. Elle se chargea de répondre à la question de Morlot.

— Quand cette dame est venue ici, dit-elle, elle était très bien renseignée sur la position de la jeune fille. Elle avait su qu'elle demeurait chez nous par une de ses amies, une ouvrière en passementerie, qui travaillait pour la même entrepreneuse que mademoiselle Gabrielle; car il faut vous dire, monsieur, que mademoiselle Gabrielle avait besoin de travailler et qu'elle s'était mise à faire de la passementerie.

« C'est moi qui lui avais donné ce conseil, en l'engageant à aller trouver l'entrepreneuse qui demeurait alors à côté, au coin de la rue du Port-Saint-Ouen.

Le visage de Morlot s'était soudainement illuminé. Ses petits yeux gris étincelaient.

— Oh! mais vous me donnez là un précieux renseignement! fit-il.

— Tant mieux! car je n'en sais pas davantage.

— L'entrepreneuse en question ne demeure donc plus avenue de Clichy?

— Il y a plus d'un an qu'elle a déménagé.

— On me donnera probablement son adresse à son ancien domicile.

— Je le crois. Dans tous les cas, je sais qu'elle demeure maintenant rue Lemercier. Quant au numéro, je ne me le rappelle pas bien; ce doit être 17 ou 19.

Un instant après, l'agent de police sortit du cabaret.

— Enfin, se dit-il, je vais donc apprendre quelque chose. Je crois bien, cette fois, que je suis sur la piste. Tonnerre! ouvrons l'œil et ne faisons pas fausse route.

IX

LES RECHERCHES

L'inspecteur de police n'eut pas de peine à trouver l'adresse de l'entrepreneuse qui demeurait effectivement rue Lemercier. Cette femme se souvenait parfaitement de Gabrielle Liénard. Plusieurs fois elle avait entendu parler d'une femme qui s'intéressait à la jeune fille et lui avait promis la protection d'une grande dame, très riche, qui employait sa fortune à venir en aide aux malheureux. Elle savait aussi que Gabrielle avait connu cette femme par l'intermédiaire d'une de ses ouvrières, dont elle donna l'adresse à Morlot, sans faire aucune difficulté.

C'est ce que voulait l'agent de la sûreté.

Il quitta l'entrepreneuse et se rendit aussitôt chez l'ouvrière, qui demeurait également aux Batignolles, rue de Lévis.

Voici ce que cette femme lui apprit :

Un jour qu'elle était allée faire une course dans Paris, elle rencontra boulevard Bonne-Nouvelle une jeune femme qu'elle n'avait pas vue depuis au moins dix ans. Elle l'avait connue dans un bal public où elles se rencontraient régulièrement deux fois chaque semaine, le lundi et le dimanche. Ce qu'elle faisait alors, elle ne l'avait jamais su. D'ailleurs, elles ne s'étaient jamais liées intimement ; elle avait toujours ignoré où sa camarade de bal demeurait et elle ne la connaissait que sous son prénom de Joséphine.

Comme Joséphine avait de très belles toilettes, des bijoux, et qu'elle était fort jolie, elle avait supposé qu'elle était richement entretenue ou qu'elle tirait autrement profit de sa beauté.

Enchantées de se revoir après s'être perdues de vue depuis si longtemps, elles s'étaient assises sur un banc pour causer. On parla d'abord des beaux jours d'autrefois. On était jeune alors ; on aimait à rire, à danser ; on cherchait les plaisirs, on s'amusait. Ensuite, Joséphine apprit à son ancienne camarade qu'elle avait quitté Paris pour aller se marier en province ; au bout de quatre ans, étant devenue veuve, elle était revenue à Paris où elle vivait très retirée et modestement, n'ayant pour toute fortune qu'une petite rente de dix-huit cents francs.

Pour s'occuper et échapper à l'ennui, elle s'était mise d'une société de bienfaisance, dont la fondatrice, une dame du monde très riche, une baronne, faisait beaucoup de bien. Pour le moment, elle était à la recherche de pauvres jeunes filles qui, après avoir été séduites et abandonnées, se trouvaient dans la détresse, à la veille de devenir mères. Sa mission était de les signaler à la société de bienfaisance et particulièrement à la riche baronne, dont la bourse inépuisable était toujours ouverte pour ces malheureuses.

Alors Joséphine avait demandé à son ancienne camarade si elle n'avait point par hasard, une ou plusieurs de ces jeunes filles à lui recommander. Celle-ci heureuse de pouvoir rendre service à Gabrielle Liénard, qu'elle avait rencontrée trois ou quatre fois chez l'entrepreneuse de passementerie, lui avait aussitôt donné l'adresse de la jeune fille.

Depuis, elle n'avait plus revu Joséphine ; mais elle savait qu'elle était allée voir Gabrielle souvent et qu'elle s'était vivement intéressée à sa triste position. Elle croyait, — et elle en était contente, — que Joséphine, ou plutôt la baronne dont elle lui avait parlé, avait pris Gabrielle sous sa protection.

L'ouvrière ne put dire à Morlot dans quel pays celle qu'elle appelait Joséphine s'était mariée, ni le nom de son mari défunt, ni où elle demeurait à Paris.

En somme, l'affaire restait toujours aussi mystérieuse.

L'inspecteur de police se retira fort désappointé. Une fois de plus il voyait s'en aller en fumée l'espoir qu'il avait un instant caressé.

— Rien, toujours rien, se dit-il avec humeur; aucun fil conducteur; c'est l'ombre, c'est le mystère impénétrable. Cette femme, qui se faisait appeler Félicie Trélat, qui se nommait autrefois Joséphine, et qu'une main habile dirigeait, cette femme passe, agit et disparaît sans laisser aucune trace derrière elle.

« Ah ! je m'étais trop hâté de me réjouir. Décidément, j'en reviens à ce que j'ai d'abord pensé et dit : La chose a été merveilleusement combinée et supérieurement conduite par un ou plusieurs coquins adroits, qui n'en étaient certainement pas à leur coup d'essai. Ils savaient qu'il faut compter avec la police et ils ont joué au plus malin. Pour se soustraire aux recherches, pour dépister les agents de la sûreté, ils n'ont négligé aucune précaution, les scélérats!... Certes, je ne suis pas venu jusqu'à ce jour pour le reconnaître. Oui, il faut convenir que nous avons affaire à forte partie. Si dans tout cela je vois poindre la moindre clarté, je veux bien que le diable m'emporte!

« Tonnerre ! Félicie Trélat ou Joséphine, qu'est-ce que c'est donc que cette femme ? D'abord, s'appelle-t-elle Félicie Trélat ?... Je donnerais ma tête à couper que c'est un nom de guerre qu'elle a pris pour la circonstance. Je parierais aussi que son mariage en province est un conte et qu'elle n'est pas veuve, pour cette unique raison qu'elle ne s'est jamais mariée. Cette coureuse de bals d'autrefois est aujourd'hui ce qu'elle était il y a dix ans, une gourgandine de la pire espèce.

« En attendant, j'en suis encore pour mes frais. Toujours le guignon... Pas de chance ! pas de chance !

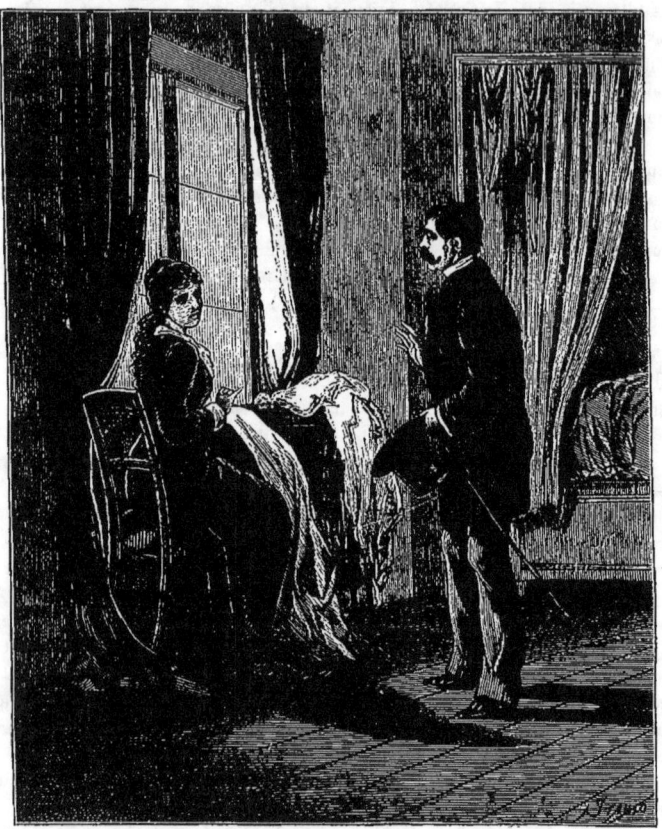

C'est vous qu'on appelle madame Louise, n'est-ce pas? dit-il en refermant la porte.

Après dix-huit mois de temps perdu en recherches inutiles, il y avait de quoi se décourager. Eh bien! non. Morlot était une nature à part. Les déceptions l'excitaient; il ne perdait rien de son opiniâtreté, il sentait au contraire augmenter son ardeur. Il s'était juré à lui-même de découvrir les coupables, et il n'était pas homme à s'arrêter même en présence d'une impossibilité matérielle.

D'ailleurs, il tenait à remplir son devoir et voulait, dans un bref délai, présenter à ses chefs un rapport complet, très développé et rigoureusement exact, qui devait, — c'était son espoir, — attirer l'attention sur lui.

Voulant recueillir tous les renseignements, même les plus insignifiants, pour ne rien laisser dans l'ombre, il vit les personnes chez qui Gabrielle était descendue lors de son arrivée à Paris. On ne lui apprit là que ce qu'il savait déjà. Depuis que la jeune fille avait quitté le magasin où elle s'était placée, les braves gens ignoraient absolument ce qu'elle était devenue.

Morlot ne fut pas étonné, il s'attendait à cette réponse.

Il se présenta ensuite dans la maison de commerce où Gabrielle avait été employée comme demoiselle de magasin.

Ce fut la femme du négociant qui lui répondit.

— Mademoiselle Gabrielle nous a quittés brusquement sans nous avoir prévenus, lui dit-elle. Nous avons pensé d'abord qu'elle était malade ; j'allai moi-même prendre de ses nouvelles et on m'apprit qu'elle était partie sans dire où elle allait. Quelque temps après, une de nos demoiselles la rencontra au bout des Batignolles, avenue de Clichy. C'est alors que nous eûmes l'explication de son étrange manière d'agir à notre égard. Elle était, paraît-il, dans une position qui ne lui permettait pas de rester plus longtemps dans notre maison. Comprenant fort bien que nous serions obligés de la remercier, elle s'en était allée.

« Nous ne savions pas du tout qu'elle fût enceinte ; cependant j'avais acquis la presque certitude qu'elle avait un amant. Un jeune homme était venu souvent faire des achats au magasin ; il eût fallu être aveugle pour ne pas s'apercevoir que ses achats n'étaient qu'un prétexte pour voir Gabrielle. Il s'adressait toujours à elle ; assurément, à cette époque, elle était sage encore ; elle ne pouvait pas cacher son émotion ; elle paraissait embarassée, contrariée peut-être, et elle devenait rouge comme une pivoine.

« Comment s'est-elle laissé séduire? Que s'est-il passé ensuite? Je l'ignore. Une de ses amies, qui n'est plus ici, m'a dit que son amant l'avait abandonnée. Pourtant, j'ai lieu de croire que ce jeune homme avait pour elle un attachement sincère.

— Ah! vous croyez cela, madame? fit Morlot avec un sourire d'incrédulité.

— Oui ; autrement ce monsieur ne serait pas revenu ici la demander.

L'agent fit un brusque mouvement.

— Comment, cet individu est revenu chez vous? s'écria-t-il.

— Il ne savait rien. Il est venu, croyant que Gabrielle faisait encore partie de notre maison.

— Voilà qui est singulier, murmura Morlot.

— Je n'ai pas cru devoir lui cacher la vérité, je lui ai dit tout ce que je savais. En m'écoutant il devint très pâle, il était tout bouleversé. — Oh! c'est affreux, c'est affreux! disait-il en pressant sa tête dans ses mains. Je vous assure que c'était une véritable douleur. Moi-même j'étais très émue et je regrettai de m'être montrée d'abord un peu trop sévère pour Gabrielle et pour lui.

— Y a-t-il longtemps de cela? demanda Morlot.

— Pas plus d'un mois.

— Ah!... Il n'est pas moins vrai qu'après avoir séduit la pauvre fille il l'a lâchement abandonnée. Pour moi, ce monsieur a commis une mauvaise action; je ne puis voir en lui autre chose qu'un misérable.

— Certainement, il a mal agi.

— Vous lui avez fait des reproches, madame, vous avez bien fait. A-t-il cherché à s'excuser? Que vous a-t-il dit?

— Que je l'accusais à tort d'avoir abandonné Gabrielle. — Oui, m'a-t-il dit, je le reconnais, je l'ai trompée et je le regrette vivement aujourd'hui; je voudrais pouvoir réparer le mal que j'ai fait. Je l'aimais, je l'aime encore, et je sens bien que son souvenir restera éternellement dans mon cœur. Ce n'est pas volontairement que je l'ai abandonnée. Au moment où je m'y attendais le moins, j'ai reçu l'ordre de quitter Paris immédiatement. Il fallait partir, les minutes étaient comptées; c'est à peine si j'avais le temps de boucler mes malles : j'aurais voulu voir Gabrielle avant mon départ, cela ne me fut pas possible. Gabrielle savait que je l'aimais, ajouta-t-il, elle a eu tort de douter de moi.

— Si ce que monsieur vous a dit est vrai, il ne demeure pas à Paris; il y était de passage lorsqu'il a connu mademoiselle Liénard.

— Dame! je le crois.

— Vous a-t-il dit de quel pays il était? ce qu'il faisait?

— Je lui ai fait ces questions, il n'y a pas répondu.

— Cela ne me surprend pas. Ce monsieur doit faire partie d'une catégorie d'individus qui ne tiennent pas à être connus.

— C'est possible. Dans tous les cas, il a l'apparence d'un homme très bien; autant que j'ai pu en juger, il doit avoir une belle position.

Morlot hocha la tête.

— On est souvent trompé par les apparences, fit-il. Enfin, ce que je vois de plus clair dans tout cela, c'est qu'il n'avait pas complètement oublié mademoiselle Gabrielle, puisqu'il est revenu ici, pensant qu'elle y était encore. Il y a de cela, un mois m'avez-vous dit, peut-être est-il encore à Paris?

— C'est peu probable. Il a dû repartir le lendemain ou le surlendemain du jour où je l'ai vu; d'après ce qu'il m'a dit, il n'était venu à Paris que pour voir Gabrielle.

N'ayant plus rien à demander à la femme du négociant, et celle-ci n'ayant plus rien à lui apprendre, Morlot se retira.

Cependant, dans ce qu'on venait lui dire il y avait matière à réflexions. Aussi se mit-il à réfléchir sérieusement. Mais ses réflexions eurent pour résultat d'augmenter sa mauvaise humeur et de le rendre plus soucieux encore.

— Avec tout cela, se dit-il, je ne fais pas un pas en avant. J'ai beau examiner, regarder de tous les côtés, je ne vois rien. Vais-je donc en être réduit à constater mon impuissance et à me battre les flancs? Ainsi, voilà encore un individu qui passe sans laisser une trace derrière lui. Il vient compliquer l'affaire. Au lieu de l'éclaircir, il ne se montre que pour l'embrouiller. J'avais pensé qu'il n'était pas étranger à l'enlèvement de l'enfant, c'était absurde. C'est égal, ce M. Octave Longuet, — encore un faux nom, j'en suis sûr, — ne m'inspire pas la moindre confiance. Quand on n'a rien de grave sur la conscience, on ne craint pas de donner son adresse et de dire qui on est.

« Après tout, je n'ai pas à m'occuper de ce monsieur, et je n'ai nulle envie de courir après lui. Plus tard, peut-être, nous verrons... Pour le moment, j'ai d'autres chiens à fouetter ; ce que je cherche, ce qu'il faut que je trouve, c'est la femme d'Asnières!

Si, malgré ses efforts, Morlot ne parvenait pas à découvrir les auteurs de l'enlèvement de l'enfant, ou tout au moins des renseignements pouvant mettre la police sur leurs traces, il ne voulait pas qu'on pût dire qu'il n'avait pas cherché partout.

Afin de remplir consciencieusement son mandat, il résolut de se rendre à Orléans et de voir par lui-même ce qu'était réellement le père de Gabrielle.

— Qui sait? se disait-il, je trouverai peut-être là-bas le fil conducteur que je cherche vainement à Paris. Et puis, il y a le hasard, et je commence à m'apercevoir que je dois beaucoup compter sur lui.

Quelques jours après, il entrait dans la capitale de l'ancien Orléanais. Il ne connaissait pas la ville, où il venait pour la première fois. Mais il ne lui vint pas à la pensée de la visiter et de voir ses monuments. C'est à peine si, en passant, il jeta un regard distrait sur la belle statue équestre de Jeanne d'Arc.

Or, voici ce que Morlot apprit à Orléans :

M. Liénard, le père de Gabrielle, était mort presque subitement ; il y avait de cela cinq mois. Sa veuve, malgré les avantages qui lui avaient été faits lors de son mariage, et se basant sur un testament en sa faveur, avait eu l'audacieuse prétention de s'emparer de toute la fortune du commerçant décédé. Mais la justice avait été prévenue. L'absence de la fille unique de M. Liénard ayant été constatée, le juge de paix était venu et avait posé les scellés. Plus tard la maison de commerce avait été vendue. Un compte de succession avait été établi et la veuve s'était vue contrainte de verser entre les mains d'un notaire la part d'héritage revenant de droit à Gabrielle Liénard.

Mais on disait que la veuve s'était fait la part du lion, et qu'au moment même de la mort du commerçant, elle s'était emparée de toutes les valeurs mobilières qu'elle avait fait disparaître.

Les choses en étaient là. Depuis que Gabrielle avait quitté Orléans, on n'avait plus entendu parler d'elle. On supposait seulement qu'elle était à Paris.

L'inspecteur de police s'intéressait trop vivement à Gabrielle pour ne pas écouter ce qu'on lui racontait avec la plus grande attention. En effet, tout cela était très sérieux.

Bien qu'il n'apprît rien touchant l'événement d'Asnières, il s'applaudissait d'avoir eu l'heureuse idée de faire le voyage d'Orléans. Évidemment, Gabrielle ignorait la mort de son père et ne pouvait savoir, naturellement, que, par suite de ce décès, elle avait une somme plus ou moins importante à toucher.

— Voilà ce que je pourrai lui dire le jour où je la retrouverai, pensa-t-il.

Cette fois, c'est un service direct qu'il allait rendre à la jeune fille. Ne demandant, ne cherchant qu'à lui être utile, il était enchanté. Enfin, à côté de tous ses déboires, il éprouvait une satisfaction.

Il ne voulut pas quitter la ville sans avoir vu le notaire chez lequel était déposé l'héritage de Gabrielle. L'officier ministériel le reçut d'autant mieux qu'il lui donna l'assurance qu'avant peu il lui ferait connaître l'adresse à Paris de mademoiselle Liénard.

L'agent de police avait la discrétion de son métier. Malgré les questions que lui fit le notaire, Il ne lui dit rien des malheurs de la jeune fille.

Le soir, il reprit la route de Paris.

Le lendemain, il alla porter son rapport à la préfecture de police. Il avait passé une partie de la nuit à le rédiger. Ce rapport était l'aveu, humiliant pour lui, de son insuccès. Mais s'il n'avait pas réussi, il eut au moins cette consolation d'apprendre que les plus habiles parmi ses collègues n'avaient pas été mieux favorisés que lui.

D'après ce qu'il entendit dire, il comprit que la ténébreuse affaire d'Asnières allait être de nouveau abandonnée.

— C'est bien, se dit-il, quand il fut sorti des bureaux de la préfecture; mais je ne l'abandonne pas, moi; je la poursuivrai quand même. Seul, j'irai jusqu'au bout. Il faudra bien que je parvienne un jour à pénétrer ce mystère. En attendant, je vais, dès aujourd'hui, me mettre à la recherche de mademoiselle Gabrielle; je me donne trois jours pour la retrouver.

X

LA LOCATAIRE PALE

Après avoir laissé la malle contenant ses effets chez un marchand de vin, comme nous l'avons raconté, Gabrielle se mit aussitôt en devoir de chercher un logement. Elle passa successivement devant plusieurs hôtels sans oser y entrer.

Elle éprouvait une sorte de crainte qui la faisait reculer. Alors elle poursuivait son chemin, marchant lentement, en continuant à regarder à droite et à gauche. C'est ainsi qu'elle parcourut plusieurs rues qui aboutissent à l'avenue de Clichy Le temps se passait et elle commençait à se sentir fatiguée.

— Il faut pourtant que je me décide, car la nuit ne tardera pas à venir, se dit-elle.

A ce moment elle se trouvait dans la cité des Fleurs.

Soudain, ses yeux tombèrent sur un écriteau sur lequel elle lut : Jolie petite chambre meublée à louer.

Elle examina la façade de la maison, qui avait une assez belle apparence, et n'eut pas de peine à reconnaître que ce n'était ni un hôtel, ni une maison meublée.

— Oui, pensa-t-elle, c'est là que j'aimerais demeurer.

Cette fois, elle n'hésita plus. Elle entra dans la maison, et, s'adressant à la concierge :

— Madame, lui dit-elle, je viens pour la chambre meublée qu'il y a à louer dans votre maison.

La femme la regarda dans les yeux, puis ayant probablement jugé qu'elle n'avait pas affaire à une de ces créatures qu'on ne saurait recevoir dans une maison bien tenue, elle demanda :

Est-ce pour vous que vous voulez louer?

— Oui, madame.

— Vous êtes seule?

— Seule.

— Comme vous êtes pâle ! Est-ce que vous êtes malade !

— Non, je me porte bien maintenant ; mais je sors d'une longue et douloureuse maladie.

— Ça se voit. Vous êtes ouvrière?

— Oui.

— Où travaillez-vous ?

— Nulle part en ce moment. Mais je sais travailler ; je ne serai pas longtemps, je l'espère, sans trouver de l'ouvrage. Heureusement je possède une petite somme d'argent qui me permettra d'attendre un peu.

— Eh bien ! reprit la concierge, vous me plaisez, vous avez l'air très convenable et je vous crois honnête. La chambre meublée est à moi ; si elle vous convient, je ne demande pas mieux que de vous avoir pour ma locataire.

— Quel est le prix de la chambre?

— Pas trop cher : vingt-cinq francs par mois.

— Voulez-vous me la faire voir?

— Dame! vous ne pouvez pas louer sans cela.

Elles montèrent au troisième étage, qui était le dernier. La jeune fille entra dans la chambre meublée. C'était une toute petite pièce, mais carrée, propre, fraîchement décorée, meublée convenablement, et surtout très bien éclairée.

Gabrielle se montra aussitôt satisfaite. En effet, elle ne pouvait rien désirer de mieux. Elle ouvrit la fenêtre, qui donnait sur des jardins et des terrains incultes.

— Ah! dame! fit la concierge, vous n'aurez pas la vue sur la rue.

— Oh! je n'y tiens nullement, fit Gabrielle.

Et un sourire doux et triste effleura ses lèvres.

— J'aurais sous les yeux des arbres, les champs et les belles fleurs de ces jardins, reprit-elle.

— C'est vrai. Ici les fleurs ne manquent pas; autrement, nous ne serions pas dans la cité des Fleurs. Ainsi, la chambre vous convient?

— Beaucoup.

— En ce cas, vous pouvez venir quand vous voudrez.

— Je la prends tout de suite, madame. Je vais vous donner le prix du premier mois.

— Et vos effets?

— J'ai laissé ma malle dans une boutique en haut de l'avenue de Clichy. Je vais tâcher de trouver quelqu'un qui me l'apportera ici.

— S'il en est ainsi, vous n'avez pas besoin de vous déranger; mon mari ne tardera pas à rentrer. Dès qu'il sera arrivé, il ira avec vous, et c'est lui qui apportera votre malle. Venez, vous attendrez dans la loge.

Une heure après, Gabrielle était installée dans la petite chambre qu'elle venait de louer cité des Fleurs. Ce soir-là, elle partagea le dîner des concierges; il ne lui avait pas été possible de refuser l'invitation de sa propriétaire, qui était réellement une très bonne femme.

Dès le lendemain, la jeune fille songea à l'emploi qu'elle devait faire de son temps.

— Si, comme je le crois, se dit-elle, la misérable qui m'a volé mon enfant, demeure dans ce quartier, je finirai par la rencontrer un jour ou l'autre. Mais, pour cela, il ne faut pas que je reste enfermée ici entre ces quatre murs. Il est certain qu'il faut que je travaille, que je gagne ma vie, puisque je veux vivre; seulement je puis bien consacrer quelques jours à chercher, tout en me mettant en quête de trouver de l'ouvrage. Mais, n'importe, même quand je travaillerai, je prendrai tous les jours trois ou quatre heures pour me livrer à mes recherches. Retrouver mon enfant! c'est la seule raison que j'aie d'exister. Voilà le but de ma vie. Hélas! si ce n'était pour cela, si je n'avais pas cet espoir, pourquoi vivrais-je?... Les heures que je perdrai dans la journée, je les prendrai sur celles de la nuit. J'ai mis en Dieu tout mon espoir; il me conservera la force, le courage et la santé dont j'ai tant besoin.

Gabrielle venait de se tracer sa ligne de conduite. C'était là tout l'arrangement de sa vie. Elle ne voyait pas autre chose dans l'existence nouvelle qui commençait pour elle.

Il était huit heures du matin. Elle sortit. Toute la journée elle erra, comme une âme en peine, à travers les rues des Batignolles, de Montmartre et des Ternes. Elle rentra le soir, à la nuit. Elle se soutenait à peine. Elle avait les jambes brisées.

— Ce n'est rien, se dit-elle, il faut bien que je m'habitue à la fatigue. Le lendemain et les jours suivants elle recommença sa promenade à travers les rues. Le soir elle ne se sentait plus aussi fatiguée. Ses pieds étaient moins sensibles à la dureté du pavé. Comme elle l'avait prévu, son corps et ses membres s'habituaient à la fatigue des marches forcées.

Le soir du dixième jour, en rentrant, elle dit à la concierge :

— Je n'ai pas fait une longue promenade aujourd'hui. J'ai lu, sur un petit carré de papier, collé contre un mur, qu'on demandait des ouvrières en lingerie rue des Dames. Je me suis présentée. Immédiatement la patronne de l'atelier a voulu voir ce que je savais faire. J'ai donc travaillé avec d'autres ouvrières depuis une heure jusqu'à sept heures. La maîtresse a été contente de mon travail, je crois, car elle m'a promis que demain elle m'enverrait de l'ouvrage. Je ne sortirai donc pas demain dans la matinée, j'attendrai.

Peu de temps après, on se présenta chez la concierge pour lui demander des renseignements sur sa locataire. La brave femme s'empressa de répondre qu'on pouvait, sans aucun danger, lui donner de l'ouvrage chez elle.

Le lendemain, Gabrielle, qui avait cru devoir changer de nom, et qui se faisait appeler simplement madame Louise, reçut un paquet de lingerie assez volumineux. Elle avait pour quatre ou cinq jours de travail. Elle se mit courageusement à l'ouvrage.

Pendant ce temps, l'inspecteur de police Morlot la cherchait dans tous les hôtels des Batignolles.

Morlot s'était donné trois jours pour retrouver Gabrielle ; or, depuis huit jours déjà il se livrait à des recherches inutiles. Aucun hôtel, aucune maison meublée ne lui avait échappé ; il était également entré dans les garnis les plus infimes. Rien. Quand il fut bien sûr qu'il était allé partout, au lieu de se décourager, il recommença son inspection, qui fut plus sévère et plus minutieuse encore. Comme toujours, il s'en prenait au guignon qui s'acharnait à le poursuivre ; mais, cette fois, à sa vive contrariété, se mêlait une grande inquiétude.

Bref, après avoir fait une deuxième et une troisième tournée dans les hôtels, ce qui lui prit quinze grands jours, Morlot ne savait que penser. Allait-il donc falloir mettre sur pied toute la police de Paris pour retrouver la jeune fille ?

Il remontait tristement l'avenue de Clichy lorsque, tout à coup, il vit passer devant lui une jeune femme dont la pâleur le frappa. Il se souvint aussitôt de certaines réflexions du cocher de la Villette, sur la figure pâle de Gabrielle

Morlot vit deux grosses larmes descendre le long de ses joues pâles. (Page 219.)

En effet, cette jeune fille que Morlot venait de rencontrer et qu'il suivait encore des yeux, tout en marchant, était bien celle qu'il cherchait.

Bien qu'il l'eût vue, blanche comme neige, étendue sur un lit, il ne l'avait pas reconnue.

— Pourtant si c'était elle!... murmura-t-il.

Il reprit assitôt :

— Après tout, il est facile de le savoir; je n'ai qu'à le lui demander.

Il doubla le pas pour rejoindre la jeune fille. Au même instant, il la vit disparaître au tournant d'une rue.

— Que ce soit Gabrielle ou non, se dit-il, il faut que je sache où elle va.

Il se mit à courir et il arriva assez tôt à l'angle de la cité des Fleurs pour voir entrer la jeune fille dans la maison où elle demeurait.

Un instant après, Morlot était dans la loge en présence de la concierge.

— Madame, lui dit-il avec beaucoup de politesse, je vous serais infiniment obligé si vous vouliez bien me dire quelle est cette jeune femme qui vient d'entrer dans votre maison.

La concierge parut très étonnée et le regarda de travers.

— Eh bien! c'est une locataire, répondit-elle sèchement.

— Y a-t-il longtemps qu'elle demeure ici?

— Dites donc, vous êtes bien curieux; qu'est-ce que cela peut vous faire? D'ailleurs je n'ai pas de compte à vous rendre.

Le front de Morlot se plissa.

— Ma chère dame, répliqua-t-il, je vous assure que vous avez tort de le prendre sur ce ton. Je ne crois pas m'être présenté chez vous d'une manière inconvenante; je vous demande un renseignement, il me semble que la plus simple politesse exige au moins que vous me répondiez.

— C'est possible. Mais je ne vous connais pas, moi; qui êtes vous?

— Oh! soyez sans crainte, je ne suis pas un voleur.

— Je ne dis pas ça. Mais enfin, il y a tant de gens malintentionnés...

— Je vais tâcher de vous rassurer complètement. Depuis quinze jours je ne quitte pas les Batignolles; j'y cherche une jeune fille d'une vingtaine d'années, à laquelle j'ai plusieurs communications très importantes à faire. Comprenez-vous, maintenant? Je dois ajouter que je m'intéresse beaucoup à cette jeune fille. Tout à l'heure j'ai cru la reconnaître dans votre locataire; cela vous explique pourquoi je vous demande en ce moment des renseignements.

— Dans ce cas, c'est différent. Comment se nomme-t-elle, la jeune fille que vous cherchez?

— Gabrielle Liénard.

— Alors vous vous êtes trompé; notre locataire s'appelle Louise.

— Louise? fit Morlot.

— Oui, madame Louise.

— Elle n'a pas un autre nom?

— C'est probable.

— En effet, fit Morlot, laissant voir son dépit, je me suis trompé. Excusez-moi, madame, je regrette de vous avoir dérangée.

Il se dirigea vers la porte; mais au moment de sortir de la loge, il lui vint à l'idée que Gabrielle avait parfaitement pu changer de nom. Il revint vers la concierge.

— La jeune fille à laquelle je m'intéresse, lui dit-il, est sortie de l'hospice, il y a aujourd'hui juste vingt-quatre jours.

— Ah! fit la concierge, ouvrant de grands yeux étonnés.

— Comme elle est à peine guérie d'une longue maladie, continua l'agent, elle a la figure excessivement pâle; votre locataire ayant aussi une grande pâleur, j'ai pu facilement me tromper. Il est vrai que cette maison n'est ni un hôtel ni un garni, et je suis à peu près certain que la jeune fille en question a loué une chambre meublée.

— Ma foi, monsieur, tout ce que vous me dites est extraordinaire, répondit la concierge.

— Comment cela?

— D'abord, c'est bien une chambre meublée que ma locataire occupe dans la maison; ensuite, c'est aujourd'hui le vingt-quatrième jour qu'elle est ici, et elle a loué le jour même de sa sortie de l'hospice.

— C'est elle, c'est Gabrielle! s'écria joyeusement Morlot. Enfin!...

— Pourquoi donc nous a-t-elle donné un faux nom? demanda la concierge.

— Ma chère dame, ne vous préoccupez pas de cela, répondit l'agent; elle avait ses raisons.

XI

UN AMI

Il était cinq heures de l'après-midi. Assise près de la fenêtre ouverte, Gabrielle travaillait. C'était la fin d'une belle journée, le ciel était sans nuage. Le soleil descendait vers le couchant, et ses rayons pénétraient obliquement dans la chambre. Le parfum des fleurs des jardins montait jusqu'à la jeune fille.

Elle avait la tête inclinée sur sa poitrine et, tout en travaillant, elle songeait. Hélas! elle pensait à son enfant et en même temps à ses jeunes années, à son exellente mère, qu'elle avait trop tôt perdue.

Soudain, elle entendit frapper discrètement à sa porte. Sa tête se redressa. Elle pensa que la concierge venait lui faire une visite, comme cela lui arrivait quelquefois. Elle se leva et alla ouvrir. Elle se trouva en face d'un homme inconnu.

Un petit cri de surprise lui échappa, et elle fit trois pas en arrière.

L'homme restait immobile sur le seuil. On aurait dit qu'il n'osait pas avancer.

— Monsieur, vous vous êtes trompé de porte, sans doute, lui dit la jeune fille.

— Non, non, je ne me suis pas trompé, répondit-il, c'est bien vous que je viens voir.

— Mais c'est impossible, répliqua-t-elle, en le regardant avec effarement.

Il se décida à entrer.

— Mon Dieu! que me voulez-vous? s'écria-t-elle en reculant encore.

— C'est vous qu'on appelle madame Louise, n'est-ce pas? dit-il en refermant la porte.

Oui, c'est moi, balbutia-t-elle.

Et elle se mit à trembler de tous ses membres.

— Oh! je vous en supplie, ne vous effrayez pas!

— Pourquoi venez-vous ici, monsieur?

— Je vous le dirai tout à l'heure.

— Je ne vous connais pas, qui êtes-vous?

— Vous le saurez. Vous dites que vous ne me connaissez pas; certainement, vous ne pouvez pas me connaître... Peut-être m'avez-vous déjà vu; vous ne vous en souvenez pas. Mais si vous ne me connaissez pas, je vous connais, moi.

— Vous me connaissez? s'écria-t-elle.

— Oui, beaucoup!

— Beaucoup! répéta-t-elle stupéfiée.

— Allons, remettez-vous, reprit-il; vous êtes toute tremblante; est-ce que je vous fais peur?

— Non, mais...

— Vous n'êtes pas rassurée. Eh bien! regardez-moi, vous verrez tout de suite que je ne suis pas un homme méchant, que je ne vous veux pas de mal, au contraire. Voyons, est-ce que quelque chose ne vous dit pas que je suis votre ami? Oui, continua-t-il d'un ton pénétré, je suis votre ami, le plus sûr, le plus dévoué, le seul peut-être que vous ayez encore aujourd'hui. Vous le croyez, n'est-ce pas? Dites-moi que vous le croyez...

— Oui, je veux bien le croire, seulement...

— Je comprends, vous n'êtes pas convaincue. Il faut d'abord que je vous donne la preuve que je vous connais. Dans cette maison, on vous appelle Louise, madame Louise; ce n'est pas votre nom. Vous vous nommez Gabrielle Liénard, vous êtes née à Orléans.

La jeune fille fixa sur lui ses yeux hagards, puis elle fit entendre un gémissement et se laissa tomber sur un siège.

— Voyons, mademoiselle Gabrielle, reprit-il d'un ton affectueux et avec respect, n'êtes-vous pas encore rassurée sur mes intentions? Pourtant, si je vous ai cherchée depuis votre sortie de la Salpêtrière, si je suis près de vous en ce moment vous devez bien penser que je ne puis avoir qu'un désir : celui de vous être utile et de vous servir.

« J'ai beaucoup de choses à vous dire, mademoiselle, beaucoup de choses qui vous intéressent ; j'attends que vous soyez en état de m'écouter. Encore une fois, n'ayez aucune crainte ; je vous l'ai dit, je suis un ami, un ami qui ne demande qu'à vous servir. Vous n'avez rien à me cacher et probablement peu de chose à m'apprendre. Je connais votre triste histoire ou, du moins, ce que vous avez raconté de votre vie au juge d'instruction.

Rassurée par ces paroles et l'attitude respectueuse du visiteur, Gabrielle était parvenue à se remettre de son émotion.

— Je crois que vous êtes venu me trouver dans une bonne intention, dit-elle. Si vous savez ce que j'ai raconté au juge d'instruction, je n'ai, en effet, rien à vous dire, rien à vous apprendre. On m'a interrogée, j'ai dit la vérité. Vous venez sans doute de la part du juge d'instruction? Lui seul sait que je suis ici, sous le nom de Louise.

— Non, répondit-il, je ne suis envoyé vers vous par personne. J'ignorais que vous eussiez donné votre adresse au parquet. Il y a quinze jours que je vous cherche dans tous les hôtels du quartier.

— Pourquoi? qu'avez-vous donc à m'apprendre?

— Je vous l'ai dit, beaucoup de choses.

— Mon enfant! on a retrouvé mon enfant! exclama-t-elle.

Le visage de l'agent s'attrista profondément.

— Hélas! non, dit-il, je n'ai pas le bonheur de vous apporter cette joie.

Elle eut un soupir étouffé et laissa tomber sa tête sur son sein.

— Mademoiselle Gabrielle, reprit Morlot avec énergie, je cherche les coupables, car ils sont plusieurs : je les trouverai, il le faut, c'est un serment que j'ai fait, et ils seront punis, sévèrement punis, je vous le promets!

— Ah! répliqua la jeune fille d'une voix vibrante, ce que je veux, ce n'est pas le châtiment des coupables, c'est mon enfant, c'est mon enfant!...

— Nous le retrouverons, j'en suis convaincu, dit l'agent.

Gabrielle secoua tristement la tête.

— J'ai aussi cet espoir, murmura-t-elle ; c'est l'espoir qui me fait vivre.

Morlot, qui était resté debout jusqu'alors, prit une chaise et s'assit en face de la jeune fille.

— Maintenant, reprit-il, il faut que je vous dise qui je suis ; je vous apprendrai ensuite où et comment je vous ai connue. Seulement, n'oubliez pas que je vous suis tout à fait dévoué ; je ne voudrais pas vous inspirer de la défiance et moins encore vous effrayer.

— Non, j'ai confiance en vous ; maintenant vous pouvez me dire tout ce que vous voudrez, répondit Gabrielle.

— Eh bien! mademoiselle, mon nom est Morlot, je suis agent de police.

La jeune fille ne put s'empêcher de tressaillir.

— Oui, continua Morlot, je suis agent de police. Dans une grande ville comme

Paris, il faut bien qu'il y ait des hommes comme moi, sans cela qui trouverait les criminels? il y en a déjà tant qui parviennent à échapper à la justice... Je sais bien qu'on a certaines préventions contre nous; on nous repousse, on nous craint, on nous suspecte, souvent on nous méprise. Eh bien! on a tort. Nous sommes utiles et nous rendons des services importants à la société. Je ne dis pas qu'il n'y a point parmi nous des indignes, mais il y a les bons. Nous sommes des hommes comme les autres. Dans toutes les classes il y a les bons et les mauvais. Est-ce que chaque troupeau n'a pas ses brebis galeuses? Nous avons le courage, l'énergie et nous savons faire notre devoir. Nous servons la justice, dont nous sommes les yeux, les jambes et les bras. Aussi bien que les autres hommes, nous avons du cœur, des sentiments; nous savons nous dévouer et nous savons aimer. Vous en avez la preuve, mademoiselle Gabrielle, puisque c'est par dévouement pour vous que je vous ai cherchée si longtemps et que je suis ici en ce moment.

La jeune fille lui tendit la main.

— Vous êtes bon, fit-elle d'une voix émue, et je crois que vous êtes mon ami.

Les yeux de Morlot étincelèrent de joie.

— Voilà une parole qui me rend bien heureux, dit-il, en serrant la main de la jeune fille dans les siennes.

« Oui, continua-t-il après un moment de silence, je suis votre ami et je saurai vous le prouver. Vous pouvez compter sur mon dévouement. Vous savez maintenant, mademoiselle Gabrielle, que vous n'êtes plus seule, isolée dans Paris; il y a près de vous un homme qui veillera sur vous. Je ne suis qu'un pauvre agent de police, c'est vrai; mais dans toutes les circonstances je saurai vous protéger et vous défendre. Je ne vous demande que d'avoir confiance en moi.

La jeune fille ne doutait pas de sa sincérité; mais elle essayait vainement de s'expliquer la raison du dévouement qu'il venait lui offrir.

Comme s'il eût saisi la pensée de Gabrielle, Morlot poursuivit :

— Vous pourriez vous étonner qu'un inconnu, un pauvre diable comme moi, ait la témérité de se mêler de vos affaires, et vous demander en même temps d'où peut venir l'intérêt qu'il a pour vous. Eh bien! mademoiselle, c'est bien simple : j'ai vu votre malheur si grand que, tout de suite, je vous ai prise en pitié; c'est de la compassion qu'est sortie ma résolution de vous être utile, de vous soutenir, de vous aider, de vous donner enfin mon dévouement complet.

« Je n'ai pas cherché à m'expliquer autrement pourquoi je m'intéressais si vivement à vous; vous étiez jeune, vous étiez une victime, je n'ai vu que cela. J'ai senti que dans votre situation vous aviez besoin d'un véritable ami, et j'ai voulu être cet ami-là. Alors il m'est venu cette pensée... Je me dévouerai pour elle, en me mettant entièrement à son service. C'est à Asnières que je me suis dit cela, le jour où des infâmes scélérats vous ont volé votre enfant!

— Quoi! fit Gabrielle, vous étiez à Asnières ce jour-là?

— Oui, mademoiselle. Vous voyez que je ne mentais pas en vous disant tout à l'heure que je vous connaissais depuis longtemps déjà. Je me trouvais à Asnières, par hasard; avec le commissaire de police, je suis entré dans la maison et dans la chambre où vous étiez. On vous avait trouvée sans connaissance, étendue sur le parquet; on vous avait relevée et remise dans votre lit. Vous veniez d'être rappelée à la vie, mais vous étiez dans le délire; il ne vous fut pas possible de répondre aux questions que vous adressa le commissaire de police ; c'était le commencement de la maladie dont vous avez été guérie à la Salpêtrière.

— Que de douloureux souvenirs! soupira la jeune fille.

— C'est ainsi que je vous ai vue la première fois, continua l'agent, sans mouvement, les yeux fixes, blanche comme vous l'êtes encore aujourd'hui. Près de votre lit, il y avait le berceau vide de l'enfant et plusieurs femmes qui pleuraient à chaudes larmes. J'ai toujours devant les yeux cette scène désolante ; je ne l'oublierai de ma vie. Ah! si on n'eût pas été ému, si l'on était resté insensible à votre malheur, c'est qu'on n'aurait pas eu de cœur !

« C'est moi qui, le premier, me mis à la recherche des misérables qui vous ont volé votre enfant.

— Et rien, rien ! dit la jeune fille avec douleur.

— Impossible de découvrir leurs traces. Et pourtant on a bien cherché.

— Mon Dieu ! pourquoi donc me l'ont-ils pris? Qu'en ont-ils fait?

— Patience ! nous le saurons un jour.

— Qu'il vienne vite, ce jour, qu'il vienne vite !

— Les criminels finissent toujours par tomber entre les mains de la justice. Souvent, après de longues et inutiles recherches, c'est au moment où l'on s'y attend le moins qu'on les trouve sans les chercher.

« Je ne vous dirai pas aujourd'hui tout ce que j'ai fait déjà pour découvrir les coupables et retrouver votre enfant, ce serait trop long. D'ailleurs, j'ai d'autres choses à vous apprendre.

— Hélas! monsieur, en dehors de mon enfant, rien ne peut plus m'intéresser.

— Permettez-moi de croire, mademoiselle Gabrielle, que vous ne pouvez pas être indifférente aux choses que je vais vous dire.

— Ah! répliqua-t-elle, en secouant la tête, vous ne savez pas encore combien est étroit maintenant le cercle de ma vie?

— Il faut pourtant que je parle, c'est nécessaire, forcé... Cependant, si je vous fatigue, dites-le moi.

— Non, je ne suis pas fatiguée.

— Alors, vous voulez bien m'écouter?

— Oui, je vous écouterai ; vous pouvez parler.

Après avoir réfléchi un instant, Morlot reprit :

— Je vais vous dire, d'abord, ce que j'ai appris il y a quelques jours dans la maison où vous étiez autrefois demoiselle de magasin.

XII

LE CŒUR FERMÉ

Gabrielle rapprocha sa chaise de la table sur laquelle elle appuya ses bras, et son regard s'arrêta sur le visage de l'inspecteur de police. Ce dernier, toutefois, n'était pas parvenu à exciter sa curiosité.

— Quand un crime a été commis, reprit-il, et que nous avons à en rechercher les auteurs, nous allons partout où nous pouvons espérer obtenir des renseignements. Cela vous explique pourquoi j'ai voulu voir les propriétaires de la maison de commerce où vous avez été employée. Je ne veux pas vous cacher qu'il m'était venu à l'idée que le jeune homme que vous avez connu, votre séducteur, pouvait être l'auteur de l'enlèvement de votre enfant.

— Comment, fit la jeune fille étonnée, vous avez eu cette pensée?

— Je l'ai eue. La chose ne me paraissait pas impossible. Quand on est en présence d'un mystère, on réfléchit, on examine, on cherche, on soupçonne tout. Il faut un mobile qui explique l'action, on le trouve. J'avais donc pensé que M. Octave Longuet, ayant intérêt à faire disparaître l'enfant, était le coupable. J'ai reconnu que je m'étais trompé.

— Ah!

— M. Octave Longuet, — si c'est réellement son nom, — ne savait pas dans quelle position vous étiez le jour où il a quitté Paris si brusquement, que son départ ressemblait à une fuite. En somme, il vous a lâchement abandonnée.

— Oui, lâchement abandonnée, répéta tout bas la jeune fille.

— Cependant, reprit Morlot, il paraît qu'il avait pour vous une affection sincère.

— Hélas! c'est parce que j'ai cru qu'il m'aimait qu'il a pu profiter de ma faiblesse. Je ne cherche pas à m'excuser; j'ai été coupable, je devais réfléchir, voir le danger et le fuir. Il m'a perdue, je lui dois mon malheur; mais je lui pardonne.

— Écoutez, mademoiselle Gabrielle, si j'en crois ce qui m'a été dit, il n'est pas aussi coupable qu'on pourrait le supposer.

— Oh! je le suis plus que lui, je viens de vous dire pourquoi.

— Ce n'est pas volontairement qu'il vous a abandonnée.

— Je n'en sais rien.

— Subitement rappelé de Paris, il a dû partir sans avoir le temps de vous voir et de vous prévenir.

Oh! les jolis enfants, murmura-t-elle, émerveillée. (Page 226.)

— C'est possible et je veux bien le croire.
— Mademoiselle Gabrielle, aimez-vous encore ce jeune homme?
— Pourquoi me faites-vous cette question?
— J'ai besoin de savoir...
— Eh bien! monsieur, j'ai oublié l'homme pour ne me souvenir que du mal qu'il m'a fait. J'ai fermé mon cœur à tout autre sentiment que celui de mon amour pour mon pauvre enfant.

— En ce cas, je n'hésite plus à parler. Il n'y a pas encore deux mois de cela, M. Octave Longuet est revenu à Paris.

La jeune fille resta impassible.

— Croyant vous retrouver au magasin de la rue Montmartre, il s'y est présenté, continua Morlot. On lui a dit ce qu'on savait : que vous aviez quitté la maison pour ne pas subir l'affront d'être renvoyée ; que vous étiez allée cacher votre honte avenue de Clichy, au fond des Batignolles, qu'au bout de quelques temps vous aviez de nouveau changé de domicile et que, depuis, on ignorait absolument ce que vous étiez devenue.

Le jeune homme apprit tout cela avec une vive surprise et une véritable douleur, paraît-il. Comme on lui reprochait sévèrement sa conduite envers vous, il convint qu'il avait des torts, et il ajouta qu'il était désolé de ne pouvoir les réparer.

— Trop tard ! murmura Gabrielle.

— Bref, il prétendit qu'il vous aimait réellement, qu'il ne vous avait pas abandonnée, qu'il regrettait vivement le mal qu'il avait fait et que ce serait le remords de toute sa vie.

— Alors il habite actuellement à Paris? demanda la jeune fille.

— Non. Il a déclaré que, n'étant venu à Paris que pour vous, il allait repartir immédiatement. Du reste, il n'a point dit ni ce qu'il faisait, ni où il demeurait habituellement.

— Je le regrette.

— Pourquoi?

— Je vous aurais prié d'aller le trouver et de lui dire : « La pauvre Gabrielle, que vous avez connue, n'est pas morte encore ; mais elle est condamnée au malheur pour toute sa vie; oubliez-la tout à fait; elle souhaite que vous soyez heureux, et je vous apporte son pardon ! »

Morlot était très étonné qu'elle restât si calme et si froide. Il ne put s'empêcher de lui dire.

— C'est ainsi que je dois être, répondit-elle en secouant la tête ; je ne veux plus penser qu'à mon enfant. Excepté pour lui, mon cœur est mort.

L'agent resta un moment silencieux.

— Au fait, dit-il, vous avez peut-être raison. Maintenant je vais vous parler d'Orléans.

Elle fit un brusque mouvement.

— Vous êtes allé à Orléans?

— Oui. Mon devoir était d'aller partout.

— Soit. Qu'avez-vous appris à Orléans?

— Concernant le véritable but de mes recherches, rien.

— Oui, toujours rien, soupira-t-elle.

— Mademoiselle Gabrielle, reprit Morlot d'une voix grave et triste, j'ai une mauvaise nouvelle à vous apprendre.

— Je vous écoute, monsieur, de quoi s'agit-il?

— Je vais certainement vous faire de la peine; pourtant, il faut que vous sachiez...

— Eh bien! parlez; vous savez que vous pouvez tout me dire.

— Mademoiselle Gabrielle, votre père est mort.

— Mon père est mort! s'écria-t-elle, en se dressant sur ses jambes d'un seul mouvement.

Le regard fixe, les bras pendants, elle resta un instant immobile comme pétrifiée. Puis sa poitrine se souleva, elle appuya une de ses mains sur son cœur et retomba lourdement sur son siège, en faisant entendre un sourd gémissement.

Morlot vit deux grosses larmes descendre le long de ses joues pâles.

— Mort, mort! reprit-elle d'une voix étranglée; mon pauvre père! Et je ne sais pas, je ne saurai jamais s'il a eu, à sa dernière heure, une pensée pour sa malheureuse fille?

Elle couvrit son visage de ses mains et, ne pouvant les retenir plus longtemps, ses larmes inondèrent ses joues.

Morlot respecta sa douleur et la laissa pleurer.

Au bout de quelques minutes, s'étant calmée, elle essuya sa figure et ses yeux.

— Je croyais n'avoir plus de larmes, dit-elle; je ne pensais pas non plus que je pusse éprouver de nouvelles douleurs. Il paraît qu'il y a encore place dans mon cœur pour la souffrance! Il est vrai qu'il s'agit de mon père... J'ai été saisie brusquement; je m'attendais si peu à ce nouveau malheur! J'aurais voulu être près de lui à son dernier moment pour l'embrasser et lui demander pardon. Et pourtant, je sens que je ne pouvais pas le revoir. Hélas! il m'aurait repoussée et peut-être maudite!

« Je suis très affligée, monsieur; mais n'importe, vous avez bien fait de ne pas me cacher la mort de mon père.

— Dans votre intérêt, je devais vous l'apprendre. Votre père possédait une petite fortune, vous avez votre part d'héritage à recueillir.

— Non, non, répliqua vivement la jeune fille, je ne veux rien, je ne réclame rien.

— Permettez-moi de vous dire, mademoiselle...

— Non, vous dis-je, l'interrompit-elle, plutôt que de revoir ma belle-mère, je préfère lui laisser tout ce que possédait mon père. D'ailleurs, mon travail me suffit, car je sais me contenter de peu.

— Soit. Mais si désintéressée que vous soyez, vous ne devez pas renoncer à la petite fortune qui vous appartient légitimement. Je m'empresse de vous dire que vous n'avez nullement besoin de vous adresser à votre belle-mère. Je sais qu'après avoir eu beaucoup à vous plaindre d'elle, il vous serait pénible de la revoir; mais cela n'est pas nécessaire. La maison de votre père a été vendue. Madame Liénard a touché sa part de succession, et la somme qui vous revient, à vous, est déposée chez un notaire. C'est à ce notaire seul que vous aurez affaire. Je l'ai vu, il vous attend.

— Ainsi vous me conseillez de réclamer?

— Certainement. Songez à votre enfant que vous retrouverez un jour.

Gabrielle hésitait encore. Ces dernières paroles achevèrent de la décider.

— Vous avez raison, dit-elle; ce que je ne ferais pas pour moi, je dois le faire pour mon enfant. Mais, continua-t-elle, je n'entends rien à ces sortes de choses, il doit y avoir des formalités à remplir, je vais me trouver très embarrassée.

— Ne vous ai-je pas dit que vous pouviez compter sur moi en toutes circonstances?

— Alors vous m'aiderez de vos conseils?

— Oui, et si vous le voulez, je vous accompagnerai à Orléans.

— Je n'aurais pas osé vous le demander; merci, dit-elle.

Et une seconde fois elle lui tendit sa main.

— Vous aviez raison tout à l'heure en disant que je n'étais plus seule, isolée dans Paris, reprit-elle; j'accepte avec reconnaissance l'amitié que vous êtes venu m'offrir. Hélas! je sens que j'ai besoin d'être protégée. Eh bien! oui, soyez mon ami. A partir de ce moment, je vous donne toute ma confiance.

Morlot ne put que serrer la main de Gabrielle. Mais sa joie était grande. Il devait être aussi très ému, car il passa rapidement sa main sur ses yeux pour faire disparaître une larme.

Un instant après, il prit congé de la jeune fille.

Ils avaient décidé qu'ils partiraient le surlendemain pour Orléans.

Quinze jours plus tard, Gabrielle quittait la cité des Fleurs pour aller habiter rue Guénégaud dans une maison voisine de celle où demeurait l'inspecteur de police. C'est ce dernier qui avait loué, au nom de madame Louise, le logement qui se composait d'une chambre à coucher, d'une petite salle à manger et d'une cuisine. Le mobilier avait été acheté par la jeune fille, en compagnie de madame Morlot, chez un marchand de meubles du voisinage.

Gabrielle avait touché la somme de quarante-deux mille francs chez le notaire d'Orléans.

Sur le conseil de Morlot, et par ses soins, la presque totalité de cette somme avait été convertie immédiatement en titres nominatifs 3 p. % de la dette publique.

La jeune fille avait juste deux mille francs de rente. Pour une autre c'eût été peu, pour elle c'était beaucoup. Elle n'était plus obligée de travailler pour gagner son pain quotidien et elle se trouvait pour toujours à l'abri de la misère.

— C'est toujours ça! se disait l'agent de police.

Et il se frottait les mains.

Le brave homme était content.

XIII

LES ENFANTS

Les époux Morlot étaient véritablement de bonnes gens, ayant, comme on dit, le cœur sur la main. Dès les premiers jours, la femme témoigna à Gabrielle une grande affection, et tous deux donnaient à la jeune fille de nombreuses preuves de leur dévouement. Celle-ci ne tarda pas à apprécier leurs excellentes qualités et elle ne put plus douter de la sincérité de leur amitié. Elle se félicita de les avoir rencontrés, car elle savait combien elle avait besoin d'aide et de protection. Elle se sentit rassurée dans le présent et un peu moins inquiète en face de l'avenir.

Seule au monde, sans famille, sans parents, c'est presque une famille qu'elle trouvait dans ses nouveaux amis, dont l'affection était aussi discrète que pleine de dévouement.

Après s'être tenue d'abord vis-à-vis d'eux dans une certaine réserve, qui n'était peut-être que de la timidité, elle se laissa aller peu à peu à une douce confiance. Pénétrée, d'ailleurs, d'une vive reconnaissance pour les soins et les attentions dont elle était l'objet, elle permit à son cœur de répondre aux sollicitations de l'amitié, et une grande intimité s'établit bientôt entre elle et la femme de l'agent de police.

Elles se voyaient souvent, presque tous les jours, soit que Gabrielle allât chez Morlot ou que la femme de l'agent vînt lui rendre visite.

Madame Morlot n'avait que sept ou huit ans de plus que Gabrielle. Sans être jolie, elle avait une figure agréable, le regard doux et sympathique. Elle se nommait Mélanie.

Quatre ans auparavant, Morlot s'était trouvé avec elle à une noce de village, à vingt-cinq ou trente lieues de Paris, à laquelle il assistait en sa qualité d'ami du marié. Mademoiselle Mélanie Rouget lui plut à première vue. Alors il songea qu'il avait passé la trentaine et que l'heure était venue de se donner une compagne. Rien ne dispose mieux un célibataire à renoncer à la vie de garçon que d'assister au mariage d'un intime. Morlot, persuadé qu'il avait vécu seul assez longtemps, se mit à faire la cour à la jeune paysanne, avec la volonté d'en devenir amoureux.

En effet, avant la fin du deuxième jour, il était absolument fou d'amour. Mais, tout à coup, il apprit, que mademoiselle Mélanie Rouget était du nombre des riches héritières du pays. Elle demeurait chez son oncle, en attendant qu'elle trouvât un mari.

Depuis quelques années elle avait perdu son père et sa mère, lesquels lui avaient laissé une vingtaine de mille francs.

— Diable, diable! se dit Morlot en se grattant l'oreille, je viens de faire une fameuse sottise.

Et toute sa gaieté disparut comme par enchantement.

Il s'éloigna subitement de la jeune héritière et affecta de ne plus faire attention à elle.

Mademoiselle Mélanie s'aperçut de ce changement trop visible et n'eut pas de peine à en découvrir la cause. L'effet produit fut excellent. Morlot lui plaisait, elle approuva sa délicatesse, tout en se disant qu'un aussi honnête garçon méritait bien d'être aimé.

Morlot revint à Paris, persuadé qu'au bout de quelques jours il ne penserait plus à mademoiselle Mélanie. Mais il était sérieusement pris du désir de se marier, et, loin d'oublier la paysanne, il l'avait constamment devant les yeux, ce qui lui occasionnait des battements de cœur fort singuliers.

Un jour il se dit :

— Je ne peux pas vivre éternellement ainsi ; il faut que j'en aie le cœur net.

Il s'arma de courage et écrivit deux lettres : l'une à mademoiselle Mélanie pour lui dire qu'il l'aimait ; l'autre à son oncle pour la demander en mariage.

La jeune fille se montra tout de suite très favorable à la demande. Quant à l'oncle, il fit la grimace et essaya de peser en sens contraire sur la décision de la jeune fille.

— Tu ne voudrais pas prendre pour mari un agent de police ! lui dit-il.

— Pourquoi donc? répondit-elle. Je sais qu'il est honnête, je crois qu'il a un bon cœur, et je suis sûre qu'il me rendra heureuse.

Elle était majeure, c'est-à-dire libre de disposer d'elle. Malgré tout ce que put lui dire son oncle, qui était du reste un très brave homme, elle épousa Morlot.

Elle avait espéré avoir le bonheur. Son mari le lui donna. Alors elle put s'applaudir d'avoir suivi l'inspiration de son cœur. De son côté, Morlot découvrit bientôt que les qualités de sa femme valaient mille fois mieux que sa dot. Économe et bonne ménagère, affectueuse, tendre et dévouée, le pauvre agent de police avait eu le bonheur de trouver un véritable trésor.

Il n'y eut jamais entre eux une difficulté, un mot plus haut que l'autre, et ils s'aimèrent chaque jour davantage.

Voilà quels étaient les nouveaux amis de Gabrielle Liénard.

La jeune fille, n'ayant plus besoin de travailler pour vivre, pouvait se livrer plus facilement aux recherches qu'elle avait commencées dans le but de retrouver son enfant, pendant que, de son côté, l'agent de police continuait les siennes sans relâche et sans se décourager. Donc, Gabrielle sortait tous les jours afin d'aller explorer les uns après les autres tous les quartiers de Paris ; car elle conservait l'espoir qu'elle finirait par rencontrer cette Félicie Trélat qui l'avait si odieusement trahie et qui, — cela n'était pas douteux — n'avait été que l'instrument dont d'autres s'étaient servis pour commettre le crime.

Si fragile qu'il soit, l'espoir est une des meilleures choses qui puisse entrer dans le cœur des hommes, de ceux surtout qui sont malheureux.

Gabrielle voulait espérer; hélas! pour qu'elle pût vivre, il lui fallait l'espoir.

Un soir, au retour d'une de ses longues et inutiles promenades dans les rues de la ville, elle dit à la femme de Morlot :

— J'ai un conseil à vous demander.

— A moi! fit Mélanie; mais en quoi puis-je vous conseiller?

— Comme vous le savez, j'ai deux mille francs de rente ; pour moi, c'est une fortune, car de la façon dont je vis et veux continuer à vivre, c'est à peine si je dépenserai mille à douze cents francs chaque année.

— C'est vrai. Eh bien ! vous ferez des économies.

— Il me semble que je pourrais employer autrement l'argent que je ne dépense pas.

— Quelle est votre idée?

— Avec ma petite fortune, je n'ai pas besoin de travailler, n'est-ce pas ?

— Certainement.

— Pourtant, en dehors des heures que je veux consacrer à mes recherches, il me reste, le matin et le soir, beaucoup de temps à employer. J'aime le travail et je me reproche mon oisiveté.

— Vous voulez donc travailler?

— Oui, mais pas pour gagner de l'argent, puisque j'ai déjà plus qu'il ne me faut pour vivre; je voudrais, au contraire, tout en travaillant, trouver le moyen de faire un emploi utile de mon superflu. C'est sur cela que je vous prie de me donner un conseil...

— Si je ne me trompe pas, Gabrielle, votre intention serait de travailler pour les pauvres?

— Oui.

— C'est là une bonne pensée.

— Ainsi vous m'approuvez?

— De tout mon cœur.

— Cette idée m'est venue aujourd'hui, à Grenelle, en voyant des enfants ouverts de misérables haillons, qui jouaient dans la rue. Je me suis arrêtée pour les regarder et, malgré moi, je me suis mise à pleurer. Je pensais au mien... Ils étaient cinq ou six, je leur ai donné à chacun une pièce de vingt sous, puis j'ai embrassé le plus petit et je me suis sauvée toute honteuse, comme si j'eusse commis une mauvaise action.

« J'ai pensé à la misère qu'il y dans Paris, au grand nombre de malheureux qui n'ont pas les moyens d'habiller leurs enfants et qui, souvent peut-être, ne peuvent pas leur donner du pain. Pauvres petits innocents! il doit y en avoir des milliers comme ceux que j'ai vus tantôt. L'été, ils ne souffrent pas trop ; mais, c'est l'hiver, quand il gèle ou que la neige tombe!... Eh bien! je me suis dit que je devais faire quelque chose pour eux. Si j'étais riche, bien riche, si j'avais des millions, je voudrais tout donner aux enfants des pauvres! Mélanie, faire du bien aux malheureux, cela doit porter bonheur!

— Oui, je le crois.

— Eh bien! oui, je veux travailler, confectionner des petits vêtements pour les enfants, des layettes complètes ; j'en ai une que je n'ai pas pu employer ; mais je la conserve celle-là ; elle me servira de modèle pour les autres. Ah! en la préparant j'étais bien heureuse ; je ne me doutais guère... Mon pauvre enfant!... Enfin, ma chère Mélanie, voilà quelle est mon intention, voilà ce que je veux faire. Seulement je me trouve embarrassée.

— Qu'est-ce qui vous embarrasse, Gabrielle?

— Quand j'aurai confectionné un ou plusieurs petits vêtements, fabriqué des petits bonnets, cousu des petites chemises, tricoté des couvertures et autres objets, je me demande comment je pourrai donner tout cela.

— Oh! rien ne vous sera plus facile, répondit en souriant la femme de Morlot. Soyez tranquille, nous ne chercherons pas longtemps pour trouver de pauvres gens qui accepteront vos dons avec reconnaissance. Est-ce que tous les jours il ne vient pas au monde de pauvres petits êtres qu'on recommande à la charité publique? Et puis il y a les asiles, les maisons hospitalières, où l'on recueille les enfants abandonnés, ceux qui naissent à l'hospice et ceux aussi que leurs mères ne peuvent pas élever. Ma chère Gabrielle, tout ce que vous porterez à une crèche sera accepté avec plaisir. Il y a beaucoup de dames riches qui travaillent pour les crèches et les orphelinats. Tous ces malheureux enfants ont besoin de bien des choses. Si personne ne s'occupait d'eux, que deviendraient-ils? Assurément, la charité est grande ; mais on ne saurait trop faire pour les innocents que le malheur frappe à l'heure même de leur naissance.

— C'est vrai, dit tristement Gabrielle.

Dès le lendemain elle fit un important achat de diverses étoffes et se procura en même temps des patrons de plusieurs grandeurs. Elle se trouvait en mesure de confectionner, selon son désir, toutes sortes de petits vêtements pour enfants. Pleine d'ardeur, elle se mit à l'ouvrage.

Le soir, madame de Coulange entrait dans le salon de la comtesse de Germond. (Page 237.)

— Il me semble que c'est pour mon enfant que je travaille, disait-elle à Mélanie.

Tous les jours, régulièrement, elle se levait à six heures. Elle prenait son ouvrage et travaillait jusqu'à dix heures. Alors elle déjeunait. Immédiatement après son modeste repas elle sortait. Elle s'en allait à travers les rues pleines de mouvement et de bruit, marchant lentement et regardant les passants, sans cesser un seul instant de penser à son enfant. Il lui était indifférent d'aller d'un côté ou d'un autre. Elle marchait à l'aventure, laissant au hasard le soin de diriger ses pas. Quand elle se sentait fatiguée, elle s'asseyait sur un banc ou sur une pierre et, après s'être reposée, elle reprenait sa promenade errante.

Le soir elle rentrait chez elle entre cinq et six heures. Elle dînait, puis elle se remettait à travailler jusqu'à dix heures.

Très souvent Morlot et sa femme venaient lui tenir compagnie. Mélanie apportait son ouvrage et elles travaillaient ensemble. Gabrielle avait du plaisir à les voir. Causer intimement avec eux était sa seule distraction, car elle ne parlait jamais à personne, pas même aux concierges de la maison. Elle n'oubliait pas, cependant, mais quand les époux Morlot étaient près d'elle, il lui semblait qu'ils apportaient un adoucissement à sa douleur.

Un jour, vers trois heures de l'après-midi, elle entra dans le jardin du Palais-Royal. Aussitôt mille petits cris joyeux frappèrent ses oreilles et elle vit des centaines d'enfants de tout âge, qui jouaient et couraient sous les arbres. Ses yeux étincelèrent et son cœur se mit à battre avec violence.

— Oh! les jolis enfants! murmura-t-elle émerveillée.

Et, tout en marchant lentement, elle les regardait avec des yeux ravis.

— Pourquoi donc ne suis-je pas encore venue ici? se demanda-t-elle. Oh! j'y reviendrai souvent, oui, souvent!

Comme ils sont beaux! continua-t-elle; les jolies petites figures roses, épanouies! Comme elles ont de beaux cheveux, ces gentilles petites filles! Ah! cela me fait du bien de les voir courir et de les entendre rire... Quelle gaieté! La joie éclate dans leurs yeux. Ils sont contents, ils sont heureux, tous ils ont leur mère!

Ses yeux s'étaient voilés de larmes. Elle les essuya pour continuer à jouir du ravissant tableau qui s'offrait à elle.

On était aux plus beaux jours de l'été, et il y avait un soleil magnifique. La grande chaleur obligeait à chercher l'ombre et un peu de fraîcheur sous les feuillages verts. Le jardin regorgeait de monde, on se pressait dans les galeries en attendant l'heure du concert. Chaque arbre abritait sous son ombrage un groupe de plusieurs personnes. Les bancs et toutes les chaises étaient occupés. On causait et on riait. Les petites bonnes au minois chiffonné, avec le tablier blanc, étaient nombreuses. Il y avait aussi beaucoup de nourrices tenant dans leurs bras leur nourrisson.

Mais Gabrielle ne voyait que les enfants, elle ne regardait qu'eux. Elle aurait voulu les tenir tous ensemble dans ses bras pour les serrer contre son cœur et les couvrir de baisers. Parfois elle s'arrêtait devant une nourrice et elle s'oubliait un instant à contempler le bébé rose et blond. On aurait dit alors qu'elle venait de tomber en extase.

Un enfant, un petit garçon de deux à trois ans, fit une chute sous ses yeux. Au cri qu'il poussa, la mère accourut et le releva; puis elle se mit à le bercer dans ses bras et à l'embrasser sur le front et sur les yeux pour sécher ses larmes.

Gabrielle, toute tremblante, regarda la jeune mère avec un œil d'envie.

— Est-elle heureuse! soupira-t-elle.

Elle remarqua que, pour la plupart, ces enfants étaient richement vêtus, ce qui indiquait qu'ils avaient des parents aisés. Mais c'est surtout les petits garçons qu'elle aimait à regarder. Et pendant que son cœur palpitant débordait de tendresse, elle semblait les dévorer des yeux. Les plus jeunes, ceux qui paraissaient avoir l'âge de son fils, attiraient particulièrement son attention. Dans chacun elle croyait voir son enfant. A chaque instant elle ouvrait ses bras, comme si l'un d'eux allait la reconnaître tout à coup et accourir vers elle.

Elle ne s'apercevait pas que ses allures singulières étonnaient, qu'elle devenait un objet de curiosité, et elle n'entendait pas que beaucoup de gens disaient derrière elle :

— C'est une folle!

Non, elle ne voyait que les enfants qui jouaient autour d'elle, elle n'entendait que leurs cris joyeux.

Pauvre mère! Pour une minute l'illusion la rendait heureuse!

Quand elle eut fait le tour du jardin, elle s'assit sur un banc où elle trouva une place. Alors, en présence de la joie des autres, ses douloureuses pensées revinrent l'assaillir.

— Si mon enfant était ici parmi tous ces enfants, se disait-elle, j'aurais beau le regarder, lui tendre mes bras et l'appeler des yeux et de la voix, il ne voudrait voir en moi qu'une étrangère. Hélas! moi-même je ne pourrais pas le reconnaître. Oh! c'est horrible de penser que je peux me trouver en face de lui sans qu'il sache que je suis sa mère, sans que je puisse me douter qu'il est mon enfant!

Elle laissa échapper un long soupir.

— Mais non, reprit-elle aussitôt, si une chose semblable arrivait, mon cœur aurait des tressaillements qui me feraient reconnaître mon enfant, ou bien une voix d'en haut me crierait : « C'est lui! »

« Hélas! continua-t-elle tristement, je ne vois que l'impossible, tout cela n'est qu'un rêve comme j'en ai déjà fait tant d'autres. Cette rencontre ne peut pas arriver, elle n'arrivera jamais... Morlot a raison : pour retrouver mon enfant il faut d'abord découvrir ceux qui me l'ont volé.

Lentement sa tête s'inclina sur sa poitrine.

Pendant dix minutes elle resta ainsi dans une immobilité complète, les yeux presque fermés, absorbée dans ses sombres pensées.

Quand elle releva la tête, elle se vit seule sur un banc. Une trentaine d'enfants étaient devant elle, formant un demi-cercle. Tous la regardaient avec de grands yeux étonnés. Pour mieux la voir, ceux qui étaient derrière poussaient les autres afin de se glisser au premier rang. Gabrielle excitait au plus haut point leur curiosité enfantine. Évidemment elle les intéressait. Il n'y avait rien d'hostile, ni de moqueur dans leur attitude. Ils étaient aussi sérieux que des enfants peuvent l'être. Ils s'étaient approchés et groupés pour regarder la jeune fille, attirés par l'extraordinaire. En effet, on ne voit pas tous les jours un visage blanc comme un flocon de neige. Ils regardaient comme regardent les enfants, une chose qui leur paraissait étrange. Pour eux, c'était un spectacle, une curiosité. Une figure blanche, cela les amusait.

Gabrielle fut un peu surprise, d'abord, de se voir ainsi entourée; mais ne se sentit ni inquiète, ni gênée. Elle éprouva, au contraire, une émotion de plaisir indéfinissable. Certes, elle aimait trop les enfants pour avoir seulement la pensée de les repousser ou de s'éloigner d'eux. Elle leur sourit en leur faisant signe de s'approcher davantage. Mais ils jugèrent prudent de continuer de se tenir à distance.

Pourtant, l'un d'eux, plus hardi que les autres, se détacha brusquement du groupe et marcha vers Gabrielle.

C'était un mignon petit bonhomme, ayant de grosses joues fraîches comme une rose, qui ne devait pas avoir plus de quatre ans.

La jeune fille eut le désir de l'embrasser. Elle le saisit par le bras et se baissa pour lui mettre un baiser sur le front. Mais l'enfant eut peur, sans doute, car il se mit à pousser des cris perçants.

Gabrielle, effrayée, le lâcha, et il se sauva de toute la vitesse de ses petites jambes.

Au même instant les autres enfants se dispersèrent comme une bande d'oiseaux effarouchés.

— Je les aime et je leur fais peur! murmura tristement la jeune fille.

Elle poussa un gémissement, baissa la tête et fondit en larmes.

XIV

UN NOM TROUVÉ

Trois jours après, Gabrielle revint au Palais-Royal. Cette fois ce n'était pas le hasard, mais son cœur qui l'y avait amenée. Elle voulait se retrouver au milieu des enfants. Quelque chose de mystérieux et d'irrésistible la poussait ou l'attirait vers eux.

Ce ne fut d'abord qu'un désir, une sorte de joie qu'elle voulait se donner. Les émotions qui naissaient en elle lui semblaient d'une douceur infinie. Seuls, les enfants avaient le pouvoir de faire battre son pauvre cœur brisé. Près d'eux elle éprouvait un immense soulagement, elle se sentait revivre.

Bientôt il ne lui fut plus possible de passer un seul jour sans les voir. Ils avaient pris place dans sa vie. Entendre leurs cris, écouter leur gentil babil, assister à leurs jeux, les contempler, les admirer, les caresser du regard, tout cela était devenu un besoin impérieux de son existence, une sorte de manne céleste, qui était la nourriture de son âme.

Le jardin du Palais-Royal n'a pas le privilège d'être l'unique endroit de la ville fréquenté par les enfants. Depuis que Paris a été pour ainsi dire transformé par ses nombreux embellissements, il y a dans tous les quartiers de très jolis jardins auxquels on a donné le nom de squares, mot anglais qui signifie carré. Pendant toute la belle saison, c'est dans ces jardins qu'on conduit les enfants ; du reste, c'est pour eux, principalement, que les squares ont été créés. Là, ils prennent de l'exercice, et ils ont le soleil et le grand air si nécessaire à leur santé et au développement de leurs forces.

Gabrielle pouvait donc rencontrer partout des enfants. Cependant, elle n'allait jamais qu'au Palais-Royal, aux Tuileries et au Luxembourg.

Quand, entre trois et quatre heures, elle n'était pas au Palais-Royal, elle se trouvait sûrement dans l'un des deux autres jardins.

Peu à peu, les enfants qu'on amenait dans ces trois jardins s'habituèrent à la voir. Sa figure était toujours pour eux un objet de vive curiosité ; mais ils n'avaient plus peur d'elle ; ils devenaient, au contraire, de plus en plus familiers. Ils avaient compris que cette jeune femme si pâle et si triste était malheureuse. Et puis elle avait pour eux de si doux regards ! Souvent ils l'avaient vue pleurer en les regardant, et ils avaient deviné que, non seulement elle ne voulait pas leur faire du mal, mais qu'elle les aimait.

Quand après trois heures ils ne la voyaient pas arriver, ils la cherchaient des yeux partout et devenaient inquiets, comme si quelque chose leur eût manqué.

Alors, les plus grands disaient aux autres :

— C'est demain qu'elle viendra.

Le lendemain ou le surlendemain, aussitôt que Gabrielle paressait, des cris de joie saluaient son arrivée. Les enfants cessaient leurs jeux, se réunissaient, couraient à sa rencontre, l'entouraient, et les petites mains en l'air se tendaient vers elle. Elle s'asseyait sur un banc, une chaise ou se baissait. Alors grands et petits offraient leurs joues à ses baisers.

En voyant cela les mamans souriaient.

Gabrielle avait conquis l'amitié des enfants et acquis en même temps la sympathie des mères.

On ne savait pas qui elle était ; mais on s'intéressait à elle et on la plaignait. Elle avait l'air si malheureux !

La jeune fille se laissait aller à l'attendrissement et, malgré elle, ses larmes coulaient. Elle se livrait à ces émotions comme d'autres se donnent au plaisir. Elle y trouvait une jouissance. Son cœur, s'ouvrant à l'illusion, elle réussissait, pour un instant, à tromper son amour maternel.

Quand elle fut convaincue que son affection pour les enfants ne portait ombrage à personne, quand elle vit qu'on ne leur défendait point d'aller vers elle et qu'on lui permettait de les embrasser, elle devint plus hardie. Elle osa prendre les plus petits dans ses bras; il n'était pas rare d'en voir jusqu'à quatre sur ses genoux pendant qu'un autre grimpait sur ses épaules pour se mettre à cheval sur son cou.

Elle causait et jouait avec eux; c'est elle qui organisait les rondes et les faisait danser; elle tenait un bout de la corde sur laquelle sautait les petites filles. D'autres fois, quand ils étaient groupés autour d'elle, elle leur racontait de petites historiettes, des contes qu'elle avait appris dans son enfance et qui lui revenaient à la mémoire. Les mamans s'approchaient et elles aussi l'écoutaient avec plaisir. Elle avait la voix douce, très agréable, et elle racontait d'une façon charmante, elle savait rendre intéressants et touchants les plus simples récits.

Les enfants l'adoraient, ils ne pouvaient plus se passer de leur bonne amie.

Elle avait toujours dans ses poches des bonbons, et dans un petit panier des gâteaux, des macarons, des gaufres et autres friandises qu'elle leur distribuait.

Ce qui se passait au Palais-Royal se répétait exactement au jardin des Tuileries et au jardin du Luxembourg. Du reste, presque toujours Gabrielle rencontrait dans un jardin quelques-uns des enfants qu'elle voyait dans les autres.

Souvent, des dames l'appelaient et l'invitaient à s'asseoir près d'elles. Assurément, la curiosité n'était pas étrangère à l'accueil affectueux qu'on lui faisait. On devinait qu'il y avait un mystère dans son existence et on aurait voulu savoir quelque chose de son passé.

Mais, quand on l'interrogeait sur sa famille ou sur les choses intimes de sa vie, la jeune fille restait muette.

Elle cachait avec soin son véritable nom et on ne la connaissait que sous celui de Louise. Toutefois, on l'appelait plus communément la jeune fille ou la jeune femme pâle.

Quand on ne lui adressait pas des questions touchant directement au secret qu'elle voulait garder, elle répondait volontiers.

Ainsi, le jour où on lui demanda l'âge qu'elle avait, elle n'hésita pas à répondre :

— Je n'ai pas encore vingt ans.

— Vous êtes bien jeune, et pourtant vous avez déjà beaucoup souffert; on le voit à votre profonde tristesse.

— C'est vrai, j'ai beaucoup souffert.

— Et vous souffrez encore?

— Oui.

— Vous êtes malheureuse?
— Très malheureuse.
— Quelle est la cause de votre chagrin?
— Je ne peux pas le dire : moi-même je voudrais l'oublier. J'étais bien jeune quand le malheur est venu fondre sur moi ; depuis il n'a pas cessé de me poursuivre impitoyablement.
— Est-ce que votre visage a toujours eu cette pâleur?
— Non. Autrefois, j'avais les lèvres roses et de belles couleurs sur les joues.
— C'est donc par suite de vos chagrins que vous êtes changée ainsi?
— Oui.
— En effet, vous avez été impitoyablement frappée.
— J'ai fait une longue et cruelle maladie dont je suis guérie depuis quelques mois seulement. C'est pendant cette maladie que ma figure a pris cette pâleur qui lui est restée.
— Avez-vous encore vos parents?
— Je suis orpheline!
— Vous devez avoir des moyens d'existence?
— Je possède un petit capital bien placé, dont la rente suffit grandement à mes besoins et assure mon indépendance.
— On voit que vous aimez beaucoup les enfants.
— Oui ! oui, je les aime ! Je ne vis que pour eux, et il me semble que ce sont eux qui me font vivre.
— Souffrez-vous physiquement?
— Non, le corps est guéri, c'est au cœur qu'est la souffrance.

A toutes les personnes qui s'intéressaient assez à elle pour l'interroger, Gabrielle faisait à peu près les mêmes réponses et c'était tout ce qu'on savait d'elle.

— Un jour, comme elle arrivait au jardin des Tuileries, un petit garçon de sept à huit ans, qui l'aperçut le premier, se mit à crier :

— La Figure de cire ! la Figure de cire!
Et tous les autres répétèrent après lui :
— La Figure de cire !
Cette fois, les enfants avaient trouvé le nom à lui donner.
Quand elle fut au milieu d'eux, une petite fille s'approcha d'elle et lui dit.
— Tu ne sais pas, la Pâle? eh bien, les petits garçons t'ont appelée Figure de cire.
— Vraiment, ma mignonne! fit Gabrielle en l'embrassant.
Aussitôt, une vingtaine de voix dirent ensemble :
— La Pâle, ce n'est pas moi, c'est lui !
Un sourire doux et triste effleura les lèvres de la jeune fille.

— Mes petits amis, il n'y a pas de mal à ce que vous m'appeliez Figure de cire ; vous pouvez me donner ce nom, si cela vous est agréable.

Et elle se mit à faire, comme d'habitude, sa distribution de bonbons et de petits gâteaux.

Un instant après, d'un bout à l'autre de la promenade, les enfants lançaient dans l'air comme une acclamation, ces mots :

— La Figure de cire! la Figure de cire!

Ce nouveau nom donné à la jeune fille pâle passa du jardin des Tuileries à ceux du Palais-Royal et du Luxembourg, et bientôt Gabrielle ne fut plus appelée autrement que la Figure de cire.

L'automne arriva, le vent fit tomber les feuilles mortes. Toutefois, pendant un mois encore, il y eut de belles journées de soleil. Ensuite les nuits devinrent froides ; le matin, une gelée blanche couvrait la terre ; le ciel se chargeait d'une brume épaisse ; il n'y avait plus de verdure aux branches, les dernières fleurs mouraient sur les plates-bandes ; les grands vents de tempête se mirent à souffler, la pluie tomba pendant des semaines entières. C'étaient les avants-coureurs de l'hiver.

Les promeneurs désertèrent les jardins, les enfants n'y venaient plus. Néanmoins, on y voyait encore Gabrielle les jours où le soleil promettait de se montrer ; mais, comme elle n'y trouvait plus ses petits amis, elle ne faisait que passer, en jetant autour d'elle des regards désolés.

Alors, plus que jamais, elle sentit combien les enfants étaient nécessaires à son existence.

On comprend que la mauvaise saison dut lui paraître bien longue. Heureusement, elle avait son travail, un travail qui lui était agréable, qu'elle faisait avec plaisir. Elle adorait les enfants et c'est pour eux qu'elle travaillait. Mais ce n'était pas assez pour elle.

Tous les jours elle disait à son amie Mélanie :

— C'est bien triste, l'hiver ; il me tarde de voir arriver les beaux jours du printemps !

Enfin, les lilas fleurirent, des feuilles vertes sortirent de tous les bourgeons. Les beaux jours tant désirés, si impatiemment attendus, étaient revenus. Ils avaient ramené dans les jardins, en même temps, les ramiers, les corneilles, les moineaux, les enfants et leur bonne amie la Figure de cire.

Ce fut avec une véritable joie que Gabrielle reprit ses chères habitudes de l'année précédente.

Et c'est ainsi qu'elle vécut pendant plusieurs années.

La pauvre Figure de cire était loin de se douter que le hasard, duquel elle n'attendait plus rien, allait bientôt la mettre en présence de son enfant.

Tous les yeux se fixèrent sur madame Wendel. La marquise tendit avidement l'oreille. (Page 239.)

XV

LES AMERTUMES

La petite Maximilienne de Coulange grandissait sous la douce protection de sa mère, qui lui prodiguait les trésors de sa tendresse maternelle.

Mais ce qui était fatal arriva.

La jeune femme crut découvrir que le marquis n'avait aucune affection pour sa fille.

Jamais il ne demandait à la voir; il ne pensait qu'à son fils, ne parlait que de son fils et n'avait d'autres préoccupations que celles des joies présentes et du bonheur dans l'avenir du petit Eugène.

Quand la marquise lui parlait de sa fille, il lui répondait avec la plus grande indifférence, et lorsque, voulant à toute force émouvoir ses entrailles, elle lui présentait l'enfant, il restait froid comme un marbre, et laissait voir un embarras pénible.

La jeune mère éprouva d'abord de douloureuses surprises. Mais quand elle se fut sérieusement convaincue que le marquis donnait à son fils toute sa tendresse, qu'il n'aimait pas sa fille, que peut-être même il la détestait, elle ressentit une immense douleur qui devint bientôt un véritable désespoir.

Les souffrances morales qu'elle endurait étaient épouvantables.

Au milieu de ses crises de désespoir qui se renouvelaient presque chaque jour, elle prenait sa fille, la serrait convulsivement contre son cœur, la couvrait de baisers délirants et l'inondait de ses larmes.

— C'est sa fille, pourtant, s'écriait-elle; c'est sa fille, et il ne peut pas la voir, et il ne l'aime pas! Le malheureux! le malheureux!

Puis elle reprenait avec plus de force :

— Mais c'est horrible, cela; c'est contre nature, c'est monstrueux!... Oh! un père qui n'aime pas son enfant!

« Et c'est l'autre qu'il aime, l'autre, l'enfant d'une étrangère! Et cet enfant, que sa mère, une misérable femme, a vendu sans doute pour quelques pièces d'or, cet enfant ne se contente pas d'occuper ici une place qui ne lui appartient pas, il faut encore qu'il vole à ma fille la tendresse de son père! Comme je le hais, comme je le hais! »

Alors une sorte de rage s'emparait d'elle et elle voulait, tous les malheurs dussent-ils fondre sur elle, révéler à son mari le secret terrible en lui criant:

— Cet enfant que tu aimes, dont tu fais ton idole, pour lequel tu repousses ta fille, eh bien! cet enfant n'est pas le tien, il n'est pas à nous, c'est un étranger! Mon frère l'a ramassé je ne sais où, probablement dans la fange où se traînait sa mère!

Oui, voilà ce que, dans sa colère, elle voulait dire à son mari.

Mais après l'explosion de la douleur et du désespoir, la réflexion venait.

Alors, elle voyait se dresser devant elle les terribles conséquences de sa révélation tardive : le scandale, le nom de Coulange livré en pâture à la curiosité de la France entière, le déshonneur et la perte des siens; et puis, pour le marquis qu'elle aimait, quel coup de foudre!

Et en pensant que son mari ne voudrait pas voir en elle une victime, qu'il l'accuserait, elle aussi, de l'avoir trompé, qu'il la maudirait, qu'il cesserait de l'aimer, elle était prise d'un frisson de terreur qui glaçait son cœur et tous ses membres.

Les mêmes raisons qui, bien des fois déjà, avaient retenu les paroles sur ses lèvres, la faisaient reculer encore.

Après avoir reconnu son impuissance, à ses révoltes intérieures, à ses accès de fureur, succédait un profond découragement.

— Trop tard, il est trop tard, se disait-elle avec amertume ; c'est autrefois que je devais parler, maintenant je suis forcée de me taire. Je ne peux plus sortir de l'abîme où j'ai été précipitée... J'avais prévu ce que me coûte aujourd'hui le silence que j'ai gardé ; oui, je savais que mon cœur connaîtrait toutes les angoisses, toutes les douleurs, toutes les tortures! Après avoir tant souffert il faut que je souffre encore, que je souffre toujours! J'ai laissé s'accomplir le crime, je suis coupable. Ah! c'est alors que je devais me révolter contre l'oppression ; ma faiblesse, la lâcheté, m'ont faite la complice de ma mère et de mon frère... Dieu me punit! Mais s'il me fait souffrir ainsi, moi, quel effroyable châtiment réserve-t-il donc aux autres?...

C'est sur madame de Perny et Sosthène qu'elle faisait retomber sa colère. Elle ne prononçait leurs noms qu'avec un frémissement de terreur. Elle appelait sur eux, dans ses imprécations, toutes les malédictions du ciel, et elle jurait de ne les revoir jamais.

Ce qui existait au sujet des enfants aurait pu amener de la froideur et susciter des querelles entre la marquise et son mari. Il n'en était rien. Si, sur ce point, il n'y avait pas entre eux communauté de pensées et de sentiments, ils n'en restaient pas moins unis. Rien ne pouvait altérer leur mutuelle affection. L'amour qu'ils avaient l'un pour l'autre conservait toute sa puissance.

M. de Coulange, toujours empressé, généreux et bon, avait pour Mathilde la même sollicitude, les mêmes attentions, les mêmes prévenances. Il aurait considéré comme indigne de son caractère de lui adresser un reproche ou de lui faire seulement une observation.

Ils avaient chacun une plaie saignante au cœur. Et si Mathilde cachait soigneusement ses douleurs à son mari, le marquis ne mettait pas moins de soin à lui cacher les siennes.

En s'occupant exclusivement de son fils, M. de Coulange semblait vouloir justifier son indifférence pour sa fille. Mais s'il ne lui témoignait aucune affection, s'il refusait de la voir, s'il voulait qu'on la tînt éloignée de lui, c'était un parti pris, un système adopté. Il était uniquement dirigé par cette idée que Mathilde refusant sa tendresse à son fils, il devait à l'enfant, repoussé par la mère, réparation du tort qui lui était fait. Il se contraignait, se faisait violence pour imposer silence à son cœur, et ce n'était pas sans souffrir beaucoup qu'il donnait à son fils la part de tendresse paternelle qu'il devait à sa fille.

Si la marquise eût pu lire dans le cœur de son mari ou surprendre sa pensée, elle aurait découvert avec joie que sa froideur et son indifférence pour la petite Maximilienne n'existaient pas réellement.

Mais elle ne pouvait pas deviner les motifs de la conduite du marquis. Comme elle, il gardait son secret.

La marquise allait peu dans le monde. Les amusements si avidement recherchés par la plupart des femmes étaient sans attraits pour elle. Les soins qu'elle donnait à sa fille étaient ses plus chères distractions. Elle voulait se consacrer entièrement à son devoir de mère.

Bien qu'elle eût sa loge à l'Opéra, c'est à peine si on la voyait au théâtre une ou deux fois par mois; et encore était-ce pour faire plaisir à son mari.

C'était également pour lui être agréable qu'elle consentait à assister avec lui à quelques-unes de ces fêtes mondaines où se donne rendez-vous l'élite de la haute société parisienne.

Du reste, malgré son grand amour pour la solitude, elle comprenait facilement que la fortune de son mari, sa position, son rang, leur imposaient à tous les deux certaines obligations envers le monde. Ils ne cherchaient pas à agrandir le cercle de leurs relations intimes, mais ils conservaient leurs anciens amis.

Cela obligeait madame de Coulange à donner quelques dîners, suivis souvent d'un concert et d'une sauterie, et à rendre les visites qu'on lui faisait le jeudi, qui était son jour de réception.

— Mathilde, lui dit un jour le marquis, il y a plus d'un mois que tu n'es allée chez la comtesse de Germond, qui vient te voir régulièrement tous les jeudis, j'ai eu l'occasion de la rencontrer hier, et, tout en me disant qu'elle avait pour toi une grande amitié, elle ne m'a pas caché qu'elle était surprise de te voir si rarement chez elle.

— Madame de Germond reçoit le soir, répondit la marquise, et tu sais que je n'aime guère à sortir la nuit. Je n'ai qu'à me louer de la comtesse, qui s'est toujours montrée très affectueuse pour moi, et je serais désolée de lui causer le moindre déplaisir. Si tu le veux, Édouard, nous irons chez elle ce soir.

— Cela me serait très agréable; malheureusement, j'ai un rendez-vous qui ne me permet pas de t'accompagner.

— Alors, nous ferons cette visite un autre jour.

— Pourquoi, puisque tu étais décidée à sortir ce soir, n'irais-tu pas seule chez madame de Germond?

— Est-ce que ton rendez-vous te retiendra longtemps?

— Je ne saurais le dire, peut-être jusqu'à minuit.

Après un moment de silence, la marquise reprit :

— Eh bien, j'irai ce soir chez madame de Germond. Si tu es libre de bonne heure, tu viendras me prendre?

— Je te le promets.

— Je l'attendrai jusqu'à onze heures.
— C'est convenu.

Le soir, à neuf heures et demie, madame de Coulange entrait dans le salon de la comtesse de Germond où se trouvaient déjà réunies une quinzaine de personnes.

Après l'échange des compliments d'usage, la conversation reprit son cours et devint bientôt très animée. D'une chose plus ou moins intéressante on passait rapidement à une autre.

Un grand jeune homme blond, très répandu dans le monde, où il recueillait avec soin les anecdotes gaies, les aventures piquantes et les petits faits scandaleux, se mit à raconter la chronique parisienne des jours précédents, en y mêlant avec infiniment de brio et d'esprit le mot drôle, l'épigramme et le trait mordant ; ce qui fit rire ses auditeurs jusqu'aux larmes.

Ensuite on parla théâtre.

— Le théâtre est en pleine décadence, dit un vieux monsieur amoureux des classiques ; le grand art n'existe plus, le romantisme l'a tué. Il n'y a plus de Corneilles, plus de Racines, et c'est à peine si l'on se souvient de Molière.

— Je ne suis pas de votre avis, répliqua un autre monsieur ; l'art ne peut pas mourir, il se transforme, voilà tout. C'est ce qu'a fait le romantisme, et, on peut le dire, avec succès. Quand une chose a vieilli, on la change. Nos mœurs, nos habitudes et nos aspirations ne sont pas les mêmes qu'au siècle dernier. L'art ne peut pas rester en arrière du progrès dont il est la plus noble expression ; il doit, lui aussi, donner satisfaction aux exigences du public. Nous devons applaudir à toutes les innovations. Le drame a remplacé la tragédie, et la comédie moderne prend la place longtemps occupée par la comédie classique ; pour ma part, je ne vois pas que nous ayons à nous en plaindre. Mais cela ne nous empêche pas d'admirer dans leurs écrits les hommes de génie qui ont été et resteront la gloire de notre pays.

Ces paroles furent vivement applaudies.

— Il faut bien en convenir, dit une dame, la tragédie a eu son temps, elle n'est plus de mode aujourd'hui.

— C'est une dépravation du goût, risposta le vieux monsieur, défenseur acharné du théâtre classique.

— Quelle est en ce moment la pièce à succès ? demanda une jeune femme en s'adressant au jeune homme blond.

— Un drame, madame la baronne, dont la première représentation a eu lieu la semaine dernière.

— A quel théâtre ?
— A la Gaîté.
— Et ce drame s'appelle ?
— *La Mendiante*. Il est dû à la collaboration de MM. Anicet Bourgeois et

Michel Masson. Ce sont les auteurs de *Marceau* ou les *Enfants de la République*, drame militaire joué il y a quelques années et interdit depuis par la censure. Les deux célèbres dramaturges viennent de retrouver avec *la Mendiante* l'immense succès de *Marceau*. On applaudissait dans *Marceau* le patriotisme et les hautes vertus militaires. *La Mendiante* est un drame d'un genre tout différent; mais chaque soir les artistes qui le jouent sont acclamés. C'est, à mon avis, la meilleure pièce qui ait été donnée depuis longtemps. Ce drame est pris dans la vie de famille : il est pathétique, poignant; il exalte le dévouement et glorifie l'amour maternel; il fait vibrer toutes les cordes du cœur, et je vous préviens, mesdames, que, si vous allez le voir, vous n'aurez pas trop de quatre mouchoirs pour essuyer vos larmes. Je ne veux pas vous raconter ce drame, ce serait trop long; je vous engage à aller passer une soirée agréable au théâtre de la Gaîté. Comme moi, vous vous intéresserez à un pauvre enfant volé à ses parents par des saltimbanques de passage dans le pays.

— Alors un des personnages de cette pièce est un enfant volé? interrogea la femme d'un ingénieur.

— Oui, madame, et c'est sur lui et sa mère, la mendiante, que repose tout l'intérêt du drame.

— Heureusement que c'est une fiction, dit une autre dame; je ne puis croire qu'il y ait des gens assez audacieux pour voler un enfant à ses parents.

— Et pourtant cela arrive, répondit le jeune homme blond; trop souvent les journaux rapportent un de ces faits.

— Oh! le papier laisse écrire ce qu'on veut, fit la dame incrédule.

— Je ne sais pas s'il faut croire tout ce que disent les journaux, reprit la femme de l'ingénieur, mais je puis affirmer qu'il y a des voleurs d'enfants. Il y a quelques années de cela, à Asnières, un enfant, un petit garçon, a été volé à sa mère quelques heures seulement après sa naissance.

Jusque-là, la marquise de Coulange ne s'était pas beaucoup intéressée à la conversation. En entendant ces dernières paroles, elle tressaillit et se redressa brusquement.

— Je ne sais pas si vous êtes comme moi, mesdames, dit-elle d'une voix émue, ce que madame vient de dire excite vivement ma curiosité.

— Et la nôtre aussi, dirent plusieurs dames.

— En ce cas, reprit la comtesse de Germond, madame Wendel ne refusera pas de nous raconter dans quelles circonstances a eu lieu l'enlèvement de l'enfant dont elle vient de nous parler.

— Je ne demande pas mieux, répondit la femme de l'ingénieur; mais je dois vous prévenir que je raconterai fort mal.

— Ces messieurs vous tiendront compte de votre modestie, répliqua gracieusement la comtesse.

— On écoute toujours avec plaisir une histoire vraie, ajouta le vieux monsieur, en ajustant ses lunettes sur son nez.

Tous les yeux se fixèrent sur madame Wendel.

La marquise de Coulange tendit avidement l'oreille.

XVI

LE RÉCIT

Voyant que tout le monde était prêt à l'écouter, madame Wendel prit la parole en ces termes :

— A cette époque nous avions à Asnières une maison que mon mari avait fait construire et qu'il a vendue depuis. Je l'ai un peu regretté, car Asnières est un séjour très agréable l'été, et je m'y trouvais bien avec mes enfants.

« C'est donc tout près de moi et pour ainsi dire sous mes yeux que s'est accompli le fait que je vais vous raconter.

« Dans une maison de la rue Vieille-d'Argenteuil, bâtie au milieu d'un petit jardin entouré de murs, demeuraient deux femmes. Elles ne recevaient personne et vivaient tellement retirées qu'on ne voyait jamais la plus jeune, qui passait pour être la fille ou la nièce de l'autre. Celle-ci se faisait appeler madame Trélat. La maison avait été louée à son nom, par un inconnu, pour les six mois d'été. Jusqu'ici rien d'intéressant, comme vous le voyez. Chacun vit à sa guise, et je suis persuadée qu'on ne s'occupait guère, à Asnières, de l'existence mystérieuse de ces deux femmes.

« Un matin, après avoir fait son marché, ma domestique rentra toute bouleversée.

« — Qu'avez-vous donc? lui demandai-je.

« — Ah ! madame, c'est épouvantable, me répondit-elle ; la nuit dernière on a volé un enfant, un tout petit enfant, qui venait de naître. Il y a plus de trois cents personnes rue Vieille-d'Argenteuil, devant la maison où la chose s'est passée. C'est comme s'il y avait une émeute dans la ville. On a prévenu le commissaire de police. Il paraît que la mère de l'enfant va mourir.

« Toute la journée et pendant plusieurs jours on ne parla à Asnières que de cet étrange événement. Je n'eus qu'à écouter ce qui se disait autour de moi pour être parfaitement renseignée.

« Or, voici ce qui s'était passé :

« La veille, la dame Trélat était allée chercher une sage-femme et l'avait amenée rue Vieille-d'Argenteuil, en lui disant qu'elle avait besoin de ses services pour sa nièce, qui était au moment d'accoucher. C'était probablement la première fois qu'une personne étrangère pénétrait dans la chambre de la jeune fille. Bref, elle mit au monde un petit garçon gros, gras, bien portant, un enfant superbe, au dire de la sage-femme.

« Le lendemain, celle-ci revint pour donner ses soins à l'enfant et à la jeune mère.

« Elle trouva la porte fermée et commençait à s'étonner de ce qu'on ne lui répondait point, lorsque tout à coup des cris déchirants retentirent dans la maison. Elle comprit qu'un malheur était arrivé, et, comme il lui était impossible d'ouvrir la porte, elle appela au secours. Plusieurs personnes accoururent à son appel. Celles-ci trouvèrent une autre porte qui, heureusement, n'était pas fermée, et on se précipita dans la maison. On trouva la jeune mère étendue sur le parquet, sans mouvement, raide. On s'empressa de la relever et de la coucher dans son lit. Quant à l'enfant, il avait disparu.

« La sage-femme envoya chercher un médecin, et on courut prévenir le commissaire de police.

« Après un certain temps et avec beaucoup de peine, on parvint à ranimer la pauvre mère. Mais elle ne put répondre à aucune des questions qui lui furent adressées, car elle était en proie à un affreux délire.

« — Qu'a-t-on fait de mon enfant ? Rendez-moi mon enfant ! criait-elle à chaque instant.

En recueillant d'autres paroles incohérentes qu'elle prononça dans son délire, on apprit qu'elle n'était ni la fille, ni la nièce de la femme avec laquelle elle demeurait et qu'elle n'était pas mariée, comme la sage-femme le croyait. Malheureusement, elle ne put dire ni qui elle était ni d'où elle venait.

« Le commissaire de police constata qu'avant de quitter la maison en emportant l'enfant, la dame Trélat avait préalablement enlevé ou fait enlever tous les objets qui lui appartenaient. Cette femme avait naturellement pris toutes ses précautions pour échapper aux recherches de la justice. En effet, la justice ne put rien découvrir. Il est probable que cette affaire est restée un mystère.

« Il résulta de l'enquête du commissaire que le vol de l'enfant avait été longuement prémédité ; que c'était dans ce but seulement qu'on avait amené la jeune fille à Asnières, qu'on l'avait isolée et tenue en quelque sorte prisonnière.

« Pourquoi a-t-on pris l'enfant à sa mère ? Qu'en a-t-on fait ? Tout le monde se fit ces questions impossibles à résoudre. On doit s'en tenir à des conjectures plus ou moins vraisemblables. »

La marquise écoutait avec une agitation croissante.

Madame Wendel continua :

— C'est dans la nuit de l'accouchement, entre neuf et dix heures du soir,

La marquise se pencha davantage sur l'enfant, elle lui mit un baiser sur le front. (Page 230.)

que la dame Trélat enleva l'enfant, pendant que la jeune mère dormait. Quel affreux réveil le lendemain quand, ayant ouvert les yeux, elle voulut voir son cher bébé et ne le trouva plus dans le petit berceau où on l'avait couché la veille!

— Oh! c'est horrible! s'écria une dame.

— La sage-femme s'était retirée vers neuf heures, poursuivit madame Wendel, sans que rien dans les allures de la dame Trélat ait pu lui faire soupçonner le crime qu'elle allait commettre. Un homme d'Asnières raconta qu'il avait vu une voiture de maître, attelée de deux chevaux superbes, stationnant sur le chemin au bord de la Seine, et que, un peu avant dix heures, une femme assez grande, vêtue de noir, qui portait une espèce de paquet dans ses bras, était arrivée en courant près de la voiture dans laquelle elle s'était jetée précipitamment. Aussitôt, le cocher, qui était resté sur son siège, avait fouetté ses chevaux et ils étaient partis, rapides comme le vent, dans la direction de Paris.

« On ne douta pas que la femme vêtue de noir ne fût la voleuse d'enfant, et on eut le droit de supposer qu'elle avait eu un ou plusieurs complices. On pensa également qu'elle n'avait été qu'un instrument docile au service de gens riches, qui avaient intérêt à enlever l'enfant à sa mère et à le faire disparaître.

« Mais, comme je vous l'ai déjà dit, on ne put faire que des suppositions, car toutes les recherches auxquelles se livra la police restèrent sans résultat.

— Est-ce que la mère n'a donné aucun renseignement? demanda-t-on.

— Aucun, ni sur elle, ni sur la femme avec laquelle elle demeurait.

Madame de Coulange était très émue, et c'est avec beaucoup de peine qu'elle parvenait à se contenir et à cacher son trouble. On comprend qu'elles devaient être ses pensées en entendant cette histoire d'un enfant volé, et avec quelle attention elle avait écouté. Chaque phrase, chaque mot avait eu dans son cœur un écho douloureux. Une voix intérieure lui disait : « C'est toi seule que ce récit intéresse ; écoute, écoute bien ! Il s'agit de l'enfant qu'on a introduit frauduleusement dans la maison. » Quelle révélation imprévue !

Elle se souvenait que la femme qui avait apporté l'enfant à Coulange, et qui, pendant quatre ou cinq jours, avait joué au château le rôle de sage-femme, était grande et habillée de noir ; elle se rappelait parfaitement aussi que cette femme et l'enfant avaient été amenés par son frère dans une voiture attelée de deux chevaux appartenant au marquis de Coulange.

Avait-elle besoin d'autres preuves pour acquérir la certitude que l'enfant volé à Asnières était bien le même que celui qui passait pour être son fils et le fils du marquis ?

— J'ai interrogé la femme au sujet de l'enfant, se dit-elle, elle m'a répondu, mais elle m'a menti ! Cela se comprend, elle s'est bien gardée de me dire la vérité, la misérable !

Cependant, bien qu'elle fût à peu près certaine d'avoir des preuves évidentes, en faisant ressortir du récit de madame Wendel ce qui se rattachait à ses souvenirs, la marquise crut devoir adresser quelques questions à la femme de l'ingénieur, afin qu'il ne pût rester aucun doute dans son esprit.

— Ce que vous venez de nous raconter, madame, est véritablement bien triste, lui dit-elle. On est forcé de s'intéresser vivement à cette pauvre mère, qui a été victime d'une telle infamie... Quelle quelle soit, serait-elle la plus indigne de ces malheureuses filles dont on n'ose prononcer le nom, elle est tout à fait digne de compassion, et je la plains de tout mon cœur.

— Cette malheureuse, madame la marquise, répondit madame Wendel, a été à Asnières l'objet de la sympathie générale, et elle méritait, paraît-il, le grand intérêt que tout le monde lui témoignait. Je n'ai pas eu la curiosité d'aller la voir, mais j'ai su par le médecin et la sage-femme qui l'ont soignée, qu'elle était remarquablement jolie et paraissait très distinguée. Selon leur appréciation, elle devait appartenir à une bonne famille et avait dû recevoir une excellente éducation. J'ai aussi entendu dire à Asnières qu'elle était musicienne et qu'elle jouait du piano d'une façon admirable.

— Elle devait avoir, naturellement, des sentiments élevés; alors elle est doublement à plaindre, répliqua la marquise, dont l'émotion augmenta encore.

— Oui, ajouta la comtesse, car elle a dû souffrir plus cruellement qu'une autre.

— Y a-t-il longtemps que ce vol d'enfant a eu lieu? demanda la marquise.

— Attendez, je vais me rappeler facilement; c'était la deuxième année que je passais l'été à Asnières. Oui, c'est bien cela, en 1853, au mois d'août.

— Au mois d'août, répéta tout bas la marquise.

— Il y a donc, par conséquent, six ans et demi de cela, reprit madame Wendel. Je puis même vous dire que c'est le 19, dans la nuit, que l'enfant a été volé.

La marquise ne put s'empêcher de tressaillir. Cette fois, elle ne pouvait plus douter. En effet, c'était le 20 août 1853 que l'enfant avait été apporté au château de Coulange. Elle n'avait jamais oublié cette date, qui marquait une des effroyables douleurs de sa vie.

— Pour qu'il ne vous semble pas surprenant que j'aie une aussi bonne mémoire, continua madame Wendel, je m'empresse de vous dire que mon mari s'appelle Bernard, que la Saint-Bernard tombe le 20 août, et que chaque année, le 19, il y a chez nous une petite fête de famille.

La marquise était devenue très pâle. La tête baissée et les yeux à demi fermés, elle réfléchissait. Pour un instant, elle oubliait son malheur et elle pensait aux souffrances qu'avait dû éprouver la pauvre mère d'Asnières, qui était, comme elle, une victime de son misérable frère.

Depuis un instant, madame de Germond regardait la marquise avec inquiétude. Elle se leva, s'approcha d'elle, et lui dit tout bas d'un ton affectueux :

— Ma chère marquise, est-ce que vous vous sentez indisposée?

— Nullement, répondit madame de Coulange.

— Je vous ai vue pâlir, cela m'a effrayée.

— Ah! je suis pâle? fit la marquise avec un sourire plein de tristesse

Aussitôt le rose reparut sur ses joues.

— Vous ne l'êtes plus, répondit la comtesse ; voilà vos fraîches couleurs revenues.

La marquise ébaucha un nouveau sourire.

— Ce que vient de nous raconter madame Wendel m'a vivement impressionnée, dit-elle.

— Et c'est ce qui vous a attristée ; je sais combien vous êtes sensible ; votre bon cœur prend toujours part aux douleurs des autres.

La marquise jeta un coup d'œil sur la pendule.

— Est-ce que vous songez déjà à nous quitter ? lui demanda la comtesse.

— M. de Coulange m'a dit, sans me le promettre positivement, qu'il viendrait me prendre avant onze heures ; si à onze heures il n'est pas arrivé, je me retirerai. Mais je veux vous dire tout de suite que je suis très heureuse d'être venue vous voir ce soir.

Elle reprit en élevant la voix :

— Il me semble que madame Wendel oublie de nous faire connaître la fin de son intéressant récit.

— J'ai tout dit, madame la marquise, répondit la femme de l'ingénieur.

— Et la mère de l'enfant ? Vous ne nous avez pas appris ce qu'elle est devenue.

— C'est vrai, fit madame de Germond, vous ne nous avez pas dit cela.

— Et pour cause, madame la comtesse ; je l'ignore absolument.

— Ah ! la pauvre mère ! s'écria la marquise d'une voix tremblante, elle est morte, peut-être ?

— C'est ce que m'ont dit, mais sans pouvoir l'affirmer, quelques personnes d'Asnières. Je vais vous apprendre, d'ailleurs, tout ce que je sais concernant cette malheureuse jeune femme.

« Quand, en se réveillant le matin, elle découvrit que la femme chez laquelle elle demeurait avait disparu avec son enfant, elle se mit à pousser, comme je vous l'ai dit, des cris désespérés, et elle tomba sur le parquet, où on la trouva quelques instants après ne donnant plus signe de vie.

« La pauvre enfant avait été frappée d'un coup terrible qui, dans sa position, pouvait être mortel. Heureusement, les soins ne lui manquèrent point. Pendant plusieurs semaines, elle fut dans un état désespéré. Chaque jour, à Asnières, on s'attendait à apprendre sa mort. Enfin, elle guérit. Peut-être eût-il mieux valu qu'elle mourût. Le médecin constata qu'elle avait complètement perdu la mémoire. La malheureuse était folle !

— Folle ! soupira la marquise.

Et elle voila son visage de ses mains.

— Hélas ! oui, reprit madame Wendel, elle était folle !... Voilà pourquoi elle ne put fournir aucun renseignement à la justice sur la femme qui lui avait volé son enfant et sur les moyens qu'on avait employés pour l'amener dans la maison d'Asnières.

« Comment se nommait-elle ?... avait-elle une famille, des parents ? était-elle née à Paris ? quel était son passé ? comment avait-elle été séduite ? Il fut impossible de le savoir.

« Un jour, on la fit monter dans une voiture, et on l'emmena. Depuis on n'a plus entendu parler d'elle à Asnières. Évidemment on l'a enfermée dans une maison d'aliénées.

« Maintenant, est-elle toujours dans un hospice, condamnée à vivre privée de sa raison, ou bien est-elle morte, comme quelques personnes le prétendent ? Voilà ce que je ne saurais dire. »

La marquise éprouvait un horrible malaise. Elle sentait son cœur se serrer et sa poitrine se gonflait de sanglots prêts à éclater. Et devant le monde elle était forcée de se contenir, de refouler les larmes qui lui venaient aux yeux et les sanglots qui montaient à sa gorge.

La conversation continuait. On parlait maintenant d'une chose et d'une autre ; mais la marquise n'écoutait plus. A chaque instant ses yeux se tournaient vers la pendule. Si on l'eût observée un peu attentivement, on aurait vite remarqué qu'elle était contrainte, impatiente, inquiète, fiévreuse. Et c'est là ce qu'elle redoutait, car elle sentait qu'à la moindre question qui lui serait adressée elle ne pourrait plus retenir ses larmes.

Enfin, la pendule sonna onze heures. Elle se leva et sortit du salon. Elle était délivrée de son embarras pénible. Elle poussa un long soupir et respira avec force. Elle se trouva un peu soulagée.

Madame de Germond vint la rejoindre et elles s'embrassèrent avant de se séparer. La Marquise descendit rapidement l'escalier. Dans la rue, devant la maison, elle trouva sa voiture qui l'attendait. Dès que le valet de pied eut refermé la portière, elle se mit à pleurer à chaudes larmes.

XVII

LES SURPRISES

La marquise s'était blottie et se cachait pour ainsi dire dans un coin du coupé, comme si elle eût craint de montrer sa douleur à quelque regard indiscret.

Toutes sortes de pensées se croisaient, se heurtaient tumultueusement dans son cerveau. En ouvrant son cœur à une pitié profonde pour la mère, elle avait senti que déjà sa haine pour l'enfant diminuait.

— Je ne l'aimerai jamais, se disait-elle, c'est impossible ; mais, après ce que je viens d'apprendre, je n'ai plus le droit de le haïr. Il est innocent comme sa pauvre mère, et ce n'est pas à lui de porter la peine des coupables. Qui sait? s'il apprend un jour qu'il est étranger à la famille de Coulange, peut-être trouvera-t-il qu'on n'aura pas assez fait pour lui après l'avoir enlevé à la tendresse de sa mère. Pour un enfant, rien au monde ne vaut l'amour maternel !

Et en pensant que la mort pouvait la séparer de sa fille, elle sentait un frisson courir dans ses membres.

— Ainsi, continua-t-elle, cet enfant n'a pas été ramassé près d'une borne, au coin d'une rue ; ce n'est pas un pauvre petit abandonné ; il n'a pas été livré, vendu par une mère sans entrailles, comme je le croyais... Ah ! je suis heureuse d'être délivrée de cette mauvaise pensée ! Ils ont trouvé une jeune fille séduite par un de ces misérables qui sacrifient tout à leurs passions, qui se font un jeu des larmes et des souffrances et pour lesquels la femme n'est qu'un hochet, un plaisir. Honteuse, désolée, elle s'était probablement enfuie de la maison de ses parents pour leur cacher sa faute et se soustraire à leur colère. Quelles promesses lui ont-ils faites pour l'attirer dans le piège qu'ils lui tendaient ? Ils l'ont amenée à Asnières et là ils l'ont emprisonnée. Ils avaient peur que leur victime ne leur échappât. Et ils lui ont volé son enfant ! volé !...

« Et Dieu, qui voit tout, Dieu, qui protège les innocents, défend les faibles, qui tient en sa main le tonnerre qui foudroie les scélérats, le Dieu de justice a laissé s'accomplir cette infamie !...

« Les misérables, les lâches ! leur crime est doublement monstrueux !... Oh ! la pauvre mère ! Il me semble que je la vois affolée devant le berceau vide de son cher petit, et que je suis témoin de son épouvantable désespoir ! Car elle l'aimait son enfant, elle l'aimait... Mais, pour le but qu'ils voulaient atteindre, il leur fallait cet enfant. Et ils ont été sans pitié pour la pauvre mère ! Elle ! allons donc, est-ce qu'ils ont compris que c'était son sang, que c'était sa vie qu'ils lui arrachaient ? Ont-ils seulement pensé à ce qu'elle deviendrait ? Une femme, une mère, qu'est-ce que c'est que cela pour certaines gens ? Rien. Nous t'avons volé ce que tu as de plus cher et plus précieux, ton enfant, qui nous est nécessaire pour commettre un autre crime ; maintenant, meurs si tu veux ! Et la malheureuse est devenue folle... Et si Dieu n'a pas eu pitié d'elle en lui reprenant la triste existence qu'il lui avait donnée, elle est encore aujourd'hui dans une maison de fous !...

« Eh bien, oui, s'écria-t-elle, je suis contente de savoir tout cela ! J'ai été bien inspirée en me rendant ce soir chez la comtesse. Oui, je suis contente d'avoir appris ces affreuses choses. C'est une nouvelle souffrance ajoutée à tant d'autres. N'importe ! Je sais enfin d'où vient l'enfant, je sais que sa mère n'est pas une créature méprisable. Maintenant, en pensant à la pauvre mère, je serai meilleure pour son enfant !

La marquise fut interrompue par la voix du cocher qui criait :
— La porte !

Un instant après, la voiture entra dans la cour de l'hôtel et alla s'arrêter au bas du perron. Le valet de pied sauta lestement à bas de son siège et ouvrit la portière.

La marquise mit pied à terre en achevant de faire disparaître la trace de ses larmes.

Elle monta les marches de pierre et entra dans la maison, dont la porte venait de s'ouvrir devant elle.

Dans l'antichambre elle trouva sa femme de chambre et Firmin.

Elle se débarrassa de son chapeau et de son manteau de velours, qu'elle remit à la femme de chambre, en lui disant :

— Allez m'attendre chez moi.

La femme de chambre prit le flambeau qu'elle venait d'allumer pour éclairer sa maîtresse et sortit aussitôt.

Alors la marquise se tourna vers le vieux domestique :

— Firmin, votre maître est-il rentré ? lui demanda-t-elle.

— Pas encore, madame la marquise. Du reste, ajouta-t-il en montrant la pendule, il n'est que onze heures vingt.

La marquise sortit de l'antichambre par la porte opposée à celle qui conduisait à son appartement. Elle traversa trois pièces sans s'arrêter et entra dans une quatrième où une femme lisait, assise devant un feu qui achevait de s'éteindre.

Cette femme était la gouvernante du petit Eugène.

En voyant la marquise, elle laissa échapper un cri de surprise et se leva précipitamment.

Elle pouvait être étonnée, en effet, car c'était la première fois que madame de Coulange entrait dans sa chambre.

— Vous veillez bien tard, lui dit la marquise avec bonté.

— Je ne me couche jamais avant que M. le marquis ne soit rentré, répondit la gouvernante.

— Ah ! Et pourquoi cela ?

— Parce que M. le marquis ne manque jamais, en rentrant, de venir embrasser son fils...

Le cœur de la marquise se serra douloureusement.

— Et jamais il n'embrasse sa fille ! se dit-elle en soupirant.

Elle passa rapidement sa main sur son front comme pour chasser ses tristes pensées.

— Je sais, reprit-elle, que vous avez une grande affection pour l'enfant qui vous est confié et que vous veillez sur lui avec beaucoup de sollicitude, c'est bien. Je suis heureuse de pouvoir vous témoigner ma satisfaction et de vous dire que nous ne serons pas ingrats envers vous.

— Mon Dieu, madame la marquise, je ne fais que mon devoir, et vos éloges me rendent confuse.

— Ces éloges, vous les méritez, vous pouvez donc les accepter.

Elle fit deux pas en avant et, de la main, montrant une porte :

— C'est la chambre de l'enfant ? demanda-t-elle.

— Oui, madame la marquise.

— Il est couché, il dort ?

— Oui, madame la marquise, il dort.

— Y a-t-il de la lumière dans la chambre ?

— Non, madame la marquise. Est-ce que madame la marquise désire...

— Soyez assez bonne pour m'allumer une bougie...

Quand la bougie fut allumée, la marquise prit le bougeoir des mains de la gouvernante et marcha vers la porte de la chambre de l'enfant.

— Restez, je désire être seule, dit-elle à la gouvernante, qui se disposait à la suivre.

Elle entra dans la chambre et referma la porte.

— Ah ! fit la gouvernante ébahie ; elle vient le voir, elle vient le voir, elle va peut-être l'embrasser ; c'est donc un miracle qu'a fait le bon Dieu ?

Et elle restait immobile au milieu de la chambre, les bras tendus en avant et les yeux grands ouverts fixés sur la porte. La joie rayonnait sur son front.

C'est dans cette attitude que le marquis de Coulange la surprit.

— Eh bien, que faites-vous donc ainsi ? lui dit-il.

— Chut ! fit-elle à voix basse, parlez tout bas, monsieur le marquis.

Le marquis s'approcha d'elle vivement.

— Est-ce que mon fils est malade ? demanda-t-il avec inquiétude, en baissant la voix.

— Non, monsieur le marquis, rassurez-vous.

— Alors, expliquez-vous. Pourquoi ces airs mystérieux ? Que se passe-t-il ?

— Elle est là.

— Qui ça, elle ?

— Madame la marquise !

— Hein ! fit M. de Coulange, qui crut avoir mal entendu. Voyons, reprit-il, êtes-vous bien éveillée ? Est-ce que vous ne rêvez pas ?

— Je suis bien éveillée, monsieur le marquis ; oui, madame la marquise est en ce moment près de son fils.

Le marquis se redressa, les yeux étincelants de joie.

— Ne bougez pas, dit-il à la gouvernante.

Il entr'ouvrit doucement la porte de la chambre de l'enfant et, immobile sur le seuil, il avança curieusement la tête pour voir ce qui se passait.

La marquise avait posé le bougeoir sur un guéridon, de façon à mettre en pleine lumière le visage de l'enfant endormi. Debout, près du lit, la tête inclinée,

Elle s'approcha d'un joli musée, style Louis XIII, et ouvrit un tiroir rempli de fleurs, de rubans, de dentelles. (Page 259.)

la jeune femme contemplait la charmante figure de l'enfant, dont le rose des joues ressortait vigoureusement sur la blancheur de l'oreiller.

La marquise tournant le dos à la porte, M. de Coulange ne pouvait voir son visage; mais, au bruit de sa respiration entrecoupée de soupirs, il comprit qu'elle était très émue et qu'elle pleurait.

— Comme il est beau! se disait mentalement la marquise, il ressemble sans doute à sa pauvre mère; il a le sommeil tranquille de l'innocence. Ce doit tire un rêve, comme en font les anges, qui met sur ses lèvres purpurines ce doux et gracieux sourire. Si jeune, il a déjà la bonté qui vient du cœur. Quand je ne ferme pas l'oreille aux paroles qu'on prononce autour de moi, c'est toujours son éloge que j'entends. M. de Coulange l'élève; il veut faire de lui un homme digne du nom qu'il porte déjà. On ne parle que de son amabilité, de ses gentillesses, on vante sa précoce intelligence. Ici, tout le monde l'aime, tout le monde, excepté moi... Eh bien! pauvre innocent, en souvenir de ta malheureuse mère, j'essayerai de t'aimer, oui, j'essayerai... Un crime t'a fait mon fils, l'héritier de la maison de Coulange, soit; aujourd'hui je t'accepte, tu cesses d'être un étranger pour moi, je ne te chasserai pas!...

Elle se pencha davantage sur l'enfant, et bien doucement, craignant sans doute de le réveiller, elle lui mit un baiser sur le front.

Le marquis entendit le bruit du baiser, et éprouva un saisissement de joie ineffable.

La jeune femme reprit assez haut, cette fois, pour que M. de Coulange pût l'entendre...

— Pauvre petit, pardonne-moi; j'ai été bien injuste envers toi, pardonne-moi!

Le marquis avait vu et suffisamment entendu.

Il retira sa tête de l'ouverture et referma la porte sans bruit.

Il s'approcha de la gouvernante et lui dit tout bas :

— Madame la marquise va sortir dans un instant, vous ne lui direz pas que je suis venu ici ce soir.

— Je serai muette, monsieur le marquis, répondit-elle.

M. de Coulange sortit précipitamment de la chambre.

Après être restée un moment silencieuse, les yeux toujours fixés sur le visage de l'enfant, la marquise joignit les mains, et, levant son regard vers le ciel :

— Et toi pauvre mère, dit-elle tristement, toi, qui es aussi une innocente victime des méchants, si tu n'es plus de ce monde où tu as tant souffert, et si Dieu permet à ton âme de voir et d'entendre, reçois le serment que je te fais de ne tenter jamais rien contre le bonheur de ton enfant. Je te promets de ne plus le repousser, et, si cela m'est possible, de l'aimer!

« Mon Dieu, continua-t-elle d'une voix tremblante, donnez-moi la force de ne plus regarder cet enfant avec colère, afin que je puisse réparer, autant que je le pourrai, le mal que les miens ont fait à sa mère! »

Ses yeux se fixèrent de nouveau sur le visage de l'enfant.

— Dors, pauvre petit, dors, murmura-t-elle, que ton sommeil soit toujours aussi calme et que toujours ton réveil soit heureux. Va, qu'elle soit vivante ou qu'elle soit au ciel, dernier refuge des malheureux, ta mère veille sur toi et te protège.

Elle passa rapidement son mouchoir sur ses yeux et son visage, prit le bougeoir et se retira en marchant à petits pas.

Ne trouvant pas autre chose :

— Je vous fais mes compliments, dit-elle à la gouvernante, la petite chambre est propre et fort bien tenue. Continuez, comme par le passé, à avoir bien soin de l'enfant.

— S'est-il réveillé, madame la marquise?

— Non, il n'a pas ouvert les yeux; du reste, j'ai marché doucement et n'ai fait aucun bruit. Monsieur le marquis ne tardera pas à rentrer, il est inutile de lui dire que vous m'avez vue.

La gouvernante s'inclina respectueusement, cachant ainsi le sourire qu'elle avait sur les lèvres.

La marquise s'en alla.

— Ils sont comme deux enfants, murmura la gouvernante; on dirait vraiment qu'ils jouent à cache-cache.

XVIII

SCÈNES INTIMES

Comme le petit garçon, la petite Maximilienne de Coulange était confiée aux soins d'une gouvernante à laquelle il était expressément recommandé de ne pas la quitter d'une seconde en l'absence de sa mère.

La petite fille et sa gouvernante couchaient toutes deux dans une chambre contiguë à celle de la marquise.

Avant de songer au repos dont elle avait grand besoin, après les émotions successives qu'elle venait d'éprouver, la jeune femme voulut voir sa fille et l'embrasser. Elle entra dans la chambre de l'enfant, faiblement éclairée par la lueur pâle d'une veilleuse.

La gouvernante dormait profondément.

Marchant sur la pointe des pieds, un peu courbée, allongeant le cou, la marquise s'approcha du lit de la petite fille, et, doucement, elle écarta les rideaux de dentelle, avide de contempler le doux visage de l'ange endormi.

Aussitôt elle se redressa, les yeux hagards, et fit un pas en arrière comme si elle eût été frappée d'épouvante.

La petite fille n'était pas dans son lit...

La marquise voulut crier; mais son saisissement était si grand, qu'aucun son ne put sortir de sa gorge étranglée.

En une seconde elle se rappela tout ce qui avait été dit le soir, chez la comtesse de Germond. Et cette horrible idée qu'on pouvait avoir profité de son absence pour lui voler son enfant traversa sa pensée comme un éclair.

Elle s'élança vers le lit de la gouvernante, la saisit par le bras et la secoua avec une extrême violence.

La femme, réveillée en sursaut, ouvrit les yeux, se dressa sur son lit, haletante, effarée, et se mit à regarder sa maîtresse d'un air stupide.

La marquise retrouva sa voix un instant paralysée.

— Ma fille, où est ma fille? demanda-t-elle sourdement.

— L'enfant? balbutia la pauvre femme en se frottant les yeux; mais... mais... je ne sais pas.

— Malheureuse, malheureuse! s'écria la marquise; c'est donc ainsi que vous avez veillé sur mon enfant?

Et, tournant subitement le dos à la femme affolée, incapable de raisonner, elle se précipita vers le cordon d'une sonnette.

Mais, au moment où sa main allait le saisir, un petit éclat de rire argentin frappa tout à coup son oreille.

C'est de sa chambre que sortait le rire, et elle reconnut la voix de sa fille.

— Ah! ah! ah! fit-elle.

Et elle poussa un long soupir de soulagement.

Cependant, il lui fallut un peu de temps pour se remettre de son trouble.

— Pourquoi cette affreuse pensée m'est-elle venue? J'étais folle! murmura-t-elle.

La petite Maximilienne devait être bien joyeuse, car elle continuait à rire de tout son cœur.

— Je regrette de vous avoir réveillée, vous pouvez vous recoucher, dit la marquise à la gouvernante, qui venait de sauter à bas de son lit.

En achevant ces mots elle ouvrit la porte de sa chambre.

Alors un tableau charmant, à la fois délicieux et touchant, s'offrit à ses yeux ravis.

Assis dans un fauteuil, le corps en arrière, le marquis tenait la petite Maximilienne et la faisait danser sur ses genoux.

L'enfant s'amusait beaucoup à ce jeu tout nouveau pour elle. En quelques minutes elle s'était apprivoisée avec son père. Elle lui tirait la barbe, l'adorable lutin, et son contentement se manifestait par de joyeux éclats de rire.

Si le marquis cessait un instant de la faire danser pour se donner le plaisir de mettre un baiser sur son front et embrasser ses petits bras roses, la mignonnette lui disait aussitôt:

— Papa, encore, encore?

Et le marquis, obéissant, se remettait à faire sauter le lutin, qui recommençait à rire et à lui tirer la barbe.

La surprise, le bonheur, la plus grande joie qu'elle eût éprouvée de sa vie, firent pousser à la marquise un cri qui sortait de son cœur.

Après la peur qu'elle venait d'avoir, quelle indicible ivresse!

Au cri poussé par sa mère, l'enfant tourna vivement la tête et cria :

— Maman! maman!

La jeune femme ne put contenir son émotion plus longtemps. Un sanglot s'échappa de sa poitrine. Elle s'avança, tomba à genoux devant son mari, et, tournant vers lui ses beaux yeux noyés de larmes :

— Ah! Édouard, Édouard! s'écria-t-elle.

— Mathilde, dit le marquis avec un sourire intraduisible, tu viens d'embrasser notre fils, moi j'embrasse notre fille!

— Édouard, tu l'aimes donc, ta fille! tu l'aimes donc? exclama-t-elle.

— Ne le vois-tu pas? Oui, je l'aime! Voyons, est-ce que tu as cru réellement que je ne l'aimais pas?

— Oui, je l'ai cru, je le croyais

— Mathilde, reprit le marquis avec douceur, je t'imitais; voyant que tu donnais à ta fille toute ta tendresse, que ton fils n'existait pas pour toi, je feignais d'être indifférent et froid pour cette chère petite et d'aimer uniquement notre autre enfant. Repoussé par toi, sevré de tes caresses, je voulais, autant que possible, réparer ton injustice envers lui. Je voulais surtout te faire juger par ma conduite combien la tienne était singulière, et te faire comprendre qu'une mère doit aimer également ses enfants.

« J'ai longtemps attendu, mais n'importe, puisque j'ai réussi. Bien des fois, ne sachant plus que penser, irrité contre moi-même, j'ai été sur le point de sortir de ma réserve, et de provoquer entre nous une explication sérieuse. Mais toujours je me disais : Non, attendons encore ; une affection ne s'impose pas; il faut que Mathilde arrive d'elle-même à reconnaître ses torts. Va, je ne te dirai pas ce que m'a coûté le silence que j'ai gardé, ce que j'ai souffert d'être obligé de me contraindre et de réprimer à chaque instant les élans de mon cœur.

« Ce soir, en une minute, j'ai oublié tout cela. Maintenant, il n'y a plus en moi que de l'allégresse. »

Le marquis avait entouré de ses bras sa femme et sa fille, et il les tenait toutes deux serrées contre son cœur.

Ils formaient ainsi un groupe ravissant.

— Tout à l'heure, continua le marquis, pendant que tu étais près de notre fils, j'ai entr'ouvert la porte de sa chambre. Je t'ai vue l'embrasser et ensuite tu as dit : « Pauvre petit, j'ai été bien injuste envers toi, pardonne-moi! »

« Alors, je m'éloignai sans bruit, le cœur inondé de joie, pour aller à mon tour embrasser ma fille.

« Elle se réveilla, me sourit et me tendit ses petits bras. Je l'enlevai de son lit et je l'apportai ici, dans la chambre, jouissant d'avance de la surprise que je te préparais.

— Oh! une douce et heureuse surprise! murmura la marquise.

— Ainsi, tu es contente?

— Oui, mon ami, contente, heureuse, autant que je peux l'être.

— Je n'oublierai jamais ce doux instant, qui ramène autour de nous bien des joies disparues. Un nuage sombre obscurcissait notre ciel, un double baiser vient de le faire disparaître, et j'espère que, désormais, rien ne pourra plus troubler notre bonheur. Maintenant, Mathilde, nous allons être mieux unis encore, car nous aurons les mêmes pensées; nous allons vivre l'un et l'autre pour nos deux enfants.

— Oui, pour nos deux enfants, répéta la marquise.

— Je sens que notre chère petite Maximilienne t'appardiendra toujours plus qu'à moi; mais je te promets de ne pas être jaloux. Si tu t'aperçois que, de mon côté, je m'occupe un peu plus de mon fils que de ma fille, il ne faudra pas que cela te porte ombrage. Élever nos enfants, diriger leurs premiers pas dans la vie, ennoblir leurs sentiments en vue de l'avenir que nous leur préparons est une tâche assez lourde, nous en prendrons chacun notre part. Je te laisserai le soin d'élever notre fille et je me chargerai de l'éducation de notre fils. Je l'ai déjà commencée, bien qu'il ne soit encore qu'un enfant, et je n'ai qu'à me louer de sa docilité. J'ai la conviction qu'il deviendra un homme digne de ses ancêtres et du nom qu'il porte.

La marquis ne répondit pas.

— Il paraît que mademoiselle Maximilienne ne s'est guère intéressée à notre conversation, reprit le marquis d'un ton joyeux et en baissant la voix; regarde, Mathilde, elle vient de s'endormir.

— Dans tes bras, contre ton cœur, ajouta la marquise avec une expression impossible à rendre.

Elle reprit doucement l'enfant, tous deux lui mirent un baiser sur le front et elle alla la remettre dans son lit.

— Mathilde, sais-tu qu'il est plus d'une heure? lui dit le marquis en souriant, quand elle reparut au bout d'un instant.

— Il n'y a que les heures d'ennui qui paraissent longues, répondit-elle gracieusement. C'est pour cela que Juliette ne m'a pas attendue, ajouta-t-elle; elle s'est couchée, elle a bien fait.

Elle poussa sa porte de son cabinet de toilette, qui était entr'ouverte.

Juliette, sa femme de chambre, était là. Étendue sur une causeuse, elle paraissait dormir d'un profond sommeil. La marquise l'appela trois fois de suite. Enfin Juliette fit un mouvement, ouvrit ses yeux et se dressa sur ses jambes.

— Que faites-vous? Pourquoi n'êtes-vous pas couchée? lui demanda la marquise d'un ton presque sévère.

— Madame la marquise m'avait ordonné de l'attendre, répondit la femme de chambre. Je suis entrée dans le cabinet, je me suis assise là et puis je me suis endormie.

La marquise était extrêmement bonne pour ses domestiques. Elle se contenta de cette explication.

— C'est bien, dit-elle, vous pouvez aller vous coucher, je ferai seule ma toilette de nuit. Mais rappelez-vous que ce n'est pas dans mon cabinet de toilette que vous devez m'attendre.

Juliette baissa la tête et s'éloigna sans répliquer.

— Est-ce que tu supposes que ta femme de chambre s'était cachée dans le cabinet pour nous écouter? demanda le marquis à sa femme.

— J'ai eu d'abord cette idée; mais je crois que réellement elle s'était endormie.

— Dans tous les cas, reprit le marquis, elle n'aurait pas surpris un secret bien important; ce que nous avons dit n'était pas de nature à l'intéresser beaucoup.

La marquise se trompait et le marquis aussi. Juliette ne s'était pas endormie dans le cabinet de toilette et elle n'avait pas perdu un mot de leur conversation, qui lui avait paru fort intéressante.

Dès qu'elle fut dans sa chambre, Juliette prit du papier, de l'encre, une plume. s'assit à une petite table et écrivit les lignes suivantes :

« La vie qu'on mène ici est bien monotone; pourtant, je suis toujours contente de cette place que j'ai trouvée grâce à vous. Je ne vous écris pas souvent parce que je n'ai rien à vous dire; mais si je ne vois et n'entends rien, ce n'est pas faute de regarder et d'écouter, je ne ferme ni mes yeux ni mes oreilles, et je n'oublie aucune des recommandations que vous m'avez faites.

« Enfin, aujourd'hui il y a du nouveau.

« Madame la marquise est sortie hier soir; en rentrant elle est allée dans la chambre du petit Eugène, et, pour la première fois, elle l'a embrassé.

« M. le marquis, qui l'épiait, a aussi entendu qu'elle disait : « Pauvre petit, j'ai été injuste envers toi, pardonne-moi ! »

« Alors M. le marquis est venu dans la chambre de la petite; il l'a réveillée, l'a prise dans ses bras et s'est amusé à la faire sauter sur ses genoux. Sans mentir, il l'a bien embrassée cent fois. Pendant ce temps, madame la marquise était probablement encore dans la chambre du petit garçon. Elle surprit M. le marquis jouant avec sa fille. Je n'ai pas besoin de vous dire si elle fut heureuse.

« Ils causèrent pendant une heure au moins, parlant toujours des deux enfants.

« Je faisais semblant de ne pas aimer notre fille, a dit M. le marquis, parce que toi tu refusais ta tendresse à notre fils.

« Bref, madame la marquise a pleuré; ils se sont embrassés, et les voilà plus unis que jamais et tout à fait d'accord au sujet des enfants.

Je ne sais pas si ce renseignement vous sera utile, je vous le donne parce que vous voulez savoir tout ce qui se fait dans la maison, et particulièrement tout ce qu'on dit concernant les enfants.

« Votre servante, toujours à vos ordres,

« JULIETTE. »

La femme de chambre plia sa lettre et la glissa dans une enveloppe sur laquelle elle mit cette souscription : Monsieur de Perny, rue Richepanse, n° 3.

Sosthène reçut cette lettre le lendemain dans l'après-midi.

Après l'avoir lue, il resta un moment pensif, les sourcils froncés. Puis une lueur étrange passa dans son regard et il prononça sourdement :

— Qu'est-ce que cela veut dire?

XIX

LE TIROIR SECRET

Le matin, vers les neuf heures, la petite Maximilienne était levée. La marquise la tenait sur ses genoux, prenant plaisir à écouter son gai babil.

Tout à coup, le marquis entra dans la chambre.

— Je viens embrasser ma fille, dit-il.

La jeune femme eut un tressaillement de joie.

— Bonjour, papa, dit la mignonne.

La marquise la mit dans les bras de son père, et pendant un instant, elle les contempla tous deux avec ravissement.

— Édouard, pourquoi ne m'as-tu pas amené Eugène? demanda-t-elle d'une voix un peu émue.

— Je ne voulais pas le faire sans ta permission.

— Je désire le voir et l'embrasser tous les matins, reprit-elle.

Et elle ajouta avec son doux sourire :

— N'est-il pas convenu que, maintenant, nous allons vivre l'un et l'autre pour nos deux enfants?

Le marquis sortit de la chambre et reparut au bout de deux minutes, amenant le petit garçon qu'il tenait par la main. Tout en entrant, il lui dit :

— Eugène, va embrasser ta maman.

La marquise se tenait debout, roide, immobile et un peu pâle. Une dernière

Ne vous effrayez pas, dit-elle de sa douce voix, je ne suis pas malade, je dors. (Page 264).

et suprême lutte se livrait dans son cœur. Son angoisse était inexprimable. Allait-elle repousser encore le pauvre enfant?

Le petit garçon fit quelques pas en avant, les yeux fixés sur la marquise, puis il s'arrêta craintif et tout interdit.

Mais madame de Coulange pensa à la mère devenue folle de désespoir, et la glace de son cœur se fondit. Elle était vaincue. La pitié avait pris la place de la haine. Ses traits s'animèrent, ses bras s'ouvrirent et elle se baissa en s'écriant :

— Viens donc, mon enfant, viens donc m'embrasser !

Le petit Eugène poussa un cri de joie et s'élança d'un bond dans les bras de la marquise.

— Mathilde, dit M. de Coulange, dans quelques jours ton fils ne se souviendra plus que, depuis sa naissance, il a été privé de ta tendresse.

Un changement important venait de s'accomplir dans l'existence de la marquise. Assurément, elle n'était pas délivrée du lourd fardeau qu'elle portait. Comme par le passé, elle était toujours condamnée à mentir; il y avait toujours entre elle et son mari le secret terrible ; mais il lui semblait que, désormais, ce secret fatal lui serait moins pénible à garder.

Un instant après le marquis s'étant retiré avec le petit garçon, et la gouvernante ayant emmené la petite fille, la marquise, restée seule, s'absorba dans ses pensées.

— Hier soir j'étais encore dans une grande perplexité, se disait-elle ; je ne croyais pas qu'il me fût possible de voir cet enfant à côté de ma fille, sans laisser éclater mon indignation et ma colère. L'épreuve a eu lieu ; un instant j'ai été bouleversée, mais j'ai eu la force de me contenir, puis je me suis attendrie. Ah! ma situation est étrange !

« Est-ce réellement la pitié qui a fait en moi cette révolution? Oui, c'est d'un côté la pitié et de l'autre la volonté de réparer le mal qui a été fait. Voilà pourquoi hier soir je l'ai embrassé ; voilà pourquoi ce matin je n'ai plus eu la force de le repousser. Maintenant, c'est fini ; je lui ai ouvert mes bras, je l'ai adopté, il est mon fils... Il est mon fils, et je dois m'imposer le devoir de l'aimer !..

« Je devrais oublier le passé ou l'ensevelir dans une nuit profonde ; mais, hélas ! je sens que je ne pourrai jamais faire un pas sans me heurter à l'horrible ! Si j'éprouve une joie, c'est lui, c'est le passé qui viendra aussitôt me l'arracher du cœur... Épouvantable fantôme, il sera toujours là debout, hideux, sinistre, pour tourmenter ma vie ! sans cesse menaçant, il me défendra d'espérer et et s'il me permet de tourner les yeux vers l'avenir, je ne pourrai le faire sans frissonner de terreur !

« Ah ! j'ai beau le vouloir, je ne puis réparer le crime, et c'est moi qui dois payer pour les coupables. Toujours il me faudra combattre et vaincre les révoltes de mon cœur et de ma conscience, sans cesse il faudra tromper... Toujours et sans cesse il me faudra souffrir !

Elle continua avec amertume :

— J'ai pour époux le meilleur des hommes, je suis marquise, je suis riche, jeune, belle, et tout le monde me croit heureuse, et il y a des gens à qui mon sort fait envie... Ah ! s'ils savaient, s'ils savaient !

Tout à coup elle fut prise d'un tremblement nerveux ; d'un bond elle se dressa sur ses jambes et se mit à marcher avec égarement.

Elle venait d'avoir cette pensée que la mort pouvait le frapper subitement

— Oh! ce serait épouvantable! s'écria-t-elle. Et cela peut arriver! Aujourd'hui je suis pleine de vie, mais j'ignore ce que je serai demain. Oui, je peux mourir sans avoir eu le temps de parler, et ce secret qui m'étouffe et qui me ronge le cœur serait enfermé avec moi dans la tombe! Et M. de Coulange ne saurait jamais rien, car ce n'est pas ma mère, et encore moins mon frère qui lui diraient la vérité. Eux, s'accuser! allons donc! Il faudrait pour cela qu'ils eussent le repentir de leur crime! Je les ai chassés, mais ils reviendraient; ils abuseraient encore de la confiance aveugle du marquis, qui se laisserait facilement tromper par leur hypocrisie.

« Ah! après ce qu'ils ont fait, je les crois capables de tout. Aujourd'hui, ils se tiennent à distance, ils se font humbles, petits, ils sont soumis. Pourquoi? Parce que je suis là et qu'ils ont peur. Ils savent que je tiens le châtiment suspendu sur leurs têtes. Si je n'étais plus, ils relèveraient audacieusement la tête. Ah! je n'ose pas me demander ce qu'ils feraient pour ressaisir cette fortune qu'ils convoitaient et qu'ils croyaient déjà tenir dans leurs mains. L'impunité de leur première infamie serait pour eux un encouragement à commettre d'autres crimes. Et mon mari et ma fille, peut-être, deviendraient leurs victimes!

« Eh bien, non, continua-t-elle avec énergie, je veux tout prévoir, je veux qu'ils restent impuissants, écrasés sous la crainte du châtiment. Si, vivante, j'ai pris la résolution de garder le silence, il faut, dans le cas où la mort viendrait me surprendre, il faut que mon mari sache tout. Alors il apprendra ce que j'ai souffert, et, comme il est bon, il me pardonnera.

« Oui, voilà ce que je dois faire, reprit-elle après avoir réfléchi un instant : j'écrirai ma douloureuse histoire, ce sera mon testament. Dès ce soir je me mettrai à l'œuvre ; le papier sera mon confident discret. Je ne lui cacherai rien, il recevra mes pensées les plus intimes, je lui dirai toutes mes angoisses, toutes mes douleurs. »

C'était un commencement ou un semblant de satisfaction que la marquise allait donner à sa conscience inquiète et tourmentée.

Peu à peu son agitation se calma.

Elle s'approcha d'un joli meuble style Louis XIII et ouvrit un tiroir rempli de fleurs, de rubans, de dentelles et autres menus objets de toilette. Ensuite elle plongea son bas au fond du tiroir et fit mouvoir un ressort secret, ce qui lui permit d'ouvrir un second compartiment du meuble, dans lequel se trouvait un petit paquet enveloppé dans une étoffe de soie.

Elle ouvrit le paquet en enlevant les épingles qui attachaient l'étoffe de soie. Cette enveloppe contenait le maillot que portait le petit Eugène le jour où on l'avait porté au château de Coulange.

La marquise le conservait religieusement, comme une relique.

Il se composait d'un bonnet garni de valenciennes et délicieusement brodé, d'une chemise, d'un bandelette de toile, d'une autre pièce de toile carrée et d'une petite couverture de laine tricoté à la main.

Les yeux de la marquise se mouillèrent de larmes.

Elle prit le bonnet et la petite chemise.

— C'est l'ouvrage de la pauvre mère, murmura-t-elle. C'est fait avec beaucoup de goût, par des doigts habiles ; on voit qu'elle le travaillait pour son enfant le cœur rempli des joies maternelles. Hélas! elle ne se doutait guère alors que des misérables attendaient la naissance de son enfant pour le lui prendre. Elle espérait le bonheur, la pauvre mère, et c'est le malheur qui l'a frappée comme un coup de foudre.

« La chemise est marquée G. L., continua la marquise, ce sont probablement les initiales du nom et du prénom de la mère, ou bien l'une de ces lettres serait la première du nom qu'elle voulait donner à son enfant. Malheureusement ce n'est pas assez pour qu'on puise découvrir un jour à quel monde et à quelle famille appartenait cette pauvre jeune fille. N'importe, je conserverai toujours ces tristes objets, qui seront un jour, si c'est nécessaire, la seule preuve matérielle du crime.

En replaçant le petit bonnet et la petite chemise, sa main froissa un morceau de papier.

— Je me souviens, dit-elle; quand j'ai demandé à la femme de me dire son nom et de me donner son adresse, elle m'a répondu qu'elle se nommait Rosine Dubois et qu'elle demeurait rue Saint-Denis, n° 70. Etait-ce un mensonge? Aujourd'hui même, je le saurai. J'ai écrit ce nom et cette adresse sur ce papier et je l'ai mis là. Alors, condamné par les médecins, mon mari pouvait mourir ; et moi avant de le suivre dans la tombe je voulais faire des recherches ; retrouver la mère et lui rendre son enfant, à tout prix je voulais empêcher mon frère de profiter de son crime.

Elle prit le papier, le plia en quatre et le glissa dans sa poche.

Puis elle attacha l'enveloppe du maillot, remit le paquet à la place et ferma les tiroirs du meuble.

— C'est là, se dit-elle, près des langes de l'enfant que je placerai mon manuscrit. Le secret du tiroir gardera mon secret.

Le tantôt, vers deux heures, la marquise sorti à pied de l'hôtel. Elle prit une voiture de remise, rue de Varennes, et se fit conduire rue Saint-Denis, le coupé s'arrêta devant la maison portant le numéro 70.

La marquise descendit de voiture, entra dans la loge, et s'adressant à la concierge.

— Madame, lui demanda-t-elle, avez-vous dans votre maison une dame qui se nomme Rosine Dubois?

— Non, madame, répondit la concierge, je ne connais ici personne de ce nom-là.

— C'est une adresse qu'on m'a donnée il y a quelques années, reprit la marquise ; il peut se faire que cette dame ait déménagé.

— Est-ce que tu te souviens d'une Rosine Dubois ! demanda la concierge, interpellant son mari, qui ornait d'une bordure neuve un vieux paletot.

— C'est la première fois que j'en entends parler, répondit-il.

— Mon mari a une excellente mémoire, reprit la femme ; il y a dix ans que nous sommes concierges de cette maison, et je puis vous assurez que la dame que vous cherchez n'a pas demeuré ici depuis que nous y sommes.

— Je vous remercie, madame, reprit la marquise.

Et elle se retira. Elle savait à quoi s'en tenir. D'ailleurs elle avait fait cette démarche, presque certaine qu'elle serait inutile. C'est une satisfaction qu'elle s'était donnée.

— Ainsi, se dit-elle, la femme qui a apporté l'enfant à Coulange est bien la femme d'Asnières, celle qui a volé l'enfant. Cela ne peut plus laisser un doute. Et tout ce qu'elle m'a dit était un conte habilement inventé !

La marquise remonta dans la voiture, qui la ramena rue de Babylone.

Le soir, après le dîner, quand la petite Maximilienne fut couchée, la marquise s'enferma dans sa chambre. Voulant passer immédiatement du projet à l'éxécution, elle écrivit avec une rapidité fiévreuse le premier chapitre de sa vie.

La marquise de Coulange allait raconter son histoire, une histoire vraie, intéressante et poignante comme un roman.

XX

LE SOMMEIL

On était à la veille du printemps et au commencement des beaux jours. En avance d'une semaine, le célèbre marronnier du vingt mars était déjà couvert de feuilles.

Le charmeur d'oiseaux avait reparu dans le jardin de Tuileries en même temps que Gabrielle Liénard, appelée par les enfants la Figure de cire.

Un soir, après être restée assez longtemps à sa fenêtre, pensive, regardant dans la rue et écoutant le bruit sourd produit par le roulement lointain des voitures, Gabrielle venait d'allumer sa lampe avec l'intention de travailler pendant une heure ou deux, avant de se coucher, lorsqu'on frappa deux coups à la porte.

Elle alla ouvrir. Morlot entra

— Mademoiselle Gabrielle, dit-il, je viens passer la soirée près de vous, si du moins je ne vous dérange pas ; dans le cas contraire, content de vous avoir vue, je suis prêt à me retirer.

— Non seulement vous ne me dérangez pas, répondit-elle, mais votre visite me fait plaisir. Il y a près de quinze jours que vous n'êtes venu me voir.

— C'est vrai. J'ai été très occupé : Mélanie a dû vous dire que, plus d'une fois, je ne suis pas rentré la nuit.

— C'est un dur métier que le vôtre, monsieur Morlot!

— Oui, mais pour celui qui le fait de bon cœur et même avec passion, comme moi, il a ses côtés agréables. Aujourd'hui, par exemple, je suis très satisfait.

— En effet, dit Gabrielle en le regardant, vous avez l'air tout joyeux.

— J'ai pincé ce matin un malfaiteur de la plus dangereuse espèce. Je le cherchais depuis près d'un an sans pouvoir arriver à mettre la main sur lui. C'est une sorte d'hercule qui porte le nom de Gargasse, et seul, j'ai eu le bonheur de me rendre maître de lui. Ce coquin faisait certainement partie d'une bande de scélérats parfaitement organisée. On l'a interrogé, mais il a été impossible de lui arracher une parole. Il craint de compromettre ses complices. Je suis sûr qu'il ne dira rien, même devant la cour d'assises. Quant à lui, son affaire est claire : il aura de la chance s'il n'attrape pas au moins quinze ans de travaux forcés.

— Et en ce qui me concerne, monsieur Morlot, toujours rien?

Le front de l'agent de police s'assombrit subitement.

— Oui, toujours rien, répondit-il d'une voix creuse.

Gabrielle laissa échapper un profond soupir.

— Oh! mais je ne me décourage pas, reprit Morlot en se redressant, une flamme dans le regard ; ils se cachent bien les misérables! Mais je suis patient, j'ai des yeux, des oreilles : je regarde et j'écoute. Il faudra bien qu'un jour...

Gabrielle secoua tristement la tête.

— Comme vous le dites souvent, monsieur Morlot, fit-elle, vous êtes dans les ténèbres. En attendant, je cherche à calmer mes douleurs en regardant et en embrassant les enfants des autres.

« Aujourd'hui je suis triste, continua-t-elle, votre présence va peut-être me distraire.

— Hélas! répliqua Morlot, vous êtes triste toujours.

— C'est vrai. Mais, ce soir, une pensée que j'ai eue déjà plusieurs fois m'est revenue.

— Quelle est cette pensée?

— Je m'imagine que mon pauvre enfant n'existe plus.

— Oh! fit Morlot.

— Alors, reprit Gabrielle, pendant quelques instants je suis sous le coup d'une hallucination ; c'est comme un cauchemar que j'ai, les yeux ouverts. J'entends des cloches qui tintent, je vois un grand nombre de cierges allumés, et au milieu des cierges un petit cercueil. Dans le cercueil, qui s'ouvre tout à coup, je vois, enveloppé d'un suaire, le corps raide, glacé d'un enfant.

« Sa figure est blanche comme le linceul, acheva Gabrielle, ses yeux ne sont pas fermés ; ils sont fixes, sans mouvement, et on dirait qu'ils regardent quelque chose dans le ciel. Eh bien, monsieur Morlot, dans cet enfant mort je reconnais mon fils..

— Et ce vilain rêve, mademoiselle Gabrielle, vous cause un tourment de plus. Non, non, votre enfant n'est pas mort. Il ne faut pas que vous ayez cette affreuse pensée. Si elle vous vient encore, il faudra bien vite la chasser loin de vous.

— C'est ce que je fais. Une seule chose me soutient et me donne la force de supporter ma peine : c'est l'espoir que j'ai de retrouver mon enfant ; si je ne l'avais plus cet espoir qui me sourit et souvent me console, je serais bientôt morte !

« Mais pourquoi donc restons-nous debout? reprit-elle ; je vous reçois comme si j'avais hâte de vous voir partir. Voilà une chaise, monsieur Morlot, asseyez-vous.

L'agent obéit et Gabrielle s'assit, à son tour, en face de lui, près de sa table à ouvrage.

— Ainsi, dit-elle, vous avez eu la bonne idée de venir me tenir compagnie ce soir?

— C'est un bonheur que je me donne.

— Merci !

— Après avoir passé deux nuits blanches, je peux bien me reposer un jour ou deux.

— Certainement.

— Si je ne viens pas vous voir plus souvent, mademoiselle Gabrielle, croyez bien que ce n'est pas faute de le désirer.

— Vous ne m'avez pas trompée, monsieur Morlot ; c'est une sincère amitié et du dévouement que vous avez pour moi.

— Malheureusement je ne fais pas pour vous tout ce que je voudrais.

— Vous faites ce que vous pouvez et c'est déjà beaucoup. Comment se fait-il que vous soyez venu seul? Est-ce que je ne verrai pas Mélanie ce soir?

— Elle ne m'a pas dit qu'elle viendrait me rejoindre ; elle a mis tous sens dessus-dessous chez nous cette après-midi, et je l'ai laissée gravement occupée à ranger son linge dans son armoire.

— Comme une bonne ménagère qu'elle est.

— J'oubliais qu'elle m'a chargé de vous souhaiter le bonsoir et de vous dire mille choses aimable de sa part. Vous travailliez probablement quand je suis arrivé, mademoiselle Gabrielle ; il ne faut pas que je vous empêche de reprendre votre ouvrage.

— Je ne travaillerai pas ce soir, répondit-elle; je me sens fatiguée, les nerfs me font mal.

— C'est vrai, vous avez l'air souffrant; vous avez sans doute besoin de repos; je vais vous quitter.

Et il fit un mouvement pour se lever.

— Non, lui dit-elle, restez. Dites-moi quelque chose. Racontez-moi comment vous avez arrêté ce matin l'homme dont vous m'avez parlé.

— Volontiers, répondit Morlot.

Et immédiatement il commença son récit.

Tout en parlant, il s'anima et se mit à faire des gestes expressifs, voulant sans doute dramatiser et rendre plus frappante la scène qu'il racontait. Il ne s'aperçut point que Gabrielle faisait de grands efforts pour lui prêter une attention soutenue, et qu'elle cherchait ainsi à échapper à un malaise qui était en elle.

Morlot arrivait au moment le plus intéressant de son récit lorsque, soudain, Gabrielle sursauta. Aussitôt, ses bras tombèrent inertes à ses côtés, elle poussa un soupir, ses yeux se fermèrent et sa tête se renversa en arrière.

L'agent de police s'interrompit brusquement, et d'un seul mouvement se dressa sur ses jambes, en jetant un cri d'effroi.

— Mon Dieu, murmura-t-il d'une voix étranglée par l'émotion, elle vient de se trouver mal, de perdre connaissance, que faire? que faire?

Il s'élança vers la porte pour appeler au secours. Mais, au moment de l'ouvrir, réfléchissant que d'autres personnes ne feraient pas plus que lui pour l'instant, il se ravisa.

Il revint près de la jeune fille, qui n'avait pas fait un mouvement.

— Mademoiselle Gabrielle, mademoiselle Gabrielle! l'appela-t-il.

Il vit remuer ses lèvres.

— Ah çà! s'écria-t-il avec une sorte de fureur, est-ce que je vais rester là, planté devant elle sans rien faire? Est-ce que je suis stupide?

Il regarda autour de lui. Ses yeux tombèrent sur deux burettes contenant l'une de l'huile, l'autre du vinaigre.

— Voilà ce qu'il me faut, dit-il.

Il courut au buffet et prit le vinaigre, dont il mouilla la moitié d'un linge blanc qui tomba sous sa main. Cela fait, tenant encore la burette d'une main, le linge de l'autre, il s'approcha de la jeune fille.

Mais avant qu'il eût touché son visage, toujours immobile, la tête en arrière et les yeux fermés, Gabrielle parla :

— Ne vous effrayez pas, dit-elle de sa douce voix, je ne suis pas malade, je dors.

Morlot la regarda avec stupeur, écarquillant les yeux.

— Comment, vous... vous... dormez? bégaya-t-il.

Dites donc, cousin, vous n'avez pas l'air du tout étonné de me voir! (Page 274).

— Oui, je dors, répondit-elle.
— Et vous m'entendez?
— Je vous entends et je vous vois.
— Vous me voyez, les yeux fermés? s'écria-t-il.
— Oui, quoique mes yeux soient clos, je vois à travers mes paupières. Vous tenez une serviette que vous avez imbibée de vinaigre ; ah! vous la mettez sur la table ainsi que le flacon.

C'était vrai, Morlot faisait cela.

Il remarqua que, ne dormant pas et ayant les yeux ouverts, Gabrielle, placée comme elle l'était, n'aurait pu voir qu'il posait les objets sur la table.

Son ahurissement était complet. Il se touchait le front, les yeux, se pinçait le nez, en se demandant s'il était bien éveillé, si ce qu'il voyait n'était pas un rêve.

Mais il fallait bien qu'il se rendît à l'évidence. Gabrielle était là, devant lui, ne faisant aucun mouvement. Et endormie, ayant les yeux fermés, elle entendait, elle voyait.

Tout à coup, une lueur traversa son cerveau.

— Ah! fit-il en sursautant.

Et tout bas, il prononça ce mot:

— Somnambule!

Gabrielle l'entendit, car elle répondit aussitôt:

— Je ne sais pas si je suis ce que vous dites; je dors en ce moment d'un sommeil étrange, qui ne ressemble pas au sommeil ordinaire.

Morlot se rapprocha.

— Mademoiselle Gabrielle, dit-il d'une voix pleine d'anxiété, vous devez souffrir, souffrir beaucoup?

— Oui, à la tête et dans tous les membres.

— Est-ce que je ne peux pas vous réveiller!

— Je ne sais pas.

Il lui prit les bras et la secoua assez fortement. Elle poussa un cri.

— Laissez-moi, laissez-moi, lui dit-elle d'une voix suppliante; vous me faites mal; il me semble que vous m'arrachez les bras.

Morlot eut un sourd gémissement et il se laissa tomber sur un siège. Il souffrait affreusement, lui aussi, de voir la jeune fille dans cet état et de ne pouvoir rien faire pour la soulager. Il la regardait avec une commisération profonde, des larmes dans les yeux.

— Mademoiselle Gabrielle, est-ce la première fois que vous avez cet étrange sommeil? lui demanda-t-il.

— Non, j'ai déjà dormi ainsi.

— Souvent?

— Quatre ou cinq fois.

— Comment vous réveillez-vous?

— Le réveil arrive tout d'un coup, comme le sommeil est venu.

Ces paroles furent suivies d'un assez long silence. Morlot était en proie à une agitation extraordinaire. Il éprouvait en même temps de la surprise et de la terreur. Ce sommeil étonnant, inexplicable, et cette faculté merveilleuse qu'avait Gabrielle de voir, d'entendre et de parler en dormant, étaient des choses inouïes surnaturelles, qui confondaient sa raison.

C'est étrange, se disait-il, oh ! oui, bien étrange ! D'autres pourront ne pas le croire ; mais moi, je vois et j'ai entendu... Si quelqu'un était venu me dire hier ou tantôt que je serais ce soir témoin d'une chose pareille, je lui aurais certainement ri au nez, ou bien je me serais mis en colère pour prouver que je ne suis pas un imbécile.

« Non, je ne suis pas un imbécile, je ne suis pas non plus un naïf ; mais, je suis bien forcé de l'avouer, je ne comprends rien à cela. C'est miraculeux ! »

XXI

CONVERSION D'UN SCEPTIQUE

Tout soucieux et l'esprit troublé, Morlot regardait tristement Gabrielle, qui restait dans son effrayante immobilité. Il aurait pu la croire morte, s'il n'eût vu les mouvements de sa poitrine et entendu le bruit de sa respiration oppressée.

— Si je courais chercher un médecin ? se demanda-t-il. Mais non, je ne peux pas la quitter, la laisser seule. D'ailleurs, elle va probablement se réveiller. Ah ! malgré l'effroi que j'éprouve en l'entendant parler, j'aime encore mieux cela que de la voir ainsi inerte, sans voix, pareille à un cadavre ! Elle respire ; mais il me semble que la mort va la frapper dans son sommeil. C'est épouvantable ! Ce silence autour de nous est lugubre.

Il sentit un frisson courir dans ses membres.

Il se secoua avec force, comme s'il eût voulu se débarasser de quelque chose de gênant.

— Oh ! oh ! murmura-t-il pour la première fois de ma vie, je crois que j'ai peur !

Il prit doucement la main de la jeune fille. Elle était froide et en même temps moite de sueur.

— Mademoiselle Gabrielle, dit-il, est-ce que vous n'allez pas vous réveiller bientôt ?

— Je ne sais pas, répondit-elle.

— Me voyez-vous ?

— Je vous vois.

— Sentez-vous que je tiens votre main ?

— Non, mais je vois que ma main est dans la vôtre.

— Avez-vous toujours la même douleur à la tête et dans les membres !

— Oui.

Gabrielle lui répondant, Morlot se sentit un peu rassuré. Alors il lui vint une pensée, et il s'étonna de ne pas l'avoir eue plus tôt.

— Mademoiselle Gabrielle, demanda-t-il, est-ce que vous pouvez voir autre chose que les objets qui sont autour de vous? Est-ce que votre vue peut s'étendre au delà de votre chambre.

— Oui, je vois à une grande distance.

— Pouvez-vous voir ma femme, votre amie Mélanie?

— Mélanie? je suis chez vous, je la vois.

— Vraiment, vous la voyez?

— Je la vois.

— Que fait-elle?

— Elle compte une douzaine de serviettes.

— C'est inimaginable, cela dépasse le merveilleux, se dit Morlot, en s'agitant sur son siège. Si ce n'est pas du somnambulisme, qu'est-ce que c'est donc?

« Mademoiselle Gabrielle, reprit-il, voyez-vous toujours Mélanie?

— Oui.

— Que fait-elle, maintenant?

— Ce qu'elle fait? Rien. Si, on vient de sonner à la porte, elle marche, elle ouvre la porte, elle pousse un cri de surprise. Un homme entre.

— Un homme? fit Morlot.

— Il porte une blouse bleue et il est coiffé d'un chapeau de feutre gris à larges bords. Ce doit être un homme de la campagne.

— Tiens, pensa Morlot, est-ce que ce serait Blaisois, le cousin de ma femme, qui nous a annoncé, il y a deux mois, qu'il avait l'intention de venir à Paris.

Gabrielle continua:

— Il embrasse Mélanie : un gros baiser sur chaque joue. Elle est contente, Mélanie.

— Mademoiselle Gabrielle, entendez-vous ce qu'ils disent? demanda Morlot.

— Non. L'homme est dans la salle à manger, il s'assied devant la table. Mélanie lui apporte une bouteille de vin, elle lui sert à manger. Ah! l'homme tire quelque chose de sa poche... C'est une bourse. Il la vide sur la table. Je vois des pièces d'or et des pièces d'argent.

— Plus de doute, se dit Morlort émerveillé, c'est le cousin Blaisois. C'est égal, tout cela est de plus en plus incroyable.

Il aurait voulu courir chez lui afin de s'assurer que ce que Gabrielle venait de lui dire était bien la vérité.

— Non non, murmura-t-il, je ne peux pas, je ne dois pas la quitter tant qu'elle dormira.

Il regarda sa montre; l'aiguille marquait neuf heures dix minutes.

Soudain, une nouvelle idée jaillit de son cerveau.

— Si c'était possible? murmura-t-il.

Un double éclair s'alluma dans ses yeux,

Il se leva brusquement et fit quelques pas dans la chambre. Puis, se rapprochant vivement de la jeune fille :

— Mademoiselle Gabrielle, lui dit-il, puisque vous avez dans votre sommeil la faculté de voir à une grande distance, ne pouvez vous pas, en regardant, en cherchant, retrouver la misérable femme qui vous a volé votre enfant?

— Non, je ne vois pas, répondit-elle.

— Tout à l'heure, pourtant, vous voyiez Mélanie.

— Je la vois encore. Mais je la vois parce que je sais où elle est, et que ma pensée dirige ma vue vers elle.

— Alors, mademoiselle Gabrielle, si Mélanie n'était pas chez elle, vous ne la verriez point?

— Je ne sais pas.

Avant que Morlot ait eu le temps de lui adresser une nouvelle question, elle lui dit :

— Ne m'interrogez plus, cela me fatigue beaucoup.

Depuis un instant, de grosses gouttes de sueur mouillaient son front et ses tempes.

— Ah! je voudrais me réveiller, prononça-t-elle tout bas; je souffre, je souffre!

Morlort resta silencieux et, dans la crainte de faire le moindre bruit, il n'osa plus faire un mouvement.

— Je vais attendre qu'elle se réveille, se dit-il.

L'agent de police n'était pas un savant; cependant il avait reçu une certaine instruction et il était même un peu lettré. Il aimait la lecture et il avait lu beaucoup, principalement des romans. Pendant des années, les *Causes célèbres* avaient fait ses délices. Son métier étant d'arrêter les criminels, il se plaisait à les voir sur les bancs de la cour d'assises et il applaudissait à leur condamnation.

Comme bien des gens qui lisent plutôt pour s'amuser que pour s'instruire, Morlot n'était pas très fort en histoire. Malgré son goût pour la lecture, le titre seul d'un livre de science l'empêchait de l'ouvrir.

— Je n'ai pas besoin de lire cela, se disait-il, je n'y comprendrais rien.

Incrédule et sceptique sur bien des choses, il ne s'intéressait qu'au merveilleux qu'il trouvait dans les fictions des poètes et des romanciers. Ainsi, il admirait les *Mille et une nuits*, parce que les contes arabes lui présentaient des faits et des personnages en dehors du monde réel, sans essayer de lui faire croire des choses invraisemblables. Mais, si l'extraordinaire se montrait avec la prétention d'être la vérité, il s'écriait aussitôt :

— C'est absurde!

A cette époque, à Paris et dans le monde entier, on s'occupait beaucoup de somnambulisme et de magnétisme. On ne parlait que de la lucidité de certains somnambules, des merveilles du sommeil somnambulique, de tables tournantes, d'esprits frappeurs, de spiritisme et d'individus qui, sous le nom de *médiums*, avaient la prétention d'entrer en communication directe avec les esprits, de converser avec eux et d'écrire sous leur dictée.

Les hommes les plus intelligents, des esprits sérieux, même des savants, se passionnaient pour ces pasquinades. C'était une sorte de folie qui s'emparait de tout le monde. Les femmes, plus sensibles, généralement plus crédules que les hommes, et avides du merveilleux, devenaient facilement d'ardentes prosélytes·

Tout cela n'était pas nouveau. Déjà, avant la grande Révolution française, le docteur allemand Mesmer et un de ses disciples, le marquis de Puységur, avaient causé une véritable révolution dans le monde savant par de nombreuses expériences de magnétisme.

De toutes ces manifestations, que reste-t-il? En faisant la part de l'exagération, en repoussant avec dédain et mépris toutes les jongleries et le charlatanisme qui s'empare de tout, il reste ce que nos physiologistes ont reconnu exact à la suite des laborieuses études : l'existence du fluide nerveux, improprement appelé le fluide magnétique, lequel produit le sommeil somnambulique ; la puissance extraordinaire de l'activité cérébrale pendant ce sommeil ; les phénomènes qui en sont la conséquence.

Le sommeil magnétique ou somnambulique est rempli de mystères.

« Les intuitions, les prévisions, et toutes les perceptions extraordinaires sont le produit de ce sommeil, dit le psychologue Brandis, car alors l'idéal se manifeste en nous sans notre participation et nous pousse irrésistiblement. »

« Pendant le sommeil magnétique, dit un autre savant, Montravel, l'esprit plane comme l'aigle au haut des nues, dominant sur les opérations de la matière. Il embrasse d'un vaste coup d'œil toutes les possibilités physiques, qu'il n'eût, dans l'état de veille que parcourues successivement. Il voit partout et il lit dans le corps des autres et dans le sien tout le mécanisme des fonctions animales. »

Le baron Dupotet, qui est un doctrinaire du magnétisme, dit de son côté :

« La concentration d'esprit, le recueillement profond, l'isolement absolu, l'extase dématérialisent pour ainsi dire l'individu : l'influence magnétique, naturellement, augmente encore cet état. Alors la vue intérieure s'accroît d'une façon merveilleuse, la vie semble se spiritualiser, et les facultés de discerner, de voir intérieurement, sont portées à un point extraordinaire. »

Aujourd'hui, la lucidité dans l'état de sommeil magnétique n'est plus niée que par les adversaires du magnétisme.

Ce qu'il est impossible de nier, c'est le somnambulisme, qui est considéré par beaucoup de savants comme une névrose des fonctions cérébrales, et par d'autres comme un état nerveux particulier du cerveau.

Les somnambules perçoivent avec clarté, opèrent avec précision et agissent avec une surprenante agilité. Voltaire, Crébillon, Massillon, ont composé et écrit des chefs-d'œuvre pendant des accès de somnambulisme. Des somnambules musiciens composent ou exécutent des chants délicieux. C'est ainsi que Tartini put composer sa fameuse sonate du *Diable*, à laquelle il travaillait vainement depuis un mois. Les sommeils somnambuliques et magnétiques sont produits par des causes purement physiques et n'ont rien de surnaturel.

Tout le monde sait ce que peuvent obtenir l'opiniâtreté et une volonté énergique, et ce que peut parfois, la puissance fascinatrice du regard. L'être fort domine l'être faible et le force à l'obéissance; d'où il résulte que la volonté a le courage de provoquer le sommeil magnétique, en agissant sur tout le système nerveux facile à ébranler du sujet magnétisé.

Cependant on peut tomber dans l'état de sommeil magnétique sans que ce sommeil soit provoqué par l'action d'un magnétiseur, le sommeil du somnambule en est la preuve.

L'attention soutenue, prolongée, concentrée entièrement sur un objet, a pour résultat physiologique l'accumulation du fluide nerveux au cerveau. Cette accumulation incessante surexcite violemment l'organe cérébral, et après la surexcitation, comme conséquence forcée, arrive la lourdeur, l'affaissement, le sommeil chez certains individus, comme les visionnaires, les extatiques, les ascétiques, peut-être le sommeil magnétique.

Or, c'est de cet étrange sommeil, que rien en apparence n'avait provoqué, que Gabrielle s'était subitement endormie sous les yeux de l'agent de police.

Par la concentration de ses pensées, qui amenait chez elle des instants d'hallucinations, Gabrielle, visionnaire et extatique, se rendait somnambule et se magnétisait elle-même.

Voilà ce que Morlot ne pouvait s'expliquer ni comprendre, lui qui, dans son scepticisme, n'acceptait que les vérités qui frappaient ses yeux et niait avec opiniâtreté les étranges phénomènes physiologiques qui appartiennent au domaine de la science.

Il savait parfaitement qu'on s'occupait beaucoup de magnétisme et que, dans un grand nombre de salons parisiens, on faisait des expériences qui, disait-on, donnaient des résultats merveilleux.

Mais il n'admettait pas que la volonté d'une personne pût en endormir une autre, et, moins encore, que cette dernière, dans l'état de sommeil, eût la faculté inconcevable de voir, d'entendre et de répondre aux questions quelconques qu'on lui adressait.

— Bêtises que tout cela, disait-il; c'est avec de pareilles niaiseries qu'on amuse les imbéciles. Si je voulais voir des tours de prestidigitation, j'aimerais mieux aller passer ma soirée chez Robert-Houdin.

Quand on parlait devant lui de tables tournantes et parlantes, d'esprits frappeurs et bouleverseurs, de tels ou tels morts célèbres de leur vivant qu'on évoquait, qui se présentaient, parlaient ou écrivaient par l'intermédiaire d'un spirite renommé, il haussait les épaules et se mettait à rire à se tenir les côtes.

— On n'a pas idée de cela disait-il ; on ne sait pas, vraiment, jusqu'où peut aller la bêtise humaine.

Quelquefois, quand il était mal disposé, il se fâchait tout rouge.

Pourtant, l'incrédule Morlot croyait au somnambulisme. Il est vrai que quinze ans auparavant il avait connu une somnambule. C'était une jeune femme. Une nuit il l'avait vue, de ses yeux vue, sortir par une fenêtre d'une maison très élevée, se cramponner aux angles du pignon, grimper sur le toit, se promener sur les plombs, au sommet de la toiture, et ensuite descendre avec une adresse surprenante et rentrer dans la maison par le même chemin difficile et dangereux. Seulement, cette jeune femme n'était pas endormie par un magnétiseur et elle ne parlait point. Du reste, il n'avait jamais cherché à comprendre le mystère de ce phénomène. Il croyait parce qu'il avait vu.

On comprend ce qui devait se passer en lui en présence de Gabrielle endormie et des preuves manifestes qu'il venait d'avoir des effets merveilleux du sommeil magnétique.

Et lui qui, tant de fois, avait traité d'absurdités les prodiges du magnétisme, qui avait traité de fous et de charlatans les magnétiseurs et les magnétisés, il venait de jouer, sans s'en douter peut-être, le rôle de magnétiseur.

Cette fois, son incrédulité était vaincue.

Gabrielle endormie avait parlé, vu à travers ses paupières baissées et répondu à presque toutes les questions qu'il lui avait adressées. Il ne pouvait plus nier. Il croyait.

— Oh ! maintenant, je croirai tout, pensait-il, je peux tout croire.

Près de trois quarts d'heure s'écoulèrent au milieu d'un profond silence.

Soudain Gabrielle sortit de son immobilité. Un tremblement nerveux secoua son corps tout entier ; elle leva péniblement ses bras qu'elle croisa sur sa poitrine ; puis elle allongea les jambes, en les raidissant. Un instant après elle eut plusieurs soupirs étouffés ; elle s'agita convulsivement ; sa tête changea de position et enfin elle ouvrit les yeux.

D'abord elle regarda autour d'elle avec étonnement, faisant des efforts pour ressaisir sa pensée, puis son regard s'arrêta sur l'agent de police.

— Ah ! je me souviens, dit-elle, vous êtes venu passer la soirée avec moi, monsieur Morlot ; vous me racontiez quelque chose, et, tout d'un coup, malgré moi, je me suis endormie. Ah ! excusez-moi, mon bon Morlot. Est-ce que j'ai dormi longtemps ?

— Environ une heure et demie.

— Si longtemps ! fit-elle. Et vous ne m'avez pas réveillée ?

Gabriel restait longtemps, immobile, les yeux fixés sur la porte cochère de l'hôtel de Coulange. (Page 287.)

— J'ai essayé ; mais vous dormiez d'un sommeil si profond...
— C'est singulier, murmura-t-elle.
— Mademoiselle Gabrielle, vous souvenez-vous d'avoir fait un rêve en dormant?
— Non.
— Alors vous ne vous rappelez rien?
— Absolument rien. Vous croyez donc que j'ai rêvé, monsieur Morlot?

Il ne faut rien lui dire, pensa l'agent de police, cela pourrait l'effrayer et la rendre malade.

— Ah! répondit-il avec un certain embarras, c'est une idée qui m'est venue de vous demander cela.

— J'ai donc eu le sommeil bien agité?

— Au contraire, mademoiselle Gabrielle, vous n'avez pas fait un mouvement; vous étiez si complètement immobile que j'ai cru un instant que vous aviez perdu connaissance.

— Je suis vraiment contrariée, monsieur Morlot.

— Pourquoi cela?

— Vous m'aviez fait l'amitié de venir me tenir compagnie, et, au lieu de vous écouter, de causer avec vous, je me suis sottement endormie; je vous ai fait passer une bien triste soirée.

— Il ne faut pas être contrariée pour cela, mademoiselle Gabrielle; vous étiez fatiguée; ce n'est pas votre faute si vous avez dormi; cela peut arriver à tout le monde.

— N'importe, je ne suis pas contente de moi.

— L'essentiel est que vous ne soyez pas malade. Comment vous trouvez-vous?

— Assez bien. J'ai seulement la tête lourde et dans les membres une grande lassitude. Mais cela n'a rien d'inquiétant, demain matin ce malaise aura disparu.

— Vous avez besoin de vous reposer.

— Et de dormir encore, ajouta-t-elle, en essayant de sourire.

— Si vous le désirez, reprit Morlot en se levant, je vous enverrai Mélanie et elle passera la nuit près de vous.

— Je vous remercie, mon bon Morlot; mais, je vous le répète, je ne suis pas malade; ce que j'éprouve n'est qu'un malaise passager, qui ne doit nullement vous inquiéter. Comme vous venez de le dire, j'ai seulement besoin de repos.

— Eh bien! je vous quitte pour que vous puissiez vous coucher tout de suite. Bonsoir, mademoiselle Gabrielle.

— Bonsoir, monsieur Morlot. Vous direz à Mélanie que j'irai la voir demain.

Morlot s'en alla.

Il s'empressa de rentrer chez lui, où il trouva sa femme et le cousin Blaisois qui causaient en l'attendant.

— A quelle heure êtes-vous arrivé chez nous, cousin Blaisois? demanda Morlot.

— A neuf heures et quelques minutes, répondit le paysan. Dites donc, cousin, vous n'avez pas l'air du tout étonné de me voir!

— Ne nous avez-vous pas écrit il y a quelque temps que vous viendriez nous surprendre?

— C'est vrai ! fit le campagnard.

Quand, une demi-heure plus tard, le cousin Blaisois fut couché, Morlot dit à sa femme :

— Je savais que Blaisois était arrivé à neuf heures dix minutes.

— Tu l'as donc vu entrer dans la maison ?

— Je ne pouvais pas le voir, puisque j'étais chez Gabrielle.

— Alors, je ne comprends pas. Tu te moques de moi !

— Je ne me moque pas de toi et je vais te faire comprendre, si tu me promets de ne rien dire à Gabrielle.

— Je ne lui dirai rien, je te le promets.

— Je vais t'apprendre une chose étrange.

— Qu'est-ce donc ? demanda-t-elle curieusement.

— Eh bien ! voilà ; Gabrielle est somnambule !

XXII

AU JARDIN DES TUILERIES

Morlot avait peur que Gabrielle ne fût réellement malade. Cette pensée le tourmentait et elle lui fit passer une très mauvaise nuit. Il ne dit rien à sa femme, ne voulant pas lui faire partager ses inquiétudes.

Le matin, aussitôt levé, il sortit. Pensant à Gabrielle et à la découverte étonnante qu'il avait faite la veille, il se promena pendant près de deux heures en flâneur, le long des quais. Ensuite, après avoir fait acte de présence dans les bureaux de la sûreté, il reprit le chemin de la rue Guénégaud.

Toujours poursuivi par ses appréhensions de la nuit, il monta chez Gabrielle. Il la trouva occupée à préparer son déjeuner.

— Je ne m'attendais pas au plaisir de vous voir, lui dit-elle.

— Vous étiez souffrante hier soir, j'étais un peu inquiet : je viens seulement vous demander si vous vous ressentez encore de votre malaise.

— C'était bien le repos qu'il me fallait, monsieur Morlot ; j'ai parfaitement dormi, et ce matin, quand le soleil est entré dans ma chambre, pour me réveiller, je me suis trouvée tout à fait bien.

« Mon singulier malaise d'hier soir avait disparu.

« J'ai un peu travaillé pour ne rien changer à mes habitudes.

— Allons, je suis heureux de vous voir en bonne santé.

— Et moi, mon ami, je vous remercie de l'intérêt que vous me témoignez sans cesse.

— S'il n'en était pas ainsi, est-ce que je serais votre ami?

Elle lui tendit sa main.

— Oui, répondit-elle, vous et Mélanie, vous êtes mes amis, mes seuls amis.

— A propos, j'ai dit à ma femme que vous viendriez la voir aujourd'hui dans la soirée.

— C'est mon intention.

— Nous avons à la maison, pour trois ou quatre jours, un parent, un cousin de Mélanie. J'étais ici, près de vous, hier soir, quand il est arrivé. Il nous devait une petite somme de quatre cents francs qu'il a voulu nous apporter lui-même.

— Ah! fit Gabrielle.

— Décidément elle ne se souvient de rien, se dit Morlot, qui l'examinait attentivement.

— Pendant ces quelques jours Mélanie va avoir un surcroît d'occupations, dit Gabrielle.

— Bah! un lit de plus à faire le matin et un morceau de viande un peu plus gros à faire cuire, voilà tout. Il ne faut pas que la présence de notre cousin vous empêche de venir ce soir. Et même, si vous voulez nous faire un grand plaisir, vous accepterez l'invitation, que je vous fais, de dîner avec nous.

— Oh! je craindrais de vous déranger.

— Vous, nous déranger, jamais! C'est entendu, vous dînerez avec nous ce soir.

— Alors, il faut que j'accepte?

— Certainement.

— Eh bien! mon ami, je serai des vôtres ce soir.

— A la bonne heure. Mélanie sera bien contente. A ce soir donc, mademoiselle Gabrielle, dit Morlot.

Et il se retira délivré de son inquiétude.

— Quel brave homme! se dit Gabrielle. Ah! c'est la providence qui l'a mis sur mon chemin couvert de ronces et d'épines, pour m'aider à marcher. Et sa femme n'est pas moins bonne que lui! Ames loyales, grands cœurs!

Ce jour-là, le temps était superbe. Le soleil brillait de tout son éclat dans un ciel sans nuage.

Après avoir déjeuné, Gabrielle s'habilla pour sortir. Quand elle fut dans la rue :

— Qu'ai-je donc aujourd'hui? se demanda-t-elle. Je respire mieux, et, comme si on venait de me débarrasser d'un lourd fardeau, il me semble que je suis plus légère. Je suis aussi moins triste, comme si mon cœur sentait moins sa peine.

« Hélas! reprit-elle, en secouant la tête, rien n'est changé pour moi, mon malheur est le même.

Et avec un pâle sourire elle ajouta :

— Ce que j'éprouve est l'effet du printemps ; c'est la satisfaction de voir les premières feuilles vertes au bout des branches. C'est aussi cette pensée que, tout à l'heure, au jardin des Tuileries, les enfants que j'aime tant seront plus nombreux.

A deux heures, lorsque Gabrielle parut sous les marronniers, elle fut accueillie comme d'habitude par des cris joyeux.

Elle ne s'était pas trompée ; il y avait beaucoup d'enfants dans le jardin.

De tous côtés, les petits garçons et les petites filles criaient :

— Voilà la Figure de cire !

Elle fut bientôt entourée. En distribuant les bonbons, les gâteaux, dont son petit panier était rempli, et en mettant de temps à autre un baiser sur un front qui s'offrait à ses lèvres, elle parvint assez difficilement à se frayer un passage jusqu'à un banc de bois sur lequel elle s'assit.

Sa distribution de friandises était faite ; mais les enfants restaient autour d'elle.

Un petit garçon de huit à neuf ans, au regard hardi, à la bouche mutine et rieuse, s'approcha, lui prit la main et lui dit :

— Figure de cire, c'est la première fois depuis l'année dernière que maman m'amène ici pour me promener ; je suis bien aise de te revoir. Je n'ai pas oublié que tu nous racontais toujours de belles histoires, est-ce que tu en sais toujours, des histoires ?

— Oui, mon petit ami, répondit Gabrielle.

— Les mêmes ?

— Oui, et aussi quelques autres que j'ai apprises pendant les jours d'hiver pour vous faire plaisir à tous.

Le petit garçon frappa joyeusement des mains. Les autres enfants l'imitèrent.

— Figure de cire, reprit-il, raconte-nous une des histoires que tu sais, la plus jolie !

— Une histoire, Figure de cire, une histoire ! crièrent cent voix enfantines.

A ce moment un petit garçon, richement vêtu, tenant par la main une petite fille moins âgée que lui d'environ deux ans, s'approcha du cercle formé autour de Gabrielle. De plus grands que lui l'empêchaient de voir la femme assise sur le banc et qu'il entendait appeler Figure de cire.

Curieux comme tous les enfants, il voulut voir. Il perça le cercle et parut tout à coup devant Gabrielle, tenant toujours la petite fille par la main.

A la vue de ces deux enfants, qu'elle ne connaissait pas, qu'elle voyait pour la première fois, la jeune femme éprouva un saisissement extraordinaire. La respiration lui manqua et son cœur cessa de battre. Cela ne dura qu'un instant. L'air rentra dans ses poumons, le souffle lui revint et son cœur se remit à battre très fort, comme s'il allait se briser dans sa poitrine.

Ses yeux, pleins de lueurs étincelantes, et qui semblaient s'être agrandis, s'étaient fixés sur le visage du petit garçon. A ce moment, pour elle, il n'y avait plus que cet enfant. Elle ne voyait pas la petite fille qu'il tenait par la main; elle ne voulait voir que lui et, dans son extase, elle oubliait tous les autres. Elle rassasiait sa vue, en l'enveloppant de son regard de feu. Mais comme ce regard éclatant était doux et caressant! C'est une tendresse infinie, c'est de l'ivresse qu'il contenait.

Le petit garçon, lui aussi, la regardait fixement, ému, étonné, mais sans crainte; son charmant visage attristé exprimait une pitié profonde.

— L'adorable enfant! murmura Gabrielle. Ah! c'est étrange ce que j'éprouve... Je sens son regard pénétrer en moi et il me semble qu'il verse dans mon cœur quelque chose de délicieux comme un baume divin!

Son émotion augmenta encore. Ses yeux se mouillèrent, et c'est à travers ses larmes, que, maintenant, elle voyait l'enfant. Mais son regard était toujours aussi expressif; il parlait. Il disait au petit garçon :

— Viens, viens à moi, je voudrais te serrer sur mon cœur!

Et l'enfant entendait cette prière muette. Et comme s'il eût subi l'effet d'une fascination ou qu'il eût été attiré par une attraction mystérieuse, lentement il s'avançait vers elle.

Soudain, Gabrielle ouvrit ses bras et prononça tout haut :

— Viens, viens!

D'un bond l'enfant allait se jeter dans ses bras, lorsqu'une main le saisit et le retira brusquement en arrière.

Gabrielle éprouva une sensation douloureuse, comme si une pointe acérée eût traversé son cœur.

Elle se redressa sur ses jambes, frémissante, le sein bondissant, et un éclair, qui s'éteignit aussitôt, passa dans son regard.

— Vous êtes la bonne de ces deux enfants? dit-elle à la femme qui venait de prendre le bras du petit garçon et se disposait à l'entraîner hors du cercle.

— Je suis leur gouvernante, répondit la femme d'un ton sec.

— C'est bien, je comprends, dit tristement Gabrielle; vous obéissez aux ordres qu'on vous a donnés. Il vous est défendu de laisser ces enfants s'approcher des étrangers, de gens qu'ils ne connaissent pas. Je n'ai rien à dire à cela. Oui, je désirais les embrasser. Pourquoi eux plutôt que deux autres? Je n'en sais rien. Enfin, vous ne l'avez pas permis; c'est une joie qui m'est refusée... Allez, ce n'est pas la seule. Il y a longtemps que je ne compte plus avec mes douleurs et mes déceptions.

Elle poussa un long soupir.

— Regardez, madame, reprit-elle, regardez tous ces enfants qui m'entourent; ils me connaissent depuis longtemps; je suis leur amie, ils m'appellent Figure de cire; s'ils sont autour de moi, s'ils ne s'éloignent pas, c'est parce qu'ils savent que je les aime.

Comme elle achevait ces paroles, une jeune femme d'une grande beauté, très élégamment mise, et qui abritait sa tête sous une ombrelle, parut tout à coup au milieu du groupe.

— Qu'y a-t-il donc? demanda-t-elle.

Oh! rien, madame la marquise, répondit la gouvernante. C'est cette femme qui voulait embrasser les enfants.

La marquise se tourna vers Gabrielle et fut frappée en même temps de sa pâleur étrange et de la douloureuse expression de son regard.

Devant la grande dame, la pauvre Figure de cire baissa les yeux.

— C'est vrai, lui dit la marquise, vous vouliez embrasser ces deux enfants?
— C'est vous qui êtes leur mère?
— Oui, c'est ma fille et mon fils.
— Vous êtes bien heureuse, madame, et vous devez être fière d'être la mère de ces deux beaux enfants. Eh bien, oui, je désirais les embrasser.
— Pourquoi ne l'avez-vous pas fait?
— Leur gouvernante ne l'a pas voulu.
— Pourquoi ne l'avez-vous pas voulu? demanda la marquise, s'adressant à la gouvernante.

Celle-ci devint rouge comme une pivoine.

— Madame la marquise, balbutia-t-elle, je ne savais pas... je pensais... j'ai cru...

— Vous avez eu tort, lui dit la marquise d'un ton sévère.

Puis s'adressant à Gabrielle :

— Ce que la gouvernante de mes enfants n'a pas permis, je l'autorise, moi, dit-elle.

— Oh! madame, madame! fit Gabrielle d'une voix vibrante et prête à sangloter.

Ne pouvant plus se soutenir sur ses jambes, tellement son émotion était grande, elle retomba sur le banc.

— Eugène, Maximilienne, reprit la marquise, embrassez la dame.

Les deux enfants s'approchèrent. Gabrielle les prit sur ses genoux, les entoura de ses bras et les pressa contre sa poitrine haletante. A plusieurs reprises elle les embrassa tous les deux. Oh! alors, elle était heureuse, véritablement heureuse, la pauvre Gabrielle. A voir son front irradié, son regard rayonnant, on aurait dit qu'elle ne se souvenait plus de ses douleurs et que les plaies de son cœur s'étaient subitement cicatrisées.

Il y avait de l'amour, de la passion, du délire dans la chaleur de ses baisers.

Mais, — est-il besoin de le dire? — celui des deux enfants qu'elle embrassait avec le plus de transport, avec le plus d'ivresse, ce n'était pas la petite fille.

Pendant ce temps la marquise souriait. Elle ne vit rien de surprenant dans cette scène attendrissante qu'elle avait sous les yeux. Elle ne se demanda point quelle pouvait être la cause de l'exaltation fébrile de cette femme au visage pâle, qu'elle entendait appeler la Figure de cire. Aucun soupçon ne lui vint à l'esprit. Ce qu'elle voyait lui semblait naturel. Elle était mère !

Un instant après, Gabrielle laissa glisser à terre les deux enfants, qui allèrent prendre chacun une main de la marquise.

La grande dame fit de la tête un salut amical à la fille du peuple et s'éloigna avec ses enfants.

Gabrielle les suivit des yeux aussi longtemps qu'elle put les voir. Et quand ils eurent disparu, elle poussa un soupir. Puis sa tête s'inclina sur sa poitrine et elle tomba dans une rêverie profonde.

Elle ne s'apercevait pas qu'il y avait encore beaucoup d'enfants autour d'elle. Elle avait complètement oublié qu'elle devait leur raconter une histoire.

XXIII

LA VOIX DU SANG

Par suite de l'invitation que Morlot lui avait faite le matin, Gabrielle passa la soirée chez ses amis.

Ceux-ci remarquèrent, avec un grand contentement, que Gabrielle était moins triste, moins sombre. Il y avait en elle de l'animation et dans son regard une clarté plus vive. Habituellement elle était silencieuse et il fallait pour ainsi dire lui tirer les paroles de la bouche. Mais, ce soir-là, elle semblait heureuse de parler et elle répondait sans effort aux paroles affectueuses que lui adressait Mélanie.

Elle était encore sous l'impression de la joie qu'elle avait éprouvée le tantôt en tenant dans ses bras les deux enfants. Un grand apaisement s'était fait dans son cœur. Elle profitait d'un instant de répit que lui laissait la souffrance, car elle sentait bien qu'elle ne tarderait pas à retomber dans sa morosité et dans l'océan de ses douleurs.

— Ma chère Gabrielle, lui dit Mélanie, nous n'avons pas besoin de vous demander si vous êtes satisfaite de votre promenade d'aujourd'hui ; on le voit dans vos yeux.

— Il y a eu toute la journée un soleil superbe, l'air était doux comme aux plus

Le petit garçon tira de sa poche un objet qui se trouvait dans une enveloppe blanche. (Page 291.)

beaux jours de l'été et il y avait beaucoup d'enfants au jardin des Tuileries, répondit Gabrielle.

— Plus ils sont nombreux autour de vous, plus vous éprouvez de plaisir. C'est aux Tuileries que vous êtes allée aujourd'hui?

— Oui. Et j'y retournerai demain et les jours suivants. Maintenant, je préfère ce beau jardin, où il y a de grands arbres, de magnifiques ombrages, à toutes les autres promenades.

— Je suis de l'avis de mademoiselle Gabrielle, dit Morlot, le jardin des Tuileries est le plus délicieux endroit de Paris.

— Aujourd'hui, aux Tuileries, j'ai eu un instant de bonheur, reprit Gabrielle ; si vous me voyez ce soir un peu moins triste qu'à l'ordinaire, c'est qu'il m'en reste le souvenir dans le cœur et dans la pensée.

— Ah ! je me doutais de quelque chose comme cela, s'écria Mélanie. Est-ce que nous pouvons savoir ce qui vous est arrivé, ma chère Gabrielle ?

— Certainement.

Et avec ce talent qu'elle possédait de dire d'une façon charmante et touchante les choses les plus simples, elle leur raconta son aventure du tantôt.

— Pauvre Gabrielle ! pensa Morlot, c'est la vingtième fois peut-être qu'elle nous raconte la même chose, et elle ne s'en aperçoit point.

— Comme vous le voyez, continua Gabrielle, il faut bien peu pour me donner une joie... En les tenant dans mes bras, ces deux beaux enfants, en les pressant contre mon cœur, je ne sais ce qui se passa en moi : j'étais comme enivrée, et il me sembla que je venais d'être transportée tout d'un coup dans un autre monde. La petite fille est très gentille, mais c'est le petit garçon, surtout, qui est joli comme un chérubin. Oh ! le bel enfant ! l'adorable enfant !

« J'aurais voulu que vous vissiez comme il me regardait avec ses grands yeux noirs pleins d'intelligence. Oh ! ce doux regard d'enfant, il me semble que je l'ai aspiré et qu'il est enfermé en moi !... Je crois qu'il avait deviné ma douleur. On aurait dit qu'il me plaignait et qu'il souffrait avec moi. Il avait l'air de me dire : « Puisque tu es heureuse que je te laisse m'embrasser, embrasse-moi, embrasse-moi tant que tu voudras !... »

« Et je l'embrassais avec amour, avec frénésie. J'embrassais aussi sa sœur, comme si j'eusse eu peur que la mère, qui était là, les yeux fixés sur nous, ne fût jalouse. Mais c'est à lui, à lui seul, que je donnais, dans mes baisers, ce qui du cœur me montait aux lèvres.

« Je le regardais avec admiration, je le contemplais avec ivresse, et je me disais : Il a sept ans à peine, c'est l'âge de mon enfant... Faut-il vous l'avouer ? Oui, car à vous je peux tout dire. Eh bien ! il me vint tout à coup cette pensée que cet enfant, que je tenais dans mes bras, était le mien ! Oui, en sentant mon cœur palpiter et remuer mes entrailles, je crus reconnaître mon enfant, mon fils !...

Après un moment de silence, elle reprit avec des larmes dans la voix :

— Illusion ! illusion cruelle ! La mère était là, une marquise ; elle reprit sa fille, elle reprit son fils, et ils s'en allèrent... Il y avait d'autres enfants autour de moi, mais je ne les voyais plus. J'avais sur les yeux comme un voile épais. Sortie de la lumière je rentrais dans la nuit.

Elle se mit à pleurer silencieusement.

— Ma chère Gabrielle, dit Mélanie, il ne faut pas vous affecter ainsi. Ce n'est pas la première fois que vous avez la même illusion. Chaque fois que vous voyez un petit garçon, ayant à peu près l'âge du vôtre, il vous semble que vous allez reconnaître votre enfant.

— C'est vrai, répondit Gabrielle ; mais je n'avais pas encore ressenti une émotion pareille. Que voulez-vous ? ce n'est pas ma faute si je vois mon enfant partout ; il est toujours devant mes yeux.

Elle secoua la tête et ajouta :

— Maintenant, c'est ma folie !

Souriant au milieu de ses larmes, elle continua :

— Les médecins qui m'ont soignée à la Salpêtrière m'ont rendu les facultés de me souvenir, de penser, de réfléchir, de souffrir ; mais il reste toujours là, dans ma tête, un grand trouble, des idées confuses, des choses bizarres. Allez, je suis toujours un peu folle.

— Oh ! Gabrielle, répliqua tristement Mélanie, en parlant ainsi vous me causez du chagrin.

— Ma femme a raison, dit Morlot, elle vous gronde, je l'approuve.

— Si vous vous mettez tous les deux contre moi, je ne serai certainement pas la plus forte, dit Gabrielle ; j'aime mieux me déclarer vaincue d'avance.

Pour essayer de la distraire, Morlot se mit à parler de toutes sortes de choses. Mais, au bout d'un instant, Gabrielle ramena la conversation sur son aventure du jardin des Tuileries, et on passa le reste de la soirée à parler de la marquise inconnue et de ses deux beaux enfants.

Le lendemain, Gabrielle était aux Tuileries une heure plus tôt que d'habitude. Quelque chose lui disait qu'elle allait revoir les enfants de la marquise. Elle attendit avec une impatience fiévreuse. Ne les voyant pas arriver, elle était agitée, inquiète, son regard était errant. Elle ne faisait plus attention aux enfants qui jouaient autour d'elle, à ses petits amis des jours passés. S'ils lui parlaient, elle ne répondait pas. Peut-être ne les entendait-elle point. Elle les regardait sans les voir. A chaque instant elle quittait un banc pour aller s'asseoir sur un autre. Elle fit ainsi le tour du jardin. Son impatience augmentait, mais elle attendait toujours.

— Ils viendront, se disait-elle, ils viendront.

Enfin vers trois heures elle les vit arriver.

Aussitôt son front s'éclaira, ses yeux s'illuminèrent, et elle éprouva la même émotion que la veille.

La marquise n'était pas avec les enfants. Ils étaient accompagnés par la gouvernante que Gabrielle connaissait et par une autre femme qui avait l'air d'être aussi une gouvernante.

Gabrielle s'était levée ; son regard, qui étincelait, appelait les enfants. Le petit garçon l'aperçut. Depuis un instant il la cherchait des yeux de tous les côtés. Il prit la main de sa sœur et tous deux se dirigèrent en courant vers Gabrielle.

La gouvernante, qui avait déjà vu Gabrielle, dit à l'autre :

— Voilà la femme pâle, qui a embrassé les enfants hier.

— Et qui les embrasse aujourd'hui. Regardez : elle les dévore de baisers. Cela n'est pas naturel.

En effet, Gabrielle avait pris les deux enfants dans ses bras et elle les mangeait de caresses.

— Voilà ce qui s'est passé hier sous les yeux de madame la marquise et elle n'a rien dit, reprit la première gouvernante; nous n'avons pas le droit d'empêcher aujourd'hui ce qu'elle a laissé faire hier.

— D'autant mieux que cela n'a pas l'air du tout de contrarier les enfants.

— Ils sont enchantés, au contraire; cela les amuse. Hier, toute la soirée, et ce matin, Eugène a parlé sans cesse de la femme pâle des Tuileries ; c'est lui qui a voulu absolument revenir ici.

— Pour revoir cette femme?

— Oui.

— Elle est toute jeune; mais comme elle est pâle, on dirait un visage de morte ; je comprends qu'on l'appelle la Figure de cire. C'est probablement une pauvre folle.

— Je le crois.

— Si elle allait faire du mal aux enfants ?

— Elle n'est pas méchante. Si elle est réellement folle, sa folie n'est pas dangereuse.

Les deux femmes s'approchèrent de Gabrielle, qui tenait les deux enfants assis sur ses genoux.

Maximilienne riait. Eugène, au contraire, paraissait très sérieux. Il regardait attentivement Gabrielle, et la jeune femme le contemplait l'âme ravie. Leurs regards se noyaient l'un dans l'autre.

— Figure de cire, comment t'appelles-tu? demanda tout à coup le petit garçon.

Gabrielle tressaillit.

— Comme vous venez de m'appeler, mon petit ami, répondit-elle : Figure de cire.

L'enfant remua la tête.

— Non, fit-il ; on t'appelle comme cela parce que tu as la figure blanche ; mais tu dois avoir un autre nom.

— Vous voulez donc le connaître?

— Oui.

— Pourquoi?

— Je ne veux pas t'appeler Figure de cire.

— Eh bien, mon ami, je me nomme Louise.
— Louise! j'aime ce nom-là. Je t'appellerai madame Louise. Moi, je me nomme Eugène et ma sœur Maximilienne.
— Eugène, Maximilienne, répéta la jeune femme.
— Madame Louise, où demeures-tu?
— Pas bien loin d'ici, de l'autre côté de la rivière.
— Nous demeurons aussi par là, rue de Babylone, dans une belle maison où il y a, derrière, un jardin avec de grands arbres comme ceux-ci. Il y vient aussi des oiseaux : des corneilles et des pigeons ramiers. C'est là que nous jouons, ma sœur et moi, quand il fait beau temps. On nous mène souvent au bois de Boulogne, mais en voiture. J'ai de bonnes jambes, moi, j'aime mieux marcher. C'est Maximilienne qui est paresseuse ; elle veut toujours être dans la voiture ou bien il faut qu'on la porte.
— Eugène me fait toujours courir, répliqua la petite Maximilienne, en faisant une moue très drôle.
Le petit garçon se mit à rire.
— Il faut bien que je la fasse courir, puisqu'elle ne veut pas marcher, dit-il.
L'été nous ne sommes pas à Paris, continua-t-il, nous demeurons à la campagne, au château, où il y a une cascade, des rivières, de belles pelouses, de grandes allées et beaucoup, beaucoup de fleurs. Des petits garçons et des petites filles viennent jouer avec nous. J'aime bien quand nous sommes au château.
— Moi aussi, dit Maximilienne.
Gabrielle écoutait avec ravissement le babil de l'enfant.
— Est-ce que vous allez partir bientôt? demanda-t-elle.
— Je ne sais pas, répondit Eugène ; nous irons au château comme les autres années quand toutes les roses seront fleuries.
— Dans deux mois, pensa Gabrielle.
Elle reprit tout haut avec tristesse :
— Vous irez au château de vos parents, mes enfants, et moi je ne vous verrai plus.
— Oh! mais nous reviendrons, dit vivement le petit garçon. Madame Louise, tu es donc bien contente de nous voir?
— Oui, mon petit ami, bien contente.
L'enfant réfléchit un instant.
— Eh bien! écoute, dit-il : avant qu'on ne nous emmène au château, nous viendrons ici souvent. Je vais te dire : c'est moi qui ai voulu venir aux Tuileries aujourd'hui.
— Ah! c'est vous, fit Gabrielle, qui éprouva un doux saisissement.
— Oui, pour te voir.
— Pour me voir, cher enfant!
— Oui. Je pensais à toi. La nuit, pendant que je dormais, je te voyais comme

si j'avais eu les yeux ouverts. Tu étais dans ma chambre, près de mon lit, et tu me regardais, comme tu me regardes en ce moment ; tu me prenais dans tes bras et tu m'embrassais. Tout d'un coup je me suis réveillé ; je regardai autour de moi, mais tu n'étais plus là. Puis je me rendormis et tu revins tout de suite pour m'embrasser encore. J'étais bien content, va. Et ce matin, quand je me suis réveillé tout à fait, j'aurais voulu pouvoir encore dormir.

La jeune femme était devenue toute tremblante, et de grosses larmes roulaient dans ses yeux.

L'enfant se haussa et approchant sa petite bouche de l'oreille de Gabrielle, il lui dit tout bas :

— Madame Louise, je t'aime bien !

Ces mots charmants tombèrent dans le cœur de Gabrielle comme un baume délicieux.

Serrant fiévreusement l'enfant contre sa poitrine :

— Oh ! le cher trésor, le cher trésor ! murmura-t-elle d'une voix étouffée par les sanglots qui montaient à sa gorge.

Et ses lèvres frémissantes se collèrent sur le front de l'enfant.

Celui-ci reprit la parole après un moment de silence.

— Madame Louise, es-tu riche? demanda-t-il.

— Pourquoi me faites-vous cette question, mon ami ?

— Pourquoi? fit l'enfant qui parut embarrassé.

Il baissa la tête, puis, la relevant aussitôt :

— Madame Louise, je vais te dire, reprit-il ; mon papa est riche, et il dit toujours que ceux qui ont la fortune doivent venir en aide aux malheureux. Si tu étais pauvre, je dirais à mon papa de te donner de l'argent.

Cette fois, Gabrielle ne put plus maîtriser son émotion. Ses larmes coulèrent et des sanglots s'échappèrent de sa poitrine gonflée.

L'enfant s'attrista.

Madame Louise, dit-il, pourquoi pleures-tu? Est-ce que c'est moi qui t'ai fait de la peine?

— Non, mon enfant, non, au contraire ; c'est le bonheur de vous voir et de vous entendre qui me fait pleurer.

Une fois encore elle le couvrit de baisers. Puis elle lui dit :

— La pensée que vous venez d'avoir, mon cher trésor, indique que vous avez un bon petit cœur. Mais je veux vous tranquilliser ; je ne suis pas riche comme votre papa, certainement, mais je possède une petite fortune qui me suffit. Comme votre papa, je tâche de venir aussi, selon mes moyens, en aide aux malheureux. Vous voyez, mon petit ange, qu'il ne faut pas que vous disiez à votre papa de me donner de l'argent.

L'enfant eut un mouvement de tête qui indiquait qu'il avait compris.

Ils causèrent encore pendant un instant. Puis les deux gouvernantes ayant

appelé les enfants, ceux-ci quittèrent Gabrielle. Mais, avant de s'éloigner, le petit garçon lui avait dit :
— Je te promets que nous reviendrons.

XXIV

LE PORTRAIT

Gabrielle n'allait plus ni au Palais-Royal, ni au Luxembourg. Elle passait toutes ses après-midi dans le jardin des Tuileries où chaque jour elle attendait Eugène et Maximilienne. C'était souvent une attente vaine. Mais elle se contentait de les voir une fois ou deux par semaine. Il le fallait bien. Quand ils n'étaient pas venus deux jours de suite, inquiète et tourmentée, elle s'en allait vers midi se promener le long des trottoirs de la rue de Babylone. Elle restait longtemps immobile, les yeux fixés sur la porte cochère de l'hôtel de Coulange, où elle n'osait pas entrer.

La première fois qu'elle était venue rue de Babylone, elle avait remarqué l'habitation, et elle s'était dit :
— Ce doit être là qu'ils demeurent.

Elle voulut s'assurer qu'elle ne se trompait pas.

S'adressant à une femme qui venait de sortir d'une maison voisine :
— Savez-vous, madame, à qui appartient cette belle maison? lui demanda-t-elle.
— Oui, répondit la femme; c'est l'hôtel du marquis de Coulange.
— M. le marquis de Coulange a-t-il des enfants?
— Il en a deux : un petit garçon et une petite fille.

Gabrielle sut ainsi où demeurait le petit Eugène, et elle apprit en même temps que son père se nommait le marquis de Coulange.

Mais elle eut beau faire de longues stations devant l'hôtel de Coulange, jamais, à pied ou en voiture, elle ne vit sortir les enfants, la marquise ou le marquis. Il semblait qu'un démon malin ou méchant se faisait une joie de contrarier ses désirs et de changer son espoir en déception.

Quand elle apprit à Morlot et à Mélanie que les deux enfants qu'elle rencontrait avec tant de plaisir aux Tuileries étaient le fils et la fille du marquis de Coulange, le mari et la femme échangèrent des regards qui lui parurent singuliers.

— Vous avez l'air étonné, leur dit-elle, pourquoi?
— Parce que nous connaissons le nom de Coulange, répondit Morlot. C'est

dans son château de Coulange, en Seine-et-Marne, que M. le marquis et sa famille vont chaque année passer l'été. J'ai vu le château plusieurs fois, mais je n'y suis jamais entré.

— Moi, j'ai eu une fois l'occasion de le visiter, dit Mélanie. C'est une propriété magnifique. Le parc est très beau, les jardins sont merveilleux et le château est une demeure princière. Il faut vous dire, ma chère Gabrielle, que Miéran, le village où je suis née et où je me suis mariée, n'est qu'à une heure du château de Coulange.

— Ah! fit Gabrielle.

— Seulement, ajouta Morlot, Coulange se trouve sur la rive droite de la Marne et Miéran sur la rive gauche; de sorte que le château et le village sont séparés par la rivière.

Gabrielle devint rêveuse.

— A quoi pensez-vous? lui demanda Mélanie.

— Je pense, répondit-elle avec son sourire doux et triste, que si vous allez passer quinze jours cet été à Miéran, comme vous l'avez promis à M. Blaisois, votre cousin, et qu'il vous soit possible de m'emmener, je vous accompagnerais volontiers.

— Ma chère Gabrielle, répondit joyeusement Mélanie, je n'aurais peut-être pas osé vous faire cette proposition. Eh bien, c'est entendu; si rien n'y met empêchement, nous irons ensemble à Miéran.

Cependant, depuis quelque temps, Gabrielle paraissait moins triste et était moins absorbée dans ses sombres pensées. Il était facile de voir qu'un certain bien-être se produisait en elle.

Comme Gabrielle parlait constamment à ses amis d'Eugène et de Maximilienne, Morlot disait à sa femme :

— C'est depuis qu'elle s'est prise d'une si grande affection pour les enfants du marquis de Coulange, que Gabrielle est moins triste, moins préoccupée, moins songeuse. Il est certain qu'elle éprouve beaucoup de soulagement. Cet heureux changement, que nous remarquons, est dû, assurément, à l'influence des enfants du marquis. Si on retrouvait son enfant, s'il lui était rendu, nous serions témoins d'une vraie métamorphose. En quelques jours nous verrions la pauvre Gabrielle redevenir telle qu'elle était autrefois.

On arriva à la fin d'avril.

Un jour, Eugène et Maximilienne sortirent en voiture, accompagnés des deux gouvernantes. On les mena au bois de Boulogne. Au retour, comme la calèche descendait rapidement l'avenue des Champs-Élysées, le petit garçon dit à sa gouvernante :

— Je voudrais voir ma bonne amie des Tuileries.

— Il est trop tard, il faut que nous rentrions; votre papa et votre maman seraient inquiets.

L'ouvrier a fermé le coffre; puis, avec son fer rouge, il a soudé le couvercle. (Page 293.)

— Je veux seulement la voir.
— Vous la verrez un autre jour.
— Non, aujourd'hui, je t'en prie, insista l'enfant.

Voyant qu'il avait déjà des larmes dans les yeux et qu'il allait pleurer, la gouvernante s'empressa de dire au cocher de continuer à marcher jusqu'au jardin des Tuileries. Un instant après, la voiture s'arrêta sur le quai, devant une des entrées du jardin.

Eugène et sa gouvernante mirent pied à terre. L'autre gouvernante et Maximilienne restèrent dans la voiture.

Le petit garçon entraîna vivement sa gouvernante du côté où la Figure de cire se tenait habituellement.

La pauvre Gabrielle était là, assise tristement sur un banc, plongeant son regard dans toutes les directions et faisant de grands efforts pour ne pas pleurer.

C'était le cinquième jour qu'elle attendait inutilement de deux à six heures du soir.

— Allons, aujourd'hui encore je ne le verrai pas, se disait-elle; pourtant on m'a dit ce matin qu'ils étaient toujours à Paris. C'est fini, il ne viendra plus; pendant quelques jours je l'ai intéressé, c'est ma triste figure qui l'amusait. Maintenant il ne pense plus à moi. Ah ! comme ils sont ingrats, les enfants !

Soudain, elle poussa un cri de surprise et de joie.

L'enfant, qu'elle croyait ingrat, venait de sauter sur ses genoux et de jeter ses petits bras autour de son cou.

Comme elle était heureuse de s'être trompée, et comme elle l'embrassa avec ivresse !

— Madame, lui dit la gouvernante, M. Eugène ne peut rester qu'une minute avec vous.

— Oh ! c'est trop peu, fit Gabrielle.

— Nous sommes déjà en retard, car nous devions être rentrés à quatre heures.

L'enfant se tourna vers sa gouvernante.

— Si papa te gronde, dit-il, je lui dirai que c'est moi qui ai voulu voir madame Louise.

— Oh ! l'enfant terrible, fit la gouvernante en riant, il a toujours raison !

— Madame Louise, reprit Eugène, tu ne sais pas pourquoi j'ai voulu te voir aujourd'hui ?

— Non, mon petit ami, dites-le moi.

— C'est que je veux te donner quelque chose.

— Vous voulez me donner quelque chose, à moi ?

— Oui.

Elle le regarda avec étonnement.

Le petit garçon tira de sa poche un objet qui se trouvait dans une enveloppe blanche.

— Qu'est-ce que c'est que cela ? demanda Gabrielle.

— Regarde.

Elle sortit l'objet de l'enveloppe. Surprise délicieuse ! c'était une photographie, c'était le portrait de l'enfant !

— Et c'est pour moi, vous me le donnez ! s'écria-t-elle d'une voix vibrante d'émotion.

— Oui, je te le donne ; je l'ai demandé à papa pour toi.

— Ah ! mon cher trésor, vous me rendez bienheureuse !

— Moi aussi je suis bienheureux ! Vois-tu, madame Louise, nous allons partir bientôt, mais tu pourras toujours me voir en regardant mon portrait.

— Oh ! la bonne pensée ! s'écria Gabrielle.

Puis, une joie indicible dans le regard, elle ajouta :

— Dieu de bonté, je vous remercie, car c'est vous qui l'avez inspirée !

L'enfant se laissa glisser à terre, et, ayant pris la main de sa gouvernante, ils s'éloignèrent rapidement.

Gabrielle jeta autour d'elle des regards furtifs, comme si elle venait de commettre un larcin, et elle cacha la photographie sur sa poitrine.

Le soir, après son dîner, elle vint trouver les époux Morlot. Elle paraissait très exaltée. Ses yeux brillaient comme des tisons.

— Que vous est-il donc arrivé aujourd'hui, Gabrielle ? lui demanda Mélanie.

— Une joie dont j'ai rempli mon cœur, répondit-elle. Pourtant, je ne suis pas contente, et je m'adresse à moi-même des reproches sévères.

— Qu'avez-vous donc à vous reprocher, Gabrielle ?

— La joie que j'éprouve.

— Pourquoi cela ?

— Pourquoi ? Parce qu'elle me vient de cet enfant dont je vous parle continuellement.

— Mademoiselle Gabrielle, dit Morlot, n'importe d'où elle vient, quand une joie arrive, il faut la prendre.

— Ah ! vous ne savez pas comme elle est mêlée d'amertume... Voulez-vous que je vous dise la vérité ? Eh bien, cet enfant, qui ne m'est rien, le fils d'un marquis, d'une marquise, que je me suis mise à aimer follement, cet enfant s'empare de ma pensée, de tout ce qui vibre en moi et prend dans mon cœur la place que j'avais faite si grande au cher petit être qu'on m'a volé ! Voyons, dites, ai-je le droit de m'en vouloir ? Est-ce que ce n'est pas abominable ? Oublier son enfant pour en aimer un autre ! Je suis donc une mauvaise mère ?...

— Non, Gabrielle, vous n'êtes pas une mauvaise mère, répliqua Mélanie, et vous n'avez pas à vous en vouloir d'être ainsi. Il y a en vous tant d'amour maternel que votre cœur ne peut plus le contenir, et il se change en amitié que vous donnez à des enfants étrangers. Cela vous soulage, Gabrielle, et c'est de là que vient votre joie. Mais rassurez-vous, chère amie, votre tendresse pour votre enfant restera la même. Quand vous rencontrez le fils de la marquise, c'est votre enfant que vous croyez voir. Vous l'aimez, vous lui prodiguez vos baisers, soit. Mais alors votre cœur se fait illusion. En aimant cet enfant, qui ne vous est rien, c'est toujours le vôtre que vous aimez.

— C'est possible, répondit Gabrielle, et je veux bien vous croire; mais, c'est égal, ce que je ressens en moi est bien extraordinaire.

— Mademoiselle Gabrielle, reprit Morlot, vous ne nous avez pas dit quelle était la cause de votre joie d'aujourd'hui.

— C'est vrai. Tantôt, j'ai vu l'enfant, un instant seulement. Et voilà ce qu'il m'a donné, continua-t-elle, en tirant de son sein la photographie.

Elle la tendit à Morlot.

— Regardez, reprit-elle, c'est lui, c'est son portrait, la ressemblance est parfaite.

Mélanie pencha sa tête sur l'épaule de son mari, et tous deux regardèrent l'image.

— Oh! la délicieuse petite figure! dit la femme.

— Oui, c'est un charmant enfant, appuya Morlot; on voit déjà que c'est un petit marquis.

— N'est-ce pas qu'il est beau comme un ange? s'écria Gabrielle avec enthousiasme.

— Il est adorable, répondit Mélanie; je n'ai jamais vu un aussi bel enfant.

— Pour être véritablement charmé, reprit Gabrielle, il faut l'entendre, il faut voir son charmant sourire. Sa voix d'enfant est harmonieuse et douce comme un gazouillement de fauvette. Il est très intelligent, et déjà il raisonne comme un petit homme. Il n'est pas seulement beau, il est aimant et, il est bon. Oh! l'excellent petit cœur! Il a pensé à me faire cadeau de son portrait! à moi!... à moi!... Certainement, c'est son cœur qui l'a conseillé; il a deviné le plaisir qu'il allait me faire, mais ce qui m'a émue surtout, c'est qu'il m'a dit en me le donnant : « Madame Louise, il m'appelle ainsi, nous allons partir bientôt; mais tu pourras me voir tous les jours en regardant mon portrait. » Oui, il m'a dit cela. Pour un enfant de cet âge, quelle délicatesse de sentiment! Je me demande s'il n'avait pas deviné ma pensée et lu dans mon cœur. Je l'aimais déjà beaucoup; maintenant... Ah! je vous le dis encore, mes amis, j'ai peur qu'il ne me fasse oublier mon enfant!

Morlot lui rendit le portrait.

Elle le plaça au milieu de sa main et se mit à le regarder attentivement.

— Il est frappant, dit-elle; sur sa petite bouche je vois son doux sourire; on dirait qu'il va parler. Voilà bien ses beaux cheveux qui tombent sur son cou, soyeux et bouclés. C'est bien son air éveillé, son front pur, ses sourcils arqués et ses belles joues rondes, fraîches et roses comme la reine des fleurs. Ce sont ses yeux doux et limpides; c'est son regard tendre, qui me caresse et pénètre en moi comme un rayon céleste qui vient du ciel! Il me semble qu'il me regarde, qu'il me parle et qu'il me sourit... C'est lui, c'est bien lui, le cher trésor! Il va partir... Mais, si loin qu'il sera de moi, je le verrai et je l'aurai toujours là, sur mon cœur!

Elle resta silencieuse. Toujours immobile et les yeux fixés sur le portrait, elle tomba dans une profonde rêverie. Elle paraissait avoir oublié que Morlot et Mélanie étaient près d'elle.

Ceux-ci la regardaient tristement, et, craignant de troubler sa méditation, comme elle ils étaient silencieux.

Dix minutes s'écoulèrent ainsi.

XXI

UNE VISION

Tout à coup Gabrielle eut un tressaillement nerveux qui fut suivi d'une sorte de gémissement. Ses yeux se fermèrent, sa tête se pencha sur son épaule, le portrait s'échappa de sa main, et ses bras tombèrent sur ses genoux.

Mélanie, effrayée, poussa un cri.

— Chut! fit Morlot, en se levant, elle dort!

Morlot s'était approché de Gabrielle. Après avoir constaté qu'elle dormait réellement, il ramassa le portrait et revint près de sa femme.

Mélanie l'interrogea anxieusement du regard.

Ce n'est rien, lui dit-il, tu peux te rassurer. C'est ainsi que Gabrielle s'est endormie devant moi, il y a environ six semaines. Tu te souviens que je t'ai raconté des choses extraordinaires, incroyables.

— Oui.

— Je t'ai dit que Gabrielle était somnambule.

— Ah! je comprends.

— Elle vient d'être prise d'un accès de somnambulisme. Comme tu l'as vu, rien, en apparence, n'a provoqué son sommeil.

— C'est vrai.

— Malgré cela elle est magnétisée.

— Tu te trompes peut-être.

— Non; elle se trouve absolument dans le même état que l'autre soir. Voilà le sommeil magnétique. Tu vas voir ce qu'il y a de merveilleux dans cet étrange sommeil.

Il se tourna vers la jeune femme endormie.

— Mademoiselle Gabrielle, me voyez-vous? lui demanda-t-il.

— Je vous vois, répondit-elle aussitôt.

— Dites-moi où je pose ma main gauche?

— Sur l'épaule de votre femme
— Qu'est-ce que je tiens dans ma main droite?
— Le portrait du petit Eugène de Coulange.
— Vous l'aimez beaucoup cet enfant?
— Oui, beaucoup.
— Quels sont les sentiments que vous avez pour lui?
— Ceux d'une mère.
— Oh! il me semble que je fais un rêve, murmura Mélanie.
— Il me vient une idée, lui dit Morlot à voix basse.
— Une idée?
— Tu vas voir.
— Morlot, que veux-tu faire?
— Je suis devenu curieux. Je veux que Gabrielle nous dise ce qui se passe en ce moment à l'hôtel de Coulange.
— Si on t'entendait, mon ami, on croirait que tu es fou.
— Alors tu penses que je ne parle pas sérieusement?
— Oui, parce que tu veux une chose impossible.
— Eh bien, nous allons le voir.

Il se rapprocha de Gabrielle.
— Qu'est-ce que je vous mets dans la main? lui demanda-t-il.
— Le portrait de l'enfant.
— Voulez-vous vous transporter rue de Babylone?
— J'y suis.
— Voyez-vous l'hôtel de Coulange?
— Je le vois.
— Pouvez-vous y entrer?
— Les portes sont fermées...
— Alors vous ne pouvez pas voir ce qui se passe à l'intérieur?

Après un moment de silence, Gabrielle répondit :
— Si, je vois.
— Que voyez-vous?
— Je vois le petit Eugène.
— Que fait-il?
— Il est couché, il vient de s'endormir.
— Y a-t-il quelqu'un auprès de lui?
— Non, mais sa gouvernante est dans la chambre à côté de la sienne.
— Et la petite fille, la voyez-vous?
— Oui.
— Que fait-elle?
— Elle est couchée aussi, mais elle a les yeux ouverts, elle ne dort pas ; elle dit quelque chose à sa gouvernante.

— Vous entendez?
— Je ne peux pas entendre.
— Maintenant voyez-vous le marquis de Coulange?
— Je ne le connais pas.
— Vous connaissez la marquise?
— Je l'ai vue deux fois.
— En ce cas, vous pouvez la reconnaître. Si elle n'est pas sortie, vous devez la voir.
— Elle est dans une chambre dont les portes sont bien fermées; un homme est avec elle.
— Un homme! le marquis, sans doute?
— Non, cet homme doit être un ouvrier. Oui, c'est un ouvrier. Oh! c'est bien singulier....
— Quoi donc? fit Morlot. Qu'est-ce qui est singulier?
— Dans le foyer de la cheminée, il y a un petit fourneau plein d'un brasier ardent; l'ouvrier est en train de souder le couvercle d'une boîte de métal
— En effet, murmura Morlot, c'est singulier...
— Tu crois donc que ce n'est pas un rêve que fait Gabrielle? lui demanda sa femme.
— Je n'en sais rien, répondit-il. Je ne peux pas dire qu'elle voit cela réellement; mais ce qui est certain, c'est qu'elle ne rêvait pas quand elle m'a annoncé l'arrivée de ton cousin Blaisois, quand elle l'a vu verser sur la table des pièces d'or et d'argent.
— Oh! je ne sais plus que penser, dit Mélanie; tout cela est si extraordinaire...
— Oui, on ne peut plus extraordinaire, fit Morlot; voilà pourquoi il y a tant de gens aujourd'hui qui s'occupent de magnétisme. Autrefois, je les traitais de fous; j'étais incrédule, alors; maintenant, je crois. Je ne m'explique pas cette chose merveilleuse, je ne cherche pas à la comprendre, elle est au-dessus de ma raison. On ne comprend pas les mystères, on n'explique pas Dieu; on y croit. Qu'est-ce que le somnambulisme? Qu'est-ce que le magnétisme? Que de plus savants que moi répondent à ces questions. Ce que je sais, c'est que le phénomène existe; les faits parlent. Nous avons là, devant nous, sous nos yeux, le sommeil étrange!
— Si tu n'étais pas avec nous, j'aurais peur, dit Mélanie, qui se sentait frissonner.
— Ne dis plus rien, écoute, ordonna Morlot.
Et, revenant à Gabrielle :
— Que voyez-vous maintenant? lui demanda-t-il.
— Je regarde en moi-même, répondit-elle.
— Êtes-vous toujours à l'hôtel de Coulange?

— Non.
— Voulez-vous y retourner?
— Vous le désirez?
— Oui. Je veux que vous me parliez encore de la marquise de Coulange.

Il y eut un moment de silence.

Gabrielle reprit :

— L'homme, l'ouvrier, est toujours avec elle. Qu'a-t-elle donc? Elle est très agitée, ses yeux sont pleins de larmes. Ah! elle souffre, elle souffre beaucoup; la marquise de Coulange n'est pas heureuse... Il y a en elle une douleur affreuse; c'est une torture de tous les instants ; c'est un mal qui la consume, qui la dévore, la tue lentement. Il y a dans son existence, en apparence si calme, si remplie de joies, quelque chose de fatal, un secret terrible.

— Mademoiselle Gabrielle, dit Morlot, quel est donc ce secret terrible?
— Je ne peux pas vous le dire.
— Pourquoi?
— Je ne le connais pas.
— Essayez de le découvrir.
— Impossible. La marquise veut le garder; elle le tient caché dans un coin de son cœur, dans les profondeurs de sa pensée. C'est lui, c'est ce secret qui la fait souffrir comme un martyr, qui lui ronge le cœur. Sans cesse il tourmente son âme et l'épouvante!... Il pèse sur elle comme un poids énorme, il l'écrase.

— Gabrielle, l'ouvrier est-il toujours avec la marquise?
— Oui ; mais il vient d'envelopper ses outils dans une toile; la marquise lui met une pièce d'or dans la main ; elle lui ouvre une porte dérobée; il s'en va.
— Ne le suivez pas, restez avec la marquise. Qu'est-ce que c'est que cette boîte de métal, dont vous m'avez parlé tout à l'heure?
— C'est une espèce de coffret de cuivre.
— Vous le voyez?
— Il est posé sur une chaise. La marquise le regarde et le touche.
— Dites-moi ce qu'il renferme.
— Le coffret est fermé, le couvercle est soudé, on ne peut plus l'ouvrir.
— Soit, mais vous pouvez voir, vous?
— Non, je ne distingue pas bien.
— Regardez toujours.
— Je suis fatiguée.

Elle devait être fatiguée, en effet. Et Morlot, voulant pousser jusqu'au bout son expérience, ne s'apercevait pas que, depuis un instant, le front de la jeune femme s'était couvert de grosses gouttes de sueur.

— Gabrielle, je vous en prie, faites encore un effort, dit-il. Qu'y a-t-il dans le coffret de cuivre?

Tu devrais te souvenir que je n'aime pas à attendre, lui dit-il d'un ton rude. (Page 302.)

— La marquise vient d'y enfermer son secret.
— Je ne comprends pas ; que voulez-vous dire ?
— La marquise a écrit la cause de ses souffrances : elle a confié au papier ses pensées les plus intimes, les plus secrètes.
— Eh bien ?
— C'est ce manuscrit qui vient d'être enfermé dans le coffret de cuivre.
— C'est étrange, étrange ! murmura Morlot.

Puis, se penchant vers Gabrielle :
— Pouvez-vous lire ce que la marquise a écrit? lui demanda-t-il.
— Non.
— Pourquoi?
— Mes yeux sont comme voilés.
— Y a-t-il dans le coffret de cuivre autre chose que le manuscrit?
— Oui.
— Quoi?
— Je ne vois pas bien.
— Regardez, Gabrielle, regardez!
— Je vois une petite chemise, un petit bonnet...
Elle s'agita convulsivement et, portant ses deux mains à sa tête :
— Ah! exclama-t-elle, c'est le maillot d'un enfant!
Morlot se redressa brusquement. Il était d'une pâleur livide.
— Oh! quel soupçon! fit-il d'une voix étranglée par l'émotion.
Il passa plusieurs fois sa main sur son front.
Une flamme étrange traversa son regard comme un éclair.
— Que soupçonnes-tu? lui demanda sa femme.
Il sentit que la prudence lui ordonnait de se taire.
— Moi? rien, répondit-il vivement.
— Tu me caches ce que tu penses!
— Tu veux dire la pensée que j'ai eue et que je n'ai plus, Mélanie. Elle était absurde.
— Je l'ai eue aussi, cette pensée; mais je dis comme toi, c'est absurde, tout à fait impossible.
« Mais je t'en supplie, continua-t-elle, ne fait plus parler Gabrielle. Regarde, mon ami, elle a l'air de souffrir horriblement. Est-ce de la voir dans cet état? Moi-même j'éprouve intérieurement un grand malaise.
— Pourtant j'aurais voulu encore...
— Non, non, assez, c'est assez.
Gabrielle s'était raidie, ses bras s'allongeaient, se repliaient et se tordaient, des spasmes nerveux soulevaient violemment sa poitrine, la sueur coulait de son front, et son corps grelottait comme si un froid vif venait de la saisir.
Morlot s'assit à côté de sa femme.
— Elle va bientôt se réveiller, lui dit-il à voix basse. Mais, tu entends, Mélanie, nous ne lui dirons rien; elle ne doit pas savoir que, dans son sommeil, elle a parlé et répondu aux questions que je lui ai faites.
— Et si elle se rappelle ce qu'elle a dit?
— Non, elle ne se souviendra de rien.
— C'est égal, tout ce qu'elle a dit est bien extraordinaire.
— Oui, mais ce n'est qu'un rêve.

— Je le crois.

Ils gardèrent le silence.

Mais Morlot réfléchissait. Il se disait.

— Devrais-je aller le lui demander à elle-même, il faudra que je connaisse le secret de la marquise de Coulange.

Après une heure d'attente, qui leur parut longue comme une année, Gabrielle se réveilla.

Elle se vit dans les bras de Mélanie, qui essuyait son visage.

— Ah! dit-elle d'une voix faible, je me suis encore endormie.

— Oui, et nous vous avons laissée dormir, répondit Morlot.

Elle se leva; mais ses jambes fléchirent sous le poids de son corps et elle retomba sur son siège comme une masse.

— Je suis bien fatiguée, dit-elle en soupirant, il me semble que j'ai les membres brisés.

— Et autrement, souffrez-vous? lui demanda Mélanie.

— Oui, mais ce n'est rien; j'ai déjà éprouvé cela. Il me semble que j'ai une barre dans la poitrine et du feu dans la tête.

— Ma chère Gabrielle, reprit la femme de Morlot, souffrante comme vous l'êtes, vous ne pouvez pas rentrer chez vous ce soir; nous vous gardons.

— Oui, approuva Morlot; comme cela, mademoiselle Gabrielle, si vous étiez indisposée cette nuit, Mélanie serait près de vous pour vous soigner.

La jeune femme ne voulait pas accepter l'hospitalité qui lui était offerte. Cependant elle finit par céder aux instances de ses amis, et, tout en leur disant qu'elle était désolée d'abuser ainsi de leur amitié, elle consentit à passer la nuit chez eux.

FIN DE LA DEUXIÈME PARTIE.

TROISIÈME PARTIE

L'AGENT DE POLICE

I

L'ESPIONNE

M. Sosthène de Perny est chez lui, rue Richepanse. Il est agité et il arpente sa chambre d'un pas impatient, fiévreux. De temps à autre, machinalement, il jette les yeux sur une pendule, dont les aiguilles marquent invariablement onze heures dix minutes depuis plus d'un an peut-être qu'elle s'est arrêtée.

Mais si la pendule de M. de Perny ne marche plus, les heures s'écoulent quand même et les années aussi ; il n'a qu'à se regarder dans une glace pour le reconnaître, car il a beaucoup vieilli. Sur les tempes, ses cheveux noirs commencent à grisonner. Il est toujours élégant, vêtu à la dernière mode ; il a toujours son regard hautain, son front audacieux ; mais dans son regard il y a quelque chose d'inquiet, de troublé, et des plis se sont creusés sur son front. Le rictus de ses lèvres est amer, des rides précoces se montrent au coin de ses yeux sombres.

C'est le stigmate ineffaçable d'une mauvaise vie, d'une vie de fièvre continuelle, tourmentée par des difficultés et des soucis sans cesse renaissants, par des appréhensions et des terreurs qui le poursuivent dans son sommeil.

Pourtant il ne connaît pas le remords ; le remords peut ramener au bien et il ne vit que pour le mal. Esclave de ses passions, celles-ci ont depuis longtemps étouffé en lui tous les bons sentiments, et c'est le vice dans tout ce qu'il a de plus hideux qui s'est incarné en lui. Mais, comme tous les criminels, il est lâche, et il a peur du châtiment que sa sœur tient suspendu sur sa tête.

Que de fois déjà il s'est dit :

— Si elle pouvait mourir !

Oui, le misérable a eu cette pensée. La mauvaise santé de la marquise lui faisait espérer qu'elle succomberait. Et il se disait :

— Elle morte, je serais délivré, je n'aurais plus rien à redouter, je rentrerais dans la maison la tête haute et j'y serais bientôt le maître comme autrefois.

Mais la santé de la marquise s'était subitement améliorée.

Alors il eut une autre pensée plus monstrueuse. Il conçut le projet de tuer sa sœur. Etait-ce un égarement de sa raison ? C'est possible. Il chercha cependant comment il pourrait mettre son projet à exécution. Il vit le poison, versé à petites doses, laissant peu ou pas de trace. Disons, toutefois, qu'il s'arrêta en présence des difficultés qui se dressèrent devant lui, et que les terribles conséquences d'un pareil crime l'effrayèrent. Il tenait à garder sa tête sur ses épaules.

— C'est bien, se dit-il, j'attendrai ; mais un peu plus tôt ou un peu plus tard, l'heure de ma vengeance sonnera.

De quoi voulait-il se venger ? De ce que sa sœur l'avait chassé lui infligeant elle-même une punition trop douce. Le misérable ne lui tenait aucun compte du silence qu'elle avait gardé, qu'elle gardait encore quand elle n'avait qu'un mot à dire pour l'envoyer au bagne.

Un jour, il apprit que la femme de chambre de la marquise était sur le point de la quitter pour se marier. Aussitôt il manœuvra pour donner à sa sœur une nouvelle femme de chambre. Juliette était la femme qui lui convenait sous tous les rapports. Il l'avait précédemment placée chez une femme du monde interlope, qui était alors sa maîtresse.

Grâce aux anciennes relations de sa mère, il put se procurer, pour Juliette, plusieurs lettres de recommandations avec lesquelles celle-ci se présenta à l'hôtel de Coulange. La marquise l'accepta sans défiance. Il va sans dire que les noms de madame de Perny et de son fils ne figuraient pas dans le nombre de ses références.

Juliette était une grande et belle fille de vingt-huit ans. Mais les personnes qui la recommandaient, en attestant de bons antécédents, avaient été singulièrement trompés. La conduite de Juliette était loin d'être irréprochable.

Deux ans auparavant, elle avait commis un infanticide. N'ayant pas eu connaissance de son crime, la justice ne l'avait pas poursuivie. Pourtant, ce crime n'était pas complètement ignoré. Sosthène l'avait découvert, il en avait été pour ainsi dire le témoin. Alors Juliette avait eu la maladresse de lui écrire pour le supplier de ne pas la dénoncer et d'avoir pitié d'elle. Il possédait ainsi des lettres de la malheureuse fille, qui contenaient les preuves du crime.

Juliette était donc complètement à la discrétion de Sosthène. Il la dominait, il lui imposait ses volontés ; elle tremblait sous son regard, elle n'osait rien lui refuser, elle était sa servante, son esclave, et pouvait devenir, dans ses mains, à un moment donné, un instrument terrible.

Pour l'instant, placée près de la marquise parce que son véritable maître l'avait voulu, son rôle se bornait à tout voir et à tout entendre.

Juliette était l'espionne de Sosthène.

Fatigué sans doute de sa promenade autour de sa chambre, M. de Perny s'arrêta tout à coup devant une petite table qui était littéralement couverte de feuilles de papier timbré, sortant des études de plusieurs huissiers. Ces feuilles noircies, à l'aspect peu agréable, attestaient que le brillant Sosthène de Perny avait un certain nombre de créanciers qu'il ne payait pas.

Il prit une poignée de ces papiers et les froissa dans sa main en faisant une affreuse grimace.

— Ma parole d'honneur, grommela-t-il d'une voix creuse, on dirait que tous ces gens sont enragés! Que veulent-ils? Que je leur donne de l'argent. Oh! les fous!... Eh bien, oui, j'ai des dettes et je ne veux pas les payer. Après? Je ne suis pas le seul. Qu'ils attendent.

« Ah ça! s'écria-t-il en frappant le parquet du pied, elle ne viendra donc pas! Il regarda sa montre.

— Elle devait être ici à deux heures et demie et il va être trois heures.

Il tira de sa poche un billet chiffonné et lut tout haut :

« J'ai quelque chose que je crois très important à vous dire ; ce serait trop long à écrire ; attendez-moi chez vous demain à deux heures et demie :

— Et depuis une heure je l'attends, reprit-il les sourcils froncés. C'est moi qui suis à ses ordres! Que peut-elle avoir à me dire?

Croyant ainsi tromper son impatience, il alluma un cigare. Un instant après, le bruit d'une sonnette se fit entendre.

Sosthène s'élança hors de sa chambre, et courut ouvrir. Juliette entra. Il referma vivement la porte.

— Sais-tu quelle heure il est? lui dit-il d'un ton rude. Tu devrais te souvenir que je n'aime pas à attendre.

— Je suis en retard, c'est vrai, mais ce n'est pas ma faute ; j'ai dû attendre que madame soit sortie. Regardez, je suis en sueur et tout essoufflée ; j'ai couru tout le long du chemin.

— Est-ce qu'il n'y a pas des omnibus?

— Je n'y ai pas trouvé de place.

— Il fallait prendre une autre voiture.

— J'aurais pu le faire ; seulement...

— Je comprends. Tu es trop économe, ma chère. Une autre fois, prends mieux tes précautions et ne me fais pas attendre.

Juliette baissa humblement la tête.

— Maintenant tu peux parler, reprit-il ; quelles sont les choses importantes que tu as à me dire.

— Voici : D'abord, il faut que vous sachiez que presque tous les soirs, quand

M. le marquis était sorti, madame la marquise s'enfermait dans sa chambre pour écrire.

— Des lettres?

— Non. Je vous assure que j'étais très intriguée. Je savais qu'elle écrivait, quelquefois pendant plus de deux heures ; mais qu'écrivait-elle? Impossible de le savoir. Il m'était absolument défendu d'entrer dans sa chambre, et vous savez ce qu'on peut voir par le trou d'une serrure. Quand elle avait fini d'écrire elle cachait son cahier. Je n'ai pas besoin de vous dire que je l'ai souvent cherché dans la journée. J'ignorais qu'il y eût, dans un petit meuble de sa chambre, un tiroir secret. Du reste, quand même je l'aurais su, je n'aurais pas été plus avancée, puisque je ne sais pas comment s'ouvre le tiroir. Eh bien, c'est dans ce tiroir secret que madame la marquise, après avoir écrit, enfermait son manuscrit.

— Enfin, dit Sosthène, il existe un manuscrit que ma sœur a écrit de sa main ; mais tu ignores ce qu'il contient?

— Assurément je n'ai pas pu le lire ; mais je sais que c'est une confession que madame la marquise fait à son mari, dans le cas où elle viendrait à mourir.

Sosthène tressaillit.

— Ah! fit-il, comment peux-tu savoir cela?

— Je vais vous le dire : Il y a quatre jours, madame la marquise sortit de sa chambre pour aller embrasser et consoler la petite Maximilienne qui pleurait. Elle laissa sur la table le manuscrit et à côté une lettre ouverte qu'elle venait d'écrire.

— Alors?

— Je n'étais pas loin...

— Derrière une porte.

— Oui. Je l'ouvris sans bruit, et, au risque d'être surprise et de me faire chasser immédiatement, j'entrai dans la chambre.

— C'était hardi.

— Vous êtes mon maître, c'est à vous que j'obéis.

— Parle-moi du manuscrit.

— D'un seul coup d'œil je vis qu'il était terminé. Il se trouvait fermé ; mais un instant auparavant madame la marquise avait écrit sur la couverture, car l'encre n'était pas sèche encore.

— Et tu as lu?

— J'ai lu, en tête, ces mots : « A mon mari. »

Et au-dessous, en lettres plus grosses :

« Ceci est ma confession. »

Puis, plus bas, d'une écriture moyenne :

« Révélation du secret qui empoisonne ma vie. »

Sosthène était devenu très pâle.

— Est-ce tout ce que tu as lu? demanda-t-il d'une voix frémissante.
Et voyant qu'elle hésitait à répondre:
— Parle! lui ordonna-t-il d'un ton impérieux, tu ne dois rien me cacher.
— Eh bien, il y avait encore sur la couverture du manuscrit...
Elle s'arrêta brusquement.
— Parle, mais parle donc! s'écria-t-il.
— Je n'ose pas.
— Je le veux!
— Eh bien! il y avait encore ces mots:
« Le crime de mon frère et de ma mère. »

Un horrible sourire crispa les lèvres de Sosthène. Mais, devant Juliette, il crut devoir garder bonne contenance.

— Ah! ah! fit-il en prenant le ton sardonique, tu as lu cela; eh bien, c'est la preuve que la marquise de Coulange n'a pas toute sa raison. Il peut se faire qu'elle ait quelque péché à se reprocher et qu'elle éprouve le besoin de se confesser à son mari; mais ce n'est pas une raison pour accuser les autres. C'est drôle tout de même et cela fait rire.

Il riait, en effet, mais son rire ressemblait à un grincement de dents.

— N'importe, continua-t-il, je ne suis pas fâché de savoir l'existence de ce précieux manuscrit. Madame ma sœur a voulu écrire aussi son petit roman; c'est drôle, très drôle... La marquise de Coulange devenue bas-bleu! On apprend tous les jours des choses étonnantes.

Après un moment de silence, il reprit:

— Ne m'as-tu pas dit qu'il y avait à côté du manuscrit une lettre?
— Oui.
— Elle était ouverte. Tu l'as lue?
— Je l'ai lue, mais rapidement.
— Qu'est-ce qu'elle disait cette lettre?
— Comme le manuscrit, elle est adressée à M. le marquis.
— Je m'en doutais murmura Sosthène.
— Autant que je puis me rappeler, voici ce que j'ai lu : Votre sœur dit à son mari qu'elle a gardé toute sa vie un secret terrible; mais qu'ayant de sombres pressentiments, la crainte de mourir subitement, elle ne veut pas emporter son secret dans la tombe.

Ces pressentiments de la marquise semblaient répondre aux pensées criminelles de Sosthène. Il frissonna malgré lui, et un éclair livide passa dans son regard. Juliette continua:

— C'est pourquoi elle s'est décidée à le confier au papier et à écrire un manuscrit qui est la révélation de toutes ses souffrances. Elle ajoute que son mari trouvera, en ouvrant le tiroir secret de son meuble Louis XIII, un petit coffre de cuivre dans lequel le manuscrit sera enfermé avec d'autres objets.

DEUX MÈRES 305

Le vieillard ajouta en baissant la voix : — Pour mettre la main sur les millions de M. le marquis, ils auraient été capables de l'aider à mourir. (Page 319.)

— Oh! oh! fit Sosthène, voilà bien des précautions.
— Et ce n'est pas tout.
— Hein! Qu'y a-t-il donc encore?
— Comme si elle craignait qu'on ne lui dérobât son manuscrit, ou que M. le marquis ne le lût avant sa mort, madame la marquise a pris une autre précaution.
— Ah! qu'a-t-elle fait?

Liv. 39. F. ROY, éditeur. 39

II

A BOUT!

L'espionne répondit :

— Avant-hier soir, un homme se présenta à l'hôtel. Le portier, qui avait probablement reçu des ordres, le fit monter par un des escaliers de service, et il fut reçu d'abord très mystérieusement par la gouvernante de la petite fille qui l'attendait.

« L'homme portait sur son épaule un paquet assez lourd.

« — Attendez un instant, lui dit la gouvernante, je vais prévenir madame la marquise.

« Elle laissa l'homme au milieu du corridor, qui conduit à l'escalier de service, et pour entrer dans la chambre de madame, elle traversa son cabinet de toilette, en ouvrant une petite porte, dont je n'avais pas encore soupçonné l'existence.

« Pourquoi, dans cette circonstance, madame la marquise a-t-elle eu recours à la gouvernante de sa fille au lieu de s'adresser à moi? parce que je n'ai pu encore lui inspirer une confiance entière.

« C'est ce que j'ai compris.

« Qu'allait-il se passer entre l'homme et madame?

« Je voulus le savoir, pensant que cela pouvait vous intéresser. Sur les talons de la gouvernante, je me glissai dans le cabinet de toilette et me cachai derrière une tapisserie.

— Très bien, approuva Sosthène.

— Un instant après, la gouvernante introduisit l'homme dans la chambre de madame la marquise, en le faisant passer naturellement par le cabinet.

— Quel était cet homme?

— Un ouvrier serrurier, je crois.

— Je comprends : une réparation à faire au tiroir secret.

— Non, l'ouvrier n'était pas appelé pour cela.

— Alors, continue, je t'écoute.

— La gouvernante prit l'enfant, que tenait sa mère, et l'emporta. Madame la marquise poussa les targettes des portes, à l'exception pourtant de celle de la porte du cabinet, qui resta entr'ouverte.

— De sorte que tu as pu tout voir?

— A peu près tout.

— Eh bien ?

— L'ouvrier commença par placer dans le foyer de la cheminée un réchaud qu'il avait apporté ; il le remplit de braise, qui devint bientôt un brasier ardent sur lequel il fit rougir un instrument de fer. Pendant que le fer chauffait, il plaça sur une chaise un petit coffre de cuivre.

— Ah ! ah ! fit Sosthène, voilà ce fameux coffret.

— Oui. Alors madame la marquise s'approcha du meuble qui se trouve en face de son lit, et que vous devez connaître.

— Je le connais. Continue.

— Elle ouvrit le tiroir secret et elle revint près de la cheminée, tenant dans ses mains un cahier...

— Le manuscrit ?

— Oui, et autre chose ; vous ne devinerez jamais quoi.

— Je n'ai pas à deviner, puisque tu vas me le dire.

— Une petite chemise, un petit bonnet et les autres objets divers dont on se sert pour emmailloter un enfant nouveau-né.

Sosthène fit un mouvement brusque, ses traits se contractèrent, et les plis de son front parurent se creuser encore.

— Tu es bien sûre d'avoir vu cela ? demanda-t-il.

— Oui, je voyais parfaitement. Vous pouvez croire que je n'ai pas moins été étonnée que vous ne l'êtes. J'ai fait alors toutes sortes de réflexions, me demandant quel pouvait bien être le secret de madame la marquise.

— Ah ! vraiment, fit Sosthène railleur.

Puis attachant sur elle un regard dur :

— Ma chère, lui dit-il d'un ton sévère, tu es à l'hôtel de Coulange pour voir et entendre, et tu n'as pas à réfléchir sur ce que tu entends et sur ce que tu vois. Si la marquise de Coulange a un secret, tu n'as pas à chercher à le connaître. Cela ne te regarde point. Tu dois rester strictement dans ton rôle, et ne pas aller au delà de ce que je t'ordonne de faire.

L'espionne rougit et baissa les yeux.

— Ensuite, que s'est-il passé ? demanda Sosthène.

— Madame la marquise a mis elle-même dans le coffre de cuivre des langes d'enfant, d'abord, et ensuite son manuscrit.

— Après ?

— L'ouvrier a fermé le coffre, puis, avec son fer rouge, il a soudé le couvercle.

— En effet, murmura Sosthène rêveur, c'est encore une précaution. Seulement, je ne vois pas qu'elle soit bien nécessaire.

— Quand tout fut terminé, reprit Juliette, l'homme enveloppa ses outils, madame le paya et le fit sortir, en l'accompagnant elle-même jusqu'à la petite porte du cabinet de toilette. Heureusement, j'avais eu le temps de me remettre derrière la tapisserie. L'homme parti, madame la marquise prit le coffret et l'enferma dans le tiroir secret.

— Où il restera jusqu'au jour où j'irai le prendre, pensa Sosthène.

Et un mauvais sourire fit grimacer ses lèvres.

— Est-ce tout? demanda-t-il après un moment de silence.

— Oui.

— Et la lettre adressée au marquis et que tu as lue, sais-tu où la marquise l'a placée?

— Non.

— C'est fâcheux! Voilà une chose qu'il faut que tu saches.

— Je saurai.

— Très bien. Tu es une fille intelligente et adroite, je suis content de toi. Ce que tu viens de m'apprendre n'a pas pour moi l'importance que tu supposais; n'importe, tu as bien fait de me donner ces renseignements. Je tiens à te le répéter, je veux savoir tout ce qui se passe à l'hôtel de Coulange, même les choses qui te paraîtraient insignifiantes. Je n'ai pas besoin de te recommander de n'agir qu'avec une extrême prudence. Il faut que tu parviennes à obtenir la confiance de la marquise.

— Je fais pour cela tout ce qui dépend de moi.

— Cela viendra. En attendant, continue à me servir fidèlement.

— Vous savez que je vous suis toute dévouée.

— Oui, je sais que tu n'oserais pas me trahir.

Leurs regards se croisèrent.

— Je vous assure, dit-elle d'une voix hésitante, que c'est par reconnaissance et non par crainte que je vous sers.

— Comment donc, fit-il d'un ton légèrement ironique, mais j'en suis tout à fait convaincu.

— Monsieur de Perny, vous pourriez, dès aujourd'hui, me rendre mes lettres.

— Je te les rendrai, c'est convenu.

— Quand?

Il se mit à rire.

— Je vous en prie, reprit-elle les mains jointes, rendez-les-moi!

— Ah ça! est-ce que tu n'as plus confiance en moi?

— Si, mais...

— Achève.

— Je suis poursuivie par des terreurs continuelles. La nuit j'ai des cauchemars effrayants; tant que ces lettres ne seront pas détruites, je serai comme sur des charbons ardents.

— Eh bien, ma chère, c'est précisément pour cela que je les garde.

— Pourtant, vous m'avez promis de me les rendre.

— Je te le promets encore.
— Quand, monsieur de Perny? dites-le-moi.

Sosthène se leva.

— Le jour où je n'aurai plus besoin de toi, répondit-il ; ce sera la récompense des services que tu m'auras rendus.

Juliette soupira et se courba humblement devant son maître.

Sosthène avait sur les lèvres son mauvais sourire.

— Vous n'avez plus rien à me dire? demanda-t-elle.

— Plus rien aujourd'hui, répondit-il ; mais sois tranquille, avant peu je mettrai ton dévouement à l'épreuve.

Sur ces mots, Sosthène congédia son espionne.

Il rentra dans sa chambre, se laissa tomber sur un fauteuil et, prenant sa tête dans ses mains :

— Ainsi, murmura-t-il, elle a peur de mourir, elle a des pressentiments comme si elle avait deviné mes pensées de vengeance. Et c'est pour cela qu'elle a écrit ce manuscrit, enfermé maintenant dans un coffret de cuivre au fond d'un tiroir, qui s'ouvre au moyen d'un ressort secret. Tout cela est bon à savoir. C'est une surprise qu'elle tient en réserve pour le marquis. Eh ! eh ! ce n'est pas mal imaginé ! Heureusement, je suis là ; je connais le meuble et je saurai bien trouver le secret du tiroir.

« Elle a fait souder le couvercle ; c'est parfait. J'enlève le coffret, je l'ouvre, — il y a des moyens pour cela. — Je m'empare de ce qu'il contient, je le referme, je le remets à sa place et le tour est joué. Et si quelque temps après elle meurt... A la bonne heure, ce sera pour le marquis une véritable surprise. Un coffret de cuivre, dont le couvercle est soudé, et rien dedans !

Un petit rire sec et nerveux éclata entre ses lèvres.

— Mais quelle singulière idée elle a, continua-t-il, de vouloir faire connaître au marquis, après sa mort, ce qu'elle ne veut ou plutôt n'ose pas lui dire de son vivant !... Je comprends ; c'est moi, c'est toujours moi qu'elle poursuit de sa colère. Ah ! qu'elle prenne garde, qu'elle prenne garde !

Il resta un moment silencieux.

— Oui, reprit-il sourdement, il faut que je m'empare de ce que contient le coffret et que je l'anéantisse ; le marquis ne sait rien, il ne doit rien savoir. Ah ! elle veut me perdre, eh bien, je me défendrai !

Il promena autour de lui son regard plein de lueurs fauves.

— Vous ne me connaissez pas encore, madame ma sœur, poursuivit-il ; vous ne savez pas quels peuvent être les effets de la colère, de la rage que vous avez allumée en moi et qui finira par éclater comme un coup de tonnerre. Vous m'avez menacé et vous me croyez vaincu, écrasé... Tu te trompes, marquise de Coulange, je suis toujours debout !

Il bondit sur ses jambes, se dressa de toute sa hauteur, et un éclair sombre jaillit de ses yeux.

— Elle me méprise, elle me hait, reprit-il d'une voix rauque, saccadée, soit ; mais à sa haine répondra ma haine. Oui, et la lutte sera terrible, inexorable. Non, non, je ne suis pas vaincu ! C'est par elle que le lien de la famille a été brisé le jour où elle m'a chassé comme un laquais !

« Ah ! ah ! ah ! continua-t-il avec un rire de démon, elle a le droit d'être satisfaite : ce qu'elle a voulu que je sois, je le suis. Mes créanciers me poursuivent, je n'ai plus d'argent, je n'ai plus de crédit. Oui, je suis à bout, à bout ! Ils ont cru faire beaucoup pour moi en me jetant deux cent mille francs comme une aumône ou comme un os qu'on donne à ronger à un chien ! Deux cent mille francs quand ils ont des millions ! J'ai beau me tourner à droite ou à gauche, regarder en arrière ou en avant, je ne vois rien ; si, je vois le gouffre sous mes pieds, qui se creuse, se creuse sans cesse. Pour lui échapper, je me heurte à toutes les difficultés qui m'étreignent, qui me serrent, qui m'étranglent. Oh ! je sortirai de cette terrible situation ; à tout prix, il le faut !

« Et froidement, sans pitié, oubliant ce qu'elle me devait : son mariage, sa richesse. C'est ma sœur qui m'a plongé dans cette vie infernale... Et j'aurais, moi, de la pitié pour elle ! Allons donc, jamais ! »

Comme on le voit, Sosthène de Perny se montrait peu reconnaissant envers son beau-frère. Mais chez certains individus, la reconnaissance est un sentiment inconnu. Sosthène considérait le don que le généreux marquis lui avait fait comme une aumône ou un os qu'on lui avait jeté à ronger. Il est probable qu'il ne pensait pas ainsi le jour où M. de Coulange lui avait mis dans la main cette somme avec laquelle, s'il l'eût voulu, il aurait pu se créer une position indépendante.

Nous avons dit que cette somme de deux cent mille francs avait été donnée à Sosthène sur le conseil de la marquise, au lieu d'une rente annuelle de dix mille francs que son mari voulait lui servir.

Pourquoi madame de Coulange n'avait-elle pas été du même avis que son mari ?

Avait-elle agi sous l'empire d'une pensée secrète, ou bien avait-elle eu réellement l'intention de fournir à son frère cette force première, si nécessaire à tout homme qui veut employer utilement son savoir et son activité, un capital ? Nous ne saurions le dire. Mais si elle avait eu l'idée que son frère ne ferait pas un emploi convenable du don du marquis, elle ne s'était point trompée.

Avec sa petite fortune, Sosthène pouvait faire quelque chose, il pouvait même faire beaucoup ; car il est toujours facile, quand on le veut, de tirer un excellent produit du capital. Mais il ne fit rien ; il ne chercha même pas à s'occuper. En cela, il n'eut pas honte de tromper le marquis, avec lequel il tenait à conserver de bons rapports.

Il ne vit qu'une chose : la satisfaction à donner à ses passions, à ses appétits sensuels, le moyen de se procurer des jouissances. A tout, il préférait sa vie oisive, sa vie de viveur, de débauché : le jeu, les soupers fins, et les femmes. Et quelles femmes !

Il se lança de nouveau et avec fureur, comme pris de vertige, à la recherche des plaisirs dont il était insatiable. On aurait dit qu'il voulait s'étourdir, oublier, dans l'ivresse de l'orgie, son crime et la malédiction dont sa sœur l'avait frappé.

Il avait toujours eu les deux pieds dans la fange, il s'y enfonça jusqu'au cou.

En moins de trois ans, la somme qu'il avait reçue du marquis était tombée dans le gouffre où il avait déjà jeté follement sa fortune, la fortune de sa mère et la dot de sa sœur.

Sa ruine ne le dégrisa point. D'ailleurs, pour continuer à vivre de sa déplorable vie, il avait sa mère toujours trop faible pour lui, et le marquis de Coulange, par lequel il se fit donner, sous divers prétextes, plusieurs sommes assez importantes.

Mais un jour le marquis eut connaissance de la vie étrange que menait son beau-frère, de ses folies, que son âge rendait inexcusables, et à partir de ce moment, il lui ferma impitoyablement sa bourse.

Sosthène cessa de voir le marquis, et supposant à tort que sa sœur n'était pas étrangère à la nouvelle attitude de M. de Coulange, il eut contre elle un autre grief.

Pour lui, madame de Perny se privait même des choses les plus nécessaires. Mais l'argent qu'elle lui donnait ne faisait que passer dans ses mains. Les premières fois qu'il lui avait dit, d'un ton impérieux : « Je n'ai plus d'argent, il m'en faut, donne-moi celui que tu as, » elle avait essayé, en lui rappelant le passé, de le gronder, de lui faire de sages remontrances ; mais, d'un regard dur, et tranchant comme une lame, il lui avait imposé silence. La malheureuse en était arrivée à ne plus oser lui parler et à trembler devant lui comme un enfant qu'on menace d'une verge.

Du reste, l'effroi qu'il lui inspirait était justifié. Un soir qu'elle refusait de lui donner les derniers mille francs dont elle avait besoin pour attendre le trimestre de sa pension, le misérable avait osé la frapper. Il est vrai que, ce soir-là, ivre d'absinthe, il pouvait ne pas avoir conscience de ses actes.

Déjà les étourdissements du plaisir ne lui suffisaient plus, il lui fallait les excitations de l'ivresse produite par l'abus des liqueurs fortes. Il rentrait souvent au milieu de la nuit, dans un état d'ivresse complet, les jambes chancelantes, titubant, la langue épaisse, les yeux hébétés, bredouillant des paroles obscènes, dernier écho de la fin d'une orgie sans nom. Plus d'une fois sa mère avait été obligée de se lever pour l'aider à se déshabiller et à se mettre au lit.

Si madame de Perny ne se repentait pas encore d'avoir trop aimé son fils, elle commençait à avoir le pressentiment de la punition qui lui était réservée.

Pour conserver la triste réputation qu'il s'était faite, pour continuer à faire bonne figure dans le monde singulier qu'il fréquentait, et pour ne pas déchoir dans l'estime des femmes galantes, Sosthène fut obligé d'avoir recours à toutes sortes d'expédients.

D'abord, en faisant sonner fort le nom du marquis de Coulange, son beau-frère, plus de dix fois millionnaire, il rencontra des prêteurs d'argent qui lui ouvrirent leur caisse sans se faire trop longtemps prier. Mais quand ceux-ci trouvèrent qu'ils avaient suffisamment prêté, les caisses restèrent fermées.

Sostène était criblé de dettes et il n'avait plus de crédit. Que faire?

Il connaissait une femme qui tenait une maison de jeu, un tripot, rue de Provence. Il devint l'associé, le chevalier galant de cette femme. Joueur effréné, il se trouvait là dans son milieu. Il avait perdu au jeu des sommes considérables. Il résolut de reprendre au jeu ce que le jeu lui avait enlevé. Il n'était pas homme à avoir de scrupules. Autrefois il était naïf, maintenant il avait de l'expérience. Il savait ce que c'est qu'une carte bisautée, il avait appris à faire sauter la coupe, et il connaissait plusieurs autres subtilités à l'usage de certains joueurs qui ne perdent jamais.

Il joua et il gagna ; il gagna souvent, presque toujours.

Sosthène de Perny, l'indigne frère de la marquise de Coulange, devint un grec émérite.

Mais on ne trouve pas tous les jours à dépouiller des fils de famille et de riches étrangers. Malgré la science qu'il avait acquise, le jeu était loin de procurer à Sosthène des ressources suffisantes. Il n'avait pas même la satisfaction de pouvoir se dire qu'il s'était jeté dans ce bourbier pour se retirer d'un autre.

Ayant un jour les poches pleines d'or, mais le plus souvent vides, traqué par ses créanciers, ne pouvant plus compter sur sa mère, qui s'était aussi endettée pour lui, repoussé par le marquis de Coulange, obligé de vivre d'expédients, de voler au jeu, voilà où en était Sosthène de Perny.

Ce n'était donc pas sans raison qu'il s'était écrié : « Je suis à bout, à bout ! »

III

MORLOT CHERCHE

Après la vision étrange que Gabrielle avait eue dans son sommeil somnambulique, Morlot s'était dit :

— Il faut que je connaisse le secret de la marquise de Coulange.

La porte s'ouvrit, Morlot se trouva en présence d'un petit garçon qui lui demanda ce qu'il voulait.

Assurément, il y avait autre chose en lui qu'une curiosité vulgaire et indiscrète.

En disant que la marquise avait un secret qu'elle tenait caché au plus profond de son cœur, Gabrielle avait parlé d'un maillot d'enfant.

Un maillot d'enfant! Ces mots avaient frappé l'oreille de Morlot comme le son retentissant d'une cloche.

Un soupçon avait rapidement traversé son esprit, et cette pensée que l'enfant qui portait le nom d'Eugène de Coulange pouvait être le fils de Gabrielle s'était incrustée dans son cerveau. Ce n'était qu'un soupçon, un doute; mais, après tant de recherches vaines, n'était-ce pas beaucoup ?

Or, il fallait acquérir la certitude ou détruire le doute. Voilà pourquoi l'agent de police voulait connaître le secret de la marquise.

Voilà aussi pourquoi, avant sept heures du matin, pendant que sa femme et Gabrielle sont encore couchées, il se promène, ayant l'air de flâner, sur un des trottoirs de la rue de Babylone.

Les deux mains dans les poches de son paletot, la tête inclinée sur sa poitrine, il force sa mémoire à lui retracer dans tous ses détails l'étonnante révélation.

Il lui semble qu'il se trouve dans la chambre de la marquise, devant ce coffret de métal, dont le couvercle vient d'être soudé, et que, doué aussi de la vue miraculeuse, il voit dans la boîte fermée, le mystérieux manuscrit et les langes d'un enfant.

Et il retrouve en lui le doute qui réclame et la pensée qui le pousse en avant.

Il entend bien une voix intérieure qui lui dit : « C'est impossible ! » mais une autre voix réplique aussitôt : « Voilà ce qui explique l'affection extraordinaire de Gabrielle pour l'enfant de la marquise de Coulange ! »

Alors, l'agent de police murmure tout bas ce qu'il a écrit autrefois sur son carnet : « Une voiture de maître, attelée de deux chevaux superbes, attendait la dame Trélat au bord de la Seine. L'enfant a été volé par des gens riches. »

Arrivé devant l'hôtel de Coulange, Morlot s'arrêta. Il releva la tête, ses yeux devinrent étincelants et il jeta sur l'aristocratique demeure un regard superbe, qui contenait une sorte de défi.

Mais aussitôt, secouant la tête :

— Ce que je cherche est là, se dit-il, et je ne peux pas y entrer.

De nouveau sa tête s'inclina et il murmura :

— Il me faut des renseignements, il faut que je sache...

Un vieillard, assez bien vêtu, passa près de lui. Il le vit s'arrêter devant la porte d'entrée de l'hôtel, et tirer le bouton de cuivre d'une petite cloche dont le bruit se fit entendre aussitôt.

— Celui-là est plus heureux que moi, pensa l'agent.

La porte de l'hôtel s'ouvrit. Avant d'entrer, le vieillard se tourna. De la main, et par un mouvement de tête amical, il envoya un salut à une femme, qui se tenait sur le seuil de la porte d'une petite boutique située en face de l'hôtel.

La femme répondit au salut du vieillard, en criant :

— Bonjour, monsieur Pastour.

Et elle ajouta :

— Je vais vous préparer une bonne tasse de café.

— Oui, à tout à l'heure, répondit le vieillard.

Et il disparut.

— Qui donc est cet homme? se demanda Morlot; un ancien serviteur du marquis de Coulange sans doute. Si je pouvais le faire parler et obtenir de lui les renseignements dont j'ai besoin!

Il jeta les yeux sur le devant de la boutique, qui avait pour enseigne ce mot : *Crémerie*. Puis, traversant rapidement la rue, il entra chez la crémière, qui le reçut fort gracieusement, et s'empressa de le faire entrer dans une arrière-boutique meublée d'une demi-douzaine de tables de marbre sur lesquelles étaient placés des bols de faïence qui attendaient les consommateurs. En raison, sans doute, de l'heure matinale, il n'y avait encore que deux personnes dans la petite salle.

— Est-ce du café, du chocolat ou du riz que vous voulez? demanda la femme.

— Je prendrai du café, répondit Morlot; du bon, de votre meilleur, de celui que vous allez préparer pour le vieux monsieur qui vient d'entrer à l'hôtel de Coulange, ajouta-t-il en souriant.

— Ah! vous avez entendu? fit-elle.

— Oui. Mais ne vous pressez pas, je peux attendre.

— Vous pouvez toujours vous asseoir.

— Certainement... Dites-moi, le vieux monsieur à l'air d'être très bien avec vous?

— C'est un vieil ami. C'est sur son conseil que je me suis établie ici il y a une dizaine d'années, après avoir eu le malheur de perdre mon mari.

— Êtes-vous satisfaite?

— Mon Dieu oui, j'ai une bonne petite clientèle, et comme je ne suis pas exigeante, je ne me plains pas.

— Votre vieil ami appartient sans doute à la maison de Coulange?

— Plus maintenant. Après quarante-deux ans de service, il a pris sa retraite il y a deux ans. M. Pastour et sa femme étaient les concierges de l'hôtel. Ils n'ont pas d'enfant; mais, comme ils sont très bons, ils donnaient à peu près tout ce qu'ils gagnaient à des neveux, à des nièces; si bien que, devenus vieux et ne pouvant plus faire leur service, ils se trouvèrent à peu près sans ressources le jour où M. de Coulange se vit obligé de prendre d'autres concierges. Heureusement, la bonne marquise apprit cela par Firmin, le valet de chambre. Elle fit venir Pastour.

« — On a pris d'autres concierges, lui dit-elle, parce que, pour vous et votre femme, le moment du repos est venu. Vous avez toujours été un honnête serviteur, mon brave Pastour, et je sais que vous avez fait beaucoup de bien à votre famille; je sais aussi que vous n'avez pas de quoi vivre, que vous êtes pauvre. Mais on ne se sépare pas d'un digne serviteur tel que vous sans assurer la tranquillité de ses vieux jours. Comme par le passé, vous toucherez vos cent vingt-cinq francs de gages tous les mois. C'est une petite pension que mon mari et moi nous vous faisons.

« Voilà, monsieur, comment le vieux Pastour et sa femme vivent aujourd'hui de leurs rentes. Pastour est venu à l'hôtel ce matin pour toucher le mois de sa pension.

— C'est très bien, dit Morlot, la jeune marquise de Coulange est vraiment une très bonne dame !

— Je le crois bien qu'elle est bonne ! Il n'y a guère de grandes dames qui lui ressemblent, allez ! Quand ses domestiques parlent d'elle, c'est toujours avec admiration. Mais il faut les entendre... Du reste, tous se jetteraient dans le feu pour elle.

M. Pastour ne va pas tarder à arriver, reprit-elle ; et son café que j'oublie...

— Et le mien ? fit Morlot.

— Et le vôtre aussi, monsieur. Excusez-moi, je cours à mon fourneau.

Un instant après, l'ancien concierge entra dans la salle.

L'agent de police se leva aussitôt, et, saluant le vieillard, il lui dit :

— Ce matin, monsieur Pastour, nous allons prendre le café ensemble.

— Tiens, vous me connaissez donc ? fit Pastour un peu étonné.

— Vous êtes l'ancien concierge de l'hôtel de Coulange ?

— C'est vrai.

— J'ai souvent entendu parler de vous autrefois.

— Par qui ?

— Par les domestiques du marquis de Coulange, qui venaient tous les ans au château de Coulange, dans Seine-et-Marne. Il faut vous dire que je suis du pays.

— Je comprends, répliqua le vieillard en s'asseyant sur la chaise que Morlot lui présentait. Ainsi, reprit-il, les domestiques de M. le marquis vous parlaient de moi ?

— Oui, et tous faisaient votre éloge et celui de votre excellente femme :

« — Pastour n'a rien à lui, disaient-ils, il donne tout ce qu'il a et ce qu'il gagne à ses parents pauvres ; c'est le plus brave homme qu'il y ait au monde. »

— Ah ! ils disaient cela, fit le vieillard très ému.

Et, du revers de sa main, il essuya deux grosses larmes.

— Oui, et beaucoup d'autres choses encore, répondit Morlot. Aussi ai-je appris avec une grande satisfaction que la jeune et belle marquise de Coulange vous avait fait une pension, lorsque vous avez dû prendre votre retraite il y a deux ans.

— Oui, monsieur, la bonne marquise, — c'est ainsi que nous l'appelons tous, nous a fait une pension, à ma vieille femme et à moi.

— A Paris, aussi bien qu'à Coulange, la bonne marquise, comme vous l'appelez, est la providence des malheureux.

— Est-ce que vous la connaissez ?

— Je n'ai pas eu encore le bonheur de la voir ; mais bien souvent on a parlé d'elle devant moi.

— Tout ce qu'on a pu vous dire de la bonne marquise, je le sais. Partout elle est aimée et bénie. Tous les ans, elle passe l'été à Coulange avec M. le marquis et les enfants ; comment se fait-il que vous ne l'ayez jamais rencontrée ?

— C'est bien simple ; il y a dix ans que j'ai quitté le pays, et quand j'y vais pour voir la famille, je n'y reste jamais plus de deux ou trois jours.

— Il y a dix ans, M. le marquis n'était pas encore marié. Mais vous avez dû connaître la mère de M. le marquis.

— Je crois bien ; je l'ai vue souvent, la vieille marquise, celle que les gens de Coulange appelaient la mère des malheureux.

— Aujourd'hui, monsieur, les gens de Coulange donnent encore ce nom à la bonne marquise.

— Je ne le savais pas. Quant on est éloigné, il y a bien des choses qu'on ignore. Ainsi, je ne sais pas encore comment et en quelle année M. le marquis de Coulange s'est marié.

— M. le marquis s'est marié en 1850, quelque temps après son retour d'un long voyage qu'il a fait à l'étranger. Il n'a pas suivi l'exemple de tant d'autres qui cherchent une grosse dot ; il a épousé mademoiselle Mathilde de Perny qui n'avait pas de fortune. Seulement, elle possédait ce qui vaut mieux : la bonté du cœur. Et puis, elle était, comme elle l'est toujours, admirablement belle.

— Naturellement, devant tout à son mari, la marquise l'aime beaucoup ?

— Elle l'adore ! D'ailleurs, elle n'a pas affaire à un ingrat ; je ne crois pas qu'on puisse aimer sa femme plus que M. le marquis n'aime madame la marquise. Ce sont de vrais tourtereaux. Il est vrai qu'ils sont jeunes. Et puis, c'est si bon de s'aimer ! Ah ! ils n'ont pas toujours été heureux comme ils le sont aujourd'hui.

— Comment, ils ont été malheureux ?

— Vous ne savez donc pas que, pendant plus de deux ans, M. le marquis a été malade, très malade !

— On ne m'a point parlé de cela.

— Aussi bien que les pauvres, monsieur, les riches ont leurs épreuves à subir, leurs bons et leurs mauvais jours.

A ce moment, la crémière vint verser dans les bols placés devant eux le café brûlant.

— Vous me ferez des reproches s'il n'est pas bon, dit-elle.

— Est-ce que vous n'allez pas le prendre avec nous, madame Philippe ? demanda Pastour.

— Impossible en ce moment, répondit-elle, regardez.

— En effet, depuis un instant, les clients commençaient à arriver.

— Vous permettez ? dit Morlot, prenant le sucrier.

— Certainement.

— L'aimez-vous bien sucré?

— Pas trop; trois petits morceaux;... c'est cela, merci.

Après avoir également sucré son café, Morlot reprit :

— Vous disiez donc que le marquis a été très malade.

— Oui, et on croyait bien qu'il n'en reviendrait pas, les plus grands médecins l'avaient condamné.

— Quelle était sa maladie?

— Je crois bien que les médecins eux-mêmes ne l'ont jamais su. Les uns disaient : c'est une anémie; les autres prétendaient que M. le marquis était atteint d'une phtisie pulmonaire; enfin ils le déclaraient perdu.

— Quand le marquis a-t-il eu cette maladie?

— Moins de deux ans après son mariage, en pleine lune de miel.

— Et vous dites qu'il a été deux ans malade?

— Et six mois avec, en comptant les longs jours de convalescence.

— La bonne marquise devait être désolée!

— Désespérée, monsieur! Ah! on ne saura jamais ce que la pauvre femme a souffert. M. le marquis lui-même ne s'en doute pas. Pour le guérir, on l'emmena dans le Midi, très loin, dans l'île de Madère.

— La marquise l'accompagna.

— La marquise resta à Paris, au lieu de suivre son mari, comme c'était son devoir. Elle le désirait : mais sa mère et son frère, qui demeuraient à cette époque à l'hôtel de Coulange, s'y opposèrent. Ils prétendirent qu'elle ne pouvait pas faire ce long voyage, attendu qu'elle était enceinte de deux mois. Madame la marquise était enceinte, en effet, ce qui prouve que M. le marquis n'était pas aussi malade que le disaient les médecins.

— Du petit Eugène? interrogea vivement Morlot.

— Oui, de M. Eugène. M. le marquis fut à peine parti, que madame de Perny renvoya tous les domestiques pour en prendre d'autres. Elle et son fils devinrent absolument les maîtres à l'hôtel de Coulange. Rien ne se faisait que par leurs ordres et on n'entendait pas plus parler de madame la marquise que si elle n'eût jamais existé. On ne la voyait plus, sa mère l'empêchait de sortir, il était défendu aux domestiques de lui adresser la parole, elle n'avait plus le droit de recevoir personne. J'ai appris depuis que sa mère la tenait enfermée dans sa chambre comme dans une prison.

— Mais ce que vous me dites là est incroyable! s'écria Morlot.

— Et, pourtant, c'est la vérité.

— Pourquoi cette odieuse tyrannie?

— Pourquoi? Je n'en sais rien. Mais ce que je sais, c'est que madame de Perny est une méchante femme, et que son fils ne vaut pas mieux qu'elle. Certainement, madame la marquise était très affligée d'être séparée de son mari, de le savoir malade, mourant; mais c'est surtout sa mère et son frère qui l'ont fait cruellement souffrir.

— Et la marquise a supporté tout cela sans rien dire, sans se révolter? exclama Morlot indigné.

Le vieillard secoua la tête.

— Je ne sais pas ce qui se passait entre elle et madame de Perny, répondit-il; mais elle était encore une enfant alors, et elle avait peur de sa mère et de son frère. Et puis, M. le marquis n'était pas là, elle n'avait personne pour l'encourager, lui donner des conseils et la protéger.

— Mais, pour agir ainsi, madame de Perny et son fils avaient une raison.

— Ils voulaient être les maîtres. Ah! les gueux, ils croyaient bien que M. le marquis ne reviendrait plus. Ils le disaient tout haut. Oui, monsieur, ils comptaient sur la mort de M. de Coulange pour rester les maîtres de sa fortune.

Approchant le plus possible sa tête de celle de Morlot, le vieillard ajouta, en baissant la voix :

— Oui, monsieur, pour mettre la main sur les millions de M. le marquis, je crois, Dieu me pardonne, qu'ils auraient été capables de l'aider à mourir!

IV

LE SOUPÇON GRANDIT

Morlot, faisant un mouvement brusque, avait relevé la tête.

— Alors, dit-il d'une voix qui tremblait malgré lui, vous croyez que madame de Perny et son fils souhaitaient la mort du marquis de Coulange pour s'emparer de sa fortune?

— Oui, je le crois, et c'est aussi l'opinion de Firmin, le valet de chambre de M. le marquis.

Les yeux de l'agent de police s'enflammèrent.

Cependant, malgré le travail auquel se livrait sa pensée depuis un instant, aucune clarté soudaine ne venait l'éclairer. Son esprit, ordinairement si lucide, restait enveloppé de ténèbres.

Assurément, tout ce que l'ancien concierge venait de lui dire l'avait vivement intéressé; mais c'est autre chose qu'il désirait savoir.

Toutefois, il sentait que, dans ce qu'il venait d'entendre, il y avait la clef du mystère qu'il voulait pénétrer.

Après avoir avalé une gorgée de café :

— Monsieur Pastour, savez-vous l'âge du fils du marquis de Coulange? demanda-t-il.

— Attendez ; il est né en 1853, au mois d'août...

— Au mois d'août, répéta Morlot, qui ne put s'empêcher de tressaillir.

— Il aura donc bientôt sept ans, ajouta le vieillard.

— Vous avez une excellente mémoire, monsieur Pastour, dit Morlot.

— Mais oui, mais oui, fit le vieillard flatté du compliment.

— Je suis persuadé que vous vous souvenez de la date de la naissance de l'enfant.

Le vieux chercha un instant.

— Non, répondit-il, je ne me rappelle pas la date.

Du reste, cela se comprend, le fils de M. le marquis est né au château de Coulange.

— Ah! c'est au château de Coulange qu'il est né?

— Oui. Dès le mois d'avril, madame de Perny avait emmené sa fille au château. J'étais là au moment de leur départ; j'ai vu la bonne marquise monter en voiture. Dieu du ciel, quel changement! Elle n'était pas reconnaissable, monsieur. Il est vrai que, depuis près de trois mois, je ne l'avais pas vue. Pâle, maigre, les traits tirés, les yeux éteints, pouvant à peine marcher, on aurait cru voir un fantôme.

— Est-ce que le marquis était de retour du Midi au moment de l'accouchement?

— Non, il n'est revenu que quelque temps après.

— Dites-moi, monsieur Pastour, j'ai entendu dire que la bonne marquise était souvent songeuse et très triste, comme s'il y avait en elle une douleur inconnue, une souffrance cachée.

— Oui, madame la marquise est toujours un peu triste. Mais, aujourd'hui, elle ne souffre plus ; elle est guérie.

— Elle a donc été malade?

— Oh! très malade, monsieur! Elle avait une bien singulière maladie; imaginez-vous qu'elle ne pouvait pas voir son enfant.

Morlot éprouva un vif saisissement.

— La petite Maximilienne? interrogea-t-il avec intention.

— Non, son fils, le petit Eugène. Oh! sa fille, ce n'est pas la même chose, elle l'adore, on dirait qu'elle ne vit que pour elle. C'est quelques mois avant la naissance de la petite Maximilienne qu'elle a commencé à aller mieux, et le premier acte qu'elle fit de sa volonté, fut de renvoyer sa mère et son frère.

— Ah! vraiment?

— Elle les a chassés, monsieur, elle les a chassés! Et, depuis, ils n'ont pas remis les pieds à l'hôtel de Coulange.

Morlot ouvrait de grands yeux.

— Ah! Morlot, il y a dans le monde assez de misérables sans elle, reprit sa femme avec animation.

— Pour qu'elle en vînt à cette extrémité, dit-il, il fallait qu'elle eût réellement à se plaindre d'eux.

— Je vous l'ai dit, ils l'ont fait horriblement souffrir. Rien ne m'ôtera de l'idée que ce sont eux qui l'ont rendue malade comme elle l'était.

— Oui, c'est bien possible, fit Morlot.

— Ah! ils ont été punis comme ils le méritaient. Ils se trouvaient à merveille chez M. le marquis : ils étaient bien logés, bien nourris, et, comme je vous l'ai dit, les véritables maîtres. Ils commandaient, ordonnaient, les domestiques n'obéissaient qu'à eux. J'ai vu M. le marquis être obligé de sortir à pied parce que madame de Perny et son fils avaient disposé de ses chevaux et de ses voitures. Eh bien, voilà ce que madame la marquise n'a plus voulu endurer ; et un beau jour elle s'est dit : « Il faut que mon mari et moi nous soyons maîtres chez nous. »

— Est-ce que madame de Perny est riche?

— Elle est très pauvre, au contraire ; mais M. le marquis lui fait une pension. C'est égal, pour elle et son fils, les beaux jours sont passés, comme dit la chanson.

Morlot avait pris sa tête dans ses mains et réfléchissait.

— A quoi pensez-vous? lui demanda Pastour.

— A ce que vous me disiez tout à l'heure, et je me demande pourquoi la bonne marquise ne pouvait pas voir son fils.

— Une idée de malade, monsieur!

— Elle ne l'aimait donc pas?

— Oh! on ne saurait dire cela ; une mère aime toujours son enfant.

— Pourtant, monsieur Pastour...

— Dame, c'est vrai, c'était bien extraordinaire. Jamais une caresse, un mot d'affection, pas même un regard, insensibilité complète... Et cela a duré plusieurs années.

— Et le marquis ne disait rien?

— Rien. Il était malheureux, voilà tout. D'ailleurs, que pouvait-il dire? Il voyait bien que madame la marquise était malade. Et puis, il l'aime trop pour oser lui faire seulement une observation. Enfin, grâce à Dieu, madame la marquise est revenue à de meilleurs sentiments.

— Ah! elle aime son fils, maintenant?

— Oui. Depuis quelque temps elle ne le repousse plus, elle lui parle, elle l'embrasse ; mais comme Firmin me le disait tout à l'heure, elle ne l'aimera jamais autant qu'elle aime sa fille ; c'est toujours la petite Maximilienne qu'elle préfère.

— Et M. de Coulange, aime-t-il son fils, lui?

— Oh! pour ça oui. Et si madame le marquise a une préférence pour sa fille, lui, au contraire, aime mieux son fils que sa fille.

— Étrange! murmura Morlot.

— Et il se mit à réfléchir, tout en achevant de prendre son café par petites cuillerées.

— Suis-je enfin, et réellement, cette fois, sur la piste que je cherche depuis si longtemps? se disait-il. L'enfant du marquis et de la marquise de Coulange est-il le fils de Gabrielle? Tout me le dit. Oui, mais rien ne me le prouve. J'ai toujours peur de ce maudit guignon, qui est à mes trousses. Et puis, ce serait une sottise de me livrer trop vite à la joie ; j'ai eu déjà tant de déceptions!...

L'enfant est né à Coulange au mois d'août ; c'est très bien. Mais il peut n'y avoir qu'une coïncidence. Sur toute la surface du globe, il naît mille enfants par heure ; j'ai lu cela dans je ne sais plus quelle statistique.

« La marquise n'aime pas ou n'aimait pas son fils ; évidemment cela n'est pas naturel et pourrait être une preuve. Mais si bizarre que cela paraisse, on l'explique, comme vient de le faire ce brave homme, en disant : « Une idée de malade ! » Depuis que j'ai vu les choses merveilleuses du somnambulisme, je crois que tout est possible.

« Non, tout cela est incompréhensible, sans la moindre clarté ; c'est le chaos. Et pourtant, pourtant... »

Il se frappa le front, de la paume de la main, et ajouta :

— Il faut que j'aille au château de Coulange.

Il posa sur la table une pièce de cinq francs et appela madame Philippe.

— Je demande à M. Pastour la permission de payer pour lui et pour moi, dit-il.

— Non, non, répliqua la crémière, c'est moi qui ai offert le café à mon vieil ami.

Elle rendit à l'agent la monnaie de sa pièce.

Morlot se leva, prit son chapeau et sa canne, et, tendant la main au vieux concierge :

— Monsieur Pastour, lui dit-il, je suis enchanté d'avoir fait votre connaissance.

— Et moi aussi, monsieur.

— Je vais aller à Coulange très prochainement. Si vous avez quelque chose à faire dire à quelqu'un du château, ce sera avec plaisir que je ferai votre commission.

— Eh bien, monsieur, si vous voyez le jardinier, M. Burel, et sa femme, ayez l'obligeance de leur dire que le vieux Pastour se porte toujours bien, et qu'il leur envoie le bonjour.

— Je n'oublierai pas. Au revoir, monsieur Pastour.

En sortant de la crémerie, l'agent de police regarda encore l'hôtel de Coulange. Un double éclair jaillit de ses yeux, et en s'éloignant il murmura :

— Je l'ai dit : je connaîtrai le secret de la marquise !

Il se rendit directement à la préfecture, et il prévint ses chefs qu'il avait l'intention de s'absenter pendant quelques jours.

On l'interrogea.

— Il s'agit d'une vieille affaire depuis longtemps oubliée, répondit-il ; mais, comme je crains de me tromper, je ne peux rien vous dire encore.

Voulant s'appartenir complètement pendant un certain temps, Morlot prenait d'avance ses précautions.

— Oui, se dit-il en sortant des bureaux, je crains de me tromper ; mais, aurais-je la certitude, je ne dirais rien quand même. Je n'ai besoin de personne pour m'aider; ce que je ferai, je ne le sais pas encore, mais je veux le faire seul.

Il rentra chez lui un peu avant midi. Mélanie l'attendait. Le déjeuner était prê

— Comment va Gabrielle? demanda-t-il.

— Comme si elle n'avait pas été malade hier soir. Je l'ai laissée dormir jusqu'à neuf heures, et elle s'est levée parfaitement reposée. Ses premières paroles ont été de demander le portrait de l'enfant. Je le lui ai donné. Ah! comme elle s'est mise à l'embrasser!... Je désirais la retenir pour qu'elle déjeune avec nous, mais elle a absolument voulu s'en aller.

— Tu ne lui as rien dit?

— Tu me l'avais défendu. D'ailleurs, je n'aurais pas osé.

Ils se mirent à table.

Mélanie ne tarda pas à s'apercevoir que son mari était sombre et sérieusement préoccupé.

— Tu es soucieux, lui dit-elle est-ce que tu penses toujours...

— A quoi?

— A l'idée que tu as eue hier soir?

— Eh bien, oui, elle est là, répondit-il brusquement en se frappant le front.

— Une nouvelle déception qui t'attend, mon pauvre ami!

— Je ne les compte plus, fit-il en ébauchant un sourire.

Après un moment de silence il reprit :

Je ne veux rien te cacher, à toi : hier soir j'ai eu un soupçon; hier il était petit, aujourd'hui il est gros. La marquise de Coulange a un secret.

— Tu ne peux pas t'en rapporter à ce qu'a dit Gabrielle.

— Ce matin, les paroles de Gabrielle m'ont été confirmées. Je te le répète, la marquise a un secret. Quel est ce secret? Je veux le savoir.

— Tu m'effrayes, mon ami, mais que veux-tu donc faire?

— Sois tranquille, je serai prudent; je sais qu'on ne touche pas à une grande dame, à une marquise, comme à la première venue. Cependant, si ce que je soupçonne est vrai, tant pis pour elle; je n'hésiterai pas à faire mon devoir.

— Mais enfin, que soupçonnes-tu?

— Je soupçonne la marquise de Coulange d'avoir volé l'enfant de Grabrielle.

— Mais c'est impossible, c'est de la folie! s'écria Mélanie.

— Eh bien, si je me trompe, je le saurai demain.

— Demain?

— Oui, je prendrai demain matin le premier train, et à onze heures je serai à Coulange. Il me faut la vérité, je la trouverai là. Mais tu sais, femme, pas un mot de tout cela à Gabrielle.

V

LES PREUVES

L'agent de police connaissait plusieurs personnes à Coulange, entre autres un cultivateur, parent éloigné de Mélanie, qui l'avait souvent invité à venir le voir.

C'est chez ce paysan que Morlot se rendit en arrivant au village de Coulange. On l'accueillit à bras ouverts. Pendant que la fermière courait à sa basse-cour pour y choisir sa meilleure poule, les deux hommes parlèrent de Mélanie d'abord, ensuite, de Paris, de Miéran et de toute la parenté.

— Maintenant, cousin, dit le paysan, puis-je vous demander quel bon vent vous amène aujourd'hui à Coulange ?

— D'abord le plaisir de vous voir, vous et votre famille, répondit Morlot. Et puis j'ai besoin de consulter un des registres de votre mairie.

— Ah !

— Oui, le registre des naissances.

— Pourquoi donc, cousin?

— Il s'agit d'un individu qui a été arrêté il y a quelques jours et qui prétend être né à Coulange. Mais chut! il ne faut pas qu'on sache...

— Je comprends. Comment s'appelle-t-il, cet individu?

— Je n'en sais rien, répondit Morlot; il refuse de dire qui il est, et c'est précisément pour essayer d'établir son identité que je suis ici.

Le paysan se contenta de cette réponse, qu'un autre aurait peut-être trouvée singulière.

— Je voudrais ne pas être obligé de voir le maire, reprit Morlot.

— En effet, ce n'est pas la peine de le déranger.

— J'ai pensé que, accompagné par vous, le secrétaire de la mairie ne ferait aucune difficulté de me laisser feuilleter le registre en question.

— Certainement, cousin, aucune. D'ailleurs, je suis du conseil municipal, et très bien avec notre maître d'école, qui est en même temps le secrétaire de la mairie. Si vous le voulez, pendant que la femme va nous cuisiner quelque chose, nous irons à la maison commune.

— Ma foi, oui, dit l'agent, allons-y tout de suite.

Les enfants étaient sortis de l'école, l'instituteur venait de se mettre à table. Le fermier lui dit :

— Nous voudrions, mon cousin et moi, voir quelque chose sur le registre des naissances. Est-ce possible?

— Mais rien ne s'y oppose, répondit l'instituteur.

Très aimable et plein de complaisance, il introduisit les visiteurs dans la salle des archives de la commune. Il tira d'un casier un carton de forte dimension, le plaça sur une table et l'ouvrit en disant :

— Vous trouverez là les actes de naissances de l'état civil depuis cinquante années. Excusez-moi si je vous quitte ; mais si vous avez besoin de moi, vous n'aurez qu'à m'appeler.

Et il sortit.

Morlot eut bien vite trouvé le cahier qui contenait les naissances de l'année 1850 à l'année 1855. Il le mit de côté. Et comme le paysan avait les yeux fixés sur lui, il eut l'air de chercher dans les registres de dates antérieures.

— Pour détourner son attention, il faut que je l'occupe à quelque chose, pensa Morlot.

— Tenez, cousin, dit-il, en lui mettant un cahier dans la main, vous allez m'aider.

— Je ne demande pas mieux. Qu'est-ce qu'il faut que je fasse?

— Lire les noms de chaque acte de naissance ; mais vous ne me signalerez que ceux des individus qui ont quitté la commune depuis quelques années.

— Je comprends.

Et le brave homme se mit en devoir de faire consciencieusement ce qui lui était demandé.

Alors, d'une main fiévreuse, Morlot prit le cahier qu'il voulait consulter et l'ouvrit par le milieu. Il tomba sur le mois de juin de l'année 1853. Il tourna rapidement quelques pages et arriva au mois d'août. La première naissance était du 5.

— C'est une fille, se dit Morlot, passons.

Naissance d'un garçon le 9 ; mais rien d'intéressant pour l'agent de police. Il tourna la page. Cette fois le nom de Coulange et la date du 20 août lui sautèrent aux yeux. Il lut avidement et avec une émotion facile à comprendre.

L'acte disait : « Il nous a été présenté un enfant du sexe masculin, né ce jour, à cinq heures du matin, au château de Coulange, de Charles-Édouard, marquis de Coulange, et de dame Louise-Eugénie-Mathilde de Perny, marquise de Coulange, son épouse, auquel on a déclaré donner les prénoms de Eugène-Charles. »

Au bas de l'acte, Morlot ne voulut voir qu'une seule signature, celle de Sosthène de Perny, au milieu d'un superbe paraphe.

Puis, comme s'il eût craint de s'être trompé, d'avoir mal lu, ses yeux se reportèrent sur la date. C'était bien celle du 20 août 1853. Il lui semblait qu'elle était écrite en lettres de feu ; elle brûlait ses yeux.

Il referma le registre.

Au bout d'un instant, le fermier acheva d'examiner le cahier qu'il tenait. Voyant que Morlot était debout, les bras croisés sur sa poitrine :

— Cousin, lui dit-il, avez-vous trouvé?

— Non, et vous?

— Aucun des enfants qui sont inscrits là et qui sont grands aujourd'hui, à l'exception pourtant de ceux qui sont morts, n'a quitté la commune.

— En ce cas, cousin, ce que j'avais soupçonné est vrai.

— Qu'est-ce que vous aviez soupçonné?

— Que l'individu en question, un mauvais drôle, un voleur, n'est pas né à Coulange.

— Ma foi, j'en suis bien aise, répliqua le fermier; ce coquin-là ne déshonorera pas notre commune.

Morlot replaça les registres dans le carton.

— Maintenant, dit-il, nous n'avons plus rien à faire ici.

— Eh bien, cousin, allons-nous-en.

— Votre instituteur va probablement nous demander si nous avons trouvé ce que nous voulions voir. Vous lui répondrez oui, et vous lui direz que nous désirions simplement consulter l'acte de naissance de votre fille. Comme cela il sera content de ne pas s'être dérangé pour rien.

— Vous avez raison, cousin. Quelle tête vous avez!... Je n'aurais pas eu cette idée-là, moi...

Comme l'avait prévu Morlot, l'instituteur leur demanda s'ils étaient satisfaits. Le fermier lui fit la réponse convenue.

— C'est parfait, se dit l'agent; il ne faut pas qu'on puisse avoir un doute sur ce que je suis venu faire à Coulange.

Après le dîner, il dit au fermier :

— Cousin, je vous laisse à vos occupations; moi, je vais aller jusqu'au château où j'ai une commission à faire au jardinier.

— N'oubliez pas que vous soupez avec nous.

— J'avais l'intention d'aller souper à Miéran.

— Du tout, vous souperez ici.

— Soit. Mais je vous quitterai de bonne heure pour aller coucher à Miéran, chez Blaisois.

— Je mettrai un cheval à ma charrette, cousin, et je vous mènerai à Miéran.

— Eh bien, c'est entendu.

Morlot sortit et, tout en réfléchissant, se dirigea vers le château, qui n'est qu'à quelques minutes de distance du village. Comme il s'y attendait, la grille et les deux autres portes d'entrée étaient fermées. Il sonna à l'une de ces portes. Au bout de deux ou trois minutes la porte s'ouvrit et il se trouva en présence d'un petit garçon d'une douzaine d'années qui lui demanda ce qu'il voulait.

— Je désire voir le jardinier du château, répondit Morlot.

— C'est mon père, monsieur; il est occupé dans le parc à sabler les allées; mais je vais aller le chercher.

— Non, dit vivement Morlot, je verrai d'abord votre maman.

Il venait de faire cette réflexion que le hasard le servait à souhait, et qu'il lui serait infiniment plus facile de faire causer la femme que le mari.

L'enfant referma la porte et, se retournant vers Morlot, lui dit :

— Venez.

Tout en suivant l'enfant, Morlot promena de tous côtés ses yeux ravis.

— C'est superbe! se disait-il émerveillé : quelle délicieuse résidence!

De la magnifique façade du château, dont toutes les fenêtres étaient ouvertes, ses yeux retombaient sur les pelouses vertes coupées de rivières sinueuses, sur les massifs d'arbustes, dont la plupart étaient déjà fleuris, et sur les larges allées qui se croisaient et s'enfonçaient sous les arbres à perte de vue.

Annoncé par le petit garçon, la femme du jardinier vint le recevoir sur le seuil de la porte.

— Madame Burel, lui dit-il, je vous souhaite le bonjour; je vous apporte les compliments affectueux d'un ancien serviteur de la maison de Coulange, M. Pastour.

— Ah! vous connaissez M. Pastour? fit-elle.

— Beaucoup.

— C'est un bien bon homme. Soyez le bienvenu, monsieur. Mais entrez donc; voilà un siège, asseyez-vous.

Ils se mirent à causer, et avec une adresse de diplomate ou de juge d'instruction, l'agent de police amena la conversation sur le sujet qui l'intéressait. Et quand il vit que la femme, sans défiance, ne demandait pas mieux que de répondre à ses questions, il commença par lui demander si elle connaissait le médecin qui avait été appelé près de la marquise au moment de la naissance de son fils.

— Ce n'est pas un médecin, mais une sage-femme qui a assisté madame la marquise, répondit madame Burel. C'est M. de Perny, le frère de madame la marquise, qui l'a amenée de Paris.

— Vous l'avez vue cette sage-femme?

— Sans doute; elle est restée cinq jours au château.

— N'était-ce pas une femme jeune encore, grande, assez jolie, ayant les cheveux noirs, les joues colorées, de grands yeux très brillants, et entièrement vêtue de noir?

— C'est parfaitement cela, monsieur. Je vois que vous la connaissez.

L'agent venait de retracer, d'après ses notes, le signalement de la dame Trélat, c'est-à-dire de Solange, la complice du crime d'Asnières.

Enchantée de causer avec un monsieur de Paris, et sans songer à s'étonner

Blaireau prit la carte y jeta un coup d'œil et aussitôt ses sourcils se froncèrent.

qu'il fût si curieux, la femme du jardinier raconta à Morlot tout ce qu'elle savait.

Après avoir entendu ce récit, il ne pouvait plus exister le moindre doute dans l'esprit de Morlot. Il avait acquis la certitude complète.

Cet enfant, qui était né soi-disant au château de Coulange, était bien l'enfant de Gabrielle Liénard, l'enfant volé à Asnières dans la nuit du 19 au 20 août.

Il n'avait pas seulement une preuve, il en possédait un monceau. Et toutes, de la première à la dernière, liées ensemble, formant un tout, faisaient sortir de l'ombre l'éclatante vérité. Ce n'était, il est vrai, que des preuves morales basées sur des déductions ; mais comme il était facile de les transformer en preuves matérielles !

— Pour cela, se disait l'agent de police, il n'y a que cette simple question à poser à la marquise ou à son frère : Quel est le nom de la sage-femme qui a été amenée au château de Coulange au moment de l'accouchement ?

Vingt minutes plus tard, quand Morlot se retrouva seul sur le chemin au bord de la Marne, il se redressa fièrement. Dans son regard illuminé il y avait l'orgueil du triomphe.

— Enfin, s'écria-t-il d'une voix rauque, je tiens les coupables !

Et il respira bruyamment.

Au bout d'un instant, il lui vint tout à coup une pensée qui le fit tressaillir, et aussitôt son front s'assombrit.

On venait de lui faire encore l'éloge du marquis et de la marquise. Au château de Coulange comme à Paris, on appelait cette dernière la bonne marquise et la mère des malheureux.

L'agent de police sentait en lui une angoisse inexprimable.

Pensif, les yeux fixés à terre, il prononça lentement ces mots :

— Est-elle complice du crime ou bien est-elle aussi une victime ?

VI

LE DEVOIR

Le lendemain vers deux heures de l'après-midi, l'agent de police était de retour à Paris.

Après tant de vaines recherches, après s'être donné tant de peine pour ne récolter que des déceptions, il voyait enfin sa longue patience récompensée et ses efforts couronnés par le succès.

Il n'était pas seulement sur la trace des coupables, ce qui déjà eût été beaucoup pour lui, il les avait découverts : non pas tous, mais les principaux, ceux qui avaient payé pour commettre le crime.

Et ce n'était pas tout : en même temps il venait de retrouver l'enfant de Gabrielle. Il n'avait qu'un mot à dire, une accusation à porter, et au bout de quelques jours, à la suite d'un double procès civil et criminel, qui aurait un immense retentissement, l'enfant volé à Asnières serait rendu à sa mère.

Morlot voyait tout cela, et la réputation que cette cause célèbre allait lui faire. Certes, jamais, dans ses pensées ambitieuses, il n'avait rêvé un pareil triomphe.

Le contentement de pouvoir se dire : Je suis habile, adroit, et la joie de son succès devaient l'éblouir.

Et bien, non, ni ce contentement, ni cette joie n'étaient complets. Morlot avait longuement réfléchi, médité, et il était sous le coup d'une grande perplexité. Au lieu de rentrer à Paris avec l'air superbe d'un triomphateur, il était soucieux et plus sombre qu'il ne l'avait jamais été.

Homme du devoir, ce qu'il avait à faire était tout tracé ; mais devant lui se dressait une femme jeune et belle, la marquise de Coulange, la protectrice des pauvres, des orphelins, de tous les déshérités, dont partout à Coulange, à Miéran et ailleurs, le nom était acclamé et béni.

Et en face de cette apparition, qu'il essayait vainement de repousser, l'agent de police restait indécis, ayant d'un côté le devoir impérieux qui le poussait, de l'autre une terreur inconnue qui s'emparait de lui et l'arrêtait.

A chaque instant il répétait :

— Est-elle coupable? Est-elle victime?

Il s'étonnait de sentir en lui de la pitié pour cette jeune femme riche, qu'il n'avait jamais vue, une pitié assez grande pour le rendre hésitant et empêcher de parler trop haut une voix intérieure qui lui disait : Gabrielle souffre, tu dois lui rendre son enfant, tu l'as promis !

Quand, avant de rentrer chez lui, Morlot passa devant la préfecture de police, il s'arrêta et resta un moment immobile, les yeux mornes, ayant l'air de rêver.

— Non murmura-t-il, pas encore.

Et il poursuivit son chemin.

Maintenant, cet homme intègre et juste, qui n'avait jamais transigé avec sa conscience, ce lutteur acharné contre le mal, cet homme avait des scrupules pour accomplir son devoir, comme un autre pour commettre une mauvaise action.

C'est dans cette situation, ayant dans la tête toutes sortes de pensées confuses et contradictoires, qui se heurtaient tumultueusement, qu'il arriva chez lui.

Il embrassa sa femme silencieusement, mit sa canne dans un coin, accrocha son chapeau à une patère, et s'assit sans prononcer une parole.

Mélanie le regardait avec surprise. Elle s'était assise à côté de lui, mais elle n'osait pas l'interroger.

Cependant, au bout d'un instant, il lui dit :

— Ce sont de bon parents, ces Blaisois de Coulange ; ils m'ont fait une véritable fête. J'ai couché à Miéran et j'y ai déjeuné ce matin. La famille va bien ; toutes les personnes que j'ai vues m'ont demandé de tes nouvelles.

— Sous ce rapport, tu es satisfait de ton voyage?

— Très satisfait.

— Et... pour le reste? l'interrogea-t-elle d'une voix hésitante.

Il garda le silence.

— Ainsi, reprit-elle, c'est encore une déception.

Morlot fit un mouvement brusque. Puis, la regardant avec un air singulier :

— Mélanie, dit-il lentement, Gabrielle n'a pas été trompée par son cœur; c'est bien son fils, l'enfant volé à Asnières, qui porte le nom d'Eugène de Coulange.

Mélanie parut interdite.

— Es-tu sûr, mon ami, es-tu bien sûr? balbutia-t-elle.

— Comme je suis sûr que c'est en ce moment le jour qui nous éclaire.

— Ainsi, tu as des preuves?

— Des preuves! j'en ai trop et elles sont accablantes, terribles. Sous leur poids, continua-t-il avec un accent étrange, moi-même je suis comme écrasé. Écoute : j'ai vu l'acte de naissance de l'enfant. Il est bien dit que l'enfant est né du marquis et de la marquise de Coulange. Cette déclaration constitue déjà, à elle seule, un petit crime qui vaudra à son auteur un certain nombre d'années de travaux forcés. Qui a fait cette fausse déclaration? Sosthène de Perny, le frère de la marquise de Coulange. Cette déclaration dit encore que l'enfant est né le 20 août à cinq heures du matin, tu entends, Mélanie, le 20 août!

— Oui, j'entends bien ; mais cette date peut n'offrir qu'une coïncidence singulière.

— Certainement. Mais après avoir été à la mairie, je me suis rendu au château. J'ai eu la chance de trouver seule madame Burel, la femme du jardinier ; et avant l'arrivée de son mari, qu'on alla prévenir de ma visite, j'eus le temps de la faire causer. Comme on enlève une tache de boue avec de l'eau, ses paroles ont fait disparaître tous mes doutes. Voici, du reste, ce qu'elle m'a appris...

Et Morlot raconta à sa femme la conversation entière qu'il avait eue avec la femme du jardinier.

Mélanie tenait sa tête baissée. Elle était très agitée.

— Eh bien! lui dit Morlot, crois-tu?

— Oui, je crois, répondit-elle d'une voix oppressée.

— Examinons ensemble comme les preuves s'accumulent pour faire jaillir la vérité :

« Ainsi, au château de Coulange, comme à Paris, la marquise reste enfermée dans sa chambre, ne sort jamais, ne se montre à personne et ne parle même pas à ses domestiques. Appuyons surtout sur ce point qu'elle n'a pas de femme de chambre ; c'est madame de Perny, c'est sa mère qui joue ce rôle auprès d'elle. Il est évident que ne se montrant à personne, ne permettant à personne de l'approcher, elle se cache. Pourquoi? Parce qu'elle simule une grossesse. Elle redoute qu'on ne s'aperçoive qu'elle n'est pas enceinte.

« Le 19 août, dans la matinée, M. de Perny arrive au château à l'improviste. Que vient-il faire? Il vient annoncer à sa mère et à sa sœur que la jeune fille d'Asnières est au moment d'accoucher. Il sait cela, puisque le 18, le soir, la sage-femme a été appelée au chevet de Gabrielle. Sa sœur et sa mère averties, M. de Perny retourne précipitamment à Paris. Pour tout le monde, il court chercher une sage-femme.

« Dès que son fils est parti, que fait madame de Perny? Elle appelle les domestiques et leur donne congé à tous pour le reste de la journée et toute la journée du lendemain. Ainsi, c'est au moment où plus que jamais on va avoir besoin de leurs services, que madame de Perny les envoie s'amuser à Paris.

« Pourquoi donc, si la marquise de Coulange eût été réellement enceinte, aurait-on attendu au dernier moment pour appeler une sage-femme? Pourquoi donc aussi une si grande dame n'aurait-elle pas recouru à l'assistance d'un médecin? Il est établi que, pendant plusieurs mois, la marquise a été très souffrante, malade même, et jamais aucun médecin n'a été mandé près d'elle. Sont-ce des preuves, cela? N'est-ce pas limpide? Ah! les coupables pouvaient supposer leur secret bien caché et se croire pour toujours à l'abri du châtiment.

« Oui, reprit Morlot après un moment de silence, il était bien caché, ce secret. Je le reconnais, ce n'est pas moi qui l'ai découvert, c'est Dieu qui me l'a montré du doigt, en faisant dormir Gabrielle.

— C'est vrai, dit Mélanie, qui avait écouté son mari avec la plus grande attention et sans l'interrompre.

Morlot s'était levé et marchait fiévreusement dans la chambre.

— Et maintenant, mon ami, que vas-tu faire? lui demanda Mélanie.

Il s'arrêta brusquement, et, se rapprochant de sa femme :

— Je n'en sais rien, répondit-il d'un ton presque farouche. Je ne sais ce qui se passe en moi; depuis hier je ne suis plus le même homme. Mélanie, il me semble que je n'ai plus le sentiment de mon devoir. Je suis comme un voyageur égaré, perdu dans la nuit sombre. Je connais les coupables, je les tiens ; je n'ai qu'à étendre la main pour qu'ils soient écrasés. D'un autre côté, il y a cette pauvre enfant, Gabrielle... Après avoir tant souffert, elle ne demande pas vengeance, mais elle réclame son enfant. Et quand, après l'avoir si longtemps cherché, je le trouve enfin, j'ai peur de lui dire : Le voilà, prenez-le!

« Voyons, qu'est-ce qui m'arrête? Est-ce que je n'ai plus de cœur? Est-ce que je deviens fou?

Il resta un moment silencieux, serrant sa tête dans ses mains.

— Ah! reprit-il d'une voix creuse, je suis épouvanté!

Mélanie se jeta à son cou et l'embrassa.

— Ah! comme je t'aime ainsi! s'écria-t-elle.

— Hein, que veux-tu dire? fit-il étonné.

— Je veux dire que tu es bon et généreux. Morlot, je te trouve grand, je t'admire! ajouta-t-elle avec enthousiasme.

Il secoua la tête et, la repoussant doucement :

— Je ne comprends pas, dit-il.

Mélanie se redressa les yeux étincelants de bonheur.

— Quoi ! répliqua-t-elle, tu ne comprends pas que ta femme soit fière de toi ? Va, quand j'ai aimé l'agent de police Morlot, je savais quel noble cœur bat dans ta poitrine d'honnête homme ! Tu parles de ton devoir ? Ah ! ce n'est pas le sentiment du devoir qui s'est éteint en toi, mais il y a dans ton cœur un autre sentiment qui t'émeut, qui parle à la raison et bouleverse tout ton être.

« Oui, tu as découvert les coupables, ils sont en ta puissance et tu peux les frapper. Mais tu es hésitant, tu t'arrêtes. Veux-tu que je te dise pourquoi ? Ce n'est pas parce que tu manques de force pour accomplir ton devoir, c'est parce que tu es avant tout un honnête homme !

« Morlot, si, prêt à livrer les coupables à la justice, tu t'arrêtes, c'est que tu as peur, en les frappant, de toucher à des innocents !

L'agent de police saisit une des mains de sa femme.

— Eh bien, oui, dit-il, tu as deviné, et tu viens de me dire ce qui se passe en moi. C'est elle qui m'arrête, la marquise... Sans cesse je m'adresse cette question : Est-elle innocente ou coupable ? Mélanie, conseille-moi, guide-moi ; je t'en prie, dis-moi quel est mon devoir, montre-moi le chemin que je dois suivre.

La jeune femme sourit, puis répondit :

— Cherchons-le.

VII

NE TOUCHE PAS A LA MARQUISE

La femme et le mari s'assirent en face l'un de l'autre.

— Il est certain, dit Mélanie, que tu as rassemblé des preuves accablantes, terribles. Que demain un des coupables, M. de Perny, par exemple, soit arrêté, tous les autres sont immédiatement livrés à la justice.

« Cette mystérieuse affaire aurait un immense retentissement, et ton amour-propre aurait lieu d'être satisfait. Assurément, ne consultant que ton devoir strict, tu as le droit de dénoncer les auteurs du crime ; nul ne pourrait te blâmer, tu recevrais au contraire des félicitations. Mais il s'agit ici d'une grande famille, de gens respectés et honorés. Je sais bien que la loi est égale pour tous et que, à quelque classe qu'il appartienne, le criminel doit être frappé par elle. Mais il faut considérer, mon ami, que c'est un secret de famille que tu as découvert d'une façon étrange et que tu ne te trouves pas, cette fois, en face de criminels ordinaires. Tu sais ce que ton devoir te dit de faire ; mais tu sens en même temps, dans ton âme honnête, que tu vas te charger d'une lourde responsabilité. C'est un grand nom, le nom de Coulange, c'est toute une famille que tu peux déshonorer. Et devant cette chose terrible tu t'arrêtes effrayé.

— C'est bien cela, Mélanie ; on dirait que tu lis dans ma pensée.

— Oui, je lis dans ta pensée, parce que je te connais. Sais-tu pourquoi l'enfant a été volé? Quel a été le véritable mobile du crime?

— Il est facile à trouver, répondit Morlot. Madame de Perny et son fils n'ont pas de fortune ; le marquis de Coulange a épousé mademoiselle de Perny sans dot. La marquise n'ayant pas d'enfant, lorsque le marquis, malade et condamné par les plus grands médecins, pouvait être considéré comme un homme mort, il a été décidé entre la mère, le frère et la sœur, qu'on se procurerait un enfant, n'importe par quel moyen, afin de conserver à la marquise l'immense fortune de son mari.

— C'est certainement cela, approuva Mélanie.

— Sosthène de Perny est le principal coupable, reprit Morlot, et probablement l'instigateur du crime. Aussitôt la chose décidée, il s'est mis à l'œuvre. Il fallait trouver, à Paris ou ailleurs, une pauvre fille séduite et abandonnée, dans une position intéressante. La femme Trélat, une complice de M. de Perny, découvre, rue de Clichy, notre chère Gabrielle. Oh! comme je l'ai toujours dit, l'affaire a été admirablement combinée et conduite de main de maître. Ce Sosthène de Perny n'est pas un coquin ordinaire.

« La marquise se dit enceinte et simule une grossesse. Le marquis est parti dans le Midi. On a dû l'éloigner, car sa présence rendait tout impossible. On est persuadé qu'il va mourir là-bas. Certes, les coupables sont loin de se douter qu'il est allé chercher la guérison. S'ils l'eussent pensé, le crime n'aurait pas été commis.

« Malheureusement pour Gabrielle, jusqu'au jour où elle met son enfant au monde, la guérison du marquis n'est rien moins que certaine. M. de Perny n'hésite point, il vole l'enfant. La déclaration est faite à la mairie de Coulange, et, par un acte que seul un jugement du tribunal civil peut détruire, l'enfant de la pauvre Gabrielle devient le fils du marquis et de la marquise de Coulange.

« Maintenant le marquis peut mourir, il a un héritier ; sa fortune, ses millions ne peuvent plus être enlevés à la marquise ; ils resteront entre les mains de Sosthène de Perny, qui déjà, commande en maître.

« Il n'y a pas à en douter, ajouta Morlot, l'enfant de Gabrielle lui a été volé et introduit frauduleusement dans la maison de Coulange, pour que la fortune du marquis restât à sa femme. Ce qui sera aussi très curieux et fort intéressant à savoir, c'est le marché honteux qui a dû être conclu entre la marquise d'une part, son frère et sa mère de l'autre. Ces derniers n'ont certainement pas travaillé pour rien. Le marquis a, dit-on, quinze millions de fortune ; c'était un superbe gâteau à partager.

— Comme tu viens de présenter les choses, répondit Mélanie, ce n'est pas le frère de la marquise, mais la marquise elle même qui serait la principale coupable.

— C'est vrai.

— Pourtant, dans ta pensée, tu la crois innocente ?

— Mélanie, je voudrais qu'elle fût coupable.

— Ce que tu viens de dire est mal, très mal, répliqua-t-elle tristement. Voyons, pourquoi la voudrais-tu coupable ?

— Pourquoi ? Parce que je ne suis pas content de moi. Je possède un secret de famille ; mais je ne suis pas un bourgeois, un homme du monde, qui se déshonorerait en se faisant dénonciateur ; je suis un agent de police, et pourtant j'hésite à faire mon devoir ; j'hésite parce qu'il y a un doute dans ma pensée... Ah ! si j'étais sûr qu'elle fût coupable !...

— Eh bien ?

— Je n'hésiterais plus.

Mélanie se dressa debout.

— Morlot, dit-elle, d'une voix lente et grave ; j'ai écouté attentivement tout ce que tu m'as dit et j'ai en même temps interrogé mon cœur et ma raison. Maintenant, il y a en moi une conviction profonde. Morlot, la marquise de Coulange n'est pas coupable, la marquise de Coulange est une victime !

L'agent de police s'agita sur son siège, prononça quelques mots inintelligibles et baissa la tête.

— Quoi, reprit sa femme avec animation, tu voudrais qu'elle fût coupable, toi, un homme de cœur ! Ah ! Morlot, il y a dans le monde assez de misérables sans elle ! Fais ce que tu voudras, mais je te défends de toucher à la marquise de Coulange, je te le défends !...

« Tu doutes de son innocence ; moi j'en suis sûre !

« Comment, cette jeune femme, bonne et charitable, qui a toutes les vertus, qui est la protectrice des vieillards et des orphelins, qui soulage toutes les misères, qui vient en aide à tous les malheureux, cette jeune femme, malheureuse elle-même serait une criminelle ! Allons donc, le penser seulement serait une monstruosité !

« Je te le répète, Morlot, elle est innocente, elle est innocente !

— C'est bien ce que je me dis, balbutia Morlot.

— Oui, mais tu ne le crois pas.

Sous le regard de sa femme l'agent de police baissa de nouveau la tête.

— Qu'est-ce que t'a dit l'ancien concierge ? reprit-elle : que la marquise était opprimée par sa mère et son frère ; qu'après le départ du marquis madame de Perny et son fils étaient devenus les maîtres à l'hôtel de Coulange ; qu'ils tenaient la marquise enfermée dans sa chambre comme dans une prison. Cela devrait t'ouvrir complètement les yeux et te faire voir que, dans cette horrible affaire, la marquise a été une victime.

— Je ne vous connais pas, que me voulez-vous? demanda-t-il brusquement à l'inconnu.

« Le marquis adore l'enfant de Gabrielle, qu'il croit son fils. Cela prouve qu'il ne sait rien. Si la marquise est coupable de quelque chose, c'est de n'avoir pas tout dit à son mari. Voilà le secret qu'elle veut garder, le secret fatal qui est le tourment de sa vie. Pourquoi le garde-t-elle, ce secret? Pourquoi souffre-t-elle en silence? La pauvre femme n'a pas voulu ou n'a pas osé révéler à son mari l'infamie des siens.

« Sous la domination de sa mère, et de son frère, opprimée par eux, un jour elle se révolte contre leur tyrannie et les chasse de sa présence. Ne pouvant faire davantage, c'est ainsi qu'elle se venge du mal qu'ils lui ont fait. Si elle était complice et coupable comme eux, elle n'aurait pas eu ce courage, cette hardiesse.

« Mais il y a autre chose qui plaide en sa faveur plus éloquemment encore : loin de feindre d'avoir pour cet enfant, qui ne lui appartient pas et dont on a fait son fils, une affection qui n'est pas dans son cœur, pendant des années, il lui est indifférent, elle ne veut pas le voir, elle s'éloigne de lui, elle le repousse. Et cela au risque de faire découvrir la vérité à son mari.

« Voyons, Morlot, si elle était coupable aurait-elle agi ainsi, dis ?

— Non, et je suis forcé de reconnaître que tu as raison.

— Alors, tu es convaincu, comme moi, qu'elle est innocente ?

— Oui. Mais depuis quelque temps elle s'est mise tout à coup à aimer l'enfant : comment expliques-tu cela ?

— Sur ce point, mon ami, je pourrais facilement me tromper. Ce fait paraît exister réellement ; mais, pour l'expliquer, il faudrait connaître les pensées de la marquise de Coulange. L'enfant est bon, intelligent et beau comme un ange... Qui sait ? en pensant à la mère, à qui il a été volé, elle s'est dit peut-être qu'elle devait la remplacer près de lui.

— C'est possible, fit Morlot.

— Dans tous les cas, reprit Mélanie, je suppose bien qu'elle ne peut pas l'aimer autant que sa fille. Néanmoins, elle ne l'a pas éloigné, ce qu'elle aurait pu faire, il est resté constamment près d'elle.

— Avec tout ça, dit Morlot avec un peu d'aigreur, je suis toujours aussi embarrassé et tu ne m'as pas encore donné un conseil sur ce que je dois faire.

— Nous avons établi que la marquise était innocente, répondit la jeune femme, c'est déjà quelque chose.

— Soit ; mais il y a les coupables.

— Oui, j'en vois quatre : Sosthène de Perny, qui a conçu le projet du crime ; sa mère qui l'a aidé dans l'exécution ; la dame Trélat et l'individu qui a loué la maison d'Asnières. Ces deux derniers n'étaient, vraisemblablement, que des agents de M. de Perny. Tu connais deux de ces quatre complices, les deux principaux. Malheureusement, mon ami, si tu fais arrêter M. de Perny, tu frappes en même temps la marquise.

— Elle prouvera facilement son innocence.

— Sans doute, mais avant qu'elle ait pu rien prouver, elle sera arrêtée, emprisonnée et mise au secret comme la plus vile des misérables ! Morlot, une pareille chose pour moi serait ma mort ; ce serait la mort de la marquise de Coulange ! Songe aussi que c'est l'honneur d'un grand nom jusqu'ici respecté, qui serait traîné dans la boue. Ah ! je me sens frémir en pensant seulement au bruit que ferait cet horrible scandale !

— Enfin, répliqua Morlot d'une voix sombre, tu me conseilles de ne rien faire du tout. Mais ce que tu veux, Mélanie, c'est l'impunité du crime !

— Morlot, répliqua-t-elle vivement, je ne voudrais pas peser sur ta conscience, et pourtant... Écoute : si tu peux livrer à la justice M. de Perny et sa mère, sans toucher à la marquise, marche !... Si c'est impossible, arrête-toi et attends.

— Attendre quoi ?

— Que l'heure du châtiment sonne pour les coupables. Tu ne connais pas encore M. de Perny. Quelle est la vie de cet homme ? Avant tout, voilà ce qu'il faut que tu saches. Un pareil scélérat est capable de commettre plus d'un crime. Cherche dans sa vie, mets à nu son passé, et, à partir de ce moment, suis-le pas à pas sans le perdre de vue. Morlot, je me trompe fort si bientôt une nouvelle infamie ne te livre pas M. de Perny.

L'agent de police eut un tressaillement accompagné d'un regard sombre.

— Alors, continua la femme, je ne te dirai plus d'attendre et de retarder l'heure du châtiment ; alors tu pourras agir, alors tu seras content !

— J'ai saisi ton idée, dit Morlot ; tu veux que la punition du crime d'Asnières soit comprise dans le châtiment d'un autre crime ?

— Oui.

— Et si cet autre crime n'existe pas ?

L'objection était sérieuse.

— Nous aurons eu le temps de réfléchir, répondit la jeune femme avec un embarras pénible, nous examinerons de nouveau ce qu'il y aura à faire.

— Tout cela, ma chère femme, dit Morlot avec un sourire doux et triste, ce sont des compromis, des sentiers sinueux que nous cherchons à côté du chemin droit qui mène directement au but. Tu veux épargner la marquise, moi aussi je le veux. Mais comme je viens de te le dire, c'est l'impunité du crime. Va, il y a une chose qui vaut mieux que tout ce que nous cherchons.

— Laquelle ?

— C'est tout simplement de donner ma démission.

— Eh bien, donne-la.

— Je verrai, j'examinerai. En attendant, Mélanie, nous oublions complètement Gabrielle.

— C'est vrai.

— Il faut pourtant qu'on lui rende son enfant ! s'écria Morlot avec une sorte de colère.

— Oh ! mais on le lui rendra, dit Mélanie.

— Le crois-tu sérieusement ?

— Le contraire est impossible.

L'agent de police hocha la tête.

— Eh bien, moi, dit-il, j'en doute.

— Pourquoi?

— Il y a l'acte de naissance. Du moment que je ne fournis pas les preuves que l'enfant a été volé, lorsque Gabrielle le réclamera, le marquis et la marquise lui répondront par ces mots : Vous êtes folle!

— Si la marquise faisait cela, Morlot, je serais alors la première à te crier de toutes mes forces : Sois sans pitié pour elle!

— Enfin, nous verrons. Devons-nous dire tout de suite à Gabrielle que le petit Eugène est son fils?

Mélanie parut réfléchir.

— Non, répondit-elle au bout d'un instant ; tes appréhensions ont fait naître de l'inquiétude en moi ; nous attendrons pour faire à notre pauvre amie cette importante révélation. Je crois, mon ami, qu'il sera nécessaire que tu voies d'abord toi-même madame la marquise de Coulange,

— Grosse affaire, se dit Morlot.

Il reprit à haute voix :

— Madame la marquise aura prochainement ma visite. Mais je veux suivre ton conseil, Mélanie ; il faut que je sache exactement ce qu'est madame de Perny, ce que Sosthène de Perny a fait autrefois et ce qu'il fait aujourd'hui.

VIII

CHEZ BLAIREAU

Assis devant son bureau, chargé de paperasses poudreuses, et enveloppé dans sa robe graisseuse, — toujours la même, — qui avait dû être bleue autrefois, l'homme d'affaires Blaireau lisait avec une grande attention un long article du *Droit*, journal des tribunaux.

Sa lecture devait l'intéresser beaucoup. Mais à voir certains plis qui s'étaient creusés sur son front, ses mouvements brusques, ses haut-le-corps, ses frémissements nerveux, l'éclair livide qui, à chaque instant, sillonnait son regard, il était facile de deviner qu'il éprouvait toute autre chose que du contentement.

— L'imbécile! murmura-t-il sourdement quand il eut fini de lire, s'être laissé prendre si bêtement!... Il est crâne tout de même, il a tenu ferme, il n'a rien dit, les *curieux* n'ont pu le faire parler. Personne de compromis... C'est égal, c'est raide, dix ans de travaux forcés! C'est fâcheux, il marchait si bien... Intelligence, hardiesse, audace, discrétion, coup d'œil juste, activité dévorante, il avait des qualités que je ne retrouverai jamais dans un autre. Ah! s'il n'avait pas eu un goût si prononcé pour le petit verre! C'était là son grand défaut, son unique défaut. Hé, hé, on est toujours puni par où l'on a péché... S'il n'eût pas été ivre, il ne se serait pas laissé pincer comme un niais par un homme de la *rousse*.

« Dix ans, dix ans, c'est long, continua-t-il ; il aura le temps de se corriger de son ivrognerie. »

C'est ainsi que Blaireau, qui était certainement très contrarié, s'apitoyait sur le sort de son ami Gargasse, après avoir fait son éloge.

L'article de journal qu'il venait de lire était le compte rendu d'une affaire qui avait été jugée la veille par la cour d'assises de la Seine. Et cette affaire n'était autre que le procès criminel de Gargasse, lequel avait été mis entre les mains de la justice par l'agent de police Morlot.

Il y a souvent, entre les plus vils coquins, un grand sentiment de solidarité et de fraternité. Gargasse en fournissait la preuve. A toutes les questions qu'on lui avait adressées au sujet de ses complices ou associés, il avait répondu par un silence obstiné. Était-il lié par un serment ou rendu muet par la promesse d'une récompense après sa libération? C'est possible. Quoi qu'il en soit, il n'avait fait aucune révélation, ne voulant inquiéter ni compromettre ses complices, voleurs et receleurs, qui participaient plus ou moins directement aux opérations ténébreuses de Blaireau, son ami et son patron.

Ce dernier n'était pas sans reconnaître la valeur de ce dévouement ; mais il s'en appliquait à lui-même tout le mérite. En effet, il était convaincu que si Gargasse s'était renfermé dans un mutisme absolu, il le devait uniquement à l'admirable esprit de discipline qu'il avait su introduire parmi les individus qui obéissaient à ses ordres et dont il était la volonté.

Cependant bien qu'il eût lieu d'être satisfait de l'attitude que Gargasse avait eue dans sa terrible situation, Blaireau restait sombre et rêveur.

— Cette condamnation, dit-il, me produit l'effet d'un avertissement. Je ferais peut-être bien de m'arrêter, de ne pas aller plus loin. N'ai-je pas suffisamment tenté le diable comme ça? Je me souviens du fameux proverbe qui dit : « Tant va la cruche à l'eau... » Qu'est-ce que j'étais il y a quinze ans? Rien : un être chétif et laid perdu dans la foule qui grouille dans les bas-fonds ; je n'étais qu'un vermisseau que l'homme puissant écrase sous son pied. Oui, je n'étais rien : mais j'avais ce qui est resté en moi, la volonté, mon génie! Je suis sorti de l'ombre, et continuant à me faire humble et petit pour que nul ne fît attention à moi et ne m'empêchât d'avancer, je me suis frayé un chemin à travers tous les obstacles, et je me suis élevé, et j'ai grandi, et j'ai monté, et je monte, je monte toujours!... Mes rêves m'ont montré les sommets, je touche à une cime!

« Je voulais être riche, je le suis. Aujourd'hui je possède plus de deux millions. Deux millions! Autrefois, quand j'entendais prononcer ce mot magique « million » j'avais un éblouissement.

« Et c'est moi, Blaireau, ex-ver de terre, atome, qui suis plus de deux fois millionnaire!

« J'aime l'or, j'aime le bruit qu'il fait quand il sonne ; il n'y a pas de musique comparable à ce tintement joyeux ; il charme, il enchante mes oreilles. Et quand il ruisselle dans mes mains, il réjouit ma vue, et je frissonne de plaisir quand, aux rayonnements de mon regard, il mêle ses jaunes éclairs!

« Je suis riche, riche, continua-t-il d'une voix frémissante, assez riche pour pouvoir m'offrir toutes les jouissances... Oui, je pourrais m'arrêter, me donner enfin le repos que j'ai bien gagné...

« Eh bien, non, s'écria-t-il avec un regard superbe, il me faut de l'or, toujours de l'or... Je veux monter encore !

A ce moment on frappa à la porte du cabinet.

Blaireau, qui oubliait rarement de prendre la précaution de s'enfermer, se leva et alla tirer le fort verrou qui défendait sa porte.

Le domestique de Blaireau entr'ouvrit la porte, avança en même temps la tête et la main, et, sans rien dire, présenta une carte de visite à son maître.

Blaireau la prit, et aussitôt ses sourcils se froncèrent, en se rapprochant l'un de l'autre.

— Qu'est-ce qu'il me veut encore, celui-là? se demanda-t-il d'un ton qui n'avait rien de gracieux pour le visiteur.

Puis, après un instant d'hésitation :

— Faites entrer ce monsieur, dit-il.

Son visage changea subitement d'expression et se couvrit de ce masque froid, fin et singulièrement ironique que Blaireau prenait habituellement quand il jouait son rôle d'hommes d'affaires.

Sosthène de Perny entra dans le cabinet, dont Blaireau referma immédiatement la porte, sans oublier de pousser le verrou de sûreté.

— Vous êtes étonné de me voir? dit Sosthène.

— Oui et non, cher monsieur, répondit Blaireau, en lui faisant signe de s'asseoir et en s'asseyant lui-même. Oui, parce que je ne m'attendais pas du tout à l'honneur de votre visite, ne vous ayant pas revu depuis cette belle nuit étoilée au milieu de laquelle vous m'avez laissé sur la route de Meaux. Non, parce que, connaissant un peu vos petites affaires, je suppose que vous venez me demander un petit conseil.

— C'est vrai, dit Sosthène, j'ai besoin de vos conseils et même de votre aide.

Blaireau fit une grimace expressive.

— Ainsi, reprit Sosthène, vous connaissez mes affaires?

— Un peu. Quand j'ai eu quelques bons rapports avec un client, je m'intéresse toujours à lui et je me donne la satisfaction de savoir ce qu'il devient.

— Alors vous savez?...

— Eh! cher monsieur, je suis un homme discret, moi ; faut-il, pour vous être agréable, que je ne sache rien ?

— Vous êtes toujours le même, monsieur Blaireau, répliqua Sosthène avec un faux sourire.

— On ne change guère à mon âge, dit Blaireau. Je ne peux plus me défaire de mes défauts. Du reste, monsieur de Perny, sous ce rapport vous me ressemblez un peu.

— Que voulez-vous dire?

— Rien. Je n'ai nullement l'intention de vous être désagréable.

— Je vous comprends, monsieur Blaireau. Eh bien, pour répondre à votre question de tout à l'heure, je n'ai que ceci à vous dire : vous pouvez me parler franchement.

— A la bonne heure, cela me met à mon aise.

— D'ailleurs, ajouta Sosthène, nous aurions tort de nous gêner entre nous.

Blaireau attacha ses petits yeux brillants sur Sosthène.

— Je ne peux pas vous dire, reprit-il, quelle est exactement aujourd'hui votre position, je n'en sais pas si long; mais je puis affirmer que la vie que vous menez depuis quelques années est celle d'un véritable fou.

Sosthène se mordit les lèvres.

— Vous aviez mieux à faire, cher monsieur, beaucoup mieux!

— Ah! vous ne savez pas, vous ne pouvez pas savoir que c'est la colère, la rage, qui m'ont jeté dans cette existence atroce.

— La colère est un mauvais conseiller. Vous étiez admirablement bien dans la maison de votre beau-frère, vous y aviez une position superbe. Pourquoi ne l'avez-vous pas conservée?

— Vous ignorez ce qui s'est passé, je le vois. Eh bien! ma sœur, la marquise de Coulange, nous a chassés, ma mère et moi.

— En effet, on ne m'avait pas dit cela; mais je l'avais deviné. Voyons, est-ce que vous ne vous attendiez pas à cela?

— Non.

— Et pourtant il pouvait vous arriver pire. En ne disant rien à son mari, votre sœur a été pour vous d'une indulgence et d'une bonté extrêmes.

— Ah! vous trouvez? fit Sosthène les dents serrées.

— Certainement, appuya Blaireau. Vous avez joué, avec l'aide de votre mère, un jeu qui dépasse tout ce qu'il y a de plus audacieux. Vous avez perdu, mais on ne gagne pas toutes les parties qu'on joue. Ah! vous pouvez vous estimer bien heureux d'en avoir été quittes à si bon marché. Quand j'ai appris que le marquis, sur la mort duquel vous comptiez, était revenu presque guéri, je ne vous cache pas que j'ai eu peur pour vous.

— Ah! s'il était mort, s'il était mort! murmura sourdement Sosthène.

— Oui, mais il n'est pas mort ; vous n'aviez pas prévu cela, cher monsieur. Heureusement, la marquise a gardé le silence ; il ne sait rien et il ne saura probablement jamais rien. Je vous le répète, votre sœur a été indulgente et vous devez lui en savoir un gré infini.

— Je la hais ! dit Sosthène d'une voix creuse.

— Tant pis pour vous, riposta Blaireau, dont le regard frappa le visage de Sosthène comme une flèche.

« Vous vous étiez donc imaginé, reprit-il, que, ne voulant pas vous livrer à la justice, pour une raison facile à comprendre, elle ne chercherait pas le moyen de vous châtier elle-même ! Mais la marquise de Coulange est une femme de cœur, une noble femme. Comment, malgré elle, contre sa volonté, vous introduisez dans sa maison un enfant étranger, de cet enfant vous faites son fils, et vous avez pu croire qu'elle accepterait cela simplement, comme la chose la plus ordinaire du monde ! Vous étiez insensé, cher monsieur. Mais, même le marquis mort, elle ne vous aurait pas pardonné. Faire tout cela sans son consentement, c'était trop fort ; voilà où votre audace me confond, moi qui suis audacieux ! Si j'eusse su que vous agissiez sans l'approbation de la marquise de Coulange, je vous le déclare, monsieur de Perny, j'aurais repoussé vos offres, je vous aurais refusé mon concours. »

Sosthène regarda l'homme d'affaires, tout ahuri.

— Est-ce sérieusement que vous me dites cela ? demanda-t-il.

— Vous devriez savoir, monsieur, que ce que je dis est toujours sérieux, répondit Blaireau d'un ton sec.

Sosthène ne trouva rien à répliquer.

« Ah çà ! pourquoi est-il venu ici ? pensa Blaireau. Est-ce qu'il ne va pas me le dire bientôt ?

— Cher monsieur de Perny, êtes-vous toujours dans de bons termes avec votre beau-frère ? demanda-t-il.

— Je ne le vois plus que rarement.

— Pourquoi ?

— Ai-je besoin de vous le dire ?

— Non, je le devine. Le marquis est un honnête homme, très susceptible sur les choses qui touchent à l'honneur ; la conduite un peu... bizarre que vous menez l'a mécontenté, disons le mot, indigné ; il s'est permis de vous adresser les reproches que vous méritez, et, comme vous n'aimez pas les leçons de morale, vous vous êtes éloigné de lui. Vous avez eu tort, cher monsieur.

— Je le reconnais.

— C'est déjà quelque chose. Votre beau-frère est aussi un homme très généreux, je le sais, et son immense fortune lui permet de l'être largement. Comme le travail n'est pas précisément ce que vous aimez et que vous êtes pauvre, le marquis doit vous faire une pension.

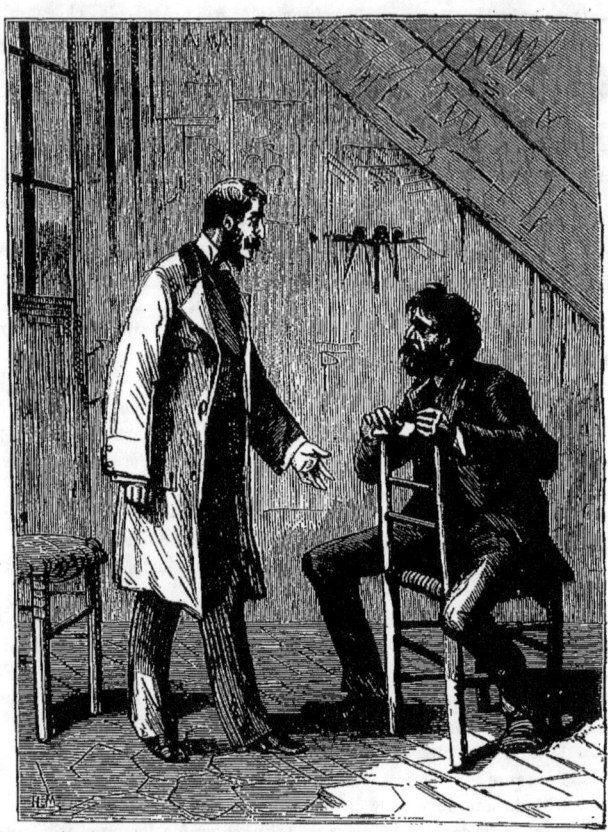

— C'est une infamie! exclama-t-il d'une voix frémissante, M. Des Grolles vous m'insultez.

Sosthène fut un instant embarrassé. Mais il répondit hardiment :
— Oui.
— Vous dépensez un peu plus, hein? fit Blaireau d'un ton bonhomme.
— Oui, un peu plus.
— Et parfois vous êtes gêné?
— Souvent.
— Je le vois venir, se dit Blaireau.

Il reprit tout haut :

— Maintenant, cher monsieur, vous plaît-il de me faire connaître le but de votre visite?

— Comme je vous l'ai dit en entrant, monsieur Blaireau, je viens vous demander un conseil et en même temps votre aide, que vous ne me refuserez pas, car la chose dont il s'agit vous intéresse autant que moi.

— Ah! fit Blaireau étonné.

— Ensuite, reprit Sosthène, je vous proposerai une association dans une nouvelle affaire.

— Oh! oh! le gaillard médite quelque nouveau crime, pensa Blaireau.

Il inclina sa tête sur son bureau et, regardant Sosthène en dessous :

— Allez, cher monsieur, dit-il, allez, je vous écoute.

IX

LE CONSEIL DE BLAIREAU

— Bien qu'elle soit beaucoup moins âgée que son mari, dit Sosthène, la marquise de Coulange a peur, paraît-il, de mourir avant lui...

— Ah! fit Blaireau avec un accent singulier.

— Poursuivie sans doute par cette idée, mon excellente sœur, cette femme que vous trouvez parfaite, monsieur Blaireau, s'est imaginé, dans ces derniers temps, d'écrire sa petite histoire.

— Il y a bien des femmes qui ne pourraient pas en faire autant.

— Elle a donc écrit cette déclaration, que le marquis a été trompé, que l'enfant n'est pas son fils, qu'il a été introduit dans la maison de Coulange frauduleusement, contre sa volonté, et, naturellement, elle raconte tout ce qui s'est passé à cette époque.

« Or, cette déclaration est adressée au marquis, qui doit la lire un jour.

— Je comprends, dit Blaireau, votre sœur, par un reste d'affection pour vous et votre mère, a pris la résolution de ne rien dire au marquis tant qu'elle vivrait, afin d'éviter un grand scandale, d'abord, et ensuite pour ne pas se faire votre accusatrice devant la justice qui ne badine pas lorsqu'il s'agit d'une équipée du genre de la vôtre. Mais sa conscience doit lui reprocher vivement de ne pas révéler la vérité au marquis; alors, pour apaiser le trouble qui est en elle, pour se tranquilliser, elle a dû se dire : « Il faut que plus tard, lorsque je ne serai plus, mon mari sache que cet enfant, qui doit hériter de son nom et de sa fortune, n'est pas son fils. » Et elle a écrit la déclaration dont vous me parlez. Est-ce qu'elle l'a confiée à un notaire?

— Non. Ce manuscrit révélateur est enfermé avec les langes que portait l'enfant à son arrivée au château, dans un coffret de cuivre, dont elle a eu l'idée de faire souder le couvercle, lequel est lui-même placé dans le tiroir d'un meuble qui s'ouvre par un ressort secret.

— Tiens, tiens, fit Blaireau, tout cela ne manque pas d'originalité. Comment êtes-vous si bien instruit?

— Qu'importe, du moment que je sais?

— C'est juste; je suis vraiment trop curieux.

— Maintenant, vous voyez le péril?

Blaireau releva la tête.

— Je ne le vois pas du tout, répondit-il.

— Mais l'existence de ce manuscrit n'est pas seulement une menace terrible, c'est un effroyable danger! s'écria Sosthène.

— Oui, s'il tombait entre les mains du marquis; mais, d'après ce que vous venez de me dire, votre sœur a pris d'excellentes précautions contre cette éventualité. S'il y a un danger, cher monsieur, il est encore bien loin de vous.

— Mais dans six mois, dans deux mois, demain, la marquise peut mourir!

— C'est vrai, puisque nous sommes tous mortels; néanmoins, cher monsieur, vous avez là une crainte chimérique. Je sais que, depuis quelque temps surtout, madame de Coulange se porte comme un charme. Rassurez-vous, votre sœur n'a pas envie de mourir.

— On ne sait pas, dit Sosthène, d'une voix creuse.

Blaireau plongea dans les yeux de M. de Perny son regard perçant.

— Enfin, reprit Sosthène, qu'il soit loin ou qu'il soit près, le danger existe; il est donc urgent de se défendre contre lui. Pour cela, il faut que le manuscrit disparaisse, qu'il soit anéanti.

— La marquise en écrira un autre, répliqua Blaireau, et cette fois, mieux avisée, elle le remettra à un homme sûr, comme un notaire, dans une enveloppe cachetée.

— Le manuscrit peut être détruit sans qu'elle s'en doute jamais. Je vous ai dit qu'il était enfermé dans un coffret de cuivre dont le couvercle est soudé...

— J'y suis, interrompit Blaireau : vous enlevez le coffret, vous le videz, après l'avoir dessoudé, bien entendu, ensuite vous rétablissez la soudure et vous le replacez dans le tiroir. J'aurais dû deviner cela tout de suite.

— Oui, et voilà ce qu'il faut faire le plus vite possible.

— Faites, faites. Ah ça! vous êtes donc bien effrayé?

— Est-ce que vous ne l'êtes pas, vous?

— Moi! Et pourquoi le serais-je?

Cette réponse rendit Sosthène inquiet.

— Il me semble, répondit-il, que le danger n'est pas moins grand pour vous que pour moi.

— Comment cela, cher monsieur?

— Vous savez bien que si la justice mettait le nez dans cette affaire...

— Oh! vous seriez un homme perdu!

— Votre position ne serait guère meilleure que la mienne.

Blaireau se mit à rire.

— Ah! ah! vous croyez cela, fit-il; eh bien, je ne peux pas vous laisser cette inquiétude, qui prouve combien ma tranquillité vous est chère. Je n'ai rien à craindre, moi. Tout ce que la justice pouvait apprendre concernant l'enlèvement de l'enfant, elle le sait. Un inconnu a loué à Asnières une maison, une femme a volé un enfant. Où est l'homme, où est la femme? Ils ont passé comme un nuage de fumée sans laisser une trace. La police les a inutilement cherchés; elle peut chercher encore et toujours sans obtenir un meilleur résultat.

« A la vérité, vous pourriez me dénoncer comme votre complice dans cette affaire, ce qui, entre parenthèses, ne diminuerait en rien votre culpabilité; mais même dans ce cas, qui n'est qu'une supposition, je n'aurais rien à redouter. Il faudrait prouver, et vous n'avez pas de preuves. Je vous ai écrit trois billets très laconiques, mais vous me les avez rendus et je les ai brûlés là, dans cette cheminée.

« Ah! on voit bien que vous ne savez pas qui je suis... Si vous disiez, n'importe à quel magistrat du parquet de la Seine, que Blaireau, l'homme d'affaires, a été votre complice, immédiatement il vous rirait au nez ou il se contenterait de hausser les épaules avec dédain. Du reste, je n'ai pas besoin d'entrer dans tous ces détails. Il doit vous suffire de savoir que je ne redoute rien, que je n'ai rien à craindre.

« Un jour, vous êtes venu me trouver, tout ce que vous m'avez dit, je l'ai cru; et sans me renseigner autrement, ce qui était une faute, persuadé que vous agissiez avec le consentement de votre sœur, je vous ai prêté mon concours. Vous n'avez pas atteint votre but, ce n'est pas ma faute. Les événements se sont mis en travers de vos calculs, de vos espérances, vous ne les aviez pas prévus, moi non plus. Vous avez été trop audacieux, cher monsieur, vous vous êtes embourbé, tant pis pour vous!

— Oui, comme vous le dites, je suis embourbé, répondit Sosthène, et voilà pourquoi je suis venu à vous. Ne voulez-vous pas m'aider à me tirer d'embarras?

— Vous avez vos affaires, vos ennuis, monsieur de Perny, j'ai aussi les miens; chacun mène sa barque comme il l'entend. D'ailleurs, je ne vois pas bien ce que je pourrais faire pour vous.

— Monsieur Blaireau, je réclame votre appui et votre aide, parce que l'un et l'autre me sont nécessaires.

— Alors expliquez-vous.

— Monsieur Blaireau, j'ai un besoin d'argent des plus pressants.

— Nous y voilà, pensa l'homme d'affaires.

— Dans trois jours il me faut douze mille francs, ajouta Sosthène.

— Ah ! douze mille francs ! Une dette de jeu ?

— Oui, une dette d'honneur.

Il n'osa pas dire à Blaireau que ces douze mille francs lui étaient absolument nécessaires pour retirer des mains d'un escompteur un billet à ordre portant une signature fausse imitée par lui.

— Monsieur Blaireau, reprit-il, je vous prie de vouloir bien me prêter cette somme.

L'homme d'affaires prit un air piteux.

— Je suis vraiment désolé, répondit-il avec l'accent de la sincérité, il m'est impossible, tout à fait impossible de vous être agréable. Je ne suis pas un prêteur d'argent, et je n'ai jamais une aussi forte somme disponible. D'ailleurs, je ne suis pas bien riche, et toute ma petite fortune est dans les affaires.

Sosthène était devenu très pâle.

— Voyons, continua Blaireau, vous n'êtes pas sans connaître des banquiers, des hommes dont le métier est de prêter de l'argent ?

— Hé, je me suis adressé à eux, répliqua Sosthène d'une voix sourde

— Et ils vous ont refusé cette somme ! s'écria Blaireau, à vous, qui avez un beau-frère je ne sais combien de fois millionnaire ? Vous ne leur offrez donc pas une garantie sérieuse ? Est-ce que vous n'avez plus de crédit, cher monsieur ?

— J'avais compté sur vous, bégaya Sosthène.

— Je ne le remercie pas de la préférence, pensa Blaireau. Malheureusement je ne peux pas, répondit-il. Au fait, continua-t-il, pourquoi ne demandez-vous pas cette somme à votre beau-frère ? Douze mille francs pour lui, c'est une bagatelle, une misère !

Sosthène se leva brusquement et se mit à marcher dans le cabinet, en proie à une agitation fiévreuse.

Blaireau le regardait en clignant fortement des yeux.

— Il a l'esprit bien troublé et sa conscience, s'il lui en reste une parcelle, l'est certainement encore davantage, se disait-il ; ce serait fort intéressant de connaître les pensées qu'il a dans la tête. En me parlant de ce fameux manuscrit, enfermé dans un coffret de cuivre, il croyait me menacer et m'effrayer pour me glisser ensuite sa modeste demande ; mais je m'y attendais et j'ai deviné l'intention.

« Va, mon petit, continua-t-il, un sourire ironique sur les lèvres, tu n'es pas encore à ma hauteur ; quand tu voudras faire une dupe, il faudra t'adresser à un autre.

Sosthène s'arrêta en face de Blaireau, sombre, les traits contractés, une flamme dans le regard.

— Ah! vous me conseillez de m'adresser au marquis de Coulange, dit-il d'une voix rauque, saccadée; c'est vrai, il a des millions et il est mon beau-frère... Pourquoi ne le fais-je pas? Pourquoi? Parce que ma sœur est là et qu'il ne fait rien que par sa volonté. Eh bien, ma bonne sœur, cette femme de cœur, cette noble femme que vous avez l'air d'admirer, a défendu au marquis de me tendre la main dans ma détresse! Elle m'a chassé de chez elle comme on chasse un domestique, en me prenant tout, en ne me laissant rien! Et maintenant ce qu'elle veut, c'est que je sois misérable, humilié, bafoué par tout le monde, réduit à l'état de mendiant! Elle me refuserait, à moi, la pièce de monnaie qu'elle laisse tomber, en passant, dans la sébile d'un aveugle ou d'un cul-de-jatte! Sa joie suprême serait d'apprendre que je crève de misère dans un trou infect, repoussé et abandonné de tous comme une bête immonde!... Elle me hait, entendez-vous, elle me hait, moi, son frère! Je suis pour elle moins qu'un chien!

« Mais si grande que soit sa haine, la mienne, implacable, mortelle, la dépasse encore... Elle vit dans la splendeur, je vis comme je peux; elle est dans la lumière, je suis dans l'ombre... Mais au milieu de cette ombre, debout, je guette et j'attends que sonne l'heure de la vengeance!

« Avant tout, il faut que je m'empare du manuscrit, que je le détruise...

— Et après? demanda Blaireau.

— Après? je me vengerai!

Sosthène accompagna ces mots d'un regard sinistre tellement expressif, que Blaireau sentit comme un glaçon passer sur son dos. Et pourtant l'ami de Solange et du condamné Gargasse n'était pas un scélérat facile à émouvoir.

— Il est fou, le malheureux, il est fou! grommela-t-il entre ses dents.

En effet, à voir l'expression sauvage de la physionomie de Sosthène, il y avait lieu de supposer qu'il était en proie à un accès de démence.

— Oui, je suis fou! exclama-t-il, fou furieux, fou de rage!

Blaireau haussa les épaules.

— On le voit, répliqua-t-il froidement, les idées comme celles que vous avez ne peuvent germer que dans le cerveau d'un insensé. Vous vous êtes mis la corde au cou; si vous n'y prenez garde, elle vous étranglera. Croyez-moi, cher monsieur, renoncez à vos projets.

— Non, jamais, il me faut ma vengeance! s'écria Sosthène avec fureur.

— Et pour vous venger vous voulez assassiner votre sœur!

Le regard de Sosthène devint effrayant.

— Je ne vous parle pas du châtiment, reprit Blaireau. Comme tous ceux qui méditent un crime, vous croyez pouvoir y échapper; mais quand vous l'aurez commis ce crime, serez-vous plus avancé? Il y aura toujours là le marquis, les enfants...

— Je tuerai le marquis, je les tuerai tous ! hurla le misérable, en jetant autour de lui des regards de sauvage.

— Une Saint-Barthélemy, un nouveau massacre des innocents, quoi ! ricana Blaireau.

Sosthène avait de l'écume aux lèvres, ses yeux injectés de sang lui sortaient de la tête ; grimaçant, grinçant des dents, il était hideux à voir. Ce n'était plus un homme, mais une bête féroce.

— Parbleu ! reprit Blaireau toujours ironique, avec des idées comme les vôtres, je comprends que vous ne puissiez trouver douze mille francs à emprunter. Les prêteurs n'auront jamais d'argent pour un homme dont la tête peut tomber, d'un moment à l'autre, sous le couteau du bourreau !

Sosthène n'eut pas l'air d'avoir entendu.

Il se pencha vers Blaireau et lui dit d'une voix étranglée :

— Voulez-vous m'aider, voulez-vous être avec moi ? Il y a des millions... nous partagerons !

Cette fois, Blaireau fut pris d'un tremblement nerveux qui le secoua des pieds à la tête.

Violet de colère, les yeux enflammés, il bondit sur ses jambes. Alors, le buste en arrière, frémissant, les bras tendus, les poings serrés, il eut un regard si terrible que Sosthène se sentit frappé comme d'un coup de dague.

Instinctivement, il recula de frayeur.

Mais, par un violent effort de sa volonté, Blaireau parvint à contenir sa colère prête à éclater. Il secoua la tête, ses bras se déraidirent et aussitôt son visage reprit son impassibilité, sa froideur habituelles.

Sosthène restait devant lui immobile, stupide, comme un homme qui n'a plus de pensée.

Blaireau le couvrit d'un regard superbe de dédain.

Il marcha vers la porte et l'ouvrit toute grande.

Puis, se rapprochant de Sosthène, il le prit par le bras et le poussa doucement hors de son cabinet.

Alors, son sourire ironique reparut sur ses lèvres et il dit à son ancien complice :

— Mon cher monsieur, vous êtes venu me demander un conseil, je vous le donne : Prenez des douches ! prenez des douches !

Et la porte du cabinet se referma au nez de M. de Perny, qui n'avait pas eu le temps de sortir de son ahurissement.

X

UN DÉCLASSÉ

Après être resté un instant immobile, frappé de stupeur, Sosthène se décida à se retirer. Il descendit l'escalier, ayant un bourdonnement dans les oreilles et un nuage devant les yeux.

Sorti de la maison, il se mit à marcher rapidement, mais d'un pas inégal et en zigzag, heurtant les passants, ne voyant et n'entendant rien.

Cependant, au bout de quelques minutes, il parvint à se remettre et à ressaisir sa pensée au milieu du trouble de son cerveau.

Alors, marchant plus lentement, il se mit à réfléchir.

Le misérable se voyait repoussé de partout, complètement abandonné, acculé au fond d'une impasse sombre et poussé fatalement à commettre de nouveaux crimes. Il était descendu si bas, qu'il ne voyait plus la possibilité de remonter la pente. Jusqu'à ce jour, à force d'expédients, il était parvenu à tenir debout et à faire encore assez bonne figure ; mais le gouffre s'ouvrait devant lui, profond, sinistre, et cette fois, malgré son imagination si fertile pour le mal, il ne trouvait plus d'expédients pour empêcher ou retarder sa chute. Tout s'effondrait autour de lui et menaçait de l'écraser.

Après avoir impunément bravé la justice des hommes et joué avec la loi, allait-il donc échouer misérablement, comme un faussaire vulgaire, faute de trouver cette somme de douze mille francs qui lui était nécessaire pour reprendre et anéantir le morceau de papier, preuve matérielle d'un de ses crimes.

Le matin, il avait regardé piteusement, l'œil morne, ce qui lui restait d'argent : onze louis. Il les avait sur lui. Sa main dans sa poche, il les touchait et ses doigts semblaient les compter.

— Ce soir, j'irai rue de Provence. Qui sait? murmura-t-il.

Et un sourire singulier crispa ses lèvres.

Il pensait probablement que, plus heureux qu'il ne l'avait été depuis quinze jours, il trouverait chez sa digne associée un fils de famille ou quelque riche étranger, ayant la bourse bien garnie, qui serait enchanté de faire avec lui une partie d'écarté.

M. de Perny, en nombreuse société composée de jeunes gens et de femmes galantes. (Page 360).

Tout en se livrant à ses sombres réflexions, il marchait sans savoir où ses pas le conduisaient, passant d'un trottoir sur un autre.

Comme il allait entrer dans le passage Bourg-l'Abbé, un homme se plaça tout à coup devant lui et le força à s'arrêter.

Cet individu pouvait avoir quarante ans. Il était vêtu d'une redingote fripée et usée jusqu'à la trame ; des bottines trouées, aux talons écrasés, chaussaient ses pieds ; il avait sur la tête un chapeau à haute forme, d'un âge respectable et en parfaite harmonie avec le reste de l'accoutrement.

— Bonjour, monsieur de Perny, dit-il, en accompagnant ses paroles d'un mouvement de tête.

Sosthène fronça les sourcils et ne se donna pas même la peine de cacher sa mauvaise humeur.

— Je ne vous connais pas, que me voulez-vous ? demanda-t-il brusquement.

Et il jeta autour de lui des regards rapides, comme s'il eût craint d'être surpris en si piètre compagnie par quelqu'un de sa connaissance.

— Vrai, vous ne me connaissez pas? fit l'autre.

— Non, répondit Sosthène, en regardant fixement l'intrus ; qui êtes-vous?

L'inconnu se rapprocha, et, baissant la voix :

— Autrefois, dit-il, j'étais votre ami ; mais plus que vous encore, monsieur de Perny, j'ai vieilli. Depuis nos joyeuses nuits de la Maison-Dorée et du château de Madrid, quinze ans se sont écoulés. Eh bien, me reconnaissez-vous, maintenant?

— Pas encore.

— Je suis Armand Des Grolles.

Ce nom, qu'il avait oublié comme l'individu qui le portait, rappela à la mémoire de Sosthène un certain nombre de souvenirs.

— Je vous croyais mort, dit-il.

— Je le suis pour beaucoup de gens, répondit Des Grolles; du reste, continua-t-il en souriant, je suis un revenant de l'autre monde.

— Il peut m'être utile, pensa Sosthène.

Et son visage changea subitement d'expression.

— Je suis content de vous revoir, reprit-il tout haut.

Puis, jetant un regard de côté, il ajouta :

— Je serais charmé de connaître l'histoire d'un revenant, mais nous ne pouvons pas causer ici.

— Vous avez raison. Vous ne devez pas avoir le désir d'entrer dans un café où le contraste de nos costumes attirerait l'attention sur nous. Mais je demeure à deux pas, rue Saint-Sauveur; s'il vous plaît de venir jusque chez moi, nous pourrons y causer librement.

— Allons, répondit Sosthène après un moment d'hésitation.

Il furent bientôt rue Saint-Sauveur. Des Grolles introduisit son ancien ami dans la chambre ou plutôt le taudis qu'il habitait sous la toiture.

— Voilà mon palais, dit-il d'un ton amer ; ce trou infect ne ressemble guère à l'appartement que j'occupais rue Vivienne et où vous êtes venu souvent fumer le cigare de l'amitié. Heureusement, je suis devenu philosophe. Je me contente de ce que j'ai, parce que je ne peux pas faire autrement. Voici toujours deux chaises pour nous asseoir. Le temps des gais soupers et des folles maîtresses est passé pour moi... je n'espère plus qu'il reviendra... Les amours sont des oiseaux du printemps, ils s'envolent dès que viennent les mauvais jours.

Bah! à quoi bon les regrets? Si j'ai presque toujours la bourse plate, si je ne fais plus sauter les bouchons de champagne, si je bois plus souvent de l'eau que du vin, si je ne mange pas chaque fois que j'ai faim, je me console en me disant que j'ai la liberté, que je peux aller et venir au grand air, regarder le soleil le jour, et la nuit les étoiles.

Sosthène l'écoutait et le regardait curieusement.

— Est-ce que vous tenez réellement à savoir ce que je suis devenu depuis le jour où j'ai disparu de Paris? reprit Des Grolles.

— Certainement. N'est-ce pas pour cela que vous m'avez amené chez vous?

— En vous rencontrant tout à l'heure, monsieur de Perny, j'ai éprouvé un véritable plaisir et je n'ai pu résister au désir de causer avec un ancien ami. Je ne veux rien vous cacher, à vous; d'ailleurs, je sais que vous êtes incapable d'abuser de ma confiance. Plus d'une fois j'ai eu la tentation de vous faire une visite; mais, tel que vous me voyez, j'ai conservé une forte dose d'amour-propre; c'est lui qui m'a retenu. On n'aime pas à montrer sa misère aux gens heureux, ajouta-t-il en regardant sournoisement Sosthène.

— Je comprends cela.

— Vous savez comment, en quelques années, j'ai mangé mon patrimoine, puisque c'est de la même manière que vous-même avez dévoré le vôtre.

Sosthène fit une assez laide grimace.

— Complètement ruiné, reprit Des Grolles, je recueillis les épaves du naufrage, une vingtaine de mille francs, et avec cela je tentai le jeu de la Bourse, en me faisant cette illusion que je pouvais refaire ma fortune. D'abord, tout marcha assez bien. Ne connaissant pas parfaitement le terrain mouvant sur lequel je marchais, j'étais un peu timide, c'est-à-dire prudent. Je réalisai pendant quelque temps d'assez jolis bénéfices pour pouvoir briller comme par le passé, et rétablir mon crédit. Qu'il soit réel ou factice, le luxe est toujours le luxe. Dans une infinité de cas, c'est la poudre d'or jetée aux yeux des imbéciles. Ces derniers sont nombreux; il y en a partout; j'en rencontrai quelques-uns, de petits capitalistes et de petits rentiers, qui me confièrent l'un vingt mille francs, l'autre trente, d'autres un peu plus ou un peu moins, afin de s'associer aux bénéfices de mes opérations. Alors je me lançai tout à fait dans l'agiotage, et je devins un des héros de la coulisse. J'avais perdu ma timidité et en même temps ma prudence.

« Un jour une baisse imprévue m'enleva cent mille francs en moins d'une heure. — Je me rattraperai sur la baisse, me dis-je. Et le mois suivant la baisse, qui pouvait tout réparer, la baisse maudite me jeta définitivement sur le carreau, sans me laisser même l'espoir de me relever. Mon déficit était énorme; j'allais être exécuté, je compris que j'étais perdu!

« Je ne m'amusai pas à pousser des plaintes inutiles. Je pris la décision la plus sage, selon moi : je filai en Angleterre.

— Je me souviens de cela, dit Sosthène ; vous êtes parti, n'emportant que vos effets... et tout ce qui restait entre vos mains des sommes qu'on vous avait confiées : deux ou trois cent mille francs, le chiffre n'a pu être exactement connu. Vous avez abandonné votre mobilier, vos chevaux dans l'écurie, votre voiture sous la remise ; dans une lettre qu'on a trouvée chez vous, vous déclariez qu'ayant tout perdu, votre argent et celui des autres, vous aviez pris la résolution de vous suicider.

— Tout cela est vrai.

— Seulement, on n'a pas cru à votre suicide ; les braves gens qui vous avaient confié leur petit avoir ont porté plainte contre vous et vous avez été condamné en police correctionnelle à deux ans de prison.

— Oui, j'ai appris cela plus tard, dit Des Grolles d'une voix creuse ; c'était inévitable.

— Êtes-vous resté longtemps en Angleterre ?

— Quelques jours seulement. Grâce au passeport d'un de mes camarades, qui portait assez exactement mon signalement, je pris passage à bord d'un navire anglais, sous le nom de Jules Vincent, et je fus transporté en Amérique. Depuis, en attendant que je puisse reprendre mon véritable nom, j'ai toujours gardé celui de Jules Vincent.

— Et votre ancien camarade ne s'y oppose point ?

— Non, et pour cause... il est mort.

— Enfin, vous n'avez pas fait fortune en Amérique ?

— Vous le voyez. Il y a encore des gens qui s'imaginent qu'on peut s'enrichir facilement dans le nouveau monde ; c'est absurde. On rencontre partout les mêmes difficultés, surtout quand on est poursuivi, comme moi, par la mauvaise chance. J'arrivai à New-York avec cent quatre-vingt mille francs, pas davantage. — Dans quelques années, me disais-je, j'aurai gagné un million. Je croyais encore à ces fortunes fabuleuses faites en Amérique ; j'étais animé de fort bonnes intentions. Je me proposais de revenir en France avec mon million et de rendre jusqu'à un sou tout l'argent que j'avais emprunté. Je pensais sérieusement que je pouvais redevenir un honnête homme.

— Sérieusement ! fit Sosthène d'un ton railleur.

— Quand on est en train de forger des illusions, on en fabrique de toutes les espèces. Je fis du commerce, de l'exportation, enfin tout ce que je pus pour m'enrichir ; et, comme à la Bourse de Paris, j'eus de nombreuses oscillations entre la hausse et la baisse. Je louvoyais. Un jour, une affaire magnifique se présenta ; je saisis la balle au bond. Cette fois, je tenais mon million. Mais le diable s'en mêla. L'affaire, qui s'annonçait superbe eut pour résultat un épouvantable désastre. Ruiné une seconde fois, dégoûté du commerce et ayant pris en haine l'Amérique et ses habitants, je revins en France, pauvre comme Job. Il y aura bientôt deux ans de cela, monsieur de Perny, et me voilà, peu satisfait de la vie, content, néanmoins, de me retrouver à Paris, qui est et restera toujours la première ville de l'univers.

— Ce que vous venez de me raconter est fort intéressant, dit Sosthène. Maintenant, que faites-vous?

— Le nez en l'air, je regarde d'où vient le vent. Malheureusement, je crains la lumière trop vive; je ne me cache pas, mais je ne me montre guère. Après avoir sombré, j'attends qu'une occasion, n'importe laquelle, me fasse revenir sur l'eau.

— Ah! fit Sosthène.

— En attendant, comme le bon Jérôme Paturot, je suis à la recherche d'une position sociale.

— On ne vit pas de l'air du temps, et moins encore de la vue du soleil et des étoiles. Quels sont vos moyens d'existence?

— Vous êtes curieux, monsieur de Perny, vous voulez tout savoir; mais je ne veux rien vous cacher. Peu de temps après mon retour à Paris, le hasard m'a fait rencontrer une ancienne amie qui connaît beaucoup de gens. A l'époque de ma splendeur, Joséphine Charbonneau...

— Joséphine Charbonneau, répéta Sosthène, ayant l'air de chercher dans sa mémoire.

— Vous ne la connaissez pas, monsieur de Perny, reprit Des Grolles, et c'est pour cela que je n'ai pas vu d'inconvénient à la désigner par son nom.

« Donc, au temps où je menais joyeuse vie, Joséphine n'avait guère que vingt ans... C'était une très belle fille, qui avait les plus jolies dents du monde. Ah! elles n'étaient pas seulement fines et blanches, ses dents; solidement plantées, elles croquaient à merveille; chacune d'elles m'a bien grignoté trois mille francs, et comme elle devait en avoir trente-deux, comptez...

« Bref, Joséphine ne m'avait pas oublié; elle eut à cœur de me prouver une reconnaissance que peut-être elle ne me devait point. Grâce à sa recommandation, je fais partie aujourd'hui d'une société... de secours mutuels... non reconnue par le gouvernement.

— Je crois comprendre, fit Sosthène. Qu'est-ce que cela vous rapporte?

— C'est selon ce qu'il y a dans la caisse; mais, en général peu, très peu, pas même le nécessaire, juste ce qu'il faut pour ne pas mourir de faim.

Le front de Sosthène se rembrunit.

— Oh! ne vous effrayez pas, reprit l'autre vivement; je ne vous ai pas attiré dans un guet-apens pour vous crier : La bourse ou la vie! Je n'ai nullement l'intention de vous emprunter quelques louis que peut-être vous ne pourriez pas me prêter. J'ai entendu dire que vous n'étiez pas, actuellement, dans une situation très brillante. On prétend même qu'il y a chez vous, rue Richepanse, des feuilles de papier timbré qui prouvent combien y sont rares les billets de banque.

— Comment savez-vous cela? s'écria Sosthène stupéfié.

— C'est très simple, j'écoute ce qu'on dit autour de moi. Par exemple, il ne faut pas m'en vouloir de ma franchise; je vous ai dit que je n'aurais rien de caché pour vous. Mais pour que vous soyez tout à fait à votre aise avec moi, comme je le suis avec vous, je vous préviens que je connais à peu près toutes vos petites aventures.

Sosthène tressaillit.

— Que voulez-vous dire? demanda-t-il.

— Ainsi, reprit Des Grolles, un sourire singulier sur les lèvres, je sais la merveilleuse histoire d'une jeune et belle marquise, laquelle a donné un fils à son mari sans avoir été enceinte.

Sosthène s'agita sur son siège avec inquiétude.

— Un jeune Américain, que j'ai connu à New-York, continua Des Grolles, est venu passer à Paris l'hiver dernier, lesté de trente mille dollars. Un jour je l'ai rencontré. Il m'a parlé d'une maison rue de Provence où il est allé plusieurs fois et où l'on s'amuse beaucoup. — « Je n'y retournerai plus, me dit-il; il y a là un M. Sosthène de Perny qui a au jeu une chance incroyable; il ne perd jamais. » Et il ajouta : — « On m'a dit qu'il était Français, mais je crois plutôt que c'est un Grec. »

Sosthène bondit sur ses jambes, blême de colère.

— C'est une infamie! exclama-t-il d'une voix frémissante; monsieur Des Grolles, vous m'insultez!

Celui-ci haussa les épaules et répliqua froidement :

— Ce n'est certes pas mon intention; je vous répète ce qu'on m'a dit, voilà tout.

— C'est une lâche calomnie! Enfin, où voulez-vous en venir?

— Asseyez-vous, monsieur de Perny, je vais vous le dire.

XI

AUX ABOIS

La colère de Sosthène se calma subitement.

— Je vous écoute, dit-il, en s'asseyant.

— Vous devez bien penser, reprit Des Grolles, que je n'aurais pas été assez bête pour vous arrêter dans la rue, me faire reconnaître et vous amener ici, si je n'eusse été sûr d'avance que nous pouvions nous comprendre et nous entendre.

« Mais je m'empresse de vous déclarer que vous n'avez rien à redouter de moi. J'ai contre vous des armes terribles ; je ne veux pas m'en servir. Du chantage ? fi donc ! Je laisse cela à d'autres. Je préfère rester votre ami. Cela vous va-t-il ?

— Oui.

— Alors vous ne m'en voulez plus de vous avoir parlé trop franchement ?

— C'est oublié.

— A la bonne heure.

Ils échangèrent une poignée de mains.

— Eh bien, mon cher Sosthène, reprit Des Grolles, je vous avoue, — vous n'aurez pas de peine à me croire, — que je mène une vie qui ne me plaît pas du tout, je donnerais de grand cœur ma démission de la société mystérieuse et ténébreuse dont je fais partie pour entrer dans une autre association, qui me promettrait un plus bel avenir.

« Je me dis que, du moment qu'on court le risque de se faire pincer par la police et d'aller au bagne, il faut au moins que ce soit pour quelque chose qui en vaille la peine.

« Palsambleu ! Ventre de biche ! comme nous disions autrefois, je me sens de force à jouer un autre rôle que celui de comparse.

« Mon esquif a chaviré, je voudrais le remettre à flot. Pour cela, comme je vous l'ai dit, je suis à l'affût d'une occasion. Je flaire de tous les côtés. Eh bien, mon cher Sosthène, — vous me direz si je me trompe, — j'ai pensé que vous pourriez m'être utile, que vous m'aideriez à trouver cette occasion que j'attends.

— Oui, peut-être, fit Sosthène.

Et une lueur sombre traversa son regard.

— Vous êtes un homme d'imagination, reprit Des Grolles, vous cherchez les grandes conceptions. Sosthène de Perny peut ne pas réussir toujours dans ses entreprises ; mais il ne se noiera jamais. Pour vous dire toute ma pensée, mon cher Sosthène, je voudrais être quelque chose près de vous, en un mot m'attacher à votre fortune ; la partager si elle est mauvaise ; prendre ce que vous me donnerez si elle est bonne.

— C'est une proposition très nette, répondit Sosthène ; j'en prends bonne note. Dans un temps qui n'est peut-être pas éloigné, je pourrai avoir besoin de vous.

— Bravo ! s'écria Des Grolles, je savais bien que nous nous entendrions.

Sosthène reprit :

— J'ai conçu un vaste projet ; mais pour qu'il réussisse il faut attendre certaines circonstances ou les faire naître au moyen d'un enchaînement de combinaisons que je n'ai pas encore trouvées. Je ne vous dis rien de plus aujourd'hui. Mais, puisque vous voulez me servir, je compterai sur vous. Je vous préviens d'avance qu'il faudra être résolu, hardi, ne reculer devant rien.

— Vous me connaissez.

— Sans doute; c'est pour cela que, l'heure venue, je vous appellerai. Si nous réussissons, votre part sera assez belle pour que vous puissiez remettre votre esquif à flot.

— En me parlant ainsi, vous ferez de moi tout ce que vous voudrez.

Sosthène eut un sourire nerveux.

— Alors, dit-il, les dangers à courir ne vous effrayeront point?

Des Grolles répliqua, en se redressant :

— « A vaincre sans péril, on triomphe sans gloire ! »

« On connaît ses classiques, ajouta-t-il avec un faux sourire.

Sosthène se leva et prit son chapeau.

— C'est bien convenu? dit Des Grolles.

— Oui.

Avant de se quitter, ils se serrèrent la main.

— A bientôt, dit Sosthène.

Et il sortit du taudis.

— Oui, se disait-il, en se dirigeant rapidement vers les boulevards, Des Grolles pourra me servir, je ne suis pas fâché de l'avoir rencontré. Il sait bien des choses... Qui donc a pu lui dire ?... Si ce n'est pas Blaireau, c'est la femme... Après tout, que m'importe ? il n'a aucune preuve entre les mains. Ah! ce n'est pas lui qui est redoutable ; c'est un autre danger qui me menace... Trois jours, je n'ai plus que trois jours !... A tout prix il me faut ces douze mille francs, il me les faut!

Il employa inutilement tout le reste de la journée à les chercher. Partout on lui répondit par un refus plus ou moins nettement formulé.

Il pensa à aller trouver le marquis; c'était ce qu'il avait de mieux à faire ; mais pour que celui-ci consentît à lui donner la somme, Sosthène savait qu'il faudrait lui dire la vérité. Avouer, à son beau-frère surtout, qu'il était un faussaire, jamais! Du reste, il avait encore trois jours devant lui. Et s'il lui répugnait de s'adresser au marquis, d'un autre côté, il conservait l'espoir que le jeu pouvait encore le tirer de son mauvais pas.

A six heures et demie il se rendit rue de Provence. Son associée vivait comme lui d'expédients et n'était pas, pour le moment, dans une situation meilleure que la sienne.

— Nous aurons du monde ce soir, lui dit-elle avec un regard qui signifiait : il y aura peut-être quelque chose à faire.

Ils dînèrent ensemble, et, tout en fumant un cigare, Sosthène attendit.

A huit heures et demie, les habitués de la maison, des demoiselles de *Saint-Chic* à chignons jaunes et autres dames déclassées, portant des noms de guerre plus ou moins sonores, commencèrent à arriver, flanquées chacune de son élégant cavalier brun ou blond, jeune ou vieux.

Sosthène se dressa sur ses jambes, livide, les traits contractés, le front couvert de sueur. (Page 363)

Dans le salon, dans la chambre à coucher et dans une autre pièce contiguë, les tables de jeu préparées à l'avance attendaient les joueurs.

A neuf heures, plusieurs des tables de jeu étaient déjà occupées. Sosthène ne s'était approché d'aucune ; il restait dans un coin, sombre, les sourcils froncés, promenant d'un groupe à l'autre son regard dédaigneux. Évidemment, aucun de ces joueurs ne lui semblait digne de se mesurer avec lui.

Cependant, un autre couple venait d'arriver.

C'était une jeune fille assez jolie, à peine âgée de vingt ans, aux lèvres roses souriantes, au nez retroussé, au regard hardi, à l'air effronté, qui portait une toilette à grand fracas. L'homme qui l'accompagnait pouvait avoir quarante ans. Il était vêtu avec une extrême recherche, et sur son gilet blanc s'étalait une grosse chaîne d'or ornée de deux médaillons entourés de superbes brillants. Il avait le teint bistré, le regard clair, dur, l'attitude sévère et hautaine.

— Chère madame, dit la jeune fille à la maîtresse de la maison, je vous présente le señor don José, comte de Rogas, un grand de Portugal.

Le noble Portugais s'inclina profondément.

— Soyez le bienvenu, monsieur le comte, lui dit la dame ; j'ose espérer que vous passerez une soirée agréable et que vous nous ferez l'honneur de revenir.

— Certainement, madame, répondit don José avec un accent étranger très prononcé.

Et il salua une seconde fois.

Sosthène s'était levé. Les yeux ardents, fixés sur le noble étranger, il semblait faire l'inventaire de ses poches. Satisfait de son examen, sans doute, son front s'éclaira subitement.

Pendant ce temps, la compagne de don José s'était approchée de la maîtresse et lui avait dit à l'oreille :

— Il a de l'or et un portefeuille bourré de billets de banque.

Cette intéressante communication fut aussitôt transmise à M. de Perny. Son regard devint lumineux.

Alors la maîtresse du tripot s'avança vers le Portugais et lui dit :

— Monsieur le comte de Rogas veut-il faire comme ces messieurs ? N'a-t-il pas le désir de savoir si la fortune lui est favorable ?

— Oh ! je jouerai volontiers, répondit don José. Mais, madame, ajouta-t-il, en se tournant gracieusement vers sa jeune compagne, vous avez un proverbe qui dit : « Heureux en amour, malheureux au jeu. »

— Les proverbes ne sont pas toujours vrais, monsieur le comte, et ce soir vous allez probablement faire mentir celui-ci.

— Je le souhaite, madame.

— Voici M. le comte Sosthène de Perny qui veut bien faire votre partie.

Les deux hommes se saluèrent en échangeant un regard rapide.

Puis ils s'approchèrent d'une table et s'assirent en face l'un de l'autre.

— Est-ce le matador, l'écarté ? demanda Sosthène.

— L'écarté, si cela vous fait plaisir, répondit le Portugais.

— En cinq points ?

— Comme vous voudrez, monsieur.

— Quel sera l'enjeu ?

— Fixez la somme.

— Cinq louis ?

— Soit, cinq louis.

Les adversaires mirent chacun cinq pièces d'or sur le tapis vert.

Tout d'abord la chance favorisa Sosthène ; ce fut lui qui donna les cartes le premier, en tournant le roi. Il fit la vole et marqua trois points.

A son tour son adversaire tourna le roi et fit également la vole.

A la troisième donnée Sosthène gagna la partie.

Le jeu continua. Le Portugais gagna la deuxième partie, Sosthène la troisième, l'autre la quatrième. La cinquième fut pour Sosthène. Il conservait toujours sa première position ; mais le jeu serré de son adversaire commençait à l'agacer horriblement.

— Nous continuons, n'est-ce pas, monsieur ? dit le Portugais.

— Oui, nous continuons, répondit Sosthène d'un ton bref.

— Je donne.

— Encore le roi ! fit Sosthène avec dépit.

— Chacun son tour, répliqua l'étranger, qui conservait toute sa gravité.

Il gagna la sixième partie, et, par un nouveau tour d'adresse, où Sosthène ne vit que du feu, il gagna encore la suivante.

Cette fois, Sosthène fut forcé de comprendre qu'il avait affaire à un joueur plus fort que lui.

Leurs regards se rencontrèrent, tranchants et froids comme l'acier.

Ils savaient à quoi s'en tenir l'un et l'autre.

— Monsieur, dit le Portugais avec le plus grand calme, je suis à vos ordres.

Sosthène se dressa sur ses jambes, livide, les traits contractés, le front couvert de sueur.

— Alors, nous ne continuons pas? fit l'autre.

— Non, répondit Sosthène d'une voix creuse.

— Quand cela vous fera plaisir, dit don José, vous me trouverez toujours prêt à vous offrir votre revanche.

— J'ai l'espoir de vous revoir, répliqua Sosthène.

— Et moi aussi, monsieur.

Et se tournant vers la maîtresse de la maison, qui s'était avancée pour suivre les péripéties du jeu :

— Charmante dame, lui dit le Portugais, en laissant errer sur ses lèvres un sourire singulier, ce soir j'ai fait mentir le proverbe.

Et toujours impassible, le noble comte ramassa les pièces d'or qui étaient sur la table et les glissa dans la poche de son gilet.

Sosthène s'était éloigné la rage au cœur, grinçant des dents.

Ce n'était point la perte de cinq louis qui le rendait furieux. Mais après avoir caressé l'espoir que le jeu viendrait à son secours, il éprouvait une cruelle déception. En effet, le coup qu'il venait de recevoir était rude. Où il avait cru trouver une victime prête au sacrifice, il venait de rencontrer un maître.

Ainsi tout lui manquait, tout était contre lui ; c'est en vain qu'il regardait de tous les côtés, cherchant un point d'appui, il lui était impossible de le découvrir.

Il avait beau faire de violents efforts pour se contenir, pour montrer un visage souriant, pour paraître gai, il ne pouvait échapper à l'amertume de ses pensées, ni chasser les sombres terreurs qui étaient en lui.

Le misérable se sentait vaincu, écrasé.

Pendant quelques minutes encore il resta dans le salon, puis il s'approcha d'une porte, souleva une portière et disparut.

XII

LES RENSEIGNEMENTS

Morlot ne restait pas inactif. Il s'était dit :

— Avant de me présenter devant la marquise de Coulange, je veux savoir quelle est l'existence de sa mère et de son frère, il faut que je sois complètement édifié sur leur passé.

Et, immédiatement, il s'était mis en campagne.

Nous connaissons Morlot : une fois lancé il y allait de tout cœur et ne s'arrêtait plus.

Il découvrit facilement que madame de Perny demeurait aux Ternes, rue Laugier, après avoir occupé, précédemment et pendant près de quatre années, un très bel appartement au premier étage, dans une maison de la rue de Moscou. Il apprit en même tems que M. Sosthène de Perny n'habitait pas complètement avec sa mère et qu'il avait à Paris, rue Richepanse, son appartement de garçon.

Pourquoi madame de Perny avait-elle quitté son appartement de la rue de Moscou pour aller habiter aux Ternes ?

Morlot le comprit lorsqu'il sut que Sosthène dépensait beaucoup d'argent et que sa mère avait trouvé très lourd un loyer de trois mille francs.

Rue de Moscou, madame de Perny avait trois domestiques : une femme de chambre, un valet de chambre et une cuisinière. Rue Laugier, elle n'avait plus qu'une bonne à tout faire et seulement un loyer de mille francs.

— Si le marquis de Coulange lui fait réellement des rentes, se dit Morlot, il me paraît certain qu'elle se prive et cherche à faire des économies pour que son garnement de fils puisse continuer à mener joyeuse vie.

Il n'eut plus aucun doute à ce sujet lorsque quelques-uns des fournisseurs de madame de Perny lui eurent dit qu'ils étaient forcés de lui faire crédit. Cependant elle payait assez régulièrement tous les mois et toujours en changeant des billets de mille francs ; mais au bout de quelques jours, l'argent ayant probablement disparu, le crédit recommençait.

Dans de semblables circonstances, les boutiquiers et les concierges sont généralement au courant des choses. C'est à eux, naturellement, que Morlot s'adressait pour obtenir des renseignements.

On lui apprit encore que madame de Perny sortait très rarement, qu'elle recevait peu de visites, qu'elle était souvent plus de huit jours sans voir son fils, lequel, d'ailleurs, n'avait pas précisément pour elle le respect qu'un fils doit à sa mère.

Tous les quinze jours à peu près, son gendre, le marquis de Coulange, venait la voir. Il restait souvent plus d'une heure avec elle. Quant à la marquise de Coulange, elle n'avait jamais fait une visite à sa mère. On ne comprenait pas cela, et pour beaucoup de gens du quartier c'était un sujet d'étonnement.

La personne qui parlait ainsi à Morlot ajouta :

— Madame de Perny est une femme très fière, très hautaine, qui ne parle jamais à personne ; c'est à peine si elle daigne répondre par un mouvement de tête quand on la salue. Elle a parfois, dans le regard, quelque chose d'effrayant. Elle paraît jouir d'une assez bonne santé ; cependant elle est toujours très triste, comme si elle souffrait d'un mal inconnu. On devine qu'elle a eu de grands chagrins, qu'elle n'a jamais eu à se louer beaucoup de ses enfants. Tout de même, c'est triste, à son âge, après avoir connu l'opulence et s'être sacrifiée pour ses enfants, de vivre ainsi seule, comme une abandonnée.

« Son gendre M. le marquis de Coulange, est, dit-on, un grand seigneur immensément riche ; il lui donne certainement de l'argent, peut-être beaucoup ; mais, comme je viens de vous le dire, la vieille dame est fière ; bien sûr, elle ne dit pas tout à son gendre. M. de Coulange ne sait pas qu'elle a vendu ou porté au Mont-de-Piété ses bijoux et presque toute son argenterie, que son fils ne lui laisse rien et qu'il ne la quitte pas d'une minute tant qu'il lui sent un peu d'argent. C'est ce qui fait qu'elle est obligée, presque toujours, d'acheter le pain, la viande et le reste à crédit.

« Enfin, voilà la vérité : sa fille, qui est marquise et riche, l'abandonne tout à fait ; et son fils, qui ne pense qu'à courir et à s'amuser, ne s'est même pas aperçu que l'hiver dernier elle manquait de bois pour se chauffer.

— Cela ne m'étonne pas, pensa Morlot.

Il se trouvait, sur ce point, suffisamment renseigné.

Mais l'agent de police était un homme prévoyant. Comme il pouvait y avoir nécessité de surveiller madame de Perny et son fils, il crut devoir examiner d'avance comment une surveillance pourrait être établie autour de leur habitation. C'est ce qu'il fit avant de quitter les Ternes. La chose lui parut très facile. En effet, madame de Perny occupait une petite maison, un pavillon si l'on veut, à un seul étage, qui avait été construit au fond d'un jardin.

Ce pavillon était une dépendance d'une assez belle maison élevée sur la rue Laugier et en était éloigné d'environ trente mètres. On entrait dans le jardin, planté de grands arbres et de massifs d'arbustes, par une porte vitrée qui s'ouvrait sous le porche de la grande maison. Une allée large et droite conduisait au pavillon. Mais on pouvait également entrer dans le jardin et arriver chez madame de Perny en ouvrant une petite porte percée dans le mur de clôture et donnant sur une sorte de ruelle parallèle à la rue Laugier.

Il était donc facile de se placer en observation dans la ruelle ou dans un terrain à vendre, qui se trouvait juste en face du pavillon.

Grâce aux renseignements qu'il avait recueillis, Morlot, ne voulant rien négliger, traça assez exactement sur une feuille de papier le plan de l'habitation.

Rez-de-chaussée : deux pièces de chaque côté d'un assez large corridor; à droite, en entrant, la salle à manger; au fond, la cuisine ayant une porte de sortie sur le jardin avec quelques marches de pierre à descendre. A gauche, une chambre où couchait la domestique, une autre petite pièce servant de débarras et d'office, puis l'escalier.

A l'étage : un salon et les deux chambres de la mère et du fils, séparées par un double cabinet de toilette. La chambre de Sosthène était sur le devant. Celle de madame de Perny avait deux fenêtres, dont l'une s'ouvrait directement au-dessus de la porte de service de la cuisine.

— Maintenant, se dit Morlot, passons à un autre exercice. Il s'agit de savoir à quoi M. de Perny emploie son temps et comment il dépense son argent et celui de madame sa mère.

Il apprit d'abord que Sosthène n'avait pas d'emploi, qu'il ne faisait absolument rien, et bientôt après que c'était un homme sans cœur, sans dignité, de mœurs dissolues; un viveur, un joueur, un coureur de filles, un débauché de la pire espèce, faisant avec cynisme l'apologie des vices les plus honteux ; enfin, un être dégradé, misérable, abject, capable de tout pour arriver à satisfaire ses passions viles.

Une autre personne dit à Morlot :

— M. de Perny va très fréquemment rue de Provence, chez une dame qui donne des soirées et reçoit une nombreuse société, composée généralement de jeunes gens et de femmes galantes. Souvent, M. de Perny passe la nuit chez cette dame.

— La dame en question est évidemment la maîtresse de mon débauché, se dit l'agent de police. Cela est bon à savoir.

Et il mit sur son carnet le numéro de la maison de la rue de Provence, accompagné de cette note : à voir plus tard.

Il ne lui vint pas à l'idée que la maîtresse de Sosthène, qui recevait des jeunes gens et des femmes galantes, pouvait être, en même temps qu'une femme galante aussi, l'aimable directrice d'un tripot.

Malgré son habileté et son flair, l'agent de police ne pouvait pas tout deviner. S'il eût seulement soupçonné la vérité, il ne serait pas allé plus loin dans ses recherches, car suprendre Sosthène de Perny volant au jeu, c'était trouver ce qu'il cherchait : le moyen de le mettre entre les mains de la justice.

Morlot connaissait à Paris plusieurs huissiers. Le premier qu'il vit le dispensa de se présenter chez les autres. Il lui parla des nombreuses poursuites judiciaires dont M. Sosthène de Perny était l'objet.

— Il serait difficile d'établir, même approximativement, le chiffre de ses dettes, dit l'huissier, et ses ressources, que je ne connais pas, sont évidemment insuffisantes pour le genre de vie qu'il mène. Quand, contraint et forcé, il arrive payer un de ses créanciers, je suis persuadé qu'il bouche un trou en en faisant un autre.

« Pour ma part, je l'ai déjà poursuivi cinq ou six fois et je le poursuis encore. En ce moment, sa situation paraît être plus difficile que jamais. Plus il avance, plus il s'enfonce.

« Il avait, il y a deux ans, une maîtresse qui demeurait rue de Ponthieu. Il a dépensé pour elle des sommes considérables ; c'est de là que viennent en partie les dettes qu'il a aujourd'hui. Il avait alors un certain crédit, car dans les moments critiques le marquis de Coulange, son beau-frère, venait à son secours. Mais il paraît que le marquis a fini par se lasser. Il a probablement reconnu l'inutilité de ses efforts pour combler un gouffre sans fond.

« Dans le quartier Beaujon, M. de Perny a une réputation déplorable. Il devait à tous ses fournisseurs. A un seul, un marchand de vins fins, qui est mon client, il devait plus de six mille francs ; il est vrai que sur cette somme mon client avait eu la faiblesse de lui prêter trois mille francs. Je l'ai poursuivi à outrance, et, grâce à mon énergie, le marchand de vins a été payé, non par lui, mais par le marquis de Coulange, qui est venu ici lui-même m'apporter la somme.

« Bref, M. de Perny ne doit plus savoir où donner de la tête ; c'est un homme embourbé et aux abois. Entre nous, — ceci est tout à fait confidentiel, — j'ai la conviction intime que M. de Perny finira mal.

— C'est aussi la mienne, dit l'agent de police, qui avait plus encore que l'huissier des raisons pour le croire.

Il voulut savoir ce qu'on pensait et ce qu'on disait de Sosthène de Perny dans le quartier Beaujon.

Comme le lui avait dit l'huissier, sa réputation y était des plus mauvaises. Il était encore le débiteur de plusieurs fournisseurs à qui ses grands airs avaient inspiré une trop facile confiance.

— Sa maîtresse et lui scandalisaient tous les honnêtes gens, dit à Morlot une marchande de comestibles de la rue de Ponthieu ; aussi a-t-on appris avec satisfaction que le propriétaire leur avait donné congé. Je vous assure qu'on les a vus partir avec joie ; ils n'en ont pas moins laissé de tristes souvenirs.

« J'ai eu le malheur, moi aussi, de leur faire crédit, et ils m'ont fait perdre plus de deux cents francs.

— Pourquoi ne poursuivez-vous pas ? demanda Morlot.

— D'abord, j'ignore ce que la femme est devenue ; quant à M. de Perny rien à faire de ce côté : je sais d'avance que j'en serais pour les frais de poursuite en plus de ce qui m'est dû. On peut se laisser tromper quand on croit les gens convenables ; mais quand on les connaît et qu'on sait ce qu'ils valent, on aime mieux perdre que d'avoir affaire à eux.

— Au fait, vous avez peut-être raison, dit Morlot. Comment se nommait la maîtresse de M. de Perny ?

— Oh ! ces sortes de femmes changent de nom chaque fois qu'elles changent de logement. Ici elle se faisait appeler madame de Nève.

— Il est probable que M. de Perny vit toujours avec elle.

— Je crois, au contraire, qu'après l'avoir ruiné elle est en train d'en ruiner un autre. Du reste, déjà avant de quitter la rue de Ponthieu, voyant qu'elle ne pouvait plus entretenir son luxe, elle lui avait donné un successeur.

— M. de Perny le savait-il ?

— Sans aucun doute. Il était excessivement jaloux, et Juliette, la femme de chambre de madame de Nève, lui rapportait tout ce qui se passait chez sa maîtresse en son absence. Encore une pas grand'chose que cette Juliette. Je suis sûre qu'elle a mis un enfant au monde et qu'elle l'a fait disparaître. Comment ? Je n'en sais rien.

— Oh ! oh ! fit Morlot, ouvrant de grands yeux.

« Voilà une chose qui m'intéresse énormément, ajouta-t-il ; voulez-vous me dire ce que vous savez ?

— Volontiers. Je m'étais aperçue que la femme de chambre était enceinte, et un jour je lui dis : « Mademoiselle Juliette, vous me faites l'effet d'être dans une position intéressante. » Là-dessus elle se récria très fort, et me jura ses grands dieux que je me trompais. Je n'insistai pas. Six semaines ou deux mois plus tard, un matin, elle vint prendre chez moi je ne sais plus quelle chose. Je ne l'avais pas vue depuis quatre ou cinq jours. Elle était très pâle et si faible qu'elle pouvait à peine se tenir sur ses jambes. — Tiens, lui dis-je en souriant, vous avez donc été malade ? Elle parut d'abord embarrassée, puis elle me répondit : — Oui, j'ai failli avoir une fluxion de poitrine. Je fis semblant de croire qu'elle me disait la vérité. Mais je voyais très bien que sa taille n'était plus aussi épaisse.

« Quelque temps après, quand j'appris qu'on avait donné congé à madame

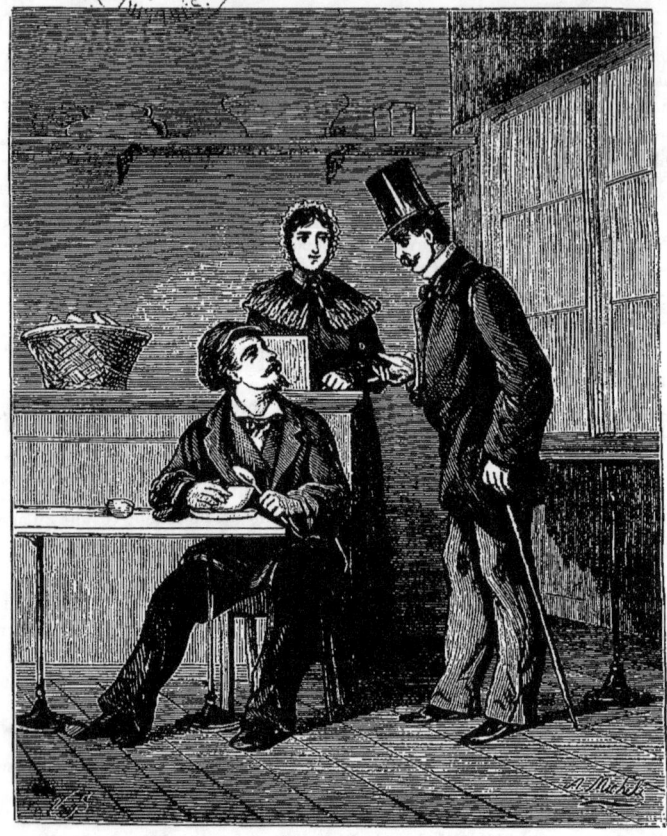

Morlot entra chez la crémière prendre un bol de café. (Page 379.)

de Nève, je montai chez elle, un soir, espérant me faire payer ce qu'elle me devait.

« Pendant que j'attendais dans l'antichambre, j'entendis un bruit de voix dans la pièce à côté. C'étaient M. de Perny et Juliette qui avaient ensemble une discussion assez vive. M. de Perny paraissait très mécontent, il parlait haut. A moins de me boucher exprès les oreilles, j'étais forcée d'entendre.

« Je compris que Juliette refusait ou ne pouvait pas lui dire quelque chose qu'il voulait savoir.

« Alors M. de Perny s'emporta et j'entendis très distinctement ces paroles :

« — Tu dois me servir et m'obéir; tu oublies donc ce que tu as fait, misérable! Tu sais que si je disais un mot, demain tu serais arrêtée et traînée en prison! J'ai tes lettres, je les garde; tu m'appartiens, tu es mon esclave!
— Vous avez entendu cela? s'écria Morlot.
— Parfaitement!
— Qu'avez-vous pensé?
— J'ai pensé que la malheureuse fille avait tué son enfant et qu'elle avait déjà l'intention de commettre ce crime abominable, quand elle niait qu'elle fût enceinte et qu'elle mettait tant de soins à cacher sa grossesse.
— C'est certain, absolument certain, dit Morlot. Sachant cela, qu'avez-vous fait?
— Rien.
— Comment! vous n'avez pas prévenu le commissaire de police du quartier? vous n'avez pas dénoncé le crime?
— J'ai eu l'intention de le faire, je ne vous le cache pas; puis, après, j'ai réfléchi que cela ne me regardait point. Dame, c'est toujours très grave de se mêler de ces sortes de choses, et, à vous dire vrai, je n'ai pas osé.
— Je comprends, répliqua l'agent de police; mais c'est grâce à des scrupules semblables aux vôtres que beaucoup de scélérats échappent à la justice, restent longtemps à l'abri du châtiment qu'ils ont mérité et peuvent commettre de nouveaux crimes. Savez-vous ce qu'est devenue cette demoiselle Juliette?
— Non. Je n'ai plus entendu parler d'elle. Peut-être est-elle restée au service de madame de Nève.

Malgré les recherches que Morlot fit encore dans le quartier, il lui fut impossible de découvrir la nouvelle demeure de la femme qui se faisait appeler, rue de Ponthieu, madame de Nève. Il ne fut pas plus heureux au sujet de Juliette.

XIII

MORLOT INQUIET

Les renseignements recueillis par l'agent de police devenaient nombreux; mais il ne trouvait toujours point ce qu'il cherchait.

Ce que Morlot désirait, ce qu'il attendait, ce qu'il espérait, c'était de découvrir dans l'existence de madame de Perny et de son fils, en dehors du vol de l'enfant de Gabrielle Liénard et de la fausse déclaration à la mairie de Coulange, un acte quelconque qui fût de nature à faire lancer contre tous les deux, ou contre un seul, un mandat d'amener.

Faire cette découverte eût été pour lui une joie suprême, car alors il sortait de l'étrange situation dans laquelle il se trouvait : il sentait que sa conscience serait satisfaite, s'il parvenait à livrer les coupables à la justice sans toucher directement à la marquise de Coulange.

Il continua ses recherches en fouillant audacieusement dans le passé de la mère et du fils.

Il apprit que de vingt à trente ans l'existence de Sosthène avait été également déplorable.

A peine sorti du collège, cherchant partout le plaisir, il s'était livré à tous les excès, à tous les désordres honteux. Loin de le maintenir et de lui reprocher sa conduite, sa mère, au contraire, paraissait l'applaudir. Elle ne s'était pas seulement montrée indulgente et faible, elle avait, en quelque sorte, encouragé ses vices et excité ses passions. Folle de son fils, trouvant toujours bien ce qui était blâmable, elle n'avait jamais senti la responsabilité qui pesait sur elle, elle avait manqué à tous ses devoirs de mère et de tutrice.

Aussi ce qui était facile à prévoir arriva.

Après avoir payé plusieurs fois les dettes de Sosthène, elle se trouva complètement ruinée.

Morlot fut indigné quand on lui eut dit que cette mère coupable n'avait jamais aimé sa fille, qu'elle l'avait tenue constamment éloignée d'elle, et que sa part d'héritage, sa dot, avait été livrée à son frère pour payer ses plaisirs.

Assurément, tout cela était bon à savoir. Mais l'agent de police n'était nullement satisfait. Il ne trouvait rien, pas plus après qu'avant le crime d'Asnières, qui lui permit de s'écrier :

— Cette fois, je les tiens !

Dans sa contrariété et son dépit, il y avait de la fureur.

Il se dit :

— Quand je chercherais des renseignements pendant quinze jours encore, je n'en apprendrais pas davantage. Il ne me reste plus, jusqu'à nouvel ordre, qu'à avoir l'œil sur M. de Perny.

Le soir, en rentrant chez lui, il dit à sa femme :

— Je suis suffisamment renseigné aujourd'hui sur les Perny ; j'ai un dossier complet. Je vais m'en tenir là pour le moment. En quelques mots, voici le résumé de tout ce que j'ai appris :

« Madame de Perny a été de tout temps très dure pour sa fille, qu'elle n'aime pas et qu'elle n'a jamais aimée. En revanche elle adore son fils, qui l'a ruinée autrefois, et qui lui prend encore aujourd'hui tout l'argent qu'elle reçoit du marquis de Coulange. Elle vit seule, tristement, presque dans la misère, son fils ne lui laissant rien. Elle paraît souffrir d'un mal inconnu, m'a-t-on dit. Peut-être le remords du crime. Quant à M. Sosthène de Perny, c'est un homme taré, un être méprisable et vil, un gredin de la plus rare espèce. Il est couvert de dettes et n'a plus de crédit nulle part.

« Maintenant, sachant ce qu'est la mère et ce que vaut le fils, je peux me présenter hardiment devant la marquise de Coulange. Demain elle aura ma visite.

— La démarche que tu vas faire est extrêmement délicate, mon ami, dit Mélanie; tu ne dois agir qu'avec beaucoup de prudence et être très circonspect. Il me semble qu'avant de te présenter à l'hôtel de Coulange tu devrais prévenir la marquise.

— A quoi bon?

— D'abord, elle peut être sortie.

— Je l'attendrai.

— Il peut se faire aussi que, pour une cause ou pour une autre, elle ne puisse pas te recevoir.

— C'est vrai.

— Ensuite, le marquis peut se trouver là. Tu serais alors fort embarrassé, puisque c'est un entretien secret que tu veux avoir avec elle.

— C'est encore vrai, répondit Morlot. Ainsi, tu me conseilles de lui écrire pour lui annoncer ma visite?

— Oui, il faut qu'elle soit prévenue par une lettre.

— Qu'est-ce que je lui dirai, dans cette lettre?

— Que tu as à lui faire une communication très importante, à lui parler de choses graves qui l'intéressent personnellement; tu la préviendras que tu désires lui parler sans témoin, et tu lui diras quel jour tu te présenteras à l'hôtel de Coulange.

— En effet, je crois que cela vaudra mieux.

— Ce sera surtout plus convenable. Tu pourrais encore la prier de te donner elle-même un rendez-vous à l'hôtel de Coulange ou ailleurs.

— Dans ce cas elle aurait à me répondre.

— Naturellement.

— Et si elle ne me répondait pas?

— Alors tu lui écrirais de nouveau pour lui annoncer ta visite.

— Tout cela demandera quatre ou cinq jours; du temps perdu!

— Tu n'as plus à le compter, après t'être livré pendant plus de six années à d'inutiles recherches, dit Mélanie en souriant. Du reste, continua-t-elle, il est possible que madame de Coulange puisse te recevoir et causer avec toi, en tête-à-tête, sans être gênée par son mari ni par ses domestiques. Mais il y a des femmes qui ne sont jamais complètement libres, même dans leur maison. Je pensais à cela en te disant de prier la marquise de te fixer un rendez-vous.

— Que de précautions! fit Morlot.

— Dans cette circonstance, mon ami, tu ne saurais en prendre trop. La marquise de Coulange va se trouver vis-à-vis de toi dans une situation extrêmement difficile et pénible; c'est pourquoi je te recommande encore de ne rien brusquer, d'être prudent et discret. Sache bien que tu obtiendras plus par la douceur qu'en employant la menace. Tu diras à la marquise ce que tu veux, ce que tu as le droit d'exiger d'elle, et tu verras ce qu'elle te répondra.

Il y eut un moment de silence.

— J'écrirai ce soir à la marquise, reprit Morlot, et demain matin je porterai ma lettre moi-même à l'hôtel de Coulange.

— Va, mon ami, dit Mélanie, tu rempliras dignement ta mission, je n'en doute point. Tu sais les égards que tu dois à cette noble jeune femme, et tu n'oublieras pas qu'elle est à Paris, à Coulange, à Miéran, partout où elle passe, la consolatrice des affligés, la protectrice de tous les malheureux.

— J'avais juré de découvrir les auteurs du vol de l'enfant et de les livrer à la justice qui venge et qui punit, prononça Morlot d'une voix lente et grave; j'ai juré en même temps que je retrouverais l'enfant pour le rendre à sa mère... J'ai découvert les coupables, j'ai retrouvé l'enfant. Mélanie, je manque à mon premier serment, mais je serai fidèle à l'autre. Je tiendrai la promesse que j'ai faite à Gabrielle, je lui rendrai son enfant.

— Oui, et après cela tu auras fait beaucoup, tu auras fait assez.

Un éclair jaillit des yeux de Morlot.

— Après cela, j'attendrai, murmura-t-il sourdement.

Son visage changea subitement d'expression.

— As-tu vu Gabrielle aujourd'hui? demanda-t-il.

— Non, répondit Mélanie.

— Ni hier, ni aujourd'hui, c'est singulier.

— Si je n'avais pas été très occupée ce matin, je serais allée chez elle.

— Elle ne reste jamais deux jours de suite sans venir, reprit Morlot. Mélanie, elle est peut-être malade.

— Je ne le suppose pas. Si Gabrielle était indisposée au point de ne pouvoir quitter la chambre, elle m'aurait fait prévenir.

— C'est juste.

— Du reste, elle ne vient pas toujours me voir au retour de sa promenade habituelle; nous aurons certainement sa visite tout à l'heure. En l'attendant nous allons dîner.

— C'est prêt?

— Dans deux minutes.

Mélanie courut à sa cuisine et revint au bout d'un instant apportant le potage.

Ils se mirent à table, et, en mangeant, ils causèrent encore de la visite que Morlot allait faire à la marquise de Coulange.

Quand ils eurent achevé leur repas, Mélanie mit sur la table les tasses à café.

— Gabrielle prendra le café avec nous, dit Morlot.

La jeune femme s'empressa d'apporter une troisième tasse.

Morlot resta à table pendant que Mélanie allait et venait de la salle à manger à la cuisine, se livrant à ses occupations de ménagère.

Morlot regardait souvent l'heure à sa montre.

Il finit par perdre patience.

— Mais elle ne vient pas! s'écria-t-il.

— Quelle heure est-il donc? demanda Mélanie.

— Bientôt neuf heures.

— C'est étonnant; elle n'arrive jamais aussi tard.

— Je ne suis pas tranquille, dit Morlot.

— Veux-tu que je te serve ton café?

— Non, je m'en passerai ce soir.

— Il se leva de table brusquement et se mit à marcher avec agitation. L'inquiétude était peinte sur son visage.

— J'en reviens à ma première pensée, reprit-il, Gabrielle est malade.

Mélanie commençait aussi à être inquiète.

— Je suis comme toi, dit-elle, je ne sais quoi m'imaginer. Veux-tu que j'aille jusque chez elle?

— Non, répondit-il, j'y vais moi-même.

— Eh bien, je vais passer une robe et j'irai te rejoindre.

Morlot prit son chapeau, s'élança hors de chez lui et descendit rapidement l'escalier.

Avant d'entrer dans la maison où demeurait Gabrielle, il leva les yeux pour voir si l'une de ses fenêtres était éclairée. Il n'y avait de la lumière ni dans la salle à manger, ni dans la chambre à coucher.

Morlot sentit augmenter son inquiétude. Il traversa la rue d'un bond et entra dans la loge des concierges. Ceux-ci s'empressèrent de lui offrir un siège.

— Non, merci, dit-il, je ne veux pas m'asseoir. Je venais faire une visite à madame Louise; j'ai regardé ses fenêtres, il n'y a pas de lumière chez elle; est-ce qu'elle n'est pas encore rentrée?

Le concierge et sa femme échangèrent un regard étonné.

— Non, monsieur Morlot, elle n'est pas rentrée, répondit la femme. Nous parlions d'elle à l'instant, mon homme et moi; je lui disais que, bien sûr, madame Louise était chez vous et qu'il ne fallait pas nous inquiéter? Ainsi, monsieur Morlot, vous ne l'avez pas vue?

— Non, et je ne vous cache pas que je suis très inquiet.

— C'est tout de même bien étonnant! dit la femme.

— Très étonnant! amplifia le concierge.

— A quelle heure est-elle sortie ce matin?

— Hier matin, monsieur Morlot.

— Comment, hier? fit Morlot avec stupeur.

— Oui, hier, monsieur Morlot; quelle heure pouvait-il être? demanda-t-elle à son mari.

— A peu près huit heures, répondit le concierge.

L'agent de police était devenu très pâle.

— Et depuis hier matin vous ne l'avez pas vue? s'écria-t-il d'une voix frémissante.

— Nous ne l'avons pas vue, monsieur Morlot; c'est pour cela que nous étions très surpris, mon homme et moi.

Morlot était consterné.

— Mon Dieu! mon Dieu! murmura-t-il, que lui est-il arrivé?

— Il ne faut pas encore vous effrayer, monsieur Morlot, hasarda la concierge.

— Ah! vous croyez que je peux rester calme, répliqua-t-il en proie à une agitation croissante, quand je suis tourmenté par toutes sortes de craintes? Non, je suis désolé, désespéré! Pourquoi n'êtes-vous pas venue me prévenir hier soir?

— Nous avons pensé que madame Louise était chez vous.

— En effet, vous avez pu le supposer; mais il fallait venir ce matin.

— Demandez à mon homme ce que je lui ai dit.

— Voici ce que ma femme m'a dit ce matin, monsieur Morlot : « Tiens, madame Louise n'est pas rentrée hier soir; elle a encore couché chez son amie Mélanie comme l'autre nuit. »

— Vous le voyez, monsieur Morlot, vous ne pouvez pas me faire de reproches, reprit la concierge. Bien sûr, je serais allée vous trouver tout de suite, si je n'avais pas pensé que madame Louise fût chez vous.

— C'est vrai, dit Morlot, vous ne pouviez pas savoir.

« Ainsi, elle est sortie hier matin vers huit heures. Est-ce qu'elle ne vous a pas parlé?

— J'étais dans l'escalier quand elle est descendue; comme toujours, elle avait son panier à son bras. Je lui ai demandé si elle allait faire ses provisions.

« — Non, me répondit-elle, j'ai déjà déjeuné.

« — Alors vous sortez?

« — Oui.

« — Il est de bien bonne heure.

« — C'est vrai; mais le temps est superbe et j'ai envie de faire aujourd'hui une longue promenade. Et elle s'en est allée sans me dire autre chose.

« Dites donc, monsieur Morlot, elle s'est peut-être égarée dans un quartier qu'elle ne connaît pas.

L'agent de police haussa les épaules.

— On ne reste pas perdu deux jours dans les rues de Paris, répondit-il.

Il resta un moment silencieux.

— Je vais rentrer chez moi, reprit-il ; mais je reviendrai à onze heures. Si madame Louise rentrait, je veux encore l'espérer, ne lui dites rien.

Morlot trouva sa femme habillée, prête à sortir.

— Gabrielle est malade ! s'écria-t-elle, voyant l'air effaré de son mari et la pâleur de son visage.

— Non, répondit tristement Morlot, Gabrielle n'est pas chez elle.

— Gabrielle n'est pas chez elle ! répéta Mélanie comme un écho.

— Elle est sortie hier matin à huit heures, tu entends bien? hier matin, et depuis elle n'a pas reparu.

Mélanie resta immobile, comme pétrifiée, les yeux démesurément ouverts, fixés sur son mari, qui s'était affaissé sur un siège.

L'agent de police paraissait anéanti.

Vainement il essayait de réfléchir, il ne parvenait pas à ajouter une pensée à une autre ; il y avait une tempête dans son cerveau.

XIV

UNE LUMIÈRE QUI S'ÉTEINT

Au bout d'un instant, Mélanie parvint à se remettre de son émotion. Lentement elle s'approcha de son mari.

— Est-ce que les concierges ne savent rien ? lui demanda-t-elle.

— Rien, répondit-il.

— Elle ne leur a donc rien dit en sortant ?

— A la femme, qui s'étonnait de la voir sortir si tôt, elle a simplement répondu que, le temps étant très beau, elle désirait faire une longue promenade. Ils ne se sont pas inquiétés, ils croyaient qu'elle était ici.

Mélanie baissa tristement la tête.

De grosses larmes roulaient dans les yeux de Morlot.

— Que supposes-tu ? demanda Mélanie, après un moment de silence.

— Que veux-tu que je suppose ? Je ne comprends rien à cela ; je suis terrifié, je n'ai plus ma tête à moi. Gabrielle a disparu : voilà le fait. Comment l'expliquer ? Je cherche, je ne trouve rien ; je ne peux pas deviner. Toutes sortes de pensées se heurtent confusément dans ma tête où il y a comme un brasier.

Mélanie laissa échapper un gémissement.

— Évidemment, un nouveau malheur lui est arrivé, reprit Morlot. Comment la secourir ? Je n'en sais rien, je ne sais rien... Et ne pouvant rien faire, impuis-

Gabrielle bondit sur elle et la saisit par le bras. Solange essaya de la repousser. (Page 382.)

sant, dévoré d'inquiétudes, je suis forcé de rester les bras croisés. On peut tout supposer, même les choses les plus affreuses. Si, prise d'un mal subit, il lui eût été impossible de rentrer chez elle, elle nous aurait fait prévenir. A-t-elle été victime d'un de ces terribles accidents qui arrivent journellement dans Paris? Demain, je tâcherai de le savoir. Je ne veux pas admettre l'hypothèse du suicide.

— Oh! non! oh! non! s'écria Mélanie.

— Et pourtant, c'est possible.

— Gabrielle est incapable d'en avoir eu seulement la pensée, répliqua Mélanie avec force.

Morlot hocha la tête.

— Elle a tant souffert et elle est encore si malheureuse! dit-il d'un ton douloureux.

La figure dans ses mains, Mélanie se mit à pleurer.

A onze heures, Morlot sortit pour faire aux concierges de Gabrielle la visite qu'il leur avait annoncée.

La jeune femme n'était pas revenue. Il rentra chez lui plus agité et plus anxieux encore.

Mélanie pleurait toujours.

— Il faut te coucher, lui dit-il.

— Et toi?

— Je me coucherai plus tard.

— Est-ce que tu vas écrire ta lettre à la marquise?

— Non, répondit-il d'un ton farouche; j'attends.

Et il eut un regard qui fit frissonner Mélanie.

— Morlot, lui dit-elle, en le regardant fixement, tu médites quelque chose de terrible!

— C'est vrai.

— Que veux-tu faire? Dis-le moi, je veux le savoir.

— Tu veux le savoir? Eh bien, je vais te le dire : Si dans trois jours Gabrielle n'est pas revenue, si je ne sais pas où elle est, ou si j'apprends qu'elle est morte, je n'hésiterai pas à faire mon devoir; oui, je serai sans pitié!... Si je me présente à l'hôtel de Coulange, j'y accompagnerai un commissaire de police, et ce sera pour arrêter la marquise.

Mélanie ne put retenir un cri d'effroi.

— Oh! malheureux! gémit-elle.

— L'agent de police sera un vengeur! ajouta-t-il d'une voix sombre.

— Morlot, et l'enfant? Tu ne penses pas à l'enfant! s'écria la jeune femme; que deviendra-t-il, lui?

Morlot se redressa, les yeux étincelants.

— Nous l'adopterons! répondit-il.

Mélanie comprit que, dans l'état de surexcitation où était son mari, il lui serait impossible de lui faire entendre raison.

Morlot avait prié les concierges de Gabrielle de l'avertir immédiatement, si la jeune femme rentrait entre onze heures et minuit, ou s'ils apprenaient d'une façon quelconque ce qui lui était arrivé.

Il attendit inutilement jusqu'à une heure.

Alors il se décida à se mettre au lit. Mais, en proie, comme il l'était, aux plus cruelles appréhensions, il ne lui fut pas possible de s'endormir.

Il se leva de bonne heure, courbaturé, brisé, le corps aussi malade que l'esprit. Avant de sortir il embrassa Mélanie, ce qui était d'ailleurs dans ses habitudes.

— Tu t'en vas déjà? fit-elle.
— Oui.
— Où vas-tu?
— Je n'en sais rien. Où le hasard me conduira. J'ai besoin de me trouver au grand air, de marcher, de me secouer.

Il partit et s'en alla au hasard, comme il l'avait dit, battant le pavé des rues. A huit heures il se trouvait rue de Babylone. L'idée lui vint de prendre un bol de café. Il entra chez madame Philippe. La crémière remarqua qu'il était préoccupé, soucieux, sombre.

— Vous n'avez pas l'air content, lui dit-elle d'un ton amical.
— En effet, répondit-il, je suis très inquiet au sujet d'une jeune femme, d'une amie, que je considère comme ma sœur.
— Est-ce qu'elle est gravement malade?
— C'est pour une autre cause que je suis inquiet. Vous la connaissez peut-être pour l'avoir vue passer, cette jeune femme, car elle venait souvent rue de Babylone. Elle est assez grande, elle a de beaux cheveux noirs et, ce qui est particulièrement remarquable, elle a la figure blanche comme la neige.
— Oh! je l'ai vue plusieurs fois et avant-hier encore.
— Ah! avant-hier, fit Morlot; à quelle heure?
— Il pouvait être huit heures et demie. Elle est bien restée un quart d'heure devant ma boutique, les yeux fixés sur l'hôtel de Coulange, ayant l'air d'attendre quelqu'un.
— Eh bien! depuis avant-hier matin, cette jeune femme a disparu de son domicile. Jugez si je dois être inquiet!

Un jeune homme d'une vingtaine d'années, qui se trouvait à la table voisine de celle où Morlot s'était assis, et qui avait entendu la conversation, prit tout à coup la parole.

— J'ai vu aussi, avant-hier, la dame dont vous parlez, dit-il.

Morlot se tourna vivement vers le jeune homme.

— Où l'avez-vous vue, monsieur? demanda-t-il.
— Boulevard de Montrouge, devant le cimetière.
— Quelle heure était-il?
— Un peu plus de neuf heures. C'est une pauvre femme qui est folle, n'est-ce pas?
— La personne dont je parlais à madame n'est pas plus folle que vous et moi, répliqua Morlot. Ce n'est pas elle que vous avez rencontrée devant le cimetière du Mont-Parnasse.
— C'est possible. Mais alors celle que j'ai vue ressemble beaucoup au portrait que vous venez de faire. J'ai été frappé surtout de la blancheur extraor-

dinaire de son visage, ce qui n'empêche pas qu'elle soit encore très jolie. De plus elle est grande, elle a les cheveux noirs et de grands yeux très brillants.

— La ressemblance est grande, en effet, dit Morlot. Pouvez-vous me dire comment elle était vêtue ?

— Je n'ai pas beaucoup remarqué son costume. Autant que je puis me rappeler, elle portait une robe de laine noire très simple, et une longue pèlerine de soie. Je me souviens qu'elle avait à son bras un panier d'osier teint en noir.

Cette fois Morlot ne pouvait plus douter.

— C'est elle, c'est bien elle ! dit-il.

— En ce cas, monsieur, et d'après ce que vous venez de me dire, on a eu tort de la prendre pour une folle. Mais rien de fâcheux ne peut lui être arrivé, et je vais probablement vous tranquilliser en vous disant qu'elle a été emmenée par des agents de police.

Morlot se dressa sur ses jambes comme poussé par un ressort.

— Des agents de police ! exclama-t-il.

— Ils étaient deux.

— Et ils l'ont emmenée ? Pourquoi ? Qu'avait-elle fait ?

— Ils l'ont emmenée dans une voiture avec une autre femme.

— Une autre femme ? fit Morlot, je ne comprends pas.

— Je regrette de ne pouvoir vous renseigner complètement, reprit le jeune homme, mais je vais vous dire tout ce que je sais.

— Je vous en prie, dites vite ; j'ai besoin de savoir...

— J'allais faire une course rue de la Tombe-Issoire; étant pressé, je marchais très vite. Comme je passais devant le cimetière, je vis un rassemblement d'une trentaine de personnes ; je m'en approchai, curieux de savoir ce qui se passait. J'arrivais juste au moment où les agents faisaient monter les deux femmes dans la voiture. Et j'entendis l'un d'eux qui leur disait : « Vous vous expliquerez devant le commissaire de police. » La voiture partit. Alors je demandai à une personne qui se trouvait là pourquoi on venait d'arrêter ces deux femmes. Elle me répondit :

« Elles se sont querellées et injuriées ; elles étaient prêtes à se prendre aux cheveux quand les agents sont arrivés. C'est la plus jeune, celle qui est si pâle, une pauvre folle, qui a attaqué l'autre, m'a-t-on dit. Du reste, je suis arrivée à la fin de la dispute et je n'en sais pas d'avantage. »

« Je ne songeai pas à interroger d'autres personnes, ajouta le jeune homme ; je me contentai de ce qu'on venait de me dire et je poursuivis mon chemin.

— Je vous remercie, monsieur, dit Morlot, ce que vous venez de m'apprendre est d'un très grand intérêt pour moi.

Cependant il n'était pas délivré de toutes ses craintes et son front restait sombre.

Il paya son bol de café, qu'il n'avait pris qu'à moitié, et sortit de la crémerie.

— Je ne comprends pas, se disait-il, en se dirigeant vers le haut de la rue de Babylone, non, je ne comprends pas... Je dois croire que Gabrielle a été arrêtée, ce jeune homme n'avait aucun intérêt à me mentir; mais ce que je ne puis admettre, c'est qu'elle ait injurié l'autre femme, sans que celle-ci l'eût provoquée par une première insulte. Naturellement, Gabrielle s'est défendue. Les agents sont arrivés, ils les ont emmenées... Cela, je le comprends jusqu'à un certain point. Mais pourquoi les ont-ils fait monter en voiture? Pourquoi a-t-on pris Gabrielle pour une folle? C'est bien singulier. Ce que je ne comprends plus du tout, c'est qu'après s'être expliquée devant le commissaire de police, Gabrielle n'ait pas été mise immédiatement en liberté. D'ailleurs elle a dû se réclamer de moi. Comment se fait-il que je n'aie pas été prévenu? Et quarante-huit heures, deux jours et deux nuits se sont écoulés!

« Non, non, reprit-il s'arrêtant brusquement, en appuyant sa main sur son front brûlant, tout cela n'est pas clair, c'est tout à fait incompréhensible, je m'y perds.

Il se remit à marcher à grands pas.

Sur le boulevard, il trouva une station de voitures de place. Il prit un coupé et se fit conduire successivement chez cinq ou six commissaires de police, où il pouvait supposer que Gabrielle et l'autre femme avaient été conduites.

On lui fit partout cette réponse :

— Nous n'avons pas vu les deux femmes dont vous parlez; nous n'avons aucune connaissance de cette affaire.

Morlot ne savait plus que penser.

Après avoir vu un instant la lumière, il se retrouvait dans les ténèbres.

Il se rendit à la préfecture de police. Il fut bientôt certain que ni l'avant-veille, ni le matin, aucune femme, répondant au signalement de Gabrielle, n'avait été amenée au Dépôt. Cependant il ne crut pas s'en devoir tenir là. Il compulsa les rapports de tous les commissaires de police de Paris et de la banlieue arrivés à la préfecture depuis deux jours.

Il ne trouva rien.

Il avait mis plus de deux heures pour faire ce travail inutile.

Il était en face d'une énigme indéchiffrable. Ne sachant plus que faire, il se livrait à toutes sortes de conjectures aussi invraisemblables les unes que les autres. Une idée bizarre lui venait, il la repoussait aussitôt pour en accueillir une autre plus bizarre encore. Il ne voyait plus de clarté ni en lui, ni autour de lui. Il était dans la nuit, une nuit épaisse, lugubre. Il se sentait découragé; il était affolé, désespéré.

XV

RENCONTRE IMPRÉVUE

Disons, maintenant, ce qui s'était passé devant le cimetière de l'Ouest ou du Mont-Parnasse.

Après s'être éloignée de l'hôtel de Coulange, devant lequel elle était restée environ un quart-d'heure, comme madame Philippe l'avait dit à Morlot, le hasard seul avait conduit Gabrielle sur le boulevard de Montrouge.

Elle marchait le long du mur du cimetière, absorbée dans ses tristes pensées, les mêmes toujours, lorsque, tout-à-coup, dans une femme qui marchait d'un pas pressé et en sens inverse, également le long du mur du cimetière, elle reconnut sa fausse amie d'Asnières, Félicie Trélat, ou plutôt Solange, l'associée de Blaireau.

Gabrielle ressentit une forte commotion et il lui sembla que tout se retournait en elle. Un instant son cœur cessa de battre, son sang s'arrêta dans ses veines, la respiration lui manqua et elle chancela comme si elle allait tomber. Un tremblement nerveux la saisit et il lui fut impossible de faire un pas en avant. Mais ce ne fut qu'un moment de faiblesse causée par la violence même de son émotion.

Solange arriva près d'elle et allait passer sans la reconnaître, lorsque Gabrielle, le regard plein d'éclairs, se jeta devant elle et lui barra le passage.

Instinctivement, Solange fit deux pas en arrière.

L'œil enflammé, menaçant, Gabrielle marcha sur elle.

Solange, qui ne la reconnaissait pas encore, la regarda avec surprise et murmura :

— C'est une folle !

Elle voulut s'éloigner. Mais avant qu'elle eût le temps de faire un pas, Gabrielle bondit sur elle et la saisit par le bras. Solange essaya de la repousser.

— Vous ne m'échapperez pas, misérable ! dit Gabrielle d'une voix rauque.

Solange tressaillit, et son visage se couvrit d'une pâleur livide. Au son de la voix, elle venait de reconnaître sa victime. Cependant, elle se remit promptement et voulut faire bonne contenance.

— Laissez-moi passer mon chemin, dit-elle ; je ne vous connais pas, que me voulez-vous ?

— Ah ! ah ! vous ne me connaissez pas ? riposta Gabrielle d'une voix frémissante. Regardez-moi donc ? Non, vous détournez les yeux, vous n'osez pas me regarder. Je suis la malheureuse que vous avez trompée par vos paroles menteuses. Voleuse, voleuse d'enfant !... Je vous ai retrouvée, enfin, vous voilà, je vous tiens ! Oh ! vous ne m'échapperez pas !... Infâme, qu'avez-vous fait de mon enfant ? Rendez-moi mon enfant ! rendez-moi mon enfant !

Solange commençait à sentir la peur s'emparer d'elle. Songeant à prendre la fuite, elle fit un violent effort pour se dégager. Mais la main de Gabrielle, crispée sur son bras, serrait comme des tenailles.

— Je veux mon enfant ! Je veux mon enfant ! criait la jeune fille.

La situation devenait dangereuse pour Solange, car elle craignait de voir apparaître d'un moment à l'autre le képi d'un sergent de ville. Elle ne tenait nullement, on le comprend, à être menée au poste et à avoir à fournir des explications.

— En vérité, je ne sais pas ce que vous voulez dire, prononça-t-elle d'une voix mal assurée ; vous me prenez certainement pour une autre.

Et elle jeta autour d'elle des regards éperdus.

— Misérable femme ! reprit Gabrielle, en fixant sur elle ses yeux ardents, maintenant que je vous tiens, après vous avoir si longtemps cherchée, je ne vous lâcherai pas... Ah ! vous feignez de ne pas me connaître et vous dites que je vous prend pour une autre... Non, vous êtes Félicie Trélat, la voleuse d'enfant ! Vous verrez, misérable, vous verrez... Il y a la justice, il y a les magistrats ; ils vous feront parler, eux : Il faudra bien que vous leur disiez ce que vous avez fait de mon enfant..... Ah ! voleuse, voleuse d'enfant !

Déjà, plusieurs personnes qui passaient s'étaient arrêtées près d'elles pour écouter.

Solange chercha à se tirer d'embarras en payant d'audace. Elle se tourna vers les témoins de la scène.

— Messieurs, dit-elle d'un ton très calme en apparence, vous avez entendu les paroles de cette femme ; je n'en suis pas offensée, car elles sortent évidemment de la bouche d'une insensée. Je ne sais pas qui elle est, je la vois aujourd'hui pour la première fois, et elle crie que je lui ai volé son enfant, c'est bien de la folie... Je passais tranquillement sur le boulevard, allant à mes affaires, lorsqu'elle s'est précipitée sur moi comme une furie. Je vous en prie, messieurs, aidez-moi à me débarrasser de cette malheureuse, qui est privée de sa raison.

— Ne l'écoutez pas, s'écria Gabrielle avec emportement, elle vous trompe... Elle me connaît très bien ; c'est une coquine, elle m'a volé mon enfant !

Solange haussa les épaules.

— Vous voyez bien qu'elle est folle, dit-elle.

Et elle ajouta avec un accent plein de compassion :

— Pauvre femme ! je ne peux pourtant pas lui en vouloir. Qui sait ? Elle a eu probablement un enfant qui est mort, et dans sa folie elle s'imagine qu'on le lui a volé...

— Ce doit être ça tout de même, dit une femme.

Et plusieurs voix répétèrent autour de Gabrielle :

— Pauvre folle !

Les paroles astucieuses de Solange obtenaient le résultat qu'elle avait espéré.

Gabrielle elle-même resta confondue par son incroyable audace. La stupéfaction était peinte sur son visage ; il y avait de l'égarement dans son regard plein de lueurs étranges.

Anxieuse, haletante, prise à chaque instant d'un frémissement nerveux, ses yeux cherchaient parmi les personnes présentes un défenseur, un protecteur ; elle interrogeait l'une après l'autre toutes les physionomies et semblait implorer aide et protection.

Les spectateurs, des ouvriers pour la plupart, s'intéressaient évidemment beaucoup à cette scène étrange qu'ils avaient sous les yeux, mais aucun ne paraissait décidé à prendre parti pour l'une ou l'autre des deux femmes.

Gabrielle reprit d'une voix étranglée par l'émotion :

— Oh ! ne m'abandonnez pas, protégez-moi !... Elle vous dit que je suis folle, ne le croyez pas, ne le croyez pas ! Non, je ne suis pas folle, j'ai toute ma raison... Oui, cette femme est une misérable... Je vous le répète, elle m'a volé mon enfant ! Il était tout petit, il venait de naître... c'est un garçon, un beau petit garçon... Il aura sept ans cette année après la Notre-Dame. Ah ! j'ai beaucoup pleuré... Je suis la mère... J'ai eu à peine le temps de le voir, je ne l'ai presque pas embrassé... C'est affreux, voyez-vous, c'est affreux ! Je me suis endormie, cette femme était là... Et pendant que je dormais, elle a pris mon enfant et elle est partie... Et quand je me suis réveillée, l'ange n'était plus dans son petit berceau...

Malgré l'inquiétude qui la dévorait, Solange gardait toute sa présence d'esprit.

— La pauvre malheureuse, dit-elle d'un ton contrit, comme elle divague !

— Je ne mens jamais ! reprit Gabrielle, je jure que je dis la vérité. J'ai mis au monde un enfant, et la femme que voilà me l'a volé... S'il y a ici une mère, qu'elle réponde. On a pris son enfant à une pauvre mère, qui ne demandait qu'à l'aimer... Voyons, dites, est-ce qu'il ne faut pas qu'on le lui rende ?

Des larmes jaillirent de ses yeux.

Mais aucune voix ne s'éleva en sa faveur.

Elle ne voyait autour d'elle que des figures attristées, des gens qui paraissaient la plaindre.

Son étrange pâleur, l'éclat de son regard, son effarement, son air exalté, le décousu de ses paroles, tout cela, malheureusement, faisait croire aux gens à qui elle s'adressait, qu'ils se trouvaient réellement en présence d'une malheureuse atteinte d'aliénation mentale.

D'un autre côté, l'attitude résignée de Solange, sa tranquillité apparente semblaient justifier leur fatale erreur.

— Si tu jettes encore un cri, lui dit un des deux hommes, je t'enfonce mon couteau dans la gorge. (Page 390.)

Depuis un instant, Gabrielle ne tenait plus le bras de Solange. Celle-ci pouvait s'éloigner, prendre la fuite ; mais, malgré ses craintes et le danger qui la menaçait, elle n'osait pas le faire brusquement. Elle restait immobile au milieu du groupe, attendant l'instant propice pour s'esquiver sans être trop remarquée. D'ailleurs, elle comprenait que Gabrielle s'élancerait sur ses pas et la poursuivrait de ses cris : or, elle ne se souciait nullement de courir elle-même à la rencontre des sergents de ville qui, par un bonheur inouï pour elle, ne se montraient point sur le boulevard.

Ensuite, en s'éloignant, elle redoutait encore de faire croire qu'elle avait peur. N'interpréterait-on pas sa fuite, en effet, comme un aveu de sa culpabilité ? Alors tous ces gens hésitants, qui ne voulaient pas intervenir pouvaient prendre subitement fait et cause pour Gabrielle.

Dans ce cas, les conséquences de sa rencontre avec sa victime devenaient terribles.

Voilà les réflexions que faisait Solange. Elle avait réussi à faire passer Gabrielle pour une folle ; il fallait absolument que ceux qui étaient là en restassent convaincus. Là seulement était son salut.

Cependant sa situation devenait de plus en plus difficile et périlleuse, car Gabrielle était bien résolue de ne pas la laisser s'échapper.

Autour d'elles, des hommes et des femmes échangeaient des paroles rapides.

— Moi, dit un ouvrier, je ne vois qu'un moyen d'arranger cela.

— Lequel ?

— C'est de les mener tout simplement chez le commissaire de police.

— C'est juste, dit un autre ; il fera entendre raison à la folle, et il saura bien les mettre d'accord.

— Je ne demande que cela, dit vivement Gabrielle ; oui, allons chez le commissaire de police.

Solange sentit un frisson courir dans tous ses membres.

Les choses commençaient à prendre pour elle une mauvaise tournure.

— C'est comme un fait exprès, dit une femme, on ne voit pas un sergent de ville ; ils ne sont jamais là quand on a besoin d'eux.

— Eh bien, nous ferons leur service, répliqua l'ouvrier qui avait parlé le premier.

« Qui veut accompagner ces dames avec moi au bureau du commissaire ? demanda-t-il.

— Nous irons volontiers, répondirent trois ou quatre voix.

Deux hommes vêtus en bourgeois venaient d'arriver sur le lieu de la scène et de se mêler au groupe de curieux.

Après avoir jeté un regard sur Solange et Gabrielle, qui se trouvaient en face l'une de l'autre, au centre du cercle formé autour d'elles, l'un de ces hommes, parlant avec une certaine autorité, se fit renseigner sur la cause du rassemblement.

— Vous avez parfaitement raison, dit-il aux ouvriers, cette affaire regarde le commissaire de police.

Solange tressaillit et tourna vivement la tête. Son regard rencontra celui de l'individu. Aussitôt ses yeux s'illuminèrent et un sourire singulier glissa rapidement sur ses lèvres.

L'homme se pencha vers son compagnon et lui dit tout bas quelques mots à l'oreille.

Pendant que ce dernier s'éloignait rapidement, l'homme reprit à haute voix :

— Je suis inspecteur de police ; je me charge de ces deux femmes, qui auront à s'expliquer tout à l'heure devant qui de droit.

— Je suis prêt à vous accompagner, dit un ouvrier.

— Et moi aussi, dit un autre.

— Moi aussi, dit un troisième.

— Merci, répondit l'homme ; mais c'est tout à fait inutile. Du reste, je ne suis pas seul. J'ai un camarade qui est allé chercher un fiacre.

Puis, s'approchant des deux femmes :

— Vous allez venir avec moi, leur dit-il d'un ton sévère, je vous arrête. L'une de vous deux a tort, je n'ai pas à savoir laquelle, ce n'est pas mon affaire.

— Comment, on m'arrête, moi ! s'écria Solange, qui parut très indignée.

L'homme répliqua sèchement :

— Si vous n'avez rien à vous reprocher, vous n'avez rien à craindre.

— Monsieur, dit Gabrielle, je suis prête à vous suivre.

— J'aime mieux cela que d'être obligé de vous emmener de force.

— Vous êtes inspecteur de police, monsieur, laissez-moi vous dire...

— Vos affaires ne me regardent point, interrompit brusquement l'individu ; je n'ai rien à entendre ; vous parlerez quand on vous interrogera.

A ce moment, un fiacre s'arrêta à quelques pas.

— Allons, en route, dit l'homme. Voilà la voiture, on fait bien les choses.

Et il plongea à droite et à gauche un regard rapide, qui aurait pu paraître inquiet à un observateur.

— Vite, vite, reprit-il, nous n'avons pas le temps de nous amuser.

Solange eut l'air de lui résister, disant :

— C'est inimaginable, c'est ridicule ; on n'arrête pas ainsi les gens, j'ai mes occupations, je suis attendue chez moi.

— On vous attendra plus longtemps, riposta l'homme.

Et il la poussa vers la voiture.

— On n'a pas idée de cela, reprit-elle : mais comprenez donc...

— Encore une fois, je n'ai pas à vous écouter ; vous vous expliquerez toutes les deux devant le commissaire de police.

L'autre individu avait ouvert la portière du fiacre.

Gabrielle y prit place la première. Solange, l'air renfrogné, enjamba à son tour le marchepied. L'homme, qui se disait inspecteur de police, se plaça en face d'elle sur le siège de devant et ferma la portière. Son camarade avait déjà grimpé à côté du cocher.

Celui-ci fouetta ses chevaux et la voiture roula bruyamment sur le pavé.

— Les voilà emballés, dit un ouvrier loustic.

Le loustic est un produit essentiellement parisien; on le rencontre partout. Tous ces honnêtes ouvriers, qui venaient de voir partir Gabrielle et Solange, s'éloignèrent persuadés qu'elles étaient emmenées par deux agents de police.

XVI

LE PIÉGE

Le fiacre, tournant à gauche, avait pris la rue de la Gaîté, puis la chaussée du Maine; ensuite, après avoir suivi un instant la rue de Vanves, il s'était engagé dans un dédale de petites rues étroites, sales et mal pavées, se dirigeant vers le petit Montrouge.

Le cocher conduisait ses chevaux sur les indications que lui donnait l'individu assis à côté de lui.

Solange s'était blottie dans son coin, tournant le dos à Gabrielle et lui cachant son visage.

De temps à autre, elle échangeait un regard d'intelligence avec l'homme assis en face d'elle.

Gabrielle ne s'apercevait de rien. Elle éprouvait une satisfaction ineffable, Toute frémissante de joie, elle ouvrait largement son cœur à la douce espérance. Enfin, cette misérable femme, qui l'avait trompée, trahie, qui lui avait pris son enfant, que pendant des années elle avait cherchée partout, cette odieuse créature allait être obligée de répondre à son accusation.

— Il faudra bien qu'elle avoue qu'elle m'a volé mon enfant, pensait-elle; il faudra bien qu'elle dise où il est, et mon enfant, mon fils, me sera rendu!

Pleine de confiance, elle s'attendait à se trouver en présence du commissaire de police. Elle ne voyait pas que la voiture s'éloignait de Paris.

— Monsieur l'inspecteur de police, dit-elle de sa voix douce et timide, connaissez-vous M. Morlot?

L'homme se tourna brusquement de son côté.

— Qu'est-ce que c'est que M. Morlot? fit-il.

— C'est un de vos collègues, monsieur, un inspecteur de police.

— Morlot? oui, oui, je le connais très bien.

— Eh bien, monsieur, lui et sa femme sont mes meilleurs amis.

— Tant mieux, je vous en félicite, répondit l'homme.

Gabrielle regarda à travers le carreau du fiacre. Elle vit des jardins et de grands terrains incultes dans lesquels séchait du linge étendu sur des cordes, puis, çà et là, de petites maisons basses, misérables, construites au milieu des champs.

Son regard exprima la surprise.

— Monsieur, arriverons-nous bientôt? demanda-t-elle avec un commencement de vague inquiétude.

— Dans un instant, répondit laconiquement l'homme.

Gabrielle laissa échapper un soupir.

Solange était restée dans son coin, sans faire un mouvement, sans prononcer une parole.

Maintenant la voiture avançait lentement sur un chemin abandonné où les roues des voitures de maraîchers avaient creusé de profondes ornières.

Enfin, au bout d'un instant, le fiacre s'arrêta.

— Nous sommes arrivés, dit l'homme.

— Ce n'est pas malheureux, fit Solange avec humeur.

L'autre individu, ayant sauté à bas du siège du cocher, vint ouvrir la portière.

L'homme mit pied à terre le premier, puis Solange, puis Gabrielle.

Le cocher, qui avait été payé d'avance, se retira immédiatement.

Gabrielle regardait autour d'elle, ouvrant de grands yeux étonnés. Elle ne comprenait pas encore.

Elle vit un mur noir, crevassé, bombé par places, branlant, prêt à tomber, et dans ce mur une porte grossièrement fabriquée avec des planches mal jointes.

A droite, à gauche et derrière elle s'étendait la plaine coupée de murs, accidentée de monticules de pierres ou de sable, comme on en voit au bord des carrières. De loin en loin, une chétive habitation isolée, des arbres rabougris, des palissades, des haies, des buissons. Dans le fond, très loin, un alignement de maisons à plusieurs étages.

Au milieu de la plaine, Gabrielle vit encore des femmes et des hommes courbés vers la terre, et, sur des chemins tracés à travers champs, quelques voitures de paysans.

Ce n'était pas la solitude complète; mais cet endroit inconnu, où se trouvait Gabrielle, avait quelque chose de triste, de désolé, d'effrayant même. Elle ne put s'empêcher de frissonner, et son cœur se serra.

Elle ne pouvait se rendre compte de ses impressions; mais elle était anxieuse et elle éprouvait un malaise singulier.

L'un des hommes tira une clef de sa poche, l'introduisit dans la serrure de la porte dont nous venons de parler, et la porte s'ouvrit sur un terrain carré, clos de murs, couvert de hautes herbes, qui avait pu être autrefois un jardin.

A l'extrémité d'un sentier à peine frayé sur le sol envahi par les orties et les ronces, Gabrielle vit se dresser un petit bâtiment écrasé, sombre, aux murs lézardés, noircis par la pluie, à l'aspect sinistre, une sorte de ruine. Cette chose, qui ressemblait à une maison, lui apparut menaçante et lui fit l'effet d'être une caverne.

Aussitôt la porte ouverte, Solange s'était élancée dans le terrain et elle marchait rapidemement vers la maison.

Gabrielle, saisie d'un effroi subit, se rejeta en arrière. Ses yeux hagards cherchèrent le fiacre. Elle ne le vit plus. Il avait tourné brusquement à l'angle du mur, ayant probablement découvert un chemin plus facile que celui par lequel il était venu.

La jeune femme se vit seule entre les deux hommes. Ils avaient changé d'attitude; maintenant, ils avaient dans le regard quelque chose de farouche et de terrible.

Une pensée traversa le cerveau de Gabrielle, rapide comme l'éclair. Elle venait de comprendre, cette fois, qu'elle était tombée dans un piège.

— Où suis-je donc ici? s'écria-t-elle éperdue.

L'un des hommes la saisit brutalement par le bras.

— Allons, venez, dit-il d'une voix rude.

— Non, non, laissez-moi ! cria-t-elle, je ne veux pas entrer là !

Elle fit un bond en arrière et voulut prendre la fuite.

Mais les deux hommes se jetèrent sur elle en même temps et la poussèrent dans l'enclos.

— Au secours ! appela-t-elle.

Elle vit aussitôt la pointe de deux couteaux menacer sa poitrine.

Elle n'eut plus la force de pousser un nouveau cri. Ce fut une sorte de râle qui sortit de sa gorge. Elle était paralysée par l'épouvante.

— Si tu jettes encore un cri, lui dit un des hommes d'une voix sourde et menaçante, je t'enfonce mon couteau dans la gorge.

Elle se mit à trembler de tous ses membres.

— Chauve-Souris, ferme vite la porte, reprit l'homme s'adressant à l'autre bandit.

Celui-ci se hâta d'obéir.

Alors ils voulurent faire marcher Gabrielle, mais ce fut en vain, elle ne put avancer. Ils s'aperçurent qu'elle défaillait et était prête à tomber. Rapidement, l'un deux lui enveloppa la tête dans sa pèlerine ; l'autre, le plus robuste, la prit à bras-le-corps, l'enleva comme un paquet et l'emporta en courant vers la maison.

Pour Gabrielle, tout cela se passait comme dans un rêve, au milieu d'un lourd sommeil. Elle n'éprouvait plus aucune sensation ; elle n'entendait plus, elle n'avait plus de pensée; elle ne savait pas si elle respirait encore, elle n'avait plus conscience de son être. L'âme semblait s'être séparée du corps.

Combien de temps resta-t-elle ainsi dans cette espèce de léthargie ? Elle n'aurait su le dire.

Quand elle revint à elle, elle était seule dans une chambre, étendue sur le carreau. En s'aidant de ses mains, elle parvint à se soulever et à se mettre sur ses genoux. D'abord, elle regarda autour d'elle avec effarement.

— Où suis-je donc? se demanda-t-elle, en passant ses mains sur son front et sur ses yeux.

Tout à coup elle tressaillit. La pensée lui était revenue; elle se souvenait de sa rencontre avec Solange et de ce qui s'était passé ensuite jusqu'au moment où, après avoir été poussée violemment dans l'enclos, elle avait vu deux lames effilées sur sa poitrine.

Elle se dressa sur ses jambes en jetant un grand cri. Elle fit quelques pas et se mit à crier de toutes ses forces :

Au secours ! au secours !

Sa voix resta sans écho. Autour d'elle tout garda un lugubre silence.

Elle se trouvait dans une petite pièce plus longue que large, un boyau, sans fenêtre, qui recevait un peu de jour d'une sorte de lucarne percée dans la toiture. Elle sentit un frisson courir dans tous ses membres.

— Un cachot! murmura-t-elle.

Elle poussa un nouveau cri que lui arracha sa terreur.

Elle vit une porte; affolée, elle s'élança pour l'ouvrir. Mais la porte était épaisse, bien assise sur ses gonds rouillés et d'une solidité à toute épreuve. Au bout d'un instant d'inutiles efforts, Gabrielle dut renoncer à l'espoir qu'elle avait eu un instant de pouvoir s'échapper. Elle était épuisée, haletante; son front ruisselait de sueur; elle avait les ongles brisés, les mains saignantes.

— Oh ! les misérables! s'écria-t-elle; mais que veulent-ils donc faire de moi?

Elle fit deux fois le tour de sa prison, frappant la muraille avec une clef, celle de son logement. Elle fut bientôt convaincue que si la porte était solide, les murs avaient une épaisseur suffisante pour empêcher sa voix d'arriver au dehors.

Elle n'en pouvait plus douter, elle était réellement enfermée dans une espèce de prison.

La pièce était complètement nue : pas un meuble, rien, pas même une poignée de paille sur laquelle elle aurait pu se coucher ou s'asseoir. Il n'y avait qu'un seul objet : son panier, qui était restée à son bras, et qu'elle retrouva à l'endroit où elle avait été jetée.

Appuyée contre la muraille, la tête penchée sur sa poitrine et les yeux à demi fermés, Gabrielle se mit à réfléchir profondément.

Tout à coup elle se redressa, les yeux hagards, fit trois pas en avant, puis recula épouvantée comme si une bête hideuse se fût dressée devant elle.

— Oh! oh! oh! fit-elle d'une voix étranglée.

Elle venait de s'expliquer pourquoi les deux hommes l'avaient enfermée, et elle avait cette horrible pensée que sa prison allait être son tombeau, qu'elle était condamnée à mourir de faim.

— Je suis perdue ! gémit-elle.

Elle était oppressée, elle respirait avec peine ; il lui semblait qu'un poids énorme pesait sur sa poitrine. De grosses gouttes de sueur perlaient sur son front, et cependant ses membres et son corps étaient glacés.

Machinalement elle marcha vers la porte massive, contre laquelle elle colla son oreille. Elle eut beau écouter, elle n'entendit rien, ni dans la maison, ni au dehors, ni même un bruit lointain.

C'était le silence de la tombe, le solennel et effrayant silence de la mort.

Tout son sang s'était précipité vers la tête et battait violemment ses tempes. Il y avait dans ses oreilles un bourdonnement sourd, un voile épais tomba sur ses yeux.

Chancelante, cherchant à s'appuyer contre la muraille, elle se réfugia dans le coin le plus sombre de sa prison.

A toutes ses terreurs se joignait un profond découragement. Enfermée vivante dans un sépulcre, elle comprenait qu'elle ne devait compter sur aucun secours humain.

Après avoir tant souffert, après avoir vu si souvent ses espérances détruites et subi successivement toutes les épreuves de la vie, elle n'avait même plus la force du désespoir. Mais de nombreux sanglots s'échappèrent de sa poitrine gonflée.

N'ayant plus rien à attendre des hommes, elle essaya de se détacher complètement des choses de la terre ; sa pensée s'élança vers le ciel, appelant Dieu.

— Ma triste destinée doit s'accomplir ! soupira-t-elle.

Au trouble de l'épouvante succédait la sérénité de la résignation.

XVII

DEUX BANDITS

Après avoir enfermé Gabrielle dans cette chambre, qui ressemblait à un cachot, les deux hommes avaient rejoint Solange dans une pièce du rez-de-chaussée de la maison où elle les attendait.

Cette maison, qui commençait à tomber en ruine, bien qu'elle eût été solidement construite, appartenait pour le moment à un marchand de bric-à-brac de Paris. Il l'avait recueillie dans un héritage. Il prétendait l'avoir louée à de

Le misérable se rua sur elle pour lui passer la corde autour du cou. (Page 399.)

petits rentiers, l'homme et la femme, mais la vérité est qu'il l'avait mise à la disposition de voleurs dont il était, lui, un des principaux recéleurs.

La maison était à une distance de quatre ou cinq cents mètres des fortifications, sur la limite du territoire de Châtillon. Elle servait de dépôt provisoire pour les objets volés dans les communes et les maisons habitées au sud de Paris. Les rôdeurs de nuit s'y donnaient rendez-vous et c'est de là que sortait le mot d'ordre, chaque fois qu'une expédition d'une certaine importance avait été décidée.

Nous n'avons pas besoin de dire que le propriétaire de la maison et les deux hommes, qui avaient eu l'audace de se faire passer pour des agents de police, faisaient partie de cette bande de malfaiteurs, si admirablement organisée, qui agissait sous la direction occulte de Blaireau.

Le premier de ces hommes se nommait Princet. Deux fois déjà il avait été condamné pour vol. Non moins intelligent qu'audacieux, c'était un misérable excessivement dangereux. L'autre s'appelait Cholard, surnommé Chauve-Souris par ses camarades. A peine âgé de vingt-quatre ans, il n'avait eu qu'une condamnation en police correctionnelle à huit jours de prison pour rixe nocturne sur la voie publique.

— Il faut que je vous remercie tous les deux, leur dit Solange, vous m'avez sauvée d'un terrible danger.

— Hé, fit Princet, vous n'étiez pas à votre aise tout de même.

— Un moment je me suis vue perdue.

— Et d'autres avec vous.

— Non, moi seule, car on ne m'aurait pas arraché une parole. J'étais vraiment dans une vilaine situation. Fuir me paraissait impossible ; d'ailleurs la femme m'aurait poursuivie, ameutant le monde sur mon passage. Les gens qui étaient là paraissaient décidés à nous mener chez le commissaire de police ; j'avoue que je commençais à avoir grand'peur lorsque, heureusement, vous êtes arrivés.

— Tout en m'approchant, je vous ai reconnue, madame Solange, et je me suis dit aussitôt : « Il faut savoir ce qui se passe ; attention et ouvre l'œil. » J'ai interrogé les badauds, et quand j'ai su de quoi il retournait, j'ai tout de suite imaginé la bonne farce qui a si bien réussi. Je n'ai rien trouvé de mieux pour vous tirer d'affaire. Par bonheur, Cholard était avec moi ; il a su trouver un fiacre, ce qui était absolument nécessaire.

« Ah ! ah ! ah ! ajouta-t-il en riant, le tour a-t-il été crânement joué ? Je vous assure que tous ceux qui étaient là n'y ont vu que du feu.

— Vous avez été très adroits et vous avez fait preuve d'une grande présence d'esprit.

— Dans des cas comme celui-là il n'y a que la hardiesse qui sauve.

— Quand je verrai le maître, prochainement, je ne manquerai pas de lui parler du service que vous m'avez rendu, et je lui demanderai pour vous deux une bonne gratification.

— Elle sera acceptée avec reconnaissance.

— C'est moi qui vous suis reconnaissante, répliqua Solange en souriant.

— Dites donc, reprit Princet, c'est qu'elle n'est pas folle du tout la femme pâle.

— Malheureusement.

— On lui a donc réellement volé son enfant ?

— Oui. Vous n'attendez pas que je vous conte la chose, n'est-ce pas ? C'est un secret du grand maître. Du reste, l'aventure date de longtemps. Je n'en avais plus entendu parler moi-même, je n'y pensais plus, lorsque, ce matin, un hasard maudit m'a mise en présence de la femme que vous venez d'enfermer là-haut. Je ne l'ai pas d'abord reconnue, je n'ai pu l'éviter. Et puis, j'étais loin de songer à elle. Je la croyais morte ou folle, enfermée pour toute sa vie dans un hospice d'aliénés. Et elle est bien vivante, et elle n'est pas folle! Quand elle s'est jetée sur moi, me réclamant son enfant, j'ai cru véritablement que c'était un fantôme, un spectre qui sortait du cimetière. Heureusement, je n'ai pas perdu mon sang-froid... Vivante, vivante !... Si seulement elle était folle, elle ne serait pas à craindre... Je ne vous le cache pas, je vais être maintenant dans une inquiétude continuelle.

— Pourquoi?

— Elle s'est trouvée ce matin sur mon chemin, elle peut me rencontrer encore.

Princet eut un sourire singulier.

— Actuellement elle est en lieu sûr, dit-il.

— Vous ne pouvez pas la garder éternellement.

— C'est certain.

— Eh bien, je ne pourrai plus sortir sans avoir peur de rencontrer cette furie, de voir ce fantôme se dresser devant moi.

— La femme pâle me fait l'effet d'être fort compromettante pour nous tous, opina Cholard.

— Elle est à craindre, dit Solange.

Le front plissé et les yeux farouches, Princet paraissait réfléchir.

— Au fait, reprit Cholard, qu'est-ce que nous allons en faire?

Après un moment de silence, Princet releva brusquement la tête.

— Dans la voiture, dit-il d'une voix creuse, elle m'a demandé si je connaissais un agent de police du nom de Morlot.

— C'est vrai, fit Solange.

— Je lui ai répondu que je le connaissais. Je le connais, en effet, bien que je ne l'aie jamais vu. Ce Morlot est un homme terrible et féroce pour nous autres : c'est lui qui a arrêté un de nos chefs, Gargasse, dans un cabaret de Charonne où il avait eu l'imprudence de boire un coup de trop. Je ne me soucie pas d'avoir Morlot à nos trousses, surtout s'il est l'ami de la femme pâle, comme elle le prétend.

« Pas plus tard que cette nuit, nous enlèverons tout ce que nous avons encore en dépôt ici; nous choisirons un autre lieu de rendez-vous et nous ne reparaîtrons dans cette maison que quand nous serons sûrs de pouvoir le faire sans danger.

— Pourquoi déménager? demanda Cholard; je ne vois pas que nous soyons menacés.

Princet haussa les épaules.

— Tu es jeune, Chauve-Souris, dit-il, tu as besoin d'acquérir de l'expérience. Ce soir ou demain, Morlot saura que la femme pâle, qui est l'amie de sa femme et la sienne, a disparu. Naturellement il se mettra à sa recherche. Tu peux être sûr qu'il parviendra à savoir ce qui s'est passé sur le boulevard de Montrouge. Il cherchera deux jours, trois jours, quatre si tu veux. Comme il a du flair, — il l'a prouvé, — et qu'il doit connaître l'histoire de l'enfant volé, il devinera que la femme a été enlevée.

— Après?

— Après? il trouvera le cocher qui nous a conduits, — ça ne lui sera pas difficile, — et le cocher l'amènera ici.

— Diable, je n'avais pas songé à cela.

— Pour ta gouverne, ami Cholard, il faut toujours songer à tout.

— Si je t'ai bien compris, nous allons garder la femme?

— C'est nécessaire.

— Qu'est-ce que nous en ferons?

Princet regarda fixement Cholard sans répondre.

— Nous allons avoir là une prisonnière bien gênante, reprit Cholard. Est-ce que nous ne pourrions pas, en partant d'ici la nuit prochaine, lui donner la clef des champs?

Princet secoua la tête et prit un air sombre.

— Dans l'intérêt de madame Solange, et pour notre sûreté à nous, répondit-il sourdement, il faut que cette femme disparaisse.

— Alors, vous voulez vous en aller en la laissant enfermée ici? demanda Solange.

— Ça pourrait se faire ; mais je ne trouve pas que ce soit un moyen sûr de nous débarrasser d'elle.

— Vous voulez la tuer! s'écria Solange.

— Oui.

— Oh! c'est grave!

— Nous y sommes forcés, notre sûreté l'exige.

— C'est vrai, approuva Cholard.

Princet se tourna brusquement de son côté.

— C'est toi qui lui feras son affaire cette nuit.

— Moi?

— Oui, toi. Tu n'as pas peur, je suppose.

— Peur? allons donc!

— A la bonne heure ; il faut que tu gagnes tes éperons.

— Est-ce que je serai seul?

— Oui.

— Pourquoi ne seras-tu pas avec moi?

— Tu sais bien que j'ai affaire cette nuit du côté de Bourg-la-Reine.

— Alors un coup de couteau ?

— Non ; le sang coule et laisse des traces. Tu l'étrangleras, d'abord ; une femme ! c'est l'affaire d'un instant.

— Ensuite ?

— Tu emporteras le cadavre et tu le jetteras dans le puits où il y a encore assez d'eau pour le cacher. Cela fait, pour qu'il aille au fond et s'enfonce dans la vase, tu trouveras facilement de grosses pierres que tu jetteras dessus.

— A quelle heure faudra-t-il faire la chose ?

— Aussitôt que nos camarades, qui auront été prévenus dans la soirée, auront tout enlevé.

« Tu resteras ici le dernier ; les autres n'ont pas besoin de savoir la besogne que je te donne.

En parlant ainsi Solange était d'une pâleur livide. La préméditation de cet horrible crime l'épouvantait. Cependant elle ne prit point la défense de Gabrielle elle regardait les deux scélérats avec terreur ; mais elle n'essaya point de les faire renoncer à leur abominable projet.

— Je n'ai plus rien à faire ici, dit-elle en se levant, je vais vous quitter.

— Avant de partir voulez-vous voir notre prisonnière ? lui demanda Princet avec son affreux sourire.

— Non, non, répondit-elle en frissonnant.

— N'oubliez pas la gratification promise.

— Soyez tranquille.

— Cholard, tu vas accompagner madame Solange ; tu lui ouvriras la porte sur la ruelle ; elle n'aura qu'à prendre le chemin à droite pour gagner la route pavée.

Solange s'en alla. Un instant après, les deux bandits quittèrent à leur tour la maison.

Gabrielle vit le jour de sa prison baisser peu à peu, puis s'éteindre tout à fait La nuit était venue. La malheureuse se persuadait de plus en plus qu'on l'avait enfermée avec l'intention de la laisser mourir de faim.

Il y avait au moins trois heures qu'elle était dans les ténèbres, lorsque le silence qui l'entourait fut troublé tout à coup. Il lui sembla qu'on marchait au-dessous et autour d'elle ; c'étaient des pas lourds, qui résonnaient également sur les marches de l'escalier.

Épuisée de fatigue, les jambes brisées, elle s'était accroupie dans un coin. Elle se releva et, à tâtons, suivant le mur, elle chercha la porte. Quand elle l'eut trouvée, elle tendit l'oreille pour écouter. Elle reconnut d'abord au bruit des pas, qu'il y avait plusieurs personnes dans la maison. Elle entendit ensuite des voix hommes, de grosses voix rauques et enrouées. Mais elle eut beau concentrer son attention et toutes ses facultés auditives, il lui fut impossible de saisir une parole ayant un sens. Le bruit des voix arrivait à son oreille comme un bourdonnement. Elle eut l'intention de crier, d'appeler. Elle n'osa pas le faire. Elle sentait bien qu'elle n'avait rien de bon à espérer. Par les deux individus qu'elle connaissait, elle pouvait juger ce que valaient les autres.

Le bruit dura pendant une demi-heure ou trois quarts d'heure, puis la maison redevint tout à coup silencieuse.

— Ils sont partis, se dit Gabrielle.

Cependant elle resta debout, appuyée contre la porte, prêtant toujours l'oreille.

Un temps assez long s'écoula.

Soudain, Gabrielle entendit qu'on montait l'escalier. Les pas étaient presque légers et paraissaient hésitants. L'idée lui vint que la personne qui gravissait l'escalier venait la délivrer. Elle poussa un long soupir et son cœur se mit à battre très fort.

Les pas se rapprochèrent, puis le bruit d'une clef mise dans la serrure de la porte se fit entendre.

Cette fois, Gabrielle ne pouvait plus douter. Sa prison allait s'ouvrir. Cependant elle recula jusqu'au fond de la pièce, saisie d'une angoisse inexprimable

La porte s'ouvrit. Un homme entra. Dans sa main gauche il avait une corde de petite grosseur, ayant à son extrémité un nœud coulant. Sa main droite tenait un bougeoir de tôle dans lequel il y avait une chandelle. Une lumière blafarde, tremblotante, éclaira le cachot.

— Gabrielle reconnut l'homme et laissa échapper un cri de frayeur. Certes, l'apparition de ce misérable n'avait rien de rassurant.

XVIII

L'HOMME ET LA CORDE

Cholard, dit Chauve-Souris, avait à ce moment une figure repoussante.

Pour se donner du courage, la force de commettre le crime, peut-être aussi pour s'étourdir, il s'était chauffé le corps et la tête en avalant plusieurs rations d'eau-de-vie. Il était à moitié ivre.

De ses petits yeux glauques, qui lui sortaient de la tête, jaillissaient des éclairs livides. Rien ne saurait rendre l'expression farouche et sauvage de sa face patibulaire.

La porte ne trouvant s'ouvrir que du dehors, il l'avait laissée entr'ouverte. Évidemment, il ne craignait pas que sa victime pût lui échapper.

Ne trouvant rien pour poser sa lumière, il prit le parti de la mettre sur le carreau de la chambre.

La jeune femme le regardait, un froid glacial dans les membres.

Quand, après s'être débarrassé de son bougeoir, il s'avança vers elle, elle recula en frémissant.

— Ne m'approchez pas, lui cria-t-elle, vous me faites peur !
— Je comprends ça, balbutia-t-il d'une voix avinée.
— Venez-vous me rendre la liberté? demanda Gabrielle.
— Hein ! la liberté ? des bêtises !
— Que me voulez-vous, alors, dites, que me voulez-vous ?
— Ce que je te veux ! tu vas le voir.

Et le misérable se rua sur elle pour lui passer la corde autour du cou. Mais, rassemblant toutes ses forces, Gabrielle parvint à le repousser. Puis elle bondit vers la porte qu'elle voyait ouverte.

Cholard avait deviné son attention. Il eut le temps de la saisir au passage et il la poussa rudement jusqu'au fond de la pièce.

— Tu voudrais te sauver, dit-il en ricanant; impossible ! A l'exception de cette porte, toutes les autres sont fermées. Il n'y a plus que nous deux dans la maison... les autres sont partis. Tu peux crier si tu veux, cela m'est égal, on ne t'entendra pas. Tu es en mon pouvoir, tu ne peux pas m'échapper.

— Et avec cette corde vous voulez m'étrangler ? fit Gabrielle frissonnante.
— Voilà : Il faut que tu meures !
— Oh ! assassin ! assassin ! cria-t-elle.
— Pas encore, répliqua-t-il sourdement; mais je le serai dans un instant.

Le cynisme du misérable était plus épouvantable encore que lui-même. Gabrielle jeta autour d'elle des regards effrayés.

— Perdue ! murmura-t-elle, je suis perdue !
— Si cela n'avait dépendu que de moi, reprit Cholard, je t'aurais laissé la vie.

La jeune femme entrevit dans ces paroles un rayon d'espoir.

— Alors vous n'êtes pas tout à fait un scélérat, dit-elle; oui, vous êtes trop jeune encore pour être un monstre ! Je ne veux pas vous parler de la justice des hommes, de celle de Dieu et du châtiment terrible qui, tôt ou tard, frappe le meurtrier... Mais vous avez une mère, une sœur, peut-être ; eh bien, c'est en leur nom, au nom de la femme qui vous a mis au monde, au nom de ceux qui vous ont aimé dans votre enfance, de ceux que vous avez aimés, que je vous dis : Arrêtez-vous sur la pente du mal, ne devenez pas un assassin !

« Ah ! croyez-le, continua-t-elle tristement, ce n'est pas mon existence désolée que je défends contre vous-même ! Laissez-moi sortir d'ici !

Il secoua la tête.

— Impossible, répondit-il; ce serait trahir les autres.

— Les autres? vos complices, ceux qui m'ont volé mon enfant, n'est-ce pas?

Il garda un sombre silence, tournant la corde dans ses mains.

— Mais vous n'avez rien à craindre, vous, poursuivit Gabrielle : je ne sais pas votre nom, je ne vous connais pas... Laissez-moi partir! Je vous promets de ne révéler à personne que j'ai été amenée dans cette maison, et j'oublierai ce qui s'y est passé.

Cholard, qui avait été un instant hésitant sous l'influence de la parole de Gabrielle, reprit soudain son air farouche.

— Non, prononça-t-il d'un ton guttural, tu es gênante, tu ne dois plus vivre.

Gabrielle pouvait encore l'implorer, essayer de l'émouvoir; elle éprouva à le faire une répugnance invincible. Quelques heures auparavant elle avait fait le sacrifice de sa vie; elle était prête pour la mort. Mais elle n'entendait pas se livrer sans défense à la corde de l'étrangleur. Elle se dressa en face de lui, les yeux étincelants, superbe d'énergie.

— Vous n'êtes pas encore un scélérat lui dit-elle, mais vous allez le devenir. Misérable, commettez donc votre crime, si vous l'osez!

Cholard était un peu tremblant. On comprend qu'il devait être troublé et inquiet au moment de commettre son premier meurtre. Mais ce ne fut qu'une émotion passagère. Du reste, dans sa tête, l'alcool produisait son effet de surexcitation. Se défiant de son vrai courage, il avait demandé à la liqueur forte de lui donner la férocité.

— Il faut en finir, dit-il d'une voix sombre.

Et d'un bond, comme un tigre qui saute sur sa proie, il se précipita sur Gabrielle et la saisit à la gorge.

La jeune femme fit un effort suprême et s'échappa de l'étreinte terrible. Il la ressaisit, elle put lui échapper encore. Il se jeta une troisième fois sur sa victime en poussant un hurlement de colère et de rage.

Gabrielle était épuisée, haletante, hors d'haleine; elle ne put se dégager. Elle se trouva serrée dans les bras nerveux du misérable. Cependant la lutte n'était pas finie, Gabrielle se défendait vaillamment avec cette force extraordinaire que donne le désespoir et qu'on trouve toujours à l'heure d'un danger suprême.

Elle sentait bien qu'elle était perdue, qu'il lui était impossible de vaincre son lâche ennemi, son bourreau; mais elle voulait lutter jusqu'à épuisement complet de ses forces et vendre chèrement sa vie.

Elle se défendait sans pousser un cri. Lui criait, râlait et faisait entendre des hurlements de bête fauve chaque fois qu'elle repoussait la corde fatale qu'il voulait jeter autour du cou.

Enfin le misérable parvint à la terrasser et ils tombèrent ensemble. Pendant

— Comme le fauve qui saute sur sa proie, Sosthène bondit sur sa mère.

quelques secondes encore, ils roulèrent au milieu de la chambre, en se repliant, en se tordant comme des reptiles.

Gabrielle haletait affreusement, sa poitrine avait des soulèvements violents, et son cœur battait à se rompre. Il y avait dans ses oreilles un tintement sinistre. Elle sentit qu'elle allait perdre sa respiration.

Elle cessa subitement de se défendre. Rassemblant le peu de forces qui lui restait, elle se souleva et se mit sur ses genoux.

L'homme se dressa debout en poussant un cri de triomphe. Son regard était effrayant. Ses yeux semblaient lancer des flammes ; il avait sur les lèvres un sourire atroce.

Le moment était venu. Il prépara son nœud coulant.

Gabrielle avait joint les mains et tourné ses yeux vers le ciel.

Placée comme elle l'était, son pâle et beau visage était entièrement éclairé par la lumière pâle de la chandelle.

Au moment où Chauve-Souris se disposait à faire passer au-dessus de la tête de sa victime la terrible corde, Gabrielle parla.

— Mon Dieu, dit-elle, je vais quitter cette vie où j'ai tant souffert; je vous remets mon âme.

L'étrangleur s'était arrêté tout interdit devant cette femme agenouillée, qui avait les mains jointes, le regard fixé au plafond, et qui semblait avoir oublié qu'il était là, menaçant, tenant dans ses mains l'instrument de mort.

Gabrielle continua.

— Mon Dieu, veillez sur mon fils !... Faites que les douleurs de la mère soient le prix du bonheur de l'enfant !

Que se passa-t-il dans le cœur et la pensée de Cholard ? De quelle clarté soudaine venait-il d'être frappé ? Nous ne saurions le dire. Mais un grand trouble était né en lui, et sa fureur sanguinaire s'était subitement calmée. S'était-il attendri ? Se sentait-il pris de pitié pour sa victime ? Pourquoi pas ? Mais qu'importe ! Par un regard qui regardait plus haut que lui, par une voix qui montait jusqu'à Dieu, cet homme, tout à l'heure rugissant, furieux, féroce, cet homme venait d'être dompté !

Devant une femme en larmes on a vu reculer le lion du désert !

D'autres femmes avant Gabrielle avaient déjà attendri des bêtes féroces !

Maintenant, ce n'était plus la victime, c'est le bourreau qui avait peur !

Tremblant, courbé, les yeux démesurément ouverts, fixés sur Gabrielle, Cholard se mit à reculer. Il recula jusqu'à la porte. En franchissant le seuil, sa main rencontra la clef qui était resté dans la serrure.

Sans le vouloir, sans doute, car il était incapable d'avoir une pensée, il tira la porte, qui se ferma sur lui.

Il se précipita dans l'escalier, comme s'il eût eu la faculté des oiseaux nocturnes de voir au milieu des ténèbres, sortit de la maison en courant, sautant par-dessus un mur et s'enfuit de toute la vitesse de ses jambes.

On aurait pu croire qu'il était poursuivi par une légion de diables ou plutôt par les gendarmes.

Quand Cholard eut disparu et que Gabrielle n'entendit plus de bruit de ses pas, elle se traîna jusqu'à la porte. Alors seulement elle s'aperçut qu'elle était entièrement enfermée.

— Je comprends maintenant pourquoi il est parti, murmura-t-elle avec accablement, il s'est dit qu'il ne devait pas prendre la peine de commettre un meurtre inutile, quand lui et ses camarades... les autres, comme il dit, n'ont qu'à me laisser mourir de faim...

« Il a eu l'attention de me laisser de la lumière, ajouta-t-elle avec un sourire navrant. »

Elle s'assit. Le dos contre la porte et la tête dans ses mains, elle resta un instant absorbée dans de douloureuses pensées.

— Je n'ai plus à me faire aucune illusion, reprit-elle, je suis condamnée. Les gens qui m'ont pris mon enfant veulent ma mort, qui leur est nécessaire, et je suis en leur pouvoir. Ils avaient décidé que je mourrais étranglée ; mais Dieu n'a pas voulu que le malheureux qui sort d'ici fût un assassin. Je mourrai d'une autre manière et aussi sûrement; seulement mon agonie sera plus longue et plus cruelle.

« Les autres sont partis. » Il m'a dit cela, l'homme à la corde. Je me rends compte maintenant de ces bruits que j'ai entendus. C'était un déménagement. Oui, ils sont partis... Et je reste seule, emprisonnée, dans cette maison isolée et abandonnée.

« Oh! la faim! la faim !... Je la sens déjà, je la sens. J'ai entendu dire que c'était une effroyable torture. Elle manquait à mon martyre. La faim! souffrance du corps pour laquelle l'âme ne peut rien. Ah ! je me sens frissonner d'épouvante et d'horreur. Seigneur mon Dieu, soutenez mon courage, donnez-moi la force de supporter de nouvelles souffrances. »

A ce moment, ses yeux, qui erraient dans la chambre, tombèrent sur son panier. Aussitôt elle laissa échapper un cri, une sorte de cri de joie.

Elle se leva péniblement, fit quelques pas, et alla s'affaisser de nouveau près du panier. Elle le saisit par un mouvement brusque, l'ouvrit et plongea sa main au fond.

Elle retira un morceau de pain.

Elle l'avait mis dans son panier avant de sortir de chez elle. C'est une précaution qu'elle prenait quelquefois.

Elle n'avait fait qu'un repas léger, le matin. Est-il besoin de le dire? elle avait faim, la pauvre Gabrielle. Pourtant, elle tenait le pain dans sa main, elle le regardait tristement, les yeux mouillés de larmes, et elle n'osait pas le porter à sa bouche.

Au bout d'un instant, cependant, elle partagea le morceau en deux parts à peu près égales.

— Pour deux fois, murmura-t-elle; maintenant et demain. Demain... Et après?

« Après? reprit-elle d'un ton intraduisible : ce sera la souffrance et la mort! »

Et, en pleurant, elle se mit à manger.

XIX

LE DANGER DES CLOISONS MINCES

Le lendemain du jour où Sosthène de Perny s'était trouvé rue de Provence à une table de jeu, en face du magnifique étranger, qui se faisait appeler don José comte de Rogas, grand de Portugal, — cela seulement, — lequel lui avait démontré que, si habile qu'on puisse être à battre les cartes, on peut encore rencontrer de plus forts que soi; le lendemain de ce jour, disons-nous, vers trois heures de l'après-midi, Sosthène s'acheminait vers les Ternes. Il allait faire une visite à sa mère.

Il s'était mis dans la tête qu'elle devait lui donner la somme qu'il lui fallait absolument pour le surlendemain avant midi.

Il savait très bien qu'elle n'avait pas d'argent chez elle. Quelques jours auparavant il avait fait main basse sur les derniers billets de cent francs qu'elle tenait en réserve. Mais il voulait la forcer à demander les douze mille francs au marquis de Coulange, ce qu'il n'avait pas le courage de faire lui-même.

Quand il arriva rue Laugier, n'ayant plus que vingt-cinq pas à faire, il s'arrêta brusquement. Il avait devant lui le coupé de son beau-frère. Le cocher, lui tournant le dos, était sur son siège.

Sa première pensée fut de rebrousser chemin pour revenir plus tard, car il ne tenait nullement à se trouver nez à nez avec le marquis. Celui-ci était avec sa mère; cela n'avait rien d'extraordinaire. Mais, à tort ou à raison, il s'imagina que madame de Perny et M. de Coulange parlaient de lui; que sa mère se plaignait et que le marquis ne se gênait point pour blâmer et flétrir sa conduite. Aussitôt, l'idée lui vint d'écouter ce qu'ils disaient. Après un moment d'hésitation, il tourna sur ses talons et se mit à marcher d'un pas rapide.

Il fit le tour d'un pâté de maisons, gagna le petit parallèle à la rue Laugier, qu'avait visité Morlot, et arriva à la petite porte, remarquée par ce dernier. Il en avait une clef dans sa poche. Il l'ouvrit, pénétra dans le jardin, et, sans faire de bruit, marchant sur la pointe des pieds, en se glissant derrière les massifs, il arriva au pavillon. Il entra et monta l'escalier à pas de loup. Il ouvrit et referma doucement une porte, celle de sa chambre, qu'il traversa pour se glisser furtivement dans le cabinet de toilette.

La domestique, occupée dans sa cuisine, ne l'avait ni vu, ni entendu.

Nous savons, d'après le plan tracé par Morlot, qu'un double cabinet de toilette séparait les chambres de la mère et du fils. Du côté de la chambre de madame de Perny la cloison était très mince. En s'en approchant seulement et en tendant l'oreille, Sosthène pouvait entendre causer chez sa mère.

Le marquis était encore avec elle, et, dès les premières paroles qui arrivèrent à son oreille, il comprit qu'ils parlaient de lui.

— J'avoue mes torts, dit madame de Perny, répondant à son gendre ; mais que faire, maintenant ? Je ne peux plus que souffrir et me désoler. Si j'ai été faible, trop faible, j'en suis bien punie !

— Malheureusement, nous n'avons plus rien à espérer, reprit le marquis. Pour le ramener à des idées plus saines et lui faire quitter la voie dangereuse qu'il suit et qui le mène à sa perte, j'ai fait tout ce qui dépendait de moi. Je lui ai parlé comme on parle à un frère, à un ami. Paroles perdues. En présence de ses exigences, qui devenaient de plus en plus fréquentes et... brutales, j'ai dû lui fermer ma bourse, persuadé, d'ailleurs, que tout ce que je ferais pour lui serait inutile.

Madame de Perny soupira.

— Je suis très riche, c'est vrai, continua le marquis ; mais quand j'ai autour de moi tant d'occasions pour faire le bien, je ne veux pas que ma fortune serve à encourager le mal. Je ne sais pas quel triste sort lui est réservé ; quel qu'il soit, il l'aura mérité. Je ne vous rapporte point, — je ne l'oserai pas, — ce qu'on m'a dit de lui et ce que j'apprends encore tous les jours. S'il y a de la honte pour Sosthène, il y en a aussi pour nous tous.

— Est-ce que Mathilde sait ?...

— Rien, heureusement ; je lui cache la vérité.

— Sosthène est jeune encore, monsieur le marquis ; il ouvrira les yeux, il verra l'abîme et s'en éloignera.

— Je veux vous laisser cet espoir, madame, vous en avez besoin.

— Oui, car il adoucit ma douleur.

— Croyez-vous que la mienne n'est pas grande ! Croyez-vous que j'ai appris sans chagrin que Sosthène vous prenait tout votre argent, que pour lui vous aviez engagé vos bijoux, votre argenterie, et que, souvent, vous manquiez des choses les plus nécessaires à la vie ?

« Cela prouve, ce qui est plus douloureux encore que le reste, que votre fils n'a pas de cœur.

— Oh ! monsieur le marquis...

— Il ne le fait que trop voir. Tenez, j'ai fait une triste découverte.

— Laquelle, monsieur le marquis ?

— Non seulement Sosthène n'aime pas sa sœur, mais il a pour elle de la haine.

— Oh ! monsieur le marquis, ne croyez pas cela ! s'écria-t-elle.

— Cela est, madame. Hélas ! je voudrais me tromper !

Madame de Perny baissa la tête. Elle était accablée.

Le marquis reprit :

— Je partage un peu l'opinion des gens que la conduite de votre fils scandalise et qui prétendent qu'il y a dans sa tête un grain de folie.

— Il m'arrange bien, mon cher beau-frère, pensait Sosthène, qui ne perdait pas un mot de la conversation.

— Mais laissons ce sujet aussi pénible pour vous que pour moi, continua le marquis. Vous m'avez fait l'amitié de m'écrire; je me suis empressé de me rendre à votre invitation, pensant que vous aviez à me faire une communication pressante ou quelque chose à me demander. Veuillez me dire de quoi il s'agit.

Madame de Perny parut embarrassée.

— La mère de la marquise de Coulange ne doit pas craindre de parler devant le mari de Mathilde de Perny, ajouta le marquis avec son sourire plein de bienveillance.

— Je connais vos nobles sentiments, monsieur le marquis, répondit madame de Perny, et j'ai su apprécier depuis longtemps tout ce qu'il y a de bon et de généreux dans votre cœur; cependant j'éprouve une gêne pénible...

— Je vous le répète, madame, vous pouvez parler sans aucune crainte.

— Vous m'encouragez, merci. Vous savez déjà pourquoi je vous ai écrit de venir me voir : j'ai quelque chose à vous demander.

— Dites, madame.

— Monsieur le marquis, sur la pension que vous voulez bien me faire...

— Madame, interrompit le marquis, ce n'est pas moi, c'est votre fille qui vous fait cette pension.

— Eh bien, sur cette pension, monsieur le marquis, je désirerais qu'une somme assez importante me fût avancée.

Le front de M. de Coulange s'assombrit.

Sosthène tressaillit, et il prêta l'oreille avec un redoublement d'attention.

— Est-ce possible, monsieur le marquis? demanda madame de Perny.

— Cela dépend, madame, répondit-il.

— Chaque mois, on pourrait me retenir la moitié.

— Grâce à Dieu, répliqua-t-il vivement, la marquise et le marquis de Coulange n'en sont pas à faire de ces calculs mesquins. D'ailleurs, en ce qui concerne votre pension, madame, c'est l'affaire de Mathilde. Ne parlons donc plus de la pension, qui vous sera servie régulièrement comme par le passé.

— Alors, monsieur le marquis, c'est un emprunt que je suis obligée de vous faire.

— Je ne suis pas un prêteur d'argent, madame; il m'arrive quelquefois, je pourrais dire souvent, de donner quand je crois bien faire. Quel est le chiffre de la somme dont vous avez besoin?

— Quinze mille francs.

L'air mécontent du marquis s'accentua.

— Pour votre fils? l'interrogea-t-il.

Les yeux de Sosthène étincelaient.

— Quinze mille francs! murmura-t-il.

— Non, monsieur le marquis, non, répondit madame de Perny, ce n'est pas pour mon fils; il ignore que j'ai besoin de cette somme.

Le visage de M. de Coulange se dérida.

— C'est bien, dit-il. Puis-je vous demander l'emploi que vous voulez faire de ces quinze mille francs?

— Il y a quelques mois, monsieur le marquis, je me suis trouvée gênée, dans une situation difficile...

— Je comprends, une dette de votre fils à payer.

— Eh bien, oui, une dette à payer.

— Alors?

— Une de mes anciennes amies m'a prêté ces quinze mille francs à l'insu de son mari. Comme vous le voyez, c'est une dette d'honneur que j'ai contractée. Aujourd'hui, pour ne pas se trouver elle-même dans une situation pénible, mon amie me réclame la somme et j'ai promis de la lui rendre.

— Et vous devez le faire, madame. Quel jour devez-vous rembourser les quinze mille francs?

— Le plus tôt possible, aussitôt que je les aurai.

— Eh bien, madame, je vous enverrai cette somme ou je vous l'apporterai moi-même demain, dans l'après-midi.

— Demain! répéta sourdement Sosthène.

— Oh! monsieur le marquis, balbutia madame de Perny, comme vous êtes bon pour moi, que de reconnaissance!

— Demain, dans l'après-midi... quinze mille francs, se disait Sosthène, une lueur livide dans le regard.

— Vous reste-t-il encore un peu d'argent, madame? demanda le marquis.

Elle ne répondit pas; mais le rouge lui monta au front.

— Ainsi, il ne vous reste plus rien? dit le marquis.

— Plus rien, soupira-t-elle.

Le marquis eut comme un mouvement de colère. Mais il reprit aussitôt, son bon sourire sur ses lèvres :

— Je ne veux pas que vous restiez ainsi sans argent; aux quinze mille francs, je joindrai une autre somme de cinq mille francs. Mais, je vous en prie, madame, que cet argent soit pour vous, pour vous seule; que votre fils ne sache pas que vous le possédez!

Madame de Perny prit son mouchoir et essuya de grosses larmes qui roulaient dans ses yeux.

Le marquis s'était levé, et, avant de la quitter, il lui tendit la main.

Elle s'empara de cette main généreuse, sur laquelle elle s'inclina pour la toucher de ses lèvres. Puis elle fit entendre une sorte de gémissement. Elle était en proie à une émotion extraordinaire.

— Merci, monsieur le marquis, merci, prononça-t-elle d'une voix vibrante.

Elle se leva pour le reconduire.

— Ne vous dérangez pas, lui dit-il.

Elle l'accompagna jusqu'à la porte de sa chambre seulement.

Le marquis s'en alla en lui disant :

— A demain !

— Oui, à demain ! répondit la voix sombre de Sosthène.

Après avoir refermé sa porte, madame de Perny s'assit tristement, prit sa tête dans ses mains et pleura silencieusement.

Au bout d'un instant, Sosthène sortit de sa cachette, puis de sa chambre. Il s'arrêta un instant sur le palier pour écouter. Un bruit qu'il entendit lui apprit que la domestique était encore dans la cuisine. Alors il descendit lentement, avec précaution, sortit du pavillon et gagna la petite porte par laquelle il disparut.

Une semaine s'était écoulée sans qu'il eût fait une seule visite à sa mère. Elle ne devait pas encore le voir ce jour-là.

Le lendemain, dans la matinée, madame de Perny reçut une lettre de Sosthène.

« Il s'excusait de ne pas être allé la voir depuis plusieurs jours ; il la prévenait qu'il avait l'intention de se rendre aux Ternes le jour même, dans l'après-midi. Il la priait de l'attendre et lui recommandait de ne pas sortir.

Vers deux heures, un domestique du marquis de Coulange se présenta chez madame de Perny et lui remit de la part de son maître un pli cacheté.

— Monsieur le marquis vous a-t-il dit d'attendre une réponse ? demanda-t-elle.

— Non, madame, répondit le domestique.

Et il se retira.

Madame de Perny ouvrit l'enveloppe, qui contenait, avec quelques lignes écrites par M. de Coulange, vingt billets de mille francs.

— Si je n'attendais pas Sosthène aujourd'hui, se dit-elle, j'irais porter tout de suite à mon amie ses quinze mille francs. Mais ce n'est qu'un retard d'une demi-journée ; j'irai demain avant midi.

Elle remit les billets dans l'enveloppe et les plaça dans un rayon d'une armoire qu'elle ferma et dont elle mit la clef dans sa poche.

Comptant sur la visite de son fils, elle avait averti sa domestique, et celle-ci se mit en devoir de préparer un dîner un peu plus complet que d'habitude.

A sept heures, Sosthène n'était pas arrivé.

Madame de Perny voulut l'attendre encore, elle l'attendit jusqu'à huit heures.

—Mathilde, vous êtes l'ange de rédemption; je ne mourrai pas désespérée.

— Allons, se dit-elle tristement, il a oublié qu'il devait venir; ce soir, comme toujours, il s'est laissé entraîner.

Elle poussa un profond soupir. Puis elle se fit servir. La domestique, dont le poulet à la broche s'était desséché devant le feu, ne se gênait pas pour montrer sa mauvaise humeur.

Madame de Perny mangea à peine; la contrariété lui avait enlevé l'appétit. Elle se leva de table et remonta immédiatement dans sa chambre.

La servante débarrassa la table, lava sa vaisselle et acheva son travail de la journée. Elle sortit ensuite pour aller causer dans la rue avec la concierge, sa fille et quelques voisines.

La soirée était très belle. Le ciel se constellait d'étoiles scintillantes; l'air tiède était déjà parfumé; le rossignol chantait sa chanson amoureuse.

A neuf heures et demie, la petite porte du jardin s'ouvrit sans bruit et Sosthène se glissa dans l'ombre. Il savait sans doute que, pour le moment, sa mère était seule dans le pavillon.

Madame de Perny avait pleuré. Elle essuyait ses yeux lorsque, soudain, sa porte s'ouvrit brusquement. Elle vit entrer Sosthène.

XX

L'INFAME

A la vue de son fils, madame de Perny s'était levée. Elle n'eut qu'à le regarder pour s'apercevoir qu'il avait bu. Elle eut comme un mouvement de répulsion, et elle retomba sur son fauteuil en faisant entendre une plainte étouffée.

Sosthène, en effet, paraissait avoir fait un dîner copieux. Il avait dû absorber une certaine quantité d'absinthe et autres liqueurs non moins dangereuses.

Il avait une tenue débraillée, le visage fortement enluminé, les lèvres humides, la bouche baveuse; de ses yeux s'échappaient des lueurs étranges; son regard était sombre et ses mouvements fiévreux.

En s'avançant vers sa mère, il regarda autour de lui et jeta particulièrement sur l'armoire un coup d'œil singulier.

— Assieds-toi, lui dit madame de Perny. Je t'ai attendu toute la soirée, j'espérais que tu dînerais avec moi; pourquoi n'es-tu pas venu?

— Je n'ai pas pu. Au dernier moment j'ai été retenu.

— Par tes amis! fit madame de Perny, appuyant sur le dernier mot.

— Oui.

— De tristes amis, reprit-elle, avec lesquels tu cours à ta perte, sans que tu voies dans quel horrible gouffre tu peux tomber.

Le regard de Sosthène devint plus sombre encore.

— Hé! répliqua-t-il en frappant du pied avec colère, je ne suis pas venu te voir ce soir pour que tu me fasses de la morale. Il me semble que je suis assez grand pour marcher seul. Je te préviens que je ne veux entendre aucun reproche; du reste, je n'ai pas à en recevoir de toi.

— Malheureux? mais si tu me fermes la bouche, à moi, ta mère, qui donc aura le courage de te dire que tu manques à tous tes devoirs, que ta conduite est odieuse, un scandale pour tous les honnêtes gens? qui donc essayera de te rappeler au sentiment de ta dignité?

— Je ne reconnais ce droit à personne, pas plus à toi qu'à d'autres, riposta-t-il avec dureté.

— Ah! Sosthène, Sosthène, tu me fais payer chèrement toutes mes coupables faiblesses! Oui, tu me forces à avoir le regret cruel de t'avoir trop aimé!

— Il ne fallait pas être faible, il ne fallait pas m'aimer, répondit-il froidement.

— Pas de cœur, pas de cœur! murmura madame de Perny.

— Ce que je suis, je le sais, reprit-il; je n'ai pas besoin qu'on me le dise; et ce que je fais, je le veux! D'ailleurs, continua-t-il, en s'animant tout à coup, si j'ai une existence misérable, une conduite odieuse, comme tu le dis, c'est ta faute!

— Oh! fit-elle, en courbant la tête.

— Oui, c'est ta faute, poursuivit-il d'une voix rauque; tu prétends que je manque à tous mes devoirs, soit; mais avant moi tu as manqué à tous les tiens... Comment m'as-tu élevé, dis? M'as-tu donné de bons conseils? M'as-tu seulement mis sous les yeux l'exemple de mon père? M'as-tu montré ce qui était bien en me faisant voir ce qui était mal? J'ai marché seul, sans guide, et j'ai couru prêt à me casser le cou à chaque instant. Tu m'as laissé faire. Je n'avais plus de père, c'était à toi de me diriger; c'est alors que tu devais me retenir pour m'empêcher de tomber! Tu as été faible, tu ne devais pas l'être; tu m'as trop aimé, je ne t'en demandais pas tant.

« Aujourd'hui, tu me parles du gouffre où je peux tomber; il est bien temps!... Je ne vaux pas grand'chose c'est vrai. Mais voilà : je suis ce que tu as voulu que je sois! »

Madame de Perny était anéantie. Elle leva vers le ciel ses mains tremblantes.

— Quel châtiment! gémit-elle.

Sosthène reprit avec violence :

— Si tu avais été pour ta fille une bonne mère, si tu avais aimé Mathilde, tu n'aurais pas trompé le marquis en lui disant qu'elle était enceinte, tu ne lui aurais pas fait accepter de force l'enfant de la fille d'Asnières, elle ne nous aurait point chassés comme des misérables et je serais encore aujourd'hui chez le marquis.

— Mais, malheureux que tu es, tu oublies donc que c'est toi qui m'as forcée à commettre cette infamie, ce crime épouvantable! s'écria-t-elle éperdue.

— Soit; mais tu devais repousser mon idée, ton devoir était de me résister, tu ne devais pas te faire ma complice.

Il ajouta avec une ironie mordante :

— Dans toutes les circonstances, toujours, c'est ta faiblesse, c'est ton grand amour pour moi, qui m'ont fatalement perdu.

— Va, sois sans pitié pour ta mère, Sosthène, dit madame de Perny d'une voix déchirante; frappe-la durement, à coups redoublés; jette-lui au visage sa honte et son opprobre... Tu as raison, je n'ai pas le droit de te faire des reproches, car, comme toi, je suis une misérable!... Je souffre, je l'ai mérité. Depuis des années la douleur est en moi. Et mieux que toi, et plus cruellement encore, ma conscience réveillée me montre tout le mal que j'ai fait... Mais la justice de Dieu est inexorable; pour qu'elle soit satisfaite, il faut que ma plus grande punition me soit infligée par toi!

Elle voila sa figure de ses mains, et, ne pouvant plus retenir ses larmes, elle se mit à pleurer.

Après un moment de silence, Sosthène reprit :

— Ce qui est fait est fait; que tu le regrettes, je le comprends; mais ce ne sont pas les larmes qui peuvent réparer quelque chose; il me paraît donc bien inutile de s'attendrir. Du reste, ce n'est pas pour te voir pleurer que je suis venu ici ce soir.

— C'est horrible! murmura-t-elle.

— Ridicule! répliqua-t-il, en haussant les épaules.

— Ah! tais-toi! tais-toi! s'écria-t-elle, tu es odieux.

— Je sais ce que je suis, je te l'ai déjà dit. Mais, pour le moment, ce n'est pas de cela qu'il s'agit. J'ai besoin d'argent.

Madame de Perny releva brusquement la tête.

— De l'argent! fit-elle.

— Oui, il m'en faut.

Elle le regarda avec une sorte d'effroi.

— Mais tu sais bien que je n'en ai pas, répondit-elle; il y a huit jours, tu as emporté les quelques cents francs qui me restaient.

— Aujourd'hui n'est pas il y a huit jours. Il me faut de l'argent.

— Je t'ai répondu.

— Tu en as.

— Non.

— Je le sais.

— Tu te trompes.

— Encore une fois, je te dis que je le sais! s'écria-t-il avec emportement.

— Où veux-tu donc que je l'aie pris? Tu sais bien, trop bien, les jours que j'en reçois.

— Tu te donnes vraiment trop de peine pour mentir, répliqua-t-il, son mauvais sourire sur les lèvres. Tu as de l'argent ici, une forte somme même, que t'a donnée aujourd'hui le marquis de Coulange.

Madame de Perny tressaillit et se troubla.

— Comment sais-tu cela? exclama-t-elle.

— Qu'importe; du moment que je le sais?

— Eh bien, oui, dit madame de Perny, d'une voix très émue, contrainte et forcée, j'ai dû m'adresser au marquis; toujours généreux et grand, il n'a point repoussé ma requête et il m'a envoyé la somme que je lui ai demandée; mais cet argent n'est pas à moi... Je l'ai emprunté au mois de novembre dernier; tu le sais bien, puisque c'est pour toi que j'ai fait cet emprunt; il faut que je rende demain les quinze mille francs.

— Tu les rendras plus tard.
— On attend, j'ai promis.
— On attendra, tu manqueras à ta promesse.
— Ce serait une infamie; c'est une dette sacrée !
— Ma mère, j'ai besoin de cet argent, il me le faut.
— Jamais !
— Je le veux !
— Tu es un misérable !

Il se redressa debout, les yeux pleins d'éclairs.
— Prends garde ! cria-t-il d'un ton menaçant.
— Va-t'en, lui dit-elle, va-t'en, tu m'épouvantes !

Il devint blême de colère.
— Ma mère, donne-moi la clef de ton armoire, reprit-il d'une voix sourde, les dents serrées.

Elle se dressa en face de lui et répondit avec énergie :
— Non !
— La clef, donne-moi la clef ! dit-il d'un ton plus impérieux encore.
— Non ! non ! non !
— Une dernière fois, donne-moi la clef !
— Jamais ! J'aimerais mieux mourir !

Comme le fauve qui saute sur sa proie, Sosthène bondit sur sa mère et la renversa sur le fauteuil.

Elle poussa un cri.

— Si tu veux que je sois un assassin, lui dit-il d'une voix creuse, tu n'as qu'à crier et à appeler. Tiens, tu vois ce pistolet : la première personne qui entre dans cette chambre, je la tue !

Il fit passer l'arme sous les yeux de sa mère et la jeta sur un guéridon.

La malheureuse, effrayée, n'osa plus appeler à son secours. Cependant elle faisait tout ce qu'elle pouvait pour se défendre... Mais, la saisissant à la gorge et tenant ses jambes serrées entre ses genoux, il parvint à la fouiller et à lui enlever la clef.

Alors, les yeux enflammés, il se redressa en jetant un cri de joie semblable à un rugissement.

Libre de ses mouvements, madame de Perny se releva. Elle était haletante, à demi suffoquée.

— Voleur ! voleur ! prononça-t-elle d'une voix étranglée.

Sosthène n'eut pas l'air d'avoir entendu.

Il avait ouvert l'armoire, et, remuant le linge, ouvrant les boîtes, fourrant ses mains dans tous les coins, il cherchait les billets de banque. Il ne voyait point l'enveloppe qui les contenait, laquelle, cependant, lui crevait les yeux.

Madame de Perny était incapable de lutter contre son fils; toutefois, elle ne renonçait point à empêcher le vol. Elle vit le pistolet sur le guéridon; elle s'en empara et le glissa dans sa poche; puis elle s'élança vers la porte avec l'intention évidente de descendre dans le jardin afin d'appeler à son aide.

Mais Sosthène devina sa pensée. Les traits contractés, la fureur dans le regard, terrible, il se jeta entre elle et la porte.

— Tu ne sortiras pas! hurla-t-il.

Madame de Perny recula, puis s'élança vers la fenêtre, qu'elle ouvrit toute grande. Avançant la tête et la moitié du corps, elle reprit haleine pour crier. Elle n'eut pas le temps de le faire. Sosthène se précipita sur elle comme un forcené. A cette nouvelle et brutale agression, elle se retourna à demi.

Alors une lutte épouvantable, horrible, s'engagea entre la mère et le fils.

Sosthène serrait sa mère contre la barre d'appui de la fenêtre. Pour l'empêcher de crier, il lui faisait de sa main gauche un bâillon.

La barre n'était pas solidement scellée. Tout à coup, sous les secousses violentes qu'elle recevait, l'une de ses extrémités se détacha. Le corps de madame de Perny perdit son équilibre; le buste emporta les jambes, et, la tête en avant, elle tomba dans le vide.

Un cri étouffé, suivi immédiatement d'un bruit sourd, se fit entendre.

Sosthène prêta avidement l'oreille; il n'entendit plus rien.

— Bah! c'est une culbute, murmura le misérable; elle se relèvera.

Et il courut à l'armoire. Cette fois, l'enveloppe lui sauta aux yeux. Il la prit et reconnut aussitôt l'écriture du marquis. Il regarda et vit les billets de banque.

— Enfin, je les tiens! s'écria-t-il.

Il fourra enveloppe et billets au fond de la poche de sa redingote, referma l'armoire et s'élança hors de la chambre. Un instant après, sorti du jardin, il s'éloignait rapidement.

Il s'en allait, le monstre! et il ne s'était même pas demandé si sa mère avait été blessée dans sa chute.

Un grand quart d'heure ou vingt minutes plus tard, quand la servante revint pour se coucher, elle trouva sa maîtresse étendue sans mouvement sur le sol, devant la porte de la cuisine. Elle jeta un grand cri, puis se baissa pour essayer de la relever. Elle s'aperçut alors que la tête et la figure de la malheureuse femme étaient couvertes de sang. L'endroit où reposait la tête, immédiatement au bas des marches de pierre, était rouge et formait une espèce de mare.

Affolée, épouvantée, la domestique appela au secours de toutes ses forces. La concierge, sa fille et trois ou quatre locataires de la maison accoururent aussitôt. Deux hommes relevèrent madame Perny et la transportèrent dans la salle à manger où ils la couchèrent sur une chaise longue.

Elle était glacée. D'abord, on crut qu'elle était morte; mais on s'aperçut qu'elle respirait encore, et au bout d'un instant elle poussa un faible gémissement

— Ma fille, dit la concierge, cours vite chercher un médecin.

La jeune fille partit en courant.

— Il serait bon aussi, dit un locataire, de faire prévenir tout de suite son fils.

— C'est vrai, répondit la concierge; mais je ne sais pas où il demeure.

Le domestique ne connaissait pas non plus l'adresse de M. de Perny.

— Mais, dit-elle, on peut aller rue de Babylone avertir M. le marquis de Coulange du malheur qui vient d'arriver.

— J'y vais, dit un homme.

— Prenez une voiture pour arriver plus vite.

L'homme s'en alla.

Madame de Perny n'était pas tombée d'une grande hauteur; malheureusement, sa tête avait rencontré l'angle aigu d'une marche de l'escalier de la cuisine. Choc épouvantable ! au-dessus de l'os frontal, la pierre avait enfoncé le crâne et fait un trou. Beaucoup de sang avait coulé par l'horrible blessure ; il coulait encore.

XXI

LE PARDON

Au bout d'une demi-heure, grâce aux soins du médecin, qui était venu en toute hâte, madame de Perny reprit connaissance. Elle se souvint aussitôt de ce qui s'était passé entre elle et son fils. Un frisson d'horreur courut dans tous ses membres. Elle se voyait entourée d'étrangers, et, les yeux hagards, elle regardait autour d'elle, ayant l'air de chercher quelqu'un, quelque chose. Une angoisse inexprimable était peinte sur son visage. Elle fit signe à sa servante d'approcher.

— Que s'est-il donc passé ? lui demanda-t-elle d'une voix faible et inquiète.

La domestique répondit en lui disant qu'elle était allée causer avec la concierge, et qu'en rentrant pour se coucher, elle l'avait trouvée étendue au bas de l'escalier, baignant dans son sang.

— Vous êtes tombée de votre fenêtre, madame, continua-t-elle ; j'avais le pressentiment de ce malheur, car je vous faisais remarquer que l'appui n'était guère solide.

— Ah! soupira madame de Perny.

Et elle respira avec force. Elle était délivrée de son horrible anxiété. Les paroles de la servante venaient de lui faire comprendre que Sosthène avait pu s'enfuir sans être vu ni entendu.

— Seule, je sais la vérité, pensa-t-elle; il n'y aura pas de scandale autour du nom du marquis et de la marquise de Coulange.

Elle reprit assez haut pour que tous ceux qui étaient présents pussent l'entendre :

— C'est vrai, je suis tombée de ma fenêtre; je me rappelle maintenant comment l'accident m'est arrivé : pour atteindre la persienne et la fermer, je m'appuyai fortement sur la barre d'appui. Tout à coup elle céda sous le poids de mon corps et je me sentis précipitée la tête la première.

— Ne sachant pas l'adresse de M. de Perny, dit la servante, je n'ai pas pu l'envoyer chercher; mais une personne de la maison est partie pour aller prévenir M. le marquis de Coulange.

— Monsieur le marquis? C'est bien. Demain on avertira mon fils, répondit madame de Perny.

Le médecin ayant déclaré qu'il fallait absolument la mettre dans son lit, on la monta dans sa chambre.

La domestique et la concierge se mirent en devoir de la dévêtir. Elles commencèrent par lui ôter sa robe. La servante la prenait pour la jeter sur un meuble, lorsque madame de Perny allongea les bras et la lui arracha des mains avec une sorte de violence fiévreuse, en disant :

— Je veux l'avoir sur mon lit.

Et elle-même la plaça dans la ruelle du lit.

On ne fit aucune attention à cet incident, qui paraissait sans importance.

Un instant après, madame de Perny était couchée.

Le médecin indiqua les soins à lui donner pendant la nuit et se retira.

Les locataires étaient rentrés chez eux; la concierge s'en alla à son tour, laissant sa fille avec la servante.

Profitant d'un court moment où on la laissa seule, madame de Perny plongea sa main dans les poches de sa robe. Elle en sortit le pistolet chargé, puis deux lettres : celle du marquis, qui accompagnait l'envoi des vingt mille francs, et celle où Sosthène annonçait sa visite à sa mère. Elle cacha l'arme et les deux lettres sous son traversin.

Le marquis était rentré depuis une demi-heure, et, avant de se mettre au lit, il examinait les mémoires de deux entrepreneurs, lorsque Firmin vint lui dire qu'un homme des Ternes demandait à lui parler.

Des Grolles crut voir un spectre menaçant et vengeur se dresser en face de lui.

— Un homme qui vient des Ternes? fit-il, envoyé par ma belle-mère, sans doute? Qu'est-il donc arrivé?
— Je ne me suis pas permis d'interroger le messager, répondit le serviteur.

Le marquis se leva et suivit Firmin.

C'est avec une douloureuse surprise qu'il apprit le grave accident dont sa belle-mère était victime, lequel avait été occasionné, croyait-on, par la barre d'appui de la fenêtre, qui s'était détachée sous le poids du corps de madame de Perny.

— Est-ce que la blessure paraît dangereuse? demanda le marquis très ému.

— Je ne saurais le dire ; mais la fente est large et paraît profonde. Madame de Perny n'avait pas encore repris connaissance lorsque j'ai quitté le pavillon pour venir vous prévenir.

— A-t-on appelé un médecin?

— La fille de la concierge est allée le chercher; il doit être, en ce moment, près de madame de Perny.

Le marquis se tourna vers Firmin :

— La marquise et les enfants sont couchés, lui dit-il, il ne faut pas troubler leur repos. Je vais écrire un billet que tu porteras tout de suite chez le docteur Gendron et que tu remettras à lui-même. Pendant que je vais écrire, tu donneras l'ordre de mettre un cheval à mon coupé.

« Je vous remercie, monsieur, ajouta-t-il, en s'adressant au messager ; vous êtes de la maison où demeure madame de Perny?

— Oui, monsieur le marquis.

— C'est bien, j'aurai l'honneur de vous revoir demain.

Et il le congédia.

Une heure plus tard, le marquis entrait dans la chambre de madame de Perny.

Elle lui tendit la main.

— Ah ! dit-elle, je savais bien que vous viendriez tout de suite ; merci. Comment vous trouvez-vous?

— Oh ! faible, bien faible !

— Est-ce que vous n'avez pas envoyé chercher Sosthène?

Elle lui fit signe de se pencher vers elle, et lui répondit tout bas :

— A quoi bon? On ne l'aurait pas trouvé chez lui.

— C'est vrai, pensa le marquis.

Il pouvait être deux heures du matin quand le docteur Gendron arriva. M. Gendron était alors un des plus savants médecins de Paris. Devenu grand praticien, son travail et sa science lui avaient donné la célébrité et la fortune. Il s'était marié peu de temps après la naissance de la petite Maximilienne. A cette époque, nous le savons, le jeune docteur était pauvre.

A l'occasion de son mariage, le marquis lui avait fait don d'un mignon portefeuille sur lequel il y avait ce mot en lettres d'or : *Souvenir*. Et, quand il ouvrit le portefeuille, il y trouva deux papiers : sur le premier, le marquis avait écrit : « Récompense des soins que vous m'avez donnés et de votre admirable dévouement. Témoignage de mon amitié et de ma reconnaissance, qui dureront toujours. » L'autre papier était un chèque de cent mille francs sur la Banque de France.

Tel avait été le commencement de la fortune aussi rapide que brillante du docteur Gendron.

Silencieusement, avec son regard profond et méditatif, il examina la malade et sa blessure, et approuva ce que son confrère avait fait et prescrit.

— Eh bien? interrogea le marquis.

— Attendons, je ne puis me prononcer encore.

Le marquis et le médecin veillèrent la malade.

La nuit s'écoula, le jour vint. Madame de Perny se sentait de plus en plus faible. Elle n'avait encore qu'un peu de fièvre; mais, par instants, ses yeux avaient un éclat et une fixité de mauvais augure.

— La situation est grave, dit le médecin au marquis; la fièvre ne se déclare pas encore, mais elle vient, elle vient lentement. Il y a épanchement de sang au cerveau, et une ou plusieurs lésions des artères cérébrales, dont je ne puis encore reconnaître la gravité. Toutefois, je ne crois pas me tromper en vous disant que, dans quelques heures, la fièvre deviendra intense; nous aurons des syncopes qui seront suivies de délire et de transport au cerveau.

Un instant après, madame de Perny appela son gendre.

— Qu'est-ce que pense de moi M. Gendron? lui demanda-t-elle.

— Il espère vous guérir, répondit le marquis.

Elle agita doucement sa tête sur l'oreiller.

— Il ne vous a pas dit tout ce qu'il pense, reprit-elle. Je me sens très mal, monsieur le marquis. Je crois bien que je n'ai plus que quelques heures à vivre. Oui, j'attends la mort, je la vois venir...

— Je vous en prie, madame, n'ayez pas cette affreuse pensée.

— Je me sens bien, allez, tout est fini!

Puis elle murmura :

— La mort! oh! elle me sera douce!

« Monsieur le marquis, reprit-elle d'une voix oppressée, je voudrais bien vous demander quelque chose.

— Dites, madame, dites.

— Je ne voudrais pas mourir sans avoir revu ma fille.

Ses yeux s'étaient remplis de larmes.

— Mathilde viendra, vous la verrez, répondit le marquis d'un ton solennel.

Les yeux de la malade s'illuminèrent.

— Monsieur le marquis reprit-elle, il ne faut pas qu'elle tarde longtemps à venir.

— Ma mère, je vais aller la chercher.

— Mon Dieu, elle ne voudra peut-être pas...

— C'est sa mère mourante qui l'appelle, répliqua le marquis vivement; mais, ne m'auriez-vous point témoigné le désir de la voir, Mathilde serait venue d'elle-même à votre chevet. Je vais vous quitter, madame, m'autorisez-vous à prévenir votre fils?

Les lèvres de madame de Perny se crispèrent et son regard eut un rapide éclair. Pourtant elle répondit :

— Monsieur le marquis, faites tout ce que vous jugerez convenable.

M. de Coulange avait renvoyé son coupé; mais il trouva heureusement, rue Bayen, une voiture de remise. Il se fit conduire d'abord rue Richepanse. Sosthène n'était pas chez lui. On apprit au marquis qu'il y passait rarement la nuit, et qu'on était souvent deux ou trois jours sans le voir.

Le marquis écrivit quelques mots sur une de ses cartes et la remit au concierge en lui recommandant de la donner à M. de Perny aussitôt qu'il rentrerait.

Il remonta dans sa voiture, qui le transporta chez lui.

La marquise venait de se lever. Elle avait près d'elle les deux enfants, elle ne savait rien, mais elle était très inquiète. Firmin, qu'elle venait d'interroger, lui avait seulement répondu que son maître avait été obligé de passer la nuit dehors.

A la vue de son mari, elle laissa échapper un cri de joie et s'élança à son cou. Le marquis l'embrassa et ensuite les enfants. La jeune femme se disposait à l'interroger. Il alla au-devant de son désir et, en quelques mots, lui apprit la vérité.

La marquise devint très pâle.

— Le docteur Gendron est près d'elle, continua le marquis; il n'a pas cru devoir me cacher que la blessure qu'elle s'est faite à la tête pouvait être mortelle.

Elle restait debout, tremblante, les yeux fixés sur son mari.

Après un moment de silence, le marquis reprit :

— Mathilde, ta mère n'a peut-être plus que quelques heures à vivre, elle désire te voir. Quelques graves que soient ses torts envers toi, la mort doit faire oublier bien des choses; est-ce qu'elle t'attendra et t'appellera en vain? Ne veux-tu pas lui donner cette satisfaction suprême de t'avoir près d'elle à ses derniers moments?

La marquise paraissait en proie à une vive émotion.

— Tu viens me chercher? l'interrogea-t-elle.

— Oui.

— Eh bien, mon ami, je vais m'habiller.

— C'est bien, Mathilde, c'est très bien, dit le marquis.

Elle appela Juliette, et le marquis sortit en disant :

— Je vais faire commander ta voiture.

La jeune femme partit, non sans avoir longuement recommandé aux deux gouvernantes d'avoir bien soin des enfants.

Le marquis entra le premier dans la chambre de madame de Perny. Elle l'interrogea du regard avec anxiété.

— Mathilde est là, lui dit-il.
— Ah! fit-elle.
Presque aussitôt la marquise parut.
Les yeux de la malade étincelèrent. Son regard était rayonnant, son front irradié.
— Monsieur le marquis, dit-elle, soyez assez bon pour me laisser un instant seule avec Mathilde.
Le marquis prit le bras du docteur et ils sortirent de la chambre.
La marquise s'avança lentement vers le lit.
Malgré sa grande faiblesse, la blessée parvint à se soulever un peu et s'appuya sur son bras recourbé.
La jeune femme restait silencieuse. Elle examinait sa mère, une douleur profonde dans le regard.
— Madame la marquise, dit madame de Perny d'une voix faible et tremblante, vous avez bien voulu venir jusqu'ici, je vous remercie.
— Ma mère, répondit la marquise, en m'apprenant votre terrible accident, mon mari m'a dit que vous désiriez me voir; j'ai senti que je devais cesser d'être impitoyable, et je suis venue.
— Et vous venez de m'appeler votre mère, Mathilde, vous me donnez ce doux nom dont je suis indigne!
« Ma fille continua-t-elle en s'animant tout à coup, je voudrais pouvoir me lever pour tomber à vos genoux et baiser vos pieds, en vous demandant pardon!
— Oh! ma mère!
— Mathilde je vais mourir; mais je n'ai pas attendu ma dernière heure pour reconnaître tous mes torts envers vous et me repentir du mal que je vous ai fait. Vous êtes bonne, vous avez toutes les vertus, et je ne vous ai pas aimée, vous, qui méritiez seule toute ma tendresse... Ah! je suis une misérable!... Ma fille, ayez pitié de moi, ne me laissez pas mourir désolée... Pardon, ma fille, votre mère vous demande pardon!...
La marquise s'inclina lentement et ses lèvres touchèrent le front de sa mère. Puis, d'une voix vibrante, elle prononça ces mots :
— J'oublie et je vous pardonne!
Une joie infinie éclata dans le regard de madame de Perny.
Après un moment de silence elle reprit d'une voix entrecoupée :
— Mathilde vous êtes l'ange de rédemption; je ne mourrai pas désespérée, je ne mourrai pas comme une maudite!... Votre pardon me promet le pardon de Dieu!
« Ma fille, donnez-moi votre main.
La marquise mit sa main dégantée dans celle de sa mère. La blessée la

porta à ses lèvres et la couvrit de baisers, en pleurant. Puis, étant parvenue à calmer son émotion, elle reprit :

— C'était surtout pour vous demander pardon, ma fille, que je voulais vous voir. Je ne vous dirai pas tout ce qu'il y a maintenant, et depuis longtemps déjà, d'affection, de tendresse et d'admiration pour vous dans mon cœur; non, je ne veux pas vous le dire... Il est trop tard!... Hélas! c'est autrefois que je devais vous aimer!...

« Vous m'avez pardonné... Vous sachant généreuse et bonne, j'espérais ; et cependant, devant le mal si grand et si difficile à réparer que je vous ai fait, je craignais de vous trouver sans pitié. Eh bien, non... Je vous ai appelée, vous êtes accourue, j'ai senti sur mon front votre baiser et vous m'avez dit : « J'oublie et je pardonne! » Et la joie qui est entrée en moi inonde mon cœur.

« Mais il faut que je profite de ce moment, car les minutes sont précieuses. Dans un instant peut-être je ne pourrai plus parler... Ma fille, j'ai quelque chose de grave à dire et que vous seule devez entendre. Vous voulez bien m'écouter, n'est-ce-pas?

— Oui, ma mère, je vous écoute.

— Mathilde, Sosthène, votre frère, est un monstre!

— Hélas! gémit la marquise...

— Vous avez le droit d'être sans pitié pour lui. Dès demain, quand je ne serai plus, ou même avant ma mort, si vous le voulez, vous pouvez révéler notre crime à M. de Coulange. Il a été assez longtemps trompé. Il faut qu'il sache ce que je vous ai fait souffrir, qu'il éloigne de sa maison cet enfant qui n'est pas le sien et que Sosthène a volé à sa mère!

— Après le crime commis à Asnières, répondit la marquise, cette pauvre mère est devenue folle ; aujourd'hui, tout me fait supposer qu'elle a cessé de vivre.

— Quoi! vous savez?...

— Tout ce que j'ai pu découvrir touchant le sort de cette infortunée. Plus tard, si je crois devoir le faire, je dirai tout à mon mari ; mais l'innocent qu'on a pris à sa mère ne sera pas orphelin ; je l'ai adopté, ma mère ; il restera dans la maison de Coulange.

— Ah! mon admiration pour vous grandit encore, répliqua madame de Perny avec exaltation ; votre conduite n'est plus seulement belle, elle est sublime! C'est sa bonté ineffable et sa grandeur même que Dieu a mises en vous.

« Mais n'importe, je dois parler; il faut que vous sachiez... Mathilde, Sosthène est capable de commettre les crimes les plus horribles ; n'oubliez jamais mes paroles... Il vous hait, il vous poursuivra de sa haine, défiez-vous de lui!

- « Ma fille, ce n'est point accidentellement que je suis tombée hier soir du haut de cette fenêtre, ma chute est l'œuvre de Sosthène... Voleur et parricide, voilà ce qu'il est!...

— Oh! fit la marquise frissonnante.
— Ma fille, vous devez tout savoir; écoutez-moi.

Elle raconta d'abord à la marquise comment elle avait chez elle, pour payer une dette, vingt mille francs que M. de Coulange lui avait généreusement donnés.

— Ma dette, reprit-elle, n'est que de quinze mille francs; mais sachant que j'étais absolument sans argent, votre mari avait cru devoir m'envoyer cinq mille francs de plus.

« Ma fille, continua-t-elle, c'est à madame de Lorge que je dois ces quinze mille francs. Je vous demande comme une grâce de payer cette dette de votre mère.

— Aujourd'hui même madame de Lorge sera payée, répondit la marquise.

— Merci, ma fille. Je ne vous impose pas l'obligation de garder le secret; si vous le jugez convenable et utile, dites à votre mari ce que je vais vous apprendre.

Alors elle fit à la marquise le récit exact de ce qui s'était passé la veille entre elle et son fils.

Elle continua :

— L'argent était là, dans l'armoire; il n'y est plus, il l'a pris et il s'est enfui. Après l'assassinat, le vol!

La marquise tremblait de tous ses membres. Elle était frappée d'épouvante et d'horreur.

— Je vais mourir, tuée par mon fils, ajouta madame de Perny. Le ciel me réservait ce châtiment.

— Ma mère, notre ami le docteur Gendron vous sauvera.

— Non, il ne l'espère point, il me l'a dit. Ma fille, la lettre du marquis, celle de Sosthène et son pistolet sont là, sous mon traversin; il faut que ces objets révélateurs disparaissent, prenez-les pour en faire, avec ce que je viens de vous raconter, tel usage qu'il vous plaira.

La jeune femme glissa son bras sous le traversin où elle trouva le pistolet et les deux lettres qu'elle s'empressa de mettre dans une de ses poches.

La blessée était retombée haletante et anéantie sur son lit. Elle avait usé tout ce qui lui restait de force dans les violents efforts qu'elle venait de faire pour parler. Ses yeux, agrandis et fixes, brillaient d'un éclat étrange. La fièvre, annoncée par le docteur, commençait son action terrible.

— Ma fille, dit-elle d'une voix presque éteinte, mes yeux se couvrent d'un voile, un grand trouble se fait dans ma tête, la pensée m'échappe, c'est la mort qui s'avance... Ma fille, approchez votre front de mes lèvres.

La marquise se pencha sur sa mère. La malade l'embrassa.

— C'est le premier baiser maternel que je vous donne! dit-elle.

Puis d'une voix à peine distincte, elle murmura :

— Ma fille, soyez à jamais bénie!

Presque aussitôt elle poussa un soupir étouffé et elle resta immobile, les yeux ouverts, mais éteints, ne respirant plus.

La marquise crut que sa mère venait de rendre son dernier soupir. Elle se redressa en jetant un cri et bondit vers la porte.

Le docteur et le marquis, qui causaient dans le salon, accoururent au cri de la jeune femme.

M. Gendron s'approcha précipitamment de la malade. Et tout en lui donnant ses soins :

— C'est comme une première syncope, dit-il.

— Docteur, sauvez-la, dit la marquise d'une voix suppliante, je viens de lui rendre toute mon affection; docteur, sauvez ma mère!...

Le médecin secoua tristement la tête et répondit :

— Je ne suis qu'un homme, madame la marquise; Dieu seul est tout-puissant.

— Ainsi, il n'y a plus d'espoir?

Le docteur garda un morne silence.

La jeune femme se mit à pleurer et plaça son mouchoir sur sa bouche pour étouffer ses sanglots.

M. Gendron s'approcha de M. de Coulange et lui dit tout bas :

— Monsieur le marquis, depuis une demi-heure la fièvre a fait des progrès rapides, le délire va succéder à la syncope; madame la marquise n'a plus rien à faire ici, emmenez-la.

Le marquis prit la main de sa femme; elle se laissa entraîner, et ils sortirent de la chambre où quelques heures plus tard, madame de Perny allait expirer.

XXII

DÉLIVRANCE

Le soir où Sosthène de Perny voulant voler sa mère, la faisait tomber de sa fenêtre et devenait ainsi un parricide, une autre scène nocturne se passait au delà des fortifications de Paris, dans la maison isolée et depuis peu abandonnée où avait été enfermée Gabrielle.

Après avoir vainement essayé d'ouvrir la porte donnant sur les champs et l'autre porte, qui ouvrait sur une ruelle, comme nous l'avons dit, un homme se décida à pénétrer dans le jardin par une brèche qu'il trouva dans le mur.

Tout en regardant autour de lui et en tendant l'oreille avec une sorte de

DEUX MÈRES

— Connaissez-vous le propriétaire de cette vieille masure? demanda Marlot.

défiance, il se dirigea lentement et sans faire de bruit vers l'habitation dont il voyait la porte ouverte toute grande.

Nous connaissons cet homme. Il se nomme Armand Des Grolles; mais, obligé de se cacher, il se faisait appeler Jules Vincent.

Enrôlé depuis quelque temps dans cette bande de malfaiteurs qui a pour chef supérieur ou pour grand maître Blaireau, personnage mystérieux et invisible auquel tous obéissent sans le connaître, Armand Des Grolles vient prendre le mot d'ordre qu'il doit recevoir directement de Princet.

La bande a ses capitaines; Gargasse en était un, Princet en est un autre

Chaque capitaine commande et donne des ordres aux hommes de sa compagnie. Il les fait travailler et il les paye. Des Grolles est sous les ordres de Princet. Il n'a plus d'argent; il vient en chercher et demander en même temps quel travail il doit faire.

Des Grolles s'étonne de ne voir apparaître aucune lumière; déjà il a été surpris de trouver fermées les deux portes du jardin. Il ignore que la maison est abandonnée; il n'a pas été prévenu, il ne sait; il est inquiet.

Cependant, après s'être arrêté et avoir hésité un instant, Des Grolles entre dans la maison. Il sait l'endroit où se placent d'habitude la lampe et le chandelier avec sa chandelle ou sa bougie; il cherche à tâtons, au milieu de l'obscurité, et ne trouve ni la lampe, ni le chandelier. Il est de plus en plus étonné, et il devient perplexe. Il frissonne, comme s'il avait eu peur de se trouver seul dans les ténèbres. Mais il se souvient qu'il a dans sa poche des allumettes et un bout de rat-de-cave. Il l'allume. La bougie filée est peu longue; craignant qu'elle ne brûle ses doigts, il l'enveloppe dans un morceau de papier qu'il trouve dans sa poche.

Maintenant qu'il peut voir autour de lui, il regarde. Son étonnement augmente encore. Il entre successivement dans les quatre pièces du rez-de-chaussée, et finit par se convaincre qu'il y a eu un déménagement complet.

Pourquoi? Qu'est-ce que cela veut dire?

Il se le demande. Il ne comprend pas. Il pense qu'il aura, le premier, le mot de l'énigme. Dans la chambre de Princet, il y a une planche, une espèce de tableau sur lequel le chef écrit ses ordres et indique des rendez-vous, quand il est forcé de s'absenter et qu'il sait que quelques-uns de ses hommes viendront lui faire une visite.

Des Grolles monte l'escalier, il entre dans la chambre et cherche partout. Le tableau n'est plus là; il a été enlevé comme le reste. Cette fois, il ne peut plus en douter, il faut qu'il se rende à l'évidence : Princet a changé de quartier, la maison est abandonnée.

Pourquoi n'a-t-il pas été prévenu? C'est un oubli sans doute. N'importe, il n'est pas content.

Il sort de la chambre et se dispose à descendre l'escalier. N'ayant plus rien à faire dans la maison, il ne songe qu'à s'en éloigner rapidement.

Soudain, il s'arrête en tressaillant. Il a entendu quelque chose. Quoi? Il n'en sait rien encore; mais un bruit quelconque a frappé son oreille. Il se penche, allonge le cou et écoute, retenant sa respiration.

Il y a une minute de silence. Puis il entend distinctement une plainte, une sorte de gémissement. Il pâlit et il lui semble qu'il commence à trembler. Cependant il reste immobile et écoute toujours. Il entend de nouveau un gémissement. Il se redresse, les yeux effarés. Que va-t-il faire? Il a son amour-propre, son orgueil, il veut se montrer hardi pour ne pas s'avouer qu'il est saisi par la peur.

Ses yeux se sont fixés sur une porte qui est devant lui. C'est de là que viennent les plaintes. Cette porte, il peut l'ouvrir, la clef est dans la serrure. Il fait un pas en avant, allonge le bras et saisit la clef ; mais sa main tremble ; il la retire vivement, comme s'il eût touché à un fer rouge. Il ne sait pas ce qu'il va voir ; il est effrayé d'avance.

Les plaintes et les gémissement continuaient à se faire entendre.

Comme pour se braver lui-même et se faire honte de sa faiblesse, Des Grolles se campa fièrement devant la porte. Il ne s'était pas rendu maître de son émotion ; mais il se sentait plus hardi et plus fort. Il eut encore un moment d'hésitation, puis la curiosité finit par l'emporter sur la crainte.

Il tourna la clef dans la serrure, ouvrit brusquement la porte et entra dans cette pièce étroite et sombre, qui était devenue une prison et un tombeau.

Gabrielle était agonisante. Mais, grâce à un reste de force nerveuse que lui donnaient sans doute les tortures de la faim, elle s'était levée et se tenait debout, cramponnée à la muraille.

En voyant sa prison soudainement éclairée, elle tourna la tête du côté de la porte. Des Grolles s'était arrêté ; il regardait autour de lui.

Ce misérable vient voir si j'ai cessé de vivre pensa Gabrielle.

Elle parut se détacher du mur, et, à petits pas, les jambes chancelantes et les bras en croix, elle marcha vers des Grolles.

— Assassin ! prononça-t-elle d'une voix sépulcrale.

Des Grolles crut voir un spectre menaçant et vengeur se dresser en face de lui. Saisi d'une folle terreur son rat-de-cave s'échappa de sa main, il poussa un cri étranglé, et se sauva poursuivi par l'épouvante.

La petite bougie brûlait sur le carreau.

Gabrielle voyait devant elle la porte ouverte.

Elle avança péniblement et sortit de sa prison. Mais ses forces étaient épuisées ; ses jambes se dérobèrent sous elle et elle s'affaissa comme une masse sur le palier . . . .
. . . .

Nous avons laissé Morlot découragé et désespéré, cherchant à s'expliquer l'étrange disparition de Gabrielle.

Convaincu qu'elle n'avait pas été menée devant un commissaire de police et que, par conséquent, elle n'avait point été arrêtée par des agents de la police de sûreté, il était forcé d'admettre qu'elle était tombée dans un piège. Pendant plusieurs heures il se creusa la tête, essayant de pénétrer le mystère.

Tout à coup, une pensée jaillit de son cerveau, et aussitôt la lumière se fit.

— J'ai trouvé ! j'ai trouvé ! exclama-t-il, en se frappant le front. Oh ! les misérables ! les infâmes !...

« Ah ça ! reprit-il, où donc avais-je la tête ? Pourquoi n'ai-je pas tout de suite deviné la vérité ? Pourtant, c'est clair comme le jour ; le doute même n'est pas possible. Oui, oui, c'est bien cela : Gabrielle a rencontré la coquine qui lui a volé son enfant ; elle a dû se jeter sur elle, en l'appelant voleuse d'enfant.

« Voilà la dispute qui a attiré l'attention des passants. Certes, la dame Trélat ne devait pas être à son aise. Mais deux individus qui la connaissent viennent à son secours, en ayant l'audace de se faire passer pour des agents de police. Ils disent qu'ils vont conduire les deux femmes devant le commissaire de police, où elles s'expliqueront ; il prennent une voiture et ils les emmènent... Oui, voilà ce qui s'est passé, j'en suis sûr ; je vois la scène comme si j'eusse été le témoin.

« Tonnerre ! jura-t-il en serrant les poings, si je m'étais trouvé là !...

« Maintenant, ce n'est pas tout, continua-t-il sourdement ; il faut retrouver Gabrielle. Où l'ont-ils menée, les misérables ? Qu'en ont-ils fait ?

Et à cette pensée que, pour se débarrasser de la malheureuse jeune femme, ils pouvaient l'avoir assassinée, Morlot sentit un frisson courir dans tous ses membres et son sang se figer dans ses veines.

Son regard eut un éclair terrible.

— Oh ! murmura-t-il avec un singulier accent de rage, s'il y a un nouveau crime, c'est toi, Sosthène de Perny, c'est toi qui payeras pour tous !

« Allons, reprit-il, il faut agir avec rapidité ; il y a déjà beaucoup trop de temps perdu. »

Il prit son chapeau, sa canne et sortit de chez lui. Mélanie était descendue pour faire quelques achats. Ils se rencontrèrent dans l'escalier.

— Je cours à la préfecture, dit Morlot.

— Il t'est donc venu une idée ?

— Oui.

— Laquelle ?

— Gabrielle a été enlevée par deux scélérats.

— Enlevée ! Et pourquoi, mon Dieu ?

— Tu vas comprendre. C'est la dame Trélat, la voleuse d'enfant, que Gabrielle a rencontrée sur le boulevard de Montrouge.

— Oui, oui, tu as raison, mon ami. Que vas-tu faire ?

— Continuer mes recherches. Pour savoir ce que Gabrielle est devenue, il faut d'abord retrouver le cocher de la voiture qui a servi à l'enlèvement.

Le soir même une note de la préfecture de police était envoyée dans tous les dépôts de voiture de place et de remise de Paris.

Cette note invitait le cocher qui avait pris deux femmes et deux hommes sur le boulevard de Montrouge, devant le cimetière du Mont-Parnasse, à se présenter sans retard à la préfecture de police.

La note expédiée, il n'y avait plus qu'à attendre.

Le lendemain, dès six heures du matin, Morlot était à la préfecture. Il attendit avec une impatience fébrile. A midi, le cocher ne s'était pas encore présenté. L'agent de police revint chez lui pour déjeuner.

— Rien encore, dit-il tristement à Mélanie.

Ils se mirent à table et mangèrent silencieusement. A une heure, Morlot se leva, en disant.

— Je suis sur des épines, je retourne à la préfecture.

Il avait son chapeau sur sa tête, il allait sortir, lorsqu'on sonna à la porte. Mélanie s'empressa d'ouvrir. Un homme entra. Il portait une blouse, ses pieds étaient chaussés de gros souliers couverts de terre ; il tenait sa casquette à la main.

— Monsieur Morlot ? demanda-t-il.

— C'est moi, monsieur, répondit l'agent de police en s'avançant ; qu'y a-t-il pour votre service ?

— C'est mon maître qui m'envoie.

— Qui est votre maître ?

— Un cultivateur de Châtillon.

— Ah ! Qu'avez-vous à me dire ?

— Je viens vous dire qu'une jeune dame, au sujet de laquelle vous devez être très inquiet, est en ce moment chez mon maître.

Ces paroles furent suivies d'un double cri de surprise et de joie.

Morlot prit la main du messager.

— Depuis quand est-elle chez votre maître ? demanda-t-il d'une voix oppressée par l'émotion.

— Depuis ce matin, monsieur.

— D'où venait-elle ? Pourquoi n'est-elle pas venue avec vous ?

— Elle est malade, monsieur.

— Malade ! exclama Mélanie.

— Oui, et bien faible, si faible qu'elle ne peut pas marcher. Il paraît qu'elle n'avait pas mangé depuis trois jours.

Mélanie se mit à sangloter.

— Continuez, mon ami, dit Morlot.

— De vilaines gens, des brigands l'avaient enfermée dans une chambre.

— Ah ! les misérables ! fit Morlot.

— On l'a couchée dans un lit, continua le messager, on lui a fait prendre un potage, un peu de vin ; on la soigne ; quand je suis parti pour venir vous trouver, elle commençait à se trouver mieux.

— Mélanie, dit Morlot, ce brave garçon est tout en sueur, il a besoin de se rafraîchir : apporte une bouteille de vin. Il va boire un coup et me conduira tout de suite près de Gabrielle.

— Morlot, je veux aller avec toi.

— Je ne demande pas mieux, habille-toi.

Sans se faire prier, le paysan avala un verre de vin rempli jusqu'au bord.

— Donc, reprit Morlot, la jeune dame était enfermée dans une chambre, et c'est vous qui l'avez délivrée ?

— Non, monsieur, mais je vais vous dire la chose : ce matin, à sept heures, mon maître, sa fille et moi nous étions occupés à couper de l'oseille dans un champ. Tout à coup nous entendons des cris ou plutôt des gémissements. Nous regardons tout autour de nous avec étonnement. D'abord, nous ne voyons rien ; mais au bout d'un instant nous apercevons une main et un bras qui s'agitent en l'air derrière un mur. Nous courons de ce côté et nous trouvons la jeune dame étendue sur un tas de pierres et essayant de se traîner pour passer par une brèche qu'il y a dans le mur. — « La pauvre malheureuse va mourir, dit la jeune patronne, il faut tout de suite la porter chez nous. » Là-dessus, je pris la dame dans mes bras et je l'emportai. Quand elle fut couchée et qu'elle eut pris un potage, elle put parler un peu. Elle nous remercia tous et nous raconta que des scélérats, qui voulaient d'abord l'étrangler, l'avaient emprisonnée dans une chambre où elle se croyait condamnée à mourir de faim.

Morlot ne put s'empêcher de frissonner. Des lueurs fauves passaient dans son regard irrité et terrible. Mélanie s'habillait. Elle n'entendait pas ce sombre récit.

— Il n'y avait donc personne pour la secourir et la défendre contre ces brigands ? demanda Morlot.

— Dame, personne ne pouvait savoir cela. C'est dans une vieille maison isolée, au milieu des champs, et entourée de murs, qu'ils avaient emprisonné la jeune dame.

— A-t-elle dit comment elle est parvenue à s'échapper ?

— Oui. Il paraît que, la nuit dernière un homme est venu dans la maison et a ouvert la porte de sa prison. Elle suppose que cet individu a eu peur en la voyant. Quoi qu'il en soit, il s'est sauvé comme si le diable l'emportait en oubliant de refermer la porte. Alors elle est sortie de la chambre et est restée jusqu'au jour couchée sur le carré. Comme elle ne pouvait pas marcher, elle s'est laissée glisser en bas de l'escalier ; puis en se traînant, elle a pu sortir de la maison et arriver à l'endroit où nous l'avons trouvée. Heureusement, elle avait conservé assez de force pour se faire entendre.

Mélanie reparut. Elle était prête.

— Partons, dit Morlot ; nous prendrons sur le quai une voiture à quatre places. A propos, as-tu de l'argent ?

— J'ai mis cent francs dans ma poche, répondit Mélanie.

— C'est bien. Tu donneras cette somme à Gabrielle pour qu'elle puisse récompenser elle-même les braves gens qui l'ont secourue.

XXIII

UNE BONNE JOURNÉE

Deux heures plus tard, Gabrielle était dans les bras de Mélanie. Elles s'embrassaient comme deux sœurs. La scène était des plus touchantes ; on pleurait autour d'elles. Morlot lui-même se détourna pour essuyer furtivement deux larmes.

Grâce aux soins qu'on lui avait prodigués, Gabrielle sentait la vie et ses forces lui revenir.

Elle voulut raconter à Morlot ce qui lui était arrivé.

— Ma chère Gabrielle, ne vous fatiguez pas à parler, lui dit-il ; je suis suffisamment instruit pour le moment ; dans quelques jours, quand vous serez tout à fait bien, je vous écouterai avec plaisir, car il est utile que je connaisse tous les détails de ce nouveau crime.

« Pour l'instant, continua-t-il, j'ai une autre curiosité, je désire visiter cette maison dans laquelle vous avez été séquestrée et où vous avez failli mourir de faim.

— Morlot, dit Mélanie, tu es seul, tu peux tomber dans un piège, prends garde !

— Oh ! oui, prenez garde, appuya Gabrielle.

— Soyez tranquille, répondit-il en souriant, j'ai avec moi un compagnon qui ne se laisse pas facilement surprendre.

Et, ouvrant son paletot, il leur fit voir la crosse de son revolver.

— Mélanie va rester près de vous, Gabrielle, reposez-vous bien ; il faut que vous soyez assez forte ce soir pour que nous puissions vous emmener...

— Chez nous, ajouta Mélanie, je veux vous avoir près de moi pour vous soigner.

— A bientôt ! leur dit Morlot.

Et il sortit.

Il se dirigea en ligne droite, et à travers champs, vers la maison isolée qu'on lui avait montrée de loin. Il y arriva bientôt. En tournant autour de l'enclos, il découvrit facilement beaucoup de pas d'hommes. Ils étaient surtout très nombreux dans la ruelle. Il pénétra dans le jardin en passant par la brèche du mur, puis il entra dans la maison où, comme nous l'avons dit, Priucet et ses hommes n'avaient laissé que les quatre murs.

— Il est certain, se dit Morlot, que cette masure servait de repaire à une bande de malfaiteurs. L'avaient-ils louée ? ou était-elle complaisamment mise à leur disposition ? Voilà une chose importante à savoir. La propriété appartient à quelqu'un, bien qu'elle ne vaille pas grand'chose. Qui est le propriétaire ? Si les gens qui demeurent aux environs ne peuvent pas me le dire, j'irai le demander à Châtillon.

« Les brigands ont senti le danger qui les menaçait, continua-t-il, et, dans la nuit qui a suivi l'enlèvement de Gabrielle, ils ont abandonné leur repaire, en se hâtant de tout emporter. Et ils laissaient ici une malheureuse femme qu'ils condamnaient à une mort épouvantable... Oh ! les scélérats !...

« Ils s'attendaient à une visite de la police ; ils savent parfaitement qu'une femme ne disparaît pas ainsi sans qu'on la cherche. Il fallait déguerpir au plus vite pour ne pas se laisser pincer... Ils m'échappent, c'est dommage, toute une bande... ç'eût été un joli coup de filet ! Où sont-ils allés ? Un de ces jours on tâchera de les retrouver. J'ai dans l'idée que le propriétaire de cette bicoque m'y aidera.

Tout en se livrant à ses réflexions, Morlot furetait partout. On aurait dit qu'il espérait trouver un objet quelconque pouvant le mettre sur la piste des locataires disparus. Mais il eut beau ouvrir les placards, remuer les cendres de l'âtre, examiner de vieilles loques qui gisaient dans la poussière, chercher dans tous les coins, il ne trouva rien.

Ayant visité le rez-de-chaussée, il monta au premier. Il vit une porte ouverte et il entra dans une petite pièce, qui recevait le jour par la toiture.

— Voici la fameuse prison, murmura-t-il.

Il s'avança à l'intérieur et regarda.

— Diable ; diable, dit-il, cela ressemble un peu, en effet, à une cellule de Mazas.

Son pied heurta quelque chose : c'était le panier de Gabrielle. Il le ramassa et le mit à son bras.

— C'est encore ça de retrouvé ! fit-il.

Quand il eut bien examiné ce lieu, qui avait failli servir de sépulcre à Gabrielle, il reconnut qu'il se trouvait dans une espèce de tourelle inachevée, dont primitivement on avait eu l'intention de flanquer la maison pour essayer de lui donner l'apparence d'une demeure féodale du moyen âge.

Il songea à ces temps néfastes où les crimes les plus odieux se commettaient impunément au nom des droits du seigneur.

Machinalement il regarda à ses pieds, croyant qu'il allait voir une trappe cachant le trou sinistre des oubliettes.

Il ne vit ni trappe, ni trou ; mais ses yeux se fixèrent sur un morceau de papier, qui paraissait avoir été tordu avec les doigts.

— Qu'est-ce que c'est que ça ? fit-il.

Il se baissa et saisit l'objet entre ses deux doigts.

Morlot tendit l'oreille tout en jetant autour de lui un regard rapide.

C'était bien un morceau de papier tordu, et Morlot remarqua qu'il était brûlé.

Mince trouvaille! Cependant Morlot ne jeta point avec dédain ce qu'il venait de ramasser. Il le garda dans sa main. Il pensait sans doute qu'un homme bien avisé doit faire cas des choses les plus minimes et les plus insignifiantes.

Il sortit de la tourelle tronquée, jeta un rapide coup d'œil dans les autres pièces de l'étage, descendit l'escalier et s'éloigna de la masure. Il se retrouvait au milieu des champs.

En face de lui, à environ cent mètres de distance, il aperçut, derrière un bouquet d'arbres, une assez grande maison, qui lui parut appartenir à des gens aisés. Il marcha de ce côté en se disant :

— Là, peut-être, on me donnera quelques renseignements.

A moitié chemin, Morlot s'arrêta brusquement.

Il venait de penser au morceau de papier qu'il avait ramassé dans la tourelle et qu'il tenait toujours dans sa main.

— Je ne suis guère curieux, dit-il, voyons donc un peu ce que c'est.

Il détordit le papier et reconnut que c'était une enveloppe de lettre. Malheureusement, comme il l'avait déjà remarqué, elle était à moitié brulée.

Voici comment était disposé ce qui restait de la suscription :

Monsieur
Jules Vi
18, rue Saint-
Paris

L'enveloppe portait, en outre, le timbre du bureau de poste de Saint-Mandé avec la date du 22 avril.

Morlot restait immobile, les yeux fixés sur l'écriture.

— Ce doit être la main d'une femme qui a écrit cette adresse, se disait-il, la maîtresse probablement de l'individu; mais, qu'importe! celui-ci est évidemment un des malfaiteurs qui hantaient la masure, peut-être l'homme qui, hier soir, a délivré Gabrielle sans le vouloir.

Prénom : Jules; c'est bien. Mais il est difficile de deviner le nom; un v, un i, et après, un fragment de lettre qui peut être le jambage d'un m, d'un n ou d'un u.

Adresse : 18, rue Saint qui? Saint quoi? Tous les saints du calendrier ont leur rue dans Paris. J'ai le numéro, c'est déjà quelque chose. Mais combien en faudra-t-il visiter de maisons portant le n° 18? Les recherches seront laborieuses, un vrai travail de patience. Tonnerre! le coquin sera difficile à trouver.

Morlot tira de sa poche son portefeuille, dans lequel il serra précieusement le morceau de papier.

— Un de ces matins on s'occupera du sieur Jules V..., murmura-t-il.

Et il se remit en marche.

Il arriva bientôt devant la maison qui avait attiré son attention. Comme la plupart des habitations isolées des environs de Paris, celle-ci était construite au milieu d'un jardin entouré de murs. La grille ouverte laissait voir la façade à l'extrémité d'une large allée bordée d'espaliers couverts de fleurs.

— C'est un bourgeois qui demeure ici, pensa Morlot.

Ne croyant pas utile de s'annoncer par un coup de cloche, il entra dans la propriété et se trouva en présence d'un vieillard qui arrosait des plates-bandes.

Après l'avoir salué et s'être excusé de la liberté qu'il prenait :

— Vous êtes sans doute, monsieur, le propriétaire de cette maison? lui demanda Morlot.

— Oui, monsieur, répondit le vieillard. Qu'est-ce que vous désirez?

— Un renseignement, que peut-être vous pourrez me donner.

— De quoi s'agit-il?

— Connaissez-vous le propriétaire de cette vieille maison? demanda Morlot, en désignant la masure abandonnée.

— Le locataire pourrait vous renseigner mieux que moi.

— Assurément, monsieur; mais il faudrait qu'il y en eût un. Pour le moment, personne n'habite cette maison.

— Vous en êtes sûr?

— Je viens de la visiter.

— Alors il n'y a pas longtemps que le locataire a déménagé.

— Depuis quelques jours seulement, je suppose. Est-ce que vous le connaissiez, monsieur, ce locataire?

Le vieillard secoua la tête.

— J'ai pu le voir, de loin, plusieurs fois, dit-il; mais je ne sais pas son nom, et moins encore ce qu'il faisait. Nous vivons ici très retirés, ne nous occupant guère de nos voisins qui, en raison de leur éloignement, ne peuvent être gênants. L'individu qui demeurait dans la maison en question m'a paru avoir des allures assez mystérieuses. Il ne vivait pas dans la solitude et l'isolement; chez lui, la nuit, il y avait souvent nombreuse compagnie.

« Vous m'apprenez qu'il a déménagé; eh bien, je l'avoue, je n'en suis pas fâché. Pour vous dire toute ma pensée, ce voisinage me causait des inquiétudes. Plus d'une fois, j'ai vu rôder par ici des hommes de mauvaise mine, qui ne devaient pas être des inconnus pour le locataire dont nous parlons.

— J'ai lieu de croire, monsieur, que vous n'aviez pas tort d'être inquiet.

— Ah! vous êtes de mon avis!

— Oui, car j'ai acquis la certitude que la maison était le lieu de rendez-vous d'une bande de malfaiteurs.

— J'ai eu cette pensée, monsieur; mais je l'ai repoussée, ne voyant rien qui fût de nature à justifier mon soupçon. Est-ce que vous voulez louer la maison?

— Nullement, répondit Morlot, en souriant. Je désire connaître son propriétaire parce que j'espère qu'il me mettra sur la trace des individus qui avaient transformé sa propriété en une caverne de voleurs.

— Ah! je comprends, vous êtes agent de police?

— Oui.

— Eh bien, monsieur, je ne connais pas plus le propriétaire que l'ancien locataire; cependant, je puis vous dire son nom : il se nomme Joblot. Je sais qu'il est marchand de meubles et de curiosités, et qu'il demeure rue de Bretagne; j'ignore le numéro de la maison.

— Avec l'indication que vous me donnez, je trouverai facilement. Je vous remercie, monsieur. C'est égal, ce M. Joblot laisse sa maison dans un triste abandon.

— Pour la remettre en état, il y a beaucoup de réparations à faire; il a probablement reculé devant la dépense.

— Et en attendant qu'elle s'écroule, ajouta Morlot, il la loue comme il peut, n'importe à qui.

— Quand on possède une maison de ce côté, on est obligé de l'habiter soi-même; c'est ce que je fais.

Morlot salua le vieillard et s'éloigna.

— Ce brave homme m'a fourni un renseignement précieux, se dit-il; j'ai bien fait de suivre mon inspiration. Joblot, marchand de meubles et de curiosités, rue de Bretagne... Oh! oh! cela sent le receleur en diable! Allons, la journée est bonne et me paraît pleine de promesses pour l'avenir.

Il avait pris un sentier frayé par les maraîchers. Et comme le soleil allait se coucher, il marcha rapidement pour aller retrouver sa femme et Gabrielle.

XXIV

AVANT L'ENTERREMENT

La mort de madame de Perny fut annoncée par un fait-Paris qui, ayant paru dans un journal du soir, fut reproduit le lendemain par tous les journaux. Cette mort était naturellement attribuée à un accident, comme l'avait déclaré la défunte.

Morlot lut le fait dans le *Constitutionnel*. Ce journal terminait son entrefilet par ces mots : « La cérémonie des obsèques aura lieu demain; on se réunira à onze heures à la maison mortuaire, rue Laugier, aux Ternes. »

— Tiens, lis cela, dit Morlot, en plaçant l'article sous les yeux de sa femme.
— Voilà la justice de Dieu, dit Mélanie après avoir lu.

Le lendemain, à dix heures, Morlot arrivait rue Laugier. Il voulait assister au convoi. C'était pour lui une occasion de voir Sosthène de Perny, le marquis de Coulange et peut-être aussi la marquise et les enfants.

Les employés des pompes funèbres venaient de placer la bière au milieu d'une chapelle ardente. Deux religieuses, assises l'une à droite, l'autre à gauche du cercueil, lisaient les Psaumes de la pénitence. Cinq ou six femmes agenouillées avaient l'air de prier.

Après avoir fait tomber quelques gouttes d'eau bénite sur la bière, Morlot entra dans le jardin, où il y avait déjà une vingtaine de personnes.

Cinq ou six hommes, formant un groupe, causaient devant le pavillon; d'autres se promenaient silencieusement et à pas lents dans les allées.

Non loin des hommes qui causaient devant le pavillon, un autre personnage, ayant un large crêpe à son chapeau, se tenait debout, appuyé contre un arbre. La tête inclinée, regardant la terre à ses pieds, il paraissait sous le poids d'une immense douleur. Morlot remarqua qu'il était d'une pâleur livide, que son regard sombre contenait de l'inquiétude mal dissimulée.

L'agent de police n'avait jamais vu Sosthène de Perny ; il devina que c'était lui. Alors il l'examina avec plus d'attention. Son visage tourmenté révélait un grand trouble intérieur et avait une singulière expression de terreur. A chaque instant une crispation nerveuse tordait ses lèvres, et son corps avait un tressaillement convulsif.

Morlot ne pouvait s'y tromper; ce n'était point l'image de la douleur qu'il avait sous les yeux.

— C'est étrange, pensa-t-il, on dirait qu'il vient de commettre un crime.

A ce moment Sosthène releva brusquement la tête et promena autour de lui un regard farouche, plein d'anxiété.

— Il n'y a pas à en douter, se dit Morlot, sa conscience n'est pas tranquille, il est inquiet, il a peur! De quoi?

Comme il ne tenait pas à attirer sur lui l'attention de M. de Perny, il s'éloigna et s'approcha du groupe dont nous avons parlé. Parmi ces hommes se trouvaient Firmin, le vieux valet de chambre, et deux autres domestiques du marquis de Coulange.

Ils parlaient de la morte.

— La vie ne tient qu'à un fil, disait Firmin ; au moment où l'on s'y attend le moins, la mort frappe sans crier gare.

— Nous ne nous doutions guère, il y a deux jours, que nous serions obligés de porter le deuil cet été, dit un autre domestique.

— Nous n'aurons probablement aucune grande réception à Coulange cette année, dit le troisième.

— C'est certain, répondit Firmin; on ne donne pas des fêtes quand on est en grand deuil. Madame la marquise est vraiment très affligée de la mort de sa mère; après ce qui s'est passé autrefois, je n'aurais pas cru qu'elle pût éprouver un pareil chagrin. J'ignore quels étaient les torts de madame de Perny ; du reste, M. le marquis lui-même n'a jamais su le fin mot de l'affaire; mais ils étaient certainement des plus graves, puisque madame la marquise avait complètement cessé de voir sa mère. Madame de Perny l'a appelée avant de mourir et lui a demandé pardon.

— Et madame la marquise a pardonné?

— Naturellement. N'est-elle pas toujours la bonne marquise?

— C'est égal, monsieur Firmin, une mort pareille est épouvantable.

— Madame de Perny ne pensait guère qu'elle mourrait ainsi, reprit l'autre domestique. Le jour même où elle est tombée de sa fenêtre, quelques heures avant, je l'ai vue, elle a causé avec moi; elle était assez gaie.

— En effet, c'est vous, Joseph, que M. le marquis a envoyé chez madame de Perny, dit Firmin.

— Pour lui remettre de sa part une enveloppe dans laquelle il y avait vingt mille francs.

Ces paroles frappèrent l'agent de police, et ses yeux se portèrent sur M. de Perny, qui était toujours à la même place, le regard sombre et inquiet.

Morlot ne put s'empêcher de tressaillir, et un éclair s'alluma dans ses yeux. Un soupçon venait de traverser sa pensée.

Maintenant il écoutait distraitement la conversation des domestiques.

Soudain, un homme d'une figure distinguée et d'un grand air sortit du pavillon. Les domestiques s'écartèrent, se découvrirent et saluèrent respectueusement.

— Ce monsieur est sans doute M. le marquis de Coulange? demanda Morlot, s'adressant à Firmin.

— C'est lui, monsieur, répondit Firmin en regardant l'agent de police avec défiance; est-ce que vous ne le connaissez pas?

— Je viens de le voir pour la première fois.

Le front du vieux domestique s'assombrit.

— Alors, dit-il d'un ton sec, vous êtes un invité de M. Sosthène de Perny.

Morlot sentit qu'il y avait du dédain et même de l'hostilité dans les paroles du vieillard. Il s'empressa de répondre :

— Je ne suis invité directement ni par M. le marquis ni par M. de Perny, que je ne connais pas. Un journal m'a appris la mort de madame de Perny, et comme j'ai pour M. le marquis et madame la marquise de Coulange un profond respect, je me suis fait un devoir d'assister à l'enterrement.

L'expression du visage de Firmin changea subitement.

— Si je n'ai pas l'honneur d'être connu de vos maîtres, monsieur Firmin, continua Morlot, je les connais, moi, depuis longtemps, par les nombreux bienfaits qu'ils répandent autour d'eux. Et vous ne vous étonnerez pas de me voir ici, quand je vous aurai dit que je me suis marié à Miéran, et que les Rouget et les Blésois des villages de Coulange et de Miéran sont mes parents.

— Certes, non, je ne m'étonne pas, répliqua Firmin.

Et il tendit la main à Morlot.

Cela signifiait : Soyez le bienvenu, vous êtes des nôtres.

Morlot mit tout de suite à profit ces excellentes dispositions:

— Monsieur Firmin, dit-il, je viens de voir M. le marquis; aurais-je aussi le bonheur de voir la bonne marquise ?

— Elle est ici depuis neuf heures, c'est elle qui reçoit les invités; elle ne suivra pas le convoi, parce que M. le marquis craint qu'elle ne soit trop vivement impressionnée; mais, en ne vous éloignant pas du pavillon, je pense que vous pourrez la voir dans un instant, lorsque les personnes qui sont avec elle sortiront.

— Madame la marquise a sans doute ses enfants près d'elle ?

— Non, les enfants sont restés à l'hôtel. M. le marquis désirait les amener, mais madame la marquise s'y est opposée. Cela a donné lieu ce matin à une scène touchante; en y pensant, je suis encore tout ému.

— Si je ne craignais pas d'être indiscret, monsieur Firmin, je vous demanderais ce qui s'est passé.

— Oh ! je veux bien vous le dire. Mais, pour que vous puissiez comprendre, je dois vous apprendre d'abord que madame la marquise a été pendant plusieurs années sans témoigner aucune affection à son fils.

— Je sais cela, monsieur Firmin; c'était, m'a-t-on dit, l'effet d'une singulière maladie qu'avait la bonne marquise et dont elle est heureusement guérie aujourd'hui.

— Du moment que vous savez cela, ce que je vais vous raconter vous intéressera.

— Vous pouvez en être certain, monsieur Firmin.

— Voici : hier soir, M. le marquis avait dit : « Eugène et Maximilienne assisteront avec moi aux obsèques de leur grand'mère. » Ce matin, à huit heures, M. Eugène était habillé, prêt à partir, et paraissait enchanté d'accompagner son père. A huit heures et demie, M. le marquis et son fils attendaient madame la marquise dans le grand salon. Elle parut.

« — Où donc est Maximilienne ? demanda M. le marquis.

« — Elle est avec sa gouvernante, répondit madame la marquise.

« — Est-ce que nous ne l'emmenons pas ?

« — Maximilienne est trop jeune pour assister à cette triste cérémonie.

« En disant cela elle regardait M. Eugène d'une façon toute drôle. On voyait très bien qu'elle était contrariée que M. le marquis emmenât son fils.

« — Puisque nous laissons Maximilienne, répondit M. le marquis, nous n'avons plus à attendre. Partons, ajouta-t-il, en prenant la main de M. Eugène.

« L'enfant sautait de joie. Madame la marquise devint subitement très pâle.

« — Édouard, dit-elle tristement, crois-moi, laissons les enfants.

« — Du tout, répondit M. le marquis, j'emmène Eugène; je lui ai promis.

« — Oui, oui, papa, emmène-moi ! s'écria le petit garçon.

« Madame la marquise pâlit encore et je crus qu'elle allait pleurer.

« — Eugène, dit-elle alors de sa douce voix qui touche tous les cœurs, si vous ne restez pas avec votre petite sœur, vous me ferez beaucoup de peine.

« Sur ces paroles, l'enfant lâcha la main de M. le marquis et s'avança vers madame la marquise, sérieux et grave comme un petit homme.

« — Maman, répondit-il, je vous aime et vous respecte trop pour vouloir jamais vous faire de la peine; je resterai avec ma petite sœur.

« Aussitôt, la joie éclata dans les yeux et sur le front de madame la marquise.

« Elle se baissa, et, prenant dans ses mains la tête de l'enfant :

« — Tiens, je t'aime ! s'écria-t-elle.

« Et à plusieurs reprises et avec force, elle l'embrassa sur le front et sur les joues. Pendant ce temps, l'enfant sanglotait et disait :

« — Oh ! maman ! Oh ! papa !

— En effet, monsieur Firmin, cette scène est fort touchante, dit l'agent de police.

— N'est-ce pas, monsieur? reprit le vieux serviteur. Comprenez mon émotion et celle de M. le marquis. Pour la première fois, madame la marquise tutoyait son fils et l'embrassait en présence de ses serviteurs.

Le jardin s'était peu à peu rempli de personnes qui venaient assister à la cérémonie funèbre. Il y avait également foule dans la rue.

Sosthène n'était plus près de l'arbre contre lequel il s'appuyait un instant auparavant. Morlot le chercha vainement du regard. Il avait disparu. Le marquis de Coulange rentra dans le pavillon. Un instant après, les personnes qui s'y trouvaient réunies, des dames principalement, commencèrent à sortir. Les voitures de l'administration des pompes funèbres étaient arrivées : tous les employés étaient à leur poste. On se préparait à placer la bière sur le corbillard.

Firmin toucha le bras de Morlot.

— Vous désirez voir madame la marquise, lui dit-il; regardez, la voilà.

La jeune femme, portant un vêtement de grand deuil, venait de paraître sur sur le seuil du pavillon. Son mari était près d'elle. La marquise serrait les mains qui se tendaient vers elle.

Son vêtement noir faisait ressortir la pâleur mate de son visage; la tristesse répandue sur ses traits et la langueur de son regard ajoutaient à sa merveilleuse beauté quelque chose de suave et de mystérieux. Mais, ce qui frappa particulièrement l'agent de police, c'est l'expression de douceur et de bonté ineffables empreinte sur sa physionomie. Il ne pouvait la quitter des yeux.

— Venez-vous ? lui dit Firmin.

— Oui, oui, certainement, répondit-il.

— Camarades, reprit l'inspecteur, je vais vous lancer dans une affaire de première importance.

Après avoir mis un baiser sur le front de la marquise, le marquis venait de la quitter, en lui disant :

— Ta présence n'est plus utile; dans un instant tu pourras retourner près des enfants.

Les domestiques suivirent leur maître. Morlot marcha derrière eux. La marquise était rentrée dans l'intérieur du pavillon.

Un instant après, le convoi se mettait en marche.

A la suite de deux ou trois cents personnes, qui étaient à pied, venait une longue file de voitures de deuil et autres.

En se rendant aux Ternes, l'intention de Morlot était d'assister à l'enterrement de madame de Perny; mais il avait subitement changé d'idée, et, au lieu de prendre place parmi ceux qui suivaient le cercueil, il se rangea de côté et les laissa passer devant lui. Sans attendre le défilé des voitures, Morlot rentra dans le jardin et se dirigea rapidement vers le pavillon.

XXV

L'AGENT DE POLICE ET LA MARQUISE

Pourquoi l'agent de police était-il rentré dans le jardin? Qu'allait-il faire?

Soupçonnant la vérité, il voulait voir comment madame de Perny avait pu faire cette chute qui avait causé sa mort.

Après avoir fait le tour du pavillon, il s'arrêta devant la porte de la cuisine, regardant les marches de pierre sur lesquelles madame de Perny était tombée. Bien qu'elles eussent été lavées à grande eau, on y voyait encore quelques taches de sang. Ensuite il leva les yeux vers la fenêtre du premier. Personne n'avait encore touché à la barre d'appui, qui restait à moitié détachée, comme au moment de la chute.

— Ce n'est pas très haut, pensait Morlot; si la tête n'avait pas si malheureusement frappé l'angle de la pierre, madame de Perny en aurait été quitte pour quelques contusions. Enfin, c'est ainsi qu'elle devait mourir.

Tout en tourmentant sa moustache, il se mit à réfléchir. Le soupçon persistait.

Il ne parvenait pas à s'expliquer comment madame de Perny avait pu tomber de sa fenêtre, et toujours cette idée lui revenait : il faut qu'une main brutale l'ait poussée.

— Elle avait chez elle vingt mille francs; où est cette somme maintenant? J'ai bien regardé le Perny : il avait l'air sombre, le regard inquiet, la figure d'un homme qui vient de commettre un crime. J'ai deviné son agitation intérieure. Pourquoi était-il ainsi? C'est une révélation.

Ses yeux se fixèrent encore sur la fenêtre et la barre d'appui.

— Pour bien voir, il faudrait que je fusse dans la chambre, murmura-t-il.

Après un moment d'hésitation, il eut un brusque mouvement de tête en arrière et prononça ces mots :

— Je veux voir!

Il revint devant la porte d'entrée du pavillon, qui était restée ouverte. Il tendit l'oreille, tout en jetant autour de lui un regard rapide. Il n'y avait personne dans le jardin, un profond silence régnait dans le pavillon. N'hésitant plus, il entra résolument. Il monta l'escalier et pénétra dans la chambre de madame de Perny.

La marquise était dans le salon. Mais Morlot avait fait si peu de bruit qu'elle n'avait rien entendu.

Au bout de quelques minutes, la jeune femme sortit du salon et descendit l'escalier. Elle s'en allait. Mais, soudain, elle s'aperçut qu'elle oubliait quelque chose qui se trouvait dans la chambre de sa mère. Elle remonta précipitamment l'escalier et n'eut qu'à pousser la porte, laissée entr'ouverte par l'agent de police, pour entrer dans la chambre.

A la vue d'un homme inconnu qui se tenait debout dans l'encadrement de la fenêtre, la marquise laissa échapper un cri de surprise et d'effroi. Morlot se retourna vivement.

— Oh! pardon, madame la marquise, dit-il.

Et il s'inclina respectueusement devant elle.

La jeune femme s'était remise promptement.

— Que faites-vous là, monsieur? lui demanda-t-elle d'un ton sévère.

— Madame la marquise, je regardais.

— Vous regardiez?

— Oui, madame, et avec la plus grande attention.

— Ai-je le droit de vous demander...

— Ce que je regardais? interrompit Morlot; oui, madame la marquise, vous avez ce droit. Veuillez vous approcher, je vais vous le montrer.

Elle fit deux pas en arrière comme si elle avait peur.

— Oh! ne vous effrayez pas, madame la marquise, reprit Morlot, vous n'avez rien à craindre.

— Mais je ne ne vous connais pas, dit-elle.

— Tout à l'heure, je vous dirai qui je suis, madame la marquise; je suis monté dans cette chambre qui était celle de madame votre mère, afin d'examiner comment elle a fait cette chute terrible qui a causé sa mort. Maintenant j'ai vu et je sais à quoi m'en tenir.

— Que voulez-vous dire, monsieur? s'écria la marquise visiblement troublée.

Morlot, qui la regardait fixement, la vit pâlir.

— Elle sait tout, pensa-t-il.

Et il répondit :

— Madame la marquise, sans avoir de très bons yeux, il est facile de voir que cette barre d'appui ne s'est point détachée parce qu'un poids pesait sur elle. Il est donc impossible d'admettre que madame de Perny soit tombée, la tête en avant, en voulant fermer la persienne.

Plus inquiète encore que surprise, la jeune femme s'était avancée près de la fenêtre.

— Pourtant, monsieur, dit-elle d'une voix émue, c'est ce que madame de Perny a déclaré.

— Je connais la déclaration qu'elle a faite, madame la marquise.

— Eh bien ?

— Permettez-moi de vous adresser cette simple question : Y croyez-vous ?

— Ma mère a dit comment l'accident était arrivé ; je dois avoir une foi entière en ses paroles, monsieur.

— Morlot secoua la tête.

— Madame la marquise de Coulange oserait-elle jurer qu'elle croit que, dans sa déclaration, madame de Perny a dit la vérité ? demanda-t-il.

— Mais que supposez-vous donc, monsieur ? s'écria la marquise éperdue.

— Regardez, madame la marquise, reprit Morlot ; la pression sur la barre ne s'est pas faite perpendiculairement, mais horizontalement ; on remarque même, avec un peu d'attention, qu'on lui a imprimé un mouvement de bas en haut. En effet, c'est au-dessus de la barre que le plâtre a cédé ; de plus, pour se détacher, elle a été soulevée au-dessus de cette arête que vous pouvez voir aussi bien que moi. Ce n'est pas tout, madame la marquise, regardez encore là, ces nombreuses rayures sur le parquet, elles vont dans tous les sens, ce qui indique qu'il y a eu piétinement. Et là aussi, ces égratignures sur le plâtre.

— Eh bien, monsieur, eh bien ? fit la marquise d'une voix anxieuse.

— Eh bien, madame la marquise, ce que je vois me démontre clairement que madame de Perny n'a pas déclaré la vérité.

— Mais, monsieur...

— Et je conclus de mon examen, continua Morlot, qu'il y a eu ici, à la place où nous sommes, une lutte assez longue entre madame de Perny et une autre personne. Cette lutte s'est terminée par la chute de la pauvre femme.

La marquise était atterrée. Elle regardait l'agent de police avec épouvante.

— Mais si madame de Perny a fait une fausse déclaration, poursuivit Morlot, c'est qu'elle avait ses raisons pour cacher la vérité. Pour moi, madame la marquise, elle n'a point voulu faire connaître la vérité sur sa chute, afin de soustraire le coupable aux recherches de la justice et au châtiment qu'il a mérité.

La marquise saisit le bras de Morlot.

— Que croyez-vous, dites, que croyez-vous ? lui demanda-t-elle d'une voix oppressée.

— Je crois que madame de Perny est morte assassinée ! répondit Morlot.

Elle recula en poussant un cri rauque. Mais aussitôt elle s'écria :

— Ne croyez pas cela, monsieur, ne le croyez pas !

— Madame la marquise, répliqua Morlot, le jour de l'accident, madame de

Perny a reçu vingt mille francs qui lui étaient envoyés par M. le marquis de Coulange. Avez-vous retrouvé cette somme ?

La marquise resta silencieuse, la tête baissée.

— Non, n'est-ce pas, continua Morlot ; les vingt mille francs ont disparu ; ils ont été volés... Et le vol a précédé ou suivi la chute de madame de Perny. Ainsi, madame la marquise, il y a eu ici assassinat et vol.

Elle tressaillit et fit entendre un sourd gémissement.

— Maintenant reprit Morlot, en baissant la voix et en se rapprochant de la marquise, voulez-vous que je vous dise le nom du criminel ?

La jeune femme se dressa brusquement.

— Non, non, taisez-vous ! lui dit-elle avec égarement. Ah ! vous me faites peur !...

Elle reprit aussitôt :

— Mais qui donc vous donne le droit de me parler ainsi ? Répondez-moi. monsieur, qui êtes vous ?

— Je suis un homme qui vous honore, qui vous respecte et vous admire, répondit Morlot d'un ton pénétré ; je me nomme Morlot, et je suis inspecteur de police.

— Ah ! je comprends, murmura la marquise.

Elle se laissa tomber sur un siège et cacha sa figure dans ses mains.

— Non, madame la marquise, répondit Morlot tristement, vous ne pouvez ni comprendre, ni deviner quelles sont mes intentions. Mais, je vous le répète, vous n'avez rien à redouter de moi. Loin d'être votre ennemi, si un danger vous menaçait, je serais un de vos défenseurs.

La marquise le regarda avec étonnement.

Il reprit avec animation.

— Madame la marquise, je sais quelle est la bonté de votre cœur ; on vous appelle la bonne marquise, et, comme les autres dames de Coulange, la mère des malheureux : je connais la plupart de vos belles et nobles actions ; je sais aussi que vous avez beaucoup souffert et que vous souffrez encore. Croyez-le, madame la marquise, je ne suis pas votre ennemi. Si je vous causais une douleur, je serais désolé, et une larme que je ferais tomber de vos yeux serait pour moi un reproche éternel.

— Je vous crois, monsieur ; mais je ne comprends plus dans quel but vous êtes ici..

— J'ai soupçonné le crime et j'ai voulu avoir la certitude.

— Pourquoi ?

— Bientôt, madame la marquise, vous connaîtrez la pensée qui me fait agir ; pour le moment, je dois garder le silence.

— Vous avez fait naître en moi une grande inquiétude, monsieur ; oui, je suis effrayée... Après l'affreuse découverte que vous venez de faire, vos paroles ne peuvent me rassurer.

— Ce que madame de Perny a caché aux autres, elle vous l'a dit, à vous; vous le niez pas?

— Hé, le puis-je? s'écria la marquise d'une voix déchirante; nier serait mentir!

Ne pouvant plus se contenir, des larmes jaillirent de ses yeux.

— J'ai eu l'honneur de dire à madame la marquise que je n'étais pas son ennemi, que j'avais pour elle un respect profond et une grande admiration, reprit Morlot d'une voix vibrante d'émotion; madame la marquise ne veut-elle pas avoir confiance en moi?

— Je ne sais que penser, monsieur, répondit-elle d'une voix entrecoupée; votre présence ici a pour moi une signification terrible. Vous êtes inspecteur de police, j'ai donc tout à redouter. Ce que ma mère a caché, ce que je voulais cacher aussi, vous l'avez découvert. Pourquoi avez-vous pénétré cet effroyable secret? Ah! mon mari, mes enfants et moi, vous nous menacez tous!

— Permettez-moi de vous faire observer, madame la marquise, qu'il n'y a qu'un coupable.

La jeune femme se leva brusquement.

— Oui, répliqua-t-elle d'une voix frémissante, il n'y a qu'un coupable; mais autour de lui il y a le scandale, et pour les innocents la honte et l'opprobre! Je porte un nom respecté, monsieur, un nom dont l'honneur n'a jamais reçu une tache... Si j'étais seule, j'aurais moins peur de la flétrissure; mais j'ai une fille, j'ai un fils!... Doivent-ils être condamnés à porter toute leur vie le poids du crime d'un maudit? Et le marquis de Coulange, qui est l'homme le meilleur, le plus généreux et le plus noble qu'il y ait au monde, a-t-il mérité ce stigmate de honte? Voyons, monsieur, dites, son nom doit-il être souillé parce qu'il me l'a donné?

Morlot avait baissé la tête. Il paraissait très agité.

— Vous ne me répondez pas, reprit la marquise.

— Les paroles que vous venez de prononcer, madame la marquise, me font réfléchir.

— Enfin, monsieur, qu'allez-vous faire? Dites-le moi.

— Rien.

— Rien?

— Oui, rien, avant d'avoir eu avec vous, madame la marquise, un entretien secret que vous ne refuserez pas de m'accorder.

— Nous sommes seuls, monsieur; pourquoi ne parlez-vous pas tout de suite?

— Je le pourrais, mais je veux respecter votre deuil, votre douleur; j'attendrai quelques jours encore.

— Et c'est un entretien secret que vous voulez avoir avec moi?

— Dans votre intérêt, il le faut.
— Qu'avez-vous donc à me dire?
— Beaucoup de choses.
— Vous m'effrayez, monsieur !
— Non, ne soyez pas effrayée. Ne voyez plus en moi un agent de police, mais un de vos serviteurs. D'aujourd'hui en huit, si vous le voulez bien, madame la marquise, j'aurai l'honneur de me présenter à l'hôtel de Coulange.
— Je vous accorde l'entretien que vous me demandez, monsieur ; mais je me trouve très embarrassée.
— Pourquoi, madame la marquise ?
— Nous partons demain pour le château de Coulange.
« Après avoir décidé moi-même ce départ, je ne vois pas sous quel prétexte je puis maintenant le retarder.
— Que madame la marquise ne soit pas embarrassée, elle n'a rien à changer aux dispositions qu'elle a prises.
« Dans huit jours, j'aurai l'honneur de la voir au château de Coulange. »
Morlot la salua respectueusement et se retira.
La jeune femme resta immobile au milieu de la chambre, les yeux mornes et la poitrine oppressée.
Le bruit des pas de Morlot cessa de se faire entendre.
— Il est parti ! murmura-t-elle.
Puis après un moment de silence :
— Que se passe-t-il donc en moi? s'écria-t-elle en frissonnant, il a voulu me rassurer, et c'est de la terreur qu'il m'inspire ! Je suis en proie aux plus noirs pressentiments, l'horrible angoisse est dans mon cœur, toutes les craintes me saisissent... Oui, oui, j'ai peur !...

Elle poussa un profond soupir.

Tout à coup ses yeux étincelèrent.

— Mais que me veut-il donc, cet homme? exclama-t-elle.

Elle se redressa, superbe d'énergie, le regard éclairé d'une noble fierté, et, le front haut, parut jeter un défi au danger inconnu qui la menaçait.

QUATRIÈME PARTIE

LA MARQUISE

I

LE DÉPART

Quatre jours de soins avaient suffi pour remettre Gabrielle sur pied. La joie de se retrouver sous la protection de Morlot et d'avoir Mélanie près d'elle avait aussi contribué à son prompt rétablissement.

— Vous voilà guérie, dit l'agent de police à la jeune femme; c'est égal, il n'était que temps que vous sortiez de votre prison. Je frissonne en pensant que je serais peut-être arrivé trop tard le lendemain.

— Près de vous, mes bons amis, répondit Gabrielle, j'oublie l'effroyable danger que j'ai couru. Il me semble que c'est un rêve horrible que j'ai fait.

— Et dont le souvenir s'effacera, ajouta Morlot. Maintenant, voici ce que j'ai décidé : Vous et Mélanie, vous allez faire vos malles ce soir, et vous partirez pour Miéran demain par le train de midi.

— Demain ? fit Gabrielle.

— Oui. Blaisois est prévenu ; vos deux chambres sont prêtes et vous attendent. Comme je suis convaincu que vous ne vous ennuierez pas à Miéran, vous pourrez y passer un mois ou deux, et même plus si cela vous convient. Vous y serez libre comme vous l'êtes à Paris. Vous aurez le grand et bon air de la campagne, le repos et la tranquillité qui vous sont nécessaires, et dans quinze jours vous aurez recouvré toutes vos forces.

Voyant que la jeune femme ne disait rien.

— Est-ce que vous n'êtes pas contente d'aller à Miéran ? lui demanda-t-il.

— Vous savez bien que j'ai demandé moi-même à Mélanie de m'emmener avec elle ; mais je pensais que nous partirions un peu plus tard.

DEUX MÈRES

A ce moment, l'enfant qui marchait devant eux, poussa un cri de surprise et de joie.

— Vous ne nous dites pas toute votre pensée, répliqua Morlot en souriant.
— Eh bien, oui, dit-elle, j'aurais voulu aller deux ou trois fois encore au jardin des Tuileries.
— Ma chère Gabrielle, vous n'y rencontreriez plus les enfants du marquis de Coulange.
— Ah!
— Hier, je suis passé par hasard rue de Babylone et j'ai appris que le marquis et sa famille avaient quitté Paris depuis plusieurs jours.
— Et ils sont au château de Coulange?

— Oui.

Les yeux de Gabrielle s'illuminèrent. Elle se tourna vers Mélanie et lui dit :

— C'est convenu, nous allons préparer nos malles et nous partirons demain.

— Dans quelques jours j'irai vous rejoindre, dit Morlot.

Mélanie prit son mari à part.

— Pourquoi nous envoies-tu si tôt à Miéran? lui demanda-t-elle.

— Tiens, répondit-il gaiement, je te conseille de te plaindre; nous sommes en mai, le beau mois de la verdure, des chants d'oiseaux et des roses.

— Morlot, tu as ton idée!

— Parbleu! Mais tu connais la consigne : jusqu'à nouvel ordre, silence!

— Et mystère! ajouta-t-elle en riant.

Pendant les trois jours qui avaient suivi l'enterrement de madame de Perny, l'agent de police s'était livré à de nouvelles investigations. Il avait fouillé plus complètement dans la vie intime de Sosthène et était parvenu à savoir qu'il faisait du jeu un métier dans lequel il trouvait les ressources qui lui manquaient ailleurs.

Il avait appris en même temps que la maîtresse de M. de Perny, demeurant rue de Provence, était la directrice d'un tripot.

Cette fois il n'avait pas hésité à faire un rapport où il désignait au chef de la police de sûreté l'établissement de jeu clandestin. Dès lors, la maison allait être activement surveillée. Et Morlot s'était dit :

— Je n'ai plus à m'occuper de cette affaire; dans quelques jours la dame et ses complices seront coffrés; si le Perny n'est pas pincé avec les autres, nous le verrons bien. Du reste, il est impossible maintenant qu'il puisse m'échapper. Je n'ai qu'à allonger le bras et ouvrir la main pour l'empoigner. Encore cinq ou six jours de patience et nous allons rire. Reste à savoir ce que je révélerai à l'instruction. Voleur d'enfant, faussaire, voleur au jeu, parricide, sans préméditation, je le crois, mais parricide quand même; c'est une condamnation aux travaux forcés à perpétuité qui l'attend si je dis tout. Cela va dépendre de mon entretien avec la marquise de Coulange. La sœur va décider du sort de son frère. Étrange situation tout de même!

Craignant sans doute les objections que sa femme aurait pu faire encore, Morlot ne lui avait point parlé de sa découverte aux Ternes, et lui avait également caché qu'il s'était rencontré avec la marquise. Après avoir examiné la situation, qu'il reconnaissait difficile et délicate, et, ayant consciencieusement réfléchi, il avait tracé un plan qu'il voulait suivre, en n'obéissant désormais qu'à ses propres inspirations.

Il accompagna sa femme et Gabrielle à la gare de l'Est et les installa dans un compartiment de deuxième classe.

— Je pense que Blaisois sera avant vous à Nogent-l'Artaud, dit-il à Mélanie. S'il n'est pas encore arrivé, vous l'attendrez au café de la gare.

Le coup de cloche, annonçant le départ du train, se fit entendre. Mélanie s'empressa de tendre ses joues à son mari.

— Et moi, monsieur Morlot, est-ce que vous ne m'embrassez pas? dit Gabrielle?

— Oh! de tout mon cœur! s'écria-t-il. C'est la première fois, reprit-il avec émotion.

Un employé ferma la portière. Le train se mettait en marche.

— A bientôt! cria Mélanie.

— Oui, à bientôt! répondit Morlot.

Pendant un instant encore, il vit s'agiter la main de sa femme et celle de Gabrielle, puis le train disparut.

— Allons, tout va bien, se dit l'agent de police. Eh! eh! je prépare ma mise en scène.

Il sortit de la gare, entra chez un débitant de tabac, acheta des cigares, en alluma un et descendit, en se promenant, le boulevard de Strasbourg.

A une heure un quart, il entrait dans un petit café en face du Palais de Justice. Il jeta un coup d'œil dans l'établissement et s'avança vers deux hommes qui buvaient de la bière, assis seuls à une table. Après leur avoir donné une poignée de main, Morlot prit place à leur table et commanda une nouvelle canette.

Ces deux hommes, qui paraissaient avoir de vingt-cinq à trente ans, étaient des collègues de Morlot. L'un se nommait Mouillon, l'autre Jardel.

Bien qu'ils fussent encore novices dans le métier, Morlot les avait particulièrement distingués dans la masse des agents inférieurs. Dans deux ou trois circonstances il avait pu apprécier leurs qualités de policiers.

Il les savait intelligents, zélés, actifs, capables, en un mot, de répondre à sa confiance et de devenir ses auxiliaires.

— Camarades, leur dit-il, c'est très bien, vous avez été exacts au rendez-vous.

— Nous n'aurions pas voulu vous faire attendre, monsieur Morlot.

— Votre empressement me prouve qu'il vous est agréable de travailler sous mes ordres.

— Certainement, répondit Mouillon, et je vous promets que vous serez content de nous.

— D'ailleurs, appuya Jardel, quand on marche avec vous, monsieur Morlot, c'est un plaisir.

— Camarades, reprit l'inspecteur, je vais vous lancer dans une affaire de première importance. Tous les deux et d'un seul coup vous allez gagner vos galons. Je n'ai pas besoin de vous dire pourquoi je vous ai choisis : je vous connais, je sais ce que vous valez et j'ai de l'amitié pour vous.

— Dites-nous vite de quoi il s'agit.

— Par suite d'une aventure assez mystérieuse, que je ne puis vous faire connaître, pour certaines raisons, le hasard m'a révélé l'existence d'une bande de malfaiteurs et m'a fourni, en même temps, les moyens de la prendre tout entière.

— Superbe ! dit Mouillon.

— Comme vous le voyez, c'est vingt, trente, quarante, cinquante scélérats de la pire espèce : voleurs, receleurs et même des assassins, que nous allons envelopper d'un seul coup de filet, s'il est bien jeté ou bien tendu. Comme toutes les entreprises, celle-ci aura ses difficultés ; mais nous réussirons, j'en suis certain. Je dois vous prévenir que je vais être obligé de m'absenter de Paris pour huit jours peut-être. Cela ne retardera rien, car, d'après mes calculs, ce temps vous est nécessaire pour le travail que je vais vous confier. Si les choses marchent comme je l'espère, à mon retour nous n'aurons plus qu'à agir rapidement.

« A vous d'abord, Mouillon.

— J'écoute, monsieur Morlot.

— Rue de Bretagne, n° 22, il y a un marchand de meubles et de curiosités, un brocanteur, qui se nomme Joblot.

— Très bien, fit Mouillon.

— Il faut se renseigner adroitement sur les antécédents de cet individu, regarder dans sa vie privée, connaître un peu les gens qu'il fréquente et savoir surtout comment il achète les marchandises qu'il vend.

— Oh ! oh ! receleur ! j'ai compris, dit Mouillon.

— En ce cas, je n'ai rien de plus à ajouter, reprit Morlot, car je sais que vous ne manquez ni de prudence, ni d'adresse. A vous maintenant, Jardel.

Celui-ci se pencha vers Morlot.

— Avez-vous un carnet dans votre poche ?

— Oui, le voici.

Morlot sortit un crayon de sa poche, écrivit quelques mots sur une page blanche du carnet et le remit dans la main de l'agent en lui disant :

— Lisez.

Jardel lut :

« Monsieur Jules Vi..., 18, rue Saint...
« Paris. »

Puis, ouvrant de grands yeux, il regarda Morlot avec un air qui disait clairement : — Je ne comprends pas.

— Ce que je vous donne là, mon cher Jardel, dit Morlot, c'est la copie exacte de la moitié d'une adresse, qui a été écrite sur l'enveloppe d'une lettre. Il va sans dire que je ne peux pas vous donner l'adresse entière. Mais je compte sur vous pour la compléter. Voilà le travail que je vous confie. Il s'agit donc de trouver avec ces deux lettres V, I, le nom de l'individu qui porte le prénom de Jules, et de savoir quel saint a donné son nom à la rue où il demeure. Vous connaissez Paris et vous avez d'excellentes jambes ; je suis convaincu que vous trouverez les deux mots de cette espèce de charade.

« Si la rue Saint-Sébastien ou Saint-Quentin ou Saint-Nicolas ou Saint-Claude ou Saint-Placide ne vous donne pas le nom de l'individu, vous le trouverez dans une autre rue portant le nom d'un saint.

« Dès le premier ou le deuxième jour, vos recherches peuvent avoir un heureux résultat. La chance est femme ; mais si capricieuse qu'elle soit, vous avez le droit de compter sur elle. Vous voyez ce que vous avez à faire ?

— Parfaitement.

— Dès que vous aurez découvert votre homme, vous ne le perdrez pas de vue ; vous le suivrez partout où il ira, pas à pas, comme son ombre.

— Et s'il lui prend la fantaisie de faire un voyage à l'étranger ?

— Je pense qu'il ne vous mènera pas si loin, répondit Morlot en souriant. Enfin, il faudra filer cet individu afin de savoir exactement où il va et ce qu'il fait pendant le jour et pendant la nuit. Vous mangerez quand il mangera, vous vous reposerez quand il dormira.

« Maintenant, écoutez-moi bien tous les deux. Vous devrez agir sans précipitation et rester calmes, quelles que soient les intéressantes découvertes que vous pourrez faire. Capturer deux ou trois malfaiteurs, c'est bien ; mais en prendre un nombre d'un seul coup, c'est mieux. Regardez, voyez et, si c'est possible, écoutez. Vous avez huit jours devant vous. Prenez note de tout ce que vous verrez et entendrez, et attendez mon retour.

— Monsieur Morlot, vous pouvez compter sur moi, dit Mouillon.

— Et sur moi aussi, dit Jardel.

— Eh bien, mes amis, à l'œuvre !

II

ENTRE ÉPOUX

Le lendemain de leur arrivée à Coulange, après le déjeuner, le marquis et la marquise allèrent s'asseoir sur la terrasse du salon d'été. De là, ils pouvaient voir les enfants qui jouaient sur la pelouse fleurie, sous les yeux de l'une des gouvernantes.

Mathilde tenait dans ses mains un livre ouvert, mais elle ne lisait pas. Elle méditait. Elle était triste et paraissait soucieuse.

A chaque instant, le marquis l'enveloppait d'un long regard, plein d'une tendre sollicitude.

Oui, la jeune femme était triste et sérieusement inquiète; elle pensait sans cesse à l'agent de police Morlot, et tout ce que cet homme lui avait dit restait gravé dans sa mémoire. Elle ne pouvait songer sans frémir à l'entretien secret qu'il lui avait demandé et qu'elle n'avait pu lui refuser. Évidemment, il y avait là une menace et elle sentait le danger.

Pour la centième fois peut-être elle se demandait : Que me veut-il? Mais elle avait beau chercher et mettre son esprit à la torture, elle ne parvenait pas à deviner les intentions de Morlot.

D'abord elle avait pensé que l'agent de police voulait se faire acheter son silence. Mais, en se rappelant sa figure honnête et sympathique, son attitude respectueuse, son regard franc, loyal, et les paroles qu'il avait prononcées, elle s'était convaincue que Morlot avait les sentiments trop élevés et trop délicats pour se livrer à un odieux calcul de *chantage* comme un fripon vulgaire. Aussi, plus elle réfléchissait, plus elle sentait augmenter sa perplexité.

Ayant laissé éteindre son cigare, le marquis le jeta et se plaça sur un autre siège qui le rapprochait de sa femme.

— Mathilde, lui dit-il d'un ton affectueux, tu es triste; je le comprends et ne saurais m'en étonner. Mais je vois aussi que tu es préoccupée; il y a comme de l'inquiétude dans ton regard. Quelles sont tes pensées? Qu'as-tu?

La marquise leva sur lui ses beaux yeux humides.

Voyant qu'elle ne répondait pas, il reprit :

— Éprouves-tu donc tant de peine à me faire connaître le sujet de tes préoccupations, de ton inquiétude? Mathilde, je l'ai peut-être deviné.

Elle tressaillit.

— Tu penses à ton frère, n'est-ce pas?

— C'est vrai, répondit-elle.

— Et tu te demandes ce qu'il va devenir, maintenant qu'il n'a plus ta mère pour le soutenir.

Elle poussa un profond soupir.

— Eh bien, Mathilde, j'ai la même pensée que toi et je partage ton inquiétude. Veux-tu que nous examinions ensemble la situation?

— Tu peux parler, Édouard, je t'écoute.

— Sosthène est aujourd'hui absolument sans ressources. Nous savons, par ce qu'il a fait depuis sept ans, qu'il est incapable de se procurer des moyens d'existence par le travail. C'est un oisif, un inutile et il manque de volonté et de courage. Il y a quelques années, j'aurais pu lui faire donner une recette générale; aujourd'hui ce n'est plus possible; aucun poste honorable ne peut lui être confié; par sa conduite déplorable, — c'est douloureux à dire, — le malheureux s'est bouché toutes les issues. Les choses en sont à ce point, que je n'oserais même pas solliciter pour lui.

« Mais si indigne qu'il soit du bien qu'on peut lui faire, nous ne devons pas l'abandonner tout à fait. Son honneur est encore intact, j'aime à le croire, et c'est lui, surtout, que mon devoir m'ordonne de sauver.

« Non, je ne veux pas que ton frère tombe dans la boue du ruisseau. Je regarde avec effroi le sombre avenir vers lequel il marche et je frémis en pensant aux éclaboussures que, dans sa chute, il pourrait faire jaillir sur toi, sur nos enfants et sur moi. A tout prix il faut l'empêcher de s'engloutir dans la fange où il patauge. Je veux transmettre à mes enfants mon nom pur, honoré et respecté, tel qu'on me l'a remis; et je te le dis, Mathilde, je préférerais la mort pour eux, qu'une tache à leur honneur!

La marquise devint affreusement pâle.

— Ce que je crains est malheureusement possible, continua le marquis; mais, pouvant prévenir le danger, je ne veux pas me laisser surprendre par le mal accompli. Sosthène est un indigne; mais ma pitié pour lui est plus grande encore que ma colère. Assurément il ne mérite rien, et c'est contraint et forcé que je veux faire quelque chose pour lui. Certes, j'ai mes idées et mes sentiments; je n'agirai pas sans quelque répugnance, mais j'apaiserai les scrupules de ma conscience en me disant : Ce que je fais, ce n'est pas pour M. de Perny, qui ne le mérite point, mais pour Mathilde et pour mes enfants.

— Puis-je te demander quelles sont tes intentions?

— Certainement. D'ailleurs, tu sais bien que je ne fais rien sans te consulter et sans avoir ton approbation. Sosthène va recueillir entièrement l'héritage de sa mère, c'est peu de chose : des meubles, de l'argenterie, quelques milliers de francs, je crois, et des bijoux qu'il pourra vendre. J'ai donné à ce sujet des instructions à mon notaire. Ta signature et la mienne au bas d'un acte, et ce sera chose faite.

« Au cimetière, sur la tombe de madame de Perny, j'ai, le premier, tendu la main à Sosthène, — la circonstance l'exigeait, — et je lui ai dit que tout ce qui appartenait à sa mère était à lui.

— Lui as-tu parlé de tes autres intentions ?

— Non. Je voulais d'abord en causer avec toi.

— Alors, tu voudrais ?...

— Si tu ne t'y opposes pas, lui continuer la pension que nous faisions à ta mère. Avec dix mille francs par an, il pourra vivre, sinon dans le luxe, du moins d'une manière convenable et sans rien faire, ce qui paraît être toute son ambition. Il n'aura pas, je l'espère, à recourir à des expédients dangereux, et nous empêcherons ainsi le mal que nous devons éviter.

— Oui, dit tristement la marquise, nous ne pouvons pas l'abandonner; il faut l'arrêter sur la pente fatale pour qu'il ne roule pas au fond de l'abîme. Ah !

Édouard, s'écria-t-elle avec un accent désolé, quelle parenté je t'ai donnée!

Et elle se mit à pleurer.

Le marquis l'entoura de ses bras, l'attira contre son cœur et lui mit un baiser sur le front.

— Oui, dit-il d'une voix émue; mais tu t'es donnée à moi, Mathilde, toi qui as toutes les vertus! Va, un seul de tes regards ou un seul de tes sourires rachète bien des choses! Il n'y a pas de bonheur sans ombre. Mais près de toi cette ombre s'efface, le mal disparaît et tout se purifie. Les qualités de la sœur font oublier facilement les défauts du frère.

Ils restèrent un moment silencieux. La marquise réfléchissait.

— Édouard, reprit-elle, ton notaire sait-il ce que tu veux faire pour Sosthène?

— Je lui en ai dit quelques mots.

— Alors, rien n'est fait encore?

— Comme je viens de te le dire, je voulais te consulter; le notaire attend mes ordres. Trouves-tu que dix mille francs par an soient suffisants?

— Oui.

— Eh bien, aujourd'hui même, je vais écrire au notaire.

— Édouard, j'ai une chose à te demander.

— Laquelle?

— Je voudrais m'occuper seule de cette affaire.

— Je ne demande pas mieux.

— Et que tu m'autorises à la régler comme il me conviendra.

— Je te donne cette autorisation.

— Alors, en écrivant à ton notaire aujourd'hui ou demain, ou dans deux ou trois jours, ce n'est pas absolument pressé, tu le préviendras que j'aurai une demande à lui faire?

— Oui, répondit le marquis en souriant, et j'ajouterai qu'il devra se conformer aux intentions de la marquise de Coulange et considérer sa volonté comme étant la mienne.

— Merci.

— Maintenant, puis-je savoir qu'elle est ton idée?

— Pas encore. Mon projet réussira-t-il? Je l'ignore. Mais à ton retour du voyage que tu dois faire dans les Pyrénées, que j'aie réussi ou non, je te dirai ce que j'aurai fait.

— Une surprise que tu me ménages?

— Une satisfaction que j'espère te donner.

— Agis donc selon ta volonté. Tu le sais, Mathilde, ma confiance en toi est entière, absolue.

— As-tu fixé le jour de ton départ?

— Ta question me rappelle que je ne t'ai pas prévenue encore d'une visite que nous allons avoir. Par une lettre que j'ai reçue ce matin et qui m'était

— Parle, dit le marquis, je commence par te plaindre; ensuite, si je le peux, je te consolerai.

adressée à Paris, un de mes amis d'enfance, le comte de Sisterne, que tu connais déjà, m'annonce son arrivée à Paris, en ajoutant que ce sera pour lui une joie de nous revoir. Je lui ai répondu immédiatement pour l'inviter à venir passer deux ou trois jours avec nous à Coulange. En arrivant à Paris, demain, il trouvera ma lettre chez sa sœur, la comtesse de Valcourt, et je suis certain qu'il s'empressera de répondre à mon invitation.

— M. de Sisterne sera le bienvenu, je le recevrai avec grand plaisir; j'ai gardé de la visite qu'il nous a faite, il y a cinq ans, un excellent souvenir.

— Je pensais partir après-demain, reprit le marquis; naturellement, je suis forcé de retarder mon départ.

— Sais-tu combien de temps M. de Sisterne restera à Coulange?

— Comme toujours, le comte ne fait que passer; il ne pouvait rester que six jours à Paris. Or, s'il donne trois jours à sa sœur, les trois autres seront pour nous.

— Comme tu dis, il passe en courant.

— C'est un peu comme cela que tous les marins voyagent sur terre. Il doit se rendre à Toulon; je partirai avec lui et l'accompagnerai jusque-là. De Toulon, je me dirigerai vers les Pyrénées.

— Tu prendras le chemin des écoliers, dit la marquise en souriant.

— C'est vrai, répliqua le marquis, mais je le ferai avec un ami.

— Le comte de Sisterne est riche?

— Il possède une des plus grandes fortunes de Saintonge.

— Je m'étonne qu'il ait embrassé une carrière aussi périlleuse que celle de marin.

— En général, Mathilde, on est marin comme on est prêtre, par vocation. Le comte a suivi l'exemple de son père et de son aïeul qui ont occupé des postes importants dans la marine militaire. Cette famille est vouée à la mer depuis deux siècles. On ne compte plus les services qu'elle a rendus à la France, tellement ils sont nombreux. Son chef, qui se nommait Pierre Longuet, a été anobli par François Ier et fait comte de Sisterne à la suite de plusieurs actions d'éclat. Comme tu le vois, c'est une noblesse déjà ancienne et qui commence par l'illustration.

« Le comte Octave de Sisterne marche brillamment sur les traces de ses ancêtres. Il était lieutenant de vaisseau il y a cinq ans; il est aujourd'hui capitaine de frégate. Et comme il aime la mer, il ne s'arrêtera pas en si beau chemin. Sa frégate, l'*Éponine*, mouille actuellement dans la rade de Toulon.

— Et il reste toujours célibataire?

— Toujours.

— Peut-être aime-t-il trop la mer pour pouvoir aimer une femme?

— Je crois, en effet, qu'il ne trouve pas sa position de marin compatible avec le mariage. — Pourquoi ne te maries-tu pas? lui ai-je demandé un jour. — D'abord, il faudrait trouver une femme, ensuite il faudrait l'aimer, m'a-t-il répondu; or, je ne la cherche point, parce que je suis à peu près certain que je je pourrais pas l'aimer.

— Singulière réponse! fit la marquise.

— J'ai cru devoir m'en contenter en m'apercevant que j'avais abordé un sujet délicat, sur lequel il ne voulait pas se prononcer. Même chez ses meilleurs amis, il y a des choses intimes qu'il faut savoir respecter.

— C'est vrai, murmura la marquise.

— Du reste, reprit le marquis, je ne crois pas que de Sisterne soit aussi indifférent à l'égard de la femme qu'il veut le faire paraître. J'ai pensé plus d'une fois qu'il avait eu de ce côté quelque désillusion et qu'il gardait dans son cœur le souvenir d'un amour malheureux. Mais, tu le comprends, Mathilde, je ne lui ai pas dit que j'avais cette pensée. Si je ne me trompe pas, si de Sisterne a réellement une douleur secrète, il doit vouloir la tenir cachée. Ce serait de la cruauté de toucher à une plaie que le temps n'a pas encore guérie.

III

AU BORD DE LA MARNE

Le quatrième jour après la conversation que le marquis et la marquise avaient eue sur la terrasse du salon d'été, sorte de galerie qui ressemblait assez à une véranda des pays tropicaux, le comte de Sisterne arriva au château de Coulange.

Il s'était annoncé par une lettre que le marquis avait reçue la veille et on l'avait attendu pour déjeuner.

Il fut accueilli à bras ouverts par M. de Coulange et très affectueusement par la marquise. D'eux-mêmes les enfants lui tendirent leurs petits bras. Il les embrassa l'un après l'autre; puis il resta un instant immobile, les regardant avec une sorte d'admiration extatique. Il paraissait très ému, et on aurait pu voir deux larmes rouler dans ses yeux. Évidemment, son émotion se rattachait à un souvenir.

— Comme ils ont grandi, et comme ils sont beaux! dit-il, en se tournant vers la marquise.

Et tout bas, à l'oreille de son ami :

— Tu es bien heureux, Édouard, ajouta-t-il.

— Oui, mon ami, et tu vois ici toutes mes joies et tout mon bonheur, répondit le marquis, en montrant sa femme et ses enfants.

M. de Sisterne eut un soupir étouffé.

— Aurons-nous le plaisir de vous garder quelque temps à Coulange? lui demanda la marquise.

— Hélas! non, madame, je ne puis vous donner que quarante-huit heures.

— Seulement?

— Édouard a dû vous dire que mon congé était très court.

— Oui, mais j'espérais que peut-être...

— Dans notre métier, madame la marquise, on peut donner rarement une entière satisfaction à ses désirs. Ainsi, en présence de l'accueil gracieux qui m'est fait à Coulange, ce serait un bonheur pour moi de passer près de vous au moins une semaine; mais il faut que dans quatre jours je sois à bord de ma frégate. Malgré le peu de temps dont je puis encore disposer, je n'ai pas hésité à venir vous serrer la main. Je ne pouvais passer à Paris, si près de vous, sans me donner le bonheur de vous revoir.

— C'est un bonheur que nous partageons, monsieur le comte.

— J'en suis convaincu, madame la marquise.

— Et comme vous avez quitté madame de Valcourt pour venir à Coulange, vous nous accordez, par votre trop courte visite, une faveur inappréciable.

— Je vais reprendre la mer, probablement pour quatre ans encore, mais, à mon retour en France, je vous promets, madame la marquise, de venir vous demander l'hospitalité pendant quinze jours ou un mois.

— Nous retenons votre promesse, monsieur le comte, et si vous l'oubliez, Édouard se chargera de vous la rappeler.

Le déjeuner venait d'être servi. On se mit à table.

Après le repas, on passa dans le salon d'été, où on se livra pendant deux heures à une agréable causerie.

Eugène, qui s'était tout de suite familiarisé avec le marin, avait sauté sur ses genoux et s'y était installé sans façon.

— Eugène, tu fatigues M. le comte, lui dit le marquis.

L'enfant voulut glisser sur le parquet. Mais M. de Sisterne le retint en disant:

— Il ne me fatigue pas du tout; du reste, il faut que nous fassions tout à fait connaissance. Je ne puis vous exprimer la joie que j'éprouve d'avoir si vite conquis son amitié. Il paraît que ma rudesse de loup de mer n'a rien d'effrayant pour lui. Lorsque je reviendrai, je suis sûr qu'il me reconnaîtra.

— Oui, je vous reconnaîtrai, dit l'enfant; et puis je penserai à vous souvent.

Le comte l'embrassa.

— Il est charmant! dit-il.

Le marquis souriait. La marquise était rêveuse.

— Je ne t'oublierai pas non plus, reprit le comte avec émotion; je te rapporterai quelque chose de mon voyage. Chaque fois que je tournerai mes yeux du côté de la France, debout sur le pont de mon navire, je reverrai ton doux sourire, ton visage rose et ton regard intelligent. Cher petit, tu vas être un de mes souvenirs.

Un instant après, le marquis se leva et proposa de faire une promenade dans le parc.

— Avec plaisir, répondit M. de Sisterne.

— Papa, veux-tu que j'aille avec vous? demanda Eugène.

— Oui, nous t'emmenons.

L'enfant s'élança hors du salon, en criant:

— Mon chapeau, mon chapeau!

— Et toi, Mathilde, viens-tu avec nous? demanda le marquis.

— Je me sens un peu lasse, répondit-elle. Et puis, continua-t-elle, un fin sourire sur les lèvres, vous avez probablement bien des choses à vous dire; je veux vous permettre de causer librement. Ce soir, après le dîner, M. de Sisterne m'appartiendra et je me dédommagerai.

— Faut-il emmener Maximilienne?

— Votre promenade sera sans doute un peu longue pour ses petites jambes; je crois qu'il vaut mieux ne pas l'emmener.

— Alors nous te laissons avec ta fille.

Eugène rentra dans le salon, son chapeau de paille à la main. Il revenait pour embrasser la marquise avant de sortir.

Un quart d'heure plus tard, les deux amis causaient de leurs souvenirs de jeunesse, en marchant lentement au milieu d'une des magnifiques allées du parc.

Eugène, léger comme une gazelle, courait et bondissait joyeusement devant eux, fauchant à droite et à gauche la pervenche, la primevère et le muguet. A chaque instant il poussait un cri de joie, qui annonçait aux deux amis qu'il voyait grossir dans ses mains la gerbe de sa moisson fleurie.

Les promeneurs arrivèrent à l'extrémité de l'allée. Ils avaient devant eux une porte percée dans le mur du parc. Le marquis se disposait à prendre à droite une autre allée, lorsque M. de Sisterne s'arrêta, regardant la porte.

— Où conduit cette sortie? demanda-t-il.

— Sur la Marne, répondit le marquis.

— Ah!

— Au fait, nous pouvons continuer notre promenade au bord de la rivière, reprit le marquis. Nous n'y trouverons pas beaucoup d'ombrage, mais, en revanche, tu auras sous les yeux un admirable paysage.

— Je sentais l'eau, dit le marin en riant.

— L'eau douce, fit le marquis.

— Oui, mais l'eau des rivières va à l'Océan.

Ils sortirent du parc.

Le comte resta un instant en contemplation devant le panorama splendide qui se déroulait sous ses yeux. A ses pieds la Marne, éblouissante, lumineuse sous les rayons du soleil couchant, qui faisait courir sous ses eaux vertes des reflets jaunes et rouges semblables à des paillettes de feu; sur l'autre rive, la prairie émaillée de fleurs, des troupeaux de bêtes à cornes dans les pâtures; plus loin, la flèche élancée d'un clocher et des toits rouges au milieu d'arbres verts et de pommiers en fleurs; au fond et à perte de vue, des coteaux boisés au front desquels les feux du couchant mettaient une auréole de lumière.

— Ce site agreste est ravissant, quel délicieux paysage! s'écria M. de Sisterne émerveillé.

— N'est-ce pas? dit le marquis. Ce qui fait surtout le charme de ce pays si riche de culture, c'est que chaque mois le paysage change d'aspect et se pare d'une autre beauté.

— Mon cher Édouard, je connais à peu près tous les pays du monde, mais je le dis avec fierté et un légitime orgueil, il n'en existe aucun qui soit comparable à notre belle France !

— Je suis absolument de ton avis, répliqua M. de Coulange. Montjoie et Saint-Denis ! comme disaient nos pères, de glorieuse mémoire, la patrie avant tout ! Si nous n'avons plus l'oriflamme de saint Louis, nous possédons le drapeau tricolore, l'étoile aux trois couleurs de la France, toujours vaillante, toujours noble, toujours grande ! A tous les cœurs français la patrie est chère, et il n'est pas vraiment français, celui-là qui ne sent pas vibrer en lui l'enthousiasme patriotique !

Le capitaine de frégate saisit la main du marquis et la serra dans la sienne.

Et ils se mirent à marcher silencieusement, laissant leurs mains fraternellement unies. Cette noble étreinte avait plus d'éloquence que beaucoup de paroles. Elle signifiait que ces deux hommes se comprenaient, qu'ils avaient les mêmes sentiments d'honneur, et que le cœur qui battait dans la poitrine de l'un était digne du cœur de l'autre. Séparés depuis près de vingt ans, mais sans avoir cessé de s'estimer et de s'aimer, ils étaient heureux, non seulement de se revoir, mais encore de se retrouver tels qu'ils s'étaient connus, c'est-à-dire animés des mêmes pensées.

— Quel est le nom de ce village en face de nous ? demanda M. de Sistorno pour rompre le silence.

— Miéran, répondit le marquis.

A ce moment, l'enfant, qui marchait devant eux, poussa un cri de surprise et de joie.

Ils levèrent brusquement la tête, et, à vingt-cinq ou trente pas de distance, ils virent deux femmes arrêtées au milieu du chemin.

Eugène s'était tourné vers eux.

— Papa, dit-il d'une voix qui révélait une émotion violente, c'est madame Louise, ma bonne amie du jardin des Tuileries.

Et, sans attendre la réponse du marquis, il partit comme un trait.

Presque aussitôt, ils virent l'une des femmes se baisser et recevoir l'enfant dans ses bras. Ils hâtèrent le pas. Le front du marquis s'était assombri ; il avait l'air contrarié.

L'autre femme, dans laquelle le lecteur a reconnu Mélanie, s'avança à leur rencontre.

— Madame, lui dit assez sèchement le marquis, je ne veux pas vous cacher mon étonnement ; en effet, je ne m'explique pas comment votre compagne, qui demeure à Paris, se trouve aujourd'hui à Coulange, sur le passage de mon fils. Je sais qu'elle a rencontré Eugène plusieurs fois dans le jardin des Tuileries et qu'elle l'a pris en amitié; mais ce n'est point une raison suffisante pour qu'elle se croie autorisée à venir le chercher jusqu'ici. Je vous avoue que ceci me paraît singulier, et que cette dame me donne le droit de suspecter ses intentions.

Le front de Mélanie s'était couvert de rougeur. Interloquée et confuse, elle ne trouvait rien à dire.

— Cette dame est-elle votre parente? demanda le marquis.

— Elle est mon amie, répondit Mélanie; mais nous nous aimons comme deux sœurs. Monsieur le marquis peut se rassurer, elle n'a aucune mauvaise intention. Regardez-la; en embrassant votre fils, elle pleure de joie.

— Je veux bien vous croire, répliqua le marquis d'un ton radouci; mais cela ne me donne point l'explication de cette rencontre imprévue.

— La voici, monsieur le marquis: J'ai amené mon amie à Miéran pour y passer quinze jours ou un mois avec moi dans ma famille.

— C'est différent. Ainsi, c'est le hasard?

— Je ne veux pas mentir, monsieur le marquis; nous avons dirigé notre promenade de ce côté, avec l'espoir que mon amie pourrait voir vos enfants de loin, en passant devant la grille du château.

— Je vous remercie de votre franchise, madame, dit le marquis, dont la figure avait repris son expression souriante. Allons, continua-t-il, j'ai eu tort, je le reconnais. Est-ce que vous êtes de Miéran?

— J'y suis née, monsieur le marquis; dans mon enfance, j'ai eu l'honneur de voir plusieurs fois madame la marquise de Coulange, votre mère.

— Et maintenant, vous habitez à Paris?

— Depuis mon mariage.

— Comment appelez-vous vos parents de Miéran?

— Les Rouget et les Blaisois sont mes cousins germains. Les Blaisois de Coulange sont aussi mes parents.

— Je connais plusieurs membres de votre famille. Eh bien, madame, je ne veux pas que vous gardiez l'impression qu'ont dû produire en vous mes paroles un peu trop vives. Lorsque vous et votre amie dirigerez votre promenade du côté de Coulange, vous voudrez bien entrer au château; vous y serez reçues avec cordialité.

Mélanie s'inclina respectueusement, en balbutiant quelques paroles de remerciement.

Après avoir embrassé l'enfant à plusieurs reprises, en le serrant contre son cœur, Gabrielle s'était relevée. Tout entière à sa joie, elle avait oublié qu'elle était en présence du marquis.

Comprenant qu'elle devait au moins le saluer et lui adresser quelques paroles d'excuse, elle essuya vivement ses yeux mouillés de larmes et marcha vers le marquis et son ami.

Depuis que Gabrielle, s'étant dressée sur ses jambes, montrait entièrement son visage, le comte de Sisterne l'examinait avec un étonnement mêlé d'une sorte d'angoisse indéfinissable.

La jeune femme s'approchait. Soudain, rapides et brillants comme deux éclairs, son regard et celui de M. de Sisterne se rencontrèrent.

Gabrielle s'arrêta aussitôt et resta immobile, comme pétrifiée.

Le comte paraissait en proie à un trouble extraordinaire. Cependant, il n'avait point reconnu Gabrielle; mais le regard de cette femme si pâle, qui lui rappelait un autre regard qu'il n'avait pu oublier, venait de pénétrer en lui comme une flamme, et de mettre en émoi tous les tristes souvenirs de son cœur.

Et immobile, lui aussi, en face de la jeune femme, il semblait la dévorer des yeux. Peut-être attendait-il un regard. Mais Gabrielle tenait ses yeux baissés.

Une minute s'écoula ainsi, une minute d'anxiété et de malaise indescriptibles pour Gabrielle. On aurait dit qu'elle sentait le feu du regard qui pesait sur elle. Enfin, se raidissant contre sa faiblesse, elle parvint à se rendre maîtresse de son émotion. Alors, sans prononcer un mot, elle s'inclina devant les deux hommes. Puis, saisissant brusquement le bras de Mélanie :

— Viens, lui dit-elle, viens!

Et elle l'entraîna rapidement.

— Au revoir, madame Louise! cria l'enfant.

Elle l'entendit, se retourna sans s'arrêter et lui fit avec la main plusieurs signes d'adieu.

— Étrange femme! murmura le marquis.

Le regard de M. de Sisterne suivait les deux amies.

Il n'avait pas fait un mouvement. Il semblait que ses pieds fussent cloués au sol.

Au bout d'un instant, il laissa échapper un soupir.

Le marquis l'examina avec surprise. Il s'aperçut qu'il tremblait légèrement, qu'il y avait dans son regard une tristesse profonde et quelque chose d'amer dans le pli de ses lèvres.

— Octave, qu'as-tu donc? lui demanda-t-il d'un ton affectueux.

M. de Sisterne se tourna vers lui et le regarda fixement.

— Tu es mon meilleur ami, répondit-il; aujourd'hui j'éprouve le besoin de soulager mon cœur. Édouard, veux-tu être mon confident?

— Je serai pour toi tout ce que tu voudras.

— Rentrons dans le parc.

Gabrielle et Mélanie, marchant très vite, arrivèrent au pont de Coulange.

IV

CONFIDENCE

— Tiens, dit tout à coup l'enfant, j'ai laissé mon bouquet au bord de la rivière.

— Eh bien, mon ami, répondit le père en souriant, tu n'as qu'à te baisser pour en faire un autre.

— C'est cela, c'est cela! s'écria joyeusement Eugène; je le ferai gros, très gros, beaucoup plus beau que le premier et je le donnerai à maman.

Et il partit en courant pour se mettre à la recherche de nouvelles fleurs.

— Nous pouvons causer, dit le marquis.

— Édouard, je voudrais d'abord que tu me dises quelle est cette jeune femme pâle, qui a pour ton fils une si grande affection.

— Mon cher Octave, je l'ai vue aujourd'hui pour la première fois, c'est te dire que je ne la connais pas; néanmoins, je vais t'apprendre ce que je sais.

Très brièvement, le marquis raconta à son ami tout ce que la gouvernante de son fils lui avait appris concernant la femme pâle du jardin des Tuileries, appelée par les enfants Figure de cire.

Le comte l'avait écouté attentivement sans l'interrompre.

— Ainsi, dit-il, elle se nomme Louise?

— Oui.

— Et on croit généralement que c'est une pauvre folle?

— Nous venons de la voir; n'as-tu pas remarqué comme moi son attitude étrange, son air effaré?

— Non, je regardais ses yeux et son visage pâle.

— Eh bien, moi, je l'ai observée avec beaucoup d'attention, et je reste convaincu que nous étions en présence, je ne dis pas d'une femme complètement folle, mais d'une malheureuse qui ne jouit pas de toutes ses facultés intellectuelles.

— Pauvre femme! pauvre femme! murmura tristement M. de Sisterne.

— Dans tous les cas, reprit le marquis, elle est bien telle qu'on me l'a dépeinte; elle a la folie douce et rêveuse; c'est une manie qui la pousse irrésistiblement vers les enfants et qui surexcite sa sensibilité d'une façon extraordinaire. En somme, l'égarement de sa raison n'est nullement redoutable.

Ces paroles furent suivies d'un moment de silence.

— Édouard, reprit le comte de Sisterne, tout à l'heure, tu m'as entendu pousser un soupir, et tu t'es étonné de me voir agité, triste, troublé.

— C'est vrai, dit le marquis.

— Eh bien, c'est cette femme pâle qui a causé mon émotion; je ne saurais te dire l'impression aussi étrange que subite qu'un seul de ses regards a fait naître en moi; elle m'a remué jusqu'au fond du cœur. Attends, tu vas comprendre : La coupe et les traits de son visage, sa chevelure, sa taille, la façon dont elle porte sa tête et son regard, oh! son regard surtout, qui a rencontré le mien, tout, dans cette femme, m'a rappelé une jeune fille belle et chaste que j'ai aimée, que j'aime encore, que j'aimerai toujours, car jusqu'à mon dernier souffle son cher souvenir restera dans mon cœur et ma pensée, pur de toute profanation.

— Oh! mon ami, dit le marquis visiblement ému, je ne te demande pas ton secret! Si tu dois un jour regretter d'avoir parlé, ne me dis plus rien.

Le comte secoua tristement la tête.

— Non, reprit-il, je ne regretterai pas de t'avoir ouvert mon cœur. Pour un ami tel que toi, un frère, je ne veux rien avoir de caché. Il me brise, il me tue, il m'étouffe, ce secret que je traîne partout, sur terre et sur mer, comme le forçat traîne le boulet rivé à ses pieds. Il me semble qu'après te l'avoir confié, je serai soulagé. S'il n'y avait dans ma pensée que l'image gracieuse d'une femme aimée et dans mon cœur le regret seulement du bonheur perdu, ce serait un doux souvenir dont je vivrais. Mais ma conscience n'est pas sans reproche, Édouard, et le remords a attaqué mon cœur!

« Ami, continua-t-il en s'emparant d'une des mains du marquis, ce n'est pas seulement une confidence que je vais te faire; c'est aussi une confession que tu vas entendre.

— Parle, dit le marquis; je commence par te plaindre; ensuite, si je le peux, je te consolerai.

— Tu ne me consoleras point; mais tu peux me plaindre, car je suis réellement très malheureux.

« Je te disais donc que la femme pâle, que les enfants de Paris appellent Figure de cire, m'avait tout à coup rappelé une triste époque de ma vie, en réveillant dans mon cœur des souvenirs assoupis.

« Un instant, j'ai cru que j'allais reconnaître, dans cette femme, Gabrielle. — Gabrielle est le souvenir. — Je me trompais. Ce n'est point Gabrielle qui était devant moi. Maintenant, je me demande si la ressemblance existe réellement. N'ai-je pas eu un mirage des yeux ou une hallucination momentanée?

— Je crois, en effet, que tu as été sous le coup d'une illusion d'optique, dit le marquis; si surprenantes que soient certaines particularités de la vision, elles ne sont pas rares et s'expliquent facilement.

— Quoi qu'il en soit, reprit M. de Sisterne, je suis encore tout étourdi du choc que j'ai reçu, et cette pauvre femme a provoqué la confidence que je vais te faire.

Après s'être recueilli un instant, il passa rapidement sa main sur son front et commença ainsi :

— A l'occasion du mariage de ma sœur, qui s'est mariée au mois d'août 1852, j'avais demandé et obtenu un congé de six mois. Il est vrai qu'on ne pouvait guère me le refuser : je venais de rentrer dans le port de Brest après une absence de six années.

« Quelques jours après le mariage, qui fut célébré à Saintes, j'accompagnai les jeunes époux qui allaient s'installer à Paris. Mon beau-frère était alors, — du reste, il n'a pas changé, — un bon et joyeux garçon, qui fit tout ce qui dépendait de lui pour me retenir à Paris et empêcher le spleen de me saisir. Mais il se devait à ses fonctions, et le temps qu'il ne donnait pas au ministère de la marine, il le consacrait à sa femme. Certes, je n'avais garde de me plaindre d'être un peu oublié et abandonné; c'était une trop douce satisfaction pour moi d'être le témoin de leurs joies, de les voir s'aimer et de savoir ma sœur heureuse.

« Toutefois, je me trouvais isolé près d'eux et je vivais dans une espèce de olitude. Souvent, j'étais obligé de me sauver pour ne point les gêner par ma présence, et leur laisser goûter le charme de l'intimité du tête-à-tête.

« Ne connaissant personne à Paris, je n'avais pas la ressource d'aller demander à des amis de me procurer des distractions. Tu étais à cette époque très gravement malade, et après t'avoir fait trois visites seulement, je n'avais plus osé me présenter à l'hôtel de Coulange. Bref, je m'ennuyais, et mon existence de désœuvré me semblait lourdement monotone.

« Je n'avais pris qu'un mois encore du congé dont je jouissais, que j'avais ardemment sollicité, et déjà je m'effrayais de sa durée. Qu'allais-je faire de ces cinq mois de liberté entière que j'avais devant moi? Je me le demandais avec une sorte d'anxiété. Enfin, je compris qu'il fallait me secouer et qu'il était urgent de me distraire. Je résolus de quitter Paris pour aller courir à travers l'Angleterre, l'Allemagne ou l'Italie.

« Or, j'avais déjà fixé le jour de mon départ lorsque, passant un soir rue Saint-Honoré, j'eus la singulière idée d'entrer dans le bal public de la salle Valentino. Je n'ai pas besoin de te parler de la physionomie de cette salle un jour de bal; tu la connais, sans doute; du reste, tous les bals publics se ressemblent. Ce soir-là, il y avait foule à Valentino. Aveuglé par la lumière éclatante des lustres, abasourdi par le bruit de l'orchestre et ahuri par le mouvement extraordinaire que j'avais sous les yeux, je m'avançai jusqu'au milieu de la salle, en me frayant difficilement un passage.

« Je découvris une place libre sur une banquette et je m'en emparai. Au bout d'un instant, je m'aperçus que le hasard m'avait placé à côté d'une jeune fille d'une beauté ravissante, idéale. Je la regardai à la dérobée, d'abord, et je me sentis émerveillé et saisi d'admiration.

« Il y avait sur ses lèvres souriantes un charme indéfinissable et sur son front pur le calme et la sérénité de l'innocence. Rien ne saurait rendre l'expression douce et enchanteresse de sa physionomie un peu rêveuse. En elle tout était gracieux et révélait la pureté de son âme. On devinait qu'elle avait encore l'ignorance du mal et que rien n'altérait la suavité de ses pensées.

« N'ayant guère plus de dix-sept ans, fraîche et rose, heureuse de sa jeunesse en fleur, ravie de se sentir vivre, il semblait qu'elle fût éclose d'un rayon de printemps. Ah! mon ami, entre cette délicieuse enfant et les autres jeunes filles, également belles, qui tourbillonnaient devant moi, quel contraste frappant!

« Devenant plus hardi, je lui adressai la parole.

« — Vous ne dansez donc pas, mademoiselle? lui demandai-je.

« Alors, son regard, que je n'ai jamais oublié, son regard voilé, expressif et plein d'une langueur adorable s'arrêta sur moi. Et je pus voir et admirer ses beaux yeux d'une douceur ineffable, clairs et limpides, qui reflétaient comme un miroir l'innocence de son cœur, la blancheur de son âme.

« J'eus une sorte d'éblouissement et je fus aussitôt saisi d'un grand trouble intérieur. J'avais aspiré comme un parfum la lumière de son regard, elle descendait en moi et je la sentais pénétrer dans mon cœur. Je ne cherchai point à me rendre compte des sensations que j'éprouvais ; je n'étais pas en état de me livrer à un travail d'analyse psychologique. Complètement captivé sous le charme de ce regard lumineux, je commençais à savourer les délices d'une ivresse inconnue.

« D'une voix mélodieuse, un peu timide, et le front rougissant, elle me répondit :

— « Je suis venue ici ce soir avec deux de mes compagnes ; elles aiment la danse et je les regarde se divertir ; moi, je ne danse jamais.

— « Pourquoi? Est-ce que vous n'aimez pas la danse?

— « Je l'aimerais peut-être, monsieur, me répondit-elle avec son air plein de candeur ; mais la danse, dans un bal public, est un plaisir que je crois devoir me refuser. »

« Je fus enchanté de cette réponse. Alors, je lui adressai plusieurs autres questions. Elle m'apprit qu'elle était employée dans une maison de commerce en qualité de demoiselle de magasin, et qu'elle n'était à Paris que depuis quatorze mois environ. Née à Orléans, ses parents étaient des commerçants aisés de cette ville.

« Mais ayant eu le malheur de perdre sa mère, qui l'adorait, et son père s'étant remarié, on l'avait retirée du pensionnat où elle était élevée. Malheureusement, elle n'avait pu s'accorder avec sa belle-mère qui, loin d'être bonne pour elle et de lui témoigner de l'amitié, était parvenue, au contraire, à lui aliéner le cœur de son père. Enfin, lasse de souffrir et ne pouvant plus supporter les mauvais traitements de la marâtre, elle s'était enfuie de la maison paternelle pour venir à Paris où elle se trouvait relativement heureuse.

« A onze heures et demie je sortis du bal en même temps que Gabrielle et ses amies. Je n'avais pas eu la hardiesse de lui demander où elle demeurait, pensant avec raison que cette question lui paraîtrait indiscrète et qu'elle refuserait d'y répondre. Mais j'avais déjà en moi le désir de revoir cette jeune fille, et je ne sais quel démon m'inspira la pensée de la suivre. C'est ainsi que je découvris qu'elle demeurait dans un hôtel meublé de la rue Tiquetonne.

« Toute la nuit je pensai à elle ; j'eus constamment devant les yeux son angélique figure, son doux sourire, son front radieux, et je sentais toujours en moi l'étrange impression de son regard illuminé.

« Le lendemain, je ne parlai plus de quitter Paris ; mon ennui avait disparu comme par enchantement.

« Je me sentais brûler d'une ardeur singulière, qui aurait dû être pour moi un avertissement. La distraction que je voulais aller chercher à l'étranger, je l'avais trouvée à Paris. Revoir Gabrielle et m'en faire aimer était ma seule pensée. Et après? aurais-je dû me demander.

« Certes, si j'eusse été capable de réfléchir et d'examiner froidement la situation, obéissant immédiatement à la voix de ma conscience et au sentiment de l'honneur, j'aurais bouclé ma valise et je me serais sauvé de Paris par un train rapide. Malheureusement la réflexion ne me vint pas. Déjà la veille, — et ce fut mon premier tort, — en m'attachant aux pas de la jeune fille, j'avais été entraîné par un mauvais sentiment, un sentiment de curiosité, peut-être irréfléchi, mais mauvais quand même.

« Ainsi, poussé par je ne sais quoi de fatal, j'allais jouer vis-à-vis d'une innocente enfant, un rôle indigne de moi, contraire à tous mes principes, le rôle odieux de séducteur! Et j'allais poursuivre mon but sans m'arrêter devant sa jeunesse et sa candeur virginale.

« Que de reproches amers je me suis adressés depuis!

« Ah! je me reconnais coupable!... Je n'ai qu'une excuse à invoquer : je l'aimais!...

M. de Sisterne s'interrompit, ne pouvant plus maîtriser son émotion.

— Tout cela est très grave, en effet, dit le marquis, et tu es véritablement à plaindre. Mais continue, mon ami, je t'écoute avec le plus vif intérêt.

— Ainsi, Édouard, tu ne me blâmes point?

— Le moment serait mal choisi. D'ailleurs, tu t'es jugé toi-même ; je n'ai plus rien à dire.

Le comte de Sisterne continua:

— Je cherchai donc à revoir Gabrielle ; mais trois jours s'écoulèrent sans que je pusse parvenir à la rencontrer. Alors je pris le parti de lui écrire et je signai ma lettre : Octave Longuet; mon prénom et le nom du chef de ma famille, qui porta le premier le titre de comte de Sisterne.

« Comme tu le vois, je cachais mon véritable nom. Pourquoi? Je ne saurais l'expliquer. Évidemment ce fait était le résultat d'un calcul. Je sentais instinctivement que je ne devais pas effaroucher Gabrielle et éveiller sa prudence. J'entrais tout à fait dans mon rôle de séducteur. Octave Longuet, un simple bourgeois, pouvait attirer sa confiance ; le comte de Sisterne, officier de marine, devenait pour elle, au contraire, un épouvantail et la mettait en garde contre mes projets. Et puis, je dois le dire, puisque je veux ne te rien cacher, j'étais quelque peu défiant. Malgré son histoire qu'elle m'avait racontée naïvement, et le jugement favorable que j'avais porté sur elle, il existait encore dans ma pensée un léger doute sur sa vertu.

« Hélas! l'homme est fait ainsi ; le meilleur ne peut échapper au scepticisme et nous sommes généralement trop disposés à accepter le soupçon injurieux à l'égard de la femme. C'est tout simplement abominable. Ah! mon ami, comme nous sommes loin de ces temps où, pour nos pères, la femme était un culte ! Nous n'avons plus la foi sainte ; nous ne savons plus rien idéaliser !

« Eh bien, oui, malgré mon cœur qui se révoltait, je doutais de l'innocence de Gabrielle. Oh ! je ne puis me rappeler cela sans honte ! Comme j'étais aveugle et misérable !

« Ma lettre resta sans réponse. Je m'y attendais un peu, je ne me sentis nullement découragé. Voulant revoir Gabrielle à tout prix, je me décidai à entrer un jour dans le magasin de nouveautés de la rue Montmartre où elle était employée. A ma vue elle se troubla et une vive rougeur colora ses joues. Je compris que je ne lui étais pas indifférent et que ma lettre avait produit l'effet espéré. Je m'adressai à elle pour acheter je ne sais plus quoi, et, pendant quelques minutes, je pus ainsi échanger quelques paroles avec elle. Je revins plusieurs fois dans le magasin, faisant à chaque visite l'emplette d'un objet quelconque, que je donnais le soir même ou le lendemain à la femme de chambre de ma sœur, à sa cuisinière ou à sa concierge pour ses enfants.

« Enfin, un soir, jugeant que le moment était venu de me prononcer sérieusement, j'attendis Gabrielle à la porte de sa maison. Un peu malgré elle, je m'emparai de son bras et nous nous mîmes à marcher sur le trottoir, le long des maisons. Ce que je lui dis, je ne me le rappelle plus : mais mon langage ne pouvait être que celui d'un séducteur. Elle m'écoutait en proie à une violente émotion. Elle avait la poitrine oppressée, la respiration haletante, et elle tremblait de tous ses membres. Je lui parlai de ma lettre.

— « Oh ! me répondit-elle, j'ai été tout un jour sans pouvoir me remettre de l'émotion qu'elle a produite en moi ! Cependant, continua-t-elle avec une naïveté charmante et un adorable abandon, si vous n'étiez pas venu au magasin, j'aurais réussi à vous oublier.

« Après cette réponse qui lui était pour ainsi dire échappée, j'obtins facilement l'aveu que mon amour était partagé. Je sentis aussitôt mon cœur inondé d'une joie infinie, je l'entourai de mes bras et je posai mes lèvres sur son front. Dès lors, mon triomphe devenait facile. Pourtant j'eus à lutter contre certaines résistances, nées de pudiques terreurs, derniers retranchements derrière lesquels se défend la vertu qui chancelle.

« Mais Gabrielle m'aimait autant et peut-être plus que je ne l'aimais alors ; elle ne pouvait résister longtemps. D'ailleurs, pleine de confiance, ne me supposant point capable de la tromper, et croyant à la promesse que je lui avais faite de l'épouser, elle se donna à moi entièrement.

— Comment ! s'écria M. de Coulange avec étonnement, tu lui avais promis de l'épouser ?

— Oui.

— Oh ! c'était mal, cela, très mal !

— Oui, c'était très mal. Après la séduction, lorsqu'elle fut ma maîtresse, je lui renouvelai encore cette promesse ; mais cette fois, Édouard, connaissant la pureté de toutes ses pensées, sachant quels rares trésors étaient renfermés dans son cœur, cette fois j'étais sincère ; oui, j'avais résolu que Gabrielle serait ma femme.

— Lui as-tu dit alors que tu étais le comte de Sisterne ?
— Non.
— Pourquoi ?
— Pour ne pas avoir à rougir de mon mensonge ; pour ne pas lui laisser supposer qu'après lui avoir menti une fois, je pouvais la tromper encore.
— Faible excuse, mon cher Octave.
— Je voulais aussi, le moment venu, me donner la joie de sa surprise. Mais, comme je te l'ai déjà dit, tout cela était fatal. Tout à l'heure tu en auras la preuve.

« Tu ne saurais te faire une idée, Édouard, de l'élévation, de la grandeur et de la véritable noblesse qu'il y avait dans cette adorable enfant. Et dans les sentiments, quelle délicatesse exquise !

« Son travail lui donnait à peine de quoi se suffire et elle logeait dans une pauvre chambre d'hôtel, une mansarde. Je voulus lui louer un logement plus convenable et le lui meubler. Je voulus lui donner des bijoux, des toilettes, de l'argent. Eh bien, il me fût impossible de lui faire rien accepter.

— « Non, me disait-elle avec une expression touchante, je veux rester à mes yeux toujours digne de vous. En acceptant ce que vous m'offrez, je croirais profaner notre amour.

« Comprends-tu, Édouard, comprends-tu ?
— Oui. C'était un noble cœur !
— Et voilà le trésor que j'ai perdu !
— Comment cela est-il arrivé ?
— Papa, dit tout à coup Eugène, voici l'allée des Pins, faut-il la prendre pour retourner près de maman ?
— Oui, mon ami, répondit le marquis, nous retournons au château par l'allée des Pins.

Satisfait de cette réponse, l'enfant, les bras chargés de fleurs, partit en avant-garde.

— J'aurai, je pense, le temps d'achever mon récit, dit le comte de Sisterne.
— Nous avons encore un quart d'heure à nous, répondit le marquis.

Firmin ayant serré rapidement la main de Morlot et celle du cocher se précipita dans un compartiment.

V

OU SONT-ILS ?

M. de Sisterne reprit :

— Voulant naturellement cacher mes amours à ma sœur et à mon beau-frère, j'avais loué, pour la circonstance, un petit appartement dans un hôtel de la rue de Richelieu. Cela ne m'empêchait pas de voir tous les jours M. et madame de

Valcourt et de coucher dans la chambre que j'avais chez eux plus souvent qu'à l'hôtel. Mais pour Gabrielle, qui m'écrivait quelquefois, il fallait que j'eusse un logement à moi. Toutefois, elle venait très rarement à l'hôtel, elle préférait me voir au dehors, et nous faisions de fréquentes excursions aux environs de Paris. Elle s'effarouchait d'un rien, et elle avait des susceptibilités qui me ravissaient.

« Un jour, — six semaines avant l'expiration de mon congé, — je trouvai chez ma sœur un pli cacheté aux armes de la marine. C'était l'ordre de me rendre immédiatement à Brest, à bord du vaisseau *l'Orgon*, qui venait d'appareiller pour les Antilles. Je passais, avec avancement, d'une corvette sur un navire de première classe.

« Dans une autre circonstance, j'aurais été certainement très heureux, mais ce qui m'arrivait était si inattendu, que je considérai cette faveur, dont j'étais l'objet, comme un véritable malheur. Pour surcroît de mauvaise chance, le pli était arrivé la veille, et comme je n'avais pas couché chez ma sœur, il me restait strictement le temps nécessaire pour me rendre à Brest, au moment où j'en prenais connaissance. Que faire? L'ordre était formel. Il fallait partir.

« J'ai soupçonné alors, et j'ai encore cette idée aujourd'hui, que mon beau-frère, ayant découvert mes relations avec Gabrielle, n'avait rien trouvé de mieux, pour y mettre un terme, que de me jouer ce vilain tour, en usant de son influence auprès du ministre.

« Mes malles, faites à la hâte et chargées sur une voiture, je courus rue de Richelieu où j'avais des effets et quelques papiers importants. De là, après avoir pris seulement le temps d'écrire, une lettre de quinze ou vingt lignes à Gabrielle, que je remis à un garçon de l'hôtel, avec ordre de la porter à son adresse, je me rendis précipitamment au chemin de fer. Deux heures après mon arrivée à bord, les marins de *l'Orgon* levaient les ancres. Je n'eus pas le temps, avant de gagner le large, d'écrire une nouvelle lettre à ma pauvre Gabrielle. Mais, au bout de quelques jours, je lui en écrivis une très longue, que je pus faire partir pour la France un mois plus tard.

« Dans cette lettre, dictée par mon cœur et pleine de tendresse, je lui révélais enfin la vérité; je lui jurais de ne pas l'oublier, de l'aimer toujours, et je lui faisais encore la promesse solennelle de lui donner mon nom dès que je serais de retour en France. Je lui indiquais le moyen de me faire parvenir sa réponse, je lui donnais en même temps l'adresse de mon notaire, à Saintes, et je la suppliais de se faire envoyer par lui tout l'argent dont elle pourrait avoir besoin.

« Cette lettre et plusieurs autres que je lui écrivis successivement restèrent sans réponse. Je ne savais quoi m'imaginer. Pendant tout le temps que dura ce voyage, je fus dans une inquiétude mortelle. Son souvenir ne s'éloignait pas de ma pensée; je sentais, au contraire, mon amour grandir et devenir plus ardent. Tu vois dans quelle situation je me trouvais, et tu devines ce que j'ai souffert. Je n'entre pas dans de plus longs détails.

« Je revins en France. Plus de deux ans et demi s'étaient écoulés. Je me rendis d'abord à Sisterne. Là, je trouvai trois des lettres que j'avais écrites à Gabrielle ; elles avaient été envoyées à Sisterne, par les soins de l'administration des postes. Qu'étaient devenues les autres ? Je ne l'ai jamais su. Après avoir réglé diverses affaires pressées, ce qui me prit une semaine, je pus enfin partir pour Paris. Au lieu de me rendre directement chez ma sœur, je descendis à l'hôtel de la rue de Richelieu, sous le nom de Longuet.

« Je n'ai pas besoin de te dire combien j'étais impatient d'avoir des renseignements au sujet de Gabrielle. Je me présentai le même jour au magasin de la rue Montmartre. J'espérais encore, et je me faisais cette illusion que j'allais y retrouver Gabrielle. La patronne de l'établissement, à laquelle je m'adressai, me reconnut ; elle me reçut froidement et même d'une manière un peu hostile.

« Je l'interrogeai. Elle me répondit en me disant tout ce qu'elle savait. Je ne me rappelle jamais ce douloureux instant de ma vie sans sentir mon cœur se déchirer. J'apprenais, enfin, toute l'étendue du mal que j'avais fait. Ah ! j'aurais moins souffert si l'on m'eût enfoncé un poignard dans la poitrine.

« Un jour Gabrielle ne vint pas au magasin. On pensa qu'elle était indisposée, et sa patronne alla elle-même pour avoir de ses nouvelles. On lui répondit que Gabrielle, emportant tous ses effets, était partie sans dire où elle allait. Oui, la pauvre enfant, elle était partie brusquement sans prévenir ses patrons, sans avoir instruit de son projet aucune de ses compagnes. Pourquoi ce départ qui ressemblait à une fuite ?

Le comte baissa la tête et continua d'une voix tremblante :

— La malheureuse enfant s'était sauvée comme une misérable pour aller cacher dans un coin ignoré son malheur et sa honte... Elle allait devenir mère !

— Oh ! la pauvre fille ! s'écria le marquis.

— Oui, mère, reprit M. de Sisterne d'une voix entrecoupée, mère d'un enfant dont je suis le père ! Et elle est partie, la noble victime, n'ayant peut-être pas vingt-cinq francs dans sa poche.

— Affreux ! murmura le marquis.

— Quelque temps après, une de ses camarades du magasin la rencontra par hasard. Elle était allée se loger ou plutôt se cacher à l'extrémité des Batignolles. N'ayant pas le moyen de se donner le luxe d'une chambre, elle demeurait dans un taudis, une sorte de trou infect dans lequel ne voudrait pas dormir ton chien Fanor.

La courageuse enfant travaillait ; elle faisait, je crois, de la passementerie et parvenait à gagner vingt ou vingt-cinq sous par jour, à peine de quoi ne pas mourir de faim!... Et elle était sur le point de donner un enfant au comte de Sisterne, qui a plusieurs millions de fortune!

« C'est par cette jeune fille que Gabrielle rencontra, comme je viens de te le dire, qu'on sut, rue Montmartre, pourquoi elle avait cru devoir quitter le magasin. Elle n'avait point voulu attendre que sa faute fût connue et elle s'était soustraite à l'affront d'être congédiée.

« Quelques jours après cette rencontre, la même camarade, accompagnée d'une ou deux demoiselles de magasin, se rendit aux Batignolles pour faire une visite à Gabrielle. Elle n'y était plus. Une fois encore, Gabrielle avait disparu. Sa retraite connue, elle en avait cherché une autre.

« Où est-elle allée? Qu'est-elle devenue? Personne n'a pu me le dire, et, malgré toutes les recherches auxquelles je me suis livré, je n'ai pu rien découvrir.

« Pensant que peut-être elle était retournée chez son père, j'allai à Orléans. Le commerçant était mort depuis peu et Gabrielle n'avait point réclamé son héritage... — « Depuis que Gabrielle Liénard a quitté la ville, me dit-on, on n'a plus entendu parler d'elle. »

« J'ai acquis la certitude que la malheureuse enfant n'a reçu aucune des lettres que je lui ai écrites, pas même celle que j'avais remise à un garçon d'hôtel, au moment de partir pour Brest. Ce garçon, que je questionnai, finit par m'avouer qu'ayant perdu ma lettre, il n'avait pu faire ma commission.

« Ainsi, Gabrielle a dû croire que j'étais un lâche séducteur, un infâme! que je ne l'aimais pas, que je l'avais froidement précipitée dans un abîme, et que, mon caprice satisfait et mes désirs assouvis, je l'avais abandonnée! Quelles furent alors ses pensées? Ah! je n'ose me le demander!... Le cœur meurtri, flétrie, déshonorée, n'ayant plus d'avenir, elle se vit perdue! Et elle m'a maudit, et, dans son mépris et son dégoût pour l'homme qui l'avait trompée, elle a noyé son amour.

« Dans cette déplorable aventure, tout s'est tourné contre moi, contre elle. Oh! oui, c'est bien la fatalité qui nous a poursuivis et impitoyablement frappés! S'ensuit-il que je sois excusable? Non. J'ai vu la grandeur de ma faute, je devrais dire de mon crime, et j'ai senti plus cruellement la punition! Car elle dure encore, elle durera toujours...

« La malheureuse Gabrielle existe-t-elle encore? A-t-elle donné le jour à son enfant? Nul ne le sait. Hélas! désespérée, mal conseillée par la misère, elle a peut-être voulu échapper à la honte et à la souffrance par le suicide!

« A partir du jour où elle a quitté les Batignolles, elle s'enfonce et disparaît dans l'ombre. Si elle n'est pas morte, qu'est-elle devenue? Où sont-ils tous les deux, la mère et l'enfant? Mystère!...

« Je ne sais rien et je ne saurai probablement jamais rien; et cette complète ignorance sera le tourment de toute ma vie. Le souvenir de Gabrielle et du cher petit être qu'elle portait dans son sein me suit partout; il est toujours présent à ma pensée, et mon amour, que rien ne peut éteindre ou combattre, reste enfermé dans mon cœur comme dans un sanctuaire.

« Maintenant, Édouard, comprends-tu l'amertume de mes regrets ? Comprends-tu que le remords soit à côté du souvenir ?

— Oui, répondit le marquis ; mais le pardon vient après le repentir ; si ta faute a été grande, l'expiation ne l'est pas moins. Tu oublieras et tu retrouveras du repos.

— Jamais ! répliqua vivement M. de Sisterne ; on ne fixe point la durée de la punition, quand les malheurs qu'on a causés ne peuvent plus être réparés. Je vivrai de mon souvenir, c'est-à-dire de mes regrets et de mon amour. Va, on ne retrouve pas le bonheur comme un objet qu'on a perdu !

« Mes meilleurs amis s'étonnent de me voir rester garçon, et je ne sais combien de tentatives on a faites déjà pour me marier.

« Certes, on m'a présenté des jeunes filles charmantes, très capables d'inspirer une affection profonde. Devant elles je suis resté insensible et froid comme un marbre. Me marier, moi ! Est-ce que c'est possible ? Il n'existe plus aucune femme que je puisse aimer ! Or, je considère que le mariage sans amour est la profanation d'une chose sainte et sacrée.

« Quand on me conseille de me donner une compagne et qu'on me parle des douces et pures joies de la famille, j'écoute, je pense à Gabrielle et à son enfant, et je garde le silence. Toi-même, Édouard, tu m'as demandé pourquoi je ne me décidais pas à me marier. Je viens de répondre à ta question. Non, je ne me marierai pas... Il peut se faire que je sois d'un puritanisme exagéré, mais nul mieux que moi ne connaît les sentiments qui m'inspirent et auxquels j'obéis. Oui, je resterai fidèle à mon unique amour, et je ne donnerai pas à une femme, serait-elle la plus belle et la plus parfaite, le nom de Sisterne que j'ai promis à une autre.

« Quant aux joies de la famille, dont on se sert vis-à-vis de moi comme d'un moyen de séduction, je n'en suis pas absolument déshérité. En dehors de mes amis, — je les compte bien pour quelque chose, — j'ai ma sœur, que j'aime beaucoup, et près d'elle son mari et sa fille, ma nièce et ma filleule. Emmeline va atteindre sa troisième année, ce n'est encore qu'une enfant au berceau, mais elle est déjà intelligente, gracieuse et jolie comme un ange, la toute mignonne. J'en suis idolâtre. Dans l'affection que j'ai pour elle, il me semble qu'il y a de la paternité. Je reporterai sur ma nièce toute la tendresse et l'amour que j'aurais eus pour l'enfant de Gabrielle, pour mon enfant !

« Eh bien, plus tard, quand il faudra quitter la mer, c'est près de sa sœur et de sa nièce que se retirera le vieux marin.

Il resta un moment silencieux. Puis avec un sourire doux et triste, il reprit :

— Édouard, une idée vient de me venir.

— Quelle est cette idée?

— Que ton fils pourrait épouser ma nièce si, toutefois, Emmeline donne tout ce qu'elle promet.

— Ils auront l'occasion de se voir souvent, répondit le marquis, en serrant la main de son ami : s'ils s'aiment, ce n'est certes pas moi qui mettrai opposition à ce mariage.

— Voilà où j'en suis, reprit amèrement M. de Sisterne, réduit à échafauder des projets de bonheur sur des têtes d'enfants !

Ils n'étaient plus qu'à trente pas du château.

Prévenue de leur arrivée par l'enfant, la marquise était descendue pour venir à leur rencontre. Elle tenait dans sa main le bouquet cueilli par Eugène à son intention.

— Édouard, dit vivement le comte au marquis, tout ce que je viens de te dire doit être un secret entre nous.

— Révéler ce que tu m'as confié serait une trahison, mon cher Octave.

— Madame de Coulange elle-même ne doit rien savoir.

— Elle ne saura rien.

VI

LE CŒUR DE GABRIELLE

Gabrielle et Mélanie, marchant très vite, arrivèrent au pont de Coulange. Jusque-là elles n'avaient pas échangé une parole. Quand elles eurent traversé le pont et qu'elles se trouvèrent sur le chemin de Miéran, elles ralentirent le pas. Puis, au bout d'un instant, Gabrielle s'arrêta pour essuyer son front ruisselant de sueur.

— Vous êtes fatiguée, lui dit Mélanie; aussi, pourquoi avoir marché si rapidement? J'avais de la peine à vous suivre. Nous allons nous asseoir un instant dans l'herbe, sur ce talus, et nous reprendrons notre chemin quand vous serez reposée.

— Oui, asseyons-nous, répondit Gabrielle, j'ai un peu de faiblesse dans les jambes.

Elles s'assirent, faisant face au château de Coulange, dont la magnifique façade se découpait obliquement dans son cadre de verdure.

— D'ici, le coup d'œil est ravissant, dit Mélanie; n'êtes-vous pas de mon avis Gabrielle?

— Oui, ravissant ! répondit la jeune femme rêveuse.

Son regard errait sur la rive droite de la Marne; elle cherchait à revoir les deux hommes et l'enfant. Ne les apercevant point, elle laissa un soupir s'échapper de sa poitrine.

— Ils sont rentrés dans le parc, lui dit Mélanie, qui avait deviné son désir.

— Oui, ils sont rentrés, murmura Gabrielle.

— C'est égal, nous avons été servies à souhait par le hasard. Après avoir passé inutilement trois fois devant la grille du château, nous avons eu une excellente idée de continuer notre promenade au bord de l'eau.

— C'est vrai.

— Si je le voyais, de loin seulement, je serais contente, me disiez-vous. Eh bien, vous n'avez pas fait que de le voir, vous l'avez tenu dans vos bras et vous l'avez embrassé!

— J'étais bien heureuse, Mélanie.

— Tout en nous apercevant il vous a reconnue.

— Oui, le cher trésor, il m'a reconnue.

— Avez-vous entendu son cri de joie?

— Oui.

— Et comme tout de suite il est accouru vers vous!

— Je n'ai eu que le temps de lui ouvrir mes bras. Vous avez causé avec M. le marquis, Mélanie, que vous a-t-il dit?

— Oh! des choses tout à fait gracieuses et aimables. D'abord, il a paru étonné de vous rencontrer à Coulange; mais je me suis empressée de lui donner l'explication qu'il désirait, en lui disant que nous sommes venues passer quelque temps à Miéran.

— A-t-il été satisfait?

— Certainement.

— Il ne m'empêchera point de le voir?

— Quelle idée!

— Mon Dieu, je ne sais pas ce qu'il peut penser... M. le marquis de Coulange est un bien grand seigneur, et je ne suis, moi, qu'une pauvre femme.

— Eh bien, ma chère Gabrielle, vous allez savoir ce que pense M. le marquis de Coulange. Non seulement il ne vous défend point de voir et d'embrasser son fils; mais, lorsque nous viendrons à Coulange, nous sommes invitées, vous et moi, à entrer au château.

— Vraiment, Mélanie?

— Je vous fais part de l'invitation de monsieur le marquis.

— Ah! il est bon, lui aussi!

— Si vous lui aviez laissé le temps de vous parler, ma chère Gabrielle, il avait certainement l'intention de vous faire lui-même son invitation et de vous adresser quelques paroles affectueuses.

Gabrielle baissa la tête et resta silencieuse.

— Voulez-vous que je vous parle franchement? reprit Mélanie au bout d'un instant.

— Dites.

— Eh bien, je ne comprends pas pourquoi vous êtes partie si brusquement.

— Oui, vous ne pouvez pas comprendre.

— M. le marquis a peut-être trouvé cela un peu singulier.

— Ne suis-je pas une femme bizarre? répliqua Gabrielle, en ébauchant un sourire.

— Après avoir embrassé l'enfant, vous vous avanciez vers le marquis pour lui dire quelque chose.

— Oui, je voulais le remercier de n'avoir pas rappelé son fils lorsqu'il s'est élancé vers moi.

— Et, au lieu de prononcer ces paroles, que le marquis semblait attendre, vous vous êtes arrêtée brusquement et vous avez subitement changé d'idée.

— C'est vrai.

— J'ai cru voir sur votre visage l'expression d'un vif mécontentement.

— Non, Mélanie, ce n'était que la surprise, quelque chose de semblable à de la stupéfaction ou même à de la peur.

Mélanie la regarda avec étonnement.

— Et c'est M. le marquis?... fit-elle.

Gabrielle secoua la tête.

— Un homme était près de lui, dit-elle.

— Un de ses amis, sans doute; ce monsieur a l'air très distingué, il doit être, comme le marquis de Coulange, un homme du monde très riche.

— N'est-il pas décoré?

— Oui, il avait à la boutonnière de sa redingote la rosette rouge de la Légion d'honneur. Ainsi, Gabrielle, c'est ce monsieur qui vous a effrayée.

— Oui.

— Pourquoi?

— Parce que je l'ai reconnu.

— Cela explique votre surprise et non votre frayeur.

— Avez-vous remarqué avec quelle attention il me regardait?

— Oui, ses yeux s'étaient fixés sur vous avec une sorte de curiosité.

— Il n'y avait que de la curiosité dans ce regard, n'est-ce pas?

— Je n'y ai pas vu autre chose.

— Alors, c'est bien; vous me donnez la certitude complète qu'il ne m'a pas reconnue. Mélanie, ce monsieur qui était avec le marquis de Coulange se nomme Octave Longuet; c'est le père de mon enfant.

Mélanie fit un brusque mouvement.

— Est-ce possible! s'écria-t-elle.

— Maintenant, ma chère Mélanie, vous connaissez la cause de mon attitude singulière.

Madame la marquise je vous demande de me rendre l'enfant. (Page 496.)

— Gabrielle, vous vous êtes peut-être trompée...
— Non, Mélanie, je ne me suis pas trompée.
— Il y a quelquefois des ressemblances...
— Mélanie, je l'ai parfaitement reconnu; je n'ai jamais oublié ses traits, et il n'a pas changé comme moi, lui! C'est bien M. Octave Longuet qui était tout à l'heure avec le marquis de Coulange.

Mélanie était stupéfiée.

— Oh! c'est étrange! pensait-elle.

L'amitié qui existait entre le marquis de Coulange et le séducteur de Gabrielle venait encore compliquer à ses yeux la situation déjà si intéressante et si grave.

— Quand mon regard a rencontré le sien, reprit Gabrielle, j'ai cru un instant que lui même allait me reconnaître; c'est alors que la crainte m'a saisie et que je me suis arrêtée. Si ma figure n'est plus reconnaissable, il n'en est pas de même de ma voix, dont le timbre n'a point changé. En gardant le silence, j'ai pu paraître bizarre ou stupide, mais j'ai évité le désagrément d'être reconnue.

— A votre place, Gabrielle, j'aurais eu une tout autre pensée : je me serais fait reconnaître.

— S'il m'eût reconnue, serais-je plus avancée, dites? Non, je n'ai rien à lui demander et il ne peut rien faire pour moi. Il ne saurait changer ma vie, il lui est impossible de me rendre les illusions et le bonheur de ma jeunesse; il ne peut pas me rendre mon enfant! Il me croit morte, sans doute; à quoi bon le détromper? Il est riche, heureux; il est marié, peut-être... Mélanie, ai-je le droit de troubler son repos, son bonheur? Non, n'est-ce pas? Car cela ressemblerait à de la vengeance. A côté de l'amour maternel que je tiens en réserve pour mon enfant, il n'y a dans mon cœur que de la douleur et des regrets; la haine n'y entrera jamais!

— Permettez, Gabrielle, ce monsieur vous doit pourtant quelque chose.
— Quoi?
— Réparation du mal qu'il vous a fait.

Gabrielle hocha tristement la tête.

— Sauriez-vous me dire comment il pourrait réparer le mal qu'il m'a fait? demanda Gabrielle.

— Je ne sais pas trop; mais il me semble...

— Mélanie, il y a des malheurs absolument irréparables; le mien est de ceux-là. Je vous répète mes paroles de tout à l'heure : je n'ai rien à demander à M. Octave Longuet, et il ne peut rien faire pour moi. Je suis plus coupable que lui, mon amie; je devais me défier de ma faiblesse et avoir la force de fuir le danger.

— Ainsi, vous l'excusez, Gabrielle? Voilà bien l'adorable générosité de votre cœur.

— Mélanie, si je ne l'excusais pas, je devrais le maudire!
— C'est vrai!

— Vous savez ce que m'a appris votre mari; par suite des renseignements qu'il a recueillis, je n'ai pas même le droit d'accuser M. Octave Longuet de m'avoir trompée. J'ai été impitoyablement frappée par le malheur et j'ai courbé la tête. Je n'avais pas à me révolter. Nul ne peut échapper à sa destinée. On ne lutte pas contre la fatalité.

VII

EN PRÉSENCE

Morlot avait dit à la marquise de Coulange : « Dans huit jours j'aurai l'honneur de me présenter au château de Coulange. » Or, le matin du huitième jour, l'agent de police descendait du train semi-direct qui s'arrête à Nogent-l'Artaud à neuf heures et quelques minutes.

Il portait un costume de ville à la dernière mode ; pantalon, gilet et redingote noirs. Sa redingote boutonnée laissait voir le col et le plastron de sa chemise, d'une blancheur immaculée. Pour la circonstance il avait cru devoir emprisonner ses mains dans des gants de chevreau. Sa mise sévère accentuait encore la gravité habituelle de sa physionomie.

Comme il se dirigeait vers la porte de sortie, son stick à la main, il se trouva tout à coup, sur le quai, en face du valet de chambre de M. de Coulange.

— Bonjour, monsieur, lui dit amicalement Firmin, je suis enchanté de vous revoir ; vous allez probablement voir vos parents de Coulange.

— Oui, monsieur Firmin, répondit Morlot, en tendant la main au domestique, je vais passer deux ou trois jours à Coulange et à Miéran.

— C'est très bien, c'est très bien, la campagne est superbe !

— Par quel hasard vous trouvez-vous à Nogent? Vous venez sans doute attendre quelqu'un?

— Ce que nous attendons, c'est le train de Château-Thierry. Nous partons pour Paris, d'abord, je dis d'abord, parce que nous ne nous y arrêterons que quelques heures. Nous allons faire un voyage d'une quinzaine de jours dans le Midi.

Morlot avait froncé les sourcils, et son front s'était subitement assombri.

— Ainsi, dit-il d'un ton singulier, M. et madame la marquise se sont décidés tout à coup à aller voyager dans le Midi?

— M. le marquis fait seul ce voyage et comme toujours je l'accompagne.

— Alors, madame la marquise...

— Elle reste au château avec les enfants.

— Je comprends, fit Morlot, dont le visage se rasséréna, M. de Coulange a quelques affaires qui l'appellent dans le Midi?

— Oui, dans ses domaines des Pyrénées.

— Ah ! voilà M. le marquis, dit Morlot. Quel est ce monsieur qui marche à côté de lui?

— Un de ses plus anciens amis ; il est venu passer trois jours au château ; mon maître va faire avec lui une partie de son voyage.

— Il est officier de la Légion d'honneur, on devine à son air que c'est un militaire.

— Ou un marin ; c'est à peu près la même chose. M. le comte de Sisterne est capitaine de frégate.

— Beau grade, fit Morlot. M. le comte de Sisterne est un futur amiral.

— C'est sûr, ajouta Firmin.

A ce moment, le train se dirigeant sur Paris arriva en gare.

Le marquis et le comte de Sisterne prirent place dans un coupé de première classe.

— Moi je monte en seconde, dit le domestique.

Le cocher du marquis s'avançait vers Firmin pour lui donner une poignée de main.

— Je vous quitte en vous souhaitant un bon voyage, dit Morlot.

Il allait s'éloigner, Firmin le retint par le bras en disant :

— Est-on venu de Coulange ou de Miéran vous attendre avec une voiture ?

— Non, je n'ai prévenu personne de mon arrivée.

— Et vous allez faire le chemin à pied ?

— Oui, si je ne trouve pas une voiture.

— Je crois que vous n'en trouverez pas, monsieur, dit Firmin ; mais le cocher de M. le marquis retourne à Coulange ; si vous voulez profiter de l'occasion, il se fera certainement un plaisir de vous emmener.

— Mais oui, dit le cocher, j'offre à monsieur une place à côté de moi sur mon siège.

— Eh bien, mon brave, j'accepte, répondit Morlot ; monsieur Firmin, je vous remercie.

— De rien, fit le vieux serviteur. Voyez-vous, je n'ai pas oublié ce que vous m'avez dit l'autre jour de M. le marquis et de madame la marquise.

— En voiture ! en voiture ! criait le conducteur du train.

Firmin ayant serré rapidement la main de Morlot et du cocher, se précipita dans un compartiment. Le sifflet de la locomotive se fit entendre et le train se mit en marche.

— Monsieur, je suis à vos ordres, dit le cocher à Morlot.

— Vous êtes prêt à partir ?

— Oui.

— En ce cas, partons.

Le phaéton du marquis, attelé de deux magnifiques chevaux anglais, ne mit guère plus d'une demi-heure à franchir la distance qui sépare Nogent-l'Artaud de Coulange.

— Où désirez-vous descendre? demanda le cocher à Morlot, lorsqu'ils furent en vue du village.

— Je mettrai pied à terre devant la grille du château.

— Rien ne m'empêche de passer par Coulange.

— Il est inutile que vous fassiez ce détour...

— Oh! cela n'allonge pas le chemin de trois minutes.

— Je descendrai devant le château, répliqua Morlot; d'ailleurs, ajouta-t-il, j'ai une visite à faire à madame la marquise de Coulange.

— Ah! c'est différent, fit le cocher en laissant voir son étonnement.

Un instant après, le phaéton s'arrêtait devant la grille; Morlot sauta lestement à terre. Presque aussitôt la grille s'ouvrit. L'agent de police pénétra alors dans les jardins et, prenant une allée à droite, il se dirigea rapidement vers le château. Tout en marchant, il se servit de son mouchoir pour épousseter son vêtement un peu poudreux.

En montant les marches du grand escalier, il se sentit légèrement ému; certes, c'est à ce moment surtout qu'il comprenait les difficultés de la tâche qu'il avait à remplir. Mais il n'y avait plus à hésiter, dans un instant il allait se trouver en présence de la marquise. Il s'était préparé à cette entrevue par une longue méditation. S'inspirant des conseils de sa femme, il savait l'attitude qu'il devait prendre dans cette délicate et grave circonstance.

Il entra résolument dans un vaste vestibule, et s'avança au milieu de deux rangées de superbes statues de marbre blanc.

Un domestique parut devant lui. Il le reconnut pour l'avoir vu aux Ternes devant le pavillon de madame de Perny.

— Je voudrais parler à madame la marquise de Coulange, dit Morlot, pensez-vous qu'elle soit visible en ce moment?

— Je l'ignore, monsieur, répondit le domestique: mais veuillez me suivre je vais vous conduire.

Morlot, marchant derrière le domestique, monta un large escalier; puis après avoir traversé plusieurs grandes pièces, dont il n'eut pas le temps d'admirer la magnificence, il fut introduit dans une antichambre où se trouvait une jeune femme. Celle-ci se leva brusquement à la vue de Morlot.

— Mademoiselle Juliette, lui dit le domestique, monsieur désire voir madame la marquise.

Ce nom de Juliette fit tressaillir Morlot. Obéissant à son instinct de policier, il fit trois pas en avant et se trouva face à face avec la femme de chambre sur laquelle il attacha son regard perçant.

Sous la clarté de ce regard inquisiteur, qui semblait vouloir scruter sa pensée, la femme de chambre se troubla et Morlot vit son visage changer de couleur.

— Oh! oh! pensa-t-il, est-ce que je retrouverais ici la demoiselle Juliette de la rue de Ponthieu?

Cependant la femme de chambre s'était remise promptement.

— Je vais voir, monsieur, dit-elle; qui dois-je annoncer?

— Monsieur Morlot.

Elle ouvrit une porte et disparut.

L'agent de police se tourna vivement vers le domestique.

— Y a-t-il longtemps que cette demoiselle Juliette est au service de madame de Coulange? lui demanda-t-il.

— Environ huit mois.

— Ah! savez-vous où elle était précédemment?

— Non, je ne sais pas.

— Il paraît qu'elle ne parle pas souvent de ses anciennes maîtresses.

— Jamais. Il faut croire qu'elle n'en garde pas un bien bon souvenir, dit le domestique en souriant.

Juliette reparut.

— Madame la marquise peut vous recevoir, dit-elle; venez, monsieur.

Morlot la suivit. Ils traversèrent un petit salon-boudoir, puis Juliette ouvrit une porte devant Morlot et s'effaça pour le laisser entrer. L'agent de police se trouva en présence de la marquise qui l'attendait debout au milieu de sa chambre.

La jeune femme était très pâle, et, malgré les efforts qu'elle faisait pour paraître calme, l'expression de son regard trahissait son inquiétude.

Tout en entrant, Morlot s'était incliné respectueusement. Silencieusement aussi, la marquise lui rendit son salut.

Juliette se tenait sur le seuil, attendant les ordres de sa maîtresse.

— Je ne recevrai personne aujourd'hui, lui dit la marquise; laissez-nous. Si j'ai besoin de vous je vous appellerai, ajouta-t-elle.

La femme de chambre se retira. Morlot s'aperçut qu'elle n'avait pas entièrement fermé la porte, sur laquelle retombait une épaisse tapisserie des Gobelins.

— Tiens, se dit-il, serait-ce avec intention?

Et il la ferma lui-même.

La marquise s'était avancée vers lui.

— Vous craignez qu'on ne nous écoute, lui dit-elle.

— Oui, madame. Aucune oreille indiscrète ne doit entendre ce que nous allons dire.

— C'est donc bien grave, monsieur?

— Oui, madame la marquise, très grave!

— J'espère, cependant, que vous vous montrerez aussi généreux et aussi bienveillant qu'il y a huit jours.

— Tout en accomplissant mon devoir, madame la marquise, je tâcherai de vous prouver mon respect et mon dévouement.

— Allons, ce sont là de bonnes paroles, je me sens un peu rassurée. Veuillez vous asseoir sur ce fauteuil, près de la fenêtre.

Morlot prit place dans le fauteuil que lui indiquait la marquise, et la jeune femme s'assit en face de lui.

— Maintenant, dit-elle, nous pouvons causer librement; si quelqu'un veut écouter, il ne pourra pas nous entendre.

Et un pâle sourire effleura ses lèvres.

— Je suis soupçonneux et défiant, madame la marquise, répliqua Morlot, mais c'est en même temps une des qualités et une des nécessités de mon métier. Soyez donc assez bonne pour m'excuser si je vous adresse d'abord quelques questions qui ne touchent en rien au sujet de ma visite. Il y a environ huit mois que vous avez mademoiselle Juliette pour femme de chambre?

— Oui, monsieur.

— Vous avez dû la prendre sur de bonnes recommandations?

— Certainement.

— Des certificats de fidélité et d'honnêteté?

— Oui, deux ou trois lettres de personnes dont les noms me sont connus, lesquelles me la présentaient comme très digne et très capable de remplacer la femme de chambre qui me quittait pour se marier.

— Ces lettres vous disaient-elles où mademoiselle Juliette avait précédemment servi.

— Je vous avoue, monsieur, que je ne me le rappelle point.

— De sorte que vous ne savez pas le nom de la personne chez laquelle était mademoiselle Juliette avant d'entrer chez vous?

— C'est vrai, je n'ai pas eu la curiosité de le lui demander.

— Enfin, êtes-vous satisfaite de son service?

— Jusqu'à présent, monsieur, je n'ai pas eu à me plaindre; elle est intelligente, adroite, active, et elle me paraît dévouée.

— Vous n'avez jamais remarqué qu'il y eût quelque chose de singulier dans sa conduite?

— J'ai confiance en elle, monsieur.

Morlot resta silencieux. Il réfléchissait.

— Monsieur Morlot, reprit la marquise, est-ce que vous avez un doute sur l'honnêteté de cette fille?

— Je ne sais pas, madame; je ne me prononce jamais sur un doute; il me faut la certitude.

— Soit, mais vous supposez quelque chose?

— Madame la marquise, cette pensée ne vous est-elle pas venue, que mademoiselle Juliette pouvait avoir été placée près de vous par l'entremise de M. Sosthène de Perny?

Madame de Coulange fit un brusque mouvement.

— Non, répondit-elle, non, je n'ai pas eu cette pensée. Est-ce que vous croyez?...

— Je ne crois rien encore, madame ; toutefois, et jusqu'à plus ample informé, vous pouvez tenir compte de mes paroles.

— Je ne les oublierai pas, monsieur ; mais je me demande pourquoi mon frère...

— Il a peut-être intérêt à avoir un espion dans votre maison.

— Oh ! ce serait odieux !

— C'est vrai ; mais nous savons l'un et l'autre de quoi M. de Perny est capable.

La jeune femme poussa un profond soupir, et de grosses larmes roulèrent dans ses yeux.

— Oh ! monsieur, dit-elle d'une voix suppliante, ne soyez pas trop cruel pour moi !

VIII

POUR L'HONNEUR

Après un court silence, l'agent de police reprit la parole.

— Madame la marquise, dit-il, vous pouvez croire que ce n'est pas de gaieté de cœur que je vous parle de M. de Perny ; j'y suis malheureusement forcé. Connaissant, par le bien que vous faites autour de vous, la noblesse et la bonté de votre cœur, je comprends combien vous devez souffrir d'avoir pour frère un homme indigne, et il m'est extrêmement pénible de toucher à vos plaies saignantes.

— Aujourd'hui, comme il y a huit jours, dans la chambre où ma mère a rendu son dernier soupir, vous vous rendez compte de ma douloureuse situation. Hélas ! elle n'a pas changé ; vous me revoyez humble et tremblante devant vous. Oui, monsieur Morlot, je souffre, je souffre horriblement ; et depuis l'épouvantable découverte que vous avez faite dans le pavillon des Ternes, mes nuits ont été tourmentées par de cruelles insomnies et toutes sortes de visions lugubres. Pourtant, vous m'aviez parlé avec bonté ; devinant mon horrible crainte, vous aviez calmé mon anxiété en me disant : « Je ne ferai rien. » Eh bien, malgré cela, je n'étais pas rassurée, je ne le suis pas encore. Mon Dieu, cela se comprend, je ne sais pas quelles sont vos intentions. Malgré votre bonté, dont je suis convaincue, et la douceur de votre regard, vous m'apparaissez menaçant et terrible...

« Comme vous le dites, monsieur Morlot, M. de Perny est un indigne ; mais il est mon frère, l'oncle de mes enfants, je suis obligé de le défendre.

— Malheureusement, madame la marquise, vous ne pouvez pas l'empêcher de tomber entre les mains de la justice.

Je m'étais couché en face de la maison, de manière à pouvoir tout observer.

— Ah! aujourd'hui vous êtes contre moi! s'écria-t-elle d'un ton douloureux. Monsieur Morlot, je vous le répète, si vous révélez, comme vous en avez le droit, le terrible secret que vous avez découvert, c'est le marquis de Coulange, ce sont mes enfants et moi que vous frappez en plein cœur; le coupable sera puni, mais les innocents resteront à jamais couverts de sa honte! Moi, continua-t-elle d'une voix entrecoupée, la mort me soustraira à cet opprobre, car je ne pourrai pas vivre longtemps en face de la douleur de mon mari.

Morlot sentait son cœur se serrer; il essayait vainement de résister à l'émotion poignante qui s'emparait de lui.

— Madame la marquise, répondit-il tristement, quand même je garderais le silence, le malheur que vous redoutez est inévitable. M. de Perny se trouve sur une pente rapide et glissante au bas de laquelle est l'abîme ; il faut qu'il descende et qu'il tombe. La police correctionnelle ou la cour d'assises l'attend ; c'est fatal, rien ne peut le sauver... S'il n'est pas puni pour un crime, un peu plus tard il le sera pour un autre.

— Non, non, répliqua la marquise avec énergie, je veux l'empêcher de rouler au fond de l'abîme, je veux encore essayer de le sauver!...

Et se redressant, les yeux enflammés :

— Ah! ce n'est pas lui que je défends, le misérable! s'écria-t-elle, ce sont mes enfants, c'est l'honneur du nom de Coulange!

Elle continua avec animation :

— Monsieur Morlot, si vous m'avez dit la vérité l'autre jour, vous êtes un ami de la maison de Coulange!

— Oui, madame. Du reste, je puis vous le dire, c'est vous, vous seule qui, sans le savoir, avez jusqu'à ce jour protégé M. de Perny contre moi, c'est-à-dire contre le châtiment suspendu sur sa tête. Si vous n'aviez pas été là, madame la marquise, lui servant en quelque sorte de bouclier, il y a plus de quinze jours que M. de Perny serait arrêté.

— Ai-je donc perdu ce pouvoir que vous m'avez donné, monsieur? Ferez-vous aujourd'hui ce que vous n'avez pas voulu faire il y a quinze jours?

— Alors, madame, j'ignorais ce que je sais aujourd'hui.

— Pour nous, monsieur, la situation est la même, et les raisons qui vous ont retenu n'ont pas cessé d'exister.

Morlot se trouva embarrassé.

— Ces raisons se sont modifiées, balbutia-t-il.

— Monsieur Morlot, reprit la marquise, c'est notre honneur qu'il s'agit de sauver et je le veux à tout prix. Ah ! vous allez me trouver bien hardie. Écoutez-moi : Pour arriver à ce résultat, pour empêcher mon frère de rouler au fond du gouffre ouvert sous ses pieds, c'est sur vous que j'ai compté.

— Sur moi ! s'écria Morlot stupéfié.

— Oui, sur vous, qui n'avez qu'un mot à dire pour le faire jeter dans une prison.

— Pardon, madame, mais je ne comprends pas...

— Écoutez-moi bien, monsieur Morlot : mon mari et moi, nous savons parfaitement ce qu'est M. de Perny, et nous ne nous faisons aucune illusion sur le sort qui lui est réservé ; oui, nous savons que sa déplorable existence peut le conduire à sa perte. Cela arriverait fatalement si nous l'abandonnions complètement ; car n'ayant pas de fortune, il serait obligé de vivre d'expédients.

— Déjà il en est là, pensa Morlot.

— L'intention de M. de Coulange était de lui faire une pension, continua la marquise, mais je n'ai pas été du même avis que mon mari; une idée m'est venue en pensant à vous, monsieur Morlot.

— Ah! fit l'agent de police.

— Oui, et je me suis dit en même temps que vous ne refuseriez pas de rendre encore cet important service à la maison de Coulange.

Morlot ne savait plus que dire, il se sentait subjugué.

— Pour la tranquillité de mon mari et la mienne, poursuivit la marquise et dans l'intérêt de l'avenir de nos enfants, surtout, il est impossible que mon frère reste à Paris et même en France. Il est nécessaire, urgent qu'il fasse maintenant ce qu'il aurait dû faire il y a quelques années. Oui, il faut absolument qu'il parte, qu'il s'expatrie, qu'il s'en aille n'importe où, pourvu que ce soit loin, très loin, et qu'il mette entre nous l'immensité de l'Océan.

« Le voudra-t-il? Si nous lui demandions cela, mon mari et moi, il répondrait probablement non. Mais si vous voulez m'aider, monsieur Morlot, je suis sûre d'avance qu'il consentira à partir. Ce que vous savez vous donne sur lui l'autorité d'un maître; il se courbera sous votre volonté, car il aura peur. Vous ordonnerez et il obéira. Entre l'exil avec deux cent mille francs et la punition infamante qu'il a méritée, il n'hésitera pas à choisir.

— Mais, madame la marquise, fit Morlot, essayant une protestation.

— Oh! ne refusez pas, reprit-elle vivement; pour le marquis de Coulange et pour moi, acceptez la délicate mission que je vous confie... Vous n'aurez pas affaire à des ingrats, je vous le jure, et vous pourrez compter sur notre reconnaissance. C'est notre honneur à tous, c'est ma vie que vous tenez entre vos mains, monsieur Morlot!

L'agent de police baissa la tête et se mit à trembler comme un coupable.

De grosses larmes tombaient une à une, comme des perles, sur les joues pâles de la marquise.

— Je n'ai pas oublié ce que vous m'avez dit aux Ternes, poursuivit-elle, et vos paroles de tout à l'heure; oui, nous avons en vous un ami : je vous prouve bien que j'accepte votre amitié, car ce que je vous prie de faire pour nous ne peut se demander qu'à un ami.

Voyant qu'il restait silencieux, elle continua :

— Vous irez trouver M. de Perny et vous lui direz : « Il faut que vous quittiez Paris, la France; il faut que vous disparaissiez et qu'on n'entende plus jamais parler de vous. Le marquis de Coulange, votre beau-frère, veut vous donner encore le moyen de changer de vie et de vous relever par le travail et le repentir : au moment où vous poserez le pied sur le navire qui vous transportera en Amérique ou ailleurs, je vous remettrai de sa part deux cent mille francs. »

Morlot arrêta sur la marquise ses yeux démesurément ouverts.

Cette somme, monsieur Morlot, reprit-elle, vous la toucherez chez M. Lebarbier, notre notaire, qui demeure rue de Lille, 54. Dès demain, il sera prévenu par une lettre de moi; vous n'aurez qu'à vous présenter pour que la somme vous soit remise immédiatement.

L'agent de police était en proie à une grande agitation.

— Eh bien! vous ne répondez pas? dit la jeune femme.

Il passa sa main sur son front et jeta brusquement sa tête en arrière, comme pour la débarrasser d'une pensée importune.

— Madame la marquise, prononça-t-il d'une voix lente et grave, vous ne vous apercevez point que ce que vous me demandez est le contraire de ce que mon devoir m'ordonne de faire.

— Ah! s'écria-t-elle, votre devoir ne saurait vous défendre de sauver l'honneur d'une famille!

— L'agent de police qui découvre un criminel doit le livrer à la justice répliqua-t-il.

La marquise poussa un sourd gémissement.

— Ah! je suis perdue, perdue! s'écria-t-elle désespérée, en se tordant les bras.

Morlot sentit en lui un affreux déchirement. Il se dressa debout.

— Madame la marquise, dit-il d'une voix vibrante, ne vous livrez pas au désespoir; une fois encore, pour vous, j'étoufferai le cri de ma conscience; ce que vous voulez, je le ferai!

— Ah! je savais bien que vous ne pourriez pas être sans pitié! exclama-t-elle, passant subitement de la douleur à la joie; oh! oui, vous êtes bon, vous êtes un brave homme, merci, merci!

— Je ferai ce que vous voulez, reprit Morlot de sa voix la plus grave, mais à une condition.

— Ah! demandez-moi tout ce que vous voudrez, je vous l'accorde d'avance!

— Dans un instant, madame la marquise, vous regretterez peut-être les paroles que vous venez de prononcer.

— Ne le pensez pas, monsieur Morlot! Mais un million n'est pas le prix du service que vous rendez à la maison de Coulange!

Morlot secoua tristement la tête.

— Madame la marquise, dit-il, il vous serait plus facile de donner plusieurs millions que ce que je vais vous demander.

La jeune femme sursauta sur son siège.

— Vous m'effrayez! dit-elle d'une voix troublée.

— Il ne faut pas que vous soyez effrayée, madame la marquise, reprit vivement Morlot; il faut, au contraire, que vous restiez très calme et que vous m'écoutiez avec la plus grande attention, afin que nous puissions examiner ensemble les difficultés de la situation et trouver le moyen de me donner satisfaction.

« Vous devez bien penser, madame la marquise, continua-t-il, que je n'aurais pas eu l'audace de vous demander un entretien secret, si ce que j'ai à vous dire n'était pas d'une gravité exceptionnelle. Du reste, comme vous allez bientôt le reconnaître, c'est uniquement dans votre intérêt que j'ai tenu à vous parler sans témoin.

— En tout se montre la délicatesse de vos sentiments, monsieur Morlot, mais je suis dans une inquiétude mortelle, et votre émotion, que vous ne pouvez pas me cacher, augmente encore ma douloureuse anxiété. Je ne veux pas dissimuler : depuis huit jours j'ai le pressentiment d'un nouveau malheur; et ce malheur inconnu est près de moi, et c'est vous, c'est vous, un ami, qui me l'apportez !

— C'est vrai, c'est un nouveau malheur pour vous, répondit Morlot, d'un ton pénétré : et ce malheur, madame la marquise, je sais que vous ne l'avez pas mérité. C'est pour qu'il soit moins terrible et que vous puissiez en atténuer les principales conséquences, que je viens à vous en ambassadeur de paix.

La marquise tenait ses deux mains appuyées sur son cœur, comme pour en comprimer les battements. Quelques gouttes de sueur perlaient à son front; son regard avait pris une expression douloureuse; les soulèvements de sa poitrine trahissaient la violence de son émotion.

— Monsieur Morlot, dit-elle d'une voix presque éteinte, vous pouvez parler, je vous écoute.

IX

RENDEZ L'ENFANT

— Le 20 août 1853, dit Morlot, en se rasseyant, dans une maison de la commune d'Asnière, je me trouvais devant un lit en désordre sur lequel gisait sans mouvement une jeune femme agonisante. Là, il y avait eu un drame. La veille, cette jeune femme avait mis au monde un petit garçon, et, dans la nuit, pendant son sommeil, une misérable femme, payée pour commettre ce crime, lui avait volé son enfant !

La marquise poussa un cri rauque. Morlot s'interrompit.

— Continuez, dit la marquise d'une voix étranglée. Et frémissante, livide, les yeux hagards, elle se redressa comme pour tenir tête à l'orage.

— Après un épouvantable délire, qui avait suivi le réveil de la jeune mère, reprit Morlot, survenait un anéantissement complet, plus effroyable encore. Il y avait près du lit le berceau vide de l'enfant. Saisi de compassion et sentant gronder en moi une colère sourde, devant la mère, enveloppée des ombres de la mort, et devant le berceau vide, je jurai de découvrir les auteurs du crime, pour les livrer à la justice, et de retrouver l'enfant!

« Dans quel but l'avait-on volé? Quels étaient les auteurs du crime? Double mystère! Je compris les énormes difficultés de la tâche que je m'imposais et cependant je me mis à chercher dans les ténèbres.

« Les jours, les semaines, les mois, les années s'écoulaient; le mystère restait impénétrable, mais mon ardeur et mon courage ne diminuaient pas. La preuve qu'il ne faut jamais se décourager, madame la marquise, c'est que la lumière s'est faite tout à coup, et que j'ai trouvé ce que je cherchais. »

La jeune femme eut un sourd gémissement.

— Dans la plupart des événements de la vie, le hasard joue un rôle important, continua Morlot: c'est lui, c'est Dieu, si vous le voulez, qui, du doigt, m'a désigné les coupables.

« Une voiture avait emporté l'enfant d'Asnières, et le 20 août entre cinq et six heures du matin, elle arrivait ici, au château de Coulange. Madame de Perny, votre mère, reçut l'enfant et la femme qui l'apportait, laquelle allait jouer au château, pendant quelques jours, le rôle de sage-femme. »

La marquise s'était de nouveau affaissée. Les coudes appuyés sur ses genoux, elle cachait son visage dans ses mains. Un tremblement convulsif secouait ses membres.

Morlot poursuivit:

— Le même jour, dans l'après-midi, il fut déclaré à la mairie de Coulange, qu'un enfant du sexe masculin était né du marquis et de la marquise de Coulange. Et cette déclaration est signée Sosthène de Perny. C'est ainsi que l'enfant, volé à Asnières, devint le fils du marquis de Coulange, le futur héritier de son nom et de son immense fortune. Voilà, du moins, ce que pensaient alors les criminels; et c'est dans cette pensée que se trouve le mobile du double crime.

« En effet, le marquis de Coulange étant gravement malade et condamné par ses médecins, il fallait qu'il eût un enfant pour laisser en mourant sa fortune à sa veuve. C'est là, évidemment, le calcul qui a été fait. Il est impossible d'expliquer autrement le vol de l'enfant. »

La marquise releva brusquement la tête et montra à l'agent de police sa figure inondée de larmes.

— Monsieur Morlot, dit-elle d'une voix brisée, tout cela est la vérité. Ainsi, je suis pour vous une misérable, une infâme, qui a volé un enfant à sa mère, afin de s'approprier la fortune de Coulange?

— Madame la marquise, répondit Morlot d'un ton solennel, si je vous eusse crue coupable, vous seriez en prison !

— Oh ! fit-elle en frissonnant.

— Vous êtes innocente, reprit Morlot en adoucissant le timbre de sa voix ; malgré vous, fatalement, par le silence que vous avez dû garder, vous êtes complice du crime ; mais vous n'êtes point coupable, vous êtes une victime !

— Le croyez-vous, dites, le croyez-vous sincèrement ?

— Oui, car j'ai douté de votre innocence.

— Je le comprends, tout semble m'accuser, me condamner... Ah ! si vous saviez, si vous saviez !

— Vous n'avez rien à m'apprendre, madame ; ce que vous avez souffert, je le sais. Oh ! je suis parfaitement renseigné ; oui, je sais qu'une horrible pression a été exercée sur vous par madame de Perny, voulant complaire à son fils, dont elle était l'esclave par faiblesse. Gardée à vue, séquestrée pendant des mois, d'abord à Paris et à Coulange ensuite, votre existence a été un martyre. Vous avez été immolée, madame, et vous êtes victime de la cupidité de votre misérable frère.

La marquise sanglotait.

— Le jour où j'eus enfin pénétré le mystère du vol de l'enfant, continua Morlot, si je n'avais consulté que mon indignation, si j'avais obéi à ma conscience, qui m'ordonnait de faire mon devoir de policier, j'aurais immédiatement dénoncé le double crime. C'était vous perdre, vous qui n'êtes point coupable, et, malgré mon droit, en présence du mal que je pouvais vous faire, je me suis arrêté. Une femme, madame la marquise, une femme, qui a un bon cœur et que j'aime, ma femme, enfin, vous a défendue et a chaleureusement plaidé votre cause devant l'agent de police. A mes oreilles résonne encore ce cri qu'elle m'a jeté comme une supplication : « Ne touche pas à la marquise de Coulange ! » Oh ! ce n'est pas à la grande dame qu'elle me défendait de toucher ; c'est à la noble femme qui a mérité le nom de mère des malheureux et qu'on appelle partout la bonne marquise. Et pour obéir à sa femme et à un sentiment qui parlait en lui plus haut que sa conscience, l'agent de police Morlot n'a pas fait son devoir.

— Oui, vous n'avez pas fait votre devoir, répondit la marquise d'une voix vibrante d'émotion, mais vous n'avez pas provoqué l'effroyable scandale au milieu duquel aurait péri l'honneur de la famille de Coulange ! Ah ! vous et votre femme vous nous avez sauvés ! Vous êtes deux grands et nobles cœurs ! Je verrai madame Morlot, je veux la remercier moi-même.

— Maintenant, madame la marquise, reprit l'agent de police, j'arrive au moment le plus délicat et le plus difficile de ma mission.

— Que voulez-dire ?

— Il s'agit de la chose que j'ai à vous demander, laquelle, d'après vos paroles de tout à l'heure, m'est accordée d'avance.

La jeune femme s'agita péniblement sur son siège.

— C'est vrai, dit-elle d'une voix mal assurée, j'oubliais que vous avez une demande à m'adresser. Eh bien, monsieur Morlot, que me demandez-vous?

— Madame la marquise, je vous demande de me rendre l'enfant!

D'un seul mouvement, la marquise bondit sur ses jambes.

— Vous rendre l'enfant! exclama-t-elle affolée.

— Oui, répondit froidement Morlot.

— Mais c'est impossible! Vous savez bien que c'est impossible!

— Madame la marquise, il le faut!

— Ah! mon Dieu! ah! mon Dieu! gémit-elle, en pressant sa tête dans ses mains.

Elle fit un pas en avant et, arrêtant sur Morlot son regard effaré :

— Ce n'est pas vrai, reprit-elle d'un ton déchirant, vous ne me demandez pas cela ; vous voulez m'éprouver, n'est-ce pas?

Morlot secoua la tête.

— Vous devez rendre l'enfant, prononça-t-il d'une voix qui résonna comme un glas funèbre aux oreilles de la marquise.

— Oh! oh! fit-elle avec égarement, les mains crispées sur son front, il me semble que je deviens folle!

Elle resta un moment silencieuse.

— Ainsi, reprit-elle avec une sorte de fureur, tout à l'heure vous me trompiez; en disant que vous avez eu pitié de moi, vous mentiez!...

— Oh! madame la marquise! protesta Morlot.

— Oui, continua-t-elle avec violence, vous mentiez, et c'est indigne; vous avez voulu jouer cruellement avec votre victime avant de lui porter traîtreusement un coup mortel. Vous me tuez monsieur, vous m'égorgez!

— Madame la marquise, répondit tristement Morlot, vos paroles sont injustes et injurieuses; mais c'est la douleur qui vous égare, je vous pardonne.

Ces mots rappelèrent la jeune femme à elle-même et au sentiment de sa dignité.

— Vous avez raison, balbutia-t-elle; pardon, pardon... je suis folle! Ah! suis-je assez malheureuse!

Et elle retomba sur son fauteuil en sanglotant.

— Des larmes, des sanglots, reprit-elle tout à coup en se redressant, à quoi cela sert-il? Causons, monsieur Morlot, causons... L'enfant a été volé, c'est vrai, et vous voulez le reprendre... Est-ce que vous ne le trouvez pas bien ici, dites? Son avenir ne vous paraît-il pas assez beau? Croyez-vous qu'on ne l'entoure pas suffisamment de soins, de tendresse et d'affection? Eh bien, écoutez ; le marquis de Coulange l'adore ; il l'aime autant et plus peut-être que s'il était réellement son fils. Tenez, je vous fais cet aveu : le marquis l'aime mieux que sa fille!

« Si vous étiez venu me dire, il y a un an, il faut rendre l'enfant volé à Asnié-

Sosthène et Des Grolles, que les deux agents suivaient de loin, arrivèrent au bord de la Marne.

res, je vous aurais probablement répondu : prenez-le. Le marquis m'aurait méprisée, à cause de ma faiblesse et de ma lâcheté, qui m'ont faite complice du crime, et, du coup, j'aurais perdu son amour qui m'est plus cher que la vie ; mais alors je détestais l'enfant, et, dans l'intérêt de ma fille, j'aurais pu faire le sacrifice de mon bonheur.

« Aujourd'hui, monsieur Morlot, la situation n'est plus la même, mes sentiments ont changé. Après avoir, pendant des années, repoussé et éloigné de moi l'enfant, vaincue par sa grâce, sa gentillesse et mille choses adorables qui sont en lui, je lui ai ouvert mon cœur et je l'aime, oui, je l'aime!

— Je le sais, madame la marquise. Il y a huit jours, pour la première fois devant vos serviteurs, vous l'avez embrassé et tutoyé.

— Ah! vous savez cela aussi, monsieur Morlot; cela ne doit pas m'étonner, vous savez tout. Eh bien, oui, maintenant j'ai deux enfants qui partagent ma tendresse, et je ne donne plus un baiser à Maximilienne sans en mettre un autre sur le front d'Eugène.

« Et c'est aujourd'hui, quand je l'aime, quand je l'ai adopté, quand j'ai décidé qu'il porterait le nom de Coulange et qu'il aurait la moitié de la fortune de ma fille, c'est aujourd'hui que vous venez me dire : « Il a été volé, il faut le rendre! » Voyons, une chose pareille ne se discute même pas; c'est insensé!... Le rendre! Pourquoi? A qui?

Morlot se leva, grave, solennel, et répondit :

— A sa mère!

X

LES ÉTAPES DE MORLOT

Ces mots frappèrent la marquise comme un coup de foudre.

— Sa mère, sa mère! s'écria-t-elle affolée, je la croyais morte!

— La mort, en effet, l'a approchée de bien près; mais au moment de la frapper, elle a reculé devant son innocence et sa jeunesse.

— On m'avait dit aussi qu'elle était devenue folle et qu'on l'avait enfermée dans un hospice d'aliénées.

— On ne vous avait pas trompée, madame la marquise; mais, après avoir passé près de dix-huit mois à la Salpêtrière, elle en est sortie guérie.

— Pauvre mère, pauvre mère! murmura la marquise, se parlant à elle-même.

« Je comprends, je comprends, reprit-elle avec un accent douloureux, c'est elle qui vous a envoyé me réclamer son enfant?

— Je lui ai promis de le lui rendre, et je viens vous le réclamer en son nom; mais elle ne sait pas encore que je l'ai retrouvé. Jusqu'à présent, j'ai cru devoir ne lui rien dire.

— Pourquoi?

— Pour donner à madame la marquise de Coulange le temps de prévenir son mari et lui permettre de prendre les dispositions qu'elle jugera nécessaires.

— Ah! merci. Là encore, vous avez eu une noble inspiration!

— Je sais quelles difficultés vont se dresser devant vous, madame la marquise.

— Ah! s'écria-t-elle en faisaint un haut-le-corps, vous me rappelez à la réalité. Les difficultés? elles sont effroyables... Je suis dans une situation épouvantable, horrible! Que faire, mon Dieu, que faire?

— Ce n'est pas à moi à vous le dire, madame la marquise.

— Tout autour de moi se dressent des fantômes menaçants... Révéler le crime à mon mari... L'acte civil à casser... le scandale... la honte... le mépris... Oh! oui, c'est horrible, horrible! Je cherche une issue, je ne la trouve point. Je ne vois qu'une chose terrifiante, sinistre : la terre qui s'ouvre et creuse sous mes pieds le précipice dans lequel je vais tomber. Que faire? que faire?

Haletante, prête à suffoquer, elle se tordait convulsivement sur son siège. La malheureuse femme se sentait écrasée.

— En pensant à la mère, interrogez votre cœur, madame la marquise, dit Morlot; c'est lui qui vous dira ce que vous devez faire.

— Ah! s'écria-t-elle avec une douleur inexprimable, je ne sais plus si j'ai un cœur et une âme, la pensée m'échappe, je n'ai plus conscience de mon être.

— Je vous en prie, madame, calmez-vous, remettez-vous. Je vous le répète, je vous donnerai un mois, deux mois, trois mois s'il le faut. Songez seulement que depuis que la raison lui est revenue, ayant foi dans ma promesse, la mère attend son enfant...

— Son enfant! son enfant! répéta la marquise.

Il y eut un assez long silence.

— Est-ce qu'elle est riche? demanda tout à coup la jeune femme.

— Elle n'a qu'une modeste aisance.

— Comment se nomme-t-elle?

— Gabrielle Liénard.

— Les langes que portait l'enfant et que j'ai conservés sont marqués G. L. Physiquement, comment est-elle?

— Vous la connaissez, madame la marquise; vous l'avez vue.

— Je l'ai vue, dites-vous?

— Et vous la connaissez sous le nom de madame Louise.

La marquise sursauta.

— La jeune femme du jardin des Tuileries, la Figure de cire! exclama-t-elle. Oh! la voix du sang!

« Monsieur Morlot, reprit-elle, savez-vous où elle est actuellement?

— Oui, madame, je le sais; elle est tout près d'ici, à Miéran.

— A Miéran, avec une autre jeune femme, son amie.

— Ma femme, madame la marquise.

— Je comprends, fit-elle avec un sourire navrant, elle est à Miéran, tout près de son enfant, afin de n'avoir que quelques pas à faire pour le reprendre.

Morlot garda le silence.

— Ainsi, continua-t-elle, en affermissant sa voix, il faut rendre l'enfant, il le faut!... Nous ne pouvons le garder; ce serait monstrueux, ce serait un nouveau crime. D'ailleurs, elle demanderait justice, et la justice et la loi, qui sont pour elle, nous condamneraient... Elle est la mère, elle, elle est la mère!...

« Monsieur Morlot, la pauvre Gabrielle a trop longtemps souffert; ce soir ou demain apprenez-lui la vérité et dites-lui que son fils lui sera rendu; oui, il lui sera rendu, je vous le promets, je vous le jure! Le marquis de Coulange est absent pour quinze jours; vous m'accorderez ce temps pour réfléchir, pour me préparer au sacrifice, n'est-ce pas?

— Madame la marquise peut prendre le temps qu'elle voudra, répondit Morlot.

— Quinze jours me suffiront pour réunir toutes mes forces afin de triompher de moi-même. Immédiatement après le retour de M. de Coulange, l'enfant sera rendu à sa mère. Cela n'empêchera pas le marquis de l'aimer, de veiller sur lui, d'être son protecteur et d'assurer son avenir. Je ne parle pas de moi; oh! moi, je suis perdue, perdue!... je disparaîtrai, j'irai cacher quelque part, derrière les hautes murailles d'un cloître, mon malheur et ma honte!... Ah! Dieu serait bon pour moi si, après m'être confessée à mon mari, il ordonnait à la mort de me délivrer de la vie!

Sa tête tomba sur sa poitrine et elle se mit à sangloter.

Au bout d'un instant, elle se leva; ses jambes chancelaient. Pour ne pas tomber, elle fut obligée de s'appuyer sur le dossier du fauteuil.

Morlot s'était levé aussi et avait pris son chapeau.

— Je suis brisée, dit-elle en poussant un long soupir; excusez-moi de vous renvoyer ainsi; mais j'ai besoin d'être seule, j'ai besoin de pleurer et de prier.

Morlot s'inclina respectueusement et marcha vers la porte.

— Monsieur Morlot, un mot encore, lui dit-elle; j'oubliais mon frère... Vous savez ce que je désire, puis-je compter sur vous?

— Je remplirai de mon mieux la mission que madame la marquise veut bien me confier, répondit-il.

— Encore une fois, merci. Grâce à vous, tout ne sera pas perdu. Ce soir, je tâcherai de trouver un moment de calme pour écrire au notaire. Vous rappellerez-vous son adresse? M. Lebarbier, 54, rue de Lille.

— Elle est gravée dans ma mémoire.

— Je voudrais bien que vous pussiez faire cela d'ici huit jours.

— Ce sera fait.

— Bien.

Morlot la salua de nouveau et sortit de la chambre. Une heure après il était à Miéran.

Le soir, quand il se trouva seul avec sa femme, il l'instruisit de la découverte qu'il avait faite dans le pavillon des Ternes, et il lui raconta minutieusement la longue conversation qu'il avait eue, quelques heures auparavant, avec la marquise.

— Tu le vois, s'écria Mélanie, mon cœur ne m'a point trompée : il n'existe pas dans le monde une femme plus admirable que la marquise de Coulange !

— Je l'ai trouvée sublime ! amplifia Morlot.

— Comme elle doit souffrir !

— Elle souffre horriblement.

— Pauvre victime !

— Malheureusement, nous ne pouvons pas faire que sa situation soit meilleure.

— Hélas !

Il fut convenu que Mélanie annoncerait à Gabrielle que son enfant était retrouvé et que bientôt il lui serait rendu.

— Maintenant, reprit Mélanie, il faut que je te fasse part d'une découverte que nous avons faite aussi, Gabrielle et moi.

— Intéressante?

— Tu vas en juger. L'autre jour, nous sommes allées nous promener au bord de la Marne, le long du parc de Coulange. Nous avons rencontré l'enfant et le marquis, qui étaient accompagnés d'un ami de M. de Coulange.

— Un homme d'un grand air, décoré?

— Il avait une rosette rouge à sa boutonnière. Tu l'as vu au château ?

— Il n'y est plus ; je l'ai rencontré ce matin à la gare de Nogent.

— Eh bien, mon ami, Gabrielle a reconnu, dans ce monsieur, son séducteur, le père de son enfant.

— En vérité ! fit Morlot stupéfié.

— Gabrielle est sûre de ne pas s'être trompée.

— Ah çà ! dit Morlot, est-ce que le hasard nous tiendrait encore en réserve de nouvelles surprises? Et lui, l'a-t-il reconnue?

— Non.

— Il faut peut-être dire tant mieux.

— Enfin, M. Octave Longuet est l'ami du marquis de Coulange.

— Il ne se nomme pas Octave Longuet, dit Morlot. Comme je l'ai supposé, il avait pris un faux nom. Ce monsieur est le comte de Sisterne, capitaine de frégate et officier de la Légion d'honneur.

— Comte de Sisterne, murmura Mélanie, pauvre Gabrielle!

Le lendemain matin, le facteur rural apporta une lettre adressée à Morlot. Cette lettre, datée de la veille, était de l'agent de police Mouillon.

Après l'avoir lue, les yeux de Morlot étincelèrent, son front devint rayonnant.

— Cette lettre paraît t'avoir fait un grand plaisir, lui dit Mélanie.
— Un plaisir extrême.
— De quoi s'agit-il?
— D'une grosse affaire dont tu entendras parler dans quelques jours.
— Ce qui signifie : Curieuse, tu ne sauras rien maintenant.
— Voilà, fit Morlot en riant.
— Va, il me suffit de te voir content.
— Je suis enchanté, Mélanie ; seulement, au lieu de passer trois ou quatre jours avec vous, comme c'était mon intention, je suis forcé de retourner à Paris aujourd'hui. De plus, je veux y arriver de bonne heure dans l'après-midi.
— Tu ne vas pas t'en aller avant d'avoir déjeuné?
— Non, je déjeunerai avec vous ; mais je vais tout de suite me mettre en quête d'une voiture pour me conduire à la gare.

A trois heures moins un quart, Morlot arrivait à Nogent-l'Artaud, en même temps que le train de Paris.

— Diable! diable! murmura-t-il, je ne suis pas en avance.

Et il se précipita pour prendre son billet. Mais au moment où il touchait le guichet, il se sentit tout à coup saisir par le bras. Il se retourna brusquement, et ne put retenir une exclamation de surprise, en se trouvant nez à nez avec l'agent de police Jardel.

— Ah çà! qu'est-ce que vous faites ici? lui demanda-t-il.
— J'obéis à ma consigne.
— Hein? Expliquez-vous.
— Venez par ici, il nous sera plus facile de causer.
— Mais le train est en gare.
— Je crois que vous ferez bien de le laisser partir sans vous.
— Ah!
— Du reste, quand nous aurons causé, si vous croyez que nous n'avons rien à faire ici, nous partirons ensemble par le train de six heures.
— Alors je manque celui-ci, même si je ne voulais pas, j'entends souffler le cheval de bronze.

Morlot suivit Jardel, qui le conduisit derrière des piles de longues planches de sapin.

— C'est d'ici que je vous ai vu descendre de voiture et vous élancer dans la gare, dit Jardel à Morlot. Depuis midi j'ai fait de cet endroit un poste d'observation.

— Ah! ah! je commence à comprendre.

— L'individu à la recherche duquel je me suis mis par votre ordre se nomme Jules Vincent ; c'est du moins le nom qu'il a donné à la maîtresse de l'hôtel garni où il demeure rue Saint-Sauveur. Avant-hier et hier, je l'ai filé pour me conformer à vos intentions. Il n'est sorti de chez lui, ces deux jours, qu'à six heures du soir. C'est un oiseau de nuit. Comme le hibou, il ne voyage guère que dans les ténèbres. Il m'a conduit hors des fortifications, du côté de Gentilly, et il est entré dans une espèce d'auberge isolée, où j'ai vu arriver successivement une douzaine d'individus de mauvaise mine. Tous, avant d'entrer dans l'auberge, prenaient certaines précautions, comme s'ils eussent craint d'être suivis.

« Je compris que cette maison, qui a d'ailleurs l'aspect sinistre d'un coupe-gorge, était le lieu de rendez-vous d'une bande de malfaiteurs. Je m'étais couché en face de la maison, dans un champ de seigle, de manière à pouvoir tout observer. La réunion était bruyante et ne manquait pas de gaieté. J'entendais un bruit confus de voix, des éclats de rire, et, de temps à autre, le refrain d'une chanson. Les coquins se réjouissaient et faisaient bombance. Cela dura jusqu'à minuit. Alors le bruit cessa tout à coup, puis les hommes sortirent de l'auberge deux par deux et s'en allèrent dans toutes les directions. Je les ai comptés; ils étaient seize. Je m'attachai de nouveau aux pas de mon oiseau de nuit, qui me ramena rue Saint-Sauveur à deux heures et demie.

— Voilà pour avant-hier. Que s'est-il passé hier? demanda Morlot.

— Je vais vous le dire; mais il ne faut pas m'en vouloir, si je me suis laissé *rouler* comme un niais. Il y eut également rendez-vous dans l'auberge isolée; mais la réunion fut beaucoup moins bruyante que la veille. J'aurais dû deviner que les brigands complotaient quelque chose. A minuit je n'entendis plus rien. Je m'attendais à voir sortir mes individus. Mais la porte, que je ne quittais pas des yeux, resta close, et bientôt les lumières s'éteignirent.

— Les coquins étaient partis par une porte de derrière.

— Oui. Je le compris un instant après en faisant le tour de la maison.

— Et Jules Vincent avait disparu avec les autres?

— Naturellement; aussi étais-je furieux contre moi même.

— C'est bon, dit Morlot, nous aurons notre revanche.

— Je restai aux environs de la maison jusqu'à la pointe du jour, reprit Jardel; mais aucun des hommes ne reparut. Je me décidai enfin à m'éloigner et je rentrai piteusement dans Paris. J'achetai du pain, un morceau de charcuterie, et je déjeunai tout en me dirigeant vers la rue Saint-Sauveur. J'y étais depuis un instant, et il pouvait être six heures, lorsque je vis arriver Jules Vincent. Sans aucun doute, il avait fait partie d'une expédition nocturne. Son vêtement, dont le désordre était mal réparé, portait des traces de poussière, et une couche de terre jaunâtre couvrait ses chaussures.

— Il doit être comme moi, éreinté, me disais-je : il va probablement se coucher et dormir, je ferai bien d'aller me coucher aussi. Je tombais de sommeil. Pourtant je restai à mon poste. Quelque chose me disait que je ne devais pas m'éloigner. J'entrai chez un marchand de vins et deux verres de vin blanc me réconfortèrent.

« A huit heures un coupé de place s'arrêta devant le garni. Un homme grand, brun, ayant de belles moustaches et très bien vêtu, mit pied à terre. Il entra dans l'hôtel avec un ballot assez volumineux sous son bras. Au bout d'un quart d'heure ou vingt minutes, je vis reparaître l'homme aux moustaches noires, accompagné de Jules Vincent.

— Oh! oh! fit Morlot.

— De Jules Vincent métamorphosé, c'est-à-dire habillé de neuf des pieds à la tête.

— Ami Jardel, voilà qui devient tout à fait intéressant.

— Les deux individus montèrent dans le coupé et j'entendis le grand brun crier au cocher : Gare de Strasbourg. La voiture partit. Je ne me sentais plus fatigué, et mon envie de dormir avait disparu comme par enchantement.

— Très bien, Jardel ; vous serez bientôt un agent de premier ordre.

— Comme vous devez le penser, je me mis vite à la recherche d'une voiture. J'eus la chance d'en trouver une au bout de la rue et j'arrivai à la gare presque en même temps que mes deux hommes.

« Je fus d'abord un peu inquiet, car je n'avais qu'une trentaine de francs dans ma poche, somme insuffisante pour faire un voyage un peu long. Mais je me sentis rassuré en entendant le grand brun demander deux premières pour Nogent-l'Artaud. Je passai à mon tour au guichet, où je pris modestement un billet de troisième.

« Bref, comme je vous l'ai dit, je suis ici en observation depuis midi, les yeux fixés sur ce café-restaurant, où Jules Vincent et l'autre sont probablement en train de prendre la tasse de café qui complète ordinairement un excellent déjeuner. »

Ces paroles furent suivies d'un moment de silence. Morlot avait mis sa main sur son front et paraissait réfléchir profondément.

— Il faut que je voie ces deux hommes, murmura-t-il.

Jardel lui toucha le bras légèrement.

— Vous voulez les voir? dit-il ; eh bien, regardez.

Aussitôt, Morlot laissa échapper un « oh! » de surprise, et un double éclair jaillit de ses yeux.

Dans l'individu aux moustaches noires, il venait de reconnaître Sosthène de Perny.

XI

LES DEUX AGENTS

Jusqu'au moment où, au cimetière, sur la tombe de madame de Perny, son beau-frère lui avait tendu la main, Sosthène fut en proie à une horrible anxiété. Les quelques paroles presque bienveillantes que lui adressa le marquis le rassurèrent.

DEUX MÈRES 505

Juliette courut jusqu'à la porte du parc, près de laquelle l'attendait Des Grolles.

— Ma mère n'a rien dit, nul ne sait ce qui s'est passé, pensa-t-il.

Aussitôt, délivré de ses craintes, il sentit renaître son audace. Il n'eut aucun regret de ce qu'il avait fait et n'éprouva aucune émotion devant ce cercueil renfermant les restes de sa mère, qui l'avait trop aimé et dont il avait causé la mort. Il pensait seulement à l'impunité de ses crimes. Ah ! il était loin de songer à se repentir !

Il retrouvait dans son cœur jaloux et envieux ses sentiments de haine, et avant de sortir de la nécropole, il avait déjà ramené sa pensée vers ses ombres projets de vengeance.

Le surlendemain de l'enterrement, il reçut une lettre de Juliette. L'espionne lui écrivait :

« Nous venons d'arriver au château de Coulange. Madame la marquise est dans une tristesse profonde et paraît souffrir beaucoup. Je ne crois pas, pourtant, qu'il n'y ait en elle que la douleur d'avoir perdu sa mère. Elle tient décidément à ne pas se séparer de son coffret de cuivre, qui contient ce que vous savez. Elle l'a retiré du tiroir secret et l'a apporté à Coulange. »

— C'est bon à savoir, se dit Sosthène.

Plus que jamais, avant de donner suite à ses idées de vengeance, il voulait s'emparer du manuscrit de la marquise.

Trois jours après, nouvelle lettre de Juliette.

« Nous attendons demain matin le comte de Sisterne, un ami intime de M. le marquis, lui disait-elle. Il restera trois ou quatre jours seulement à Coulange. M. le marquis, accompagné de Firmin, partira en même temps que lui pour faire un voyage de quinze jours dans le Midi.

« Il y a deux jours, M. le marquis et madame la marquise ont longuement causé ensemble. Ils ont parlé de vous ; malheureusement, tenue à distance par Firmin, qui a l'air de se défier de moi, il ne m'a pas été possible d'entendre ce qu'ils disaient. »

Après avoir lu ces lignes, M. de Perny se mit à réfléchir. Puis, relevant brusquement la tête :

— Une pareille occasion ne se présentera probablement plus cette année ; il ne faut pas la laisser échapper, murmura-t-il sourdement.

Il songea, dès lors, au moyen qu'il devait employer pour s'introduire secrètement dans le château de Coulange, afin d'enlever le coffret, et aux dispositions à prendre pour assurer la réussite de son entreprise.

Un associé lui était nécessaire. Il avait sous la main Armand Des Grolles. Il envoya un mot à ce dernier pour le prévenir de se tenir prêt à faire avec lui une première campagne.

Afin de pouvoir voyager avec Des Grolles et pour qu'il lui fût possible de jouer le rôle qui lui était destiné, il lui acheta un vêtement complet dans une maison de confections. C'est ce vêtement que Jardel avait vu sous son bras lorsqu'il descendit de voiture devant le garni de la rue Saint-Sauveur. Dès la veille, un chapeau et une paire de bottes avaient été adressés à Jules Vincent. C'est ainsi que Des Grolles, selon l'expression de Jardel, s'était trouvé métamorphosé.

Comme nous l'avons dit, Sosthène et Des Grolles venaient de sortir du café-restaurant. Marchant tout près l'un de l'autre, ils causaient à voix basse, continuant sans doute une conversation commencée dans un salon du restaurateur.

Morlot, le front plissé, soucieux et sombre, les suivait du regard, en tordant fiévreusement son épaisse moustache.

— Qu'est-ce que cela signifie? se disait-il. Que viennent faire ici ces deux hommes? Comment se connaissent-ils? Évidemment, ils ont une idée. Quand deux coquins se réunissent, c'est qu'ils complotent quelque forfait.

Les deux hommes s'éloignaient, ils étaient déjà loin; ils venaient de s'engager sur une route allant dans la direction de Coulange.

— Tonnerre! gronda sourdement Morlot, est-ce que M. de Perny voudrait renouveler au château de Coulange la scène du pavillon des Ternes? Oh! oh! continua-t-il en se parlant à lui-même, il se trame quelque chose qui mérite que l'on s'en occupe.

Et se tournant brusquement vers son compagnon :

— Jardel, lui dit-il, vous avez bien fait de m'arrêter tout à l'heure; si je ne me trompe point, nous n'allons pas perdre notre temps par ici.

— Qu'est-ce que nous allons faire?

— Suivre les deux hommes.

— Et après?

— Nous verrons ce qu'ils feront, et nous agirons en conséquence.

— On dirait que vous savez où ils vont?

— Je crois le savoir. Si, comme je le suppose, ils se dirigent vers le château de Coulange, qui se trouve à quelques kilomètres d'ici, nous aurons cette nuit une rude besogne. Avez-vous des armes?

— Oui, mon pistolet.

— C'est bien.

— Vous croyez donc à une préméditation de vol?

— Je ne peux rien dire encore; mais, avec des gens de cette espèce, on peut tout admettre.

— Alors, monsieur Morlot, ne les perdons pas de vue.

— Soyez tranquille. Je connais probablement mieux qu'eux les chemins qu'ils vont prendre. Néanmoins, mettons-nous en route. Dès que nous serons là-bas, au-dessus de la montée qu'ils atteignent en ce moment, nous ne nous connaissons pas et nous ne sommes plus ensemble.

— J'ai compris.

— Vous marchez devant moi, cinquante pas en avant.

— Oui.

— Je suis à peu près certain que les deux hommes se sépareront. Le sieur Jules Vincent vous appartient, c'est lui que vous suivrez; j'aurai l'œil sur l'autre.

— Où nous retrouverons-nous?

— Au lieu du rendez-vous des deux hommes.

Après deux heures de marche, Sosthène et Des Grolles, que les deux agents suivaient de loin, mais sans les perdre de vue arrivèrent au bord de la Marne, à l'extrémité du parc de Coulange, du côté des Loches.

Là, comme l'avait prévu Morlot, les deux hommes se séparèrent. Pendant que Des Grolles se dirigeait rapidement vers le château, en suivant le bord de l'eau, M. de Perny revint sur ses pas, comme s'il eût eu l'intention de se rendre aux Loches. Il se croisa avec Jardel sans concevoir le moindre soupçon. Il le prit tout simplement pour un voyageur.

Quant à Morlot, il s'était jeté dans un chemin couvert et gagnait un petit monticule, agrémenté de buissons, d'où il espérait pouvoir observer les mouvements de Sosthène sans être aperçu.

En effet, au bout d'un instant, M. de Perny quitta la route; puis, après avoir fait vingt-cinq ou trente pas sur la lisière d'un petit bois, Morlot le vit s'arrêter et se coucher dans l'herbe au pied d'un frêne.

— Nous allons rester ici assez longtemps, se dit-il; reposons-nous. J'aurais peut-être mieux fait de suivre l'autre, ajouta-t-il en se grattant l'oreille.

Bien qu'il eût confiance dans l'habileté de Jardel, il n'était pas complètement rassuré.

Le soleil se coucha, puis vint le crépuscule, auquel succéda bientôt la nuit.

Alors Morlot sortit des buissons au milieu desquels il s'était caché, et glissa en bas du talus. Sans faire aucun bruit, en rampant sur le sol comme un lézard, il se rapprocha de l'endroit où Sosthène s'était étendu sur l'herbe. Maintenant, l'oreille collée contre terre, M. de Perny ne pouvait plus faire un mouvement sans qu'il l'entendît.

Au bout de quelques minutes, un bruit sourd, accompagné de petits craquements d'herbes, de feuilles et de tiges broyées sous le pied, annoncèrent à Morlot que Sosthène venait de se lever et qu'il marchait vers la route. Il se dressa sur ses jambes.

— Le misérable! que va-t-il faire? se demanda-t-il.

Il laissa à Sosthène le temps de gagner sur lui une cinquantaine de pas, et il s'élança sur ses traces. Sosthène marchait rapidement contre le mur du parc. Morlot n'apercevait sa silhouette que par instant, lorsque les longues branches qui se penchaient sur le chemin ne l'enveloppaient pas de leur ombre.

Soudain, au lieu d'une silhouette d'homme, il en vit deux, et toutes deux disparurent en même temps. Un instant après il arriva à cette porte du parc, dont nous avons eu l'occasion de parler plusieurs fois déjà.

— Ah! je comprends, se dit-il, l'un ou l'autre avait la clef de cette porte; ils sont entrés dans le parc.

Il approcha son oreille de la porte et écouta. Il n'entendit rien. Du reste, le bruit que faisait le vent dans le feuillage suffisait pour l'empêcher d'entendre.

Il examina la serrure et reconnut que la porte avait été refermée à clef.

Alors il se retourna et son regard inquiet chercha Jardel. Jardel n'était pas loin ; il venait de se détacher du tronc d'un vieux saule et marchait vers Morlot. Celui-ci fit la moitié du chemin.

— Vite, vite, qu'avez-vous vu ? que savez-vous ? demanda-t-il dès qu'il eut rejoint son compagnon.

— L'homme a sonné hardiment à une des portes d'entrée du château, près de la grille.

— Soyons prudents, l'interrompit Morlot, parlez moins haut et effaçons-nous dans l'ombre. Là, nous sommes bien ici, continuez.

— Un domestique lui a ouvert et il est entré. Il n'a reparu qu'au bout de vingt minutes. Je m'étais couché au bord de l'eau, à l'ombre, en face de la grille. J'avais l'air de dormir, mais je tenais mes yeux ouverts. Une femme s'était donné la peine de le reconduire.

— Ah ! ah ! une femme, fit Morlot. Est-elle jeune ou vieille, cette femme ?

— Elle n'a certainement pas trente ans. Elle est brune, grande, et m'a paru assez jolie.

Un éclair sillonna le regard de Morlot.

— Je la connais, dit-il d'une voix creuse, elle se nomme Juliette ; c'est la femme de chambre de madame la marquise de Coulange. Continuez, que s'est-il passé ?

La jeune femme est sortie avec l'homme et ils ont causé fort longtemps sur le chemin. Comme ils marchaient et qu'ils étaient éloignés de moi, car ils sont venus jusqu'à cette porte, devant laquelle ils se sont arrêtés, je n'ai pu surprendre un seul mot de leur conversation. Enfin, la femme est rentrée au château et Jules Vincent a fait comme moi, il s'est couché au bord de la rivière.

— Est-ce tout ?

— Non. Quand la nuit fut venue, je pensai qu'il était nécessaire que je changeasse de place afin d'avoir l'œil sur mon individu. Je me glissai à travers les osiers et je vins me poster dans le tronc creux de ce saule, qui est juste en face de nous. Jules Vincent n'était qu'à vingt ou trente pas de moi. J'achevais de m'installer aussi commodément que possible dans le tronc du saule, lorsqu'un grincement de fer frappa mon oreille. Je regardai. La porte du parc venait de s'ouvrir et je vis apparaître une femme qui devait être la femme de chambre. L'homme s'élança vers elle. Ils échangèrent quelques paroles à voix basse, puis la femme rentra dans le parc et ferma la porte.

« Mais je n'entendis point, cette fois, le bruit de la clef dans la serrure. Sans aucun doute, la femme de chambre venait de remettre la clef de la porte à Jules Vincent. Celui-ci se mit à se promener de long en large, mais sans s'éloigner beaucoup de la porte. Enfin, l'autre arriva. Vincent s'empressa d'ouvrir, et les deux coquins se sont introduits dans le parc.

— Je ne puis plus en douter, dit Morlot, ils ont médité un crime, et ils vont l'accomplir avec l'aide de la femme de chambre, qui est leur complice.

Il tira sa montre et regarda le cadran à la clarté des étoiles.

— Dix heures un quart, fit-il. Tonnerre ! nous arriverons peut-être trop tard ! Allons, Jardel, venez, suivez-moi, ajouta-t-il.

Tous deux s'élancèrent en courant vers la grille du château.

— Il n'y a pas à hésiter, se dit Morlot en arrivant devant la porte d'entrée, il faut nous faire ouvrir.

Il posa sa main sur un bouton de cuivre et un coup de cloche retentit au milieu du silence de la nuit. Morlot attendit deux minutes, bouillant d'impatience. Voyant que personne ne venait, il fit sonner la cloche une seconde fois. Mais, cette fois encore, à la vibration du son, succéda un profond silence.

— Je m'en doutais, murmura Morlot ; les domestiques sont couchés, ils dorment. Il faut que j'entre, pourtant ; comment faire ?

Il se disposait à sonner de nouveau et plus bruyamment, lorsqu'un homme, venant du côté de Coulange, parut tout à coup près d'eux.

— Ah ! çà que faites-vous là ? qui êtes-vous ? demanda le personnage.

— Tiens, fit Morlot, c'est M. Burel. Est-ce que vous ne me reconnaissez pas ?

— Si, si, je vous reconnais, répondit le jardinier, qui s'était rapproché de Morlot, seulement...

— Je n'ai pas le temps de vous rien expliquer, interrompit l'agent de police. Je suis ici avec mon ami depuis dix minutes, j'ai déjà sonné deux fois et on ne vient pas ouvrir.

— A l'heure qu'il est, tout le monde est couché au château.

— Monsieur Burel, il faut que je voie ce soir madame la marquise.

— Mais...

— Il le faut absolument. J'ai à lui rendre compte d'une mission dont elle m'a chargé hier. Votre femme a dû vous dire que j'ai causé longuement hier avec madame la marquise, elle a dû vous souhaiter aussi le bonjour de ma part.

— Oui, oui, en effet.

— Vous devez croire à l'importance de ma visite puisque, malgré l'heure, je n'hésite pas à me présenter. Vous venez probablement de Coulange, nous allons entrer avec vous.

— Du moment que c'est comme ça, répondit le jardinier, je n'ai plus rien à dire.

Il sortit une clef de sa poche, et ouvrit la porte.

Les trois hommes entrèrent.

XII

SCÈNES DE NUIT

Ni au rez-de-chaussée, ni au premier étage, ni au second, aucune lumière n'apparaissait à une des fenêtres de la large façade du château.

— Comme vous le voyez, tout le monde dort, dit le jardinier.

— Par où allons-nous entrer? demanda Morlot, dont l'anxiété augmentait à chaque minute.

— Oh! pas par la grande porte de l'escalier d'honneur, répondit le jardinier. Venez avec moi, continua-t-il, nous allons réveiller François, l'un des valets de pied; c'est lui qui couche au rez-de-chaussée.

Ils marchèrent vers le pavillon qui forme l'aile gauche du château.

— Voilà la chambre de François, dit le jardinier en s'arrêtant et en montrant une fenêtre garnie de barreaux de fer.

Il prit une chaise rustique, la plaça sous la fenêtre contre le mur, monta dessus, et, passant sa main à travers les barreaux, il frappa à un carreau.

— Il est réveillé, il se lève, dit-il en se tournant vers Morlot.

Presque aussitôt, la fenêtre s'ouvrit.

— Qu'y a-t-il? qui est là? demanda le domestique en bâillant.

— C'est moi, Burel.

— Ah! c'est vous?

— Et je suis avec deux messieurs qui veulent vous parler.

— A moi?

— A vous, d'abord.

— Qu'est-ce qu'ils veulent?

— Ils vous le diront quand vous aurez ouvert.

— Attendez un instant, je vais passer mon pantalon et allumer ma bougie.

François s'éloigna de la fenêtre, et sa chambre s'éclaira.

— Venez par ici, dit le jardinier.

Ils firent quelques pas et s'arrêtèrent devant une porte qui ne tarda pas à s'ouvrir. Morlot entra, suivi de Jardel.

— Bonsoir, messieurs, dit le jardinier.

Et, pressé sans doute de se retrouver près de sa femme, il se dirigea vers son habitation.

François, tout en se frottant les yeux, continuait à bâiller à se démancher la mâchoire.

Il referma la porte machinalement, et, par habitude, poussa le verrou de fer. Toutefois, les vapeurs du sommeil commençaient à se dissiper.

Il se tourna vers les agents et reconnut Morlot.

— Comment! c'est vous, monsieur? fit-il avec surprise.

— Oui, c'est moi, répondit Morlot; il faut que je voie immédiatement madame la marquise.

Le domestique parut stupéfié.

— Et c'est pour cela que vous venez au château au milieu de la nuit? demanda-t-il.

— Rien que pour cela.

— Et vous croyez que madame la marquise vous recevra?

— J'en suis sûr.

Le domestique secoua la tête d'un air de doute.

— Depuis hier, elle est très souffrante, dit-il; elle n'a rien mangé à midi et, ce soir, tout de suite après avoir pris un potage, elle s'est mise au lit. Je crois, monsieur, qu'il est convenable de remettre votre visite à demain.

— Impossible, répliqua vivement Morlot : il faut qu'elle sache ce soir ce que j'ai à lui dire.

— Mais si elle dort?

— On la réveillera.

Morlot parlait d'un ton de si grande autorité que le domestique n'osa plus faire aucune objection.

— Venez donc, dit-il; mademoiselle Juliette est certainement couchée.

— J'en doute, pensa Morlot.

— Je vais la prévenir, reprit François; mais il faudra que vous attendiez pour lui donner le temps de s'habiller.

— Soit, nous attendrons, répondit Morlot.

Ils suivirent le domestique, qui les conduisit dans l'antichambre de la marquise, où Morlot s'était trouvé la veille en présence de Juliette.

— Vous allez attendre ici, dit François.

Et, sans songer à leur donner de la lumière, il ouvrit une porte et disparut, les laissant au milieu des ténèbres.

Les deux agents restèrent debout, immobiles au milieu de la chambre.

Cinq minutes s'écoulèrent. Le domestique revint.

— C'est drôle, dit-il, je n'ai pas trouvé mademoiselle Juliette, elle n'est pas dans sa chambre.

— Ah! fit Morlot, dont le regard était plein de lueurs sombres.

— Je ne sais pas vraiment où elle peut être, reprit François.

— Je vais descendre dans les appartements du rez-de-chaussée, continua le domestique, elle s'y trouve probablement.

— Oui, voyez, et surtout amenez-la.

François marcha vers la porte.

Il chercha l'endroit où il devait frapper pour que le coup fût sûrement mortel.

— Tiens, fit-il, en se retournant, je ne sais pas où j'ai la tête; je ne vous ai pas seulement allumé une bougie.

— C'est bon, c'est bon, lui dit Morlot, nous n'avons pas besoin de lumière, nous n'avons pas peur des loups; allez vite chercher mademoiselle Juliette.

François sortit, en murmurant :

— Quel homme singulier !

. . . .

Après avoir causé au bord de la Marne avec Des Grolles, qui lui avait remis une lettre de Sosthène et longuement expliqué ce qu'elle avait à faire, Juliette, comme nous le savons, était rentrée. L'espionne cherchait déjà dans sa tête le moyen d'obéir aux ordres impérieux et précis de M. de Perny, son maître.

Devant le château, elle rencontra le cocher, qui l'avait vue sortir avec Des Grolles.

— Oh! oh! vous êtes rouge comme une cerise et vous paraissez bien émue, lui dit-il; je parierais que ce monsieur que vous venez de quitter, est quelque chose comme un amoureux.

— Si vous faisiez ce pari vous perdriez, répondit-elle, ce monsieur est un de mes cousins. Passant à Nogent d'Artaud pour aller à Paris, et sachant que je suis à Coulange, il s'est arrêté pour venir me voir et pour me remettre une lettre de ma mère.

— S'il en est ainsi, mam'zelle Juliette, excusez-moi.

— Vous êtes tout excusé.

— D'ailleurs, je n'ai nullement l'intention de vous offenser.

— J'en suis persuadée, répliqua-t-elle.

Et elle s'éloigna rapidement.

Un instant après, elle entra doucement dans la chambre de sa maîtresse, au coucher de laquelle elle avait assisté avant de sortir.

La marquise ne dormait pas. Les yeux à demi fermés, elle était plongée dans de sombres réflexions. Elle pensait sans doute au sacrifice immense qu'elle allait faire, à son immolation.

— Comment se trouve madame la marquise? lui demanda Juliette d'un ton respectueux et plein d'intérêt.

— J'ai toujours le même malaise, répondit tristement la jeune femme. Je passerai cette nuit comme l'autre sans pouvoir dormir.

Juliette eut un tressaillement imperceptible.

— Madame la marquise a un peu de fièvre, reprit-elle.

— Oui, j'ai la bouche et la langue sèches.

— Demain il faudra bien faire venir le médecin.

— Je n'ai pas besoin du médecin; du reste, demain j'irai mieux.

— Madame la marquise désire-t-elle prendre quelque chose?

— Non merci, je ne veux rien.

— Une infusion ou une boisson rafraîchissante ferait pourtant beaucoup de bien à madame la marquise.

— C'est inutile.

— Pourtant, madame la marquise vient de se plaindre d'avoir la bouche sèche, insista Juliette.

— Eh bien, pour vous être agréable, je prendrai un peu de thé mêlé de lait.

Une lueur rapide éclaira le regard de la femme de chambre.

— Je vais prier François d'aller chercher tout de suite du lait tiède à la métairie.

Juliette allait sortir, la marquise la rappela.

— Cela n'est pas si pressé, lui dit-elle, je puis attendre. Où sont les enfants ?

— Ils sont rentrés depuis un instant.

— Allez dire à Rose de me les amener.

Juliette sortit de la chambre.

Au bout de quelques minutes, Eugène, Maximilienne et la gouvernante arrivèrent. La marquise tendit ses bras aux enfants. Elle les embrassa l'un après l'autre ; puis elle les assit sur son lit, les entoura de ses bras et les tint longtemps pressés contre son cœur. Rose remarqua avec surprise que c'était surtout le petit garçon qu'elle couvrait de baisers.

— Cher petit, cher petit! répétait-elle à chaque instant.

Elle avait les yeux noyés de larmes.

Enfin, elle aida les enfants à descendre du lit et fit signe à la gouvernante de les emmener. Dès qu'ils furent partis, elle se mit à pleurer à chaudes larmes.

Elle pleurait encore lorsque Juliette lui apporta le mélange de thé et de lait dans une tasse de vermeil. Elle essuya vivement ses yeux.

— Qu'a-t-elle donc ? se demanda la femme de chambre.

Elle présenta la tasse à sa maîtresse. La marquise la prit et but à petites gorgées.

— Vous avez eu raison, Juliette, dit-elle ; il me semble que cette boisson me fait du bien.

— Madame la marquise veut-elle en boire une seconde tasse ?

— Non, c'est assez.

— Madame la marquise désire-t-elle que je passe la nuit près d'elle ?

— Oh ! je ne suis pas malade à ce point.

— Certainement. Mais si madame la marquise avait besoin de quelque chose ?

— Je vous appellerais. Du reste, je crois que je dormirai cette nuit. Ma tête s'alourdit, mes paupières se ferment malgré moi. C'est singulier. J'éprouve une lassitude générale, une sorte d'engourdissement dans tous les membres. Juliette, laissez-moi.

L'espionne se retira dans l'antichambre.

Aux domestiques qui vinrent lui demander des nouvelles de la marquise, elle répondit :

— Elle va beaucoup mieux, elle dort.

Quand il fut tout à fait nuit, elle alluma une lampe. Puis elle traversa le boudoir sur la pointe des pieds et entr'ouvrit la porte de la chambre de la marquise. Elle regarda la figure pâlie de la jeune femme éclairée par la lumière douce de la veilleuse. La marquise dormait profondément.

Juliette referma la porte, sortit du boudoir par une autre porte que celle de l'antichambre, traversa le grand salon et suivit un couloir qui la conduisit à un escalier dérobé, qu'elle descendit rapidement. Au bas de l'escalier, elle ouvrit une porte du parc près de laquelle l'attendait Des Grolles. En lui remettant la clef, elle lui dit :

— Vous pouvez venir.

Elle rentra au château et s'empressa de remonter dans l'antichambre. Personne ne s'était aperçu de son absence. Elle s'assit dans un fauteuil et attendit.

A dix heures moins un quart les domestiques étaient tous couchés. Les yeux de Juliette se tournaient constamment vers la pendule. Quand les aiguilles marquèrent dix heures, elle prononça tout bas ces mots :

— Encore une heure.

L'aiguille de la pendule tournait.

Soudain, Juliette sursauta et se dressa sur ses jambes comme si elle eût reçu un choc électrique. Elle venait d'entendre le premier coup de cloche de Morlot.

— Qu'est-ce donc ? se demanda-t-elle frissonnante.

Elle écouta de ses deux oreilles. Mais, dans la pièce où elle se trouvait, elle ne pouvait entendre ni la voix, ni le bruit des pas sur le sable. Le second coup de la cloche lui coupa la respiration, elle devint pâle comme une morte. Mais presque aussitôt une espèce de sourire fit grimacer ses lèvres. Elle venait de se rappeler que le jardinier était allé passer la soirée à Coulange.

— Le père Burel a oublié de prendre sa clef, se dit-elle ; sa femme l'attend et il sonne pour qu'elle vienne lui ouvrir. J'ai eu peur... suis-je bête !

Elle se sentit rassurée. Et comme la cloche ne se fit plus entendre, elle resta convaincue que c'était le jardinier qui venait de rentrer. Il était alors dix heures et demie. Elle ouvrit un placard et y prit une petite lanterne sourde qu'elle alluma. Cela fait, elle éteignit la lampe et se glissa furtivement hors de l'antichambre.

Dix minutes plus tard, au moment même où le valet de pied était réveillé par le jardinier, Sosthène et Des Grolles entraient au château du côté opposé et, conduits et éclairés par Juliette, ils montaient l'escalier dérobé. Tous les trois, marchant à pas de loup, se dirigèrent vers la chambre de la marquise.

Sosthène y entra seul. Des Grolles et Juliette restèrent dans le grand salon. Le premier, blotti près de la porte ouvrant sur le couloir, un poignard à la main, se tenait prêt à protéger la retraite de son complice ou à se défendre contre toute surprise. Juliette s'était assise à l'autre extrémité du salon, près de la porte du boudoir. Tous deux étaient dans l'obscurité, car, par une mesure de prudence, la misérable femme de chambre tenait sa lanterne cachée dans un pli de sa robe.

XIII

LE COFFRET DE CUIVRE ET LE COFFRET D'OR

Sosthène entra hardiment dans la chambre de sa sœur. Il savait qu'elle était plongée dans le sommeil et qu'elle devait dormir au moins douze heures sans se réveiller, quelque bruit qu'il pût faire autour d'elle.

Il marcha vers le lit et son regard vitreux, illuminé de lueurs livides, s'arrêta sur le visage de la jeune femme, doucement éclairé par la lumière tamisée de la veilleuse.

— Comme elle est pâle! se disait-il; oui, mais elle est toujours belle!

Sa physionomie prit une expression farouche; chaque éclair qui jaillissait de ses yeux sombres était une décharge de haine qui tombait sur la dormeuse.

— La voilà, se dit-il, endormie par ma volonté, inerte, sans oreilles, sans forces, engourdie..... Je suis près d'elle, elle est en ma puissance, et si je le voulais elle ne se réveillerait jamais!

Il eut la tentation de se jeter sur elle et de l'étouffer. Mais il fit un pas en arrière.

— Elle aurait avalé un poison aussi facilement que le narcotique, murmura-t-il.

Et ses lèvres se crispèrent dans un horrible sourire.

Il s'éloigna brusquement du lit, comme s'il eût craint de ne pouvoir résister à une seconde tentation.

La chambre de la marquise avait le même aspect que sept ans auparavant. Rien ou presque rien n'y avait été changé. Sosthène en connaissait l'ameublement. Toutefois, son espionne avait dû le renseigner, car il s'approcha de la cheminée sans hésiter pour prendre un trousseau de petites clefs, qui se trouvait dans une coupe de vieille porcelaine du Japon. Alors, il traversa rapidement la chambre et s'arrêta devant un meuble de Boule placé entre les deux fenêtres, à peu près certain que le coffret de cuivre était enfermé dans un des tiroirs de ce meuble.

Après avoir essayé deux clefs, il ouvrit enfin le premier tiroir avec une troisième clef. Il ne contenait que des bouquets de fleurs artificielles et quelques nœuds de rubans dont le deuil de la marquise l'empêchait de se servir.

Sosthène ouvrit un deuxième tiroir. Celui-ci était rempli d'une quantité de riches dentelles.

Il eut un mouvement d'impatience et de colère, et d'une main fiévreuse, avec une sorte de rage, il ouvrit le troisième tiroir.

Cette fois l'objet de ses recherches se trouva sous ses yeux ; il jeta ses deux mains sur la boîte de métal avec un frémissement de joie. Mais, aussitôt, ses yeux agrandis étincelèrent et se fixèrent sur un second coffret beaucoup plus petit que le premier.

— Oh! fit-il, subitement saisi d'un tremblement nerveux.

Il semblait avoir complètement oublié le manuscrit dont il voulait s'emparer. Ses mains se portèrent de la boîte sur le coffret. Ce coffret, d'or massif, délicieusement ciselé par une main d'artiste, représentait plusieurs bas-reliefs de Jean Goujon. Sa petite clef d'or était dans la serrure. Sosthène tourna la clef et leva le couvercle. Alors le coffret devint un foyer de lumière ; c'était un merveilleux jaillissement de rayons multicolores, un croisement d'étincelles et de jets lumineux.

Malgré lui, Sosthène ferma ses yeux éblouis.

Il tenait les diamants de la marquise, et il y en avait pour plus de trois cent mille francs.

Il fit retomber le couvercle, mais ses yeux restaient toujours fixés sur le coffret d'or.

— Une fortune ! pensait-il, une fortune !

Il avait les traits affreusement contractés, un frémissement sur les lèvres, et ses yeux étaient comme phosphorescents. Il se tourna à demi vers le lit et couvrit sa sœur d'un effroyable regard. Pris de vertige, n'obéissant plus qu'à ses mauvais instincts, il était incapable de raisonner. Il n'y avait plus en lui qu'une pensée : celle du vol. Il tenait les diamants, ils étaient à lui !

Cependant il restait immobile, haletant, serrant le coffret contre sa poitrine. Soudain, son visage se couvrit d'une pâleur livide et une sueur froide mouilla son front. Conséquence de sa première pensée, une autre, plus horrible encore, venait de compléter le délire de son cerveau.

Il posa le coffret aux diamants sur un guéridon, prit la boîte de cuivre et s'élança hors de la chambre. Il traversa le boudoir et entra dans le salon, que Juliette éclaira aussitôt en démasquant sa lanterne.

Il s'avança rapidement vers Des Grolles et lui remit la boîte, en lui disant :
— File tout de suite, tu m'attendras dans le parc, près de la porte.
— Est-ce que tu n'as pas fini?
— Non. Donne-moi ton poignard.

Tout en parlant il avait enlevé le poignard de la main de son complice.

— Je ne saurai peut-être pas retrouver mon chemin pour sortir du château, dit Des Grolles.

Juliette s'était approchée.

— Elle va t'accompagner jusqu'au bas du petit escalier, répondit Sosthène.
— Vous ne partez donc pas? demanda Juliette, qui était toute tremblante. Oh! je vous en prie, allez-vous-en vite!

— Lui, d'abord, dit Sosthène; tu vas l'éclairer.
— Et vous?
— Moi, je reste.
— Mais vous avez le coffret, que voulez-vous donc faire encore?
— Cela ne te regarde pas.
— Non, non, reprit-elle, allez-vous-en tous les deux, j'ai peur; il me semble que...

Un regard terrible de Sosthène lui coupa la parole et la fit frissonner.

Il ouvrit la porte, et, brusquement, il poussa Des Grolles et Juliette hors du salon.

Conduit par Juliette, Des Grolles arriva sans encombre au bas de l'escalier. D'un bond il franchit la porte et se mit à courir dans la direction du bois.

Juliette s'empressa de remonter. Elle trouva Sosthène au milieu du salon dans l'attitude d'un homme qui prête l'oreille et écoute. Il écoutait, en effet, car il avait entendu le bruit que fait une porte qu'on ferme. Mais tout étant retombé dans le silence, il s'était déjà rassuré.

— Si j'ai réellement entendu quelque chose, se dit-il, le bruit a été produit par un courant d'air.

Rassuré et tout entier à son projet criminel, il marcha vers le boudoir. Juliette se plaça devant lui.

— Ne rentrez pas dans la chambre, je vous le défends, lui dit-elle tout bas.

Il arrêta sur elle son regard farouche et haussa les épaules.

Ses yeux injectés de sang lui sortaient de la tête; de larges taches rouges se plaquaient sur sa face blême, violacée. Il était repoussant, hideux!

— Oh! oh! vous m'épouvantez! fit-elle.

Il allongea le bras et l'écarta pour passer. Il entra dans le boudoir, elle l'y suivit. Une fois encore, elle se plaça devant lui comme pour défendre la porte de la marquise. La terreur était dans ses traits, la folie dans son regard. Elle leva la lanterne dont la lumière blafarde éclaira en plein le visage de Sosthène.

— Je vois ce que c'est, dit-elle avec horreur, vous voulez la tuer!

Il répondit à ces paroles par une sorte de grognement.

François, le valet de pied, venait de descendre au rez-de-chaussée, laissant une seconde fois Morlot et Jardel dans l'obscurité.

Soudain, ce dernier appuya sa main sur le bras de Morlot.

— Avez-vous entendu? lui demanda-t-il à l'oreille.

— Oui, un chuchotement, répondit Morlot.

— Dans la pièce à côté. Ce sont eux.

— Je le crois. Vous avez des allumettes?

— Oui.

— Allumez-en une.

— Jardel s'empressa d'obéir.

Morlot jeta autour de lui un regard rapide.
— Voilà une lampe, dit-il, allumez-la.
Tout cela était dit à voix-basse.

Sosthène ayant repoussé rudement Juliette, qui voulait lui barrer le passage, rentra dans la chambre de sa sœur. Il se précipita vers le guéridon, s'empara du coffret aux diamants et le cacha dans sa poitrine entre la peau et sa chemise, puis, pour le maintenir, il boutonna son vêtement.

Cela fait, il marcha vers le lit, les yeux enflammés, le regard féroce, voyant rouge. Et quand il fut devant sa sœur, sans avoir peur, sans trembler, il leva la main qui tenait le couteau, la pointe en bas, et il chercha l'endroit où il devait frapper pour que le coup fût sûrement mortel.

Un cri d'épouvante, rauque, semblable à un râle, poussé par Juliette, le fit bondir en arrière.

Morlot venait d'ouvrir brusquement la porte du boudoir, que la lampe allumée dans l'antichambre inondait d'une nappe de lumière. Menaçant la poitrine de Juliette de son révolver, il lui dit d'une voix rude :

— Si tu pousses encore un cri, si tu fais un mouvement, je te loge une balle dans la tête.

La misérable ne pouvait plus crier, ni songer à prendre la fuite, la peur l'avait paralysée. Ses yeux égarés, démesurément ouverts, restaient fixés sur Morlot, qui lui apparaissait comme un fantôme ou un démon venant de sortir des entrailles de la terre.

Derrière Morlot se tenait Jardel, également armé de son révolver.

En entendant une voix d'homme, la peur s'empara de Sosthène et il ne songea plus qu'à prendre la fuite pour échapper au danger qui le menaçait. Pour le moment, l'homme étant dans le boudoir, il comprit qu'il lui était impossible de se sauver par la porte de la chambre. Or, la chambre de la marquise n'avait que cette issue et les deux fenêtres. Sosthène courut à une fenêtre et l'ouvrit. Avant de s'élancer, il regarda en bas et fut effrayé de la hauteur. Le saut était périlleux, sans doute, mais il pouvait être tenté, même avec chance de succès. Pourtant, il recula en frissonnant. Il pensait que sa mère avait été tuée, en tombant de moins haut. Et pantelant, affolé, perdant la tête, il recula encore, jetant autour de lui des regards éperdus. Il vit la porte entr'ouverte du cabinet de toilette, il s'y précipita comme dans une retraite sûre et se blottit au fond, dans un coin, entre deux meubles, derrière un rideau. Il ne réfléchissait pas ; il voulait se cacher, il se cachait.

Cependant Morlot s'approcha de Juliette, la saisit par le bras et la secoua avec violence.

— Qui était ici avec toi tout à l'heure ? lui demanda-t-il.

Elle n'eut pas l'air d'avoir entendu.

— Je sais tout, continua Morlot ; allons parle, réponds, et surtout ne cherche

La malheureuse écoutait Morlot avec une indicible terreur.

pas à mentir. Où sont les deux hommes que tu as fait entrer au château?

Elle eut un tressaillement convulsif, mais elle garda le silence.

Morlot sentait une colère sourde gronder en lui. Il la secoua de nouveau et avec plus de force :

— Mais, réponds donc coquine, reprit-il sourdement, car, par respect pour la marquise, il n'osait pas trop élever la voix ; réponds donc : où est Sosthène de Perny, où est son complice?

Juliette s'obstina à rester muette. Morlot s'emporta.

— Si tu ne réponds pas, lui dit-il avec une fureur concentrée, aussi vrai que je m'appelle Morlot, et que je suis agent de police, je te brûle la cervelle.

Enfin Juliette se décida à remuer la langue.

— Je... je ne sais pas, balbutia-t-elle.

— Tu mens, misérable, tu mens !

— Non ! non ! je ne sais pas.

Elle tremblait comme la feuille au vent. La peur faisait claquer ses dents.

— Je comprends, fit Morlot d'une voix vibrante de colère, tu ne veux rien dire; mais je te forcerai bien à parler un peu plus tard. En attendant, tu vas dire à ta maîtresse que je suis là et que je veux lui parler.

— Elle... elle dort, bégaya-t-elle d'un ton effrayé.

— Tu la réveilleras. Allons, obéis;

Et il la poussa vers la porte de la chambre.

Mais elle se rejeta brusquement en arrière, l'épouvante et l'horreur peintes sur le visage.

— Non, je ne veux pas, je ne veux pas ! prononça-t-elle d'une voix étranglée.

La misérable avait peur, sans doute, de se trouver en présence du cadavre de la marquise baignant dans son sang.

Morlot resta un instant stupéfié, la regardant; tout à coup, un horrible soupçon traversa sa pensée et l'éclaira d'une sinistre lueur.

Un frisson courut dans tous ses membres et ses cheveux se hérissèrent sur sa tête.

— Oh ! fit-il, assassinée !

Il se tourna vers Jardel :

— Ne laissez pas échapper cette misérable, lui dit-il.

Et oubliant que pour tout autre homme que son mari la chambre d'une femme est un sanctuaire inviolable et sacré, il ouvrit la porte et se précipita comme un fou dans la chambre de la marquise.

Dès qu'il fut près du lit, un long soupir de soulagement s'échappa de sa poitrine oppressée.

La marquise avait les yeux fermés et dormait. Il entendait le bruit égal et doux de sa respiration. Toutefois, il s'étonna de ce sommeil lourd et profond que n'avait point troublé le bruit qu'il venait de faire en entrant. Il s'éloigna du lit lentement, et l'air du dehors venant tout à coup frapper son visage, il vit la fenêtre ouverte.

— Ils ont commis un vol, murmura-t-il, et la retraite étant fermée à l'intérieur, ils se sont enfuis par la fenêtre.

En jetant un regard rapide autour de la chambre, il vit les tiroirs ouverts. Il ne pouvait plus douter, la marquise venait d'être volée. Alors sa pensée reçut une nouvelle clarté, qui lui expliqua le sommeil étrange de la marquise. Il devinait que la jeune femme avait été endormie à l'aide d'un narcotique.

Il s'approcha de la fenêtre, et, penché au dehors, appuyé sur le balcon, il ouvrit ses oreilles et plongea son regard dans toutes les directions.

Après l'avoir entendu entrer dans la chambre, Sosthène était sorti de sa cachette, prêt à se ruer sur lui et à le frapper de son poignard si l'idée lui venait de pénétrer dans le cabinet de toilette.

Anxieux, sombre, retenant sa respiration, il suivit tous les mouvements de Morlot, qu'il prenait pour un domestique du marquis de Coulange.

Quand il le vit s'appuyer au balcon, il comprit qu'il devait profiter de ce moment pour gagner la porte et prendre la fuite. Il n'y avait pas à hésiter, car les instants étaient précieux. Il sortit du cabinet et rapidement, sans bruit, traversa la chambre. Comme il ouvrait la porte, Morlot se retourna.

— Au voleur! cria-t-il.

Sosthène bondit hors de la chambre. Mais le cri de Morlot avait prévenu Jardel, qui venait d'être rejoint par le valet de pied. Il se trouva en face du voleur. Sosthène, brandissant son poignard, voulut se faire livrer passage. Le canon du revolver le força à reculer. Alors, saisi d'une peur folle, il songea à rentrer dans la chambre, bien décidé, cette fois, à sauter par la fenêtre. Mais, déjà, Morlot était sur le seuil et il vit le canon d'un second revolver à la hauteur de ses yeux.

Pris entre les deux agents, le misérable sentit qu'il était perdu.

XIV

LA COMPLICE

Sans lui laisser le temps de se reconnaître et de faire une tentative pour s'échapper, Jardel se jeta sur lui et le désarma. Il poussa un rugissement de rage, accompagné d'un roulement d'yeux d'insensé. Cependant il essaya de lutter encore et se débattit furieusement entre les mains de Jardel et de Morlot, qui s'était empressé de prêter main-forte à son camarade. Au bout d'un instant, ils parvinrent à le terrasser et à le tenir en respect, étendu tout de son long sur le parquet.

Mais, doué d'une force extraordinaire, et ignorant toujours qu'il avait affaire à deux agents de police, Sosthène cherchait encore à se relever, en les repoussant des pieds et des mains.

— Nous ne pouvons pas le tenir ainsi jusqu'au jour, dit Morlot, il faut que nous l'enfermions dans un lieu sûr.

Le domestique ne connaissait pas M. de Perny.

— Faut-il aller chercher les gendarmes? demanda-t-il.

— Non, répondit Morlot; nous attendrons pour prendre une décision.

— Alors, reprit François, on peut l'enfermer dans ma chambre ; la porte et les barreaux de la fenêtre sont solides ; il sera là comme dans une prison.

A ce moment, d'une ruade vigoureuse, Sosthène envoya Jardel rouler à l'extrémité du boudoir. Morlot lui appuya son genou sur la poitrine et, le serrant à la gorge :

— Tenez-vous donc tranquille, lui dit-il sourdement, vous voyez bien que vous êtes pris et que vous ne pouvez pas nous échapper.

Puis, se tournant vers François :

— Allez me chercher des cordes, ordonna-t-il.

Le domestique s'empressa d'obéir.

Juliette s'était affaissée sur un canapé, où elle restait à demi pâmée.

François revint avec des cordes. En un instant Sosthène eut les poignets solidement liés et les jambes garrottées. Alors une difficulté se présenta. Pour transporter Sosthène dans la chambre du domestique il fallait être trois, deux pour le porter, un autre pour éclairer. Or, on ne pouvait se servir de Juliette, et il fallait qu'elle fût gardée à vue. L'embarras de Morlot était visible.

La difficulté fut levée par l'apparition d'une femme dans l'encadrement de la porte du boudoir. C'était la gouvernante de Maximilienne. Réveillée en sursaut par le bruit, elle s'était levée, avait revêtu un peignoir et venait voir ce qui se passait.

Sans lui donner aucune des explications que son regard effaré sollicitait, Morlot lui dit :

— Vous arrivez bien, madame, vous allez nous éclairer jusqu'à la chambre de François.

Il fit un signe au domestique. Celui-ci prit Sosthène par les jambes, Morlot par les épaules, et ils l'enlevèrent. Un instant après, quand M. de Perny fut enfermé, Morlot dit à la gouvernante :

— Vous ne devez rien savoir de ce qui s'est passé au château cette nuit. Vous allez rentrer dans votre chambre et vous remettre au lit. Mais écoutez bien ceci : Je vous donne l'ordre absolu, au nom de madame la marquise de Coulange, de ne parler à qui que ce soit de ce que vous avez vu.

S'adressant au domestique, il ajouta :

— Vous, François, vous allez veiller avec nous, et, en compagnie de mon camarade, vous garderez le prisonnier. Comme à madame, je vous donne l'ordre de ne rien dire à personne. Je n'ai pas besoin d'ajouter que la plus légère indiscrétion vous ferait perdre votre place.

La gouvernante retourna dans sa chambre. Morlot remonta au premier, envoya Jardel rejoindre le domestique et resta seul avec Juliette.

— Levez-vous, lui ordonna-t-il d'un ton impérieux.

Elle fit un effort et se dressa sur ses jambes chancelantes. Morlot la poussa dans l'antichambre.

Elle était dans un état pitoyable. Elle tremblait affreusement ; son visage livide avait des marbrures verdâtres et ses cheveux dénoués se plaquaient épars sur ses épaules. Ne pouvant se tenir debout, elle se laissa tomber dans un fauteuil. Morlot, après avoir fermé les portes, s'assit en face d'elle.

— Maintenant, lui dit-il, vous allez parler ; je veux tout savoir, tout, vous entendez ? D'abord, dites-moi pourquoi vous êtes entrée au service de madame la marquise.

— Pourquoi ? fit-elle en arrêtant sur lui ses yeux ahuris.

— Oui, pourquoi ?

— Mais pour lui servir de femme de chambre.

— Et ensuite ?

— Avouez donc, misérable, avouez donc tout de suite que vous avez joué près de madame de Coulange, au profit de M. Perny, le rôle ignoble d'espionne ; avouez donc que vous êtes entrée à son service pour la trahir.

Juliette laissa échapper un gémissement. Elle était atterrée.

— Vous avez écrit à M. de Perny que M. de Coulange était parti en voyage ?

— Oui, répondit-elle d'une voix tremblante.

— Aujourd'hui, entre six et sept heures, un homme est venu vous trouver de la part de Sosthène ?

— Oui.

— Que vous a dit cet homme ?

Elle hésitait à répondre.

— Prenez garde, reprit Morlot d'un ton dur, en la menaçant du regard, je vous ai dit que je voulais tout savoir.

— Il m'apportait un ordre de M. de Perny.

— Quel était cet ordre ?

— De trouver le moyen de le faire entrer au château cette nuit.

— Vous me direz tout à l'heure pourquoi vous obéissiez ainsi à des ordres d'un homme qui n'est pas votre maître. Connaissiez-vous l'individu qui s'est présenté au nom de M. de Perny ?

— Non.

— Alors il avait une lettre ?

— Oui.

— Donnez-la moi.

Elle tira la lettre de sa poche et la remit à Morlot, qui la lut rapidement.

— Ah ! voilà, voilà, fit-il, les yeux étincelants, il s'agissait de s'emparer d'un petit coffre de cuivre : madame de Coulange ne l'a donc pas laissé à Paris ?

— Elle l'a apporté à Coulange.

— Et par vous, M. de Perny l'a su ?

Elle baissa la tête.

— La lettre parle d'un petit flacon ; le complice de Sosthène vous l'a remis ; il contenait un narcotique, du laudanum, probablement, vous l'avez mêlé à un breuvage que vous avez fait prendre à madame la marquise, au risque de l'empoisonner... Vous êtes hardie et on voit qu'un crime ne vous coûte guère. Où est le flacon ?

— Je l'ai jeté.

— Où ?

— Dans les lieux d'aisance.

— Ah! fit Morlot frappé d'une clarté soudaine ; ce n'est peut-être pas la première fois qu'un pareil endroit vous sert pour faire disparaître quelque chose d'embarrassant. Il y avait aussi des cabinets d'aisance rue de Ponthieu.

D'un seul mouvement Juliette se dressa debout, les yeux lui sortant de la tête, puis retomba aussitôt comme une masse.

— J'ai touché juste, pensa Morlot.

Il reprit :

— La nuit venue, vous vous êtes emparée de la clef d'une porte du parc, et vous l'avez portée à l'homme qui l'attendait. Peu de temps après, M. de Perny a rejoint son complice, et ils sont entrés dans le parc. Comment M. de Perny a-t-il pénétré dans le château ?

— J'ai ouvert une porte.

— Est-il entré seul ?

— Avec l'autre.

— Ah! l'autre aussi! Où est-il? Qu'est-il devenu ?

— Il est parti.

— Je comprends, il a sauté par la fenêtre. Ainsi, M. de Perny n'a pas eu honte de faire entrer un misérable dans la chambre de sa sœur! Et vous, gardienne de cette chambre, vous ne vous êtes pas opposée à cette chose odieuse !

— Non, répondit-elle d'une voix brisée, M. de Perny est entré seul dans la chambre de madame.

— Eh bien! répliqua Morlot, racontez-moi ce qui s'est passé.

Elle lui fit le récit qu'il demandait.

Quand elle eut fini, il resta un moment silencieux, pâle, frémissant, les sourcils froncés, ayant sur le front de grosses gouttes de sueur.

— Ainsi, reprit-il d'une voix creuse, je suis arrivé trop tard pour empêcher le vol ; le complice de M. de Perny a pu se sauver emportant le coffre de cuivre dont le couvercle a été soudé. C'est par vous encore que M. de Perny a su ce qu'il contient. Ah! vous êtes une fille bien dangereuse! On va, heureusement, mettre un terme à vos exploits.

Après avoir essuyé son visage, Morlot continua :

— Nous n'avons pu empêcher le vol du coffret, mais nous avons sauvé la marquise, car c'est évidemment dans la pensée d'assassiner sa sœur que M. de Perny s'est emparé du poignard de son complice et qu'il est revenu dans la chambre. Oh! le lâche! oh! l'infâme! Crime sur crime! Quelle épouvantable vie!

Et il se sentit frissonner et ses cheveux se hérissèrent sur sa tête, en pensant que, s'il était entré dans le boudoir quelques secondes plus tard, la marquise aurait été poignardée.

Il se leva, fit deux ou trois fois le tour de l'antichambre en marchant à grands pas, puis, le front plissé et les yeux enflammés, il s'arrêta devant Juliette.

— Vous pouvez vous féliciter de notre intervention dans cette grave affaire, lui dit-il rudement; sans nous, la marquise de Coulange était assassinée... Savez-vous, misérable fille, savez-vous dans quelle situation vous vous trouveriez? Complice de l'assassinat de votre maîtresse, que vous aviez lâchement endormie au moyen d'un narcotique, c'était pour vous la mort sur l'échafaud ou les travaux forcés à perpétuité.

La misérable se remit à trembler très fort et, joignant les mains :

— Grâce, grâce! dit-elle d'une voix étranglée.

Morlot haussa les épaules et la couvrit d'un regard écrasant de mépris.

— Nous verrons ce que dira madame la marquise de Coulange, à son réveil, lorsqu'elle apprendra ce qui s'est passé, reprit-il; mais en admettant que son indulgence soit excessive et qu'elle se borne seulement à vous chasser de sa maison, vous ne pouvez pas échapper à la justice, avec laquelle vous avez un compte déjà ancien à régler. Je n'ai pas encore décidé si je vous ferai emmener par les gendarmes; mais je vous avertis, dès maintenant, que vous sortirez d'ici demain pour aller droit en prison. Je suis inspecteur de police, et il y a longtemps déjà que je vous cherche. Certes, ce n'est pas au château de Coulange que je pensais vous trouver.

La malheureuse écoutait Morlot avec une indicible terreur.

L'impitoyable agent continua :

— Vous aurez à dire à un juge d'instruction, d'abord, et ensuite devant les jurés de la cour d'assises, ce que vous avez fait d'un enfant que vous avez mis au monde il y a un peu plus de dix-huit mois, lorsque vous étiez au service d'une courtisane qui se faisait appeler madame de Nève. Du reste, M. de Perny pourrait le dire aussi, et c'est pour cela...

Il s'interrompit. Juliette venait d'être prise d'une horrible crise nerveuse. Elle tomba de son fauteuil et se roula sur le parquet en se tordant dans d'atroces convulsions.

Morlot s'approcha de la cheminée, sur laquelle il y avait une carafe, pleine d'eau. Il remplit un verre à moitié et jeta le liquide à la figure de la femme de chambre. Celle-ci se calma presque aussitôt; il l'aida à se relever et il la fit asseoir sur un fauteuil où elle resta immobile, la tête dans ses mains, dans une prostration complète.

Morlot ne s'occupa plus d'elle. Pendant un quart d'heure il se promena de long en large dans la chambre, puis il s'assit dans un coin et, sombre, le regard fixe, il se mit à réfléchir. Il n'avait plus que cela à faire en attendant le jour.

Il pensait à la marquise, et, ne pouvant se faire illusion, il voyait une fois de plus l'impunité du criminel.

— Tonnerre! se disait-il, j'aurais bien fait de lui loger trois balles de mon revolver dans la tête! Comme cela, nous en serions tous débarrassés.

Pendant ce temps, grâce à François, son compagnon de veille, Jardel, qui mourait de faim, dévorait à belles dents une moitié de poulet rôti, et vidait en même temps une excellente bouteille de vieux bourgogne.

Sosthène rongeait son frein sur le lit du domestique où il avait été jeté comme un paquet.

XV

NOUVELLE DOULEUR

A sept heures du matin, à l'exception de la marquise, qui n'était pas encore sortie de son lourd sommeil, tout le monde était levé au château. Les jardiniers arrosaient les plates-bandes et les gazons anglais, le cocher et le palefrenier pansaient les chevaux, le cuisinier allumait son fourneau; chacun, enfin, vaquait à ses occupations.

Les domestiques ne tardèrent pas à découvrir que deux étrangers étaient au château et qu'ils y avaient passé une partie de la nuit; ils furent alors très intrigués, et, curieusement, ils interrogèrent François. Celui-ci leur répondit simplement :

— Vous ne devez rien savoir, vous ne saurez rien.

Les questions cessèrent. Mais on chuchotait entre les portes. Évidemment, quelque chose d'extraordinaire s'était passé au château dans la nuit. Quoi? On se le demandait, et chacun cherchait à deviner le mystère.

Appelé par Morlot, François s'était mis à sa disposition. Le domestique obéissait passivement, sans même s'étonner que l'agent de police commandât en maître. Sur l'ordre de Morlot, il alla chercher la gouvernante de Maximilienne. Celle-ci s'était levée avec le jour, car, après s'être recouchée, elle n'avait plus fermé les yeux.

— Madame, lui dit Morlot, mademoiselle Juliette n'est plus au service de madame la marquise; j'ai pensé que vous voudriez bien la remplacer aujourd'hui.

— Certainement, monsieur.

La stupeur la rendait muette. Mais du regard elle l'interrogeait anxieusement. (Page 532.)

— Mme la marquise dort encore, vous allez vous installer dans sa chambre et vous attendrez son réveil.

— C'est que.. fit-elle embarrassée.

— Dites, madame.

— Je ne dois pas quitter Maximilienne.

— La gouvernante de M. Eugène, que je vais faire prévenir, se chargera momentanément de votre service. Soyez sans inquiétude, tout ce que j'aurai fait sera approuvé par Mme la marquise.

— En ce cas, monsieur, je n'ai plus rien à objecter.

— Il peut se faire que Mᵐᵉ la marquise, en se réveillant, vous interroge ; vous lui direz que M. Morlot est ici et que j'attends qu'elle puisse me recevoir pour répondre à toutes ses questions.

La gouvernante entra dans la chambre de la marquise.

Le soleil était déjà haut au-dessus du coteau, il pénétrait dans la chambre, en faisant passer à travers les carreaux des fenêtres des raies obliques, au milieu desquelles dansait une poussière d'or volante.

La gouvernante s'assit sur un fauteuil en face du lit et attendit. Un peu après huit heures la marquise ouvrit les yeux. Elle poussa un long soupir, respira avec force, comme si l'air lui manquait, et passa plusieurs fois ses mains sur son front moite de sueur. Sa tête était encore lourde des vapeurs du sommeil.

Soudain, elle se dressa brusquement sur son lit et regarda autour d'elle avec les yeux étonnés d'un enfant qui se réveille.

— Comme j'ai dormi longtemps! murmura-t-elle. Et quel étrange sommeil!

Son corps eut un frémissement. Elle avait encore le cauchemar au cerveau; elle se secoua pour le chasser.

La gouvernante se leva et s'approcha du lit. Les yeux de la marquise se fixèrent sur elle.

— J'attends les ordres de Mᵐᵉ la marquise, dit-elle, voyant que sa maîtresse ne lui parlait point.

— Mes ordres? Quels ordres?

— Je remplace en ce moment Juliette.

— Juliette? Est-ce qu'elle est malade?

— Non, madame la marquise; mais...

— Et ma fille? s'écria-t-elle.

— La gouvernante de M. Eugène est près d'elle.

— Ah! ah! fit la jeune femme, la main sur son front.

Après un court silence elle reprit :

— Vous ne m'avez pas dit pourquoi vous remplacez Juliette?

— Je ne puis répondre à Mᵐᵉ la marquise; mais M. Morlot est ici; il attend que Mᵐᵉ la marquise puisse le recevoir pour lui donner des explications.

Mᵐᵉ de Coulange ouvrit tout à fait les yeux.

— M. Morlot ici! exclama-t-elle.

Ses jambes glissèrent sous la couverture et ses pieds nus touchèrent la peau de tigre servant de descente de lit. En moins d'un quart d'heure elle fut coiffée et habillée.

— Où est M. Morlot? demanda-t-elle à la gouvernante, qui achevait de faire le lit.

— Dans l'antichambre.

— Je le recevrai dans ma chambre; allez lui dire que je l'attends.

La gouvernante sortit.

Préoccupée et très inquiète, sans savoir pourquoi, la marquise sentait à peine qu'elle avait les jambes et les reins comme brisés.

— Pourquoi ai-je dormi ainsi? et Morlot au château... Que se passe-t-il donc? se demandait-elle.

L'agent de police, grave, la figure pâlie, et se tenant plus raide que jamais, entra dans la chambre. La marquise s'avança vers lui la main tendue. Morlot n'hésita pas à mettre sa main dans celle de la jeune femme. A son respect et à son admiration se joignait maintenant une affection sincère, profonde. Il l'aimait comme il aurait aimé une sœur. Entre la grande dame et le policier, il n'y avait plus de distance; elle s'effaçait devant le dévouement. La marquise entraîna doucement Morlot, le fit asseoir sur un canapé et se plaça à côté de lui comme près d'un vieil ami. L'agent comprit ce qu'il y avait d'affectueux dans cet accueil, et il sentit une douce émotion pénétrer son cœur.

— Monsieur Morlot, lui dit-elle, ma vie n'est plus qu'une angoisse aiguë et continuelle; je ne me rends plus compte de rien, ni de mes sensations, ni de ce qui se passe autour de moi. Est-ce donc la douleur qui me rend ainsi? Suis-je donc déjà à moitié morte?... Vous ai-je fait attendre longtemps? Je dormais. J'ai dormi plus de douze heures. Je ne comprends pas cela. Depuis quelque temps je ne dors plus. Enfin, vous m'excusez, n'est-ce pas? Pourquoi êtes-vous venu? Qu'avez-vous à me dire?

— J'ai à vous dire, d'abord, madame la marquise, répondit Morlot, que j'ai passé une partie de la nuit au château avec un de mes camarades de la préfecture de police.

Elle le regarda avec surprise. Il continua :

— Et je vous annonce que votre femme de chambre sera en prison ce soir.

— En prison! s'écria la marquise; et pourquoi? mon Dieu! Qu'a-t-elle fait?

— Elle a commis, il y a environ vingt mois, le crime d'infanticide.

— Oh! fit la marquise en sursautant.

— Ce n'est pas tout : cette misérable fille vous trahissait; elle est entrée à votre service par ordre de M. de Perny, dont elle était l'espionne.

— Est-ce possible, monsieur Morlot! Est-ce possible?

— Dans un instant vous en serez convaincue. Vous êtes étonnée d'avoir fait un long sommeil de douze heures; eh bien, madame la marquise, hier soir Juliette vous a fait boire un narcotique.

— Dans une tasse de lait! Je me souviens... Mais pourquoi, pourquoi?

— Pour qu'un homme qui est entré cette nuit dans votre chambre, puisse vous voler.

— Oh! oh! fit la marquise frissonnante, un homme dans ma chambre!...

— Oui, et le vol a été commis, dit Morlot. Tenez, madame la marquise, regardez vos tiroirs ouverts.

Elle se dressa en poussant un cri, et marcha rapidement vers le meuble. Elle n'eut qu'à se baisser pour constater que les deux coffrets avaient disparu. Sans prononcer une parole elle revint vers Morlot. Sa stupeur la rendait muette. Mais du regard elle l'interrogeait anxieusement.

Morlot lui dit :

— Il y avait deux voleurs : pendant que l'un fouillait votre meuble, l'autre attendait dans le salon. Ce dernier a pu s'échapper emportant, malheureusement, le coffret de cuivre au couvercle soudé.

La marquise poussa un gémissement.

— Et l'autre? demanda-t-elle d'une voix hésitante.

— L'autre, madame la marquise, nous l'avons pris.

Le visage de la jeune femme se décomposa et eut un nouveau gémissement.

— Nous le tenons enfermé dans la chambre d'un de vos domestiques, ajouta Morlot.

— C'est lui, n'est-ce pas, c'est lui? l'interrogea-t-elle.

— Oui, répondit-il.

Elle s'affaissa sur le canapé.

— Oh! l'infâme! murmura-t-elle d'une voix étranglée.

Morlot devina les horribles pensées qui la torturaient, il reprit vivement :

— Deux de vos serviteurs seulement l'ont vu et savent à peu près ce qui s'est passé; c'est François, qui nous a ouvert une porte du château, et la gouvernante de votre petite fille, qui s'est réveillée et a été attirée par le bruit. Or, ni la gouvernante, ni François, ne connaissent M. de Perny. Il n'y a donc au château que vous, sa complice et moi qui connaissions le voleur. Vos autres domestiques ne savent rien et ne sauront rien, car, en votre nom, j'ai menacé la gouvernante et François d'un renvoi immédiat, s'ils commettaient une indiscrétion. Quant à Juliette, elle se gardera bien de parler.

La marquise saisit les mains de Morlot et les serra fiévreusement dans les siennes.

— Oh! merci, merci, dit-elle, vivement émue; que de preuves de votre amitié et de votre dévouement vous me donnez!

— J'ai compris que vous seule deviez décider du sort de votre frère.

— Ah! vous savez bien que je ne peux pas le livrer à la justice, le misérable! s'écria-t-elle avec douleur.

Morlot resta silencieux; mais son front devint plus sombre.

— Voleur! voleur! reprit la jeune femme, comme se parlant à elle-même; il m'a volé la boîte où j'avais enfermé mon secret avec les langes de l'enfant; il m'a volé mes diamants.

— Vos diamants! exclama Morlot.

— Qui étaient dans un petit coffret d'or, à côté de l'autre coffret. Mais, croyez-le, mon ami, je suis peu sensible à la perte de mes diamants; ce sont les autres objets que je regrette. Je me sens frissonner de terreur en pensant à l'usage qu'on en peut faire.

— Rassurez-vous, madame la marquise, dit Morlot, dont les yeux avaient le luisant d'une lame d'acier; j'espère être assez heureux pour pouvoir retrouver le tout.

Les lèvres de la jeune femme se plissèrent amèrement.

— Monsieur Morlot, dit-elle, voulez-vous m'apprendre comment vous vous êtes trouvé au château au moment du vol?

— Volontiers, madame la marquise.

Aussi brièvement que possible, il raconta tout ce qui s'était passé, en commençant par sa rencontre avec Jardel à Nogent-l'Artaud et en finissant par sa conversation avec Juliette. Seulement, pour ne point porter à la jeune femme un coup trop cruel, il lui cacha que son frère avait eu la pensée de l'assassiner.

Après l'avoir écouté sans l'interrompre et avec le plus grand calme, Mme de Coulange resta plongée dans une rêverie profonde.

Au bout d'un instant Morlot se leva.

— Madame la marquise, dit-il, j'attends que vous me disiez ce que je dois faire.

Elle redressa la tête et le regarda fixement. Il vit qu'elle n'avait pas compris ses paroles. Il répéta sa phrase.

— Ce que vous m'avez promis, répondit-elle d'une voix vibrante.

— Pourtant, madame la marquise...

— La situation est la même, l'interrompit-elle vivement; il n'y a qu'un vol de plus, et, j'en remercie le ciel, c'est moi qui en suis victime!

Elle se leva, et, se dirigeant vers le porte :

— Venez, monsieur Morlot, venez, dit-elle, vous allez me conduire devant votre prisonnier.

Ils sortirent de la chambre. Dans l'antichambre, la marquise vit Juliette gardée à vue par François.

L'espionne tendit vers elle ses mains suppliantes.

— Malheureuse, malheureuse! dit tristement Mme de Coulange.

Et elle passa sans s'arrêter.

XVI

LE PRISONNIER

Il fallait que les jambes et les poignets de M. de Perny eussent été solidement liés, car, malgré les efforts qu'il avait dû faire pour se débarrasser de ses liens, il n'avait pu dégager ni ses pieds ni ses mains.

A la vue de sa sœur, il fut pris d'un spasme aigu, puis il lança de travers un regard sombre, haineux, et tourna ses yeux d'un autre côté.

La marquise était sous le coup d'une émotion poignante. A peine entrée dans la chambre, elle avait dû s'appuyer sur le marbre d'une commode, enveloppant Sosthène d'un regard étrange, un regard qui contenait en même temps de l'horreur et du mépris, du dégoût et de la pitié.

Morlot était entré derrière elle et avait refermé la porte. Jardel restait à son poste au dehors. Quand la marquise fut parvenue à vaincre son émotion, elle se tourna vers l'agent de police :

— Monsieur Morlot, dit-elle, soyez assez bon pour lui ôter ses liens.

Il s'approcha de Sosthène et, aussitôt, poussa un cri de joie.

— Le coffret d'or, madame la marquise, dit-il, voilà le coffret d'or!

Il le prit, s'empressa de l'ouvrir et le tendit à jeune femme, en ajoutant :

— Et voilà vos diamants!

La marquise referma le coffret, sans songer à faire l'inventaire de ses bijoux, et le posa sur la commode. Morlot se mit en devoir de délier Sosthène. La dernière corde enlevée, le misérable bondit sur ses jambes et se dressa audacieusement en face de sa sœur, le regard éclairé de lueurs livides. Mme de Coulange ne put s'empêcher de frissonner. Mais se redressant à son tour, le regard fulgurant, elle lui jeta ce mot à la face :

— Voleur!

De pâle qu'il était, Sosthène devint violet.

— Si entre sœur et frère nous avons des choses gracieuses à nous dire, répliqua-t-il d'une voix sourde et avec ironie, il me semble qu'il serait plus convenable de causer sans témoin. Qui est cet homme?

— Cet homme est un ami de la famille de Coulange; il peut, — il en a le droit, — entendre tout ce que j'ai à vous dire.

Morlot fit deux pas en avant en croisant les bras.

— Sosthène de Perny, lui dit-il, je vais répondre à la question que vous venez d'adresser à Mme la marquise. Je suis un serviteur dévoué de la famille de Coulange, c'est vrai; mais je suis avant tout inspecteur de police.

Sosthène poussa un hurlement de rage et eut l'air de se mettre en arrêt pour sauter à la gorge de Morlot. Mais celui-ci s'arma rapidement de son revolver.

— Oui, reprit-il, je suis inspecteur de police ; en ce moment j'ai le droit de vous tuer comme un loup ou un chien enragé. Sur mon honneur, je vous préviens que si vous manquez de respect à Mme la marquise et essayez de vous révolter, je vous brise le crâne.

Sosthène recula avec terreur, en faisant entendre un grognement sourd.

— Ainsi, reprit la marquise, dardant sur son frère un regard écrasant de mépris, quand on a tout fait pour vous sauver, voilà où vous ont conduit la paresse, la fureur du plaisir, le manque de dignité, l'oubli de vos devoirs, l'horreur du bien. Un à un vous avez descendu tous les échelons de l'échelle du mal, et au bas vous êtes tombé dans l'abîme, jusqu'au fond des sombres profondeurs du crime. Aujourd'hui, vous êtes perdu sans ressources ; et ici, au château de Coulange, où tous les domestiques devraient vous respecter, mais où vous êtes entré la nuit pour commettre un vol audacieux, monsieur, qui est un agent de la justice et de la force publique, peut vous tuer sous mes yeux sans que j'aie le droit de vous protéger. Et vous êtes mon frère, mon frère !... C'est épouvantable, c'est horrible !...

Après s'être arrêtée un instant pour respirer, elle continua :

— S'il vous reste encore quelque chose dans le cœur et dans l'âme qui ne soit pas pourriture et que vous regardiez autour de vous, en avant ou en arrière, vous ne pouvez voir que des choses sombres, hideuses, et, que vous avanciez ou que vous reculiez, vous vous enfoncez dans l'horrible. En arrière, vous voyez l'ignominie de votre vie passée ; en avant une porte noire, à jamais fermée pour vous, la porte de l'avenir... Mais entre vous et cette porte que de choses effroyables ! La prison préventive, le juge d'instruction, la cour d'assises, la justice, et après, le bagne, c'est-à-dire le châtiment !

Le misérable avait baissé la tête, puis peu à peu il s'était courbé et il restait ainsi le dos voûté, le menton tendu, affaissé, écrasé.

— Et aucun de vos forfaits ne restera enseveli dans l'ombre, reprit la marquise ; devant la justice vous aurez à rendre compte de tous vos crimes, car M. Morlot les connaît tous.

— Tous ! dit la voix grave de l'agent.

— Ce n'est point par hasard que M. Morlot s'est trouvé cette nuit au château pour vous arrêter, continua la marquise, lui et un autre agent vous ont suivis, vous et votre complice, depuis la rue Saint-Sauveur jusqu'à Coulange.

Sosthène écoutait frémissant, le front et les tempes baignés d'une sueur froide, les cheveux hérissés, les dents serrées, soufflant du nez.

— Voulez-vous que je vous dise ce que sait M. Morlot ? poursuivit la marquise. Il sait quelle a été votre existence depuis le jour où vous êtes sorti du collège ; il sait qu'il y a ici un enfant que vous avez volé, et à la mairie de Coulange un acte civil faux signé de vous; il sait que vous avez placé près de moi une espionne, laquelle m'a fait boire hier soir un narcotique qui aurait pu devenir un poison; il sait que la veille de la mort de notre mère, il y avait chez elle vingt mille francs qui ont disparu; il sait que notre malheureuse mère n'est point tombée de sa fenêtre, accidentellement, mais qu'elle a été précipitée par une main criminelle; il sait, enfin, que le criminel, c'est vous!

Sosthène, arrivé au paroxysme de la terreur, se redressa en poussant un cri rauque, et recula jusque contre le mur où il resta adossé.

— Je sais autre chose encore, dit Morlot, je sais que M. Sosthène de Perny vole au jeu, et que la nuit dernière, si je n'étais pas arrivé à temps pour l'empêcher de commettre ce crime atroce, il aurait égorgé sa sœur endormie!

— Horrible! murmura la marquise en mettant ses mains sur ses yeux.

Morlot reprit :

— Sosthène de Perny, voilà ce que vous êtes : faussaire, escroc, voleur et assassin!

Le misérable jeta autour de lui des regards de fou. Il tremblait si fort que ses dents grinçaient, que ses genoux flageolant se heurtaient.

Ses lèvres livides remuèrent, et il râla quelques paroles au milieu desquelles la marquise et Morlot distinguèrent le mot : Grâce!

La jeune femme se rapprocha de lui.

— Avez-vous dit grâce? lui demanda-t-elle.

— Oui, Mathilde, grâce, ne me livrez pas à cet homme, répondit-il d'une voix étranglée par l'épouvante.

— Infâme, dit-elle, vous ne la méritez pas, cette grâce que vous demandez, vous ne la méritez pas, cette pitié que vous implorez! Cependant, je ne puis oublier que la même femme nous a portés dans son sein et que nous sommes nés du même sang. Dieu est miséricordieux, et, puisqu'il pardonne, une de ses créatures ne saurait être plus implacable que lui. Eh bien, oui, je vous prends en pitié... Ah! si j'avais seulement l'espoir d'apprendre un jour que vous vous êtes repenti!...

« En ce moment, vous tremblez, vous m'implorez; mais c'est la peur qui vous fait crier: grâce! Et c'est encore la peur du châtiment qui vous courbe et vous fait trembler sous mon regard... Libre, demain, resterez-vous écrasé, anéanti, sous le poids énorme de vos crimes? Hélas! je ne le crois point. Le démon qui s'est emparé de vous relèvera votre front audacieux et vous poussera de nouveau vers le mal. Et pourtant, il n'est jamais trop tard pour se repentir, et si vous le vouliez bien, vous pourriez encore sortir du gouffre où vous êtes tombé, et racheter votre vie passée par une existence nouvelle consacrée à vous réhabiliter par le travail. Je ne vous livrerai pas à la justice, mais à une condition.

— Je ferai tout ce que vous voudrez, dit Sosthène, qui avait retrouvé un peu de son assurance.

Ils sortirent sans bruit et s'enfoncèrent dans la profondeur sombre du parc.

— Écoutez-moi donc... Vous ne pouvez plus rester en France, il faut que vous partiez et que vous mettiez les mers entre vous et les tristes souvenirs que vous laisserez à Paris ; plus loin vous irez, mieux cela vaudra pour vous. Voilà ce que vous auriez dû faire autrefois, le lendemain du jour où le marquis de Coulange vous avait mis dans la main deux cent mille francs. Si vous consentez à vous expatrier, — et c'est à cette condition seulement que je vous sauve, — vous partirez avec une nouvelle somme de deux cent mille francs.

Les yeux de Sosthène étincelèrent.

— Je vous donne deux jours pour vous rendre au Havre ou à Saint-Nazaire et quitter la France, poursuivit la marquise. M. Morlot vous accompagnera, et c'est lui, au moment de votre départ, sur le pont même du navire, qui vous remettra les deux cent mille francs. Maintenant, choisissez : ce que je vous propose ou le bagne !

— Je partirai, dit-il.

En écoutant la jeune femme, l'agent de police avait eu de petits hochements de tête qui n'étaient pas toujours approbatifs. Bien qu'il comprit parfaitement que la marquise ne pouvait pas livrer son frère, il oubliait par instants à quels sentiments elle obéissait, et l'impunité du criminel se présentait à lui comme une chose énorme qui le confondait.

Et tout en se livrant à ses réflexions mentales, qui donnaient tort et raison tour à tour à Mme de Coulage, il examinait les mouvements successifs de la physionomie de Sosthène; son regard scrutateur semblait vouloir mettre à nu les pensées les plus secrètes du misérable.

— Madame la marquise, dit-il d'un ton brusque, quand Sosthène eut répondu qu'il partirait, vous avez pitié de lui et vous lui faites grâce... Eh bien, vous avez tort ! Il vient de vous écouter comme si vous lui aviez parlé dans une langue inconnue; il n'a rien compris, rien senti. Croyez-vous qu'il est touché de votre générosité et de votre admirable bonté? Non. Son cœur reste plein de haine et de rage, et en ce moment, s'il pouvait vous mordre et vous étrangler, il le ferait.

— Ah ! monsieur Morlot, je vous en supplie... dit la marquise avec des larmes dans la voix.

— Si M. de Perny pouvait s'inspirer encore d'un sentiment honnête, reprit Morlot, s'il restait seulement en lui l'instinct du bien, il vous prierait de vous retirer, il me demanderait mon revolver et il se brûlerait lui-même la cervelle. Oui, voilà ce qu'il aurait de mieux à faire.

Les yeux de Sosthène eurent comme un jet de flamme, et il lança à Morlot un regard farouche.

— Je ne désire point sa mort, répliqua tristement la marquise; mon Dieu, qu'il ait le regret du passé, qu'il se repente, qu'il devienne meilleur, qu'il mérite son pardon, voilà ce que je voudrais, ce que je souhaite. Aujourd'hui plus que jamais j'aurais le droit de le maudire : je ne le fais pas. J'aime mieux lui dire : Devenez meilleur, repentez-vous ! Et je prierai pour lui afin que Dieu le prenne en pitié !

En achevant ces mots, la jeune femme ne put retenir ses larmes. Elle les essuya vivement, et, après un moment de silence, s'adressant à son frère, elle reprit :

— Ici, nul ne doit savoir que Sosthène de Perny, le frère de la marquise de Coulange, est enfermé dans cette chambre. Vous y passerez la journée, et ce soir, dès que la nuit sera venue, vous sortirez du château sans être vu. Vous retournerez à Paris. Vous emploierez votre journée de demain à régler vos affaires, et après-demain vous quitterez Paris, en faisant savoir à M. Morlot dans quelle ville maritime il devra vous rejoindre. M'avez-vous bien comprise?

— Oui.

— Votre complice de la nuit dernière a emporté le coffret de cuivre que vous avez pris dans ma chambre; il le déposera chez vous, je suppose?

— Je ne sais pas.

— Je veux qu'il me soit rendu.

— Il ne sera peut-être pas remis chez moi.

— Dans tous les cas, madame la marquise, dit Morlot, je ferai tout ce qu'il faudra pour le retrouver. J'espère bien vous le rapporter avant huit jours.

Mme de Coulange n'avait plus rien à dire à son frère. Elle prit ses diamants et, suivie de l'agent, elle sortit de la chambre.

XVII

LE MANDATAIRE

Une heure plus tard, après avoir porté à manger à son prisonnier et ayant déjeuné lui-même, Morlot était seul dans une chambre, occupé à écrire. Il avait décidé que Jardel partirait l'après-midi, emmenant Juliette, qu'il conduirait directement au dépôt de la préfecture de police.

Or, il rédigeait un rapport que Jardel devait remettre au chef de la police de sûreté. Ce rapport, en établissant d'une façon claire et précise la prévention du crime d'infanticide commis par la femme de chambre lorsqu'elle demeurait rue de Ponthieu, devenait presque un acte d'accusation. Il est inutile d'ajouter qu'il était absolument muet sur les événements de la nuit.

A onze heures, Juliette, sous les yeux de François, transformé en geôlier, avait enfermé dans une malle tout ce qui lui appartenait. A midi, la charrette d'un paysan de Coulange s'arrêta devant le château. La malle fut chargée sur le véhicule dans lequel la femme de chambre et Jardel prirent place à côté du paysan. Ils partirent.

Morlot avait donné ses instructions à Jardel, et la marquise, en le remerciant, lui avait glissé dans la main cinq cents francs en or enveloppés dans du papier.

Le reste de la journée s'écoula rapidement.

Un peu avant la nuit, la marquise fit appeler Morlot.

— Vous avez voulu rester toute la journée au château, lui-elle; je vous en suis très reconnaissante, car votre présence m'a fait sentir moins cruellement ma peine ; votre dévouement a toutes les délicatesses, et je m'habitue à recevoir vos services en ne les comptant plus. Je dirai tout cela à M. de Coulange, et c'est lui qui se chargera de vous offrir une récompense digne de vous et de lui.

— Ne parlons pas de cela, je vous en prie, madame la marquise.

— Oh ! je serais désolée de vous blesser, répliqua vivement la marquise ; mais il faut que le marquis sache ce que nous vous devons. J'ignore si vous êtes riche ou pauvre, monsieur Morlot ; mais auriez-vous de la fortune, je ne puis pourtant pas réclamer vos services et vous faire dépenser votre argent. Je tiens absolument à vous donner aujourd'hui la somme nécessaire pour couvrir les dépenses que vous avez déjà faites et que vous allez encore faire pour moi. Cela, monsieur Morlot, vous ne pouvez pas le refuser.

Elle lui présenta deux billets de mille francs.

— Madame la marquise, dit-il, la moitié de cette somme est plus que suffisante. Et il prit un des billets.

A neuf heures du soir, pendant que les domestiques étaient occupés à l'intérieur du château, Morlot ouvrit à Sosthène la porte de sa prison.

— Nous partons, lui dit-il, venez.

Ils sortirent sans bruit par la porte de l'aile gauche, tournèrent derrière le château et s'enfoncèrent bientôt dans la profondeur sombre du parc. La marquise avait sans doute renseigné Morlot, car sans rien demander à Sosthène, il prit une large avenue du parc qui les conduisit directement à la porte des Loches, dont l'agent de police avait une clef.

Ils prirent chacun un côté de la route et marchèrent sans s'adresser la parole jusqu'à Nogent-l'Artaud.

A minuit, ils étaient à Paris.

En sortant de la gare, Morlot s'approcha de Sosthène.

— Voici mon adresse, lui dit-il, en lui présentant sa carte.

— C'est inutile, répondit M. de Perny d'une voix creuse, après-demain vous me trouverez au Havre.

— A quel endroit ?

— Sur le port, devant le paquebot prêt à partir.

— C'est bien.

— Et, sans se saluer, ils se séparèrent.

Sosthène se jeta dans une voiture pour se faire conduire chez lui, rue Richepanse. Morlot ralluma un cigare et descendit à pied vers le centre de Paris.

Le lendemain, à huit heures du matin, il dormait encore. Trois ou quatre coups frappés à sa porte le réveillèrent. Il sauta à bas du lit, passa son pantalon, endossa une vareuse et alla ouvrir. C'était Jardel.

— Eh bien ? l'interrogea Morlot.

— La femme de chambre est coffrée.

Jardel riait.

— Pourquoi riez-vous? lui demanda Morlot.
— Je pense au chef. En lisant votre rapport, il faisait une tête...
— Qu'a-t-il dit?
— « Ce diable de Morlot devient enragé ! » Alors je n'ai pas pu tenir ma langue.
— Hein! fit Morlot, dont le front s'assombrit subitement.
— Oh! rassurez-vous; je n'ai rien dit de compromettant.
— Enfin, quoi?
— Que vous lui ménagiez certainement d'autres surprises.
— A la bonne heure! Mais rappelez-vous, Jardel, qu'il ne faut jamais parler trop tôt et trop vite. Et Jules Vincent?
— Hier, dans la soirée, l'oiseau a déniché. Il faut croire que le vent lui a soufflé quelque chose à l'oreille.
— Diable! diable! fit Morlot tout pensif.
— Nous le retrouverons, hasarda Jardel.
— Sans doute, mais peut-être trop tard.
— L'heure est toujours bonne pour empoigner un coquin, répliqua Jardel, qui ne pouvait deviner la pensée de Morlot.
— Enfin, reprit celui-ci, nous verrons.
Puis, après avoir réfléchi un instant:
— Il faut que je voie Mouillon tantôt, dit-il, sans cela je ferais moi-même ce dont je vais vous charger.
— De quoi s'agit-il?
— Il faut vous promener aujourd'hui sur les trottoirs de la rue Richepanse. Le hasard vous y fera peut-être rencontrer Jules Vincent...
— J'y serai dans vingt minutes. A propos, et l'autre voleur?
— Vous savez ce que Mme la marquise de Coulange vous a dit; il lui a parlé de sa famille, il l'a émue et elle lui a fait grâce. Il est rentré hier soir à Paris en même temps que moi. Quant à présent, nous n'avons plus à nous occuper de lui. Si vous le rencontrez, vous détournerez la tête et le laisserez passer.
— J'ai compris. C'est fâcheux tout de même que Mme la marquise...
— Bah! fit Morlot, d'un air indifférent, nous le repincerons un de ces jours.
— J'en ai l'idée. Cette fois il n'aura pas la chance d'attendrir une marquise. Quelle bonne et généreuse dame !
Il ouvrit la porte pour s'en aller.
— A demain matin, lui dit Morlot.
— Quelle heure?
— Six heures.
Jardel fût exact au rendez-vous.
— J'ai fait ce que vous m'avez ordonné, dit-il à Morlot, mais je n'ai pas eu de chance.

— Ainsi, vous n'avez pas vu notre voleur?
— Plus que jamais, je suis convaincu qu'il a flairé le danger, il se cache.
— Je le crois, fit Morlot soucieux.
— Vous avez vu Mouillon?... demanda Jardel.
— Oui.
— Etes-vous satisfait de ce côté?
— Au delà de ce que j'espérais; il m'a donné de précieux renseignements. J'ai passé une partie de la soirée d'hier et de la nuit à préparer mon plan d'attaque. Nous avons déjà cinq souricières, en comptant celle de Gentilly. Dans cinq jours la bande entière sera capturée.
— Bravo!
— Nous avons au moins six receleurs
— Alors les voleurs sont nombreux?
— Cent peut-être.
— Si nous les prenions tous, il ne resterait plus un seul voleur dans Paris, dit Jardel en riant.
— On a beau sarcler les chardons dans un champ, répliqua Morlot en secouant la tête, il en repousse toujours.
— C'est vrai, les coquins sont comme les mauvaises herbes, on ne pourra jamais en détruire la graine.
— Ce soir, Jardel, il faudra faire une promenade du côté de Gentilly.
— C'était mon intention. Avez-vous autre chose à me dire?
— Non. Nous nous verrons demain.

Morlot était habillé, prêt à sortir. Ils descendirent ensemble et se séparèrent devant le Pont-Neuf. Morlot prit une voiture et se fit conduire rue Richepanse.
— M. de Perny est-il chez lui? demanda-t-il au concierge.
— Non, monsieur. Il y a passé l'avant-dernière nuit; il est sorti hier matin de bonne heure et nous ne l'avons pas revu.
— Que vous a-t-il dit, en sortant?
— Rien. Il est seulement entré dans la loge pour me donner la clef de son appartement. C'est assez drôle. Mais comme il est parti sans attendre que je lui demande pourquoi il me laissait sa clef, je suppose qu'il a l'intention de faire un voyage.
— Avant-hier ou hier un homme n'est-il pas venu le demander?
— Non, monsieur.

Morlot se retira.
— Le complice de M. de Perny se cache, c'est certain, se disait-il; mais qu'a-t-il donc fait du coffret de cuivre?

Il remonta dans sa voiture en disant au cocher de le mener rue Laugier, aux Ternes.

Là, il apprit que la veille, dans la matinée, M. de Perny était venu accom pagné d'un marchand de meubles, auquel il avait vendu le mobilier de sa mère. Pour que les meubles pussent être enlevés, il avait payé deux termes au propriétaire. Le soir, il avait fait charger sur une voiture, pour être transportées au chemin de fer, deux lourdes malles. Au sujet de Des Grolles ou Jules Vincent, on fit à Morlot la même réponse que rue Richepanse.

L'agent de police éprouvait une vive contrariété. Il commençait à être sérieusement inquiet au sujet du coffret.

A neuf heures et demie, il était rue de Lille, chez le notaire du marquis de Coulange, qui lui remit deux cent mille francs en billets de mille francs de la banque de France.

De la rue de Lille il se fit conduire à la gare Saint-Lazare. Il était en avance d'une heure. Il déjeuna en attendant le départ du train pour Rouen et le Havre.

XVII

COMMENT ON PEUT FAIRE D'UNE HISTOIRE VRAIE UN CONTE DE FÉES

Chez le cousin Blaisois, de Miéran, on déjeunait tous les jours à onze heures. Or, le jour où Morlot partait pour le Havre, afin de remplir la mission que lui avait confiée la marquise de Coulange, Gabrielle remonta dans sa chambre, après avoir partagé le repas de la famille. Mélanie parlait à sa cousine des merveilles de Paris, ce qui faisait ouvrir de grands yeux à deux jeunes filles, dont l'aînée avait quinze ans. Midi sonnait à l'horloge de la paroisse.

Gabrielle s'assit devant sa fenêtre ouverte, ayant vue sur un verger, et elle ouvrit un livre qu'elle avait trouvé dans la maison, sur une étagère, entre une pile d'assiettes de faïence imagée et un pot de terre cuite.

Tout près d'elle, une fauvette chantait dans un coudrier; plus loin, des pinsons se poursuivaient à travers les pommiers. Ceux-ci commençaient à montrer leurs feuilles d'un vert tendre, pendant qu'un petit vent doux détachait les pétales des fleurs qui tombaient, légèrement teintées de rose, comme des flocons de neige.

Tous les jours, vers quatre heures, la grande chaleur étant passée, Gabrielle et Mélanie faisaient une promenade aux environs de Miéran. Mais depuis leur rencontre au bord de la Marne, Gabrielle n'avait plus témoigné le désir d'aller du côté de Coulange. Elle craignait évidemment de se retrouver en présence du comte de Sisterne. C'est ce que pensait Mélanie.

Après avoir causé un moment avec ses parentes, celle-ci vint rejoindre son amie.

— Ma chère Gabrielle, dit-elle, si j'eusse su que vous lisiez, je ne vous aurais pas dérangée.

— Oh! j'ai tout le temps de lire, répondit Gabrielle en fermant son volume.

— Est-il intéressant, ce livre?

— Très intéressant. C'est un recueil de contes et nouvelles, et, vous le savez, j'aime beaucoup ce genre d'historiettes, petits drames ingénieux, délicatement écrits, que l'imagination fantaisiste de l'auteur rend attrayants, en s'adressant au cœur et à l'esprit.

— Alors, ce sont encore des histoires que vous allez apprendre par cœur, en pensant à vos petits amis du jardin des Tuileries, dit Mélanie souriante.

— Oh! il me suffit de les lire une fois.

— Quelle excellente mémoire vous avez, Gabrielle! Et quel admirable talent vous avez aussi pour raconter! Quand on vous écoute, on est absolument charmé et l'on voudrait toujours vous entendre.

— Oh! flatteuse!

— On n'est pas flatteuse quand on dit la vérité. Gabrielle, je sais une petite histoire, voulez-vous que je vous la conte?

— Vous me ferez plaisir, Mélanie.

— Vous me direz si je raconte bien!

— Oui, répondit Gabrielle avec son doux sourire.

Mélanie s'assit en face de son amie, et son visage prit aussitôt une certaine gravité. Après avoir réfléchi un instant, elle inclina son buste, allongea le cou, et, les yeux fixés sur Gabrielle, elle commença ainsi:

— Il était une fois, — je ne me rappelle plus dans quel pays, — un jeune prince à qui une bonne fée, d'un coup de sa baguette d'or, avait donné la beauté, l'intelligence, la générosité, la bonté et toutes les autres qualités du cœur et de l'esprit.

« Le jeune prince était, de plus, immensément riche; il possédait partout de beaux domaines, il avait plusieurs châteaux magnifiques avec de grands parcs, où il chassait le chevreuil et le cerf avec ses amis, et des coffres pleins de pièces d'or et d'argent. Et comme il était bon et généreux, il faisait beaucoup de bien aux pauvres gens, et tous les malheureux l'aimaient et le bénissaient.

« Un jour, il se dit qu'il devait se marier, et tout de suite il se mit à chercher une femme digne de lui. Il rencontra bientôt une jeune fille d'une merveilleuse beauté, et il en devint éperdument épris. Elle était absolument pauvre; mais, comme en plus de sa beauté elle avait toutes les vertus, le prince jugea sagement que cela valait mieux que des tonnes d'or et il la fit princesse.

« Le prince était toujours protégé par la fée; mais voilà qu'un jour cette bonne fée se prit de querelle avec une autre fée, vieille et méchante. Laquelle avait tort? Laquelle avait raison? Elles portèrent leur différend devant le tribunal des fées, qui donna raison à la bonne fée. L'autre, furieuse d'avoir été

Gabriel s'assit devant sa fenêtre ouverte, ayant vue sur un verger.

condamnée, jura de se venger de sa rivale en la frappant dans ses plus chères affections. Elle savait que la bonne fée aimait beaucoup le prince et la princesse, dont le bonheur était son ouvrage. Elle résolut de porter ses premier coups à son ennemie en détruisant la félicité des jeunes époux. Alors elle eut une idée infernale, telle que le démon seul pouvait l'inspirer.

« Profitant d'un long voyage que la bonne fée avait entrepris dans les étoiles, elle fit tomber sur le prince et la princesse un souffle de son haleine venimeuse et les enveloppa de ses maléfices. Le prince tomba dangereusement malade, et les plus grands médecins du monde, appelés près de lui, déclarèrent qu'il était perdu. Toutefois, afin de prolonger sa vie de quelques mois, mais sans espérer qu'il guérirait, les savants docteurs le firent partir pour un pays lointain. »

Ici, Mélanie s'arrêta.

— Est-ce que cela vous intéresse? demanda-t-elle à Gabrielle, qui l'écoutait avec la curiosité naïve d'un enfant.

— Oui, beaucoup, et vous racontez d'une façon charmante, ma chère Mélanie. La princesse partit-elle avec le prince? J'ai hâte de savoir...

— Non, la jeune et belle princesse resta dans un de ses châteaux.

— Et le prince mourut?

— Au contraire, il revint à la santé.

— Oh! quel bonheur! exclama Gabrielle.

— Il n'était jamais entré dans les intentions de la méchante fée de le faire mourir. Comme vous le verrez tout à l'heure, la maladie du prince lui était nécessaire pour accomplir la chose ténébreuse qu'elle avait conçue. Aussi, dès que la maladie du prince ne lui fut plus utile, elle agita sa baguette en l'air et le prince fut guéri. Et il se mit en route pour revenir près de la princesse.

« Maintenant, Gabrielle, je vais vous raconter ce qui s'était passé en l'absence du prince ; vous allez voir ce que la haine de la méchante fée avait imaginé. »

Alors, tout en continuant son récit sous la forme de l'apologue, Mélanie raconta à Gabrielle le martyre de la marquise de Coulange. Elle lui fit voir la jeune princesse isolée, dominée, opprimée et sequestrée, placée entre une mère qui ne l'aimait point et un frère ambitieux et cupide, qui, comptant sur la mort du prince, voulait s'emparer de tous ses trésors.

Ensuite, faisant apparaître une jeune bergère, qui avait été séduite par un beau chasseur rencontré sur la montagne, elle raconta à Gabrielle sa propre histoire. L'enfant de la pauvre bergère, un joli petit garçon, lui était volé par le frère et la mère de la princesse, et celle-ci était forcée de l'accepter comme son enfant.

Gabrielle écoutait toujours et avec une attention de plus en plus ardente ; mais, depuis un instant, elle pleurait à chaudes larmes.

Haletante, les mains appuyées sur son cœur et les lèvres frémissantes, elle se violentait pour ne pas interrompre Mélanie. Elle sentait venir la grosse révélation qui allait lui être faite et comprenait que son amie prît toutes sortes de précautions pour ne pas lui causer une émotion trop violente. Mélanie continuait à raconter, précipitant les faits, afin d'arriver rapidement à son dénouement.

Tout à coup, elle montra à Gabrielle la bergère assise sur une pierre au bord d'un chemin. Et pendant qu'elle regardait paître son troupeau et pleurait en pensant à son enfant, Mélanie fit arriver près d'elle la princesse, ayant à ses côtés un petit garçon et une petite fille. En voyant le fils de la princesse, qui lui rappelait l'enfant qu'on lui avait volé, la pauvre bergère sentit son cœur battre très fort et, sans savoir pourquoi, devint toute joyeuse. Son regard exprimait si bien le désir d'embrasser l'enfant, que la princesse dit aussitôt : — Mon fils, embrassez la bergère?

D'un seul mouvement Gabrielle se dressa sur ses jambes.

— Ah! ah! ah! fit-elle.

Elle essaya de parler, les sanglots lui coupèrent la voix.

Mélanie l'entoura de ses bras et pendant un instant, elles restèrent enlacées, pleurant toutes les deux. Enfin Gabrielle parvint à se rendre maîtresse de son émotion. Elle tourna vers le ciel ses yeux illuminés d'une joie ineffable.

— Ainsi, dit-elle, avec un accent que rien ne saurait rendre et comme en extase, mon enfant existe, et est tout près de moi, au château de Coulange... Eugène, Eugène de Coulange, c'est mon fils, c'est mon enfant! mon Dieu! mon Dieu! comme vous êtes bon!... Je ne m'étais pas trompée, mon cœur l'avait reconnu, et lui-même sentait que je n'étais pas pour lui une étrangère. Oh! Mélanie, quand il saura que je suis sa mère, comme il va m'aimer!

— Et vous aussi, Gabrielle, vous l'aimerez.

— Oh! moi, c'est mon cœur, c'est mon âme, mon amour, mon sang, ma vie, tout, que je lui donne!

Elle avait le front irradié et dans le regard des rayonnements célestes.

— Comme la joie me fait du bien! reprit-elle; je n'ai jamais senti en moi une pareille allégresse; il y a dans ce que j'éprouve quelque chose de divin. Il me semble que je n'aurai pas la patience d'attendre votre mari, Mélanie, et que j'irai seule réclamer mon enfant.

— Ma chère Gabrielle, votre fils vous sera rendu; Morlot a la promesse de la marquise de Coulange; mais il faut que vous ayez la force d'attendre avec patience.

— Attendre? pourquoi attendre?

Mélanie se mit alors à lui expliquer dans quelle situation difficile se trouvait la marquise. Le marquis ne sachant rien, il fallait qu'elle lui confessât la vérité. Ensuite il existait un acte de l'état civil qui devait être annulé.

Gabrielle n'avait point d'abord pensé à toutes ces difficultés qui ouvraient une large voie à ses réflexions.

Mélanie, continuant, parla du marquis qui adorait l'enfant; de la marquise, qui l'avait pris en grande affection, et définitivement adopté pour son fils. Enfin, plaidant avec chaleur sans s'en apercevoir la cause de la marquise, elle rapporta à Gabrielle toute la conversation que Morlot avait eue avec madame de Coulange.

A mesure que Mélanie parlait, la physionomie de Gabrielle changeait d'expression; son regard brillait d'un éclat singulier; comme ces rayons de soleil qui courent à travers la pluie, des lueurs miroitantes jaillissaient de ses yeux pleins de larmes où se reflétaient en même temps une pitié profonde et une grande admiration.

Mélanie cessa de parler.

— Alors, dit Gabrielle d'une voix qui tremblait légèrement, la marquise de Coulange croit que son mari ne lui pardonnera point de lui avoir caché la vérité ; elle croit qu'il cessera de l'aimer et n'aura plus pour elle que du mépris ?

— Oui, elle le croit, la malheureuse femme, et c'est pour cela que, décidée à renoncer à tout, elle se retirera dans un cloître, comme elle l'a dit à Morlot.

— Et sa fille, Mélanie ?

— Elle laissera l'enfant au marquis. Cette séparation rend sa situation exceptionnellement cruelle et il lui faudra une force surhumaine pour accomplir ce sacrifice.

Gabrielle poussa un long soupir, puis sa tête s'inclina sur sa poitrine oppressée, et, oubliant la présence de Mélanie, elle s'absorba dans une rêverie profonde.

Mélanie se mit à la fenêtre et regarda dans le jardin. Après un assez long silence, croyant avoir suffisamment respecté la méditation de son amie, elle se retourna vers elle.

— Gabrielle, à quoi pensez-vous ? lui demanda-t-elle.

— Je pense à mon fils et à la marquise, répondit la jeune femme.

Depuis un instant, il se faisait, au rez-de-chaussée de la maison, un bruit inaccoutumé. Mélanie avait entendu des exclamations, remuer des chaises, puis des pas dans l'escalier. On frappa doucement à la porte de la chambre. Mélanie alla ouvrir.

La fille aînée de Blaisois se montra sur le seuil. Elle était rouge comme un coquelicot et paraissait essoufflée comme si elle eût gravi une montagne.

— Qu'y a-t-il donc ? lui demanda Mélanie.

— Madame la marquise de Coulange est en bas avec son petit garçon ; elle vient vous faire une visite.

XIX

LES DEUX MÈRES

Gabrielle éprouva un saisissement extraordinaire. Toute tremblante, elle se dressa debout. Elle voulut marcher vers la porte ; mais ses jambes fléchirent et elle retomba sur son siège en murmurant :

— La marquise de Coulange ici, ici !...

Mélanie se rapprocha d'elle vivement.

— Eh bien, que faut-il faire ? demanda-t-elle.

— Voyez comme je tremble, répondit Gabrielle, c'est l'émotion. Il me faut un instant pour me remettre. Mélanie, allez seule recevoir madame la marquise, puis dans un instant vous m'appellerez, à moins que madame la marquise ne préfère monter dans cette chambre.

Mélanie, très émue aussi, s'empressa de descendre.

Gabrielle pressait ses mains sur son cœur comme pour en comprimer les battements précipités.

— C'est elle qui vient à moi, c'est bien, murmura-t-elle.

Et retrouvant subitement une grande énergie :

— Allons, allons, soyons forte, dit-elle.

Quelques minutes s'écoulèrent.

Soudain, elle entendit que l'on montait l'escalier.

— Les voici, dit-elle en se levant.

Elle ne tremblait plus. Elle avait l'air grave, résolu, et quelque chose de fier éclatait dans son regard.

La porte s'ouvrit, et la marquise entra, pâle, les traits fatigués, les yeux éteints, tenant Eugène par la main.

Gabrielle tressaillit devant cette image de la douleur et de la résignation.

Elles se saluèrent silencieusement.

Sa bonne amie ne lui tendant pas ses bras, l'enfant paraissait interdit. La marquise le poussa doucement vers Gabrielle. Celle-ci ne put retenir un cri qui s'échappa de ses entrailles maternelles. Elle se baissa, enleva l'enfant, et le tenant serré contre elle, ses lèvres se collèrent sur son front. Sa poitrine était pleine de sanglots; mais elle eut la force de se contenir, elle ne versa pas une larme.

Elle paraissait presque froide en donnant à son enfant ce long baiser qui contenait toute sa tendresse, tout son amour; c'est au fond de son cœur qu'elle cachait son ravissement, son ivresse, son délire. Enfin, faisant un nouvel effort de volonté, elle laissa glisser l'enfant sur le parquet.

— Pensant que vous ne viendriez pas au château, dit la marquise, je vous l'ai amené pour que vous puissiez l'embrasser.

— Madame la marquise, est-ce que vous lui avez dit?...

— Non, rien encore. On a dû vous apprendre que M. de Coulange est absent, j'attends son retour.

— Madame la marquise, reprit Gabrielle, ne pouvez-vous pas l'éloigner un instant?

— J'allais vous en demander la permission.

Gabrielle fit un signe à Mélanie, qui se tenait discrètement près de la porte. Celle-ci comprit et vint prendre la main de l'enfant.

— Oui, mon ami, dit la marquise, va avec madame qui désire te montrer le jardin de M. Blaisois.

Le petit garçon hésitait; mais il se laissa emmener lorsque la marquise eut ajouté :

— Madame Louise et moi nous désirons être seules pour causer.

Dès que Mélanie eut fermé la porte derrière elle, la marquise s'écria :

— Ah ! maintenant, embrassons-nous !

Et elle jeta ses bras autour du cou de Gabrielle.

— Oh ! madame, madame, madame ! balbutiait Gabrielle éperdue.

En s'embrassant, toutes deux se mirent à pleurer.

La marquise reprit la parole.

— Pauvre mère, dit-elle, je sais tout ce que vous avez souffert ; votre vie n'a été, comme la mienne, qu'une longue suite d'épreuves et de douleurs... Allez, Gabrielle, nous sommes sœurs par la souffrance et nous pouvons nous plaindre et pleurer dans les bras l'une de l'autre !

« Mais vous, continua-t-elle, vous voyez la fin de vos tourments ; en vous rendant votre enfant, je vous fais retrouver une partie de vos joies perdues, et l'avenir vous promet le bonheur. »

Elle s'interrompit pour essuyer ses yeux.

— Moi... reprit-elle d'un ton douloureux, je n'ai plus d'avenir ; j'ai été fatalement condamnée à l'heure de ma naissance et je dois subir ma triste destinée, je garde toutes mes douleurs auxquelles d'autres plus cruelles encore vont se joindre. Ma fille ne pourra rien faire pour une mère, tandis que vous, Gabrielle, vous avez un fils qui vous aimera et vous fera oublier !

Elle se laissa tomber sur un siège. Elle était accablée.

— Madame la marquise me permet-elle de lui adresser une question ? demanda Gabrielle.

— Ah ! vous avez le droit de m'interroger.

— Madame la marquise, quand vous aurez tout appris à M. le marquis de Coulange et que vous m'aurez rendu mon enfant, que ferez-vous ?

— Ce que je ferai ? Le jour et la nuit, c'est ma pensée de tous les instants. J'avais d'abord pris la résolution de m'exiler du monde en m'ensevelissant au fond d'une retraite impénétrable. Mais j'ai un espoir.

— Un espoir !

— Depuis quelques jours il s'est fait dans tout mon être un tel changement que je suis à peine reconnaissable ; je sens toutes mes forces physiques et morales s'éteindre... Eh bien, oui, j'ai l'espoir qu'après la dernière et effroyable épreuve, la mort viendra me délivrer de la vie.

— Non, non, vous ne mourrez pas ! s'écria Gabrielle.

La marquise secoua la tête et eut une sorte de gémissement.

Le regard de Gabrielle s'était illuminé. Pour la première fois, depuis peut-être des années, un peu de rose teinta ses joues. Elle reprit :

— Voyons, si je vous disais : Madame la marquise, ne dites rien à M. le marquis de Coulange, je n'accepte pas votre sacrifice.

La marquise se dressa en face d'elle, et, les yeux dans les yeux, elle l'interrogea du regard.

— Ah! moi aussi je sais tout ce que vous avez souffert, reprit Gabrielle avec animation; plus que moi encore vous avez été une victime des méchants... Comme vous venez de le dire, nous sommes sœurs par la souffrance. Eh bien, c'est parce que nous sommes deux sœurs, deux mères martyres, que je ne veux point des joies qui seraient payées par vos larmes !... Je n'oublie pas en ce moment notre rencontre au jardin des Tuileries ; elle m'a laissé un souvenir impérissable. Ce jour-là, ainsi qu'aujourd'hui, vous m'êtes apparue noble et grande, douce et souriante comme l'espérance ! Vous aimez mon enfant, vous l'avez adopté, vous en avez fait votre fils... Je sais tout, allez, je sais tout. Aujourd'hui, mon enfant est autant le vôtre que le mien... Eh bien, je renonce à mes droits, je ne le réclamerai pas !...

— Gabrielle, Gabrielle, que dites-vous ? exclama la marquise.

— Madame la marquise, répondit Gabrielle avec exaltation, je vous laisse mon enfant; je ne veux pas que vous immoliez vous-même !

Madame de Coulange laissa échapper un cri de surprise et de joie.

— Quoi ! dit-elle d'une voix tremblante, vous voulez?...

— Je veux que votre bonheur ne soit pas détruit et votre vie brisée ! Il ne faut pas que seule je sois heureuse; car je le suis, ajouta-t-elle ; oui, je suis heureuse de savoir que mon fils existe et qu'on l'aime !

En prononçant ces paroles, ses joues pâles s'étaient encore colorées ; le front haut, radieux, et le regard plein de rayonnement, elle paraissait transfigurée. Elle était superbe !

La marquise la contemplait, saisie d'admiration.

— Elle dit que je suis noble et grande, pensait la jeune femme, quand c'est elle qui est admirable et sublime !

Gabrielle changea subitement d'attitude et reprit d'une voix douce et émue :

— Vous me permettrez de le voir quelquefois, n'est-ce pas ? et on ne lui défendra point de m'aimer. Soyez tranquille, madame la marquise, je serai forte et je saurai empêcher mon cœur de parler trop haut; il ne se doutera jamais que je suis sa mère ! Allez, quand je le veux, j'ai de la volonté. Pour M. le marquis de Coulange et pour lui, je ne serai jamais autre chose que madame Louise, la pauvre Figure de cire du jardin des Tuileries. D'ailleurs, je ne serai pas exigeante ; pourvu que je puisse le voir et l'embrasser de loin en loin, — tant qu'il sera enfant, — je serai satisfaite ; plus tard, quand il sera grand, je me contenterai de savoir qu'il est heureux et qu'il ne m'a pas tout à fait oubliée. Il sera bon et il aura du cœur, j'en suis sûre; mais pour qu'il ne m'oublie pas, madame la marquise, il faudra que vous lui parliez de moi quelquefois... un peu.

Elle se prit à pleurer ! la marquise, elle aussi, était toute en larmes.

— Gabrielle, dit-elle d'une voix entrecoupée de sanglots et en lui prenant les mains, puisque vous ne voulez pas de mon sacrifice, j'accepte le vôtre. Votre fils aura deux mères pour l'aimer et veiller sur son bonheur. Mais, après avoir été trop longtemps séparée de lui, Gabrielle, vous ne devez plus le quitter. Je vous ferai une place dans la maison de Coulange, près de votre enfant.

Une joie indicible éclata dans les yeux de Gabrielle,

— Oh! dit-elle, vivre près de lui, le voir et l'entendre à chaque instant, ce serait le bonheur suprême! Mais non, madame la marquise, cela ne se peut pas, c'est impossible!

— Gabrielle, il faut que cela soit. Écoutez : je sais que vous avez reçu une excellente éducation et que vous êtes très instruite.

— J'ai fait, il est vrai, d'assez bonnes études ; mais depuis j'ai beaucoup oublié...

— Vous avez appris l'anglais, l'allemand, vous êtes musicienne, vous jouez du piano.

— Oui, je sais un peu tout cela.

— Gabrielle, pour tout le monde, à Coulange et à Paris, vous serez madame Louise, l'institutrice de Maximilienne ; mais pour moi vous serez Gabrielle Liénard, la mère d'Eugène, mon amie, ma sœur !...

Gabrielle resta silencieuse. Les yeux baissés, elle réfléchissait.

— C'est convenu, vous acceptez, n'est-ce pas? reprit la marquise au bout d'un instant.

— Oui, j'accepte avec joie, avec ivresse, répondit Gabrielle ; mais il y a une chose que vous ignorez et qu'il faut que vous sachiez.

— Je vous écoute, Gabrielle.

— Je n'ai pas à vous raconter mon passé, vous le connaissez. J'ai été séduite parce que je n'ai pas su veiller sur moi-même. J'aimais, voilà mon unique excuse. Depuis longtemps, d'autres douleurs m'ont fait oublier les chagrins que cet homme m'a causés et je lui ai pardonné. D'ailleurs, je ne sais pas si j'aurais le droit de lui en vouloir. D'après certains renseignements qu'a recueillis M. Morlot, il paraîtrait qu'il ne m'a pas abandonnée, qu'il m'aimait réellement et qu'il avait l'intention de me donner son nom.

— Ah! fit la marquise inquiète.

Gabrielle continua :

— N'ayant rien à lui demander, ne voulant vivre désormais que pour aimer mon enfant, ignorant complètement où il habite et quelle est sa position, je ne pensais plus à lui depuis longtemps lorsque, il y a quelques jours, je l'ai rencontré.

La marquise tressaillit. Son effroi était visible.

— Mais il ne m'a pas reconnue, s'empressa d'ajouter Gabrielle. Or, voici ce qu'il faut que vous sachiez : le père de mon enfant est l'ami de M. le marquis de Coulange et probablement le vôtre aussi.

Lorsqu'il eut vu disparaître en mer le paquebot qui emportait Sosthène de Perny, Morlot s'empressa de rentrer à l'hôtel. (Page 556.)

— Oh! mon Dieu, gémit la marquise, le cœur serré par une horrible angoisse.
— Rassurez-vous, madame la marquise ; comme je viens de vous le dire, il ne m'a pas reconnue.
— Gabrielle, vous vous êtes trompée, peut-être. Comment se nomme-t-il? Dites-moi son nom.
— Octave Longuet.
— Octave Longuet! s'écria la marquise frissonnante ; ah! c'est affreux, c'est

épouvantable !... Vous ne vous êtes pas trompée, Gabrielle ; oui, c'est bien le père de votre enfant que vous avez rencontré l'autre jour au bord de la Marne, en compagnie de M. de Coulange. Mon Dieu, quel enchaînement de choses menaçantes et terribles! Je tombe d'un danger dans un autre non moins effroyable ! Essayer de lutter contre la fatalité, contre Dieu, audacieuse folie !... Et vous, Gabrielle, vous voulez me sauver ! exclama-t-elle avec égarement.

— Oui, et je vous sauverai !
— Comment, dites, comment ?
— En gardant le silence !
— Oh ! garder le silence... voilà ce qui m'a perdue !
— Et c'est ce qui vous sauvera !

XX

CE QU'ON TROUVE DANS UNE ENVELOPPE DE LETTRE A MOITIÉ BRULÉE

Un instant après, Gabrielle étant parvenue à rassurer la marquise et à calmer son agitation, elles continuaient à causer, assises l'une près de l'autre, leurs têtes se touchant et leurs mains unies.

— Le père de votre enfant vous a caché son véritable nom, disait la marquise ; c'est le comte de Sisterne, actuellement capitaine de frégate. Du reste, il porte le prénom d'Octave, et ce nom de Longuet, qu'il s'est donné, appartient à sa famille. Un de ses ancêtres, appelé Longuet, a été anobli et créé comte de Sisterne, en récompense de services exceptionnels rendus à la France.

« Le comte de Sisterne a une grande fortune ; lui et mon mari sont des amis d'enfance, ils s'aiment comme deux frères. Le comte n'a jamais voulu se marier, c'est même lui être désagréable que de lui parler mariage ; maintenant, je comprends pourquoi. Il n'y a pas à en douter, Gabrielle, M. de Sisterne vous aimait, peut-être veut-il garder toujours votre souvenir dans son cœur. Si intime qu'il soit avec M. de Coulange, je suis à peu près certaine qu'il lui a caché son secret.

« Forcé de se rendre à Toulon à bord de son navire, il n'est resté que trois jours à Coulange ; mais ce temps si court a suffi pour établir entre lui et Eugène une amitié extraordinaire. Il est impossible de le nier, la voix du sang existe réellement, elle parle au cœur, fait naître à première vue la sympathie et donne à l'âme une sorte de divination. Vous en êtes la preuve, Gabrielle ; la première fois que vous avez vu Eugène au jardin des Tuileries, votre cœur l'a reconnu.

« L'enfant s'est immédiatement familiarisé avec M. de Sisterne. Il avait de la peine à s'éloigner de lui ; on aurait dit qu'il ne voulait plus le quitter. La même affinité mystérieuse qui l'attire vers vous le poussait vers le comte.

« Je ne faisais pas beaucoup attention à cela, n'y voyant, comme M. de Coulange, qu'une idée ou un caprice d'enfant. Maintenant, toutes ces choses à peine observées me reviennent à la mémoire. »

Après un court silence, la marquise reprit :

— Dès ce soir je vais faire préparer votre chambre au château, et demain, si vous le voulez, je viendrai vous chercher, ainsi que madame Morlot. Je vous dirai plus tard ce que M. Morlot a fait pour moi, pour nous, et tout ce que nous lui devons ; mais, je saurai bien lui prouver toute ma reconnaissance, à laquelle son excellente femme a droit aussi. On donnera à votre amie une chambre contiguë à la vôtre et elle restera au château tout le temps qu'elle voudra. Cet arrangement vous convient-il, Gabrielle?

— Oui, madame la marquise. D'ailleurs, je ne peux qu'approuver, quand vous répondez à mes pensées et prévenez tous mes désirs.

— Je suis sûre d'avance que nous nous entendrons toujours très bien.

Pendant un instant encore, elles causèrent très intimement d'Eugène et de Maximilienne. Maintenant, elles étaient deux pour les aimer et ils allaient être l'objet de leur sollicitude et de leurs constantes préoccupations.

Mélanie revint avec le petit garçon. Elle avait réussi à l'intéresser et à l'amuser en lui faisant faire cinq ou six fois le tour du verger du père Blaisois.

— Eugène, dit la marquise à l'enfant, je vais t'annoncer quelque chose qui te fera un grand plaisir.

Le regard du petit garçon devint interrogateur, et il se redressa pour écouter.

— Ta bonne amie, madame Louise, va venir demain avec nous au château.

Les yeux de l'enfant pétillèrent de joie. Tour à tour il regarda la marquise et Gabrielle.

— Vrai, fit-il, c'est bien vrai ?

— Oui, mon petit ami, répondit Gabrielle vivement émue, c'est bien vrai.

— Oh! je suis content, content! dit-il.

Et il se mit à battre joyeusement des mains.

Puis, prenant tout à coup un air sérieux il se jeta dans les bras de la marquise.

Mélanie ne cherchait pas à cacher son étonnement. Elle ne pouvait deviner ce qui s'était passé entre les deux mères, mais elle éprouvait une grande joie.

L'enfant passa des bras de la marquise dans ceux de Gabrielle.

Madame de Coulange s'était levée pour partir.

Eugène prit la main de Gabrielle et, l'entraînant vers la porte :

— Venez, madame Louise, disait-il, venez; le jardin du château est bien plus beau que celui de M. Blaisois ; il y a beaucoup de fleurs, de belles pelouses, de grandes allées pour se promener et courir, et partout des sièges pour s'asseoir à l'ombre quand on est fatigué.

— Il faut que je reste ici aujourd'hui encore, lui répondit Gabrielle; c'est demain que j'irai au château.

L'enfant parut contrarié.

— Demain, dit la marquise, nous reviendrons à Miéran avec Maximilienne et nous emmènerons madame Louise.

Se tournant vers Mélanie.

— Et vous aussi, madame Morlot, lui dit-elle gracieusement ; veuillez accepter l'invitation que je vous fais de passer quelque temps au château de Coulange près de votre amie.

— Madame la marquise est trop bonne...

La marquise lui prit la main.

— Je sais que vous êtes mon amie, dit-elle avec un accent de reconnaissance.

Gabrielle et Mélanie accompagnèrent madame de Coulange jusqu'à sa voiture, et elles se séparèrent en se disant :

— A demain !

Gabrielle n'avait rien de caché pour Mélanie; elle lui raconta ce qui s'était passé entre elle et la marquise.

— Elle est venue à Miéran, m'amenant elle-même mon enfant, ajouta-t-elle, cette démarche m'a profondément touchée. Déjà, Mélanie, vous aviez fait entrer la pitié dans mon cœur en me disant dans quelle horrible situation elle se trouvait. J'avais devant moi une mère malheureuse, une femme qui a souffert, une victime prête à accomplir un dernier et suprême sacrifice : Je sentis en moi un affreux déchirement, et je n'eus plus la force de lui porter un coup terrible, qui pouvait être mortel.

Le soir Mélanie annonça à ses parents que Gabrielle allait entrer chez madame la marquise de Coulange en qualité d'institutrice et qu'elle-même était invitée à passer quelques jours au château.

Le lendemain, vers deux heures de l'après-midi, la marquise, accompagnée des deux enfants, arriva à Miéran dans une calèche attelée de deux chevaux.

Gabrielle et Mélanie étant habillées, prêtes à partir, la marquise ne fit qu'entrer chez Blaisois.

Les trois jeunes femmes et les deux enfants montèrent dans la voiture, qui reprit immédiatement le chemin de Coulange.

. . . .

Lorsqu'il eut vu disparaître en mer le paquebot qui emportait Sosthène de Perny vers l'Amérique du Sud, Morlot s'empressa de rentrer à l'hôtel où il était descendu afin d'écrire à la marquise de Coulange. Il tenait à lui annoncer le plus vite possible que la mission dont elle l'avait chargé était remplie. Il lui disait aussi qu'il n'avait pu retrouver encore le coffret de cuivre. M. de Perny ne savait pas ce qu'était devenu le précieux objet, car il n'avait pas revu son complice, lequel avait momentanément disparu.

Il porta sa lettre au bureau des postes et se rendit ensuite à la gare, où il prit le train express du soir pour revenir à Paris. Il n'était resté au Havre que vingt-quatre heures.

Le lendemain, dans la matinée, Mouillon et Jardel arrivèrent chez lui et ils eurent ensemble une longue conférence. Les deux agents avaient recueilli un supplément de renseignements.

Les notes de Morlot étaient parfaitement en ordre; il n'eut que peu de choses à y ajouter.

— Maintenant, mes amis, dit-il, nous n'avons plus qu'à achever notre œuvre; nous tenons la bande entière. Quand tous ces coquins seront à Mazas, en supposant qu'on puisse les y mettre tous, nous aurons rendu à Paris et surtout aux communes de la banlieue, qui sont le théâtre de leurs exploits, un immense service.

Ils déjeunèrent tous les trois dans un restaurant de la rue Dauphine. Ensuite ils se séparèrent pour se retrouver à cinq heures.

Morlot se rendit à la préfecture de police et fut reçu immédiatement par le chef de la police de sûreté, sous les yeux duquel il fit passer successivement toutes ses notes. Il lui soumit ensuite le plan qu'il avait conçu pour s'emparer rapidement, en quelques heures, de toute cette bande de voleurs.

Le chef approuva sans restriction. Il ne crut pas devoir cacher sa satisfaction à Morlot et il lui adressa de nombreuses félicitations.

— Morlot, ajouta-t-il, le moment est venu de récompenser vos services, dites-moi vous-même ce que vous désirez.

— Rien pour moi, monsieur, mais avancement sérieux pour Mouillon et Jardel, mes deux amis, qui sont des agents actifs, courageux, intelligents et dévoués.

— Soyez sûr d'avance, Morlot, que Mouillon et Jardel seront récompensés; mais vous avez des droits que je tiens à faire valoir.

— Je ne demande rien, répliqua Morlot; du reste, mon intention est de donner prochainement ma démission.

— Quoi ! vous voulez nous quitter ?

— Bientôt, oui, monsieur.

— Pourquoi, Morlot ?

Il rougit comme une jeune pensionnaire et répondit avec embarras :

— Pour être agréable à ma femme.

— S'il en est ainsi, mon brave Morlot, je ne veux pas combattre votre résolution ; mais rappelez-vous que si vous avez besoin de moi, même quand vous n'appartiendrez plus à l'administration, je serai heureux de vous être utile.

Morlot remercia son chef avec émotion.

— Je garde vos notes, reprit celui-ci ; c'est un travail excellent qui servira à l'instruction de l'affaire. Quant à votre plan, auquel je ne vois rien à modifier, il sera exécuté la nuit prochaine. Il faut toujours agir rapidement. Je prendrai part à l'expédition, et, si vous le voulez, Morlot, vous serez avec moi...

— Oh ! de grand cœur !

Le chef de la sûreté désigna les six commissaires de police qui devaient arrêter les voleurs, en opérant séparément, et il envoya des agents pour les inviter à venir le trouver immédiatement à la préfecture.

Il fut convenu que Mouillon et Jardel seraient donnés à deux commissaires de police.

Le chef congédia Morlot en lui disant :

— A ce soir, huit heures.

Les indications fournies par Morlot étaient si rigoureusement exactes et toutes les mesures furent si bien prises, que quatre-vingt-six voleurs, des repris de justice et des forçats en rupture de ban, pour la plupart, furent arrêtés dans la nuit. Parmi eux se trouvaient une douzaine de femmes.

Dans la matinée du lendemain, vingt-deux individus tombèrent encore entre les mains de la justice. C'était le reste de la bande. Huit receleurs furent également arrêtés.

Les jours suivants, à la suite des premiers interrogatoires, quinze femmes et trois scélérats des plus dangereux, recherchés depuis longtemps, furent encore capturés par la police. C'était un magnifique coup de filet. On le devait à Morlot, à Mouillon et à Jardel. C'était leur œuvre.

Il y eut beaucoup de jaloux ; mais nul ne chercha à amoindrir leur mérite et à diminuer leur gloire.

Mouillon et Jardel n'attendirent pas longtemps leur récompense. On proposa à Morlot de lui donner la croix. La croix ! le ruban rouge à sa boutonnière ! Depuis dix ans, c'était son rêve ambitieux.

Il refusa. Et en essuyant une larme, il se dit :

— Je ne la mérite pas !

— Et bien, Jardel, disait Mouillon, nous voilà tous les deux inspecteurs de police.

— Oui, et bien notés à la préfecture.

— Morlot nous l'avait promis ; il nous a fait gagner nos galons.

— Ah ! c'est un crâne, celui-là ! Mais pourquoi diable a-t-il refusé la décoration ?

— Je n'y comprends rien.

— Il l'a pourtant bien gagnée.

— Et dire, mon cher Jardel, que la croix refusée par Morlot, notre superbe avancement et une armée de voleurs mise en prison, tout cela s'est trouvé dans une vieille enveloppe de lettre à moitié brûlée !

XXI

VISITE A MAZAS

Morlot avait reçu deux lettres, l'une de sa femme, l'autre de la marquise, qui lui avaient appris ce qui s'était passé à Miéran et que Gabrielle et Mélanie étaient au château de Coulange.

La lettre de la marquise, très affectueuse, le remerciait encore de tout ce qu'il avait fait pour elle ; elle la terminait en l'invitant à venir passer quelques jours à Coulange, dès que ses occupations le lui permettraient.

L'instruction de l'importante affaire des voleurs était commencée, et déjà on avait obtenu de très curieux renseignements touchant l'organisation de la bande, sa manière d'opérer, sa discipline, ses rapports avec les receleurs et le nombre des crimes qu'elle avait commis. Ils étaient tellement nombreux qu'on ne pouvait plus les compter. Seulement à la charge de la compagnie du brigand qui portait le nom de Princet, il y avait plus de cent vols par escalade et effraction et deux assassinats : celui d'une vieille femme assassinée dans son lit ; l'autre, d'un homme que l'on avait trouvé dans la cour de sa maison, gisant au milieu d'une mare de sang. Ces deux assassinats remontaient à quelques mois.

Certes, Morlot avait le droit d'être fier de son succès. Cependant il n'était pas complètement satisfait. La dame Trélat ne se trouvait point parmi les femmes arrêtées. Malgré les recherches auxquelles il s'était livré secrètement, il lui avait été impossible de la découvrir. Comme toujours, la femme d'Asnières restait introuvable. Il semblait qu'elle eût le don de se rendre invisible, de se transformer comme certains insectes ou de changer de couleur comme le caméléon.

Il avait espéré que les révélations des détenus amèneraient l'arrestation de cette misérable; mais ni les uns, ni les autres ne parlèrent de Solange et de Blaireau. Ce dernier, du reste, n'était connu que de deux ou trois receleurs.

Morlot sentait, devinait que, comme la dame Trélat, le véritable chef des voleurs échappait à la justice. Comme lui, les magistrats chargés de l'instruction de l'affaire avaient cette conviction ; aussi cherchèrent-ils par tous les moyens à déchirer le voile derrière lequel se cachait le mystérieux personnage. Inutiles efforts. Le silence obstiné des receleurs lassa leur patience. Les misérables ne craignaient point d'aggraver leur situation pour assurer l'impunité du maître.

Pendant ce temps, Solange se tenait cachée dans une petite maison de Joinville-le-Pont, achetée par Blaireau. Ce dernier n'était peut-être pas tout à fait tranquille; mais, comme Napoléon, il avait confiance en son étoile. Au milieu de cet effondrement il allait triompher une fois de plus, et, toujours fier de son génie, se grandir encore dans son orgueil. Mais plusieurs fois millionnaire et devenu avare, il n'allait plus avoir qu'une pensée : conserver son immense fortune mal acquise.

L'instruction était terminée. Les prochaines assises promettaient d'être excessivement intéressantes.

Morlot était allé passer trois jours au château de Coulange, puis il était revenu à Paris avec sa femme.

Gabrielle leur avait dit, en les embrassant au moment de leur départ :

— Maintenant, j'ai tout le bonheur que je pouvais désirer.

Le jour où le marquis était revenu de son voyage dans les Pyrénées, la marquise lui avait présenté Gabrielle en lui disant :

— J'ai découvert que madame Louise est très instruite, je lui ai proposé d'être l'institutrice de Maximilienne et elle a bien voulu accepter.

A cela le marquis répondit simplement :

— C'est très bien !

Puis, s'adressant à Gabrielle :

— Vous aimez déjà nos enfants, lui dit-il, ils vont avoir en vous une seconde mère. Vous êtes maintenant de notre famille.

— Monsieur le marquis, répondit Gabrielle émue jusqu'aux larmes, je ferai tout ce qui dépendra de moi pour mériter votre confiance et celle de madame la marquise.

Une après-midi, une partie des détenus de Mazas étaient descendus dans le préau. Les uns causaient assis sur des bancs, les autres se promenaient par groupes de deux, trois ou quatre.

Un gardien de la prison s'approcha d'un des détenus et lui dit :

— Suivez-moi.

— Où cela ? demanda le prisonnier.

— Au parloir.

— Pour quoi faire ?

— Vous y trouverez quelqu'un qui veut causer avec vous.

— Ah ! fit l'homme.

Et il suivit le gardien.

Dans le parloir, le détenu se trouva en présence d'un personnage qui lui était inconnu.

— C'est vous qui m'avez fait demander ? dit-il.

— Oui.

— Je ne vous connais pas. Est-ce que vous me connaissez, vous ?

— Beaucoup. Vous vous nommez Armand des Grolles et vous demeuriez rue Saint-Sauveur, sous le faux nom de Jules Vincent.

— Eh bien, Jardel, disait Mouillon, nous voilà tous les deux inspecteurs de police.

— Soit, que me voulez-vous ?
— Vous avez été arrêté à Gentilly en même temps que Princet, Cholard et onze autres.
— Je le sais bien.
— L'instruction ne vous a pas beaucoup chargé ; vous auriez eu des chances d'être déclaré non coupable, si vous n'aviez pas contre vous une ancienne condamnation à deux ans de prison par contumace.
Cependant, vous ne serez probablement condamné qu'à deux ou trois ans de prison.

— Je l'espère.

— Oui, mais si je révélais au juge d'instruction un fait que je connais, ce ne serait plus à trois ans de prison, mais à dix et peut-être à quinze ans de travaux forcés que vous seriez condamné.

Des Grolles tressaillit et devint très pâle.

— Dans l'affaire à laquelle je fais allusion, reprit le personnage inconnu, qui n'était autre que Morlot, vous n'avez pas été seulement de complicité dans un vol audacieux commis la nuit avec des armes dans une maison habitée, mais aussi de complicité dans une tentative d'assassinat.

Morlot tira de sa poche un poignard, et le mettant sous les yeux de Des Grolles :

— Le reconnaissez-vous ? lui demanda-t-il.

Le misérable ne répondit pas, il tremblait comme s'il eût la fièvre.

— Eh bien, reprit Morlot, avec ce poignard, qui vous appartenait, votre complice a voulu tuer la marquise de Coulange endormie au moyen d'un narcotique. Or, ce narcotique, c'est vous, Armand Des Grolles, qui l'avez remis à la femme de chambre, dans une petite fiole, en lui ordonnant de le verser à sa maîtresse.

Des Grolles n'osait plus regarder Morlot. Il était confondu et paraissait écrasé.

Morlot poursuivit :

— Je sais que, dans tout cela, vous n'avez été que l'instrument passif de Sosthène de Perny. Voilà pourquoi il n'est point parlé de ce qui est passé au château de Coulange dans l'acte d'accusation dirigé contre vous. Comme vous le voyez, pouvant vous envoyer au bagne, je ne l'ai pas fait.

— Oui, il ne l'a pas fait, se dit Des Grolles, qui, remis de sa peur, commençait à réfléchir ; mais ce n'est certainement point par amitié pour moi. Il a quelque chose à me demander, laissons-le venir.

Regardant Morlot, en dessous, il reprit tout haut :

— Pouvez-vous me dire ce qu'est devenu Sosthène de Perny ?

— Je l'ignore.

— C'est bien étonnant, quand vous savez tant d'autres choses. Eh bien, moi, je sais qu'il a été arrêté par les gens du château.

— Comment le savez-vous ?

— Sorti du château le premier, je l'attendais ; ne le voyant pas venir et ne voulant pas m'en aller seul, c'est-à-dire l'abandonner, je rentrai dans le château, et j'entendis des voix d'hommes et le bruit d'une lutte. Je compris que Sosthène avait fait du bruit et que les domestiques, réveillés, étaient accourus. Alors je m'empressai de prendre la fuite, mon dévouement n'allant pas jusqu'à me donner le désir de partager son sort.

— En effet, les domestiques s'étaient emparés de M. de Perny, dit Morlot ;

mais il est parvenu à s'échapper, et l'on suppose qu'il s'est sauvé en pays étranger.

— Bon, bon, je comprends, pensa Des Grolles ; on n'a pas voulu livrer Sosthène aux gendarmes, on a préféré le faire filer hors frontière. Allons donc, je ne suis pas un imbécile ; si on garde le silence sur l'affaire de Coulange, c'est qu'on craint le scandale. De ce côté, je n'ai rien à redouter, Sosthène me sert de bouclier.

— Maintenant, reprit Morlot, dites-moi ce que vous avez fait d'un coffret de cuivre que Sosthène de Perny vous a remis après l'avoir volé dans la chambre de madame de Coulange.

— Nous y voilà, se dit Des Grolles, c'est le coffret qu'il cherche.

— Ah ! oui, fit-il à haute voix, le coffret de cuivre !

— Il ne contient que des papiers, et quelques autres objets sans aucune valeur pour vous, dit Morlot.

— Je n'ai pas eu la curiosité de regarder dedans, répliqua Des Grolles ; d'ailleurs, je savais que je n'y aurais trouvé ni de l'or, ni des bijoux, ni des billets de banque.

— On tient beaucoup à rentrer en possession de ces papiers, dit Morlot ; or, si vous me rendez le coffret, je vous promets de garder le silence sur la tentative d'assassinat et le vol de Coulange.

Des Grolles prit subitement une figure très attristée.

— Où est le coffret ? A qui l'avez vous confié ? demanda Morlot.

— A personne, monsieur.

— Alors vous l'avez caché quelque part ?

— Ah ! je suis contrarié, oui, bien contrarié, fit Des Grolles avec un grand accent de vérité.

— Pourquoi ? Que voulez-vous dire ?

— Je ne peux pas vous rendre le coffret.

— Vous ne pouvez pas ?

— Malheureusement !

— Pourquoi ? Voyons, pourquoi ? l'interrogea Morlot, en fronçant les sourcils pour dissimuler son inquiétude.

— Vous pourrez peut-être le retrouver.

— Où ?

— Dans la rivière.

— Dans la rivière ! exclama Morlot.

— Oui.

— Quelle rivière ?

— La Marne.

— Ainsi, reprit Morlot, regardant fixement Des Grolles, vous avez jeté le coffret dans la Marne ?

— Oui.
— Ce n'est pas croyable.
— C'est pourtant vrai, monsieur.
— Mais, enfin, pour quelle raison ?
— Pour m'en débarrasser.
— Ah ! pour vous en débarrasser ! fit Morlot, qui, malgré sa défiance, se laissait convaincre par l'air de sincérité de Des Grolles.
— Oui, monsieur. Comme je vous l'ai dit tout à l'heure, je me suis enfui du château après avoir entendu le bruit de la lutte entre Sosthène et les domestiques, Talonné par la peur d'être arrêté aussi, je me sauvai à toutes jambes. J'avais le coffret sous mon bras, et, bien qu'il ne fût pas très lourd, il me gênait pour courir. Alors, je ne fis ni une ni deux, je le lançai au milieu de la rivière.
— Est-ce bien vrai, cela ? fit Morlot, plongeant son regard ardent dans les yeux de Des Grolles.
— Je suis en prison pour plusieurs années, répondit celui-ci, je n'ai aucun intérêt à ne pas dire la vérité. D'ailleurs, pourquoi vous mentirais-je, à vous surtout qui pouvez me dénoncer et faire tripler ou quadrupler ma peine ?
Le dernier doute de Morlot s'évanouit.
La chose, du reste, paraissait très vraisemblable.
— Pouvez-vous vous rappeler à peu près à quel endroit de la rivière vous avez jeté le coffret ? demanda-t-il.
— Dame, il me serait difficile de vous le dire au juste ; mais je n'étais pas bien loin de la porte du parc par laquelle je suis sorti.
Morlot n'avait plus rien à demander à Des Grolles. Il se retira à moitié satisfait de sa visite à Mazas.

XXII

LA RÉCOMPENSE

Le lendemain, Morlot partit pour Miéran.
Sous le prétexte de retrouver une boîte en cuivre assez volumineuse, qu'il avait laissé tomber dans l'eau, en se promenant sur la Marne avec une nacelle, il embrigada une douzaine de pêcheurs, parmi lesquels se trouvaient quelques excellents nageurs.
Pendant quatre jours, du matin au soir, sous les yeux de Morlot, ces douze hommes fouillèrent le lit de la rivière sur une longueur de six à huit cents mètres, à partir de la porte du parc.

Ceux qui savaient nager plongeaient; les autres traînaient de long en large leurs filets, dont ils avaient doublé les plombs pour la circonstance.

Ce travail pénible fut inutile. On ne trouva rien. On dut conclure, en cessant les recherches, que le coffret s'était enfoncé dans la vase.

Morlot partagea l'opinion des pêcheurs.

Il ne crut pas devoir se présenter au château de Coulange ; mais aussitôt revenu à Paris, il écrivit à la marquise pour l'informer qu'il n'avait pu retrouver le coffret.

La réponse de la jeune femme ne se fit pas attendre.

« Votre lettre m'a complètement rassurée, lui disait-elle. Je n'ai plus à craindre qu'il soit fait un usage criminel du manuscrit. La rivière gardera le coffret et ce qu'il contient mieux que je n'ai su le faire moi-même. »

Peu de temps après, s'ouvrirent les assises où on allait juger la bande des voleurs et des receleurs.

Deux quinzaines furent consacrées presque exclusivement à ce mémorable procès, qui eut alors à Paris et dans toute la France un immense retentissement.

A l'exception de cinq femmes et de quatre hommes qui furent acquittés, tous les autres, reconnus coupables par le verdict du jury, s'entendirent condamner plus ou moins sévèrement.

Princet et trois autres furent condamnés à mort.

Après ceux-ci, dix furent condamnés aux travaux forcés à perpétuité.

Il y eut ensuite de nombreuses condamnations aux travaux forcés à temps, puis à la réclusion, à la prison.

Cholard se trouva compris dans la catégorie des condamnés à douze ans de travaux forcés.

Armand Des Grolles, dit Jules Vincent, en fut quitte pour cinq ans de prison.

Le lendemain de la dernière séance des assises, Morlot donna sa démission.

— Maintenant, dit-il à sa femme, il faut que je me procure un emploi ; nous ne sommes pas assez riches pour que je puisse vivre en rentier; d'ailleurs, j'aurais honte, à mon âge, de ne pas travailler.

— Tu as raison, mon ami, répondit Mélanie, il faut que nous travaillions encore afin d'augmenter notre bien-être à venir; mais tu as tout le temps de chercher une place convenable ; nous avons quelques économies en dehors de notre petit capital auquel nous ne voulons pas toucher.

Morlot se mit à la recherche d'un emploi.

Au bout de quelques jours, il dit à Mélanie :

— Je ne croyais pas que ce fût aussi difficile de trouver une place.

— Baste! fit-elle, prends patience; Paris est grand.

— Peut-être trop grand, répliqua Morlot.

Toutefois, il ne perdit pas courage ; mais quinze jours s'écoulèrent sans qu'il fût plus avancé que le premier jour.

Mélanie creusait bravement le trou de son épargne.

Morlot se disait :

— Si madame la marquise était à Paris, j'oserais peut-être lui demander de m'aider ; mais elle est à Coulange, et je ne vois pas pourquoi je me permettrais de l'importuner. Et puis, cela aurait trop l'air de réclamer le prix de ce que j'ai eu le bonheur de faire pour elle.

Comme on le voit, Morlot ne comptait pas beaucoup sur la marquise.

Un matin, le marquis de Coulange se présenta chez Morlot à l'improviste.

La surprise de la femme ne fut pas moins grande que celle du mari.

Après leur avoir tendu la main à tous deux, le marquis s'assit sans façon sur la chaise que lui offrait Mélanie.

— Monsieur Morlot, dit-il, vous paraissez étonné de me voir chez vous ; supposiez-vous donc que la marquise de Coulange vous oubliait ?

— Monsieur le marquis... balbutia Morlot.

— Il y a quelque temps, reprit le marquis, vous aviez l'intention de donner votre démission. Avez-vous toujours la même idée ?

— Cette démission est donnée, monsieur le marquis ; je ne suis plus agent de police.

— Est-ce que vous avez un autre emploi ?

— Pas encore, monsieur le marquis, mais j'espère que bientôt...

— C'est très bien, dit le marquis.

Après un court silence, il reprit d'une voix grave :

— Monsieur Morlot, depuis trois jours seulement je sais que vous et Madame Morlot, êtes deux amis de ma famille. La marquise de Coulange m'a longuement parlé de vous, monsieur Morlot, de votre dévouement et de sa reconnaissance. Elle m'a appris le vol audacieux commis à Coulange, l'effroyable danger auquel elle a échappé, grâce à votre intervention. Elle ne m'a pas caché non plus l'affreuse découverte que vous avez faite dans le pavillon des Ternes. Enfin je sais que, grâce à vous encore, nous sommes débarrassés pour toujours, je l'espère, d'un misérable fou, d'un malheureux qui menaçait la vie de ma femme, peut-être aussi celle de mes enfants, et plus que ces existences si chères, notre honneur à tous ! Monsieur Morlot, je vous remercie. J'ai tenu à vous apporter moi-même le témoignage de ma gratitude.

« Je me suis demandé de quelle manière, digne de vous et de moi, je pouvais reconnaître les services que vous nous avez rendus. Être reconnaissant, c'est bien. Mais la reconnaissance impose à ceux qui l'éprouvent le devoir de récompenser ceux qui l'ont fait naître. Je possède une grande fortune et je puis être généreux comme un prince ; mais si avec de l'or on paye un serviteur, c'est autrement qu'on récompense un ami, le véritable dévouement ne se taxe pas à prix d'argent.

« Cependant, monsieur Morlot, je tiens à vous offrir une récompense, et voici la proposition que je viens vous faire :

« Nous possédons à quelques lieues de Moulins, sur la rive gauche de l'Allier, le domaine de Chesnel. Cette magnifique terre, dont pendant quelques années encore j'ai seulement la jouissance, appartient à mon fils. Le château est du moyen âge ; il est très beau et dans un parfait état de conservation ; c'est une délicieuse résidence que j'ai comparée souvent à celle de Coulange. Outre le château et son parc, le domaine comprend quatre fermes très riches et des bois qui donnent cinq coupes chaque année ; il possède aussi une mine d'antimoine et deux carrières de marbre actuellement en exploitation.

« Depuis plus d'un an, mon intendant de Chesnel me demande de le remplacer. C'est un vieillard ; il a soixante-seize ans. J'éprouve toujours beaucoup de peine lorsqu'il faut que je me sépare d'un vieux et brave serviteur. Cependant, je suis forcé de donner satisfaction à M. Gautier ; après soixante années de travail, il a droit au repos.

« Monsieur Morlot, je viens vous prier d'accepter la place d'intendant du domaine de Chesnel.

— J'accepterais avec joie, monsieur le marquis, répondit Morlot, mais je crains...

— Que craignez-vous ?

— De ne pouvoir répondre à la confiance que vous voulez bien me témoigner.

— Vous défieriez-vous de vous ? monsieur Morlot.

— Un peu, monsieur le marquis.

— Allons, vous êtes trop modeste ; eh bien, moi, je suis sûr de vous. D'ailleurs, je ne vous ai pas dit tout : M. Gautier restera avec vous pendant un an encore, et même plus longtemps si vous le désirez. C'est lui qui vous fera connaître les choses et vous mettra en rapport avec les hommes qui seront sous votre surveillance ou avec lesquels vous aurez à traiter. Je suis convaincu que dans trois mois M. Gautier pourra se livrer complètement au repos auquel il aspire. Allons, dites-moi que vous acceptez.

— J'accepte, monsieur le marquis.

— A la bonne heure. J'ai oublié de vous dire quels étaient les honoraires de l'intendant de Chesnel. Mille francs par mois, cela vous convient-il ?

— Mais c'est trop, monsieur le marquis, beaucoup trop.

— Alors vous êtes satisfait, répliqua le marquis en souriant.

— Ah ! comment ne le serais-je pas ? s'écria Morlot avec émotion ; vous nous comblez, je ne sais plus que dire, je ne trouve pas de paroles pour vous remercier.

Mélanie essuyait ses larmes.

Le marquis reprit :

— Il me reste à vous demander combien de jours encore vous voulez rester à Paris.

Morlot se tourna vers Mélanie et eut un regard qui disait :

— A toi de répondre à M. le marquis.

— Le jour que vous désignerez, monsieur le marquis, dit-elle, nous partirons.

— Eh bien, mes amis, fixons dès maintenant votre départ à jeudi prochain, c'est-à-dire d'aujourd'hui en huit.

— Nous serons prêts, dit Mélanie.

— Je tiens à vous installer moi-même à Chesnel, dit le marquis ; madame de Coulange, votre amie madame Louise, les enfants et moi, nous vous attendrons au château de Chesnel. Je n'ai pas besoin de vous dire que vous trouverez votre appartement tout meublé.

Ils causèrent encore un instant ; puis après leur avoir de nouveau serré la main, le marquis se retira.

Mélanie se jeta dans les bras de son mari.

— Intendant, intendant ! disait-elle : ah ! il me semble que c'est un rêve !

— Je ne suis pas tout à fait content, fit Morlot.

— Pourquoi ?

— Le marquis est trop généreux.

XXIII

HUIT ANS PLUS TARD

Elles s'étaient écoulées rapidement et dans une tranquillité apparente, ces huit années.

La marquise et Gabrielle, les deux mères, vivaient l'une près de l'autre, s'encourageant, se soutenant, s'aimant, donnant également et sans choix toute leur tendresse aux deux enfants.

Dans l'intimité, lorsqu'elles échangeaient leurs pensées et parlaient de leurs espérances, on aurait dit les deux sœurs.

Secondée et aidée par la marquise, Gabrielle faisait l'éducation de Maximilienne, qui grandissait, se développait, s'instruisait, devenait gracieuse, belle et bonne, surtout, sous le charme mystérieux d'une double tendresse maternelle.

Eugène faisait ses études au lycée Louis-le-Grand. Ses progrès rapides et son

---

Avis. — La prochaine livraison contiendra la 1re livraison du **Fils**, suite de **Deux Mères**. — Cette livraison sera double et ne sera vendue que 10 cent. — Nos lecteurs devront s'assurer si cette livraison n'a pas été séparée ; ils ont droit de la réclamer comme prime.

DEUX MÈRES

Morlot venait de lire le compte rendu du procès criminel. (Page 571.)

intelligence extraordinaire annonçaient déjà qu'il serait plus tard un homme remarquable.

Un jour, revenant de Chesnel, le marquis avait dit à sa femme :

— Morlot est le modèle des intendants. Il n'y a pas d'homme plus honnête et plus probe. Il s'est mis en très peu de temps à la hauteur de sa nouvelle position, car, en plus de son intelligence, il a une merveilleuse faculté intuitive, qui suppléant à ce qu'il n'a pas appris, lui fait comprendre toutes les choses. Il est devenu agriculteur, forestier et un peu ingénieur. Avec ses fermiers il raisonne, discute et leur donne souvent d'excellents conseils; il expertise la valeur d'une coupe de bois comme pourrait le faire un inspecteur des forêts, et son influence se fait sentir jusque dans l'exploitation des carrières de marbre du Montoir. Il est poli et courtois avec les étrangers qui ont affaire à lui. Pour ceux qui travaillent sous ses ordres il est juste, équitable et plein de bienveillance; aussi sont-ils tous heureux de lui obéir.

Tout cela était vrai. Et le marquis de Coulange devait être d'autant plus satisfait et émerveillé des services de l'ex-agent de police, qu'en moins de trois années il avait augmenté d'un quart les revenus du domaine de Chesnel.

Le marquis avait voulu alors porter à quinze mille francs les honoraires de l'intendant.

Morlot lui répondit :

— Je trouve que vous me donnez déjà trop, monsieur le marquis ; je ne suis pas ambitieux; si j'avais des enfants, je le serais peut-être pour eux, car je voudrais leur donner l'instruction qui me manque. Mélanie n'a pas changé; elle est toujours la même femme, économe et bonne ménagère. En ne nous refusant rien et même en donnant beaucoup à nos parents pauvres, nous n'arrivons pas à dépenser plus de quatre mille francs chaque année. Comme vous le voyez, monsieur le marquis, nous ne pouvons pas faire autrement que de devenir riches.

M. de Coulange avait donc raison de dire : « Morlot est le modèle des intendants. »

Gabrielle et Mélanie s'écrivaient souvent. De plus, elles se voyaient trois ou quatre fois l'année, lorsque Morlot et Mélanie venaient passer quinze jours à Paris ou une semaine à Coulange.

Donc, huit années s'étaient écoulées.

Morlot, transformé, pour ainsi dire, gardait toujours, cependant le souvenir de son ancien métier. Il y avait toujours en lui quelque chose de l'agent de police. Souvent il pensait à ses anciens camarades, et son cœur tressaillait de joie chaque fois qu'il avait connaissance de quelques-unes de leurs prouesses.

Quand il allait à Paris, il était heureux de les revoir, de leur serrer la main, de les complimenter.

Mouillon et Jardel étaient restés ses meilleurs amis. Ceux-ci devenus deux personnages importants, n'oubliaient pas qu'ils devaient leur position à Morlot. Et ils lui disaient :

— Si un jour vous aviez besoin de nous, vous n'auriez qu'à nous faire signe. Nous sommes à vous, nous sommes vos hommes !

Pendant des années, les *Causes célèbres* avaient été la lecture favorite de Morlot, et maintenant encore, il éprouvait un grand plaisir à lire les procès criminels, le compte rendu de certaines séances des cours d'assises. Il ne lisait guère que cela et les nouvelles diverses dans les deux ou trois journaux qu'il recevait à Chesnel; car Morlot ne comprenait pas grand'chose aux graves questions de la politique. Plus que jamais, il restait l'homme de la nature, et il répétait ce qu'il avait toujours dit :

« Les sciences, la politique, c'est trop élevé pour moi. »

Or, un jour, dans le journal *la Presse*, auquel il était abonné, il lut le compte rendu d'un procès criminel qui venait de se dérouler devant la cour d'assises de la Seine, et qui lui causa une très grande émotion.

Voici le résumé de cette curieuse affaire [1] :

« Une jeune fille, du nom de Claire Langlois, employée en qualité de lingère, chez un médecin aliéniste de Montreuil, avait disparu mystérieusement de la maison du docteur, pendant une nuit d'orage.

« S'était-elle enfuie ou avait-elle été audacieusement enlevée ? On ne pouvait faire que des suppositions.

« Une grille de fer, qui ferme les cours intérieures, et la porte d'entrée sur la rue avaient été ouvertes. Comment ? Le concierge et sa femme ne purent l'expliquer. La jeune fille avait disparu pendant qu'ils étaient plongés dans un profond sommeil, qu'ils attribuèrent d'abord à la lourdeur de l'atmosphère, mais qui était l'effet d'un narcotique, comme on le découvrit plus tard.

« La police avertie lança dans toutes les directions ses plus fins limiers. Mais, malgré l'activité des agents et les recherches auxquelles se livraient de leur côté la mère et les amis de la jeune fille, plusieurs jours se passèrent sans qu'on pût obtenir aucun renseignement sur le sort de la jeune et jolie lingère.

« On fut mis sur ses traces par un Fait-Paris du *Petit Journal*.

« Ce Fait-Paris, qui parlait de la disparition de la lingère, fut lu par un ouvrier ébéniste du faubourg Saint-Antoine, lequel était l'ami du fiancé de Claire Langlois.

« Dans la nuit où la jeune fille avait disparu, l'ouvrier et deux de ses camarades se trouvaient à Joinville-le-Pont. Il se souvint que, passant vers minuit dans une ruelle déserte, ils avaient vu un fiacre s'arrêter devant une porte de jardin. Deux hommes avaient mis pied à terre, puis tiré de la voiture quelque chose de lourd ayant la forme d'un corps humain. Un instant après, les deux hommes étant entrés dans le jardin avec leur fardeau, ils avaient entendu deux ou trois cris étouffés, poussés par une voix de femme.

« Ce que les ouvriers avaient vu et entendu à Joinville coïncidait si exactement avec la disparition de la lingère de Montreuil, qu'ils furent persuadés qu'elle avait été enlevée.

« Ils ne se trompaient point.

« En effet, pour empêcher certaines révélations et conjurer un danger qui menaçait la fortune et la liberté de plusieurs individus, Claire Langlois avait été

---

1. Voir le roman intitulé *l'Enfant du Faubourg*, par Emile Richebourg.

enlevée et sequestrée dans une maison de Joinville. Cela, les ouvriers le devinèrent. Ils ne songèrent point à prévenir le commissaire de police. Résolus à jouer eux-mêmes, dans cette circonstance, le rôle d'agents de police, ils se rendirent à Joinville, accompagnés de la mère de la jeune fille, bien décidés à entrer dans la maison et à délivrer la prisonnière.

« En un instant, ils avaient conçu un plan qu'ils exécutèrent non moins rapidement. Ils pénétrèrent d'abord dans le jardin, puis dans la maison où ils trouvèrent la jeune fille, qui fut rendue à sa mère.

« Depuis quelque temps, cette maison et ceux qui la fréquentaient étaient surveillés par la police. Au moment où les ouvriers allaient se retirer, deux agents de la sûreté intervinrent tout à coup.

« Une dame du nom de Solange, qui habitait la maison, fut arrêtée. Mais, avant l'arrivée des agents, un homme qui était avec elle, son complice, avait eu le temps de prendre la fuite.

« Qui était cet homme?

« On ne l'aurait peut-être jamais su, s'il n'avait eu un complice dans la maison même du docteur de Montreuil. Cet autre misérable, qui l'avait aidé dans l'enlèvement, livra à la police le nom de Blaireau, demeurant à Paris, rue du Roi-de-Sicile.

« C'est dans la nuit, — nous avons oublié de le dire, — que les ouvriers du faubourg avaient délivré la jeune lingère.

« Le lendemain matin, plusieurs agents de la sûreté, ayant à leur tête, un commissaire de police, se présentèrent au domicile de Blaireau pour l'arrêter.

« Le misérable eut le temps de s'enfermer et de se barricader dans sa chambre. Mais voyant qu'il lui était impossible de s'échapper et comprenant que, cette fois, il était perdu, il fut saisi d'épouvante en pensant aux comptes terribles qu'il avait à rendre à la justice. Alors, à moitié fou de terreur, il s'arma de deux pistolets chargés jusqu'à la gueule et se tira les deux coups dans la tête.

« Le hideux scélérat avait eu le courage de se faire justice lui-même.

« Quand, après avoir enfoncé la porte, le commissaire de police et les agents pénétrèrent dans la chambre, ils se trouvèrent en présence d'un cadavre ayant de chaque côté de la tête deux trous par lesquels le sang coulait comme de deux sources.

« Tous les papiers qui se trouvaient chez le suicidé furent saisis, et on eut par eux d'étranges révélations.

« Ainsi, on découvrit que Blaireau avait été le véritable chef de cette bande de malfaiteurs, dont presque tous les associés avaient été jugés et condamnés, huit ans auparavant, par la cour d'assises de la Seine.

« Chose singulière et inexplicable : bien qu'on eût la preuve que Blaireau avait entre trois et quatre millions de fortune, on ne trouva aucune valeur dans son coffre-fort.

« Entre autres papiers importants, saisis chez Blaireau, et qui fixèrent l'attention des magistrats du parquet de la Seine, il y avait un reçu portant cette date : Asnières, 2 mai 1853.

« Ce reçu, de quinze cents francs, donnait quittance, à madame Félicie Trélat, du prix de six mois de location d'une maison sise à Asnières, rue Vieille-d'Argenteuil. Or, cette quittance établissait clairement que Blaireau avait été le complice, sinon l'auteur lui-même de l'enlèvement de l'enfant nouveau-né volé à Asnières dans la nuit du 19 au 20 août 1853.

« Dès lors, le juge d'instruction fut convaincu que la dame Solange, ou plutôt Joséphine Charbonneau, car on était parvenu à connaître son nom véritable, était la même femme que cette Félicie Trélat, qui avait habité la rue Vieille-d'Argenteuil.

« Interrogée sur le fait du vol de l'enfant, la Solange parut très étonnée ; elle répondit que jamais elle n'avait porté ce nom de Félicie Trélat et qu'elle ne comprenait absolument rien à ce qu'on lui disait.

« Le magistrat la mit en présence de la sage-femme et de l'agent d'affaires d'Asnières. Ceux-ci n'hésitèrent pas à la reconnaître. Mais elle prétendit qu'ils se trompaient et nia tout effrontément.

« Ce chef d'accusation fut écarté ; mais cela n'empêcha point Joséphine Charbonneau, dite Solange, d'être condamnée à dix ans de réclusion et à quinze ans de surveillance. »

Voilà ce que Morlot venait de lire dans le journal *la Presse*.

Il s'était levé. Le visage animé, les yeux étincelants, ayant sur les lèvres un sourire qui exprimait la plus vive satisfaction, il se promenait de long en large dans la chambre.

Au bout d'un instant, il s'approcha d'une fenêtre ouverte devant laquelle il resta debout, immobile, le regard perdu dans l'infini.

Morlot réfléchissait. Soudain, son front s'assombrit, ses lèvres se crispèrent légèrement, et un éclair livide sillonna son regard. Il était évidemment sous l'empire de quelque sombre pensée.

Mélanie entra dans la chambre et put s'approcher de lui sans qu'il l'entendît.

— Que regardes-tu donc dans l'espace? lui demanda-t-elle.

— Ce que je regarde?

— Oui.

— Rien. Je cherche à plonger mon regard dans l'avenir.

— Dans l'avenir ! fit-elle étonnée.

— Mélanie, tout à l'heure, par la pensée, je m'étais transporté en Amérique. J'y voyais Sosthène de Perny.

— Ah !

— Oui, et je retrouvais le même homme; l'indulgence et la bonté de sa sœur n'ont point étouffé sa haine. Pour voler l'enfant de Gabrielle, ils étaient quatre complices. Madame de Perny est morte il y a huit ans. Félicie Trélat vient d'être condamnée à dix ans de réclusion; enfin, l'autre complice, un individu appelé Blaireau, s'est fait justice lui-même, il y a deux mois, en se brûlant la cervelle. Seul, Sosthène de Perny, le plus coupable des quatre, n'a pas reçu le châtiment qu'il a mérité.

— S'il ne se repent pas, c'est Dieu qui se chargera de le châtier.

— La punition qui vient de Dieu se fait souvent trop longtemps attendre. Mélanie, la haine est une sorte d'hydre monstrueuse à plusieurs têtes. On lui coupe une tête, il en repousse une autre. Cette hydre est et restera dans le cœur de Sosthène de Perny. La marquise de Coulange n'a pas vu la fin de ses tourments. C'est par son frère qu'elle a souffert, c'est par lui qu'elle souffrira encore.

— Ainsi, mon ami, tu crois...

— Je crois que la paix dont jouit aujourd'hui la bonne marquise n'est qu'une trêve. Je regarde vers l'avenir, et il m'apparaît très sombre.

« Sosthène de Perny est un maudit. Il n'a point renoncé à ses projets de vengeance !

— Loin de la France, il ne peut plus rien.

— Mélanie, Sosthène de Perny n'a pas disparu pour toujours; je suis sûr qu'il reviendra.

FIN DES DEUX MÈRES

Le lecteur retrouvera les personnages de *Deux Mères* dans le roman ayant pour titre *le Fils*. Ce second ouvrage, qui contient l'histoire du fils de Gabrielle, complète et termine *Deux Mères*.

AVIS. — Cette livraison est double et ne doit être payée que 10 cent. seulement.

TABLE DES CHAPITRES

PREMIÈRE PARTIE : CONDAMNÉ A MORT

		Pages.
Chap. I.	Le Malade.	3
II.	Un Mariage de Paris.	8
III.	Il n'y a pas de bonheur sans nuage.	16
IV.	La Mère et le Fils.	24
V.	L'idée de Sosthène.	29
VI.	L'Esprit du mal.	37
VII.	Seule !	43
VIII.	Le Tombeau des secrets.	46
IX.	Un Marché.	53
X.	Mademoiselle Solange.	57
XI.	Gabrielle Liénard.	62
XII.	Une Séduction.	68
XIII.	Où l'on voit travailler Blaireau.	74
XIV.	Pauvre Fille !	81
XV.	A Asnières.	87
XVI.	Maternité.	94
XVII.	La Douleur.	99
XVIII.	C'est un garçon.	104
XIX.	La chambre de la nourrice.	109
XX.	Le Réveil de Gabrielle.	115
XXI.	L'Agent Morlot.	122
XXII.	La Mère des malheureux.	728
XXIII.	La Lettre de Firmin.	134
XXIV.	Voilà le calice.	140

DEUXIÈME PARTIE : LA FIGURE DE CIRE

Chap. I.	Dans les Jardins.	146
II.	Une Chaîne rompue.	152
III.	Après la Mère, le Frère.	160
IV.	La générosité du Marquis.	168
V.	La seconde Mère.	175
VI.	A la Salpêtrière.	180
VII.	Trop tard.	186
VIII.	Les Déceptions de l'agent Morlot.	191
IX.	Les Recherches.	199
X.	La Locataire pâle.	205
XI.	Un Ami.	211
XII.	Le Cœur fermé.	216
XIII.	Les Enfants.	221
XIV.	Un Nom trouvé.	228
XV.	Les Amertumes.	233
XVI.	Le Récit.	239
XVII.	Les Surprises.	245
XVIII.	Scènes intimes.	251
XIX.	Le Tiroir secret.	256
XX.	Le Sommeil.	261
XXI.	Conversion d'un sceptique.	267
XXII.	Au Jardin des Tuileries.	275
XXIII.	La Voix du sang.	280
XXIV.	Le Portrait.	287
XXV.	Une Vision.	293

TABLE DES CHAPITRES

TROISIÈME PARTIE : L'AGENT DE POLICE

	Pages
Chap. I. — L'Espionne	300
II. — A bout!	306
III. — Morlot cherche	312
IV. — Le soupçon grandit	319
V. — Les preuves	325
VI. — Le Devoir	330
VII. — Ne touche pas à la Marquise	334
VIII. — Chez Blaireau	340
IX. — Le conseil de Blaireau	346
X. — Un Déclassé	352
XI. — Aux abois	358
XII. — Les Renseignements	364
XIII. — Morlot inquiet	370
XIV. — Une Lumière qui s'éteint	376
XV. — Rencontre imprévue	382
XVI. — Le piège	388
XVII. — Deux bandits	392
XVIII. — L'Homme et la Corde	398
XIX. — Le danger des cloisons minces	404
XX. — L'Infâme	410
XXI. — Le Pardon	415
XXII. — Délivrance	424
XXIII. — Une bonne journée	431
XXIV. — Avant l'enterrement	434
XXV. — L'agent de police et la Marquise	442

QUATRIÈME PARTIE : LA MARQUISE

Chap. I. — Le Départ	448
II. — Entre époux	453
III. — Au bord de la Marne	459
IV. — Confidence	465
V. — Où sont-ils?	473
VI. — La sœur de Gabrielle	478
VII. — En présence	483
VIII. — Pour l'honneur	488
IX. — Rendez l'enfant	493
X. — Les étapes de Morlot	498
XI. — Les deux Agents	504
XII. — Scènes de nuit	511
XIII. — Le Coffret de cuivre et le Coffret d'or	517
XIV. — Le Complice	523
XV. — Nouvelle Douleur	528
XVI. — Le Prisonnier	534
XVII. — Le Mandataire	539
XVIII. — Comment on peut faire d'une histoire vraie un conte de fées	543
XIX. — Les deux Mères	548
XX. — Ce qu'on trouve dans une enveloppe de lettre à moitié brûlée	554
XXI. — Visite à Mazas	559
XXII. — La Récompense	564
XXIII. — Huit ans plus tard	568

FIN DE LA TABLE.

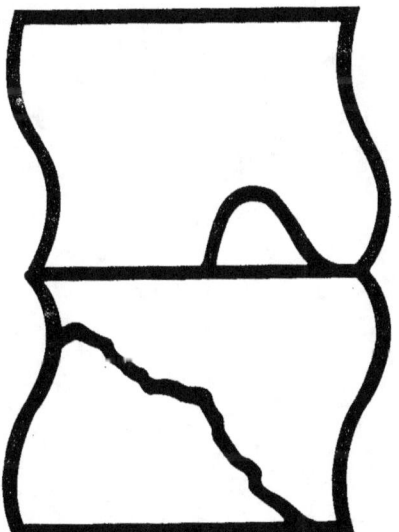

Texte détérioré — reliure défectueuse

NF Z 43-120-11

www.ingramcontent.com/pod-product-compliance
Lightning Source LLC
Chambersburg PA
CBHW060504230426
43665CB00013B/1381